Ralph Gehrke

verspielt

>>> edition das andere buch

Osnabrück 2002

Die Deutsche Bibliothek – CIP-Einheitsaufnahme

Gehrke, Ralph:
Verspielt / Ralph Gehrke.-
Osnabrück: Ed. Das Andere Buch, 2002
ISBN 3-936231-56-7

Autorenedition by Der Andere Verlag, 49074 Osnabrück
Umschlaggestaltung: aaron
Der Andere Verlag, Kollegienwall 22A, 49074 Osnabrück
Tel. (0541) 20 20 125, Fax (0541) 20 20 127
E-Mail: talkto@der-andere-verlag.de
Internet: http://www.der-andere-verlag.de
ISBN 3-936231-56-7

Ralph Gehrke

verspielt

ROMAN

>>> edition das andere buch

Osnabrück 2002

INHALT

Teil I: Spiel

Du stellst meine Füße auf weiten Raum

(Psalm 31/9)

Anstoß

Roland sitzt auf einem orientgemusterten Webteppich im fremden Wohnzimmer und erwartet den Anstoß. Gespielt wird im Fernsehen, die Bilder sind schwarz-weiß. Noch sieht er nur das Eurovisionsbild, der Ton ist gestört. Er freut sich darauf, seinen Vater zu sehen. Zumindest sei es möglich, wenn er gut aufpasse und genau hinsehen würde, hatte die Mutter gesagt. Roland ist fünf und glaubt seinen Eltern. Wir schreiben das Jahr neunzehnhundertneunundfünfzig. Übertragen wird aus dem *Volksparkstadion* in Hamburg, wo gerade von einem Polizeiorchester die Nationalhymnen gespielt werden. Deutschland, Deutschland über alles, singt Roland flüsternd mit.
Er kann schon die deutsche von der polnischen Hymne unterscheiden und weiß auch, dass Vater und Bruder in diesem Moment stramm stehen, obwohl sie einen Sitzplatz haben.
Beim Abspielen der Nationalhymne steht man immer auf, alle, auch die Ehrengäste, hatte der Vater ihm erklärt.
Roland bleibt sitzen.
Mutter und Frau Doschke stehen in der Küche und tratschen. Wenn die Männer nicht dabei sind, müssen sie sich nicht für Fußball interessieren. Herr Doschke fährt zur See und Vater zum Fußball, und weil sein Bruder Rolf, der schon etwas von Fußball versteht, mitfahren durfte, sitzt Roland allein in der fremden Stube und ist froh darüber, denn die beiden Frauen sabbeln ihm zuviel. Dabei kann er sich wirklich glücklich schätzen, dass er überhaupt hier sein darf. Wenn seine Mutter die Nachbarin nicht tags zuvor im Hausflur angesprochen hätte, säße er jetzt im Kinderzimmer oben, würde sich langweilen und ärgern, nicht mit dem Vater in Hamburg zu sein. Vor dem Radio würde er jedenfalls nicht sitzen, denn für Fußball interessiert er sich ja doch nicht so sehr – mehr für Cowboys, Indianer und Lassie, die er schon einmal sonntags bei Doschkes im Fernsehen gesehen hat. Heute würde er auch lieber Lassie gucken, aber die treue Colliehündin kommt heute nicht, dafür vielleicht Vater und Bruder Rolf.

Frau Doschke hatte nichts dagegen, dass Mutter und Roland zum Fernsehen herunterkommen.
Tatsächlich, Ihr Mann ist da ? Mit Rolf? Und das kommt im Fernsehen? Das ist ja unglaublich.
Doschkes sind die einzigen in der Daimlerstr. 8f, die einen Fernseher haben, und Frau Doschke ist stolz, den Nachbarn eine Freude machen zu können. Wer kann sich das schon leisten?
Der kommt jedes Mal mit ´nem Sack Geld von Bord, erklärt sich Mutter das, als Steuermann kriegt der schon ganz schön was, und außerdem: Wo soll er´s denn ausgeben? Die kommen doch von dem Kahn kaum runter.
Auf die Idee, dass der Steuermann zur See seiner Familie einen Unterhaltungsapparat geschenkt hat, damit die attraktive Endzwanzigerin während seiner langer Dienstreisen auf den Weltmeeren sich nicht über die Maßen langweilt und womöglich auf ganz andere Gedanken kommt, kam aus Rolands Familie keiner. An so etwas dachte man damals nicht .
Roland denkt an die Seinen, die irgendwo in dem grauen Wall im Bildschirmhintergrund versteckt sind und in diesem Minuten sicher wieder sitzen. Weil die Deutschen an diesem Sonntag nicht in ihren traditionellen Farben spielen, sondern die anderen, die Polen, in weißen Hemden herumlaufen, erkennt Roland erst nach fünf Minuten Spieldauer, zu wem er halten muss. Der deutsche Torhüter heißt Sawitzki. Das hätte auch ein Pole sein können, meint Roland. Und weil die Deutschen nicht so spielen, wie Vater und Bruder vorausgesagt hatten, bevor sie in den VW stiegen, und deshalb der Mann mit der grauen Schirmmütze mehr zu halten hat, als dem Sprecher lieb ist, beginnt sich Roland für diese schwarz gekleidete Figur zu interessieren. Wie sie da zur Seite über den Rasen hechtet, hoch springt, um einen Ball aus der Luft zu greifen, als sei es das Leichteste von der Welt, oder einen Ball aus der Hand mit einem gewaltigen Tritt weit in das Feld schlägt, so dass die Spieler sich Mühe geben müssen, die dunkle Lederkugel wieder ruhig auf den Boden zu kriegen. Das macht Roland Spaß, so möchte er auch sein und beschließt Torhüter zu werden. Kaum hat er den schönen Gedanken abgeschlossen, um sich wieder voll und ganz auf das Hin und Her im Fernsehbild zu konzentrieren, passiert etwas schier Unglaubliches, das heißt ist schon passiert. Der Ball, eben noch auf dem Rasen zwischen den Spielern unterwegs, liegt im Netz hinter dem sich auf der Torlinie krümmenden Sawitzki. Roland hatte es gar nicht so schnell gesehen, bis der Mann am Mikrophon empört und verärgert zugleich aufjaulte. Gerade kommentiert er mit gedämpfter Stimme, was nicht mehr zu leugnen ist. Ratlos rennt Roland in die Küche, um Mutter und der Nachbarin von dem Unfassbaren zu berichten. Die Zwei, beim Kaffeeklatsch gestört, sind mitnichten so geschockt, wie Roland befürchtet hat, aber ungerührt lässt sie die Nachricht nicht. Sie begleiten den Kleinen zurück ins Wohnzimmer, just rechtzeitig, um zu erfahren, dass die Halbzeitpause begonnen hat.
Der Kommentator im Fernsehen bestätigt Rolands Mitteilung.
Das hätt´ ich den Polacken nicht zugetraut, ehrlich, meldet sich Frau Doschke, und Mutter befürchtet, dass Vater sich schwer ärgern wird.
Wenn Hans das geahnt hätte, dass die sich da so blamieren, wär` er nicht gefahren. Und Rolf hatte sich so gefreut. Das kann ja nicht so bleiben, das lassen die sich nicht gefallen. Pass gut auf, jetzt in der Pause zeigen sie bestimmt mal die Zuschauer. Wenn du die beiden siehst, rufst du uns, pass schön auf...!
Die Hausfrauen ziehen sich wieder in die Küche zurück.
Roland starrt auf den Bildschirm, wo die Kamera stur auf das Polizeiorchester gerichtet ist. Spielen die jetzt den „Badenweiler Marsch“, den Vater so gerne hört?

Da, plötzlich ein Schwenk über Sitzplatzreihen. Die Leute blinzeln verkniffen, als schauten sie in die Sonne. Vater und Rolf sind nicht zu erblicken, wahrscheinlich gerade auf'm Klo, denkt sich Roland, und müsste auch mal. Da kommen die Spieler wieder die steile Treppe rechts neben der Haupttribüne heruntergeschritten.
Die Deutschen spielen noch schlechter als zuvor, und die Polen auch nicht besser. Jetzt bestätigt sich, was Vater schon vorher gewusst hat: Diese Kommunisten aus dem Ostblock können sowieso nix! Und hatte hinzugefügt: Die putzen unsere weg!
Davon ist nichts zu sehen. Roland wird von seiner Blase gepiesackt. Ein neuer Spieler kommt bei den Deutschen. Er heißt Stein und kommt aus Frankfurt. Roland kennt ihn nicht und geht endlich zur Toilette. Als er zurückkommt, hat sich die Stimmung im Fernseher erheblich gebessert. Es steht eins zu eins. Das Tor hat der neue Mann erzielt.
Roland ruft verhalten: Tor, Tor.
Die Frauen schauen aus der Küchentür.
Na also, ruft Mutter, das wurde aber auch Zeit.
Das war sicher dieser Uwe Seeler, ergänzt Frau Doschke.
Nein, Stein, erwidert Roland, Uwe Seeler spielt nicht mit.
So was, den wollte Rolf doch so gerne sehen, wundert sich Mutter, von Stein war nie die Rede.
Von Geiger auch nicht, über den im Fernsehen gerade geschimpft wird. Aber da gibt es ja noch Sawitzki, der noch einmal das Unentschieden rettet, bevor der Schiedsrichter Rolands erstes richtiges Fernsehspiel abpfeift.
Jetzt ist es aber Zeit zu gehen, befiehlt Mutter, als Roland ermüdet vom langen Sitzen in die Küche schlurft.
Was, unsere haben nicht gewonnen? Da werden sich Vadder und Rolf aber ärgern, so ´ne lange Fahrt und so viel Geld für die Karten. Roland hatte gehofft, auf die beiden Schlachtenbummler warten zu dürfen, aber daraus wird nichts. Mutter möchte schließlich auch mal zu sich kommen. Was sie damit meint, bleibt unklar.
Am nächsten Morgen hat nicht nur Vater seine gewohnt schlechte Laune, Rolf ist auch nicht gut gestimmt.
Das kommt, wenn man nachts so lange durch die Gegend fährt. War ja schon zwölf durch, als ihr endlich an die Burg gekommen seid, moniert Mutter.
Trotz der morgendlichen Misstönung wagt Roland zu fragen.
Scheißspiel, uns so ´ne Buddeltruppe zu präsentieren, murrt Rolf, und Vater ergänzt fachmännisch, die hätten unsere doch weggeputzt, wenn Rahn und Seeler dabei gewesen wären.
Beeindruckt war der Bruder, merkt Roland, von dem großen Stadion und der gewaltigen Kulisse, obwohl: ausverkauft war´s nicht, man hätte noch Karten kriegen können.
Erzähl doch, wie gut wir platziert waren, will Vater für seine Kartenauswahl – Haupttribüne gedeckt – gelobt werden.
Genau dort, wo die Spieler die schmale Treppen auf den Rasen hinunter gehen, haben wir gesessen. Alle sind ganz nah an uns vorbei, Juskowiak, man was für ´n Brecher, und dagegen Szymaniak, das schmale Hemd.
Roland hört ergriffen zu. Dass er die beiden zuerst für Polen gehalten hat, behält er lieber für sich.
Nun aber los mit euch, drängt Mutter.
Schon sind sie draußen. Die Schule ruft Lehrer und Schüler.

Obwohl sich Roland in diesem schönen Sommer doch mehr am Cowboy-und-Indianer-Spiel begeistern konnte und diese ganze Fußballspielerei im Nachhinein als

ziemlich langweilig empfand, wollte er doch nicht abseits stehen, wenn sich auf den herrlich weiten Rasenflächen zwischen den Grünhöfer GEWOG-Wohnblöcken ein Haufen Kinder zu einem Spiel zusammenraufte und Mannschaften gebildet wurden. Roland musste unbedingt Sawitzki sein und drängte sich zwischen die beiden in den Rasen eingestoßenen Stöcke, die das Tor bilden sollten. Für die passende Verkleidung sorgten eine ausgediente Schirmmütze vom Opa und ein paar alte Wollhandschuhe vom Vater, die ihm viel zu groß waren. So vehement schmiss er sich dann über die Grasnarbe, dass ihm dabei jedes Mal die Mütze vom Kopf sprang und das Hemd aus der kurzen Breitcordhose rutschte. Leider hatten die anderen Mitstreiter für diese Kasperei nicht viel übrig, und so fand sich Klein Roland schnell zwischen der Vielzahl wuseliger Kinderbeine wieder, die über das Feld dem großen, braunen Lederball hinterherhetzten. Wenn er es dann tatsächlich einmal schaffte, den Ball vor dem Tor der gegnerischen Kinder als Letzter zu berühren, rief er laut: Hier kommt Stein. Die erhoffte Bewunderung wollte sich indes nicht einstellen, erstens weil er nie das Tor traf und zweitens weil ein Stein den Grünhöfer Kindern unbekannt war. Da sein Repertoire nicht ankam, verlor Roland allmählich das Interesse am Kinderkick, ja, die ganze Sache mit dem Fußball erschien ihm plötzlich höchst suspekt, als er die raue Seite des beliebten Volkssports kennen lernen musste. Weil es geregnet hatte und die Grünflächen zu matschig waren, wurde auf dem geteerten Vorplatz zu den Flachdachgaragen gebolzt, wo diejenigen Grünhöfer abends ihren VW, DKW, Opel, Fiat oder ihre Isetta unterbrachten, die es sich leisten konnten. Vaters grauer Käfer gehörte nicht dazu.
So was sparen wir uns. Wir sind Beamte und nicht überkandidelt, wie diese Fiets vom Fischhafen oder Proleten von der Werft, hieß es gewöhnlich aus Mutters Mund, wenn es um Ausgaben ging, die nicht nötig taten, und davon gab es zu viele.
Roland lernte daraus: Fiets und Proleten werfen ihr Geld zum Fenster heraus, Lehrer sparen.
Jedenfalls stolperte Roland an diesem Nachmittag über die eigenen staksigen Beine und fiel unglücklich auf sein rechtes Knie. Es tat sofort schrecklich weh und blutete. Roland mühte sich humpelnd die Treppen zur heimischen Wohnung hinauf.
Mutter riss die Tür auf: Was ist jetzt schon wieder los? Hast du Streit gemacht und dir die Kledage zerrissen. Ihre erste Sorge galt der fast neuen Manchesterhose. Ist da etwa ′n Loch drin?
Nein, nur das Knie, erwiderte Roland zaghaft, den Schmerz unterdrückend. Bloß nicht noch die Mutter aufregen und zur Furie werden lassen.
Ach je, das wird schon wieder. Hansaplast drauf und ab ins Bett.
Anderntags war das Knie geschwollen, und die Eltern zogen in Erwägung, den Jungen zum Arzt zu bringen.
Das hat uns noch gefehlt, als wenn wir nicht genug zu tun hätten.
Dr. Möller empfahl kühlende Verbände und war, da sonst nichts gebrochen schien, bezüglich weiterer orthopädischer Details überfragt. Wie Roland im Laufe der Jahre feststellen musste, war er in so manchen Fällen überfragt.
Das Knie schwoll ab, der Schmerz blieb. Roland bewegte sich nur hinkend fort, in leicht gebückter Haltung. Draußen spielen konnte er sehr zum Verdruss der Mutter nicht. Zufall oder nicht – in diesen Tagen kam Emil Iszo zu Besuch, vormals Trainer des Landesligaclubs *TSV Wulsdorf*, bei dem Vater als, wie Mutter es nannte, Oberbonze tätig war.
Da haben wir ja den Simulanten, lääg dich mal da auf Sofa gemietliches.
Vater schaute streng über des Trainers Schulter.
Roland wagte nicht zu widersprechen.

Wie ein geübter Masseur ergriff der fremde Gast Rolands rechtes Bein und brachte es, laut seinem Kommentar, in eine vernünftige Strääckung.
Der Schmerz fuhr durch Mark und Knochen.
Und zuuuurück in Beugung uuuund wieder in Sträääckung.
Der Akzent lähmte Rolands Widerstandskraft, der nachzitternde Schmerz raubte ihm die Sinne. So merkte er kaum, als der Schinder von ihm abließ und sich verabschiedete.
So, kleiner Mann, nur immer scheen laufen jetzt. Einen Weichen können wir in Wulsdorf nicht gebrauchen, bittescheen.
Vater nickte beifällig, um dann im gedämpften Ton mit seinem Gast Vereinsinterna zu besprechen.
Mutter kam aus der Küche und zerrte Roland vom Sofa:
Los komm, du störst, die haben was zu bekakeln.
Roland fühlte sich wie paralysiert, im Knie pochte es. Von diesen Wulsdorfern hatte er gründlich die Nase voll. Dass er am nächsten Tag tatsächlich besser laufen konnte und sich das Knie rasch erholte, ärgerte ihn zusätzlich. Die würden ihn trotzdem so schnell nicht sehen, diese Wulsdorfer Trampeltreter.

Viel Feind viel Ehr´

Endlich fährt Roland mit im neuen Peugeot. Es geht nach Hamburg, Vater lenkt und Rolf ist auch dabei. Außerdem ist Vaters Kollege Herr Mauser mit von der Partie, und Roland sollte daher vorher fest versprechen, sich zu benehmen.
Du musst erst zur Toilette, wenn wir dort sind, mahnte der Vater eindringlich, Übelkeit kommt auch nicht in Frage.
Roland hätte alles geschworen, um nur mitfahren zu dürfen. So aufgeregt war er, dass ihm zuletzt doch übel wurde, aber das soll keiner wissen.
Vorne sitzen die Lehrer und die Kinder hinten, wo für zwei Personen reichlich Platz ist in Vaters französischem Mercedes. Der deutsche war nicht so gut, wie die Marke versprach, und musste schnell wieder verkauft werden.
Gott sei Dank, ohne Verlust, hatte Mutter aufgeatmet, als die Qualmkiste wieder weg war und die aufregende Transaktion abgeschlossen. Wenn Vadder die Sache mit dem Zylinderkopf nicht so fein vertuscht hätte, wer weiß, was dann gewesen wäre? Aber warum sollen immer nur wir angeschissen werden? Hauptsache, keiner merkt was, und dass ihr bloß keinem davon erzählt. Ihr wisst nichts, wurden die beiden Mitwisser von der Mutter eingeschworen.
Roland hat das ganze Theater um die Limousine längst vergessen und konzentriert sich auf sein Fußballbildersammelalbum. Zu seinem großen Bedauern fehlt einer der wichtigsten Köpfe überhaupt: Uwe Seeler. Wo sein Konterfei längst kleben sollte, klafft eine weiße Lücke. Dabei hatte er in der letzten Woche fünfmal fünfundzwanzig Pfennig investiert, um das begehrte Farbbild noch vor dem großen Tag zu erwischen. Leider umsonst, nur Luschen: Rehagel, Bäse, Bella und ein paar Stuttgarter konnte er gebrauchen, die anderen allesamt doppelt. Schnoor hat er jetzt zweimal und Charly Dörfel gleich viermal, auch war wieder eins von Horst Berking darunter, der im letzten Jahr bei *Dreiundneunzig* gespielt hat und jetzt beim *KSC* in der Bundesliga. Ganz stolz hatte er das Bild vor vier Wochen in der großen Pause auf dem Schulhof herumge-

zeigt, als er es zuerst aus der Tüte gepfriemelt hatte. Mittlerweile hatten alle Berking, für den bekam er kaum noch etwas Vernünftiges eingetauscht.
Komisch, niemand hat Seeler doppelt, dabei ist der doch so wichtig, nicht nur fürs Bilderalbum, wie Roland aus dem Gespräch der beiden Pädagogen vorne entnehmen kann.
Ob das überhaupt noch was wird mit dem? Solch eine schwere Achillesverletzung kann das Karriereende bedeuten, doziert Herr Mauser.
Zu ersetzen ist der nicht, ergänzt Vater wissend, da hat der Schön gleich schöne Probleme. Wer weiß, ob wir überhaupt nach England kommen?
Auf diese Legionäre ist ja auch kein Verlass, setzt Herr Mauser das Gespräch fort, die Herren spielen jetzt mehr für die Italiener und nicht gegen sie.
Die spielen noch für etwas ganz Anderes, raunt Vater bedeutungsschwer.
Roland spitzt die Ohren. Er mag solche Gespräche über Fußballer, wenn die Erwachsenen sie führen, denn die wissen Bescheid, viel mehr als seine Klassenkameraden. Er ist genau im Bilde, von wem die Rede ist.
Haben´s nicht mehr nötig die beiden –
Haller und Schnellinger, ergänzt Roland für sich. Beide Hochglanzgesichter stecken unter der Rubrik „Internationale Starspieler“ in seinem Sammelwerk
– da sitzt einfach zu viel Geld dahinter.
Das muss man ja dem Seeler hoch anrechnen, dass er sich nicht auch von denen hat kaufen lassen. Ist eben ein anständiger Kerl.
Die müssen aus ganz Europa gute Leute kaufen, räsoniert Herr Mauser zustimmend, selber haben die wenig zu bieten in ihrer Liga.
Doch, Mazzola, platzt Roland dazwischen.
Wen?
Mazzola, fährt er, nun da ihm gegenwärtig ist, dass er die beiden Autoritäten bei ihrem ernsten Gespräch gestört hat, eingeschüchtert fort, ist ein italienischer Stürmerstar.
Woher weißt du das, wundert sich Vater.
Aus meinem Album, da steht unter seinem Bild, dass er viele Tore schießt.
Na, da können wir ja auf ´ne Kanone gespannt sein, lacht Vater in den Rückspiegel.
Mazzola? Klingt irgendwie nach Pflanzenöl, fällt Herrn Mauser noch ein.
Dann wechseln die Herren das Thema.
Jetzt geht es um das Schulamt, da kann Roland nicht mitreden, Rolf auch nicht. Also schweigen sie, wie es sich gehört. Vorne wird der Ton vernehmlich ernster. Vaters Lehrerbund hat wieder eine Niederlage im Kampf mit der Gewerkschaft einstecken müssen. Das wurmt.
Den Posten bei uns kriegt nun doch einer von der Kanalarbeiterriege. Unglaublich. Haben Sie gehört, was der für Zensuren gebaut hat?
Aber in der Lehrerfortbildung soll er sich sehr engagiert haben, gibt Mauser zu bedenken. Ha, Lehrerfortbildung, da wird doch nur der Sermon von der sogenannten Chancengleichheit vorgebetet. Jeder Hans und Franz soll auf die Oberschule. Begabung und echte Bildung zählen nicht mehr. Na, sollen sie doch sehen, wohin das führt.
Aber in der *SPD* ist er nicht, entgegnet Herr Mauser zaghaft.
Hat denen aber immer schön hinterhergeredet, wenn´s um die Wurscht ging. Außerdem kommt er aus Geestemünde und kennt unsere Belange in Lehe kaum. Na ja, wir werden erst einmal mit ihm leben müssen.
Wer weiß, vielleicht kommen wir ganz gut mit ihm zurecht, versucht der Beifahrer das Gespräch zu beruhigen.
Er will es sich nicht gleich mit seinem neuen Chef verderben, denkt Roland und hat Verständnis dafür. Vater mag Opportunismus aus Prinzip nicht. Entweder links oder

rechts – jedoch ab durch die Mitte, wie diese christdemokratischen Kirchenbankdrücker, ist ihm zuwider. Ob er gemerkt hat, dass sein Kollege da anders denkt?
Roland denkt an ganz anderes und erinnert den Führer im Peugeot an die versprochene Pinkelpause.
Daraus wird nichts, meinen sowohl Vater als auch Rolf. Wir sind schon in Harburg. Das hätten wir vor Stade erledigen müssen. Jetzt wird gewartet bis zum Stadion. Siehste, da haben wir den Salat, schon Stau, und das vor den Elbbrücken. Also Blase zu und durch. Aber wie, wenn man, wie Vater jetzt moniert, falsch geleitet wird?
Er dreht die Scheibe herunter.
Das Schild zum Stadion zeigt nach rechts, und Sie schicken uns hier links in die Walachei.
Der Polizeibeamte fühlt sich nicht angesprochen und winkt stur weiter .
Vater gehorcht und grummelt in die Windschutzscheibe: Polizist kann heute auch jeder Fatzke werden.
Vater konnte es nicht, nach dem Krieg, in dem er schnell zum Oberleutnant aufgestiegen war. Zu schnell, meinten die neuen Behörden, und so durfte er nicht Kriminalkommissar werden, sondern nur Lehrer. Das schmerzt immer noch.
Roland hat das schmerzende Ziehen im Unterleib erfolgreich verdrängt. Da ist das Stadion, ruft er voller Vorfreude. Zuerst sind nur die wie vier überdimensionale Zahnbürsten aufragenden Flutlichtmasten zu sehen, dann der graue Wall der Westkurve. Überall bewegen sich Menschen auf die Wälle zu. Roland erkennt auch Frauen und Kinder. Schwarz-rot-goldene Fahnen werden teils entrollt über so mancher Schulter getragen. Einer hat eine verkehrte.
Das ist die italienische, belehrt ihn Rolf.
Mensch, ist das groß, man kann ja gar nicht reinsehen.
Soll man auch nicht, lacht sein Bruder. Was denkst du, wo die Siebzigtausend untergebacht werden sollen?
Siebzigtausend, staunt Roland, eine gigantische Zahl. Auf dem *Zollinland* waren vor Monaten einmal siebentausend – Saisonrekord. Da sind sogar ein paar Jungen in die Pappeln geklettert, um etwas sehen zu können, hat Rolf erzählt.
Der Wagen hält. Roland hüpft sofort hinter das nächste parkende Auto und befreit sich vom Druck.
Vater drängt: Wir kommen zur spät und verpassen noch die Hymnen. Die Töffel haben uns auf die falsche Seite gelotst, und dafür dürfen wir hier auch noch bezahlen. Typisch Hamburg, so ein Nepp!
Ja, stimmt, die Gegentribüne ist da drüben, hat Rolf schnell erkannt. Los, dort entlang, Roland komm, hör auf zu pissen!

Als Roland das erste Mal in seinem Leben ein vollbesetztes Fußballstadion betritt, läuft das Spiel bereits. Daher ist der Gang die Tribüne hinunter zur vorbestimmten Bankreihe einfach, aber sich an der sitzenden Menschenreihe vorbei zu bewegen, heikel.
Unwirsche Kommentare begleiten das Gestolpere.
Der Vater entschuldigt kleinlaut ihre verspätete Platzsuche – der Verkehr – die Polizei.
Ja, ja, hinsetzen verdammt...daaa, uuuhh.
Die Menge heult auf.
Roland ist eingeschüchtert vom Lärm. Der Schall in dem weiten Rund wird von Echos begleitet.
Mensch, wenn er den auf'n Puschen kriegt, dann aber..., hört er eine Stimme im Vorbeischlängeln ausrufen.
Endlich sitzen sie.

Roland starrt wie gebannt auf das grüne Feld, wo tatsächlich – er kann es immer noch nicht glauben – zehn richtige Nationalspieler in original deutsch-weißen Trikots herumlaufen. Für ihn zählen nur die Deutschen. Der Elfte ist schwarz gekleidet und trägt eine dunkle Schirmmütze, wie damals Sawitzki. Dieser heißt Tilkowski und tritt gerade in Aktion. Leichthändig fängt er einen scharf geschossenen Ball ab und leitet ihn sofort an einen weißen Feldspieler weiter.
Roland hat vor Schreck gestöhnt, und sein Nebenmann auf der Bank hat es bemerkt.
Junge, wat haste denn, dat is´ doch junsere Till, woll.
Der Zuspruch hat gut getan. Roland fühlt sich aufgehoben. Die Anspannung weicht. Nun kann er dem Geschehen folgen.
Die Italiener spielen in blauen Hemden und sind hart am Mann. Immer wieder verstoßen sie gegen die Regeln und hakeln in die Beine der eifrig bemühten deutschen Spieler. Da wälzt sich wieder ein Weißhemd am Boden. Oh, das sieht böse aus.
Der is´ hin, orakelt Rolands Hintermann.
Er hat recht, auf einer Trage verlässt der hoffnungsvolle Nachwuchsstopper das Feld. Beinbruch wird Roland morgen in der Zeitung lesen.
Wer kommt jetzt?
Der Stadionsprecher kündigt Steinmann an. Den kennt um Roland herum keiner.
Kommt, glaub´ ich, von Werder, mutmaßt Rolf.
Aus der Kurve tönt es : GIESEMANN, GIESEMANN!
Die Leute auf Rolands Seite lachen.
Rolf erklärt die Pointe: Das ist der schlimmste Klopper vom HSV. Der wär´ jetzt genau der Richtige.
Noch nehmen die Zuschauer das unfeine Benehmen der Italiener mit Humor. Auch die deutschen Stürmer lassen sich nicht beirren und berennen das gegnerische Tor. Alles geht viel schneller als bei Vaters Wusldorfern, denen Roland schon ein paar Mal mäßig interessiert zugeschaut hat. Schon wieder flankt Heiß auf Brunnenmeier. Der schießt, einmal, prallt ab und noch...
HAND, HAND, HAND! Schreie aus fast siebzigtausend Kehlen.
Roland bekommt nichts heraus, schaut sich verduzt um. Alle in der Bankreihe stehen . Er sitzt.
Rolf rüttelt an seiner Schulter: Elfmeter, hast du gesehen? Es gibt Elfmeter.
Die Leute setzen sich allmählich wieder.
Roland sieht wieder ein Stück vom Platz.
Der Schütze legt sich gerade den Ball zurecht. Die italienischen Spieler reden wild auf den Schiedsrichter ein. Der steht stoisch, zeigt unverwandt auf den weißen Punkt im Strafraum. Der Protest wird schwächer. Einer von den Azurblauen läuft wie zufällig über den ruhenden Ball, der leicht verrutscht.
PFUI! PFUI! Gellende Pfiffe kommentieren die Aktion.
Weg da Spaghetti! Du Mafiosi verzieh dich!
Die Leute um Roland herum schreien durcheinander. Der deutsche Schütze korrigiert die Lage des Balls.
Wer schießt?
Hornig, ruft Rolf, der mit der Elf ist Hornig...
Läuft an, schießt – neiiiiiinnn, nein! Verschossen, gehalten, aber...
Was jetzt, fragt sich Roland, fragen sich alle.
Wiederholung, ha, ha. Ja, das jeschieht denen recht, diesen Schlunzen, dat ham se sich so jedacht, meldet sich der Banknachbar launig.
Die Laune ist allgemein wieder gehoben.
Jetzt aber rein mit dem Ding, meint auch Roland.
Wer macht ´s nun?

Nummer fünf hat schon alles vorbereitet, nimmt langen Anlauf, schießt, nein, knallt die Kugel dicht neben den Tormann, der reflexartig Deckung sucht und zur Seite abtaucht, während das Geschoss ins Netzt fährt, als wolle es gleich hinten wieder heraussausen.
TOOOOORRRR! TOR! Tor! Jaaaa!
Alle stehen jetzt, auch Roland. Jubelt, springt auf und ab. Er schaut zum Vater.
Der lacht so schön, dass Roland sich noch besser fühlt. Der Vater freut sich, endlich, schön, schön.
Rolf lacht, Roland umarmt ihn, den Bruder.
Der wird gleich wieder sachlich: Setz dich hin, es geht weiter, und vergiss die Decke nicht.
Erst in diesem Moment merkt Roland, dass er die Wolldecke die ganze Zeit auf dem Schoß hatte und nicht unter dem Hintern. Er jetzt spürt er, wie kühl es von unten aufsteigt. Er schaut zu Boden, unter den Bänken liegen noch Schneereste, die Füße sind kalt trotz der Frühlingssonne, die wärmend auf die Menge scheint. Was, schon Pause, denkt er, als der Pfiff ertönt. Wenn eine Sache gut läuft, vergeht die Zeit wie im Fluge. Vater gibt die Parole aus: Nicht die Plätze verlassen, nichts zu essen kaufen, wir haben Sachen von Mutter mit, nichts trinken, dann muss man auch nicht auf's Klo!
Roland schaut sich um, lässt alles auf sich wirken. Die riesige zweistöckige Haupttribüne mit dem ausladenden Dach. Dort in der Mitte sind in diesen Momenten viele Plätze verlassen.
Da sitzt die Prominenz, erklärt Vater, und zieht an seiner Zigarre.
Rolf darf auch rauchen, ohne dass Vater es moniert. Heute ist einiges erlaubt.
Roland fühlt sich gut.
Ist da der Bundeskanzler?
Nee, der wohl nicht.
Aber bestimmt der Schmidt, wirft Herr Mauser ein, der hält seine Schnauze doch überall rein, wo was los ist.
Die Lautsprecher begrüßen „Uns Uwe Seeler" und wünschen ihm baldige Genesung.
Die Leute applaudieren.
Die Kapelle der Bundesmarine verlässt zackig marschierend den Platz. Es geht weiter. Hinsetzen!
Roland freut sich mächtig.
Doch irgendetwas stimmt nicht. Die Italiener foulen noch genauso regelmäßig wie vor der Pause. Zum Verdruss der meisten Anwesenden spielen sie aber auch besser. Die deutschen Spieler kommen in Schwierigkeiten und das Volk in schlechte Stimmung. Die Unmutsbekundungen häufen sich. Roland hört nicht hin. Er ist fasziniert von der eleganten Spielweise der blauen Spieler aus dem Süden. Sie agieren so leichtfüßig, als hätten sie sich in diesen Minuten endgültig akklimatisiert. Jetzt sind sie warm und brandgefährlich. Einer fällt besonders auf. Er trägt die Nummer zehn und ist häufig am Ball. Rivera, der Name klingt wie eine mediterrane Verheißung, seine Art Fußball zu spielen wirkt kunstvoll und erhaben. Locker gleitet ihm der Ball vom Fuß, stets in die richtige Richtung, seine Pässe finden die Mitspieler, seine Dribblings verwirren die Gegenspieler und entnerven die Menge.
Stell sich dem doch mal einer auf'n Fuß, wird gefordert.
Verdammt, das gibt's doch nicht, wie der da rumturnen kann, ereifern sich andere.
Die Steinmanns, Patzkes und Pionteks wirken dagegen hilflos, ungelenk, purer Kraftaufwand reicht nicht mehr hin. Tilkowski hält, was er kann. Wagemutig wirft er sich ins Gefecht, bis es ihn erwischt. Gleich zwei blaue Stürmer stürzen sich nach einem Eckstoßgetümmel auf den am Boden liegenden Torhüter. Wie ferngesteuert reißt es

die Masse mit einem gewaltigen Aufschrei von den Sitzen. Diesmal ist Roland auch dabei. Das Maß ist voll, schließt sich Roland der Mehrheit an.
RAUS! RAUS!
Vom Platz mit dem Zitronenfresser!
Verbrecher, schreit Vater, das war doch klare Absicht.
Jetzt ham se es jeschafft, keucht es neben Roland.
Der Täter wird vom Schiedsrichter gestellt und bestraft. Soll den Platz verlassen. Will nicht. Ein Hin und Her. Die Wut der Menge köchelt weiter.
Wo ist Till?
Schon weg, mault Rolf, da ist der Neue. Er heißt Manglitz und ist allgemein kaum bekannt.
Hoffentlich kann er was, wünscht sich Roland.
Er kann, trotzdem wird er den Ausgleich nicht verhindern. Roland hatte nicht genau mitbekommen, warum der schnelle Mittelstürmer der Italiener plötzlich ganz alleine auf den frischen Torhüter zulief. Dann war es auch schon zu spät. Die verzweifelten Beschwörungen aus den Bankreihen verstummten. Eine Körpertäuschung reichte, zwei Hände greifen ins Leere, der Ball rollt hoppelnd ins verwaiste Tor. Der Schütze dreht entspannt zur Seite ab – Nummer neun: Mazzola. Seine Mitspieler vollführen Freudensprünge.
Roland bleibt sitzen.
Die anderen auch, nur die zwei schick gekleideten Herren mit den goldrandigen Sonnenbrillen aus der Reihe vor ihm, die in den aufgeregten Momenten davor ruhig auf ihren Sitzen blieben, sind jubilierend hochgesprungen. Einer schwingt seinen hellbeigen Trenchcoat über dem Kopf. Das dauert aber nur wenige Sekunden, dann werden sie von den anderen in einer Blitzaktion auf ihre Sitze heruntergedrückt.
Scusi, scusi...
Unmissverständliche Gesten bringen sie zum Schweigen. Sie müssen kein Deutsch verstehen, um zu begreifen: Hier regiert das deutsche Volk.
Das machen die nicht wieder, raunt Rolf Roland zu.
Beim nächsten Mal nehmen wir uns die richtig zur Brust, warnt eine Stimme aus dem Hintergrund.
Dazu kommt es nicht. Die Herren streben bald mit gesenktem Blick zum Aufgang. Einer stolpert heftig. Zufall?
Dann ist Schluss. Alle applaudieren trotzig.
Mehr war nich´ drin, schlussfolgert Herr Mauser.
Mach et jut, verabschiedet sich der Mann von nebenan.
Auf dem Rückweg zum Wagen wird mehr geflucht als gesprochen.
Bloß schnell weg hier, bald wird´s dunkel, kommandiert Vater.
Aber eine Bratwurst wird doch noch erlaubt sein, meint Rolf.
Vater wird überstimmt.
Und pinkeln muss Roland dann sicher auch noch.
Müssen alle, bevor sie sich in die schier endlose Autoschlange einreihen. Jetzt ist Geduld beim fahrenden Volk gefordert. Vater registriert sofort, dass sie wieder falsch gelotst werden. Polizisten regeln nicht den Verkehr, sie schikanieren die Fahrer.
Und was haltet ihr vom Schiedsrichter, fragt Vater, als der Peugeot endlich zügiger rollt, zu lasch, viel zu lasch, sag´ ich euch.
Diese Italiener kann man aber auch schlecht bändigen, gibt Herr Mauser zu bedenken.
Da ham se Recht, die geborenen Betrüger.
Keiner widerspricht.

Kollege Mauser steuert einen weiteren Beweis bei: In den Sommerferien in Rimini haben uns die Kellner auch dauernd übers Ohr gehauen, da konnte man schon drauf wetten.
Ja, ja und immer hintenrum, nie geradeaus, pflichtet Vater bei, dazu sind die viel zu feige. Und wenn se erwischt werden, tun se so, als ob se nichts verbrochen hätten. Vierundvierzig haben die uns doch auch schön im Regen stehen lassen und so getan, als wären sie schon immer für die Alliierten gewesen. Und die da lange genug spielen, werden genauso wie der Augsburger, komm´ nicht auf den Namen...
Haller, hilft Roland mit seinem Albumwissen aus.
Ja, Haller und Schnellinger und ...
Szymaniak, schaltet sich Rolf zu.
Ach ja, der auch.
Halten bald hinten nur noch die Hand auf und machen auf dem Platz Fiesemantenten, folgert Herr Mauser. Mit denen wird der Schön auch noch seinen Spaß haben.
Wie dieser Hamrin, kennen Sie den? Mit dieser Frage kommt Vater auf der Landstraße bei Stade nun richtig in Fahrt.
Roland ahnt, welche Geschichte folgen wird.
Der spielt auch da unten. Da passt der bestens hin. Was der mit dem Juskowiak damals bei der WM angestellt hat, war schon verbrecherisch. Haben Sie doch sicher auch gesehen? Erst provoziert er den armen Kerl nach allen Regeln der Kunst, und dann schauspielert dieser Spitzbube dem Schirri was vor, dass sich die Balken biegen. Und der merkt nichts, ach, was sag´ ich Ihnen, will nichts merken und verpfeift uns nach Strich und Faden.
War das nicht ein ungarischer Landsmann?
Natürlich, das war doch für den ein gefundenes Fressen, uns richtig einen überzubraten. Erst sieht er in aller Seelenruhe zu, wie die Schweden unsern Fritz kaputt kloppen, dann lässt er den Hamrin seine Mätzchen machen, schickt Juskowiak vom Platz. Damit war die Sache in deren Sinn geschaukelt, und wir hatten unser Fett weg. Das war die Strafe für Vierundfünfzig. Das hätten die Schweden alleine nie hingekriegt.
Da war aber auch eine sehr giftige Atmosphäre, erinnert sich Herr Mauser.
Das kommt noch hinzu, diktiert der Vater weiter, in dem Hexenkessel hätte man das Spiel nie anpfeifen dürfen. Die Leute wurden doch durch diese Einpeitscher mit dem Megaphonen regelrecht aufgehetzt.
Schlimm so etwas, seufzt der ermüdete Beifahrer und gähnt verhalten.
Wenigstens, was ich sagen wollte, dieser Hamrin passt zu den Italienern wie die Butter aufs Brot, hört Roland den Vater noch fortfahren, bevor er auf der Höhe Bremervörde endgültig einnickt.

Mutters Stimme weckt ihn wieder auf. Na du Schlachtenbummler, wie war´s?
Toll, wirklich toll.
Morgen ist Sonntag, da kann er richtig ausschlafen.

Zollinland

Fußballspiele wurden zu jener Zeit, als den jungen Roland das runde Leder (damals noch eine Metapher mit realem Kern. Die Bälle waren aus braunem Leder, das sich bei Regen vollsog, wodurch die Kugel sauschwer und unberechenbar wurde) unwiderstehlich in seinen Bann zog, am frühen Nachmittag angestoßen, man musste ja bis zum

Einbrechen der Dämmerung fertig sein - nicht selten ging es auf dem Bolzplatz auch dann noch weiter, bis endlich kaum noch etwas zu sehen war. Flutlicht war damals eine Rarität, die in der Seestadt Bremerhaven nicht vorkam. Tatsächlich gibt es dort bis dato kein Stadion mit einer professionell ausgelegten Lichtanlage, was auf das Schattendasein deutet, dass der seestädtische Fußball seit den fernen Regionalligazeiten fristet.
Das *Nordseestadion*, das den *Zollinlandplatz* als Hauptkampfstätte ablösen sollte, wird von der salzhaltigen Weserluft allmählich zerbröselt. Der legendäre „Zolli" wirkt, seiner altehrwürdigen Holztribünen beraubt, heute so, als habe die städtische Abrisskolonne übers Wochenende eine Pause eingelegt, der Rest wird am Montag erledigt.

An jenem ersten Sonntagmittag im April neunzehnhundertsechsundsechzig, als Roland mit seinem Bruder zum Regionalligaspiel *TUS Bremerhaven 93* gegen *VFB Lübeck* aufbricht, ist alles quicklebendig: die Dreiundneunziger, die Bremerhavener und ihre Begeisterung für Fußball. In der Seestadt herrscht reger Verkehr: zu Wasser, zu Lande und auf den Straßenbahnschienen. Um rechtzeitig am Platz zu sein - von Stadion zu sprechen, wäre vermessen gewesen -, müssen die Brüder unbedingt um halb zwei in Grünhöfe den Bus zum Hauptbahnhof nehmen.
Also beeil dich, drängelt Rolf, und glaub' ja nicht, dass ich immer auf dich aufpass´. Wenn wir zu spät kommen, siehst du sowieso nichts.
Freiwillig nimmt er den jüngeren Bruder nicht mit. Die Mutter hat das arrangiert, nicht ohne Eigensinn. Sind beide Söhne aus dem Haus, kann sie einen gemütlichen Nachmittag verbringen. Und wo würde Vater sein? Familiengetue ging ihm auf die Nerven, wusste Roland, und zu diesem, wie der Vater zu sagen pflegte, dezimaldemokratischen Kanalarbeiterverein würde er nie hingehen. Zu groß war die Rivalität zwischen dem väterlichen Vorstadtverein *TSV Wulsdorf* und dem von den Sozialdemoraten geförderten Arbeiterverein aus Lehe.
Richtige Wusldorfer gehen da nicht hin, meinte selbst Mutter.
Die muss es wissen.
Heute kommt Vater jedenfalls nicht mit. Schade, sonst wären sie bequem mit dem Peugeot gefahren, nun müssen sie sich in den Bus drängeln und später am Hauptbahnhof in die vollgestopfte Straßenbahn zwängen. Da geht es ihnen nicht besser als manchem Spieler, weiß Rolf zu erzählen. Er hat einmal neben Reinhard Ringel in der Linie drei gestanden. Die Leute hatten den beliebten Kicker dauernd angequatscht und Ratschläge gegeben.
Und, was hat er gesagt, will Roland wissen.
Nix, nur freundlich genickt und gelächelt.
„Am Leher Tor", vermeldet der Schaffner:
Das ist es, signalisiert Rolf, los raus!
Als die Bahn weiterfährt, sind beide Wagons fast leer. Auf der Straße laufen scharenweise junge und ältere Männer, Frauen sieht Roland kaum.
So muss es auch sein, findet er, Fußball ist Männersache, und Frauen tratschen gern in der Küche. Nun schnell dem zügig vorausschreitenden Bruder hinterher.
Sie stellen sich am Eingang für Schüler, Rentner und Schwerbehinderte mit Ausweis an. Die Schüler sind in der Mehrheit. Roland erkennt einige von der *Humboldtschule*, aus seiner Klasse keinen. Die sind noch zu unreif und doof dazu, sagt er sich, und ist urplötzlich stolz, dabei zu sein.
Die Menschenschlange bewegt sich langsam.
Scheiße, zischt Rolf, wir hätten früher fahren sollen.
Der Lärm schwillt an, die hohen Pappeln hinter der schon reichlich vollgestellten Stehplatztribüne wiegen sich im Weserwind.

EINUNDNEUNZIG, ZWEIUNDNEUNZIG, DREIUNDNEUNZIG - TOOOR!
Was? Geht's schon los?
Rolfs verächtliches Lachen: Quatsch, das hört sich anders an.
Roland fürchtet, nicht mehr eingelassen zu werden, so überfüllt erscheinen ihm die Ränge. Rolf muss, wie die anderen großgewachsenen Jungen, dem streng durch die dicken Gläser seiner braunen Hornbrille blickenden Mann im abgewetzten Lodenmantel seinen Schülerausweis vorzeigen. Jedes Exemplar schaut er sich genau an, dann ein kurzes Nicken mit dem Rotbäckchengesicht, aus dem eine dicke Zigarre qualmend heraussticht.
Roland darf ungemustert vorbei, zu klein für die Kontrollinstanz.
Der Kerl heißt Meyer und schmeißt jeden raus, der nicht nach seiner Pfeife tanzt, raunt Rolf seinem eingeschüchterten Bruder zu, als sie mit den Wechselgroschen in der Hand zum Spielfeld streben. Irgendwie hat der ′nen Sockenschuss.
Noch fünf Minuten bis zum Anpfiff, eben blitzte in Rolands Blickfeld kurz eine Rückennummer auf. Es war der letzte Spieler, der auf den Rasen getrabt ist.
Hinters Tor, hinters Tor, dirigiert Rolf, auf der Gegengeraden hat's keinen Zweck.
Alle drängen jetzt in Richtung Spielfeld, die letzten Sichtplätze werden besetzt. Rolf kann sehen, er ist schon groß, Roland sieht Männerrücken in Windjacken.
Das Spiel läuft.
Sie stehen hinter dem Bremerhavener Tor. Da ist nichts los, da die Heimmannschaft deutlich überlegen ist. Drüben auf der anderen Seite finden Eck- und Freistöße statt, hört Roland. Er hat Zeit, sich umzusehen. Auf dieser Seite gibt es keine Stufen. Hinter ihm erstreckt sich ein länglicher Schuppen im Bungalowstil einer vom Nachkrieg geprägten Kleingärtnerarchitektur, Vereinsheim und Mannschaftsdomizil zugleich. Nach vorne ausgerichtet klafft auf der rechten Seite eine rechteckige Öffnung in der kalkweißen Wand, dort werden Lakritzstangen, Sahnebonbons, Pfefferminzpastillen und im Sommer Eis herausgereicht.
Eis ist zu teuer, von *Sinalco* muss man aufs Klo, also besorgt sich Roland schnell eine Lakritzstange.
... aber eine lange, die zu fünfunddreißig Pfennig bitte.
Voooorsicht!
Roland duckt sich instinktiv, die Wechselgroschen fallen ihm fast aus der Hand. Links von ihm ist dicht über dem Vordach der aus zwei zusammengestellten Holztischen notdürftig hergerichteten Getränketheke der Ball heftig aufgeprallt. Die schmale Blechdachrinne zittert noch unter Wucht des Knalls. Der Ball ist nach dem Aufschlag hochgesprungen, aufs flach geneigte Teerdach getropft und rollt nun in die Arme eines aufmerksamen Platzordners. Mit großem Schwung wirft er ihn über die Menschenreihe ins für Roland unsichtbare Feld zurück.
Lächerlich, lächerlich, quietscht eine Sopranstimme, zu wenig Zielwasser gesoffen, hahaha!
Den Fusel von da oben kann man doch nicht saufen, brummt ein Bass hinterher, da wirst du nicht mal dun von.
Die Lübecker hatten es bis vor das Bremerhavener Tor geschafft und beinahe dem Bierausschank einen schweren Treffer beigebracht.
So'n Schietkrom, hört Roland, kurz bevor der ganze Pulk vor ihm einen heftige Ruck nach oben macht.
TOR, TOOOR!
Jubelgebrüll allerorten. In die Menge ist abrupt Bewegung gekommen. Rolf dreht sich nach seinem kleinen Bruder um.
Schnell, schnell hierher.

Roland nutzt die Gunst der Minute, um durch die bewegten Männer nach vorn zu schlüpfen. Plötzlich ist alles viel heller, weit schweift sein Blick über das riesige Feld. Die Mannschaften formieren sich gerade zum Anstoß. Die Begeisterung setzt sich nur etwas, denn nun legen Zuschauer und Heimelf gleich einer verschworenen Einheit richtig los. BUBI, BUBI, tönt es laut.
Gemeint ist der bullige Mittelstürmer Neumann, der, wie Roland schnell merkt, mit seiner derben Art den Ball in Richtung Tor zu drängen, besonders beliebt ist. Gerade steigt er zum Kopfball hoch, ein Abwehrspieler prallt von ihm ab, bleibt liegen. Die Lübecker kriegen den Ball nicht mehr aus dem Strafraum. Da, rums: zwei zu null!
Der erneute Jubelausbruch drückt Roland nach vorn. Er klatscht angestachelt in die Hände, freut sich, fühlt sich leicht, angenommen und aufgehoben inmitten der anderen beglückten Menschen, die ihm nicht im Geringsten fremd erscheinen, sondern tief vertraut, Teil des wohligen Gefühls, das in ihm aufsteigt, wellenartig, schaudernd.
Wir gewinnen, wir gewinnen! Roland dreht sich um, sucht den Blickkontakt zum Bruder.
Klar doch, klar doch.
Der hat sich zur Feier des Moments eine *Stuyvesant* gegönnt, zieht den Rauch ein, schaut auf die Uhr. Gleich ist Pause.
Aber zuvor muss Roland noch einige Schrecksekunden überstehen. Die grünen Lübecker hasten direkt, so kommt es ihm vor, auf ihn zu. Zwei der Heranstürmenden drehen nach innen zum Tor hin. Die Bremerhavener Verteidiger kommen nicht richtig ran. Urplötzlich ein Schuss, in mannshoher Flugbahn zischt der Ball aufs Tor zu, will durch den rechten oberen Winkel, den Pfosten und Latte bilden, den Weg ins grobmaschige Netz finden, doch wie von einem elektrischen Impuls gezündet schnellt der mächtige Körper des Torhüters, der zuvor in geduckter Konzentration den Verlauf der Aktion anvisiert hatte, in genau diese obere rechte Ecke, Arme weit gespreizt, Beine lang von sich gestreckt, so liegt er förmlich für den Bruchteil einer Sekunde in der Luft. Die behandschuhte Faust erreicht das Ballgeschoss, das jäh aus seiner Bahn gerissen wird und gegen den hinter dem Tor installierten, etwa drei Meter hohen Maschendrahtzaun knallt.
Roland ist von dieser akrobatischen Einlage so gebannt, dass er vergisst mitzuklatschen. Völlig mit sich allein erlebt er den folgenden Eckstoß, der harmlos verpufft.
Dann ist Halbzeit.
Roland starrt immer noch auf den Torhüter, der in seinen Augen Übermenschliches geleistet hat, und das hier an diesem Sonntagnachmittag in Bremerhaven, vor seinen Augen.
Der Held heißt Helmut Fischer, arbeitet aber nicht als solcher, sondern bei der Post, erzählt Rolf auf Rolands Nachfrage. Was er nicht wissen kann: In der nächsten Saison wird der Sportsmann, weil die Postdienste es so bestimmen, in Hannover wohnen und für *Arminia* spielen.
Hinter einem Postschalter kann sich Roland diesen vortrefflichen Akrobaten kaum vorstellen, der da in diesem Moment an ihm vorbeischlendert, beiläufig mit einem seiner Mitstreiter einen Scherz austauschend, ohne Anzeichen von besonderer Anstrengung im Gesicht, obwohl er vor ein paar Minuten noch in so atemberaubender Manier quer durch die Seestadtluft geflogen ist.
Die Platzordner haben ein schmales Spalier gebildet, damit sich Spieler und Schiedsrichter ihren Weg durch die sie bedrängende Menge bahnen können. Die einen streben in die Kabinen, andere zieht es zu Bierstand und Toiletten. Der putzige Bungalow wird im Nu von Menschen überfüllt.
Komm, weg hier, wir versuchen es auf der Tribüne.
Rolf hat wieder das Kommando übernommen.

Der große Blonde mit der Sieben, ist das der, mit dem wir verwandt sind?
Ja, aber nur weitläufig.
Ungeduldig drängt der große den kleinen Bruder weiter. Wenn wir einen guten Platz finden wollen, müssen wir uns beeilen.
Der Aufwand hat sich gelohnt. Ein freundlicher älterer Herr in Kleppermantel, Pfeife im Mundwinkel, hat Roland vor sich gelassen. Jetzt steht er eingekeilt von zwei mittelgroßen Halbstarken auf halber Tribünenhöhe fast in der Mitte und kann die Szenerie wunderbar überblicken. Alles erscheint zum Greifen nahe, so eng gedrängt stehen die Zuschauer an den Seiten des rechteckigen grünen Feldes. Es gibt keine Laufbahn, wie Roland es aus den Stadien im Fernsehen kennt. Auch die hölzerne, überdachte Sitzplatztribüne auf der Gegenseite steht dicht am Spielfeldrand. Die Leute beginnen in die Hände zu klatschen, Rufe werden wieder laut, jetzt da sich die Spieler in ungeordneter Reihe erneut auf den Rasen begeben.
Na, kannst du sehen, erkundigt sich Rolf fürsorglich.
Ja, tolle Sicht, erwidert Roland mit einem Gefühl, als beginne die ganze Sache für ihn noch einmal von vorn.
Er hat seinen Stammplatz gefunden und wird zukünftig, wenn er ein Fußballstadion betritt, immer wieder, wie von einem Instinkt gesteuert, diese ideale Perspektive suchen – Stehplatztribüne, halbe Höhe, etwas versetzt von der Mittellinie. Die Sitzplatzinhaber beneidet er nicht, aber einen der Fensterplätze dort drüben in den Mehrfamilienhäusern in der Pestalozzistraße, die direkt hinter der Haupttribüne verläuft, hätte er gerne einmal ausprobiert. Gerade rechtzeitig zum Anpfiff haben sich die weit geöffneten Fenster wieder mit Köpfen gefüllt. Die Bewohner lehnen bequem auf den Fensterbänken, einige haben sich Kissen unter die Arme gelegt. Die haben's wirklich gut, sinniert Roland, gepolsterte Loge inklusive eigenem Klo.
Die Dreiundneunziger legen gleich rasant los. Der auffrischende Nordseewind verleiht den Aktionen zusätzliche Dynamik.
Los, macht Dampf, gebt ihnen die Kanteeeeee, röhrt es hinter Roland.
Grauer, Pohlmann oder Bubi Neumann sind nicht zu halten, und zack: drei zu null!
Die Tribüne bebt, einer der Jungen neben ihm umarmt Roland heftig.
Mensch, was´n Hammer!
Roland freut sich, klatscht eifrig Beifall.
Die armen Lübecker könnten einem Leid tun. Roland tun sie nicht Leid. Sie sollen verlieren, seine Dreiundneunziger sollen gewinnen, er will gewinnen! Die Namen der Spieler prägen sich in seinem Gedächtnis schnell ein. Hildebrandt, Cordes und Ringel lassen, wie Vater sagen würde, hinten nichts anbrennen, Rolands Namensvetter treibt den Ball immer wieder energisch auf den Bierstand zu, und der wendige Emler dreht und schlängelt sich blitzschnell an den VFB-Spielern vorbei, so dass sie dumm dreinschauen. Er wurde extra aus der Regionalliga Süd nach Bremerhaven gelockt - das will schon etwas heißen. Die Leute um Roland nennen ihn wegen seiner geringen Körpergröße scherzhaft den laufenden Meter und freuen sich jedes Mal riesig, wenn er an den groß gewachsenen VFB-Verteidigern vorbeiflitzt. Das passiert heute oft.
Für Lübeck ist nichts mehr zu retten. Am Ende können sie froh sein, nur vier zu null verloren zu haben.
So´n Mist, bloß schnell weg hier, mögen sie denken, als die vielen jungen Bremerhavener gleich nach dem Schlusspfiff auf den Rasen strömen.
Roland ist nicht dabei. Er bleibt noch eine Weile an seinem Platz, wie der Bruder vorgeschlagen hat.
Wir bleiben hier stehen, bis sich die meisten verzogen haben, dann hauen wir hintenrum ab.
Roland sieht zu, wie die Spieler von der Menge auf dem Feld aufgesogen werden.

Wie die wohl in die Kabine kommen, fragt Roland.
Rolf beruhigt ihn. Die kennen das. Außerdem haben die sowieso Zeit. Nachher gehen die noch in die *Zollinlandklause*, trinken ein paar Bier und schnacken mit den Leuten über das Spiel.
Woher weißt du das?
Von Klassenkameraden aus Lehe.

Auf dem Weg zurück zur Haltestelle bemerkt Roland zwei bekannte Gesichter aus Wulsdorf.
Das können keine richtigen sein, das muss ich Mutter gleich erzählen.
Rolf gemahnt zur Eile: Schnell, schnell, wir verpassen die Bahn.
Die Straßenbahn fährt vorbei, ohne zu halten. Besetzt! Auch den Anschluss nach Grünhöfe verpassen sie zunächst, deshalb wird es später, als sie endlich wieder ins Haus zurückkehren, wo die Mutter sie schon erwartet.
Die Hüterin des Hauses ist stolz auf ihren gepflegten Vorgarten mit dem dunkelbraunen Jägerzaun. Hier ist sie da, wo sie hingehört. Fast nur Beamte in ihrer Reihe: zwei Lehrer, ein Ingenieur zur See und ein Gerichtsvollzieher mit einer zwanzig Zentimeter langen Narbe auf dem linken Oberarm, die er sich auf einer seiner gefährlichen Kuckuckstouren im Vögelviertel eingehandelt hat.
Die in Flachdachhausen zücken gleich das Messer, wenn die nur einer schief anschaut, setzte Rolf den jüngeren Bruder über die Gepflogenheiten in den ominösen Behausungen zwischen Feldstraße und *Wilhelm- Busch-Schule* ins rechte Bild, nachdem Mutter die Geschichte von der Dolchattacke auf Herrn Lammers vom letzten Terrassenfest mitgebracht hatte.
Wie kann man einem Staatsbeamten so zusetzen, klagte sie mitfühlend, der Mann tut schließlich nur seine Pflicht. Wie gut, dass wir aus dem Proletenbunker raus sind. Wer weiß, was da noch für Pack einzieht?
Das Pack wohnt in Flachdachhausen und die Proleten in Grünhöfe. Roland wohnt fast in Wusldorf und singt: Einundneunzig, zweiundneunzig, Dreiundneunzig - Toooor!
Mutter weiß Bescheid: Na, das war ja was für dich, willst du beim nächsten Mal wieder mit?
Roland nickt begeistert. Wo ist Vater?
Dem möchte er unbedingt alles erzählen.
Bei den Wulsdorfern natürlich, gibt Mutter zurück, was möchtest du zum Abendbrot?
Das hätte er sich denken können. Roland spürt unversehens seine Müdigkeit und schleicht nach oben ins Kinderzimmer. Von den zwei Wulsdorfer Gesichtern sagt er nichts.

Punkte am grünen Tisch

Der nachhaltige Eindruck des großen Erlebnisses im *Volksparkstadion* und die zur Pflicht gewordenen Besuche am *Zollinlandplatz* zeigten Wirkung. Rolands Lust auf heißumkämpfte Spiele stieg mit dem Drang, den Kinderalltag in Grünhöfe mit Sinn zu füllen. Da kam der große Bruder zur rechten Zeit auf eine folgenreiche Idee. Er präsentierte die Erlösung vom Ernst des Schülerdaseins in Form einer bunten, länglichen Pappschachtel mit den magischen zwei Silben verziert, die das Spiel der Geschwister für geraume Zeit beherrschen sollten – *Tipp-Kick*.

Unter dem rot-gelben Deckel befanden sich sorgfältig gerollt ein leuchtend grünes, mit weißen Linien versehenes, wächsernes Leinen, etwa von der Größe eines Handtuchs, zwei dem Maßstab entsprechende, weiße Plastiktore mit hellgrünen, eckigen Einfassungen, je zwei Feldspieler in gelb und rot, cirka sieben Zentimeter hoch, mit einem zylinderartigen Pömpel auf dem Kopf, der am Ende einer Metallstange angebracht war, die durch den Oberkörper der Figur führend nach unten das rechte Bein hielt. Das andere Bein stand fest auf einem gusseisernen, ovalen Plateau. Dazu gab es für jede Mannschaft einen Torhüter, den Tipp-Kick-Toni. Der hatte eine Schirmmütze auf und stand in leicht angewinkelter Lauerstellung, beide Arme nach oben ausgestreckt. Auf Roland wirkte er auf den ersten Blick eher wie ein zum Sprung ansetzender Schwimmer und nicht unbedingt torhütergerecht. Der Clou an der Figur steckte, wie Rolf dem staunenden Bruder demonstrierte, in dem Plastikkasten, der dem Männchen anhing und es gleichzeitig senkrecht hielt. Kasten und Tormann waren verbunden mit einem zehn Zentimeter langen Metallstäbchen.
Das ist der Transformator, hob Rolf an, und schau, wenn ich auf eines dieser Knöpfchen drücke - tack - schnellt der Toni entweder nach rechts oder - tack - nach links herunter.
Roland hatte nie einem Lehrer gebannter zugehört. Erklärung und Demonstration in einem, wo gab es das schon? Das musste er auch gleich probieren, und kurzerhand stieg er - Fischer im Kopf und Tonis Kasten in der Hand - mit dem Bruder in ein verschärftes Tipp-Kick-Torwarttraining ein. Dabei stellte er sich, wie sein Trainer lobend hervorhob, gar nicht schlecht an.
Schwieriger war, wie Roland dann feststellen musste, der Gebrauch des Spielers, dessen geschickte Handhabung das eigentliche Spiel ausmachte. Wenn Roland den Figuren ins angemalte Gesicht schaute, so hatten sie, ob gelb oder rot, eine leidende Miene. Vielleicht, so naiv dachte Roland in dieser Zeit noch, weil ihnen so oft auf den Kopf gehauen wird. Roland hatte während seiner gesamten Tipp-Kick-Karriere nur ein einziges Mal einen lachenden Spieler, aber das war viel später.
Zu lachen hatte er bei seinen ersten Tipp- und Kick-Versuchen wenig . Zwar schoss das rechte Bein seines Spielers beim Antippen des Pömpels tatsächlich nach vorn, und der Ball kam auch ins Rollen, aber wie und wohin? Rolfs Schüsse kamen fast allesamt aufs Tor, und das in einer beachtlichen Geschwindigkeit. Rolands Schüsschen hingegen blieben auf halber Strecke liegen, auf des Bruders Tor bewegten sie sich zuerst äußerst selten zu. Jedoch zeigte sich beim Tippkicken Rolands Kämpfernatur. Obwohl der Gegner aufgrund seiner Erfahrung aus einigen Dutzend Spielen gegen Klassenkameraden schier übermächtig schien und Roland stets hoch verlor - geschenkte Ehrentore ließ er nicht zu - steckte der kleine Tipp-Kicker nicht auf. Er witterte verborgenes Talent und blieb am eckigen Ball, der, wenn er rund geschossen war, ausgetauscht werden musste. Drei Bälle enthielt ein Spielkarton, und die waren bei Rolands Trainingsfleiß schnell verschlissen - manchmal fielen sie nach einem besonders kräftigen Stoß in zwei Hälften auseinander. Der war hinüber, da half kein *Uhu* mehr. Also mussten neue her, für dreißig Pfennig das Stück bei *Ziegfeld* in der Spielzeugabteilung zu erstehen. Rolf bestand auf gerechte Verteilung der Betriebskosten, demgemäß musste auch Roland zahlen, obgleich er noch keine regelmäßigen Taschengeldbezüge aufweisen konnte.
Das Tipp-Kick-Geschäft war hart, sollte sich aber auszahlen, wenn auch nicht in barer Münze, so doch im Glücksgefühl der ersten Siege. Roland erfocht sie bei den Turnieren, die stets als Höhepunkt eine Kindergeburtstagsfeier vom Brüderpaar organisiert wurden. Um das Teilnehmerfeld möglichst zahlreich zu besetzen, wurde bei den Einladungen eine Tipp-Kick-Tauglichkeit abgefragt. Es versteht sich von selbst, dass bei dieser Auslese Mädchen schlechte Chancen hatten. Kam dann doch

eine der unvermeidlichen Cousinen, hatte sie sich gefälligst den Gegebenheiten der Jungenwelt anzupassen, unfachfraulicher Kommentare zu enthalten und bei den richtigen Situationen zu jubeln.
Für die Kinder, die an diesen Geburtstagsturnieren teilnahmen, blieb *Tipp-Kick* bei aller spontanen Begeisterung ein unterhaltsames Tischfußballspiel, für das Gebrüderpaar war es eine virtuelle Fußballwelt, die vielerlei Gestaltungsmöglichkeiten bot, wenn man genügend Phantasie entwickelte. Und das taten sie.
Wieder war es der Ältere, dem eine, wie Roland neidlos anerkannte, geniale Neuerung einfiel. Auf seinen Vorschlag gründeten sie eine Europaliga – so fortschrittlich dachte der spätere Betriebswirt damals schon. Die Kontrolle der Statistik nahm er selbst in die Hand, während der jüngere Partner die professionelle Ausstattung der Spielstätte übertragen bekam. Der eine bestimmte, welchen Clubs die Ehre zuteil wurde, in der neuen Superliga zu spielen, und erstellte also in aller gebotenen Sorgfalt in einem linierten Schulheft den Spielplan für die erste Hinrunde der Frühjahrssaison neunzehnhundertsechsundsechzig. Der andere versah zunächst die Tore mit richtigen Netzen, die er aus Mutters Storeresten zusammenfügte. Zum einen wirkte das natürlich ungleich echter als das weiße Plastikgitter, zum anderen hatte dies einen unschätzbaren praktischen Nutzen, waren sich doch die Gegenspieler nicht selten deshalb in die Haare geraten, weil ein scharf geschossener Ball umgehend vom Kunststoff zurückgeprallt war, und der Hüter dieses Tores daraufhin die Chance ergriff, den Treffer abzustreiten.
Der war nicht drin, hieß es dann scheinheilig.
Da half es wenig zu beteuern: Doch, doch, hab´ ich genau gesehen.
Kannst du gar nicht, wurde gebieterisch dagegengehalten, hab´ ich nämlich gehalten.
Das hätte man gehört, das macht ein ganz anderes Geräusch.
Dann war´s eben Pfosten.
Und schon gab es Streit, der manchmal zum Spielabbruch wegen unüberbrückbarer Beleidigung führen konnte.
Dem hatte Roland einen Riegel vorgeschoben. Drin war fortan wirklich drin! Von der Möglichkeit eines Wembley-Tores ahnte er da noch nichts.
Um die Veranstaltung originalgetreuer zu gestalten, legten sich die beiden Ligagründer je einen in Revellfarben bemalten Lieblingsspieler zu. Rolf wählte sich Luis Suarez von *Internationale Mailand* und hatte es dementsprechend schwer, seinen roten Spieler auf blau-schwarze Streifen umzugestalten. Da machte Roland es sich mit seinem Libuda leichter. Er musste nur eine schwarze Sieben auf den gelben Rücken der Figur malen und vorne einen schwarzen Punkt in Höhe der Herzgegend – das Borussia-Emblem. Zu guter Letzt besorgte er vom eigenen Gesparten noch eine original Tipp-Kick-Uhr mit Spielstandanzeiger. Bei realer Dauer von zehn zeigte sie einen fingierten Verlauf von fünfundvierzig Minuten an.
Nach dieser Aufrüstung konnte es losgehen. Sechzehn Mannschaften hatte Rolf aufgenommen, also mussten pro Spieltag lange hundertsechzig Minuten absolviert werden, die sie, wenn alles glatt lief und sie nicht von Mutter gestört wurden, an einem Nachmittag schafften. Glatt lief es jedoch nicht immer, denn beide Kontrahenten hegten besondere Sympathie für bestimmte Vereine. Rolf bevorzugte *Inter Mailand* und *Real Madrid*, während Roland ganz patriotisch die beiden erwählten deutschen Vereine *Borussia Dortmund* und den *Hamburger Sportverein* favorisierte.
Die Anstrengungen wurden engagierter und die Atmosphäre gereizter, wenn der Spielplan eine Partie zwischen diesen Vereinen vorsah. Da wollte keiner verlieren. Rolf fühlte sich stets schwer beleidigt, wenn das Ergebnis nicht nach seinen Wünschen aussah, und Roland wiederum neigte bedingt durch seine cholerische Ader schon während des Spielverlaufs zu unkontrollierten Wutausbrüchen. Lief es gar zu schlecht

für ihn und seinen Club, traktierte er das Torgehäuse im Extremfall mit der Faust oder verbog seine Torwartstange dermaßen, dass der Transformator platzte.
Die Feldspieler waren robust und konnten einiges an grober Behandlung vertragen, gleichwohl brach durch zu starke Abnutzung so manches Standbein. Das war bitter. Schließlich kostete ein neuer Spieler fünf Mark, der manchmal auch nur angeschafft werden musste, um ein neues Schussbein zu haben. Das wurde dann herausmontiert, angefeilt, geschliffen und endlich dem vertrauten Stammspieler eingefügt. Nächster Streitpunkt war, inwieweit die durchgeführte Manipulation als zulässig galt oder nicht. Schließlich konnte man durch durchdachtes Bearbeiten des Beines ungeahnte Vorteile erringen und aufgrund der besonderen Formung des Fußes überraschende Effekte erzielen, wie riskante Schnibbelgranaten oder raffiniert gedrehte Heber, unkalkulierbar und deshalb schwer zu parieren.
Ein Eklat von besonderer Schwere ergab sich aus einem Aufeinandertreffen von *Borussia* und *Inter*, das am letzten Spieltag über Verbleib und Abstieg entscheiden musste. Schließlich hatte es Dortmund erwischt. Roland hatte alles gegeben und fühlte sich vom Bruder verschaukelt. Zudem sollte er zusehen, wie der geschulte Statistiker in kalter Manier den abschließenden Tabellenstand in das Europaligaheft eintrug und somit den Abstieg amtlich machte. Das war zu viel. Wutentbrannt entriss er dem gnadenlosen Buchhalter das Zahlenwerk, zerlegte es in zwei Hälften und warf es aus dem Fenster in den regnerischen Spätnachmittag hinein. Im gleichen Moment bereute er die verwerfliche Tat – zu spät. Er hatte das Heiligste geschändet und wurde tagelang mit Missachtung gestraft, auch die Mutter war informiert über die Missetat und schalt ihn heftig.
Roland bat zerknirscht um Vergebung, und der Bruder ging nach nur kurzem Zögern darauf ein. Was wäre auch die Alternative gewesen?
So begann die Saison von neuem und der Anlass des vorübergehenden Zerwürfnisses wurde mit einem salomonischen Kompromiss zu den Akten gelegt. Beide Vereine verblieben in der Liga, zwei neue kamen hinzu. Der besiegelte Frieden hielt etliche Spieltage. Eines schlechten Nachmittags jedoch endete die ganze Europaliga, weil die streitenden Parteien bei einer handgreiflichen Rangelei das Spielfeld dermaßen beschädigten, dass es nicht mehr zu flicken war. Zwar gab es, da Weihnachten ins Haus stand, rasch ein neues Spiel, mit extra großem, nicht zerreißbarem Spielfeld und original Netztoren mit Rundpfosten wie in *Wembley*. Doch die alte Magie wollte sich nicht wieder einstellen, und nach dem nächsten Geburtstagsturnier, das Roland überlegen gewann, verlor der Bruder das Interesse am Tippkicken gänzlich, fühlte sich, so teilte er dem bestürzten Dauergegner mit, zu erwachsen für so´n Kinderkram.
Das bedeutete das vorläufige Ende für Rolands TIpp-Kick-Laufbahn, da die anderen potentiellen Spielpartner nicht im Entferntesten so engagiert zu Werke gingen wie der abtrünnige Rolf. Roland musste sich neue Spielfelder suchen, und mit der Zeit, als auch sein Interesse für Mädchen sprunghaft zunahm, nahm er an, dass der Bruder wohl recht getan hatte.

Eines anregenden Kinotages später, in der Druckphase der Pubertät, sah er sich unversehens eines anderen belehrt. Er hatte sich klammheimlich alleine ins Kino geschlichen, um inkognito im Sperrsitz versunken Schätzchen Uschi Glas bei der Sache zuzuschauen. Bezüglich dieses voyeuristischen Ansinnens kam er nicht auf seine Kosten. Der kurvige Teenager war nur einmal in Unterwäsche und zwei oder dreimal im Bikini zu sehen. Viel mehr beeindruckt war Roland von ihrem Freund Werner Enke, der seine Zeit mit Nichtstun und *Tipp-Kick* verbrachte. Das gefiel Roland sehr und er verließ das spärlich besetzte Lichtspieltheater mit der beruhigenden Erkenntnis, dass man auch als großer Junge noch spielen durfte. Gleich am nächsten

Tag kaufte er sich einen neuen Spieler mit angefeiltem Fuß. Der sollte aber erst Jahre später zum Einsatz kommen.

Ideologie und Taktik

Die ganze Familie hat sich am Donnerstagabend vor dem Fernseher versammelt und ist in bester Fußballlaune. So wird es an diesem schönen Sommerabend in vielen bundesdeutschen Stuben sein, denn die Weltmeisterschaft in England ist bisher für die eigene Mannschaft glänzend gelaufen. Die Schweiz wurde, wie Rolands Vater zu sagen pflegte, vom Platz gefegt, dann Emmas verrückter Kracher und der Kantersieg gegen die wilden Urus, der allerdings mit einer Ungeheuerlichkeit endete, die noch lange für Gesprächsstoff sorgte. Da hatte es doch dieser Troche gewagt, unseren Spielführer zu ohrfeigen, einfach - peng - dreht sich um und macht dabei noch Faxen. In Rolands Augen eine unfassbare Grobheit, für Vater eine Schweinerei sondersgleichen, und Rolf wünschte diesen Kanacker in den Busch zurück, aus dem er herausgesprungen war.

Ausgerechnet den braven Uwe, dem Roland vor vier Wochen noch so nah gewesen war auf dem Rasen des *Niedersachsenstadions*. Ganz ruhig hatte er da gestanden und den auf ihn einstürmenden Kindern mahnende Worte zugerufen, nach dem tollen Spiel gegen Jugoslawien.
Nicht so fix, für alle hab´ ich heute keine Zeit. Das müsst ihr verstehen. So, du noch...Tschüs. Dann noch eine Anweisung an einen Mitspieler, der schnell mitkommen und an eine Tasche denken sollte, und weg war er, in gemächlichem Trab die Treppe zu den Kabinen hinauf.
Roland hatte ihm starr vor Stolz und Ergriffenheit nachgesehen, die berühmte schwarze Neun auf dem weißen Hemd. Eben war er noch direkt neben ihm. Roland hatte ihn am Trikot gezupft und gestammelt:
Gut gemacht, Uwe, gut gemacht.
Mehr brachte er nicht heraus. Der Angesprochene stand da und gab geduldig Autogramme auf die ihm hingehaltenen Zettel, Sonderhefte, Bilderalben und Eintrittskarten. Roland war auf dieses unverhoffte Aufeinandertreffen nicht vorbereitet und hatte nichts in der Hand zum Hinhalten. Es schien ihm auch nicht wichtig in diesem Glücksmoment. Nur dastehen, berühren, alles genau erfassen, nichts entgehen lassen. Er war kaum jemals so hellwach gewesen, wie in diesen kurzen Minuten. Der bewunderte Star ohne Allüren wirkte erstaunlich frisch und war wenig verschwitzt. Dabei war er doch so oft gesprungen und sehr viel hin und her gelaufen. Die Stutzen saßen noch vollkommen akkurat. Und was war mit dem berühmten Spezialschuh, den Herr Dassler für die lädierte Ferse des unersetzbaren Mittelstürmers persönlich angefertigt hatte? War es der linke oder rechte? Roland sah keinen Unterschied, starrte auf die Schuhe mit den drei weißen Streifen. Mit welchem hatte Uwe das Tor erzielt?
Und dann war es auch schon vorbei. Als sich der Junge umschaute, war nur noch Tilkowski in der Nähe und schrieb, aber dessen Unterschrift hatte Roland schon in seinem Borussia-Dortmund-Sonderheft 1965. Die hatte ihm Mutter damals im Trainingslager in Hagen besorgt.

Fast die gesamte Nationalmannschaft war an Roland vorbeigegangen, was hätte er da viele wertvolle Autogramme sammeln können. So eine Gelegenheit kommt nie wieder, doch er hatte nur Augen für Uwe gehabt. Und dann waren alle weg.
Etwas benommen von den Eindrücken schlurfte er wenig später den steilen Aufgang neben der Haupttribüne hoch, dort würde er die anderen treffen und ihnen von seinem Glück erzählen. Er konnte es noch kaum fassen, dabei hatte der Tag so trübe für ihn begonnen.

Am Donnerstag zuvor war herausgekommen, dass Roland Mutters Autogramm, mit dem sie die mit ungenügend bewertete Englischarbeit beglaubigen sollte, aus Angst vor handgreiflichen Sanktionen gefälscht hatte. Im Verhör durch die Eltern musste er überdies zugeben, ein Wiederholungstäter zu sein.
Weißt du, was das ist?
Roland hatte geschwiegen.
Das ist Urkundenfälschung und im höchsten Grade kriminell. Zur Strafe bleibst du am Sonnabend zu Hause, zum Fußball fahren nur ehrliche Leute mit.
Hart, aber gerecht, fand selbst Roland. Er bewegte sich geradewegs auf die schiefe Bahn zu.
Am Sonnabendmorgen dann die unverhoffte Meinungsänderung. Vater ließ Gnade vor Recht ergehen. Hatte er so schnell keinen Ehrlichen gefunden?
Wie sollte der Junge auch wissen, dass die Mutter ihren kinderfreien Tag schon verplant hatte und Roland im Hause nur gestört hätte.
Im Stadion - Roland hatte natürlich, da er auf Bewährung mitfuhr, im Auto keinen Mucks von sich gegeben - wendete sich noch ein Missstand für ihn zu einem Glücksfall. Vater hatte Karten für die Vortribüne bekommen, die sich als ein Notbehelf entpuppte, den man, um das Fassungsvermögen des Stadions zu erhöhen, direkt vor die Haupttribüne gezimmert hatte, eng und kein Gefälle, so dass kleine Personen kaum das Spielfeld sehen konnten. Da kam Vater auf die grandiose Idee, dass Roland sich in den nahen Sandkasten schleichen solle, der für Weitspringer gedacht war. Aus dieser Froschperspektive verfolgte er das ganze Geschehen, in Hörweite zur deutschen Bank mit Trainerstab und Ersatzspielern. So nah fühlte sich Roland dem Spiel, dass er sich aus seiner Kauerstellung auch zur Pause nicht hochtraute, aus Angst, jemand könne ihn von seinem Sonderplatz verweisen. Nur nicht weichen, nicht für Speis und Trank und auch nicht für den Toilettengang. Dann kam der Moment, in dem Roland durch eine Richtungsentscheidung des Balles für Sekunden gar in den Ablauf des Spiels einbezogen wurde. Das Ding rollte genau auf Roland zu. Was sollte er machen? Schon hatte er den Ball fest in beiden Händen und war unfähig zu reagieren. Ein Spielerschatten tauchte vor ihm auf.
Gib her Kleiner!
Roland gehorchte wie in Trance der Anweisung. An der Rückennummer erkannte er, wer mit ihm gesprochen hatte: Sigi Held.
So konnte es also weitergehen, und beim Schlusspfiff spurtete Roland einem Impuls folgend einfach los, der Instinkt bestimmte die Richtung.

Aus dieser dem Weltenlauf entrückten Stimmung wurde er erst durch Rolfs Stimme gerissen, als er gemächlichen Schrittes auf die Wege hinter der Haupttribüne einbog und die Seinen wiederfand.
Na, hast du ordentlich Autogramme gesammelt?
Nicht eins, hatte nichts zu schreiben.
Ach du Scheiße, wenn man dich schon irgendwo hinschickt.
Auch Vater meinte, Roland sei nicht auf Zack gewesen.

Er nahm ihre Sticheleien gelassen. Was wussten die schon.

Heute, in der Erwartung der Übertragung des Halbfinalspiels aus Liverpool, wissen alle schwer Bescheid, selbst Mutter. Sie hat einen Bericht über die Russen gelesen und weiß, dass deren Torwart zwar ein Methusalem ist, aber immer noch der beste der Welt sein soll. Die anderen gestehen der Mutter mittlerweile eine gewisse Fußballkenntnis zu. So herrscht also Einigkeit und Recht und Freiheit in diesen Tagen im Reihenhaus, ganz gemäß des vollkommen neuen Textes der Nationalhymne, den Rolf aus der Schule mitgebracht hat.
Die haben langsam alle einen republikanischen Fimmel, hatte Vater dazu gemeint. Roland fand die Parolen irgendwie passend.
Einigkeit herrscht über den Ausgang des Spiels: Die putzen unsere weg! Jeder hat ein Recht auf einen ihm angemessenen Fernsehplatz, und, was Roland besonders erfreut, jeder hat die Freiheit zu futtern und zu trinken, wonach ihm gelüstet, wobei die Bestimmungen des Jugendschutzgesetzes liberal ausgelegt werden. Vater trinkt Wodka und raucht Zigarre, Rolf trinkt *Ballentines* und raucht Pfeife, Mutter gönnt sich einen Potsdamer und raucht nicht mehr, Roland trinkt *Sinalco* mit Bier gemischt, dazu kaut er genießerisch Erdnussflips und leckere Hariboschnecken.
Das Spiel beginnt, und auch heute läuft es wieder gut. Offensichtlich ist der kommunistische Torwartopa tatsächlich zu tatterig, witzeln Vater und Söhne, denn schnell gehen die Deutschen in Führung.
Der Sprecher des Abends hat Zeit den verehrten Zuschauern zu Hause die sozialistische Auffassung von Fußball zu erklären, die wie in der Politik das System über alles stelle und Individualität nicht würdige. Von taktischer Zwangsjacke ist die Rede und abgewürgter Kreativität.
Roland kaut auf seinen Lakritzschnecken und beobachtet, wie sich Theorie und Praxis vertragen. Gerade möchte er dem Vortragenden in seiner Meinung folgen, da wird dieser durch eine einzige Aktion abrupt widerlegt.
Ein Spieler der Vereinigten Sowjetrepubliken entledigt sich jeglicher taktischer Zwänge und offenbart Individualität – er sieht rot und tritt dem Held schwungvoll in den Hintern. Dadurch gerät der Ablauf des Abends aus dem Rhythmus, sowohl an der *Anfield Road* als auch im Wulsdorfer Reihenhaus, wobei zu sagen ist, dass die deutschen Spieler das ganze Theater routiniert abhaken, nachdem der Sünder des Feldes verwiesen worden ist.
Seine verlassenen Kameraden zeigen, da sie nun in Unterzahl die knapper werdende Zeit vergegenwärtigen, zusehends Nerven und treten häufiger zu. Ihre Ordnung löst sich auf, was dem Kommentator die Gelegenheit gibt, ihr Verhalten zu analysieren. War es wirklich eine Überreaktion eines Nervenbündels oder gar eine gezielte - nur freilich missglückte – Strafaktion gegen den deutschen Stürmer? Immerhin, so wird Roland gewahr, seien die Russen bekannt für ihr strategisches Handeln, gerade auch im Sport, wo die meisten Athleten sowieso aus der Armee rekrutiert werden. Genau versteht Roland den offengelegten Zusammenhang zwischen Sport und Kommunismus nicht, da Vaters und Rolfs Flüche über dieses rote Gesindel aus dem Kaukasus oder sonstwo her den Kommentar übertönen. Zum Verständnis der Kicker von hinter dem Eisernen Vorhang wird von öffentlich-rechtlicher Warte noch zu bedenken gegeben, dass sie für Propagandazwecke missbraucht würden und im Grunde zu bedauern seien.
Diese armen Kommunistenteufel, denkt Roland.
Das will Vater wiederum so nicht stehen lassen: Bolschewistenpack ist das, belehrt er die Stimme aus dem Bildschirm. Mit unseren braven Jungs können die das ja machen, wie früher mit unseren anständigen Landsern. Die konnten sich nicht wehren gegen dieses Partisanenvolk, viel zu anständig.

Mutter nickt beifällig.
Wie gut, dass heute ein Italiener pfeift, stellt euch vor, das wär´ ein Ungar... Und seht euch das an, die wehren sich ja gar nicht richtig.
Aber der Willi Schulz haut ganz schön dazwischen, mischt sich Rolf ein.
Ja, ja, der ist doch ein verkappter Zuhälter und organisiert nebenbei Nuttenclubs... Vater, ich bitte dich, fährt Mutter nervös auf.
... der, schließt Vater die Pointe ab, weiß, wo der Hammer hängt.
Roland weiß, wo noch Bier zu finden ist. Er nutzt die Unordnung und schenkt sich zügig nach. Rolf hält sich an *Ballantines* und Vater verstreut Asche auf den neuen Perserteppich, der aus Indien kommt.
Das ist für Mutter schlimmer als Kommunistenkeile: Hans, pass doch auf!
Schon startet sie durch in die Küche, um die Reinigung in die Wege zu leiten. Ihr Eifer wird vom Spielverlauf bestraft. Beckenbauer schießt das zweite Tor.
Vater schießt aus dem Sessel.
Menschenskind Helga, wo bleibst du denn? Guck dir das an.
Jetzt tröpfelt zusätzlich Wodka auf die Asche, und der Fleck löst sich vor Rolands Augen auf.
Mutter steht in der Wohnzimmertür mit dem nassen Lappen bewaffnet, und Vater mault: Immer wenn es ernst wird, bis du nicht da.
Ernst wird es für die deutsche Mannschaft trotz spätem Gegentor an diesem Abend nicht mehr.
Wir sind im Endspiel, jubiliert Vater zum guten Schluss. Kinder, dass ihr das erleben dürft!

Ob wir gegen England wohl eine Chance haben?
Mehr als alles andere beschäftigt diese Frage das Brüderpaar auf den sehnlichst herbeigewünschten Sonntag hin. Roland ist da äußerst skeptisch, während Rolf durchaus Möglichkeiten sieht.
Das ist natürlich auch eine Frage der richtigen Taktik, erklärt er geduldig. Beide Mannschaften spielen moderne Systeme, ob nun mehr vier- drei- drei, wie die Engländer, oder ein variables Vier-zwei-vier, wie die deutsche Elf in den letzten zwei Spielen. Das hängt davon ab, wer vorne spielt, Emmerich oder Brülls, vielleicht ja sogar Krämer.
Den hat Roland aus Hannover in guter Erinnerung - schnell und schlägt gute Flanken.
Ist einer von den beiden dabei, agiert Haller mehr zurückgezogen, spielt dagegen Emma, kommt Haller sozusagen als verkappter Rechtsaußen zum Einsatz.
Schön wird das schon richtig machen, fällt Vater dazu ein. Hauptsache dieser aufgeblasene Fatzke Cramer redet ihm nicht dauernd drein. Ist doch alles Firlefanz, dieses Theoretisieren über Systeme. Man braucht nur die richtigen Typen, dann kann man, behaupte ich mal, auch heute noch mit dem vierundfünfziger WM-Modell spielen: Hinten konsequent Mann gegen Mann und vorne zwei oder besser drei richtige Sturmtanks .
Überhaupt, erzählt Vater der Familie, war damals, als wir Weltmeister wurden, alles viel aufregender und erhabener als heute, da sie am frühen Sonntagnachmittag via Eurovision auf *Wembley* schauen. Die Jalousien sind weit heruntergezogen, damit die störende helle Sonne die Blicke nicht hindert. Wie wir bei Kollege Schussig in Alt-Wusldorf mit alle Mann vor dem nagelneuen Fernsehgerät gehockt sind, einige sogar standen, weißt du noch Helga?
Wo der schon das Geld her gehabt hat, fragt Mutter zurück, so ein Kasten war doch zu der Zeit unerschwinglich, für uns jedenfalls.

Vater lässt sich nicht aus dem Konzept bringen: Aus voller Kehle haben wir am Ende das Deutschlandlied mitgesungen, stramm stehend natürlich.
Ja, da hattet ihr den Kanal auch bis oben hin voll.
Wirklich, fragt Roland belustigt nach, wart ihr da richtig besoffen?
Ach, was du wieder wissen willst, meldet sich Rolf, da hast du noch in die Windeln geschissen.
Nun ist gut Kinder, befiehlt Mutter, schaut, es geht los. Da ist die Loge der Queen. Einfach ein schönes Bild, so etwas gibt´s bei uns nicht.
Gott sei Dank, murrt Rolf.
Ach, mecker nicht. Ob sie schon da ist ?
Guck, da, da! Sitzt dort in der Ecke oben nicht der dicke Erhardt? Vater ist wieder in der Gegenwart gelandet.
Nun sollen die nicht so lange diese Bumsköppe zeigen, sondern gefälligst anfangen, stichelt Rolf gegen das Zeremoniell.
Das gehört doch dazu, bittet Mutter um Verständnis für den feierlichen Ablauf, seht doch nur, richtig mit Handschlag werden alle begrüßt – unsere auch, und die schönen Fellmützen der Gardisten, entzückend.
Dann geht es zum Vergnügen der Männer endlich los. Roland muss, kaum läuft das Spiel, vor Nervosität pinkeln. Auf der Toilette wird er vom Torgeschrei der anderen kalt erwischt, mit offener Hose stolpert er zurück ins Wohnzimmer.
Alle strahlen ihn an.
Dir sollte man einen Katheter legen für solche Gelegenheiten, witzelt Rolf.
Roland hört kaum hin: Unglaublich, wir führen. Wer war´s?
Haller natürlich, der verkappte Rechtsaußen, ergänzt der große Bruder mit gewichtiger Stimme, die Taktik haben die doofen Briten nicht durchblickt.
Wer einsnull führt, der stets verliert, orakelt Mutter aus dem Sessel.
Das hat sie aus der *Hör Zu*. Bisher hat jede Mannschaft im Endspiel verloren, die eins zu null in Führung ging.
Ach, du hast doch keine Ahnung, schallt es aus dem Männerchor.

Hatte sie doch, wie die Historie uns lehrt, und so nimmt das Drama seinen bekannten Lauf.
Die Engländer führen zwei zu eins. In der Schlussminute ist die ursprüngliche Sitzordnung vor dem Apparat aufgelöst. Mutter konnte die Spannung nicht mehr aushalten und ist in die Küche geflüchtet, dort hört man sie herumkramen. Vater sitzt auf Mutters Sessel, weit nach vorn gebeugt, um beginnende Sehschwächen zu kompensieren. Für eine Brille fühlt er sich noch zu jung. Rolf steht vor seinem Platz und ahmt Schussbewegungen nach, dabei dreht er sich mit den Fingern der rechten Hand unablässig im Haar. Roland kauert unter dem Couchtisch, das Gesicht ans Sofa gepresst und hält sich die Ohren zu. So soll es nicht enden, das will er nicht erleben, nicht mit einer Niederlage, so nicht an diesem schönen Sonntag. Von der sorgenvollen Anspannung und der Haribo-Sinalco-Mischung ist ihm überdies übel.
Da isses, da isses! Vaters Stimme reißt ihn von der dunklen Wolke.
Mutter kommt aus der Küche angesaust: Was ? Tor? Menschenskinder, was für ein Glück.
Rolf ist der einzige, der alles genau gesehen hat, und erzählt, was in der Zeitlupenwiederholung zu sehen ist.
Roland spürt seine Tränen. Seine Stoßseufzer wurden erhört, Deutschland wird nicht untergehen.
Genauso sieht das auch Vater: Jetzt sind die fertig mit Jacke und Hose, das stecken die nicht weg, psychologisch der beste Zeitpunkt – ha, mit dem Schlusspfiff reinge-

brummt, das schmeckt denen gar nicht. Die waren doch schon Weltmeister – im Kopf. Denkste, nun drehen unsere den Spieß um. Passt auf Kinder, jetzt kommt die Gegenoffensive.
Sie kam, wie wir wissen, nicht.
Die Schockszene mit dem dritten Tor, das keines war, hatte Roland schon verdaut – erst Latte, und dann köpft Weber den Ball weit weg, also weiter geht's mit Eckstoß. Statt dessen kam der Dolchstoß. Plötzlich konzentrierte sich alles auf den Linienrichter. Da überkam Roland schon ein flaues Gefühl im Unterbauch. Rudi Michels Stimme: Was macht er? – Er gibt das Tor... Entsetzensstarre lähmt alle Gefühle, auch die schlechten. Er schaut zur Mutter. Sie sagt nichts, glotzt in den Bildschirm.
Vater brüllt hilflos wütend: Dieser Kommunistenhund, und der Schweizer dienert natürlich vor ihm. Dieser Schisser! Hab' ich's nicht gesagt, die braten uns noch einen über für das Fünfnull. Das war doch klar. Die Engländer dürfen zu Hause nicht verlieren, schon gar nicht gegen uns, und wenn sie's allein nicht schaffen, dann kommen eben die Alliierten.
Der Sprecher bestätigt den offiziellen Spielstand.
Schiebung, Schiebung, krächzt Rolf, gekaufte Sau!
Guckt euch das an, meldet sich Mutter zurück, die Engländer freuen sich auch noch über diesen Betrug. Fairplay, dass ich nicht lache.
Das vierte Tor bringt alle zum Schweigen.
Die Siegerehrung gucken wir uns aber nicht noch an.
Alle verlassen den Raum, außer Mutter. Sie möchte unbedingt noch einmal die Queen in Aktion sehen.
Die Russen haben den Weltmeister bestimmt, soweit sind wir also. Churchill würde sich ins Fäustchen lachen..., hörte Roland den Vater weiterwettern, als er in sein Zimmer schlich. Lustlos übte er ein paar Schüsse am Tipp-Kick-Tisch, dann trug er das Ergebnis in sein WM-Sonderheft von der *Hör Zu* ein. 2:4 n.V., dahinter in Klammern: mit Beschiss!

Am nächsten Morgen begegneten sie auf ihrer Fahrt zum Ferienhof in der Rhön einer Fahrzeugkolonne der *Royal Army*. Die Soldaten hatten Union Jacks über ihre Fahrzeuge drapiert und das Ergebnis mit großen Zahlen aufgemalt. Dahinter stand: "World Cup Winner". Grimmig schauten die deutschen Urlauber hinüber. Voller Verachtung grummelte Mutter: Da, die Besatzer. Jetzt haben sie uns wieder besiegt, na wartet.

Verlust der Ordnung

Auf die Gelegenheit zur Revanche mussten sie knapp zwei Jahre warten, bis es in Hannover zum erneuten Gegeneinander kam.
Im *Niedersachsenstadion* wurden wieder fleißig Behelfstribünen gezimmert, um das Fassungsvermögen auf sagenhafte Achtzigtausend zu erhöhen. Einer davon sollte Roland sein. Der freute sich schon mächtig darauf. Aber die Stimmung hatte sich seit *Wembley* spürbar verändert - nicht nur beim Fußball, sondern in der ganzen Welt, hatte Roland den Eindruck.
In einem fernen südostasiatischen Land wurde im Akkord bombardiert, hierzulande gerieten Jung und Alt immer heftiger aneinander, und die Polizei lag mit den

Studenten auf den Straßen in Dauerfehde. Nur Rolf schien von dem ganzen Krach nichts zu bemerken. Für ihn war die Welt in Ordnung. Mit der Verpflichtung zum Zeitsoldaten bei der Bundeswehr führte er logisch fort, was er soeben mit dem Wirtschaftsabitur zu einem befriedigenden Zwischenstand gebracht hatte. Vor dem Einrücken wollte er zusammen mit einem Schulkollegen, der ähnlich dachte wie er, das Fußballfest in Hannover genießen. Dabei war eine solche Erwartungshaltung fehl am Platze, wie jeder aufmerksame Kicker-Leser hätte wissen können.
Roland war durch seine Montagslektüre bestens informiert. Wer sollte gegen England die Tore schießen? Haller kam mit Schön nicht klar, Emmerich traf überhaupt nichts mehr, Held war unabkömmlich, und der Wichtigste überhaupt, Uwe Seeler, hatte just vor diesem Spiel mit Hinweis auf sein Alter und hartnäckige Rückenprobleme offiziell seinen Rücktritt aus der Nationalelf erklärt. In Hannover würde er zur moralischen Unterstützung der anderen noch auf der Bank sitzen, dann sollte Feierabend sein. Ein würdiger Nachfolger bot sich aus Rolands Sicht nicht an, allenfalls dieser Müller aus München, aber der fiel für Hannover auch aus. Blieb als einziger Hoffnungsträger Bernd Dörfel von der *Eintracht* aus Braunschweig, der war schnell, dribbelstark und konnte saugut flanken.
Wie grottenschlecht solche aus der Verlegenheit zusammengewürfelten Truppen spielen konnten, hatte Roland im letzten Jahr in Hannover gegen Bulgarien miterleben müssen. Ein grausames Gewürge. Dem Netzer versprang fast jeder Ball, so nervös war der, und der Mittelstürmer aus Gladbach brachte auch kaum etwas zustande. Das Tor, was ihm zugeschrieben wurde, war ein Geschenk vom Schiedsrichter, und dann versemmelte Höttges auch noch einen Elfmeter. Obendrein hatte es den ganzen Abend geregnet, und alle waren bis aufs Unterzeug durchnässt, als sie endlich wieder im Auto saßen.
So etwas kommt nicht wieder infrage, schimpfte Vater auf der Rückfahrt, so teure Plätze nicht einmal überdacht. Uns so was zu bieten, diese Nieten! Wie hieß eigentlich dieser Halbstürmer auf der rechten Seite?
Herrmann, wusste Roland.
Eine Unverschämtheit, so´n Kerl in die Nationalmannschaft zu berufen, der spinnt doch, der Schön.
Tief enttäuscht waren sie nachts ins Reihenshaus getapst, und Vaters Fazit lautete: Da lohnt es sich nicht mehr hinzufahren.

Gott sei Dank hatte er sich für das Englandspiel umstimmen lassen und war voller Enthusiasmus am frühen Morgen kurz losgefahren, um seinen Wulsdorfer Sportsfreund Fritz Tiedge abzuholen.
Als er wiederkam, ohne Tiedge, war alles anders. Blass und merkwürdig ruhig kam er in die Küche.
Hinni ist tot. Opa hat ihn heute Morgen gefunden, er hatte schon drei Tage so in seiner Bude gelegen. Sie mussten die Tür aufbrechen.
Er schaute Roland groß an.
Wir fahren aber trotzdem.
Roland sagte nichts. Daran hatte er in dem Moment gar nicht gedacht, nur das Bild vom toten Hinni geisterte in seinem Kopf herum.
Letzte Woche war er noch bei ihm gewesen. Zum ersten Mal spürte der Junge, wie der Tod so urplötzlich ins Leben eingreifen kann. Das gab es bis dahin nur im Kino oder Fernsehen.
Rolf schien die traurige Nachricht nicht sonderlich zu berühren: Klar fahren wir, Hinni hat sich eben totgesoffen, das konnte man voraussehen.
Stimmt, bekräftigte Mutter, deswegen könnt ihr ruhig fahren.

Vater sagte nichts, blieb lange Minuten stumm und flüsterte dann mehr zu sich selbst: Ja, nun isses nun mal so. Drei Tage liegt der da schon, und ausgerechnet heute finden sie ihn.

Dass Hinrich Groll, Rolands Großonkel väterlicherseits, manchmal tagelang nicht zu sehen war, um dann urplötzlich wieder am Leben teilzunehmen, war nichts Ungewöhnliches.
Hinni ist wieder am Quartalssaufen, lästerte die Oma dann, bis das Geld alle ist. Dann kommt er wieder bei Willi angeschissen, macht auf nüchtern, damit er was für ihn tut.
Dabei wussten alle in der Familie, dass der mittellose Frührentner als eine Art unbezahlter Hausmeister das großelterliche Anwesen instand hielt. Auch deshalb wurde er geduldet in seinem Mansardenzimmer unterm Dachjuchee, wie es Mutter scherzhaft bezeichnete. Das hatte er sich selber ausgebaut und eingerichtet mit den Sachen, die andere nicht mehr wollten.
Wenn er scheinbar Unbrauchbares wieder hergerichtet hatte, fragte sich Roland oft, warum jemand es hergegeben hatte, so neu wirkte es. Hinni war ein talentierter Bastler. Seine Geschicklichkeit selbst mit kleinsten Teilchen setzte Roland in Erstaunen.
Kein Wunder, klärte ihn die Mutter über des Großonkels Vita auf, der hat früher bei *Dornier* als Feinmechaniker im Akkord gearbeitet. Der konnte alles, bis er mit dem Saufen anfing.
Warum säuft er, und weshalb hat er keine Frau?
Das wusste Mutter auch nicht, nur dass er lange zur See gefahren war, zuerst als Techniker und zuletzt als Kinderbelustiger auf der *Berlin* .
Wenn der von Bord kam, hatte er immer einen Sack voll Geld. Da hätte er sich schön was auf die Kante legen können. Und was macht der dumme Hund? Innerhalb von Wochen, ach, was sag´ ich dir, von Tagen alles auf´n Kopp gehauen und versoffen. Dann musste er sich noch bei Opa was pumpen, damit er anständig ausgerüstet wieder anheuern konnte. Der hat das ja nicht anders gewollt. Das hat er nun davon.
Ja, das hat er nun davon, dachte Roland.
Einen einsamen Tod musste er erleiden unter dem Dach, unter dem er einst geboren wurde. Was mag er gedacht haben, in seiner Todesminute, versuchte sich Roland vorzustellen. Noch einen Steinhäger, bevor ich über den Jordan gehe?
Zwei Flaschen hatte Opa Willi neben dem Bett gefunden. Schnaps, das war sein letztes Wort, dann trugen ihn die Englein fort, so hieß es doch im Gassenhauer, aber Roland glaubte nicht, dass dem armen Hinni in seinen letzten Minuten solche Verse durch den Kopf gegangen waren.
Drangsaliert von der Schwägerin, heimlich versorgt vom Bruder, so hatte er dort oben gehaust, wo Roland ihn oft und gerne besucht hat. Erst Kakao und Topfkuchen bei Oma, die öfter heftig über den ungeliebten Schwager herzog, wenn dieses, wie sie gehässig betonte, besoffene Schwein, des Nachts auf die frisch gebohnerte Treppe gepinkelt hatte oder an der Haustür liegen geblieben war, wo die Oma ihn vor ihrem Gang zum Bäcker finden musste. Wie viele Male hatte sie den Großvater aufgefordert: Schmiet ihn rut, dien Broder! Zuvor sollte der dem Bruder jedoch seinen Erbschaftsanteil von dem angrenzenden Grundstück abgaunern. Nachdem aber Großtante Frederike aus Loxstedt in diesem Punkt schneller war als der in krummen Geschäften ungeübte Opa, wurde es für Hinni in der Lindenallee noch ungemütlicher. Die Bande mit den Loxstedter Verwandten waren damit auf immer zerschnitten.
Kein Wort mehr über Elfriede und Frederike – alles Erbschleicher!
Das war Roland gleich, er kannte die sowieso nicht.

Oben bei Hinni war es anders. Keiner schimpfte, keine Zeit drängte, man durfte sich überall hinsetzen, alles anfassen, ausprobieren, wie das elektrische Rollo oder den motorbetriebenen Seilaufzug, mit dem der findige Mechaniker alle möglichen Sachen hinaufbefördern konnte, die ihm sein Bruder unten in den Korb legte. Eine Anlage, die der Oma ein Dorn im Auge war, da sie ahnte, dass hiermit vieles an ihrer Kontrollinstanz vorbeigeschmuggelt wurde. Hinni servierte frisch gebrühten Malzkaffee, der nirgends besser schmeckte, und Kekse. Zusammen schauten sie hinunter auf den Hof, wo Opa und Oma herumwuselten, im ewigen Zwist miteinander verbunden.
Manchmal in Spätsommertagen nahm Hinni das Luftgewehr aus seiner Halterung von der Wand und zielte aus dem Fenster. Ganz ruhig wurden in diesen Momenten die Hände, die sonst stetig zitterten. Eine Brille brauchte er zum Schießen auch nicht, die Stare und Krähen in den Königstafelbirnbäumen hatten keine Chance.
Und jetzt war er tot, schon ganz steif wird er gewesen sein, als sie ihn fanden, halb aus dem Bett hängend, den Steinhäger in greifbarer Nähe.
Alkoholisches hatte Roland bei seinen Besuchen nie gesichtet, nicht einmal mit eigenen Augen gesehen, dass Hinni Schnaps oder Bier trank, nur Malzkaffee oder, extra für Roland besorgt, *Sinalco*. Die trank er mit besonderem Genuss, während Hinni eines der Spielzeuge reparierte, die Roland oder Rolf kaputt gemacht hatten. Oder sie gingen in Hinnis Bude zwischen den Eternitgaragen im Hof, wo dann Rolands Fahrrad oder Vaters Rasenmäher überholt wurden. Für Hinni gab es immer etwas zu tun. Sogar ein Moped hatte er schon für Roland zusammengetüftelt. Das sollte er zu seinem fünfzehnten Geburtstag bekommen. Was wird damit?
Und was wird aus Hinnis Bude?
Weiß ich nicht, antwortete der Vater leise.
Die wird abgerissen, mutmaßte Mutter, die kann man nicht vermieten. Da lachen ja die Hühner.
Damit war das Thema erledigt .

Ihr müsst los, und Hans fahr vorsichtig, hörte Roland die Mutter sagen, als er in den Peugeot stieg.
Alles lief dann wie geplant: Rolfs Freund Björn und Tiedge wurden abgeholt und ab ging es auf die Bundesstraße. Beide kamen kaum zum Kondolieren, so beiläufig erwähnte Vater den Grund für die Verzögerung der Abfahrt. Tiedge interessierte sich auch mehr für das Wirtschaftsabitur, das die jungen Leute soeben abgelegt hatten.
Das besteh` ich sicher auch noch, so oft, wie ich in der *Sportklause* übe, was meinst du Hans?
Mit diesem Kalauer waren alle bestens auf das Kommende eingestimmt.
In Hannover angekommen zeigte sich der Vater merkwürdig aufgekratzt und zuvorkommend. So kannte Roland ihn nicht. Sie konnten sich wünschen, was sie wollten, aus dem Angebot der mobilen Händler, die ihre Stände um das Ufer des Maschsees aufgeschlagen hatten. Aber so plötzlich mit väterlicher Freizügigkeit konfrontiert, wusste der Sohn nichts damit anzufangen. Es wollte sich kein Bedarf anmelden. Eine Deutschlandfahne hatte er schon vor zwei Jahren bei einem Fachhändler für Vereinsbanner und Abzeichen erstanden. Roland hatte sie eigenhändig an einem lackierten Rundholz sturmfest befestigt. Natürlich trug er sie heute dabei, noch eingerollt sollte sie später im Stadion zum Einsatz kommen. Eine Tröte kam nicht infrage. Nachdem Roland beim letzten Spiel gegen Jugoslawien in Hamburg dem Herrn Mauser so heftig ins linke Ohr geblasen hatte, dass der einen Schwächeanfall bekam und auf Vater gestützt für geraume Zeit hinter die Tribüne musste, war ihm die Lust auf solcherart Lärminstrument vergangen. Die anderen Sachen interessierten nicht. Das war nur Nippes und Kinderkram. Die englischen Fans, fiel ihm auf, kauften vorzugsweise

Schals, aber in den deutschen Farben gab es keine. Roland wäre sich auch lächerlich dabei vorgekommen, im Hochsommer mit einem Schal herumzulaufen.
Vater ließ sich Zeit. Wir brauchen uns nicht zu beeilen, erklärte er seinem Wulsdorfer Landsmann, der zum ersten Mal zu einem großen Spiel mitfuhr, wir haben die besten Plätze, direkt unter der Ehrenloge.
Wer da wohl sitzt, fragte Björn voller Neugierde. Er war ebenfalls noch nie bei einem Länderspiel gewesen und ließ die Atmosphäre auf sich wirken, in die sie sich hineinbewegten.
Tiedge blieb gelassen. Er vergewisserte sich allerdings genau über den Standort der Bierstände, stellte Roland fest.
Auf der Tribüne staute sich der schöne Sonnenschein unter dem Dach zu einer stickigen Hitze.
Wenn wir schon überdacht sitzen, bleibt es natürlich trocken, stöhnte Vater, und Rolf setzte nach Luft schnappend hinzu: Fritz-Walter-Wetter werden wir heute nicht mehr bekommen.
Damit trennten sich die Wege der alten und jungen Leute. Die Wulsdorfer Herrenriege rutschte auf die linke Bankreihe, während die Jungen ihre Plätze auf der rechten Seite suchten. Als sie saßen, konnten sie die Alten nicht mehr sehen.
Kauft bloß nichts von den Getränkeheinis, hatte Vater ihnen nachgerufen, das ist purer Nepp!
Klar doch, wissen wir!
Lag es an der Hitze oder daran, dass es, genau genommen, um nichts ging? Das Spiel begann jedenfalls schlecht, rumpelte dahin. Allenfalls Dörfel glänzte mit einigen gelungenen Dribblings. Auch der junge Vogts strengte sich mächtig an, grätschte zwischen die britischen Beine und verschaffte sich Respekt. Er war der einzige Mönchengladbacher, der in der Nationalelf zurecht kam, fand Roland. Die anderen kann man vergessen, meinte Rolf. Und was war hier los? Schließlich sollte heute die Schmach von *Wembley* getilgt werden und nun dieser lahme Kick. Die ersten Ungeduldigen quittierten die Darbietung mit Pfiffen und Schmährufen. Es wurde lauter geschimpft, wobei sich der Zorn vor allem gegen die etablierten Kräfte richtete, von denen man den Eindruck gewinnen musste, dass sie nicht alles gaben. Einer wurde besonders aufs Korn genommen: Franz Beckenbauer. Was bis dahin als brilliante Technik und geniale Spielauffassung gepriesen wurde, nannte man plötzlich Fahrlässigkeit und schnöde Arroganz.
Guck dir den an, der hat´s nicht mehr nötig. Mensch beweg dich, schlaf nicht ein, du Bazi, tönte es giftig aus den Sitzreihen.
Den Geschmähten schienen die bösen Rufe nicht zu erreichen. Er spielte weiter aufreizend gemächlich, exaltiert, jedoch mit einer Leichtigkeit und Eleganz, die ihn über alle anderen Akteure stellte. Die Engländer warfen sich ebenfalls nicht sonderlich ins Zeug.
Die Charltons sind nicht dabei, fiel Rolf auf, die sind heute mit der zweiten Wahl gekommen.
Was ist mit George Best, hakte Björn nach.
Der ist kein Engländer, der kann nur für Nordirland spielen, musste er belehrt werden.
Ach so.
Von Fußball hat der nicht viel Ahnung, dachte sich Roland, wie kann einer sonst solche Fragen stellen?
Das war nicht viel, lautete ihr Fazit zur Pause, in der sie mit Rücksicht auf die Affenhitze kein Bier, sondern Sprudel und Erdnüsse orderten.
Was macht Vater?

Roland fand dessen Platz verlassen vor. Tiedge saß noch da. Er trank in langen Zügen kühles Helles aus einem großen Pappbecher. Unter seiner Bank lagen einige leere Flaschen. Roland erinnerte sich an Mutters Satz : Der kann einen Stiefel vertragen.
Keine Sorge, grinste er Roland breit an, dein Vadder steht da oben bei den wichtigen Leuten.
Roland sah ihn jetzt ein paar Bankreihen höher, weit über die Balustrade gebeugt, die Ehrenloge und Pressebereich umzäunte. Das weiße Hemd war ihm aus der Hose gerutscht, die Schweißflecken unter den Achseln nicht zu übersehen. Heftig gestikulierend redete er auf einen untersetzten Mann ein, der etwas schrieb. Roland konnte ihn nicht erkennen, seitlich davon standen Johannsen und Dr. Gösmann im Gespräch. Der aufgeregte Vater schien sie zu stören, mutmaßte Roland aus ihren Blicken. Der ließ sein Gegenüber nicht zu Wort kommen. Roland ahnte, was da ablief, und wandte sich ab. Nach dem Spiel würden sie früh genug erfahren, welche berühmte Persönlichkeit Vater für Minuten mit seinem Redeschwall festgenagelt hatte.
Was macht der Alte, erkundigte sich Rolf beiläufig.
Dem geht´s gut.
Im Spiel lief es weiterhin schlecht. Die Hitze drückt auf die Gemüter und die Stimmung auf den Rängen. Die Spieler von der Insel versuchten es mit Härte. Vogts und der hünenhafte Lorenz taten es ihnen gleich. Erneut richtete sich Unmut gegen den provokanten Bayern, der scheinbar antriebslos über das Feld trabte und in lässiger Attitüde seine Nebenleute dirigierte. Ohne Zeichen der Anstrengung schlug er seinen Pässe. Wieder trieb er den Ball ohne Hast durch die Mitte. Wohin soll ich spielen, signalisierten seine Gebärden. Da versuchte er es einfach selbst, schoss aus Verlegenheit, vielleicht auch Wut aufs Tor und traf zur Verwunderung aller ins Netz. Moore hatte den Ball noch berührt und damit eine unvorhersehbare Richtung gegeben. Banks versank in der falschen Ecke. Das überraschte Volk jubelte mit Verzögerung. Der vom Zufall beglückte Schütze wehrte den Beifall ab. Spart euch die Lobgesänge, ich pfeif´drauf, so deutete nicht nur Roland dessen unmissverständliche Zeichensprache. Der Jubel erstarb, und Pfiffe brandeten auf. Jetzt war die Stimmung endgültig verdorben, das Spiel schleppte sich weiter. Am Ende wollte keine große Freude über diesen historischen Sieg aufkommen. Die Revanche war geglückt, aber wie?
Die Jungen wussten nicht recht, wie sie den Ablauf bewerten sollten.
War irgendwie toll, oder, fragte Rolf seinen Schulkollegen.
Ja doch, aber was haben die Leute gegen den Beckenbauer, schließlich hat er das Tor geschossen?
Der spielt denen zu lässig, vermutete Rolf, das mögen viele nicht. Die wollen lieber schwitzende Berserker sehen.
Wo war Vater? Jetzt, da sich die Reihen gelichtet hatten, konnte man hinüberschauen. Vater und Tiedge saßen noch auf ihren Plätzen und schauten nach vorn, als sei das Spiel noch im Gange, die Gesichter krebsrot. Zu viel Sonne? Nicht nur, wusste Roland. Unter ihrer Bank hatte sich einiges Leergut angesammelt. Die Brüder schauten sich an. Scheiße, jetzt isses soweit, entfuhr es Rolf.
Björn grinste.
Hallo Jungs! Vaters Stimme hatte Promillelautstärke. Na, das war was. Denen haben es unsere aber gegeben!
Rolf gab Kommandos an Roland: Kein Bier mehr, raus hier und schnellstens zum Wagen!
Leichter gesagt als getan.
Tiedge erwies sich als kooperativ. Komm Hans, in Wulsdorf ist es gemütlicher. Da geht man nach dem Spiel anständig einen trinken, und hier hauen die Getränkefuzzis nachher einfach ab. Wir gehen!

Kaum im Schatten der hinteren Tribünengänge scherte Vater aus: Ich geb´noch einen aus auf den Sieg!
Es wurden mehr als einer.
Rolf trank Alsterwasser, er musste ja fahren.
Ja, mein Sohn fährt uns nach Hause, vermerkte Vater stolz, und fabulierte weiter über die großartige Vorstellung der deutschen Mannschaft.
Björn lachte: Der war heute wohl woanders.
Tiedge zeigt sich zufrieden. So kannte er das.
Vater hatte noch eine Überraschung parat: Hier hab´ ich was für Rolands Sammlung, dabei grub er seine leicht zerknitterte Eintrittskarte aus der Hosentaschen, ein originales Autogramm vom Herberger.
Ja, da staunt ihr, wen euer Vater alles kennt.
Roland kam in diesem Moment kein Dankeschön über die Lippen. Er dachte nur: Wie bekommen wir den Kerl hier raus?
Die Bedienung machte Anstalten, den Ausschank zu schließen, und so schwankten Rolf und Roland, den Vater untergehakt, dem Ausgang zum Maschsee entgegen. Als sie den Turm neben der Haupttribüne hinter sich ließen, passierten sie jenen Gang, der direkt zum Spielfeld hinunter führt. Unten auf dem Rasen war noch Betrieb. Eine Gruppe von Schaulustigen hatte einen Kreis gebildet, in dessen Mitte zwei Männer im Gespräch standen. Roland gewahrte Kamera und Mikrophon. Abrupt löste sich der Vater aus dem Griff der Söhne und hastete den Gang hinab. Roland war überrumpelt, Rolf fluchte, Tiedge kicherte: Ich glaub´, eurer Vadder hat was vor.
Der, schon auf halbem Wege, winkte ihnen zu: Los Jungs, da gibt´s was zu sehen, wir kommen noch ins Fernsehen!
Sie hatten keine Wahl, also hinterher. Als sie der Runde näher kamen, erkannten sie den Bundestrainer, der von Ernst Huberty für die „Sportschau" befragt wurde. Vater hatte sich schon dicht herangedrängt und forderte:
Lauter, man versteht ja nichts!
Einige Köpfe drehten sich belustigt um.
Komm, gib mir die Fahne!
Mit dem Satz nahm er Roland das längst eingerollte Tuch aus der Hand. Schon schwang er es über die Köpfe der beiden Hauptpersonen und sang: Deutschland, Deutschland über aaalles ...
Die Blicke der Umstehenden wurden strenger.
Mach doch was, flehte Roland den älteren Bruder an.
Der zuckte die Schultern.
Vater schwang die Fahne derart, dass ihr unterer Zipfel in der stetigen Hinundherbewegung genau über Schöns kahlste Stelle strich. Unwillkürlich griff der sich auch schon dahin, um das ihn piesackende Objekt wegzuschieben. Augenscheinlich realisierte er nicht, was hinter ihm ablief. Und wieder wischte das Textil über den kahlen Scheitel. Alle schauten nur noch auf diese Stelle, und Roland konnte weit und breit keine Ordnungskraft entdecken, die hätte einschreiten wollen. So eine Situation hatte keiner vorausgesehen. Mit einem Mal zeigte das Opfer Temperament, drehte sich um und herrschte in Vaters Richtung:
Nun lassen Sie doch diesen Unfug! Das ist ja unmöglich!
Jetzt erkannte auch sein Gegenüber die Zwickmühle, bedankte sich knapp und entließ den sichtlich genervten Trainer, der sofort kehrt machte und eilenden Schrittes zum Kabinenaufgang strebte.
Die Runde löste sich rasch auf, der Vater blieb die Fahne wedelnd auf der Stelle.
Mensch, wir sind im Fernsehen, ob eure Mutter das wohl mitkriegt? Habt ihr gehört, was der Schön gesagt hat?

Rolf atmete tief durch. Roland antwortete zaghaft: Ich glaube, er hat sich über dich geärgert.
Über mich? Wieso denn? Quatsch, das bildest du dir ein.

Wegen mangelnder Medienpräsens erlahmte Vaters Tatendrang, jedoch der nächste Anlass ließ nicht lange auf sich warten. Kaum dem Stadiongelände entronnen, hörten sie hinter sich kurz Sirenen aufheulen. Vater war wieder hellwach. In langsamer Fahrt passierte ihn ein von Polizeikrads eskortierter Luxusbus. Darin saß die englische Delegation. Roland erkannte Ramsey und Hurst.
Da fahren sie, die Betrugsweltmeister! Vater schleuderte seinen Zorn gegen das beschützte Fahrzeug.
Schon war die Eskorte an ihm vorbei. Er ballte die Fäuste zur Drohgebärde. Auf dem hinteren Sitz drehte sich eine Gestalt um, riss den Mund auf, nahm sich mit einem satanischen Grinsen die künstlichen oberen Schneidezähne heraus und formte sein Antlitz zur Fratze. Vater folgte im Laufschritt dem an Fahrt zulegenden Gefährt, mit erhobener Faust und laut fluchend auf die sich verkleinernde Erscheinung hinter der Heckscheibe. Der Bus bog ab.
Vater kam schwer atmend zurück. Habt ihr diesen Halbidioten gesehen, diesen englischen Affen?
Ja, wir haben einen Halbidioten gesehen.
Die Ironie erreichte ihn nicht.
Der Stiles hat wirklich ein richtiges Arschgesicht, flüsterte Rolf nebenbei.
Da hatte er Recht.
Euer Vater dreht aber mächtig auf. Björns Kommentar war Rolf peinlich.
Hoffentlich passiert nichts mehr.
Der Wunsch reichte gerade bis zum ersten Verkaufswagen, auf dem ein Marktschreier aus Hamburg Nordseeaale anbot. Sie waren armdick und kamen Roland, da sämtlich über einen Meter lang, wie Reptilien vor. Eklig, dachte er. Die Monsteraale wurden lautstark angepriesen und zu dieser späten Zeit billig verscherbelt.
Soviel Delikatesse für lächerliche zwanzig Mark, posaunte der Routinier vom Fischmarkt. Dazu stopfte er eine Würgeschlange nach der anderen in eine fettglänzende Waagschale.
Delikatesse? Dass ich nicht lache, krächzte Vaters strapazierte Stimme dazwischen, Leute, lasst euch nicht bescheißen.
Was bist du denn für´n Kasper, wollte der Verkäufer die Sache humorig abhandeln.
Doch Vater ließ sich nicht lenken: Das sind ganz tranige Biester. Die schmecken nach Schlick und Modder.
Was verstehst du Schietbüddel von Aalen, klang es jetzt schon schärfer.
Mehr als du denkst, soche fetten Dinger droffst bi us nich verköpen.
Wenn Vater ins Wulsdorfer Platt verfiel, galt höchste Alarmstufe. Rolf versuchte einzugreifen. Der Hamburger kam in Rage:
Pass op, dass ich dir den Kavenzmann nicht gleich um die Ohren haue, du Sabbelheini.
Drohend schwang er eines der Tiere über dem Kopf.
Die Menge jauchzte. Jetzt, so hofften die Schaulustigen, käme echte Fischmarktstimmung auf.
Unser Vadder is besoffen, versuchte Roland eine Entschuldigung.
Dann blief in Hus mit em, wenn de nix vertrogen konnt, de Supsack.
Da kam Tiedge zur Hilfe, der bis dahin alles sprachlos beobachtet hatte.
Komm Hans, der ist doch zu blöde zum Fische fangen.
Vater reagierte.
Rolf versuchte Björn die Situation zu erklären, die er selbst nicht verstand.

Ohne weiteren Eklat gelangten sie zum Wagen. Vater strullte vor aller Augen kräftig in den Maschsee, dann steuerte Rolf den Peugeot zur Stadt hinaus. Vom Rücksitz, auf den sie den Randalierer bugsiert hatten, musste er sich noch den Hinweis anhören, dass die Polizei keine Ahnung von Verkehrsregelung habe.

Später, auf der Autobahn bei Walsrode, als der Vater vom gleichmäßigen Fahrgeräusch eingeschläfert war, fiel Rolands Blick auf den neben ihm schnarchenden Senior. Die Scheinwerfer der entgegenkommenden Autos warfen ein diffuses Licht auf seine eingefallenen Gesichtszüge. Anspannung und Aufgeregtheit waren aus ihnen gewichen und hatten einer unendlichen Traurigkeit Platz gemacht. Im Schlaf konnte zum Vorschein kommen, was das Aufgeweckte nicht zuließ – die Trauer über den Verlust eines Freundes, denn ein solcher war Onkel Hinni für ihn gewesen. Mit ihm hatte er eine Stück seiner Welt verloren, die im Begriff stand sich aufzulösen und ihn allein zu lassen mit dem vielen Neuen, das er nicht verstand.

Eine Trauerfeier für den Verstorbenen fand nicht statt. Er war wie Großvater zu der großartigen Zeit, als alles besser werden sollte, aus der Kirche ausgetreten. Diese Heimat hatten sie hinter sich gelassen. Bei der Beisetzung war kein Familienmitglied zugegen. Erst als die Totengräber ihre Pflicht getan hatten, gingen Vater und Großvater zum stillen Gedenken ans frische Grab. Roland durfte sie begleiten. Eine Gefühlsregung konnte er beiden nicht anmerken. Er fühlte sich unwohl, nicht weil er dem Tod so nahe trat. Es war nicht seine erste Beerdigung. Im Jahr zuvor hatte Mutters Familie den anderen Opa im Ammerländischen Ocholt zu Grabe getragen, ein Großereignis für den kleinen Ort. Aus der ganzen Republik kamen die Verwandten angereist. Die Kapelle konnte die Trauergemeinde nicht gänzlich aufnehmen. Viele mussten draußen stehen. Dem Sarg mit opulentem Blumenschmuck war ein langer Zug gefolgt. Die neuen Gesichter und Eindrücke besänftigten die aufgewühlten Gemüter, die leisen Gespräche linderten die Trauer. Sogar die gramgebeugte Oma hatte einmal kurz gelächelt.
An Hinnis Grab gab es keinem Trost. Großvaters Satz: Der hat´s wenigstens hinter sich, ließ alles nur schlimmer erscheinen.
Damit war der Fall erledigt. Auf dem Stein der Familienruhestätte wurde Hinnis Name nicht erwähnt. Ein anonymeres Verschwinden hätte sich Roland kaum vorstellen können.

Normale Härte

Rolands bester Freund Volker war der erste aus seiner Klasse, der in einem Verein spielte. Neidischen Blickes hatte Roland dessen grünes Trikot vom *Sportverein Grünhöfe* mit dem bunten Kleeblatt auf der Brust bewundert, wenn Volker in der Klassenmannschaft die Abwehr organisierte. So eins wollte Roland auch tragen.
Ein richtiger Fußballspieler wird man erst im Verein, bedrängte er die Mutter, die von dem Gedanken nicht begeistert war.
Werd du zuerst ein guter Schüler, dann sehen wir weiter.
Das war Ansporn genug. Roland schrieb noch bessere Aufsätze und befriedigende Mathematikarbeiten, gleichzeitig quengelte er im Hause weiter, bis die Elternnerven mürbe waren.

Aber auf keinen Fall kommst du nach Wulsdorf, insistierte Vater, der in Roland einen Spitzel der Mutter sah und deshalb schnell ein paar Argumente auftischte, um den eigenen Sohn abzuwimmeln:
Das wäre gar nicht gut für dich, redete er dem Jungen ein. Man würde bei jeder Gelegenheit herumquatschen, dass man dich bevorzugt, nur weil du der Sohn des stellvertretenden Vorsitzenden bist. Davon kann ich nur abraten.
Der Vater hätte sich seine Vorbehalte sparen können. Roland wollte überhaupt nicht das verwaschene Grün der Wulsdorfer tragen. Für ihn kam nur Volkers Grünhöfer Grün infrage. Und so stand seiner Spielerkarriere bei dem für die Kinder des sozialen Wohnungsbaus neu gegründeten Sportverein nichts mehr im Wege. Beim *Sporthaus Fuß* in Geestemünde wurde alles zusammengekauft, was nötig war: grünes Trikot, weiße Sporthose, grünweiße Stutzen und natürlich blitzeblanke Fußballstiefel der Marke *Adidas Inter* mit Aluminiumschraubstollen.
So viel Aufwand für einen Jugendspieler, maulte Vater über die in seinen Augen zu teure Ausrüstung.
Dafür gab es den Trainingsanzug für die kalten Tage erst zu Weihnachten.
Wir sind doch nicht überkandidelt!
Roland probierte zu Hause vor dem großen Spiegel im Elternschlafzimmer den neuen Dress an.
Toll, jubilierte er, da seh´ ich ja noch besser aus als Volker.
Kaum konnte er den ersten Trainingstermin erwarten. Jedoch bevor es für ihn richtig losgehen konnte, passierte ein Malheur, das alle Pläne über den Haufen warf. Während eines harmlosen Kickens auf den Wiesen zwischen den Grünhöfer Mietskasernen traf ihn ein Ballgeschoss exakt auf den sensibelsten Punkt der männlichen Anatomie.
Mensch, voll in die Eier, hörte er wie von Ferne, als er sich vom peitschenden Schmerz niedergeschmettert auf dem matschigen Rasen kugelte.
Nachbarsohn Achim half ihm auf die Beine, und in gekrümmter Haltung hoppelte Roland zum Reihenhaus, wo er den Vorfall gegenüber der Mutter gleich herunterspielte, um nicht in Gefahr einer von den Eltern verhängten Spielsperre zu geraten. Sie hatten den Vereinsbeitritt nur unter strengen Auflagen erlaubt, da wollte er jetzt keinen Ärger wegen so einer peinlichen Lappalie. Nach wenigen Tagen, die Schmerzen waren schon längst verklungen, zeigte der Schuss seine ganze Wirkung. Über Nacht schwoll sein Sack auf Pampelmusengröße an. Doktor Möller machte bedenkliche Miene zum üblen Befund. Sofort ins neue Krankenhaus am Bürgerpark.
Gott sei Dank nicht ins alte, dachte Roland nur, denn dort hatte er als Pimpf Grausliges durchgemacht. Vor Operationen fürchtete er sich an sich nicht, vom Schnibbeln und Zusammenflicken merkt man sowieso nichts, wusste er von Phimoseschnitt und Leistenoperation. Nur diese Narkosefolter wollte er in seinem Leben nie wieder durchleiden. Auf einer Weltkriegsbahre festgeschnallt, eine Ordensschwester hatte den Kopf im festen Griff gehalten, die andere eine mit Leinen bezogene Maske aus verchromten Metall auf sein Gesicht gedrückt, und ein unsichtbarer Folterknecht Äther aufs Tuch geträufelt, den der Delinquent einatmen musste – schön regelmäßig atmen und zählen: eins, zwei... - schon bei fünf war ihm speiübel geworden, und er hatte ein Gefühl lebensabwürgender Atemnot bekommen. Roland war die Prozedur ewig lang vorgekommen, dabei hatte der rüde Transfer ins künstliche Koma nur ganze drei Minuten gedauert.
Diese Strafe würde ihm diesmal nicht drohen, versprach der Stationsarzt bei der ersten Visite. Da hatte sich einiges zum Guten verändert. Um eine erneute Operation kam er allerdings nicht herum.
Wird schon alles gut gehen, versicherte die Mutter mit wenig überzeugender Stimme. Roland glaubte ihr gleichwohl, denn er hatte das erhebende Gefühl, etwas Besonderes

zu sein. Schließlich war er der Erste aus der Familie, der die neu abgeschlossene private Krankenversicherung in Anspruch nehmen durfte. Zweibettzimmer mit Telefon, Essen à la carte, aufmerksamste Betreuung auf Knopfdruck, da fiel die Fahrt in die antiseptischen Abteilung nicht schwer. Die intravenöse Vollnarkose empfand er als einen der angenehmsten Wege in den Tiefschlaf, dem er seit langem gefolgt war, begleitet von wirren Glücksträumen.
Als er völlig schmerzfrei erwachte, saß die Mutter an seinem Bett.
Hier stimmt was nicht, war sein erster Gedanke.
Da lag er nicht falsch. Aus ihrer umschleierten Sorgenmiene drangen ernste Worte an sein Ohr.
Ich muss dir etwas sagen. Eigentlich wäre das Vaters Aufgabe, aber der ist natürlich mit seinen Sportbonzen unterwegs. Er wünscht gute Besserung.
Danke, und?
Dann folgte Mutters Versuch, den Sohn über das Ergebnis des Eingriffs – die ganze Chirurgie war für sie eine Kette von Eingriffen – ins Bild zu setzen. Sie wirkte sichtlich überfordert, redete planlos herum. Wie soll eine Frau, mit dem Verdikt aufgewachsen, über alles Geschlechtliche den Mantel des Schweigens und über den Rest die Decke zu halten, ihrem Sohn eine Orchitomie zu erklären? Irgendwie kam sie durch. Roland blieb konsterniert zurück, wobei ihm nicht klar war, was ihn mehr irritierte: die schlechte Nachricht oder Mutters verstiegene Rede. Er brauchte eine Nacht, um reale Männerängste zu bekommen. Anderntags bequemte sich der Vater auf die Privatstation und versicherte seinem Sohn, dass die Hälfte der Männlichkeit völlig ausreiche, um als ganzer Mann durchs Leben zu kommen. Woher wollte er das wissen? Roland vertraute ihm. Zum ersten Mal fühlte er sich von seinem Vater ernst genommen.
Später begriff er die risikoreiche Operation als einen Art Initiationsritus, der ihn gleichsam mit einem Schnitt in die Männerkaste erhob. Dummerweise hatte der getreue Volker auf die fürsorgliche Nachfrage des Klassenlehrers vor allen Kameraden und Kameradinnen haarklein erzählt, was in Rolands Fall von medizinischer Relevanz war. Als der Genesende nach fünf Wochen blässlich und um einige Kilogramm schmaler in die Klasse zurückkam, musste sich Bankgenosse Fridolin auf seine ihm typische Art mit dem Satz in Szene setzen: Da kommt ja der halbe Hahn. Schallendes Gelächter bei den Jungen, verschämte Blicke bei den Mädchen. Roland hätte am liebsten auf dem Absatz kehrt gemacht. Der Lehrer rettete die Situation mit einem Konterscherz auf Kosten des vorlauten Lümmels. Zum Glück passierte in der großen Pause schon die nächste Schulhofsensation, und Rolands beschnittene Männlichkeit war bald nicht mehr tratschwürdig. Vom Sportunterricht wurde er befreit, worüber er sich bei schlechtem Wetter, wenn Geräteübungen angesagt waren, klammheimlich freute. Aber je besser die Tage wurden, um so mehr sehnte er sich nach dem Spiel mit dem Ball. Bei Klassenspielen stand er nur am Rand, und Volker erzählte vom munteren Trainingsbetrieb in Grünhöfe. Zu Hause standen die blanken Fußballstiefel verwaist im Regal und warteten auf Rolands Füße. Vater und Mutter taten sich schwer, dem Sohn die Spielerlaubnis zu erteilen. Fachärzte wurden befragt, die unklare Auskünfte erteilten. Keiner wollte voraussagen, ob im Fußball eine ernstliche Gefährdung für Rolands verbliebene Manneskraft lauerte. Die Anpassung eines Suspensoriums wurde erwogen. Roland musste sich erklären lassen, was damit gemeint war und wies den Vorschlag empört zurück:
Mit so einer Plastikkappe um den Pimmel laufe ich nicht auf dem Platz herum!
Endlich waren die Erziehungsberechtigten von Rolands unermüdlichem Drängen geschafft. Vater wollte dem künftigen Trainer Rolands besonderes Handicap in einem

persönlichen Gespräch erläutern, fand aber keine Zeit. Roland war froh, denn er wollte auf keinen Fall seiner neuen Mannschaft als einseitig Beschädigter vorgestellt werden.

Nach nur einer Woche Training durfte er das grüne Trikot überstreifen und die Adidasschuhe offiziell einweihen – er bestritt sein erstes Pflichtspiel für die C-Jugend-Mannschaft des *SV Grünhöfe*. Vorher war im Eilverfahren ein Spielerpass beim *Bremer Fußballverband* beantragt worden, beigefügt das gleiche Bild, das auch seinen Jahresfischereischein zierte. Das Konterfei war schon drei Jahre alt und zeigte Roland mit diesem ratzekurzen Stoppelschnitt, den seine Eltern beim Frisör Karmsen in Wulsdorf für ihre Sprösslinge beauftragt hatten. Möglichst kurz sollte der Kopf geschoren werden, damit sich der Aufwand lohnte für das Geld. Auch aus ästhetischer Sicht kam für sie nur dieser aus ihrer Jugendzeit gewohnte Kahlschlag infrage, obwohl dieser Pottschnitt, wie Roland klagte, seine Segelohren noch stärker leuchten ließ. Zu der Zeit, als Roland zum *SVG* stieß, war um das Thema Haare ein heftiger Kampf zwischen ihm und den Eltern entbrannt. Er hatte ihnen schon ein paar Zentimeter abgetrotzt, so dass ihm das Kinderbild mit der Radikalfrisur jetzt peinlich war. Aber es half nichts, so schnell ließ sich kein aktuelles Foto anfertigen. So kam es in den Pass. Später in der A-Jugend, als Roland seine langen Zotteln manchmal zum Pferdeschwanz zusammenband, sorgte sein Foto oft für Erheiterung bei den Mannschaftskollegen. Onkel Ralf, der Taxifahrer, nannte ihn da schon längst den Gammler von Geestemünde.
Zu seinem ersten Spiel gegen *SV Einswarden* hatten sich Vater und Bruder als fachkundige Zuschauer angesagt, deshalb war Roland übernervös, als er sich mit den anderen Jungen in der zugigen Gartenbude am Rand des Platzes zum Spiel umzog. Das neue Vereinsheim mit den modernen Umkleidekabinen stand noch im Rohbau. Gespielt wurde auf einem aus grobkörnigem roten Sand bestehenden Platz, der Hauptspielstätte des Vereins bleiben sollte, da der nebenan eingesäte Rasenplatz zu tief lag und neun Monate im Jahr wegen Feuchtigkeit unbespielbar war. Vor Rolands Debüt hatte es lange nicht geregnet, und der Untergrund war hart und staubig. Roland konnte sich, anders als Volker, nicht dazu überwinden, auf diesem ungemütlichen Terrain übermäßigen Körpereinsatz zu entwickeln. Wenn man beim Grätschen unglücklich über die messerscharfen Sandkörner rutschte, konnte man sich leicht die ganze Wade wund schrammen. Keine guten Voraussetzungen für eine höhere Spielkultur. Aber nicht nur sein Zweikampfverhalten ließ den Trainer an seinem Können zweifeln. Roland versprangen aus Nervosität die leichtesten Bälle. Als rechter Außenläufer eingesetzt brachte er kaum einen vernünftigen Pass zustande. Zudem spielten auch die anderen an diesem Tag nicht viel besser, nur Volker glänzte wie gewohnt als Ausputzer. Zur Halbzeit stand es eins zu fünf. Herr Johannemann, Jugendtrainer aus Idealismus, gab Anweisungen, versuchte Mut zu machen. Roland sollte weiter vorne seine Schnelligkeit einsetzen.
Lauf doch einfach mal mit dem Ball los und flank scharf nach innen!
Roland nahm sich fest vor, die Aufgabe zu erfüllen.
Vater und Bruder signalisierten aus der Ferne Zeichen der Unterstützung.
Es kam noch schlimmer. Nicht eine Flanke brachte Roland in die Mitte. Beim Stand von zwei zu sieben waren die beiden nirgends mehr zu sehen. Nachdem das achte Gegentor kassiert war, kam der erlösende Schlusspfiff. In der Gartenbude wurde nicht viel geredet. Roland schlich untröstlich nach Hause, wo der Spott nicht lange auf sich warten ließ.
Die haben euch aber ganz schön nass gemacht, lästerte Rolf zur Begrüßung. Vielleicht solltest du es lieber beim Rugby versuchen, da kann man den Ball auch mit der Hand tragen, höhnte er weiter.

Vater war schon wieder unterwegs.
Er ist froh, dass du nicht bei den Wulsdorfern bist, spöttelte Mutter.
Im nächsten Spiel gegen den *Leher Turn- und Sportverein* wurde er ausgewechselt. Natürlich wollte er sich mit der Schmach nicht abfinden, zeigte besonderen Trainingsfleiß und grätschte, wenn der Boden aufgeweicht war, kräftig zwischen die Kameradenbeine, so dass sein neuer grüner Trainingsanzug zum Verdruss der Mutter oft große rote Flecken aufwies. Jedoch gab es keinen Preis für den Fleiß. An Spieltagen blieb er fortan eine Figur am Rande. Schnell war er gewiss, lobte Herr Johannemann, aber dem Leptosomen fehlte es an Kraft im Zweikampf und Durchsetzungsvermögen im hektischen Hin und Her eines Spiels. Das zu beheben, war reine Übungssache. Das wesentliche Manko aber, das ahnte auch Roland, würde bleiben. Ihm fehlte, was ein Talent ursprünglich begründet: die innige Beziehung zum Spielobjekt. Roland verfluchte die fatale Determination, musste aber einsehen und in seinem unermüdlichen Versuchen immer wieder erfahren – der Ball liebte ihn nicht. Gerade wenn es darauf ankam, vermochte er nicht umzusetzen, was er sich an den Trainingsnachmittagen mühevoll angeeignet hatte. Das Leder sprang vom Fuß, wenn es gestoppt werden sollte. Es sauste zur Seite, was als gerader Schuss gedacht war. Eine hohe Flanke kam flach, und umgekehrt ging es auch zu oft schief. Besonders schwer tat er sich bei der Annahme halbhoch auf ihn zufliegender Bälle. Wenn er die lästerlichen Bemerkungen der Mitspieler richtig deutete, unterliefen ihm in solchen Momenten mitunter slapstickreife Kurzauftritte. Ganz anders dagegen Klaus, dem Roland nur staunend zuschauen konnte. Der Ball war sein Freund, umschmeichelte seine Füße, tänzelte auf seinem Kopf, Oberschenkeln, Hacken, gerade wo es ihm passte. Klaus war in der Lage, jede Flugbahn zu bestimmen, das Tempo des Flugs vorzugeben und Roland, wenn der im Training gegen ihn zu spielen hatte, mit einer einzigen angedeuteten Bewegung orientierungslos ins Leere laufen zu lassen. Er war der Star, danach kam Volker, Roland rangierte am Ende der inoffiziellen Bewertungsskala.
Nach etlichen Spieltagen mit entweder nur kurzem oder überhaupt keinem Einsatz durfte Roland zum Pokalspiel in Loxstedt endlich von Anfang an spielen, hatte ihm Herr Johannemann versprochen. Es war die Zeit, als Roland mit den meisten seiner Kameraden in die B-Jugend aufstieg. Er war froh, in der ersten Formation geblieben zu sein, und wollte sich nun dafür bewähren. Gespielt werden sollte auf Rasen, der sich bei der Ankunft auf dem Lande als ein aufgewerteter Acker entpuppte, nachlässig gemäht und voller Stolperfallen. Roland ließ sich die Laune nicht verderben.
Immer noch besser als auf unserem Beton, sagte er sich.
Herr Johannemann hatte Roland zum Verteidiger umgeschult. An diesem Tag hatte er es mit einem untersetzten, bulligen Jungen zu tun, der zwar um einiges kleiner war, aber sehr viel kräftiger. Überhaupt war die Loxstedter Landjugend den Stadtjungen körperlich weit voraus, weil sie dem älteren Jahrgang zuzählte und schon ein Jahr in der B-Jugend spielte. Insbesondere Rolands Gegenpart setzte weniger auf Technik als auf pure Körperkraft. Schon nach fünfzehn Minuten roch der rosige Bubi unangenehm nach Schweiß. Da war er schon dreimal entwischt und hatte stets gefährlich vor Heikos Tor geflankt. Noch war nichts Schlimmeres passiert. Roland erlief sich jetzt öfter die Bälle und konnte einiges verhüten. Bis zu diesem Eckstoß, den er nicht so schnell vergessen sollte. Roland drängte sich dicht an den stinkenden Gegner. Der hüpfte unablässig auf und ab, machte Ausfallschritte, versuchte den anderen zu irritieren. Volker dirigierte lauthals.
Pass auf!
Ja doch, ich bin dran, gibt Roland Entwarnung.

Der Ball kommt hoch angetrudelt, genau auf ihn zu. Roland steht goldrichtig, bekommt ein Gefühl der sicheren Überlegenheit. Er würde ihn garantiert wegköpfen, setzt zum Sprung an, würde die richtige Seitwärtsbewegung mit dem Kopf machen und – rums! Ein stechendes Knacken im Nacken, ein dumpfer Schmerz im Kreuz, kurzzeitige Dunkelheit. Roland spürt, wie er über den Rasen kullert, bleibt liegen, hört Stimmen. Als er wenig später am Spielfeldrand hockt, wird alles wieder klarer. Herr Johannemann spricht ihn eindringlich an. Roland soll antworten, gehorcht mechanisch, Kopf und Nacken werden betastet. Erst jetzt fühlt er das Brummen und Sausen unter der Schädeldecke. Der Schmerz im Rücken ist schon im Verklingen. Eine leichte Benommenheit legt sich über seine Gedanken, dazu wird ihm übel.
Der an Rolands Stelle zum Ersatzspieler degradierte Holger erklärt, was passiert ist.
Im Grunde nichts Gravierendes. Es war nicht der Stinker, der Roland zu Boden gewalzt hatte, sondern deren Mittelläufer. Kam mit Anlauf von hinten an und sprang Roland ins Rückgrat.
Diese blöden Bauern können nur holzen, lästerte Thomas und tätschelte Rolands Schulter. Der Ball flog hinter das Tor. Für Roland war das Spiel zu Ende, Erwin spielte auf seiner Position. Ob er den Gegner schon gerochen hatte? Es stand null zu null. Roland stand auf, wankte in die Umkleidekabine. Sein Vater wurde informiert. Zu seiner Überraschung hatte er Zeit, seinen Sohn abzuholen.
Ohne große Erklärungen abzuwarten, folgerte er: Fußball ist nichts für dich. Hab´ ich schon immer gewusst. Das ist viel zu hart für dich. Dafür bist du zu zartbesaitet. Schau dich doch an, so lang und nix auf den Rippen. Kümmer dich besser um die Schule, das ist wichtiger.
Doktor Möller diagnostizierte eine leichte Gehirnerschütterung und verordnete Bettruhe. Die dauerte den Eltern bald zu lange. Roland musste in der Schule fehlen. Das machte sie aktiv. Mutters Lieblingsbruder Onkel Harro, Internist und, laut Vater, hohes Tier in der Bremischen Ärztekammer wurde alarmiert. Er wusste Rat und meldete seinen Neffen für einen Vorzugstermin bei Doktor Gräber an, Neurologe und Facharzt für Psychiatrie. Guter Mann, beste Reputation, immer auf dem neusten Stand. Die Koryphäe schaute furchteinflößend durch eine schwarzumrandete Hornbrille. In seinem gestärkten weißen Kittel sah der Kopfdoktor älter aus, als er tatsächlich war. Er mochte so Mitte dreißig sein und zählte zu einer neuen, penibel verfahrenden Schulmedizinergeneration, die diagnostisch nur gelten ließ, was labor- oder messtechnisch zu beweisen war.
Roland ahnte davon nichts, als er sich bis auf die Unterhose auszuziehen hatte und von oben bis unten mit einem Hartgummihämmerchen abgeklopft wurde. Der emotionslose Umgang mit ihm wirkte einschüchternd. Der strenge Examinator stellte knappe Fragen zu Rolands Krankheiten und der Eigenart des Schmerzes. Der ursächliche Vorgang interessierte ihn kaum. Der geht nicht zum Fußball, folgerte Roland und ließ sich, entblößt wie er war, willig zum Elektroenzephalogramm führen. Mit den Elektroden am Kopf kam er sich vor, wie auf dem elektrischen Stuhl, nur wollte zum Glück kein exekutiver Stoß durch seine Muskeln schießen. Nun noch eine kleine Punktion, dann haben wir es, unterrichtete ihn die adrette Helferin beschwichtigend über die weiteren Untersuchungsschritte. Roland, das ahnungslose Opferlamm, wartete geduldig auf einer mit olivfarbenem Kunstleder bezogenen Liege. Er fror ein wenig und bekam eine Gänsehaut. Die trat noch deutlicher zutage, als das Fräulein mit der angenehmen Stimme im Bereich der Halswirbel mit einer langen Schere eine dreieckige Schneise in seine Nackenhaare schnitt. Dabei hatte Roland es erst vor kurzem durchgesetzt, die Länge seiner Haarpracht in freier Selbstbestimmung zu verwalten. In wenigen Sekunden war das ganze provokante Werk zunichte, einfach so, ohne Vorankündigung und Grundsatzdiskussion. Seine Mutter hätte ihre Freude daran

gehabt. Zum Protest blieb keine Zeit. Mit zwei resoluten Damen als Verstärkung stürmte der forsche Mediziner, bewaffnet mit einem großvolumigen Injektionsbesteck auf den überrumpelten Patienten zu. Die beiden Helfeshelferinnen nahmen Roland gekonnt in Griffgewahrsam, sein Kinn wurde ihm auf die Brust gedrückt. Bewegungsunfähig kauerte er auf der Liege und spürte schon ein Knirschen im Nacken, gefolgt von einem mahlenden Bohren.
Gleich haben wir´s, frohlockte der unheimliche Doktor, schon passiert. Aha ..., er begutachtete seine Ausbeute. ... Sie können sich anziehen, und bitte vergessen Sie nicht, Ihre Probe bei der Rezeption abzuholen.
Benommen von Schock und Behandlung blieb Roland liegen, bis es ihn fröstelte. Dann taumelte er aus dem Raum. Die Blicke der auf dem Flur wartenden Leidenden weckten seine Sinne. Er hatte vergessen, sich anzuziehen. Also wieder zurück in das Horrorkabinett. Seine Beine gehorchten nur sehr langsam.
Als er auf der Bürgermeister-Smidt-Straße stand mit dem großen Umschlag für das Labor unter dem Arm, fühlte er wohl Schwindel und Magendruck, jedoch keinen Kopfschmerz mehr. Mechanisch erledigte er den ihm aufgetragenen Botengang in eigener Sache. Nach dem Ergebnis hat er nie gefragt. Kopfschmerzen ließ er nicht mehr zu. Nach zwei Tagen ging er wieder zur Schule, nach einer Woche zum Training. Die Eltern waren höchst erfreut über die erfolgreiche Therapie.
Ja, Onkel Harro kennt die richtigen Kapazitäten, lobte Mutter stolz das Engagement ihres Bruders. Das sind ganz andere Experten als Doktor Möller, dieser Schmalspurmediziner. Der ist nur Chirurg und hat kein Gespür für Feinheiten.

Eine nachhaltige Ablenkung von den Strapazen der Kopfreparatur sollte der Junge nach den Vorstellungen der Eltern im Tanzkurs bei *Beer* finden. Ihr Sohn fand zwar selten den richtigen Takt, aber dafür eine vielversprechende Tanzpartnerin. Eigentlich ging er lieber in dunkel gehaltene Beatschuppen, so nannte die Mutter die städtischen Jugendfreizeiteinrichtungen, auf Mädchenpirsch als in den im gediegenem Chic gehaltenen Räumlichkeiten der Tanzschule, wo der Bruder seine Balzrituale eingeübt hatte. Er fand die Atmosphäre dort steif und langweilig, ja sogar anstrengend, da ein gewisses Maß an Leistungsbereitschaft vorausgesetzt wurde.
Ganz anders war es zur Sache gegangen, als Roland sein Debüt auf dem Tanzboden gegeben hatte, an jenem zweiten Weihnachtsfeiertag vor einem Jahr. Die Beatparty mit den *Competition* im *Gorch-Fock-Heim* war das vorweihnachtliche Schulhofthema. Die reiferen Jungen aus der Sitzenbleiberclique, allen voran Klassensenior Stefan, hatten die Jüngeren wild gemacht. Da musste man hin, wenn man zu den tollen Leuten zählen wollte, und das wollte Roland unbedingt. Außerdem fühlte er sich seit geraumer Zeit zu zwei Klassenkameradinnen hingezogen, die ihr Kommen während der Pausenneckereien angekündigt hatten. Irmtraud oder Cornelia, einer von beiden würde er bei der Gelegenheit sein Herz öffnen. Die ganze Feiertagsaktion konnte nur gelingen, indem er sie gegenüber seinen Eltern als einen Kinobesuch tarnte. Auf legale Anfrage hätten sie dem Vorhaben nie zugestimmt.
In diesen Halbstarkenschuppen läuft nur Proletengesoks rum. Da hast du nichts verloren, du bist ein Beamtensohn, vergiss das nicht!
Also hatte er gelogen: Ich geh´ ins *Apollo* Da gibt´s ´nen Western – „Cheyenne", der dauert mit Vorfilm über drei Stunden.
Um wenigstens annähernd Beatlesformat zu erlangen, hatte er den obligatorischen Weihnachtshaarschnitt bei Karmsen verbummelt. In der Festtagshektik war das zu Hause nicht unangenehm aufgefallen. So zwängte er sich in den eng gewordenen Konfirmationsanzug, band sich dazu, wie vom Vater gelernt, die neue, royalblaue Krawatte, die vom weißen Nyltesthemd kontrastreich abstach. Auf dem Weg über die

Wulsdorfer Rampe zog er sich noch eine Schachtel *Stuyvesant*. Die mussten gut sein, schließlich waren sie die Lieblingsmarke von Rolf und Stefan.
Der langgezogene Holzbau war angereichert mit unternehmungslustiger Jugend. Roland konnte froh sein, noch hineinzukommen. Viele Nachzügler mussten draußen warten, bis anderen die Lust vergangen war. Roland hoffte, dass er mit seiner Größe gut für sechzehn durchgehen würde. Zum Glück gab es Sonntags keine Ausweiskontrolle. Aus seiner Klasse waren nur die Sitzenbleiber da, die Mädchen hatten gekniffen. Da musste die Lage neu sondiert werden. Roland brauchte zwei Stuyvesantlängen, dann fiel sein Blick auf eine kleine Schwarzhaarige mit einem dunkelrot bemalten, frechen Mund. Sie sah viel toller aus als die beiden Drückebergerinnen, trug einen scharfen schwarzen Lederminirock und ein mit Glitter besetztes, dunkelblaues Samtjäckchen mit weißem Kragen. Darunter zeigten sich zwei beachtliche Wölbungen. Vor Aufregung flatternd forderte Roland sie zum Tanz auf. Wenn er noch länger gezögert hätte, wäre ihm der Mut vergangen. Zu seiner Überraschung willigte sie ein. Beim Beaten und Twisten, das Roland leidlich beherrschte, weil er vorher viele Nachmittage im Keller solo geübt hatte, entbot sie ihm ein eigenwilliges Lächeln mit fast geschlossenem Mund, blieb jedoch stumm. Da dem schüchternen Kavalier auch keine Bonmots einfallen wollten, beschränkte sich ihre Kommunikation aufs Nonverbale, wobei sie sich, wie Roland fand, gut verstanden. Wenigstens ließ sie sich nach den Musikpausen immer wieder von ihm holen und entwand sich auch nicht bei den langsamen Bluesstücken, wenn er sie zum Schwofen in die Arme schloss. Zaghaft kuschelte er sein Gesicht an ihr welliges Haar und flüsterte kühn Komplimente an ihr Ohr. Zweimal schaute sie ihn mit großen Augen an und wirkte dabei, so kam es Roland vor, hilfesuchend, als wolle sie ihm etwas Wichtiges mitteilen. Nach dem letzten Beat hatte sie es auffallend eilig.
Sehen wir uns wieder, fragte Roland hastig.
Ja, vielleicht.
Das genügte. Roland war stolz auf seine erste Eroberung. Sie muss schnell nach Hause, erklärte er sich ihre Hast, ihre Eltern warten sicher schon. Beim nächsten Mal würde er sie auf den nahe gelegenen Spielplatz locken und unwiderstehliche Knutschversuche starten. Stefan hatte schon erzählt, wie man die Sache angeht.
Mit solchen Flausen im Kopf schlenderte er dem Ausgang entgegen. Kaum hatte er sich durch die Tür ins Freie gedrängt, wurde Roland von zwei üblen Gestalten grob untergehakt und dorthin geschleppt, wo er sich eben noch hingeträumt hatte. Nur sah die Realität anders aus: Die zwei kräftigen Halbwüchsigen drückten ihn in eine Schaukel, und plötzlich tauchte noch ein dritter auf, der wortlos auf ihn eindrosch. Roland war zu verduzt, um Schmerz zu empfinden. Die Aufschläge verursachten nur ein dumpfes Pochen. Glücklicherweise ließen die Schläger schnell von ihm ab, schnippten ihre verglühenden Kippen auf seinen Anzug. Einer murmelte:
Damit du das nächste Mal nicht wieder die falsche Braut angrabscht, klar Alter?
Weg waren sie. Roland brauchte eine Weile, um seine Ausgehkombination halbwegs in Ordnung zu bringen. Was sollte das?
Später klärte Stefan ihn auf. Der kurzberockte Feger war schon vergeben an einen von den Typen. Der gehörte einer Lederbande aus Surheide an.
Und warum tanzt er nicht mit ihr?
Die haben allesamt Saalverbot.
Zu Hause war Roland darauf bedacht gewesen, den Vorfall nicht ruchbar werden zu lassen. Vergebens. Mutter hatte den Schwindel bemerkt .
Du bist uns ein Schlawiner. Hinter unserm Rücken in diese Bumsbude zu gehen und dann noch Streit vom Zaun brechen, na warte. Geraucht hast du auch.
Wie?

Ach, tu nicht so, wo kommen sonst die kleinen schwarzen Flecken auf der Anzugsjacke her? Schau dich doch an, der schöne Anzug.
Aber ...
Nichts aber, da kommst du uns nie wieder hin, basta!
Nie wieder hieß drei Wochen. Nachdem das Bumsbudenverbot abgelaufen war, ging Roland diese Veranstaltungen abgebrühter an, sowohl was die Garderobe betraf als auch die Auswahl seiner Tanzbienen. Die kleine Schwarzlockige sah er natürlich wieder. Sie lachte ausgelassen im Kreise der Kloppergang. Damit lüftete sich auch das Geheimnis ihrer vormaligen Wortkargheit – sie trug eine Zahnspange über den oberen Schneidezähnen. Das hätte Roland nicht gestört.

Roland durfte bald zwar regelmäßig in die Beatschuppen gehen, zur Gesellschaftsfähigkeit gehörte aus der Sicht der Eltern jedoch unabdingbar der Besuch eines ordentlichen Tanzkurses.
Damit du einen manierlichen Umgang mit Damen kennen lernst und dich später auf einem Ball sehen lassen kannst.
Wenn auch sonst jeder Groschen umzudrehen war, dafür gab es Geld. Roland begriff, wie wichtig den Eltern eine solide Tanzausbildung war und packte die Chance beim Schopfe, im zähen Clinch um seine Haarlänge einige Zentimeter gutzumachen. Mutter ließ sich auf den Deal ein. Vater wurde im Unklaren gelassen, in der Erziehung verlor er sowieso zusehends die Orientierung. So meldete sich Roland pflichtgemäß beim Institut *Beer* an, wo der leichter zu erziehende Rolf beim Abtanzball mit einer Marion den zweiten Platz errungen hatte. Leider zeigte sich der jüngere Spross untalentiert für das kombinierte Tanzen, und seine Partnerin aus der Parallelklasse ward ebenfalls nicht von einer rhythmischen Muse geküsst. Dafür machte sie optisch einiges her. Roland bekam Interesse, musste jedoch schnell erfahren, dass er nur den Stellvertreter spielte für ihren festen Freund, dessen Eltern einen Tanzkurs nicht finanzieren konnten – wollten? Unengagiert stolperten sie sich durchs Pflichtprogramm. Beim Abschlussball war Mutter schockiert über die Darbietungen des Jammerpaares. Vater war gar nicht erst mitgekommen, unabkömmlich wegen einer sportpolitischer Konferenz. Wahrscheinlich feilschte er gerade um die Ablösebedingungen für einen Regionalligaveteranen, den er zu seinen Wulsdorfern locken wollte, vermutete Roland. Die herzensgute Frau Beer hatte ein Einsehen mit dem schulungsresistenten Tänzer, und so bekam Roland seine zweite Chance: Er erhielt wie das Siegerpaar eine Kursteilnahme geschenkt, allerdings keinen für Fortgeschrittene, sondern einen für Anfänger. Böse Mäuler in der Klasse lästerten tags darauf, er sei in der Tanzschule sitzen geblieben.
So traf er auf sie, sechzehn Jahre, blonde Lockenmähne, verheißungsvoller Kussmund, schlank mit ausbaufähigen Rundungen, lustig, frech, unkompliziert und für Rolands lockeres Mundwerk aufgeschlossen, kurz: die ideale Kandidatin für etwas Ernstes. Schon bei der zweiten Tanzlektion saß er an ihrem Tisch. Von dem Tag an konnte er den Donnerstagabend kaum erwarten. Unglücklicherweise kollidierte der Tanztermin mit dem Trainingsbetrieb, den Roland von nun an oft vorzeitig abbrach, um aufs Parkett zu eilen.
Sein Gebaren traf im Jungmännerbund auf wenig Verständnis und stärkte seine Stellung in der Mannschaftshierarchie nicht. Rolands angestammter Platz an den Spieltagen blieb neben dem Trainer auf der Aschebahn, in die er zum Zeitvertreib mit den Aluminiumstollen Figuren scharrte. Natürlich wurde er von seinen Kameraden gehänselt, verhinderter Gigolo oder Eintänzer vom Dienst, spöttelten sie. Sollten sie doch, alles nur Neidgezisch, dachte Roland bei sich, denn er hatte beobachtet, dass diese Grünhöfer Burschen sich in Mädchennähe ziemlich töffelig anstellten. Tumbe

Pubertätssprüche und schlüpfrige Witze hatten sie jede Menge auf der Pfanne, aber einen Käfer anbaggern, dazu reichte es bei kaum einem. Nur Casanova Klaus, der bei den Fahnenschwenkerinnen Hahn im Korb spielen durfte, und Wolli, den Linksfüßler mit dem Wuschelkopf, sah man in weiblicher Begleitung. Volker hingegen, in fußballerischer Hinsicht fast schon erwachsen, war auf diesem Terrain ein absoluter Spätzünder.
Obwohl Rolands neuer Schwarm bei den Tanzschrittübungen keine Scheu vor Nähe zeigte, schienen Rolands Chancen auf mehr gering. Katrins fester Freund, der noch weniger Sinn für Tanzkultur zu hegen schien als Roland, holte seine Braut regelmäßig pünktlich in seinem Opel Kadett ab, so dass Roland keine Möglichkeit für Handgreiflichkeiten und Knutschattacken sah. Von Mal zu Mal schielte ihn der kräftige Maschinenbaugeselle von der Schichauwerft finsterer an, grüßte nur äußerst verhalten.
Das ist Dackelchen, mein Tanzkavalier, hatte Katrin Roland dem Rivalen mit flötender Stimme bekannt gemacht. Ist er nicht süß?
Das hieß, soweit hatte er ihr Vokabular schon dekodiert: Mach dir keine Sorgen, der ist ungefährlich. Aber warum nannte sie ihn Dackelchen? Hatten seine braunen Augen sie im Innersten gerührt, oder war es vielleicht der kecke Flaum auf seiner Oberlippe, der langsam zu einem echten Bärtchen zusammenwuchs?
Einen Trost gab es, Roland tanzte jetzt besser.
So wie das Glück unverhofft kommt, machte Katrin ihrem Ersatzpartner zum Abschluss des nächsten Tanztrainings scheinbar beiläufig ein unerwartetes Angebot: Du kannst mich heute Abend nach Hause bringen, wenn du möchtest.
Roland brachte auf dem kurzen Weg um drei Ecken kein Wort heraus, so verschüchtert schritt er neben ihr her. Behutsam führte er sie an der Hand zur Haustür und riskierte zum Abschied einen leichten Kuss auf ihre Wange.
Kichernd flüsterte sie: Du bist drollig. Wollen wir uns morgen nach der Schule treffen?
Roland schluckte: Und was ist mit Jürgen?
Der kommt nicht mehr.
Warum?
Ich hab´s ihm nicht erlaubt.
Damit schlüpfte sie zur Tür hinein. Der folgende Endorphinausstoß katapultierte den frisch verliebten Standardtänzer bis nach Grünhöfe und bereitete ihm eine schöne schlaflose Nacht. Viel zu früh steuerte er am nächsten Nachmittag die *Kaufmännischen Lehranstalten* in Bremerhaven Mitte an. Aus welcher Tür würde sie kommen? Was sollte er sagen? Er musste etwas vorschlagen. Am Deich war es noch zu ungemütlich. Vielleicht ins Café? Da kam sie. Natürlich schwebte sie nicht, das bildete er sich nur ein. Verdammte Nervosität! Sie dagegen völlig gelassen. Ein Küsschen zur Begrüßung und ein handfester Vorschlag zum Programm:
Wir müssen noch kurz zu meiner Oma, Blumengießen. Sie liegt im Krankenhaus, und ich kümmere mich um ihre Wohnung. Danach können wir in die *Hanseatenburg*. Da ist es um diese Zeit nicht so voll. Einverstanden?
Na klar, so einfach war das. Katrin wusste, wo es herging. Roland gefiel das. Alles Hemmende fiel Schritt für Schritt von ihm ab. Er kam ins Plaudern, erzählte vom Fußball, seinen Mannschaftskameraden und den blöden Bemerkungen.
Wegen mir schwänzt du das Training? Das ist ja süß. Soll ich dich da mal besuchen?
Roland stellte sich die Blicke der anderen vor.
Jetzt aber erst die Blumen. Sie waren in der Bachstraße angekommen.
Es ist ganz oben. Geh vor, sonst schaust du mir noch unter den Rock.
Nein, nein, ich schau´ weg, ganz bestimmt.
Ach, Männer.

Sie führte ihn ins Wohnzimmer. Die Rollos waren halb heruntergezogen. Alles tadellos geordnet. Die Topfpflanzen wirkten frisch und bestens gepflegt.
Du darfst die Braut jetzt küssen, Katrin hatte sich in betont züchtiger Haltung aufs breite, mit hellbeigem Samt bezogene Sofa gesetzt und schaute kokett zu ihm auf.
So hatte er sich das nicht gedacht. Wer eroberte hier wen?
Für innere Dialoge blieb keine Zeit. Roland erfuhr, wie ein richtiger Zungenkuss wirkte. Was Katrin mit Zunge und Lippen vollführte, stellte alles vorher Durchprobierte in den Schatten. Nach dem fulminanten Auftakt lehnte sie sich entspannt in die altrosa Brokatkissen zurück und klärte ihren unbedarften Liebhaber über den Verschluss ihres Büstenhalters auf.
Der geht vorne auf, mit Druckknopf. Das finde ich praktisch. Die meisten Typen sind doch für die einfachsten Haken und Ösen zu blöde.
Roland wusste nichts zu sagen.
Gib´s zu, du hast noch keinen aufgekriegt, flüsterte sie ihm lächelnd ins Gesicht, während ihre feinen Hände bedenkliche Spannungen in seiner Wranglerjeans auslösten.
Doch, doch, beeilte sich Roland mit der Antwort.
Na, dann bin ich ja gespannt, übergab sie ihm die Spielführung.
Es folgten zwei kuschelige Sofastunden, in denen die jungen Liebenden alles erkundeten, womit sie beim anderen wohlige Gänsehaut erzeugen konnten. Roland genoss den passiveren Part und war fasziniert, wie geschickt Katrin mit Reißverschluss und Knöpfen verfuhr. Während ihre Streichelmassagen in seinem Kopf Blitze zündeten und sein Unterhemd zum Auffangnetz für überschießende Lust umfunktioniert wurde, ertastete sie die operativ bedingte anatomische Abweichung von der Norm. Einen dermaßen beschnittenen Jungen hatte Katrin noch nie gesehen. Also musste ihr Roland alles erklären über Hodenverdrehung, Phimose und Narkosehalluzinationen. Sie erwies sich als eine geduldige Zuhörerin und gelobte, ab sofort besonders auf sein Pimmelchen aufzupassen.
Damit dir nichts Böses mehr passiert, gibt Tante Katrin Acht.
Vorsichtig nahm sie ihren erschlafften Schützling zwischen Daumen und Zeigefinger. Zur Bekräftigung des Versprechens gab es noch einen Extrakuss auf die Spitze.
Die Verniedlichung hätte nicht sein müssen, fand Roland, aber er hatte schon begriffen, dass Katrin zum Diminutiv neigte. Nun wurde es Zeit, mit der Turtelei zum Ende zu kommen.
Schnell noch die Blumen, wollte Roland sich nützlich zeigen.
Ach lass, die sind nass genug.
Das hätte er sich denken können. Blumengießen hatte im Wesentlichen die Zweisamkeit von Katrin und Jürgen ausgemacht.
Der konnte aber nicht so schön erzählen wie du, begründete sie ihren Gefühlswandel. Außerdem ist an dem alles dran, wie langweilig.
Roland zog ein Gesicht.
Komm, sei nicht beleidigt, ich finde das doch süß.
Als er sie, wie es sich für einen anständigen jungen Mann gehört, pünktlich bei Mama und Papa ablieferte, stand fest, was in nächster Zeit absolute Priorität haben sollte. Die Zollinlandtermine konnte er bequem mit dem Liebesleben verbinden. Katrin hatte nichts dagegen. Sie fand es süß, wenn er von Willi Reimanns Soli auf dem linken Flügel schwärmte.
Männer gehen eben zum Fußball, das weiß man doch. Ich hole dich vom Leher Tor ab, dann gehen wir an der Geeste entlang zu *Beer* schwofen. Ich kenn´ da eine Abkürzung.

Rolands unerschrockener Körpereinsatz im Loxstedtspiel hatte ihn in den unbestechlichen Augen des Trainers wachsen lassen, und in den nächsten Spielen, die mehrfach auf Rasen ausgetragen wurden, schlug er sich als Verteidiger wacker. Volkers Ratschlag – Im Zweifelsfall nur weg mit dem Ding – half tüchtig mit.
Nach der kurzen Weihnachtspause stand im Februar bei Eiseskälte ein Spiel in Einswarden an. Diesmal fuhren die Grünhöfer als Favoriten hin. Auswärtsspiele auf der gegenüberliegenden Weserseite kosteten besonders viel Freizeit, und deshalb fuhr Roland nur mit, weil Herr Johannemann eine Stammplatzgarantie für ihn ausgestellt hatte. Nicht noch einmal würde Roland sich den ganzen Tag um die Ohren schlagen, um im nordwestlichen Niedersachsen Figuren in eine Aschebahn zu kratzen und in der Pause für die Erfrischung der elf Aktiven zu sorgen. Einswarden, das hieß: Am Sonntagmorgen um sechs Uhr aufstehen, um halb sieben den Bus erwischen, um sieben auf die Fähre nach Blexen hüpfen, fast eine halbe Stunde über die wellenbewegte Weser schippern, um dann noch zwanzig Minuten zum Sportplatz zu latschen. Ganz zu schweigen von dem ärmlichen Bretterverschlag, in den man zum Umkleiden gescheucht wurde. Drei Bänke, keine Schränke und nach dem Kick zwei lauwarme Duschen für elf bis vierzehn verdreckte und durchgeschwitzte Buben.
Na dann, viel Spaß, wünschte die Mutter zum Abschied. Wenn du überall so pünktlich hinkämst wie zum Fußball, könnte direkt was aus dir werden.
Tschüs!
Tür zu und die alte Leier abgewürgt. Volker wartete kompakt vermummt am Vorgartentor. In der Nacht war das Thermometer weiter in den Eiskeller gerutscht. Minus zehn Grad würden heute Durchschnitt sein. Auf der Fähre wurde abgefragt, wer alles in langer Hose spielen wolle. Volker gehörte nicht dazu, einige schwankten noch, Roland hatte sich schon längst entschieden.
Einzige Neuerung in der berüchtigten Bude war ein altertümlicher Bullerofen, um den sich gleich alle drängten. Die Duschen würden am Ende noch lauer als gewöhnlich sein. Roland fasste bereits vor dem Spiel den Entschluss, nachher nicht zu duschen. Die letzte Hoffnung auf Spielausfall schwand. Der Schirri aus Nordenham kannte kein Pardon.
Also raus in die Hundekälte und bloß bewegen, sonst holt ihr euch was weg, gab Herr Johannemann mit auf den frostigen Weg.
Volker lief als einziger aller Zweiundzwanzig mit bloßen Beinen auf. Er hatte sie mit einer dicken Schicht Nivea-Creme isoliert. Roland konnte gar nicht hinsehen, so aggressiv griff die Kälte die Haut an. Dabei schützte ihn eine lange Trainingshose vor den unmittelbaren Froststrahlen. Unter dem Trikot umhüllte ihn ein langärmeliges Unterhemd, und ein paar Wollhandschuhe verhinderten Fingersteifheit. Roland tat gut daran, des Trainers Rat zu beherzigen. In seiner Eigenschaft als Verteidiger wurde er kaum gebraucht, da seine Mannschaft hoch überlegen war. Diesmal gehörte er zum älteren Jahrgang. Die anderen kriegten die Hucke voll, und Roland musste seine Beine ohne Ballarbeit auf Trab halten. Zur Pause spurteten alle zur Bretterhütte, schließlich ging es um eine günstige Platzierung am Bullerofen. Der heiße Zitronentee aus der Thermoskanne war ungleich wichtiger als alle Trainerworte. Wozu noch Anweisungen? Es stand sechs zu null, Tendenz steigend. Die Tür knarrte, der Schiedsrichter befahl den verfrorenen Haufen zur zweiten Schicht an die Winterluft.
Roland bekam die Kälte nicht mehr aus den Gliedern und verlor rapide die Lust, sich am Ballgeschiebe auf diesem steinhart gefrorenen Geläuf zu beteiligen. Sehnlichst wünschte er sich an den Bullerofen zurück. Vielleicht würde der unparteiische Senior an die eigene Gesundheit denkend das Frosttheater ein paar Minuten früher beenden? Da flog ein Ball durch seine Gedanken und rutschte ins Seitenaus, hinter dem ein zugefrorener Graben lauerte. Das Spielgerät hatte sich genau in die Mitte der cirka

einen Meter breiten Rinne auf das Eis fallen lassen. Roland stand am nächsten und musste es herausholen. In solchen Klettereinlagen ungeübt, verlor er am glatten Rand die Balance und trat mit einem Bein heftig auf die Eisfläche. Die Aluminiumstollen durchbrachen die obere feste Schicht, und schon war der rechte Fuß mit schmerzkaltem Wasser umspült. Den Kälteschock ignorierend griff er hastig nach dem Ball, verfehlte ihn, versuchte es noch einmal, erwischte ihn, zog das Bein endlich aus der Eisklammer und fiel auf den schneeüberzogenen Grabenrand. Der Ball kullerte vorne weg. Volker nahm ihn auf.

Alles in Ordnung, erkundigte er sich nebenbei.

Ja, ja, mach hin, stöhnte Roland, ich komm´ schon klar.

Er stand auf, befühlte seinen nassen Fuß, spürte kaum noch etwas. Na also, geht doch, machte er sich selbst Mut.

Immer bewegen, meldete sich Herr Johannemann von außen.

Roland versuchte Trabschritte. Es funktionierte leidlich, bis der Ball wieder auf ihn zukam. Er konnte nicht ausweichen und versetzte den Fuß in Schussbewegung. Es würde ein leichter Pass zu Holger sein...

Ein rasender Schmerz durchfuhr Mark und Bein, als habe er mit voller Wucht gegen einen Betonblock getreten. Der Ball sprang seitlich weg und schlingerte auf die ganz andere Seite, wo Klaus ihn dankbar aufnahm. So einen genialen öffnenden Schlag hatte Herr Johannemann von Roland noch nie gesehen. Roland auch nicht. In Fuß und Unterschenkel pochte es. Die Schmerzen wühlten sich stoßwellenartig durch die Zehen.

Lieber Gott, mach Schluss, wimmerte der weichgefrorene Verteidiger leise vor sich hin.

Hartmut musste erst noch das neunte Tor erzielen, bevor Rolands Stoßgebet erhört wurde. Bei der Jagd zum Ofen kam er als Bummelletzter ans Ziel, nur noch auf dem linken Bein hüpfend. Volker musste ihm die Schuhe aufbinden. An den Schnürsenkeln klebte das Eis wie geronnene Gelatine.

Ich wollte dir vorhin sagen, dass die hier für den Graben Stangen haben mit einem Fangkorb für die Bälle dran. Die liegen dort am Rand, setzte Volker ihn verspätet in Kenntnis. Aber du warst so schnell unten. Beim nächsten Mal weißt du Bescheid.

Danke, dachte Roland, beim nächsten Mal bleib´ ich zu Hause.

Zum Wechsel in die A-Jugend kam für Roland trotz allen Einsatzes auf Rasen, schwarzem oder rotem Sand die Degradierung. Die Fusionswelle in der Bremerhavener Vereinswelt hatte auch Grünhöfe erfasst. Der expandierende Arbeiterverein aus dem Blockland schluckte den von Mitgliederschwund und Imageverlust gebeutelten *Bremerhavener Sportclub*. Der neue Großverein nannte sich *BSC Grünhöfe*. Die Grünhöfer übernahmen alle wichtigen Ämter, und die Mannschaften wurden mit Sportclubspielern aufgefüllt. Fortan wurde statt in grünen jetzt in schwarzen Hosen gespielt . Der inflationäre Zuwachs an Jugendspielern drückte Roland in die Reserve. Er musste in der neuen Saison für die Zweite A-Jugend die neuen Puma-Stiefel schnüren. Dabei hatte nicht allein Rolands Leistung den Ausschlag gegeben. Herr Johannemann hatte dem neuen A-Jugendtrainer, einem übermotivierten Frührentner, über Rolands Terminnöte an den Wochenenden informiert und wohl auch geflüstert, dass dem frühreifen Bengel jetzt Weiberröcke wichtiger seien als Männersport.

Tatsächlich hatte Roland in den vergangenen Monaten einige Spiele sausen lassen, weil ihm anderes dringender erschien .

Zum einen gab es schließlich immer noch die Heimspiele von *Dreiundneunzig,* die Roland, weder bei Regen noch bei schneidendem Frost versäumte. Wenn es um den *TUS* ging, dachte er anders als Volker, dem die Spiele der eigenen Mannschaft

ungleich wichtiger waren. In diesen bewegten Zeiten formte der neue Trainer Loßmann eine spielstarke Truppe, die wie in den alten Oberligazeiten die Bremerhavener in Massen zum *Zollinland* lockte. Gespickt mit überdurchschnittlichen Spielern, wie Willi Reimann, Horst Bertl, Egon Coordes, Eckhard Deterding und Dieter Rost, die konsequenterweise schnell von besser zahlenden Clubs abgeworben wurden, drängten die Dreiundneunziger an die Spitze zur Regionalliga. Auf einem zum Spruchband umfunktionierten, weißen Bettlaken las Roland eines schönen Sonntags:
„SCHICKT UNS INTER MAILAND HER - WIR FINDEN KEINE GEGNER MEHR!"
Hochfliegende Pläne zum Ausbau des *Zollinlandplatzes* zu einem richtigen Stadion wurden diskutiert. *Inter Mailand* brauchte nicht zu erscheinen. Der *VFL Osnabrück* genügte, um alle Träume zerplatzen zu lassen. Trotzdem erlebte Roland damals die großen Spiele des *TUS Bremerhaven 93*.
Zum anderen war Rolands Terminplan an den Samstagen besonders eng gesetzt: Am frühen Nachmittag kam „Beatclub" mit der süßen Uschi Nerke, nun schnell in die Badewanne, bevor sie von Mutter oder Bruder besetzt wurde, dann „Sportschau". Danach wurde es Zeit für den Beatschuppen. Gründe, die von der Mutter verordnete Sperrstunde zu ignorieren, gab es genügend. Am Sonntagmorgen musste dann hinter verschlossener Tür in der Küche – damit Vater nichts hört - mit der Mutter die Toleranzgrenze neu ausgehandelt werden. Das Gesetz zum Schutze der Kinder und Jugend war längst kein Maßstab mehr. Der Vater war für die Überwachung des Zigaretten- und Alkoholkonsums des Filius zuständig und konnte im schwersten Fall Taschengeldentzug anordnen. Roland belog ihn deswegen ungeniert. Nach dem hastig eingenommenen Mittagessen ging es zum *Zollinland.* Nach dem Spiel wartete Katrin schon am Leher Tor, und hurtig ging es ab zum Tanztee. Zur Verabschiedung wurde unten in der Garderobe oder in einem schattigen Hauseingang ausgiebig geknutscht und gefummelt. Bevor Roland dann spät am Abend am Hauptbahnhof erschöpft in die Linie Drei stieg, musste er bei *Stehrs Imbiss* unbedingt noch eine Bulette mit Fritten verdrücken. Nur von Beat und Liebe wurde der junge Mann eben nicht satt.
Wo sollte da noch Zeit sein, um mit der A-Jugendreservemannschaft gegen die zweite Garnitur von Surheide anzutreten? Trotz seiner Motivationskrise kämpfte sich Roland noch einmal heran. Zum Spiel in Einswarden wurde er für die Erste A-Jugendmannschaft als Ersatzspieler nominiert. Volker sah sofort für Roland neue Perspektiven am Horizont.
Du kommst wieder zu uns, prognostizierte er optimistisch.
Am herrgottsfrühen Sonntagmorgen klingelte er am Reihenhaus. Roland sah sich unsanft aus dem Tiefschlaf gerissen, lüftete das Rollo, schüttelt kurz den Kopf und fiel zurück ins Kissen. Die letzte *Camel* von der langen Beatnacht kitzelte seine Bronchien, er bekam einen Hustenanfall. Um zwölf Uhr stand er zum Mittagessen auf. Mutter schaute ihn strafend an.
Volker war hier.
Ich weiß.
Dem kann in puncto Zuverlässigkeit keiner das Wasser reichen, lobpries sie den treuen Kameraden. Der treibt sich nachts nicht im Beatschuppen rum. Der weiß, was sich gehört.
Ja, is´ n Pfundskerl, versuchte Roland dem Gespräch die Strenge zu nehmen. Wo ist Vater?
Schon unterwegs. Die Wulsdorfer spielen heute in Oberneuland, da müssen sie immer früher los.

Roland war froh, dass der Vater seine frevelhafte Unzuverlässigkeit nicht bemerkt hatte. Dafür würde er pünktlich am *Zollinland* sein.
Am Montagmorgen mied Roland wegen seines schlechten Gewissens Volkers Nähe. Der erwähnte die Abfuhr vom Sonntagmorgen mit keinem Wort. Roland schenkte ihm in der ersten großen Pause den gerade erst erstandenen *Kicker* .
Hab´ ich schon gelesen, log er, um Wiedergutmachung bemüht.
Von der Ersten Mannschaft wurde Roland nie wieder angefordert.

Bald danach bestritt Roland sein letztes offizielles Fußballspiel. Seine Zweite Mannschaft war im Pokalwettbewerb viel weiter gekommen als die Erste. Zum Halbfinalspiel gegen *Sparta Bremerhaven* rückten zur Verstärkung Volker, Klaus und noch zwei Roland unbekannte Spieler aus der ersten Riege an. Die hatten ein aufbauendes Erlebnis bitter nötig. Am Wochenende davor waren sie auf ihrem vertrauten roten Granulat von der Nachwuchself des *TUS* schwindelig gespielt worden.
Wie gut, dass der verrückte Pauli nicht noch mitgespielt hat, hatte Volker am Montag nach der Schlappe gestöhnt. In dem Fall hätte ich mich auswechseln lassen. Der wirft sich in jeden Ball, ob ihm nachher ein paar Zähne fehlen oder du dir ein Bein brichst, ist dem scheißegal.
Wenn Volker gewollt hätte, könnte er längst bei den Dreiundneunzigern spielen. Deren Talentsucher hatte ihm anlässlich eines Spiels der Stadtauswahl vorgeschlagen, in den Juniorenkader zu wechseln, den er zur Förderung seines eigenen Sohnes für den *TUS* zusammengesucht hatte. Der bodenständige Volker lehnte ab und blieb seinem *BSC* treu. Eine solche Einstellung hätte Vater bestimmt gefallen.
Wenn schon nicht die Meisterschaft, so sollte dann wenigstens der Pokal geholt werden. Die Fusion verpflichtete zu Erfolgen. Um den Jungen die Bedeutung des Spiels zu unterstreichen, fuhr sogar der für die Grünhöfer Jugendabteilung zuständige Obmann mit, ein vom Alkohol gezeichneter, ältlicher Hänfling, in Anzug und Krawatte geschmissen, der seine reale Bedeutungslosigkeit vor der Vereinsjugend mit altväterlicher Rede zu kaschieren versuchte. Die naiven Kleinen schauten ergriffen zu ihm auf, die Älteren machten Faxen und Witze. Bei Feierlichkeiten auf dem Vereinsgelände mischte sich der vergessene Junggeselle gerne unter die kurzberockten Fahnenschwenkerinnen. Seine kleingetrunkenen Augen ruckten dann hin und her.
An diesem Nachmittag starrten sie auf Rolands Dress, der offenbar nicht der Kleiderordnung genügte, die der Vorstand erwartete. Roland hatte nicht zum ersten Mal vergessen, das Zeug von seiner Mutter waschen zu lassen. Trikot und Stutzen trugen noch deutliche rosarote Flecken von der letzten Rutschpartie auf dem feuchten Grünhöfer Sand. Außerdem hatte er versehentlich die Schuhe verwechselt und lief daher mit einem grauweißen, hohen Turnschuh und einem schwarzgelben Fußballschuh auf. Trainer und Obmann waren sich einig in ihrer Verachtung für einen solchen Aufzug:
Und das bei einem so wichtigen Spiel. Das hat Konsequenzen für das Finale.
Roland gefiel sich in seiner Rolle als Paradiesvogel. Sein Auftritt sorgte für Amüsement bei der Handvoll Zuschauer, die sich am Rande des Feldes verteilt hatte. Konsequenzen waren überflüssig. Das Spiel ging knapp verloren.
Das Training stellte Roland beleidigt ein, aber wenn er ehrlich war, hatte er nur auf einen Anlass zum Abbruch der Vereinsbeziehung gewartet. Die Austrittserklärung übergab die Mutter dem Kassierer, der den monatlichen Beitrag einzutreiben hatte.

Roland sitzt tagträumend auf der Rückbank des Peugeot und schaut in die Oktoberdämmerung, die sich über den Hamburger Feierabendverkehr legt. Sie stehen im Stau. Er wartet vergebens auf Vaters Polizistenschelte. Der ist mit seinen Sinnen ganz woanders, was ohne Zweifel an seiner Beifahrerin Frau Wasznicki liegt, mit der ihn viel Gemeinsames über die Wulsdorfer Vereinsinterna verbindet. Gerade reden sie sich die Köpfe heiß über Frau Wasznickis Idee, eine Fußballmannschaft für Frauen zu gründen. Ein komischer Gedanke für Roland. Die unablässig daherplaudernde Frau ist seit den Sommerferien Vaters Sekretärin im Vorstandszimmer des *TSV*. Sie macht das quasi umsonst und gerne, wie sie Roland schnell noch ungefragt zwischen Tür und Angel erzählen musste, als der zusammen mit Onkel Ralf seinen Vater vor vier Wochen als Kartoffelsack, wie Mutter tags darauf höhnte, von der Pokalfeier der Dritten Mannschaft aus der *Sportklause* abgeholt hatte. Der Onkel hätte den massigen, stark bewegungseingeschränkten Fahrgast nicht allein ins Taxi bugsieren können.

Jetzt, wo der Junge fast aus dem Haus ist, quietschte ihre von *Jägermeister* geschliffene Stimme neben Rolands Ohr, kann ich gut was für Hans und den Verein tun, auch wenn´s für´n besseres Trinkgeld ist, du verstehst schon.

Roland hatte wenig verstanden bei dem Geschiebe zwischen Onkel Ralfs Flüchen und Vaters lauthalsen Lobeshymnen auf Mattke, Penshorn, Janssen und andere Wusldorfer Veteranen.

Frau Wasznickis Segenswünsche für die Heimfahrt hatten sie begleitet, als der Onkel seinen Mercedes Diesel endlich in Richtung Lindenallee in Gang setzten konnte, und sie mit dem unablässig hustenden Vater davon tuckerten.

Hans, lass dich nicht unterkriegen, rief sie ausgelassen winkend hinterher.

Die lebenszugewandte Frau ist Anfang vierzig, und man sieht ihrer Erscheinung das Bemühen an, für die Männerwelt attraktiv zu bleiben. Gerade dies macht sie in den Augen der Mutter höchst suspekt. Fuchsteufelswild kann sie werden, wenn die Sprache auf diese Person kommt, die sich, laut Mutter, an der Theke von Männerblicken auffressen lässt.

Und - auf Vater gemünzt - du stehst besoffen daneben und kommst dir Gott wer weiß wie toll vor!

Als sie erfuhr, dass ausgerechnet Vaters weibliche rechte Hand mit von der Partie nach Hamburg sein würde, gab es einen Mordskrach in der Küche beim Abendbrot .

Aber nun ist die Hausfrau weit weg, und Herr Wasznicki sitzt hinten neben Roland im Peugeot. Was soll da schon passieren?

Überhaupt wird zu wenig über das Spiel geredet, für das sie die Fahrt nach Hamburg auf sich genommen haben. Dabei ist es das wichtigste Spiel an sich in Rolands Länderspielkarriere. Es muss entscheiden über Wohl und Wehe des deutschen Fußballs. Quo vadis deutsche Nationalmannschaft? Ins sonnige Mexiko oder ins Schattendasein der Bedeutungslosigkeit? Wir oder die Schotten? Spannender könnte eine Konstellation kaum sein, und da quatschen die da vorne von Wulsdorf und Frauenfußball. Nur durch Vaters gute Beziehungen zum *Bremer Fußballverband* hatten sie Karten bekommen, und um die gab es dann zwischen den Abteilungsleitern im Verein prompt Streit. So viele Wulsdorfer wollten noch nie zum Länderspiel. Rolf sitzt beim Bund in Wesendorf fest und ärgert sich sicherlich schwarz darüber, dass er nicht dabei sein kann.

Dienst ist Dienst, hatte Mutter gemeint. Von der Wehrmacht kann man nicht mal so eben wegen Fußball wegbleiben. Wo kämen wir denn dahin?

Bundeswehr, hatte Roland sie verbessert, Mutter, es heißt heute Bundeswehr.

Ach, ist doch egal, wie die das nennen. Gehorchen muss man so oder so.
Jedenfalls sollte Volker die kostbare Karte bekommen, aber der hatte wegen einer Trainingseinladung zur B-Jugend Stadtauswahl abgelehnt. Das war ihm erst eingefallen, nachdem Roland verlauten ließ, dass der Sitzplatz zwanzig Mark kostete.
Darüber hatte sich Vater furchtbar aufgeregt.
Erst hab´ ich den Ärger wegen der Karte im Vorstand, und dann muss man sie in deiner Schule wie Sauerbier feilbieten.
Roland konnte ihn jedoch beruhigen, da Fridolin schnell eingesprungen war und vor Volkers Augen auf der Stelle drei Zehnmarkmarkscheine herlangte.
Der Rest ist fürs Benzin, schloss der Klassenkollege den Handel großmütig ab.
Ganz wohl war Roland dabei nicht, als er die Scheine an sich nahm. Er wusste genau, dass Fridolin kein großes Interesse an Fußball hatte. Der wollte nur mit, weil das Spiel in aller Munde war und er mit seiner Teilnahme vor den anderen angeben konnte. Wenn es irgendwo nach Sensation roch, musste Fridolin dabei sein. Aber was sollte Roland machen? Immerhin nahm ihn der ältere Klassenkamerad fast jeden Tag in seines Vaters BMW mit nach Hause. So einen Führerscheininhaber als Freund zu haben, galt als unschätzbares Privileg, das sich Roland nicht vermasseln wollte. Auch an Wochenenden hatte er mit Katrin Fridolins Dienste schon einige Male gerne in Anspruch genommen, wenn es bei *Beer* wieder einmal spät geworden war. Fridolin war, wie Roland neidlos anerkannte, ein flotter Tänzer, und als Mitglied der Formationsriege in der Tanzschule konnte er einiges bewirken. Wenn am Sonntagnachmittag der Laden so gerammelt voll war, dass kein Spätkommer mehr hineinkam, fand sich dank Fridolin für Katrin und Roland stets ein Schlupfloch. Also entschied sich Roland für den Erhalt der guten Beziehung und bekam postwendend einen dicken, wasserfesten Bundeswehrparka zum Vorzugspreis angeboten. An Heeresausrüstung konnte Fridolin günstig über seinen Vater herankommen. Der Hauptmann a.D. machte nach seiner frühen Pensionierung, wie der Junior in der Schule stolz kundtat, als Berater eines Geländewagenvertriebs richtig Kohle. In Fridolins Erzählungen dominieren die Superlative. Jede Menge Mücken, hundertzwanzig PS und die Hühner werden auf den Liegesitzen des Familien-BMWs reihenweise flachgelegt, glaubte man den Erfolgsmeldungen. Roland hat zumindest starke Zweifel, obwohl ihm der selbsternannte Frauenheld genau zeigte, wo er am Wochenende die Präservative griffbereit im BMW deponierte. Im Seitenfach der Fahrertür in einer Malboroschachtel.
Und wenn dein Vater die findet?
Wär´ nicht so schlimm. Der ist froh, wenn ich aufpasse, hat bloß ´nen Bammel davor, dass ich mir ein Balg anhängen lasse. Und ich bin doch nicht so blöd und nagel die Mieze ohne Gummi, wenn ich nicht weiß, ob se die Pille frisst. Da würde mich der Alte auch schwer zum Rapport bitten. Nee, nee, nicht mit mir.
Roland war angesichts der Kondompackung unwohl geworden.
Mit den Dingern hatte er schlechte Erfahrungen gemacht. Katrin hatte verdammt allergisch reagiert, als sie beim Liebesspiel in der Elternwohnung bemerkte, dass Roland heimlich einen *Fromms* aus der Verpackung nestelte.
Nein, nein, so nicht, quiekte sie, sprang auf, und vorbei war es mit der schönen Streichelei. Unsanft aus ihrer Lust gerissen, fragte sie ihn frostig:
Wo hast du das ekelige Ding her?
Aus´m Automat in der *Hanseatenburg*.
Igitt, auch noch vom Männerklo. Das hätte ich nicht von dir gedacht.
Gewirkt hatte der Vorstoß dennoch. In einer entspannten Kussminute hatte sie ihm vor zwei Wochen geflüstert, dass sie im Besitz der Pille sei.

Wenn mein Dackelchen hübsch artig ist, lädt dich Tante Katrin in vier Wochen zum Liebemachen ein. So lange muss der Kleine noch warten, dabei fuhr sie mit ihrer geschickten Hand lässig in seine rechte Jeanstasche und löste eine Blitzerektion aus. Seitdem zählt Roland die Tage genauer.

Am heutigen Tag denkt er daran nicht, muss dafür erdulden, wie das Wulsdorfer Duo vorne die Gesprächsthemen diktiert. Bevor Frau Wasznicki auf Frauenfußball kam, ging es um ihren Sohn Thomas, ein vielversprechendes Torwarttalent, das Vater zu gerne von *Sparta* zu den Wulsdorfern locken möchte. Aber da sind noch *Dreiundneunzig* und *Olympia Wilhelmshaven* dran.
Da gibt´s mehr Mücken, gab Herr Wasznicki zu bedenken, der bisher kaum etwas zur Unterhaltung beigesteuert hatte. Hans, da musst du die Schatulle aber weit aufmachen, genoss er den Seitenhieb auf das knappe Budget eines drittklassigen Clubs.
Der Dämpfer ließ den Fahrer für einige Minuten verstummen.
Roland wusste, dass ein wunder Punkt getroffen war. Vater ist Sportsmann aus Idealismus und erwartet von den Spielern Hingabe und Engagement für die Wulsdorfer Farben. Stolz sollten sie das grüne Trikot tragen. Am liebsten würde er nur gebürtige Wulsdorfer spielen lassen, aber die besseren kehrten dem Vorortclub immer öfter den Rücken, und manche landeten sogar bei den verhassten Dreiundneunzigern, mit denen er finanziell nie und nimmer mithalten konnte. Das wurmt natürlich.
Frau Wasznicki fand seine aufopferungsvollen Anstrengungen, dem schnöden Mammon zu trotzen, rührend.
Wie der Hans sich immer um alles kümmert, und wie der mit jungen Leuten umgehen kann, ist einfach bewundernswert! So versuchte sie nach dem verbalen Störfeuer ihres Gatten die eingetrübte Atmosphäre im Wagen wieder aufzuhellen. Wer weiß, wie alles kommt? Der Junge hat jedenfalls das letzte Wort.

Das war ein gelungenes Schlusswort, fand Roland, nun sollte das Gespräch endlich von den Niederungen der Landesliga zur Elite wechseln. Schließlich gibt es Gesprächsstoff genug über das bevorstehende Spektakel. Allein der Nebel sorgte schon für Spannung im Vorfeld. Bis gestern stand die Austragung infrage. In der Regionalschau hatte Roland die skeptischen Mienen der Verantwortlichen gesehen, dazu Bilder von den Spielern, wie sie ganz in grauem Wabern eingetaucht über das Übungsfeld der Sportschule in Malente trabten. Der am Morgen einsetzende Nieselregen hatte die dicken Schwaden gottlob weggewaschen.
Keine Bange, hatte ihn die Mutter an der offenen Haustür begrüßt, als er mit dem Fahrrad von der Schule angesaust kam, das Spiel findet statt. Kam grad´ im Radio.
Frau Wasznicki hat sich zu den Jungen umgedreht, um sie ins Gespräch zu ziehen. Roland, was hältst du davon, dass der Uwe wieder mitspielt?
Vater weiß die Antwort: Für dies eine Spiel hier in Hamburg mag das was bringen, aber für die Weltmeisterschaft ist der zu alt.
Ja, meinst du Hans? Na, hoffentlich geht das gut.
Libuda muss unbedingt spielen, will Roland endlich mit seiner Meinung heraus.
Jetzt kommt auf der Rückbank Gesprächslaune auf.
Der fummelt zuviel, meldet sich Herr Wasznicki vom Dösen erholt, wenn er mitmacht, soll er auch mal abgeben und sich nicht dreimal um die eigenen Beine drehen.
Libuda kann tolle Flanken schlagen, kontert Roland trotzig.
Ja, dann soll er ordentlich was auf´m Kopp vom ollen Uwe bringen, damit der die Dinger reinmachen kann.
An Jesus kommt keiner vorbei - außer Libuda, klingt sich Fridolin launig ins Thema ein.

Das hat er aus der Schulhofrunde aufgeschnappt und will hier den Anschein von Urheberschaft erwecken, ärgert sich Roland.
Entscheidend ist, auf welcher Seite er vorbeigeht – auf einer lauert die Hölle.
Das ist Fridolin offenbar zu philosophisch.
Der meldet sich erstmal nicht wieder, freut sich Roland und denkt weiter an Libuda. Der hätte es wirklich verdient, so wie der bei *Schalke* zur Zeit herumwirbelt. Im Nachsinnen fällt ihm ein, was Höttges bewundernd über den gefürchteten Gegenspieler gesagt hat: „Der guckt dich an, und du denkst, der schläft. Wenn du dann wieder hinschaust, isser weg".
In diese Augen hätte Roland gerne einmal geschaut.

Der Verkehr geht schleppend voran, dann ist ganz Schluss. Weiter geht es nicht. Das Stadionumfeld ist weiträumig abgesperrt. Sie sind gerade am Anfang der Stadionstraße. Vor ihnen liegt ein weiter Fußmarsch über aufgeweichte Wege.
Drei Mark für´s Parken, mault Vater, wir sind wieder in Hamburg.
Bist du sicher, dass du dich nicht verfahren hast, kichert der pinkelnde Herr Wasznicki hinter dem benachbarten NSU, in die Herbertstraße wollten wir erst später.
Wolfgang, du bist mir einer, moniert seine Gemahlin in gespielter Empörung, denk dran, wir haben junge Leute dabei. Belustigt zwinkert sie Roland zu.
Fridolin ist hellhörig geworden: Haste gehört? Mensch, pass auf, nachher geht´s noch in ´nen richtigen Puff.
Ach, hör auf! Da, halt lieber die Fahne.
Roland mag das Gerede nicht. Solche Anzüglichkeiten findet er unangebracht. Der soll sich lieber auf das Spiel konzentrieren, denkt er verärgert, wo es doch sein erstes ist.
Die Wulsdorfer Kohorte überprüft die Verpflegungsreserven. Herr Wasznicki füllt die Flachmänner mit *Chantrè* auf.
Hans,für dich hätt´ ich lieber einen Klaren eingeschenkt, aber Hilde meint, der kratzt so.
Fridolin stupst seinen Kameraden an: Da können wir locker mithalten.
Stolz präsentiert er den vom Hauptmann a.D. ausgeliehenen, aluminiumummantelten Frontwärmer und gönnt sich gleich einen Probeschluck.
Das ist echt schottischer Whisky. Passt gut heute, finde ich.
Roland wird von der Probe durchgeschüttelt. Hochprozentiges ist seine Sache nicht. Aber bei latenter Grippegefahr keine schlechte Idee, meint er und genehmigt sich noch einen.
Fridolin grinst: Auf einem Bein kann man nicht gut stehen, oder?
Mit seiner Haribomischung im Gepäck kommt sich Roland nach diesem Männerritual ein bisschen kindlich vor und beschließt, die Süßigkeiten besser im Wagen zu lassen. Türen zu und los geht es.
Habt ihr alles? Vater führt den Tross an.
Auf dem Weg zum richtigen Einlass sind die Wurstbuden so umlagert, dass keine Gelegenheit zum Imbiss bleibt.
Vielleicht wäre die Lakritztüte am Ende doch nützlich gewesen, trauert Roland dem zurückgelassenen Kinderfutter nach.
Immer mehr Schotten mischen sich in die länger werdenden Menschenschlangen. Der Widerschein des gleißenden Flutlichts erhellt die Gesichter auch hier außerhalb des Stadions. An den Getränkeständen wird Englisch zur Handelssprache. Die schottischen Schlachtgesänge nehmen rapide an Lautstärke zu. Roland versteht außer SCOTLAND nichts. Der Akzent ist wirklich frappierend fremd, stellt er fest. Da hatte Herr Geiser, sein Englischlehrer von der *Humboldtschule*, nicht übertrieben. Eine

sprichwörtliche Eigenschaft, die den Nordmännern nachgesagt wird, bestätigt sich nicht. Bei den Biermengen, die hier geordert werden, kann von Geiz keine Rede sein.
Fridolin weiß eine Erklärung: Die müssen da drüben auf ihrer Insel in extra Läden gehen, um an Alkohol zu kommen, mit Ausweiskontrolle und so. Und was die da kriegen, ist sündhaft teuer. Kannste dir gar nicht vorstellen. Deshalb fangen die schon auf'm Schiff an zu saufen, und wenn die dann hier sind, denken die, sie seien im Paradies und hauen rein, was die Leber hält. Manche fahren nur dafür mit.
Quatsch, das glaub' ich nicht.
Wenige Wegminuten weiter liegen genügend Beweise für Fridolins Behauptung auf dem Grünstreifen am Gehwegrand, bis an den Adamsapfel abgefüllt und völlig apathisch. Die Volltrunkenen werden von ihren standhafteren Landsleuten sanft gebettet und sorgfältig durchsucht. Wenn klar ist, dass für sie ein Stadionbesuch nicht mehr ansteht, werden sie ihrer Eintrittskarte entledigt. Offenbar gibt es welche, die nur auf solche Umfaller warten, um so noch illegal zu erlangen, was legal nicht zu schaffen war. Ungerührt von den kleinen Dramen am Wegesrand zieht die Karawane weiter. Die Polizisten schauen von ihren hohen Rössern zu. Sie sehen keinen Grund einzugreifen. Alles läuft friedlich ab. Funkgeräte knattern. Ein Rettungswagen wird erwartet.
Roland, träumst du?
Frau Wasznickis Raucherstimme vertreibt die abschweifenden Gedanken. Gebannt hatte er auf die Szenerie geschaut und wollte seinen Augen nicht trauen. Nehmen die ganze lange Reise aus dem schottischen Hochland in Kauf, um kurz vor dem Ziel vom Alkohol gefällt zusammenzubrechen. Unglaublich, aber wahr.
Blaulicht zuckt auf. Das Malteserfahrzeug ist da.
Ab ins *Hafenkrankenhaus* oder auf die *Davidswache* zum Ausnüchtern, bemerkt Fridolin schadenfreudig.
Los weiter, kommandiert Vater weit voraus, Jungs kommt schon!
Roland entrollt die Fahne, schwenkt sie kampfeslustig in Richtung schwankender Schottenfront. Kurz vor dem Einlasstor, auf das der Wulsdorfer Zug zustrebt, sehen sich die nach links zur Stehplatzkurve dirigierten Schotten, die gelb-roten Banner wedelnd, mit einer aufgestauten schwarz-rot-goldenen Übermacht konfrontiert. Vielleicht, weil sie sich mit ihren Gesängen keinen Respekt mehr verschaffen können, verfallen sie in archaisch anmutende Imponiergebärden und präsentieren fünf Antworten auf die Frage, was schottische Männer unterm Rock tragen. Offensichtlich nichts, wenn man den fünf blanken Hintern glauben kann, die den erstaunten deutschen Augen ungeniert dargeboten werden. Aus den Schlachtrufen, die den Unflat rhythmisch untermalen, hört Roland nur Wortfetzen wie SCOTTISH PRIDE, FUCK YOU und GERMAN BASTARDS heraus. Die Einheimischen begegnen der Provokation mit Humor. Gröhlendes Gelächter und höflicher Applaus beenden den exhibionistischen Spuk.
Die ticken doch nicht richtig, ruft Herr Wasznicki den karierten Röcken kopfschüttelnd hinterher.
Vater ruft zur Ordnung: Hier müssen wir uns trennen.
Militärisch kurz erklärt er die Strategie für den Rückmarsch nach der Schlacht:
Auf alle Fälle treffen wir uns hier am Tor. Keiner verlässt allein das Stadiongelände. Verstanden?
Jawoll! Fridolin schätzt klare Handlungsanweisungen.
Der Wulsdorfer Flügel tritt zur Seite ab, und die Jungen marschieren zu ihrem Block.

Keine Minute zu früh erreichen sie ihre Bankplätze. Eng gedrängt hocken die Leute in der nassen Oktoberkälte. Unten spielt ein schottisches Musikcorps deutsche Schlager. Roland rückt die Kapuze seines Parkas zurecht.
Steht dir echt gut, lobt Fridolin.
Dir auch, gibt Roland zurück.
In ihren olivgrünen Bundeswehrjacken und blauen Wranglerjeans könnte man sie für ein Brüderpaar halten.
Auf dem Rasen kommt Bewegung auf. Helmut Schön und Teammanager Bobby Brown sind zur Begrüßung aufeinander getroffen. Zur Freude der Pressemeute schütteln sie sich appellativ die Hände. Ein Übereifriger hat sich aus dem Ring der Fotografen gelöst und rutscht auf den Knien ganz dicht an die beiden Kontrahenten heran. Die Menge lacht angesichts der komischen Figur, die sich aus dieser absurd anmutenden Robbenpose ergibt. Dann ist das Motiv auch schon wieder auseinander. Die Mannschaften kommen aus dem Käfig, der mitten aus der vom schottischen Fußvolk okkupierten Kurve führt. Obwohl Roland den Ablauf des Eröffnungsrituals kennt, läuft ihm eine Gänsehaut über den Rücken. Alle sind aufgestanden. Der ohrenbetäubende Jubelsturm wird von Trötengeröhre und Sirenengeheul noch übertönt. Roland schwenkt die klamme Fahne. Der Nieselregen nimmt an Stärke zu. Die Gästehymne wird angespielt, und der Lärm erstirbt. Endlich kann man Genaueres ausmachen. Roland erkennt Libuda in der deutschen Formation. Er stößt Fridolin in die Seite.
Libuda ist dabei.
Der nickt nur verhalten. Offenbar hat ihn die Atmosphäre stumm gemacht.
Noch nie beim Fußball und dann gleich unter Siebzigtausend, da kann einem schon die Sprache wegbleiben, zeigt Roland Verständnis.
Hinsetzen! Hinsetzen, drängen Stimmen von hinten. Jetzt geht´s los!
Nur die Ruhe bewahren, murmelt der in Öljacke eingeschnürte und mit Südwester bedeckte Riese links neben ihm.
Wird schon gut gehen, verdrängt Roland den Gedanken an eine Niederlage.
Die Schotten sind im Ballbesitz.
Jetzt passiert sowieso noch nichts, will er den Länderspielneuling Fridolin fachmännisch aufklären, kommt aber mit seinem Satz nicht zu Ende. Es passiert nämlich gerade etwas.
Das gibt's doch nicht...
Neiiiin!
Die schottische Kurve explodiert im Torjubel. Instinktiv schauen Roland und seine Bankgenossen mit versteinerten Mienen dorthin. Man könnte meinen, jeder da drüben habe eine Fahne dabei. Roland sieht kaum Menschengestalten vor lauter gelbem Tuch. Einer im prachtvollen Kilt ist aus der brodelnden Masse auf die Laufbahn herausgetreten und bedient in gravitätischer Haltung seinen Dudelsack. Einige aus der ersten Schottenreihe heben im Takt der eigentümlichen Pfeiftöne die Röcke und offerieren pure Männlichkeit.
Diese schweinischen Säcke, flucht Rolands Nebenmann.
Keine Eier ohne Meier, lenkt Fridolin die Aufmerksamkeit in eine andere Richtung.
Da hat er nicht Unrecht. Den hätte der Sepp halten müssen.
Mit der Mütze hätte Wolter den gehabt, schimpft einer aus den oberen Reihen.
Und der Vogts lässt den Johnstone einfach abhauen, der lahme Arsch, ergänzt ein anderer aufgebracht.
Nicht nur der Ton auf den Tribünen wird rauer. Auf dem Rasen wird euphemistisch gesprochen gefighted. Der Schiedsrichter rückt in den Mittelpunkt. Die Schotten halten klug den Ball in den eigenen Reihen, und wenn sie ihn verlieren, fahren sie

ihren Gegenspielern gehörig zwischen die Beine. Die reagieren gereizt und kriegen selbst kaum konstruktive Spielzüge hin.
Overath gestikuliert, Müller steht nicht richtig, da versucht es Seeler allein, fällt – Freistoß.
Na, wenigstens etwas, stöhnt Roland schon ganz mitgenommen von dem Anfangsstress.
Beckenbauer steht am Ball, lupft ihn aus dem Stand in Richtung Fünfmeterraum. Jaaa! Die ganze Bankreihe schnellt in die Höhe.
Aaahhh...Pfosten.
Hinsetzen! Hinsetzen!
Mann, Mann, das wär´s gewesen, flucht sein Vordermann.
Einziger Lichtblick in der Folgezeit ist Libuda auf der rechten Seite.
Der traut sich was, bemerkt Roland anerkennend zu Fridolin gewandt. Aber was ist das schon wieder?
Mensch der Vogts lässt sich von dem kleinen Kerl da zu oft vernaschen, gibt Fridolin zurück. Uhui, guck dir den Meier an, krächzt er und kommt jetzt, da er sich akklimatisiert hat, vernehmlich in Fahrt, ... lässt das Ding wegspringen....fast wär´ der noch durchgerutscht.
Dem flattert die Hose, diesem Fliegenfänger, winkt vor ihnen einer ab.
Da kommt noch was, Leute da kommt noch was, blökt jemand von oben.
Roland blickt auf die Uhr. Noch eine Viertelstunde bis zur Halbzeit. Eckstoß von rechts. Wieder nichts. Da bekommt Libuda den Ball noch einmal zurück.
Bring das Ding rein!
Müller verpasst. Der Ball prallt von der Abwehr in den Spielerhaufen an der Strafraumgrenze zurück.
Wer kommt...?
TOR! TOR! TO..., Rolands Stimme bricht ein.
Fridolin schnappt sich die Fahne und wedelt mit dem nassen Ding, dass die Tropfen davon stieben. Keiner der Umstehenden weiß, wer geschossen hat. Der Lautsprecher dringt nicht durch den Lärm. Böller detonieren in rascher Folge.
Ich glaub´, er hat Fichtel gesagt, vermutet Fridolin immer noch kräftig die Farben der Republik schwenkend.
Bestätigende Blicke von links und rechts.
Hinsetzen! ... Halbzeit.
Mensch, wat ´n Dusel. Fridolin atmet vernehmlich durch. Jetzt gönnen wir uns einen. Der schottische Hochprozenter wird kameradschaftlich geteilt. Roland macht Flügelbewegungen mit den Armen, die er sich bei Jack Nicholson abgeguckt hat, dazu das Nick-Nick mit dem lümmeligen Blick.
Wo haste das her?
Von “Easy Rider”.
Ich denk´, die kiffen da nur.
Der eine nicht. Der säuft Whiskey aus´m Flachmann, hat aber nachher die irreste Kifferstory auf Lager, als er seinen ersten Joint durchzieht.
Muss ich auch mal sehen.
Ja, solltest du.
Roland schaut ins weite Rund.
Die feuchte Kälte liegt wie ein unsichtbares Netz über der Menge. Schleierwolken aus Zigarettenqualm und Atemausstoß schweben über den Köpfen. Das Pausengebrabbel bleibt gedämpft. Nur die Gäste aus dem hohen Norden singen unablässig.
Fridolin bringt auf den Punkt, was viele denken mögen: Die Schotten sind besser.

Zu Beginn der zweiten Halbzeit sind sie es nicht mehr. Die Deutschen spielen jetzt druckvoller und vor allem durchdachter auf das Gehäuse, dem Roland und Fridolin näher sind. Sie können alles gut erkennen. Libuda zieht auf ihrer Seite die Linie entlang. Wieder stochert ihm der auf ihn angesetzte Gemmell zwischen den Beinen herum. Da liegt er auf der Nase.
Foul!
Was? Kein Freistoß?
Der Niedergestreckte winkt verärgert ab. Der Schiedsrichter bleibt ungerührt. Libuda versucht alles, Dribblings, Körpertäuschungen, schnelle Drehungen, kurze Zickzackwirbel, überraschende Antritte, aber die Schotten haben längst gemerkt, dass der deutsche Angriff rechtslastig rollt. Haller ist nur nominell Linksaußen, tatsächlich werkelt er in der Mitte herum, und an Libuda kleben meisten zwei Bewacher. Roland meint zu erkennen, wie dem Stürmer die Kräfte schwinden. Kaum keimt der Gedanke auf, widerlegt ihn das Geschehen. Libuda kommt zum Flanken. Der Ball segelt hoch in Richtung Elfmeterpunkt. Der kommt gut, sieht Roland, schreit es heraus:
Der kommt gut!
Seeler schraubt sich hoch über seine Gegner, köpft aber nicht aufs Tor, sondern haargenau vor Müllers Füße. Drehung und Schuss sind eine Bewegung. Bum – drin! Schon hat sich eine Jubeltraube auf dem Rasen gebildet. Fridolin zückt den Frontwärmer. Der Schottentrunk gluckert reibungslos durch Rolands Kehle.
SO EIN TAG, SOOO ..., fängt es an zu schmettern.
Nee, nee, nee, soweit isses noch nicht, dämpfen andere die Euphorie.
Langsam setzt sich die beim Torschuss hochgehechtete Reihe wieder auf die plötzlich bedenklich wackelnde Bank. Bei der abrupten Aufwärtsbewegung müssen sich einige Bolzen gelockert haben.
Hoffentlich hält das marode Ding durch, keucht die Öljacke noch ganz atemlos vor Aufregung.
Hoffentlich halten unsere das durch, brummelt Roland vor sich hin und ballt die Fäuste in den Parkataschen. Daumendrücken ist angesagt, denn der quirlige Bremner treibt den Ball forsch auf Meiers Kasten zu .
Die ham nix mehr zu verliern, herrscht allgemeiner Konsens in Rolands Gesellschaft. Das große Zittern beginnt von neuem. Bremner schlägt den nächsten weiten Pass.
Was macht der Meier da...?
Zu spät! Der hängt!
Nein, guckt euch das an!
Scheiiiiße!
Alle fluchen durcheinander.
Gilzean, natürlich Gilzean, murmelt Roland verbissen, das hätten die doch wissen müssen. Der war in Glasgow schon der Gefährlichste.
Meier raus! Meier raus, wendet sich der Zorn der Leute vehement gegen den deutschen Torwächter.
Kaspert durch den Sechzehner wie beim Oktoberfest, ereifert sich eine überstrapazierte Stimme aus dem Nachbarblock.
Ahh, man mag gar nicht mehr hinschauen. Die fangen sich noch einen, resigniert Fridolin.
Wie lange soll sich Netzer da unten noch warmlaufen, fragt sich Roland, fragen sich viele.
Aufregung am Spielfeldrand vor den notdürftig überdachten Ersatzbänken.
Was ist da los?
Netzer soll endlich rein, hört Roland.
Für wen?

Guck hin, was der Schulz mit dem Schön macht, ruft Fridolin. Die kriegen sich in die Wolle.
Tatsächlich herrscht eine rege Gestensprache zwischen Trainer und dem aufgebrachten Schulz . Ob das stimmt, mit den Nuttenclubs, schweifen Rolands Gedanken ab. Ein Schreckensschrei reißt ihn aus der Ablenkung.
Das war knapp, stöhnt Fridolin, mit ´m Kopp von der Linie geholt.
Und wo war Meier?
Die Frage wird vom erneuten Aufschrei der Menge geschluckt. Neben, vor und hinter Roland sind alle hochgeschossen. Der kommt mit Verzögerung nach und erkennt sofort den Anlass für die Hektik. Unten eilt die deutsche Sieben mit dem Ball am Fuß aufs Schottentor zu. Libuda ist unterwegs. Für einen Moment hatten seine Aufpasser vor lauter Angriffseifer die Defensive vernachlässigt.
Das ist die Entscheidung, ahnt Roland, als Libuda etliche Meter vor dem Strafraum den direkten Weg zum Ziel einschlägt.
Heisere Schreie aus zigtausend Kehlen begleiten seinen Sturmlauf. Der knorrige Gemmell, der als einziger die Verfolgung aufgenommen hat, versucht auf halbem Wege mit verzweifelter Anstrengung von hinten in die Stürmerbeine zu hakeln, um den Lauf mit allen letzten Mitteln zu stoppen. Vergebens. Mit einem eleganten Zwischensatz entzieht sich der gewitzte Angreifer dem Sensenschlag.
Schieß! Schieß, gellen überdrehende Stimmen beschwörend von den Rängen. Roland starrt wie gebannt auf den sich anbahnenden finalen Akt. In seinem Kopf wird die Bildaufnahme auf Zeitlupe umgestellt. In diesem Sekundenloch ist er sich urplötzlich sicher, dass ein Tor fallen wird. Mir dem Gefühl der Gewissheit beschenkt, kann er die folgenden Glücksmomente in meditativer Gelassenheit durchleben. Was kommt, ist purer Genuss. Hart an der Sechzehnmeterlinie löst sich der unvermeidliche Schuss.
Tranceversetzt murmelt Roland: Tor ...,
und sieht, wie der Ball den sich biegenden Torsteher ignorierend knapp unter der weißen Latte im Netzt einschlägt. Das Knüpfwerk bläht sich weit sichtbar. Der gleichzeitige Torschrei der überschnappenden Menge dröhnt in seinen Ohren. Ihn durchströmt eine Welle absoluter Befriedigung, Kopf vollkommen klar, Biorhythmus im Idealtakt. Das war´s gewesen, eine Steigerung gibt´s nicht.
Als sei er dem Geschehen enthoben, beobachtet er die dem Torrausch zugeordneten Rituale aus seiner entrückten Warte. Fridolin hat die Fahne wieder an sich gerissen und müht sich auf und ab springend, das regenschwere Tuch flattern zu lassen. Alles steht, und ein unaufhörlicher Jubelorkan erfüllt die ovale Arena.
Aber nicht in allen Blöcken herrscht eitel Freude. Die Schotten stehen bedrückt mit ihren unbewegten Bannern in ihrer Kurve hinter dem Schicksalstor. Ihre Röcke bleiben ungelüftet, und sie müssen mit ansehen, wie die deutschen Spieler sich auf dem Rasen zu einem Haufen türmen, um den Torschützen zu feiern. Der ist unter der Last seiner Gratulanten versunken. Fotografen haben das Knäuel umstellt. Ein Blitzlichtstakkato umzuckt die verkeilten Leiber. In der den traurigen Schotten gegenüberliegenden Stehplatzkurve wogt ein schwarz-rot-goldenes Fahnenmeer. Immer noch steigen Leuchtraketen hoch und zerplatzen zu bunten Partikeln im lichtdurchfluteten Nachthimmel.
Wo haben die das Pyrozeugs nur her, fragt sich Roland, Silvester kommt doch erst. Selbstvergessen brüllt ein in feinen Winterzwirn gehüllter, grauschläfiger Mitfünfziger.
Wir haben sie im Sack! Wir haben sie im Sack!
Er erinnert Roland an seinen Lateinlehrer. Ob der auch so wegtreten könnte?
Schunkelketten haben sich gebildet. Jauchzend schwanken sie im Takt der deutschen Hymne über den sooo schönen Tag.

Dabei haben wir längst späten Abend, schmunzelt Roland und will sich setzen, doch sein Hintern findet keinen Halt. Nur mit Mühe kann er verhindern, vollends auf den feuchten Kiesboden zu plumpsen. Die ganze lange Bank ist nach hinten geknickt. Der Sitzplatz ist verloren.
Egal, die paar Minuten stehen wir eben so durch, meldet sich Fridolin zurück. Daumendrücken ist nicht vonnöten. Die Schotten sind am Ende ihrer Kräfte. Gemmell verliert die Nerven und tritt auf Haller ein.
Buh, raus mit dem Klopper! Jetzt beteiligt sich Roland wieder am allgemeinen Gebrüll. Bösartige Pfiffe kitzeln sein Trommelfell.
Die nach Genugtuung geifernde Meute bekommt ihr Opfer. Die unmissverständliche Gestik des Unparteiischen wird mit tosendem Beifall quittiert. Der Sünder will den Rausschmiss nicht akzeptieren und muss von einem Betreuer vom Platz gezogen werden. Demoralisiert lassen seine Kameraden die Köpfe hängen.
Schlusspfiff! Finaler Jubelsturm. Sitzkissen fliegen auf die Laufbahn, aus willkürlicher Begeisterung von sich geschmissen.
Roland überkommt Erschöpfung, er spürt Muskelschmerzen in Schultern und Armen.
Das kommt von der Anspannung, belehrt ihn Fridolin und streckt sich dabei genießerisch durch.
Roland legt eine Leidensmiene auf.
Mensch Junge, reiß dich zusammen. Wir haben gewonnen!
Der Gescholtene schaut sich ein letztes Mal um.
Aus dem Schottenblock werden Alkoholopfer herausgereicht. Das *Deutsche Rote Kreuz* übernimmt die Bergungsarbeiten. Siegesgesänge kommen auf. Das unverwüstliche SO EIN TAG wird der Evergreen des Abends, gefolgt von DEUTSCHLAND DEUTSCHLAND ÜBER ALLES. Platz drei des abendlichen Sangeswettstreits nimmt SOWAS HAT MAN LANGE NICHT GESEHN ein, dahinter rangiert HUMBA HUMBA TÄTERÄ. Das Ganze vermischt mit Spontanlyrik, wie LIBUDA DU WARST SO WUNDERBAR oder DREI ZU ZWEI - FÜR DIE SCHOTTEN IST`S VORBEI begleitet die Drängelei zu den Ausgängen.
Was Vater wohl singen wird, fragt sich Roland, als er dicht gepresst an Fridolin die Treppe abwärts geschoben wird.

Die Wulsdorfer warten schon im regen Kalaueraustausch. Ihre Begleiter halten Frau Wasznicki umarmt. Keiner singt, aber ihre Mienen drücken unübersehbar eine Lust auf mehr aus. Die sind nicht in Abfahrlaune, sondern in Aufbruchstimmung. Irgendetwas soll da noch kommen.
Hoffentlich kein zweites Hannover, denkt Roland, als sie das Dreigestirn begrüßen.
Dein Vater möchte mit schönen Damen unseren Sieg feiern, prustet Herr Wasznicki den Jungen entgegen.
Ich genüg´ euch wohl nicht mehr. Seine Angetraute schmiegt sich trostbedürftig an Vaters Trenchcoat.
Fridolin freut sich diebisch: Hab´ ich´s nich´ gesagt, nachher geht´s noch ab in ´n Puff.
Quatsch!
Rolands Bockigkeit hilft nichts. Ginge es demokratisch zu, würde er klar überstimmt.
Dass die Polizei sie diesmal tatsächlich auf einen Irrweg schickt, stört den Fahrer nicht. Rolands Geistesgegenwart bewahrt sie vor einem Ausflug nach Schleswig-Holstein. Er hat das Hinweisschild Richtung Landungsbrücken rechtzeitig erkannt, Trotz der allgemeinen Gier nach den zwielichtigen Verheißungen des Hamburger Nachtlebens versucht er eine Diskussion über die Schönsche Strategie anzuregen.
Haller auf Linksaußen, das hat scheinbar nicht richtig funktioniert, beginnt er zaghaft.
Herrn Wasznickis Reaktion erstickt die Absicht im Keim:

Scheiß´ auf Schön und Haller, Libuda hat´s reingemacht und basta.
Richtig, pflichtet ihm der Wulsdorfer Fußballabteilungsleiter bei, morgen kräht kein Hahn mehr nach dem Wie und Warum.
Fridolin grinst in sich hinein.
Ignoranten, mault Roland und gibt auf. Zu dieser fortgeschrittenen Stunde in die hohe Schule der Taktik einzusteigen, muss von den anderen als Affront empfunden werden. Jetzt ist Wuppdidei angesagt.
Natürlich sind sie nicht die einzigen Schlachtenbummler auf Nachttour. Hupende Autos mit fröhlichem deutschen Männervolk schieben sich in die Reeperbahn. Auf den Gehwegen rumoren bierselige Schotten in kleineren und größeren Gruppen.
Die haben sich wohl nach ihren Clans geordnet, flachst Fridolin gegen die beschlagene Peugeotscheibe.
Die vielfarbigen Lichtblitze, grellen Neonröhren und zahllosen Glühbirnen an den Fassaden der lockenden Animierbetriebe tauchen das ganze Treiben gnädig in ein erhabenes Licht. Morgens um neun möchte ich hier nicht aufwachen, denkt Roland und stellt sich die bizarr illuminierten Wände bei Tageslicht vor.
Vielleicht können wir in den *Starclub* reinschauen, fällt ihm ein.
Gibt´s den überhaupt noch? Fridolin ist scharf auf stärkere Reize.
Kommt überhaupt nicht in die Tüte, bügelt Vater den alternativen Vorschlag zum Programm schroff ab, Beatschuppen hast du in Bremerhaven genug.
Ja, ja, war nur so ´ne Idee.
Roland behält den Rest seiner Wünsche für sich. Wenn der wüsste, was im *Grünspan* für abgefahrene Musik von Hendrix und *Cream* gespielt wird, ganz abgesehen von dem besonders gut turnenden Haschisch, dass Klaas letztens dort besorgt hat. Wie hieß das Zeug noch gleich – schwarzer Schimmelafghan oder so ähnlich? War jedenfalls granatenheavy. Zuerst vollkommen überdreht alles, dann schlaff wie in dem Wachschlaf nach einer Vollnarkose, ohne müde zu sein, einfach nur daliegen und es kommen lassen. Nachher völlig relaxt vom *Äquator* nach Grünhöfe spaziert und nur gegickelt und Faxen gemacht. Die ganze Geschichte hat über fünf Stunden gedauert, bevor man einigermaßen wieder runter war. Wenn Mutter noch wach gewesen wäre, hätte sie was merken müssen. Auf´m Trip soll´s zehnmal heftiger abgehen, meinte Klaas anderntags in der großen Pause. Soll er´s probieren, ich lass lieber die Finger davon.
Vaters Direktive scheucht die Phantasmen aus dem Kopf.
So da wären wir. Hier kann man umsonst parken. Dass mir keiner auf die Idee kommt und will was trinken. Alles bloß Nepp. Vorsicht, wir gucken nur.
Hans, wir sind nicht auf ´m Schulausflug. Herr Wasznicki zündet sich die nächste *HB* an.
Aber Recht hat er schon, gibt seine Gattin zu bedenken.
Prüfend schaut sie sich um. Ob sie abschätzen möchte, wie viele Damen im Strom der Vergnügungssuchenden mitschwimmen?
Roland kann keine ausmachen.
Schon in Ordnung. Denkste ich lass mich ausnehmen, wie ´ne Weihnachtsgans? Herr Wasznicki führt den Tross an.
Erster Halt am *Zillertal*, in dem eine Musik den Ton angibt, die keinen Hans Albers hinterm Ofen hervorgelockt hätte. Ein kurzer Blick ins Innere zeigt, dass der Saal in schottischer Hand ist. So stellen die sich deutschen Frohsinn vor.
Komm weg hier von dem Dudelschuppen, drängt Fridolin und schlängelt sich schon durch den zum Stillstand gekommenen Verkehr, da drüben ist ´ne richtige Stripbude.
Ein untersetzter schwarzkrausiger Portier in zu kurzem dunkelbraunen Cordsakko preist vor drei potentiellen Gästen von der Insel die Vorzüge seines Lokals an. Nur

einer der fremden Herren hört, beide Hände in der Hüfte auf den Rock gestützt, interessiert zu. Die zwei anderen in Hose und Jackett wirken gelangweilt und konzentrieren sich auf ihre Hauptbeschäftigung, das Biertrinken. Die stilvollen Henkelgläser haben sie, vermutet Roland, dem *Zillertal* entliehen. Obwohl die Tür einladend offen steht, kann man nicht hineinsehen. Im Sekundentakt flackert rotes und grünes Licht aus dem schwarzen Loch.
Das beste Lockmittel sind nach der Logik der Lust natürlich die Damen, und zur Verdeutlichung der im Dunklen verborgenen Reize ist im überdachten Minifoyer ein Pin-up angebracht, das der eifrige Schreihals gerade zur Demonstration bemüht. Auf das Wesentliche insistierend drückt er den Zeigefinger auf eine der ideal modellierten Brüste der Kunstfigur. Die bildgewordene Männerphantasie ist von hinten porträtiert. Indem sie sich umschaut, wird ihre rechte Brust sichtbar, wenn auch nicht vollständig, da das Früchtchen ihr kostbares Gut mit einer Hand vor neugierigen Blicken schützt.
In den Augen der Zurückschauenden liegt eine einzige Aufforderung, als wolle sie sagen: Komm nur hinein, ich werd´s dir schon zeigen. Eine lange rotblonde Mähne fällt ihr auf den bloßen Rücken, und zwischen ihren prallen Pobacken verläuft der knappe Tangaslip wie ein Strich. Natürlich dürfen Strumpfband und Strapse nicht fehlen, alles in sündigem Schwarz, versteht sich. Die dazu passenden Seidenstrümpfe runden die Erscheinung des scharfen Luders perfekt ab.
Dieses geile Girl Jungs, ich sag´ euch, wie die mit den Titten wackelt – only for you gentleman. Die zeigt alles... altogether... äh everything, total nackig.
Der Türsteher gibt sein Bestes, das Interesse seiner Zuhörer erlahmt.
Vater will weiter.
Herr Wasznicki lacht: Was meint ihr, was da manchmal für Muttis rumhampeln, wenn man in so ´n Laden kommt?
Was kostet da drin wohl ´n Bier, will seine Gattin wissen.
Ich glaub´, der hat was von fünfzehn Mark gesagt. Fridolin hat genau hingehört.
Hast du das gehört Hans, fünfzehn Mark!
Und was ist mit Eintritt?
Das weiß Fridolin nicht.
Herr Wasznicki ist besser informiert: Mit mir zusammen darfst du gratis rein, aber alleine nicht. Frauen haben die hier genug. Er grinst übers ganze Gesicht.
Hoppla, was ist das? Vater wird von einem aufdringlichen Anlocker am Mantel gezupft.
Herein mein Herr... Mensch, was is´ los? Kommst grad´ aus´m Stadion und willst jetzt richtige Muschis sehn, stimmt´s?
Nein, nein, Vater gerät ins Stottern, wir... äh ich meine, ich will nur mal gucken.
Gucken, sag´ ich doch. Hier kannste gucken. Damen, vom Feinsten sag´ ich, von vorne, von hinten. Kein Schmu, alles zu sehen. Komm wirf ´nen Blick rein und erzähl´, ob ich übertrieben habe. Bei uns will keiner wieder raus, bleiben alle... He, Kinderstunde ist vorbei - der Schnellredner hat Roland entdeckt, der dem Vater jetzt zur Seite steht - junges Gemüse kommt mir nicht rein, will doch keinen Ärger.
Kommt weiter, Fridolin schiebt Vater und Sohn aus der Gefahrenzone.
Hier geht´s zur Herbertstraße, lotst der auf den Geschmack gekommene Herr Wasznicki den orientierungslosen Rest um die Ecke.
Hans, das musst du unbedingt sehen, wie die Weiber in den Fenstern hocken.
Woher der das alles weiß? Seine Gattin spielt die Ahnungslose.
Ach, hör auf, so was weiß man eben.
Von weitem ist zu erkennen, dass ein Durchkommen zur Geschlechtsverkehrstraße zu dieser Stoßzeit unmöglich ist. Das lustgekitzelte Mannsvolk staut sich vor der Einlassbarriere auf.

Da kommen wir mit Roland sowieso nicht durch, stellt Fridolin resignierend fest, strenge Kontrolle, und die Loddels passen sicher auf wie die Schießhunde.
Herr Wasznicki gibt nicht auf: Mensch, ich hab´s, wir gehen zum *Eroscenter*. Das ist ganz neu, da gibt´s bestimmt was zu sehen.
Vater bleibt sprachlos. Offensichtlich bewegt er sich auf Neuland.
Was gibt´s da zu sehn, fragt der Sohn an seiner Stelle.
Na, jede Menge Frauen natürlich.
Klar, das is´ ´n neuer Nuttenbunker, aber mit Roland haben wir da keine Chance, stichelt Fridolin.
Ich hätt´ ja gleich im Wagen bleiben können.
Egal, wohin der Weg nun führt, zurück müssen sie in jedem Fall. An der Einmündung zur Reeperbahn geraten die unentschlossenen Rotlichttouristen in einen heftigen bilateralen Disput um eine Fußballwette. Ein Schotte fordert den vermeintlichen Gewinn ein.
We have no money, no Mark...nix Moneten...understand...nix...du Wichser. Mensch kapier das doch!
That was a fuckin´ bet and...
Bloß weg hier, das riecht nach Klopperei, will Roland die anderen warnen. Solche Situationen sind ihm aus den Bremerhavener Freizeitheimen nur allzu vertraut. Fridolin und Familie Wasznicki haben schon die Kurve genommen, rasch schiebt Roland den immer langsamer reagierenden Vater hinterher.

Das vom neuen Führungsduo ausgesuchte Ziel naht, eine schlichte Leuchttafel in dezenter Größe über einem schmalen, dunklen Eingangsspalt weist den Weg. Davor strahlt, als sei er vom Bauherrn dazugestellt, ein gusseiserner Kandelaber aus der guten alten Zeit. Wieder erwartet sie eine Schlange ungeduldig drängender Männer, die den Weg vom Fußballfest nicht nach Hause, sondern ins Zentrum der käuflichen Liebe gefunden haben. In neugieriger Erwartung, nicht wenige von der empfindlichen Kälte angegriffen hustend, andere über ihre eigenen schlüpfrigen Witzeleien kichernd, schieben sich die vom Siegesrausch betörten Herren weiter durch den spärlich beleuchteten Gang. Einige aus dem zurückfließenden Strom werden nach ihren Eindrücken befragt. Das Feedback fällt dürftig aus. Je näher sie dem Sündenpfuhl kommen, desto ruhiger wird es um Roland herum. Der Gang erinnert ihn an das Vorzelt zur Kasperbude auf dem Bremerhavener Freimarkt. Da herrschte ebenfalls so eine spannungsgeladene Atmosphäre, die Kinder verstummen ließ.
Keine Ordnungskraft sortiert das junge Gemüse aus.
Ich seh´ keine Loddels, wendet sich Roland flüsternd an Fridolin.
Die sehen ja nicht unbedingt so aus.
Wie sehen die denn aus?
Die Frage bleibt offen.
Sie sind am Ende des Ganges und tasten sich in einen gut zehn mal fünfzehn Meter durchmessenden Innenhof, der in ein mattes, blaustichiges Neonlicht getaucht ist, das auf den Textilien einen fluoreszierenden Schimmer hervorruft. Roland kennt den Effekt aus dem *Gorch-Fock-Heim*. An den Wänden des schummrigen Karrees stehen die Objekte der Begierde – echte Huren. Roland muss unwillkürlich schlucken. Der lasterhafte Odem dieses modernen Tempels hat ihn erfasst, wenn auch die Lust fehlt. Rockträger kann er keine entdecken. Diese Adresse haben die trinkfesten Schotten noch nicht herausgefunden. Die deutschen Männer sind unter sich und bündeln ihre Blicke. Langsam bekommt Roland Gefallen an dem eigentümlichen Defilee.
Wo sind eigentlich die Wasznickis?

Ich glaub´ die Frau hat Muffensausen gekriegt, und ihr Alter ist gleich mit draußen geblieben, winkt Fridolin ab, solln se sich kalte Füße holen.
Tatsächlich kommt es Roland so vor, als sei es hier zwischen Mauern erheblich wärmer. Vielleicht wird der Hof sogar beheizt? Möglich scheint alles. Ein Stoß in den Rücken treibt den Gedankenspieler weiter. Zwischen ihm und dem Vater trottet ein kleiner Kerl, mit Elbsegler bedeckt und halb entrollter Fahne über der Schulter.
Na, kannst du auch mit was anderm wedeln?
Der Gnom lacht gequält und schaut auf den Boden, als habe jemand ihn bei einer Unartigkeit ertappt.
Die Stimme, die ihn so kalt erwischt, gehört zu einer der bestaunten Frauen, die sich aus ihrer Stellung an der Wand gelöst und, mit ihrem Schlüsselbund in der Hand klimpernd, einen Schritt auf die Reihe zu getan hat. Mit ihrer dunkelbraunen Turmfrisur und dem gelborangen, kurzärmeligen Minikleid sieht sie in Rolands Augen aus wie die kleine Verkäuferin aus der Drogerie *Fisser* in der Boschstraße. Auf den zweiten Blick erkennt er die Unterschiede. Die langen schwarzen Wimpern, die dunkel hervorgehobenen Lider und die rotbraun bemalten, wulstigen Lippen verleihen ihrem Gesicht die herbe Note, die in der Stimme lag. Das Kleid ist vorn mit einem durchgängigen Reißverschluss versehen, der so weit offen steht, dass man ihren prall gefüllten, roten Büstenhalter sehen soll. Ihre nackten stämmigen Beine sind fast ganz zu sehen, so kurz ist der Saum gehalten. Aus ihren Schlingenpumps scheinen die dunkelrot lackierten Zehennägel hervor, und an den Unterarmen prangen breite, knallbunte Armreifen. Nein, so würde man keine Verkäuferin in Grünhöfe an die Kasse lassen.
Die Männerreihe wahrt konstant den gleichen Abstand, als sei zwischen ihnen und den wohlfeilen Damen ein Trennstrich gezogen, dessen Überschreitung einen Preis fordert.
Was kostet so ´ne Puppe wohl, fragt Fridolin leise in die Runde.
Mein Kumpel hat vorhin gefragt und was von vierzig Mark gehört, lässt die Antwort nicht lange auf sich warten.
Und? Isser mit hoch?
Nee, nee, keine Zeit. Wir müssen noch nach Itzehoe.
Ich hab´ gehört, wenn man oben ist, verlangen die Zicken plötzlich mehr, schlaumeiert einer dazwischen.
Für jedes Stockwerk fuffzig drauf, wa?
Die Stimmung entkrampft sich spürbar.
Roland schaut hoch. Drei oder vier Stockwerke, könnte in Grünhöfe sein.
Gibt´s einen Fahrstuhl, fragt er unwillkürlich.
Natürlich, meint Fridolin, ...
Die Grazien brauchen ihre Beine nicht zum Treppenlatschen, sondern zum Breitmachen, muss unbedingt einer von hinten dazwischenquatschen.
Willst du ´n Breiten machen, dir die Beine in ´n Bauch stehen oder Löcher in die Wand glotzen? Mensch, diese verdammten Sehleute gehen mir vielleicht auf ´n Wecker!
Einer der Damen platzt der Kragen ihres glockenförmigen Fellimitats. Sie sieht ungleich attraktiver aus als die dralle Kurzberockte weiter unten. Und ist sicher auch jünger, vermutet Roland, vielleicht gerade Anfang zwanzig. Ihre schmalen Lippen glitzern im blauen Neonschein, und ihre rotblonden, korbförmig ondulierten Haare haben einen lila Schimmer auf der dem Licht zugewandte Seite. Auffordernd mustert sie die Freierschar, nimmt einen provozierend langen Zug von ihrer Mentholzigarette und lässt den Rauch vernehmbar in Rolands Richtung zurückfließen, die Reynoschachtel dreht sie dabei spielerisch zwischen den feingliedrigen Fingern. Ihre langen Krallen sind transparent gelackt. Der leopardengetupfte Umhang reicht gerade

bis zu den Hüften. Darunter leuchtet ein pinkfarbenes Trikot hervor, das zum Schritt hin riskant geschnitten zusammenläuft. Ihre wohlgeformten langen Beine stecken bis auf Kniehöhe in schwarzen, hochhakigen Lacklederstiefeln. Im Vorbeitrippeln bemerkt Roland, da ihm das junge Ding aus dieser Perspektive ihre Flanke darbietet, dass der Stretchanzug hinten kaum etwas verbirgt. So eine blanke Frauenpopobacke sieht man nicht alle Tage.
Was hat die eigentlich zu meckern? Wo sind Seeleute?
Fridolin verdreht die Augen: Du checkst aber auch nichts. Die meint uns, weil wir nur gucken, verstehste, seehen und nicht zahlen.
Ach so.
Da wartet schon das nächste Angebot.
Wieder so jung, denkt Roland, als der blonde Bubikopf auftaucht.
Da schaut er hoch, und der erste gute Eindruck ist hin. Ein Gesicht wie eine dieser Saloonlillys aus den John-Wayne-Western, die aufgrund ihrer verlebten Visagen beim Obercowboy nicht landen können. So eine blendende Figur in dem mit Fransen besetzten Minirock und den feinmaschigen Netzstrümpfen. Der knallenge, ärmellose weiße Pulli mit dem ovalen Ausschnitt, wirklich scharf, und dann so ein zerfurchtes Antlitz mit dunklen Ringen unter den eingesunkenen Augen. Abgesehen vom reinen Körperbau hätte Frau Wasznicki neben der noch bessere Chancen, findet Roland.
Heißer Hühnerstall hier, verirrt sich eine Stimme an sein Ohr.
Magst du Hühnchen? Eine der Huren hat die Stimme fälschlicherweise dem Vater zugeordnet und streckt ihre Hand in seine Richtung. Fast berührt sie seinen Nacken. Sie ist groß und schlank mit schulterlanger, dunkler Ponyfrisur und rosa Büstenhalter unter transparenter Bluse. Ihr blassblauer, enganliegender Rock ist bis zur Taille aufgeschnitten. Man könnte meinen, dass sie nichts darunter trägt, soviel gibt der Schlitz bei jedem Schritt preis.
Ich? Nee, nee... Hilfesuchend und mit hochroten Backen dreht sich der Vater zu seinem Sohn um. Als ob der ihm aus dieser Patsche helfen könnte.
Was ist jetzt, haucht der Nachtfalter. Die Stimme klingt nicht unangenehm.
Roland komm...
Eine Lücke im Gedränge erspähend huschen Vater und Sohn um die Ecke und passieren eine der Glastüren, durch die handelseinige Paare zu den Lotterbetten verschwinden. Gerade ist eine der Liebesdienerinnen, mit ihrem Mieter im Schlepptau, durchgehuscht. Hinter der sich langsam schließenden Tür erkennt Roland eine schemenhafte Gestalt mit verschränkten, muskulösen Armen. Roland sucht Blickkontakt zu Fridolin.
Hast du den eben gesehen? Ich glaub´, der war tätowiert. War das ein Loddel?
Quatsch, nur ´n Aufpasser, so ´ne Knallcharge fürs Grobe. Was meinst du, was der mit einem macht, der da ohne Puppe durch will?
Roland konnte sich das weitere denken. Er hatte erst vor drei Wochen vor dem *Christopher of Bremen* welche auf die Fresse gekriegt, von einem Rocker, der ihn mit einem vorlauten Popper verwechselt hatte. Ach, du bist ja nur so´n verweichter Hippiepisser vom Kiffereck, hatte die Schlägertype anstatt einer Entschuldigung gepöbelt, sieh zu, dass du Leine ziehst! Roland war froh, so glimpflich davon gekommen zu sein. Nur die Metallbügel seiner neuen Brille waren verbogen. Katrin hatte ihn anderntags nicht bedauert. Sie mied die Gegend um *Haifischbar* und *Christopher* und sah es nicht gern, wenn er sich dort ohne sie vergnügte. Mit unverhohlener Schadenfreude hatte sie spöttisch angefügt, dass ihm ein kleiner Arschvoll gelegentlich ganz gut täte.

Bald haben sie die Runde geschafft. Auf der gegenüberliegenden Seite stößt unüberhörbar ein Schottenschub ins hohe Hurenhaus, offenbar nicht zur Freude aller Mädchen.
Was soll das jetzt werden?
Sag Erwin Bescheid! Er soll die Bude dichtmachen! Immer dieser Mist mit den Fußballheinis und jetzt auch noch Ausländer!
Roland zuckelt dem Ausgang entgegen.
Einer der Lockvögel lacht verächtlich auf und wendet sich zur Wand ab.
Deine Billignummer kannst du in Wanne-Eickel schieben oder wo du sonst herkommst.
Aus Hamm... wir sind die Hammer Hammer!
Fünf junge Burschen mit schwarz-gelben Schiebermützen formieren sich zur Polonaise und verlassen singend das hochfrequentierte Etablissement: Wir torkeln aus´m Puff und versacken nun im Suff...
Die nachdrängenden Schotten werden sie würdig vertreten.
Die wolln heute Nacht auswärts einen wegstecken, muss Fridolin unbedingt seinen Senf dazugeben. Und deinen Alten hat das Flittchen Hühnchen genannt.
Hör bloß auf, das war nur so´n Spruch.
Endlich wieder draußen. Roland atmet durch.
Na Hans, haste dir einen angeguckt? Herr Wasznicki erwartet sie mit der zweiten Luft.
Vater sagt nichts. Der Vorstoß der Hure steckt ihm noch im Kopf.
Was Hänschen nicht lernt, lernt Hans nimmer mehr. Herr Wasznicki nutzt die Schwäche konsequent aus.
Der Hans ist ein ganz anständiger, nimmt seine Frau ihren sprachlosen Chef in Schutz, nicht wahr, Roland? Der weiß, was sich gehört.
Nicht, dass du hier jetzt öfter her willst, haut ihr Gatte beharrlich in die gleiche Kerbe.
Das ist sicher was für Fridolin und Konsorten, nuschelt Roland und hofft auf einen Themenwechsel.
Vater schaut auf die Uhr: Wir müssen längst los. Was soll Helga denken?

Als sie später in gemächlichem Tempo durchs ruhigere Harburg in Richtung Autobahn fuhren, versuchte Frau Wasznicki die mit der Müdigkeit aufkeimenden Gewissensnöte zu vertreiben:
Ihr braucht ja nicht zu erzählen, wo ihr wart. He, Roland, versprich mir, dass du deinen Papa nicht verrätst.
Ich werd´ schon nichts sagen, bestimmt.
Und überhaupt habt ihr heute was zu sehn gekriegt, was eben zu einer großen Hafenstadt dazugehört. Das muss man mal gesehen haben. Schließlich gibt´s so was auch bei uns in Bremerhaven. Früher hieß das, wenn ich mich recht erinnere, *Südstern*, nicht wahr, Wolfgang?
Ja, ja, bestätigte Herr Wasznicki müde und ließ den Kopf wieder auf die Brust sinken.
Heute heißt das *Blauer Engel*, setzte Roland zur Überraschung aller fort.
Sieh einer an. Hans, hör hin, dein Sohn... dem braucht keiner was erzählen.
Woher weißt´n so was, schaltete sich Fridolin mit gespitzten Ohren zu.
Ach, hab´ ich irgendwo aufgeschnappt, wiegelte Roland schnell ab, und verschwieg tunlichst, was Klaas alles über dieses Mädchen erzählt hatte, das dort arbeitete und fast seinen ganzen Liebeslohn für Haschisch und Trips ausgab.
Um das Gespräch endgültig abzuwürgen, täuschte er Müdigkeit vor, drückte sein Gesicht an die Scheibe und gab sich seinen Nachtgedanken hin. Hoffentlich würde Fridolin morgen keine Puffgeschichten in der Schule verbreiten. Dem war in der Hinsicht alles zuzutrauen. Widersprüchliche Bilder schwebten ihm im Kopf, aktuelle

und erinnerte Szenen, die sich überschnitten. Einerseits sah er die Frauen aus dem übervölkerten Hof vor sich, wie sie da posierten und sich anboten. So einfach schien das. Fünfzig Mark und schon durfte gefickt werden. Andererseits konnte das auf keinen Fall etwas mit der Sache zu tun haben, die ihm Katrin huldvoll in Aussicht gestellt hatte. Das sollte doch das Schönste sein, was überhaupt möglich war, und dort in diesem Bunker gab es das sozusagen im Viertelstundentakt. Er mochte sich beim besten Willen nicht vorstellen, dass jemand dabei auch nur einen Anflug von Gefühl empfinden könnte. Ihn selbst hatten die Anblicke kalt gelassen, obwohl die Pobacke nicht von schlechten Eltern war.
Ganz anders verhielt es sich, wenn Katrin in seiner Gegenwart nur ihren Pulli über den Kopf zog und ihr Büstenhalter sichtbar wurde, wundervoll ausgefüllt mit den kuschelweichen Brüsten. Dann überkam ihn stets eine merkliche Erregung, ohne dass es einer weiteren aufreizenden Geste ihrerseits bedurft hätte. Oder jene Situation, als er im Sommer im Klassenzimmer Dagmar seitlich von hinten beobachtete. Ihr reichlich kurzer Rock war durch eine Bewegung auf dem Stuhl unmerklich noch höher gerutscht, so dass ihr linker Oberschenkel völlig entblößt war. Wie sie dasaß mit ihren nackten gebräunten Beinen, die schmalen Fesseln und die zierlichen Füße in den Wildledermokassins, die wegen der Winnetoufilme gerade in Mode waren. Ein ziehendes Verlangen kroch in ihm hoch, als er den zarten Flaum auf ihrer feinporigen, makellosen Haut gewahrte, sich mit seiner Hand auf der weichen Innenseite ihres Schenkels weiter unter den Rock zu tasten. Wenn er eine Perspektive von vorne innegehabt hätte, wäre es möglich gewesen, das mystische Dreieck ihres Slips zu sehen. Ob sie wohl Standardweiß trug oder vielleicht einen cremefarbenen mit etwas Spitze abgesetzt wie Katrin? Nach dem Pausenklingeln musste er noch drei Minuten auf seinem Platz bleiben, um die Erektion herunterzufahren.
Die Erinnerung an dieses Bild hatte seine Lust wiedererweckt. Zur Ablenkung dachte er an Libuda. Komisch, keiner sprach mehr vom Spiel, obwohl es das tollste war, das er je miterlebt hatte. Libuda war die Fahrt allemal wert, für diesen blöden Dirnensilo würde er nie nach Hamburg fahren. Sein Tor war eine Offenbarung, das andere, würde Klaas sagen, reiner Abfuck. Nicht die aufgetakelten Weiber, sondern der Ausnahmestürmer hatte dem Abend Glanz verliehen. Sein Auftritt überstrahlte alles, und er hatte Roland die Magie einer Torsituation erfahren lassen, die mit absoluter Sicherheit vorauszusehen war. Solche Momente würden in seinem Leben nicht zahlreich sein, aber jedes Mal, wenn er diesen Instinkt künftig spürte, würde er sich an Hamburg erinnern und an das Gefühl, mit dem er dort beglückt wurde. Roland würde dies später eine Libudasituation nennen, aber das wusste er jetzt noch nicht.
Weit nach Mitternacht, als sie den Peugeot in die Garage hinter dem *Konsum* gebracht hatten und müden Schrittes durch die tiefschlafende Boschstraße aufs Reihenhaus zuschlichen, sagte Roland, um dem Abend einen würdigen Abschluss zu gönnen:
Libuda war toll, nicht?
Ja, aber verrat´ nicht gleich, wo wir noch waren.

Roland verriet nichts.
Als er am nächsten Morgen unausgeschlafen und mit Blei in den Gliedern zur ersten Stunde in die Klasse schlurfte, standen die Jungen schon um Fridolin versammelt. Alle schauten wie auf Kommando zu ihm hin.
Mensch, dein Vater ist einer. Fährt nach ´m Fußball direkt in ´n Puff.

Mutter und die Queen

Roland beugt sich über die Reling des Bootsdecks der *Prinz Oberon* und spuckt ins brackige Weserwasser, das träge zwischen dem stählernem Schiffsbauch und der Betonmauer der Columbuskaje dümpelt. Der Himmel über dem langgestreckten Anleger und den dahinterliegenden Hafenbecken ist wolkenverhangen an diesem späten Aprilnachmittag. Kurze kalte Regenschauer prasseln im Stundentakt auf Fluss und Stadt nieder, eben so typisch für den Monat wie für die Seestadt. Den Vater kann er da unten zwischen den wenigen Abschiednehmenden nicht mehr ausmachen. Hat sich wahrscheinlich davongemacht, nachdem er Frau und Sohn wohlbehalten bis zur Zollabfertigung geholfen hat. Die Wulsdorfer Vereinsgeschäfte pressieren. Bald wird das Fährschiff mit Kurs auf die Britische Insel ablegen. Vorne werden Anstalten gemacht, die Bugklappe zu schließen, wartende Autos sind auf dem Rollway nicht mehr zu erblicken. Mutter hat sich in die Lounge im Zwischendeck verabschiedet und ist sicher auf der Suche nach ihrer Zweibettkabine.
Ich hol´ mir bei dem Zug hier oben noch ´nen steifen Nacken.
Typisch Mutter, kaum ein Lüftchen und schon droht Genickstarre. Roland hängt weiter seinen sorgenschweren Gedanken nach und lässt den Blick schweifen über die Schornsteine und Masten, die aus den Schwimmdocks im Kaiserhafen ragen, die Silhouette der Altleher Mietshäuser, zur anderen Seite hin die Turmspitze der *Bürgermeister- Smidt-Gedächtnis-Kirche*. Einen Kilometer Luftlinie schräg dahinter wohnt Katrin. Heute morgen muss sie seinen Verzweiflungsbrief erhalten haben.
Ob sie das Kuvert geöffnet hat oder gleich in den Orkus damit?
Eine leise Melancholie schleicht sich in die Abschiedsstimmung.

Vor etwas mehr als einem Jahr ist der Traum zerplatzt. Noch zum Geburtstag hatte sie ihrem Dackelchen diesen großen Bildband über die WM in Mexiko geschenkt, extra verziert durch ein Hochglanzporträt des Ehrenspielführers Uwe mit dem Bundesverdienstkreuz. Natürlich hatte Roland mit Schuld an der Misere. Oft genug hatte er die Warnsignale übersehen, übersehen wollen. Zu schön war es – das Schmusen, seine Sprüche, ihr Lachen, das Liebemachen an verschwiegenen, manchmal auch riskanten Orten. Dann der Hammerschlag:
Es ist besser, wenn wir uns mal vierzehn Tage nicht sehen.
Es wurden drei Wochen in Hoffen und Bangen. Dann ein zaghafter Anruf im Büro der *Kühl- und Lagerhausgesellschaft*. Sie hob ab.
Hoffnung.
Können wir uns sehen?
Besser nicht.
Erster Magentreffer. Warum?
Hör zu, ich hab´ einen anderen kennen gelernt.
Ohnmachtsgefahr. Kenn´ ich den?
Er heißt Uwe und ist Polizist, wenn du es genau wissen willst.
Knock out!
Ausgerechnet einen Bullen. Das durften seine Freunde in der Schule auf keinen Fall wissen. Die würden sich totlachen. Rolands Freundin brennt mit einem Wachtmeister durch. Nun hatte er ebenfalls einen Grund, auf die Polizei zu schimpfen. Wie der Vater so der Sohn. Die erste Zeit nach diesem niederschmetternden Telefonat war grausam. Selbst auf dem *Zollinland* konnte er die bleierne Last nicht vollständig abschütteln. Er bekam, wie Klaas lakonisch diagnostizierte, richtig den Blues und kultivierte den Lonesome Cowboy. An Gelegenheiten für Techtelmechtel fehlte es bei seinen einsamen Zügen durch die seestädtischen Tanzschuppen nicht. Er lungerte im *Blow Up*

herum, schaute im *Zero* vorbei und ängstigte die Mutter mit seinen nächtlichen Tramptouren zu *Roes* nach Lintig zu Tode, aber die wirklichen tollen Mädchen waren alle vergeben, hatte Roland den Eindruck. Überflüssigerweise kam es dann zu einer Begegnung, die seine ganze Gefühlsverwirrung ins emotionale Chaos trieb.

Sie lagerten zufällig zusammen auf einer Decke beim Rockfestival mit *Frumpy* und *Steamhammer* im alten *Columbusbahnhof*, vielleicht hatte Brigitte die Nähe auch arrangiert, und lauschten der superlangen Version von „Hold that Train". Fasziniert sah sie ihm zu, wie er einen schmucken Fünfblatt drehte, mit extra verlängertem Pappfilter. Diese Technik hatte er aus dem *Spiegel* abgeguckt. Da wurde von dieser Uschi aus der Münchener Szene genauestens beschrieben, wie man so eine Rakete baut. Für Begriffsstutzige waren erläuternde Bildchen beigefügt. Sehr hilfreich. Anscheinend lasen nur wenige junge Seestädter das Magazin. Sonst hätte Roland mit seiner Baukunst kaum solche Beachtung genossen. Nach dem zweiten Zug vom mittelstarken Roten Libanesen nahm sie ihre runde Nickelbrille vom sommersprossigen Näschen und ließ zu, was er vor zwei Jahren während einer denkwürdigen Silvesterfete schon einmal im Sinn hatte. Ihre rotbraun getönten Lippen verlangten nach mehr Massage, so verknoteten sie ihre Zungen genießerisch miteinander und vollzogen in rhythmischer Harmonie einen minutenlangen Oralakt. Mit dem notwendigen Sauerstoff wurde gleichzeitig aphrodisisches Tetrahydrocannabinol inhaliert.

Soll ich dir einen blasen?

Er musste für einige Sekunden arg bescheuert aus dem Hemdkragen geschaut haben.

Nein, nicht doch, was du gleich denkst, du Schuft. Sie lächelt ihn an, wie eine Kinderschwester einen kleinen Schützling, dem sie zu einem Bäuerchen verhelfen wollte. Pass, auf ...

Damit nahm sie einen langen Zug aus der Knistertüte, drückte sanft ihre Lippen auf seinen erwartungsvollen Mund und ließ mit sachtem Druck das vorgefilterte Marihuanaluftgemisch in seine Bronchien fließen. Roland beflügelte ein Gefühl, als ob sich sein Hintern von der Wolldecke lösen würde. Der geträumte Schwebezustand hielt für einige Minuten vor. Bald spielte seine rechte Hand dort herum, wohin sie sich damals im Weddewardener Fetenkeller auf der Suche nach Halt und Geborgenheit verirrt hatte, an ihrem sportlich festen Busen. Roland erinnerte die spezifische Griffigkeit. Nachdem die letzte Stufe des Gefühlsbeschleunigers abgebrannt war, kamen sie ins Reden und kicherten sich schlapp über Rolands Silvesterabsturz zum Dekadenwechsel, als er sich der niederstreckenden Wirkung des *Baccardis* unkundig dilettantisch abgekippt hatte, sie ihn trotzdem knuffig fand und an ihrer Lernschwesterehre gepackt rührend umsorgte, während ihm der Faden vollends gerissen war. Zum desaströsen Ende der Partybegegnung hatte er ihr noch in den Ausschnitt gekotzt.

Echt brutal, was ich da gebracht habe, und du findest mich trotzdem gut?

Och, du hast mir so liebe Sachen gesagt. Schade, dass du davon später nichts mehr wissen wolltest.

Nichts mehr wissen konnte, fügte Roland sich an sie kuschelnd hinzu.

Um die katastrophale Geschichte zu rekonstruieren, musste er die Aussagen anderer mit seinen Erinnerungsbrocken zusammenfügen. Daraus ergab sich folgender Ablauf:

Katrin durfte nicht mit, da ihre Eltern erhöhte Beischlafgefahr witterten. Deshalb hatte er sich zusammen mit Fridolin und seiner aparten Beifahrerin unbeweibt zur Feier in Stefans sturmfreien Partykeller in Weddewarden aufgemacht. Das hatte Brigitte den ehrenamtlichen Sanitätseinsatz beschert und Fridolin die unappetitliche Aufgabe eingebrockt, den vom Magenauswurf besudelten und zur Marionette mutierten Kameraden in ein Taxi zu laden. Drei Fahrer winkten ab und rauschten vorbei. Erst nachdem Onkel Ralf telefonisch eingeschaltet worden war, bekam einer seiner Aushilfschauffeure den Sondereinsatz zugeschoben. Vor dem Reihenhaus öffnete Rolf

arglos die Daimlertür, und der Bruder fiel wie ein Toter im Jürgen-Roland-Krimi in den Rinnstein, die Plastiktüte mit dem Erbrochenen reflexartig umklammernd.
Hier, dein Sohn ist wieder da, mit dieser lakonischen Bemerkung legte der vernünftige Erstgeborene der Mutter ihr Sorgenkind vor die Füße, nicht ohne angewidert hinzuzufügen: Das hätte ich mir früher erlauben sollen!
Für die Unglückliche war das schöne neue Jahr gleich zu Beginn verdorben. Vater hatte es immer gewusst. Die Blamage komplettierend kam hinzu, dass Tante Edith und Onkel Werner, aus Wulsdorf zum geselligen Silvesterumtrunk nach Grünhöfe geladen, die traurige Heimkehr des missratenen Sohnes hautnah miterlebten. Der gutmütige Onkel versuchte vergeblich, die tief enttäuschten Eltern mit dem Hinweis zu trösten, er habe beim Feiern mit den Amis noch viel fertigere Typen gesehen. Vom ganzen Eklat, insbesondere den Peinlichkeiten, die er der hoffnungsvollen Krankenschwester geboten hatte, sollte Katrin möglichst keinen Wind bekommen, aber Stefans Andeutungen bei *Beers* Neujahrstanztee provozierten dann Rolands erste Beziehungskrise, ohne dass die Bezeichnung dafür bereits geläufig gewesen wäre. Roland nannte es Knatsch mit der Liebsten.
Da die erwachsenere Brigitte eine eigene Wohnung mit ihrer Schwester teilte – in strategisch günstiger Nähe zum *Zollinland* - und damit elterlicher Kontrolle entzogen war, passierte das mit dem Liebemachen dann zwangsläufig schneller als damals mit Katrin. Damit wurde jedoch alles nur schlimmer, weil Roland seine erste Liebe nicht aus Kopf und Sinnen bekam. Wie hingebungsvoll und anschmiegsam sich die duldsame Brigitte auch gab, gegen seine Katrinphantasien hatte sie keine Chance. Ihr exotisch anmutender brauner Teint mit den aufregend hellen Partien um Schoß und Busen kamen nicht an gegen Katrins aufnahmefähigen Zuckerschoß, der ihn umschloss und aufsog wie ein nur für ihn bestimmtes Paradies. Roland drehte weiter am Katrinrad, die vernehmlich stöhnte beim Kopulieren, mit ihm sprach, während sie darum rang, die Lustqualen in die Länge zu ziehen, ihn beschwor, den Akt nicht enden zu lassen, ihn schließlich dirigierte und mit spitzen Schreien ihr Becken zum Höhepunkt kreisen ließ. Die schmusige Brigitte dagegen gab kaum Laute von sich, schaute lieb in Rolands Augen, schloss ihre für kurze Momente, und wenn sie kam, zeugte nur ein zartes Hauchen von der Eruption, oder es war nichts zu hören, so dass Roland den Verdacht hegte, sie sei nicht zum Orgasmus gelangt, was ihn nur noch unglücklicher werden ließ. Extra für ihn hatte Brigitte wieder mit der Pille angefangen, obwohl ihre Hormone dagegen rebellierten und sie mit Schwindelanfällen bestraften. Sie musste ihn wirklich lieb haben, und er dachte nur an Katrin. Seit drei Wochen hatte er sich bei Brigitte nicht gemeldet, war einfach weggeblieben.
Was sie wohl von ihm dachte, was Katrin morgen denken würde?

Ganz schön verfahren die ganze Kiste, bilanziert Roland, als sich der Schiffskörper jetzt vom Pier löst, und die unsichtbaren Schrauben die graubraune Weserbrühe in Wallung bringen. Der Wind hat zugenommen, und die dunklen Wolken haben sich zu einer nachtbringenden Decke über Fluss und Hafen zusammengezogen. Ganz schön hoffnungslos auch die Sache mit der Nationalmannschaft - mit diesem Gedankenwechsel entschließt er sich, die Liebessorgen über Bord zu werfen und sich wenigstens für die Dauer der Reise ganz dem Fußball hinzugeben.
Das würde im Sinne der Eltern sein. Die Fußballreise ist als eine Kur im Crashformat gedacht, um dem von seinen widersprüchlichen Gefühlen verwirrten Jungen die notwendige Erholung und Ablenkung zu verschaffen. War alles zu schnell gegangen: die Kurzschuljahre, der Wachstumsschub, die zu frühe Reife, der schlechte Einfluss zweifelhafter Freunde. So interpretierten sie die Zeichen der Unausgeglichenheit an ihrem Spross. Der hatte sie im Unklaren gelassen über den kläglichen Zusammenbruch

der Liebesverbindung, und so mutmaßten sie ins Blaue und schufen Raum für weitere Missverständnisse. Aufgeschreckt wurden sie von einem alarmierenden Befund, der aus der nach neustem Stand der medizinischen Technik eingerichteten, internistischen Praxis in der Hafenstraße gedrungen war, in der Onkel Harro residierte und sich vorzugsweise der Behandlung honoriger Privatpatienten verschrieb. Eigentlich wäre er lieber Chefarzt am *Leher Krankenhaus* geworden, wo er als Oberarzt lange Zeit seine Führungsambitionen genährt hatte, bis ihn die Gefahr, als ewiger Kronprinz zu ergrauen, in die Selbständigkeit flüchten ließ. Mutter, die sich ein Berufsleben nur in Dienstverhältnissen vorstellen konnte, hatte damals um die Existenz ihres Bruders gebangt. Hoffentlich geht das gut, hörte man sie bei den vom *Hotel Naber* arrangierten Feierlichkeiten zur Praxiseröffnung vorsorglich jammern. Als der flotte Mediziner ein knappes Jahr später ein chromglänzendes Daimler Coupé vor ihrem Reihenhaus parkte, konnte sie wieder beruhigt über seine Verschwendungssucht spötteln.
Nachdem der Onkel den hoch aufgeschossenen Pennäler wegen seiner hartnäckigen Magenschmerzen auf den Kopf gestellt, mit Kontrastschlämme abgefüllt, präzise durchleuchtet, ihm Blut und Urin abgenötigt und gehörig abgeklopft hatte, kam der gefragte Facharzt für innere Krankheiten zu der gesicherten Prognose:
Wenn du Bursche so weitermachst, landest du bald in der Gosse!
Er verschrieb *Spasmo Nervogastrol* und verordnete für die Zukunft, weder Tabak noch irgendwelches Teufelszeug zu rauchen. Während der entlassene Patient über die schlechte Prophezeiung sinnierend die Straßenbahn in Richtung Hauptbahnhof bestieg, wurde die Mutter von ihrem hilfsbereiten Bruder in einem vertraulichen Telefongespräch über das besorgniserregende Ergebnis seiner Diagnostik informiert. Als Roland am Reihenhaus klingelte, war Dr. Möller bereits herbeigeeilt und verabreichte Sedativa für die überstrapazierten Mutternerven. Die demoralisierte Erzieherin hing schlaff im Polstersessel und jammerte apathisch vor sich hin:
Was hab´ ich nur falsch gemacht, was hab´ ich nur ...?
Der eigenwillige Lauf der Geschichte wollte es, dass just in dieser aufgeregten Phase des Familienalltags der Vater vom Schulkollegium zum Vertrauenslehrer für drogengefährdete Schüler ernannt worden war. Er hatte für diese ehrenvolle Aufgabe sogar ein Fortbildungswochenende in Bremen in Kauf genommen. Höchstwahrscheinlich war der Spielbetrieb für die Landesliga zu diesem Termin ausgesetzt. Was hätten die Wulsdorfer sonst ohne ihren Spiritus rectus gemacht? Bestens informiert und mit einer schmalen Broschüre vom *Bundesministerium für Familie und Gesundheit* ausgerüstet, in der sorgfältig differenziert die verschiedenen Cannabisextrakte beschrieben und bebildert waren, kehrte er - bis in die Haarspitzen motiviert - zurück. Der frisch gebackene Drogenexperte fühlte sich hundertprozentig in der Lage, Haschisch in Schülerbesitz aufzuspüren.
Wurde er vom Teufel geritten oder meldete sich in ihm nur der kleine Schelm? Aus heiterem Himmel kam Roland auf die Idee, das Fachwissen des Vaters auf die Probe zu stellen. Am nächsten Tag formte er ein knetweiches Klümpchen dunkelbrauner *Erdalschuhcreme* vermischt mit grünem Hennapulver zu einer kleinen Kugel etwa vom Ausmaß eines Tipp-Kick-Balls. Diese wickelte er in Alubratfolie und präsentierte sie dem Vater in einer zerbeulten Welthölzerschachtel. Da der Vater seinem Sohn mittlerweile alles zutraute, war er schon nach kurzer Sichtprüfung überzeugt, echtes Rauschgift in den Fingern zu haben. Roland empfahl zur Sicherheit die Feuerzeugprobe. Sie lieferte dem Fahnder den letzten Beweis.
Ja, ja, genau so ein strenger, süßlicher Geruch. Pfui, wie Kamelscheiße, und so etwas raucht ihr?

Mutter kam darüber und erblasste. Ohne weitere Erklärungen vorbringen zu können, wurde der Schlemihl mit Fragen bombardiert. Wo hast du das her? Wie viel nimmst du davon? Wer besorgt dir das? Nenn Namen!
Roland hatte Mühe, den Scherzartikel zu enttarnen. Im häuslichen Mülleimer durfte das Placebo nicht landen, sondern musste im Schutze der Dunkelheit in einem abgelegenen Gully entsorgt werden. Seine These, dass die wirkliche Gefährdung der Jugend und ihrer Lungen nicht vom hochkonzentrierten Cannabis, sondern von den hinterhältigen Erdalbeimischungen ausgehe, behielt Roland angesichts der Hysterie lieber für sich.
Der Vorfall veranlasste den Vater gleichwohl, die Vertrauensposition schnell wieder aufzugeben. Außerdem hatte er erfahren, dass eine Gehaltszulage dafür vom Magistrat nicht vorgesehen war.

Das ganze Familientheater wollten sie mit der Reise hinter sich lassen und zu neuen Ufern starten. Schließlich galt es auch, Roland dafür zu belohnen, dass er zur Verwunderung aller Erziehungsgewaltigen im Begriff stand, mühelos und ohne Ehrenrunde sein Abitur zu bestehen. So buchte der Vater zwecks Erholung von Mutter und Sohn die teure Fußballreise beim *Deutschen Reisebüro*. Der bodenständige Lehrer selbst mied solche Überseefahrten und blieb lieber im Lande – vielleicht hinderte ihn diesmal auch die neu gegründete Wulsdorfer Damenfußballmannschaft daran. Die Überraschung war ihm gleichwohl gelungen. Roland wurde ganz warm ums Herz, als der Name *Wembley* fiel. Nach England zum Europameisterschaftsviertelfinalhinspiel, im Traum hätte er daran nicht gedacht. Sogar der Liebesschmerz war für kurze Zeit wie weggeblasen. Als jedoch publik wurde, mit welchen Aufstellungssorgen sie auf die Insel übersetzen würden, schlug die frohe Erwartung in Fatalismus um.
Da kriegen unsere ganz schön die Jacke voll, und wir dürfen zusehen, verzagte die Mutter, als Roland sie darüber aufklärte, was aus der Sportseite der *Nordsee-Zeitung* zu entnehmen war.
Den bereits ausrangierten Siggi Held, der in der Regionalliga Süd bei *Kickers Offenbach* sein Gnadenbrot verdiente, hat der bedauernswerte Bundestrainer in Ermangelung guter Stürmer reaktivieren müssen. Heynckes verletzt, Libuda völlig von der Rolle, Overath im Aufbau nach langer Verletzung, deshalb Flohe nur die Hälfte wert, und Vogts fiel hinten auch noch aus, daher können sie Höttges immer noch gebrauchen.
Und was ist mit Uwe Seeler, fragte Rolands designierte Reisebegleiterin.
Dem begann zu dämmern, auf welches Niveau er sich einstellen musste, und erklärte mit Engelsgeduld die Sachlage um den Oldie. Sodann setzte er sie über die neue Spielergeneration ins Bild. Wuschelkopf Breitner war ihr bekannt, wegen Mao-Poster und respektloser Kommentare. So ein Rotzbengel, der weiß doch nicht, was er redet.
Hoeneß und Schwarzenbeck?
Nie gehört.
Hacki Wimmer?
Kenn´ ich nicht.
Der macht die Drecksarbeit für Netzer, setzte Roland nach.
Den kenn´ ich, der hat lange, ungepflegte Haare und Schuhgröße siebenundvierzig. Na, da kann ja nicht viel von werden. Zum Glück bekommen wir auf der Stadtrundfahrt ´ne Menge geboten, tröstete sich Mutter schnell über das aus ihrer Sicht maue Spielerpotential hinweg. Die Aussicht, das die Queen höchstpersönlich zum Spiel des Jahres erscheinen würde, tat das Übrige, um ihre Reiselust anzustacheln.

Auf der Höhe Cuxhaven wird es tatsächlich unangenehm zugig. Der einsetzende Regen treibt Roland unter Deck. Mal sehen, was Mutter macht.
In der engen Kabine beginnt das große Ankleiden für das Dinner. Mutter hatte schon befürchtet, dass Roland keine Bügelfaltenhose in der Reisetasche hat.
Dafür hab´ ich extra ein weißes Hemd eingepackt, versucht der unbequeme Sohn die Mutter milde zu stimmen.
Ohne Schlips siehst du darin aus, wie der Wäscheboy fürs Mannschaftsquartier.
Mit offenem Hemdkragen unterm grauen Cordsakko begleitet Roland seine Mutter in die Dining Hall für die First Class. Der Sohn nennt seinen Auftritt leger, Mutter bleibt bei unreif. Leger Gekleidete bilden die Ausnahme unter den gehobenen Gästen. Roland gehört wieder einmal zur Minderheit.
Der Saal ist großzügig ausgelegt, nicht so komfortabel wie auf der *Bremen*, mit der Roland vor drei Jahren zum Schüleraustausch nach Cherbourg gedampft ist, dafür aber moderner und zeitgemäßer eingerichtet - viel helles Holzimitat und aufwendige Glasausstattung. Am üppigen Buffet kann jeder sich warm oder kalt bedienen. Die Alkoholika fallen im Zollausland finanziell kaum ins Gewicht. Ein gelungener Reiseauftakt, findet Roland.
Die Tischkonversation mit dem frisch pensionierten Oberstudienrat nebst Gemahlin springt gut an. Zu Rolands Erleichterung kommt er aus Bremen und kann daher nicht mit Bremerhavener Schulgeheimnissen überraschen. Das kühle *Becks* löst die Zunge. Der hoffnungsvolle Abiturient legt geflissentlich seinen Studienwunsch offen: Höheres Lehramt, Fachrichtung Germanistik und Geschichte. Seine Wahl wird gelobt. Auch mit der Universität Göttingen liege er völlig richtig. Roland wäre lieber nach Bremen gegangen, doch die Alma Mater seiner Heimat schließt ihn per Numerus clausus aus.
Überhaupt nicht schlimm, meint der Altphilologe, vor dieser roten Kaderschmiede könne er nur alle jungen Menschen warnen. Redliche Studiosi würden dort vollkommen fehlgeleitet.
Solche Rede bringt Wasser auf die Gebetsmühlen der Mutter.
Roland klinkt sich aus und lässt den Blick schweifen.
Mittlerweile ist der Fußboden in Bewegung gekommen. Die Vorhänge bewegen sich gleichmäßig träge, aber merkbar hin und her. Wie die flinken Stewards nur die großen beladenen Tabletts über die unstete Fläche balancieren? Das andere Pärchen am Tisch befindet sich, wie es in gespielter Verliebtheit bemerkt, auf der zweiten Hochzeitsreise. Demonstrativ, als solle jedermann ihre wieder entflammte Leidenschaft erahnen, turteln die vom Frühling geweckten Enddreißiger neben der gesprächsführenden Mutter, bei der, liest Roland aus ihrer missbilligenden Mimik, derartige Intimitäten auf wenig Gegenliebe stoßen. Zum Gesprächsfluss tragen die beiden Dauerverliebten kaum bei, nur zu fortgeschrittener Stunde kommen sie damit heraus, dass sie auf der ausgebuchten Fähre keine Kabine mehr bekommen haben. Eine unbedachte Bemerkung der Mutter über Rolands ausdauernde Nachttouren bringt sie auf die Idee, er könne seinen Schlafplatz an die von plötzlicher Müdigkeit geplagte Dame verhökern. Ihr Beschützer bietet ihm dafür einen Gratisabsturz an der Late-Night-Bar plus zweihundert Mark obendrauf.
Mutter, deren Koje nicht zur Disposition steht, findet das Angebot akzeptabel. Mensch Junge, zweihundert Mark. Die würd´ ich schnell einstecken. Später haust du dich in einen Deckchair auf dem geschützten Oberdeck.
Nein, danke. Roland bleibt unbestechlich. Einmal in *Wembley* und dann hundemüde und verkatert. Da wär´ ich ja schön blöde.
Die beiden Turteltauben heucheln Verständnis und schauen beleidigt drein. Roland hebt die Runde auf. Zum Abschluss sorgt ein Kellner, der die zunehmende Seitwärtsbewegung unter seinen Füßen für Sekunden unterschätzt, für ein denkwürdiges

Gutenachterlebnis. Das vollgestellte Tablett entgleitet seinem Griff und landet mit lautem Klirren unter erschrockenem AAHHH und OOHHH mitten in einer angeheiterten Schwabenrunde. Die Cocktailkleider und Abendroben einiger Damen aus dem Musterländle sind blitzartig versaut, die Anzüge der dazugehörigen Herren schwer in Mitleidenschaft gezogen. Ein Pulk weinrot uniformierter Bediensteter hastet herbei und versucht mit Wasser und Tuch zu reinigen, was nicht mehr zu retten ist. Der Chefsteward erscheint und unterbreitet Wiedergutmachungsangebote. Die Geschädigten beweisen Humor und beginnen das Malheur fotografisch festzuhalten. Das glaubt uns daheim keiner. Das Lachen geht weiter, die Stimmung bleibt gelassen. Mutter sucht vergebens nach ihrem Fotoapparat. Das war es, was sie vergessen hatten, deshalb wird es auch kein Wembley-Bild von ihnen geben.
Auf dem stufenreichen Abstieg zur Standardkabine trauert Mutter immer noch den zweihundert Mark nach. Roland verteidigt seine Ablehnung.
Mensch, hast du ´ne Ahnung, was uns morgen erwartet, da muss man richtig ausgeschlafen sein.
Der rüde Aprilsturm beschert dem wackeren Schiff schweren Seegang und Roland eine unruhige Nacht. Der stählerne Rumpf rollt und ächzt unter den Brechern, die durchpflügt werden müssen. Hier unten, nur knapp an der Wasserlinie, wird in beklemmender Akustik erfahrbar, was weit oben nur als leichte Bewegung ins Gewicht fiel. Mit bösem Klatschen schlägt das aufgepeitschte Nordseewasser gegen die Bordwand. Ein unregelmäßiges, dumpfes Pochen dazwischen lässt schlimme Gedanken von Untergang und Panik gedeihen. Mutter schnorchelt in der unteren Koje zum Takt des Wellengangs. Als Tochter einer notorischen Marineoffiziersfamilie zeigt sie sich seefest und ist längst eingeschlafen. Vielleicht träumt sie von Queen und *Buckingham Palace*, denkt sich Roland noch zur Mitternacht, bevor er schlussendlich, von den Aufregungen des Reisetages geschafft, einschlummert.

Am Morgen vor dem großen Spiel trifft der putzmuntere Roland zuerst auf das Flitterpaar vom Abend. Unausgeschlafen und dementsprechend gelaunt würdigen sie ihn keines Blickes, als wollten sie ihn für ihre schlechte Reiseplanung verantwortlich machen. Da Mutter den Frühstücksvoucher nicht verstanden hat und Roland sich wie gewohnt um nichts kümmert, landen sie in der, wie Mutter später moniert, Blechkantine und ärgern sich über ein muffiges Morgenmahl. Ein Deck höher wartet das First Class Breakfast vergebens auf die Schiffstrottel aus Grünhöfe.
Während das Prinzenschiff mit geringer Fahrt ins ruhige Wasser des Hafens von Harwich gleitet, stehen sie an der Reling und wundern sich über den erbarmungswürdigen Zustand der maritimen Anlagen.
Das sieht ja noch trostloser aus als bei uns am Fischereihafen, lästert Mutter. Guck dir nur die Löcher in den Kaimauern an und diese maroden Wände. Einen Glaser könnten die auch dringend gebrauchen. Mein Gott, nix gemacht die ganze Zeit. Und die Fangschiffe, nein, so verrostet würden die bei uns nicht losschippern. Das sieht gemeingefährlich aus... Diese neue Fähre haben bestimmt welche von uns bezahlt. So was Schickes können die sich gar nicht leisten...Und die haben uns besiegt... Nur mit Hilfe der Amis, ohne deren Hilfe wären die zu nichts gekommen. Nicht wahr, Roland? Das musst du zugeben, bei uns ist alles fein sauber und in Schuss...Trotzdem geht´s mit dem Hafen bergab. Aber unsere tun wenigstens was. Und hier? Man hat einiges gehört, aber so was Ungepflegtes hätte ich nicht erwartet.
Roland kann ihr kaum widersprechen. Die vielen alten und baufälligen Hallen überraschen ihn. Die Kräne machen ebenfalls keinen Vertrauen erweckenden Eindruck. Der bundesdeutsche TÜV hätte hier so einiges zu beanstanden. Das Terrain, das nach Rolands Schätzungen seinen letzten Innovationsschub in den frühen fünfziger

Jahren erlebt haben musste, würde eine brauchbare Kulisse für einen Invasionsfilm hergeben. England war immer schon ein guter Ort für historische Filme.
Zum guten Anfang erledigen sich die Einreiseformalitäten wie von selbst. Sie befinden sich im United Kingdom. Mutter ist gelungen, wovon ihre Offiziersbrüder früher nur haben singen dürfen: Sie setzt ihre Füße auf das Territorium des standhaften Gegners aus großer Zeit.
Am nahen Hafenbahnhof wartet schon die nächste Gelegenheit zu lästern.
Das ist ja zum Piepen komisch, gluckst die Mutter, als sie den wartenden Zug erblickt.
Der Sohn muss unwillkürlich mitlachen. Die jägergrünen Wagons könnten aus den Originalrequisiten eines frühen Hitchcock-Films entliehen sein, mit ihren seitlichen Türen zu den Abteilen und den schnörkelig gerundeten Fenstern. Vor der langen Reihe dampft eine Rangierlokomotive mit angebauter Kohlenbox, die ihn an das kleinste Standardmodell von *Märklin* erinnert - eine echte Vorkriegsmaschine.
Nun aber zusammengerissen und hinein. Mutter und Sohn aktivieren ihren Englischwortschatz und bewältigen Begrüßung inklusive der höflichen Wendungen. Der Herr auf dem gegenüberliegenden Sitz hat schnell erkannt, wohin der Deutschen Reise geht.
Do you expect to win?
Roland möchte nicht unbescheiden wirken und bietet ein Unentschieden an, nur will ihm das entsprechende Wort nicht einfallen. Auf den Ausdruck draw kommt er nicht. Sein Gegenüber versteht trotzdem. Er gibt mit einem einnehmenden Lächeln seinen Tipp ab: fünf zu null für England.
Mutter wendet sich verschnupft zum Fenster ab. Typische englische Arroganz, wird sie sicher denken. Roland lächelt gequält zurück. Um dem sprichwörtlichen britischen Understatement genüge zu tun, versichert ihr Begleiter, dass ihnen London mit Sicherheit gefallen werde. Für *Wembley* gibt er ihnen einen guten Rat mit auf den Weg : Ohren zu und durch...
Die Kommunikation zwischen dem eloquenten Herrn aus der Grafschaft Kent und den radebrechenden Englandtouristen versandet. Die eine Seite verkriecht sich hinter der *Times*, die andere Partei schaut aus dem Fenster auf die stetig urbaner geprägte Streckenlandschaft.

In der Halle der *Victoria Station* sammelt sich die Reisegruppe um eine ebenso resolute wie korpulente Dame, die Roland auf Mitte fünfzig schätzt. Professionell dirigiert sie ihre Schäfchen zum klimatisierten Bus. Nach einer herzlichen Begrüßung in unüberhörbar wienerischem Tonfall überprüft sie, ob die Zeitumstellung gelungen ist. Sodann erläutert sie den Ablauf des Tages. Roland findet es gut, dass sie den Weg ins Stadion auf eigene Faust antreten müssen. Nur nicht mit so einer Hammelherde durch die Gegend schieben, und dann womöglich noch alle in einer Reihe platziert. Nein danke! Mutter zwickt ihn am Knie.
Das ist ′ne jüdische Emigrantin, flüstert sie aufgeregt, die kann uns nicht auf′n Pelz gucken.
Wenn das so ist, hätte sie allen Grund, uns eine saftige Klatsche zu wünschen, sendet Roland süffisant zurück.
Die temperamentvolle Dame gibt freizügig Auskunft über ihre Vita. Mit anderen jüdischen Kindern aus ihrem Heimatort bei Wien sei sie kurz vor dem Einmarsch der deutschen Wehrmacht nach England in Sicherheit verbracht worden. Ihre Eltern habe sie nie wiedergesehen, deren Spur verliere sich in Treblinka. Das kurze kollektive Schweigen zur nachdenklich stimmenden Geschichte überbrückt sie nonchalant mit einem generellen Hinweis zum Bedienungspersonal im britischen Hotelgewerbe:

Die Leute erwarten sich einen Tip, so nennen wir das hier, als Anerkennung für ihren Dienst. Also bittschön, sein´s a bisserl freizügig in den poar Tag.
Typisch jüdisch, zischt Mutter an Rolands Ohr, denken nur ans Geld. Überhaupt wird die bestimmt fürstlich bezahlt für den Job, sonst würde die uns in den Wind schießen.
Mutter, bitte! Roland schaut beschwörend in Richtung Fahrer. Hoffentlich schmeißt der seine Karre bald an, damit die Alte auf andere Gedanken kommt.
Als habe er Rolands Flehen vernommen, bringt Ian, der Chauffeur, sein schweres Gefährt in Gang und bemerkt, unterlegt mit einem Marty-Feldman-Grinsen, dass die herzlich willkommenen Gäste gut beraten seien, die Rundfahrt vor dem Spiel zu absolvieren. Danach hätten sie sicherlich keine Lust mehr auf London. Roland muss lachen. Das Gros der Gruppe bekommt den Gag am Rande nicht mit. Die aufgeräumt daherplaudernde Emigrantin setzt sich in Positur, um den Fremden aus dem Land, das sie einst verjagte, die Sehenswürdigkeiten ihrer schutzgebenden Wahlheimat näher zu bringen. Mutter macht skeptische Miene zum englisch akzentuierten, österreicherischen Kommentar. Der Bus passiert im Schritttempo das Zentrum von Legislative und Exekutive. Mit der Ankündigung der folgenden Attraktion zieht die redegewandte Autorität am Mikrophon die Hausfrau aus Grünhöfe auf ihre Seite. Sie nähern sich dem Domizil der für Mutter einzig legitimierten Macht im Commonwealth – dem Königshaus. Der *Buckingham Palace* mitsamt seiner Superlative überwältigt ihr Fassungsvermögen: die sechshundert Zimmer, tausend Fenster und vierhundert Diener.
Nein, was gepflegt...sieh nur, wie pompös.
Die Fahne flattert weit sichtbar in der Aprilbrise: SIE ist da!
Aussteigen! Fotografieren erlaubt, aber bitte nur fünf Minuten!...Nein, für die Wachablösung bleibt keine Zeit.
Schade, seufzt Mutter, das wäre ein Motiv. Entzückend.
Roland bleibt sitzen und versinkt im Liegesessel. Da die von ihm favorisierten Örtlichkeiten *Marquee Club*, *Abbey Road*, *Carnaby Street* nicht auf der gebuchten Route liegen, beschließt er Energie und Konzentration fürs Wesentliche aufzusparen. Sein Interesse wird kurzzeitig aufgeweckt vom Anblick der Erosikone am *Piccadilly Circus*, dann schaltet er ab, nachdem endgültig klar ist, dass ihm auch die *Royal Albert Hall* vorenthalten wird.
Ein kollektiver Lacher beendet seinen Halbschlaf. Mutter klärt auf: Eine unanständige Bemerkung über den Earl of Snowdon aus den vorderen Sitzreihen. Die Führerin flocht zur Verdeutlichung der königlichen Spendenfreudigkeit den Hinweis ein, dass der Schwager der Königin jüngst eine großzügige Voliere für den Zoo gesponsert habe. Darauf konnte sich einer der jetzt noch feixenden Herren da vorne den Nachschlag nicht verkneifen, mit dem Vögeln sei der ja bestens vertraut. Mutter hat sich das Lachen darüber verboten. Solche Äußerungen grenzen für sie an Majestätsbeleidigung, obwohl der Verspottete genau genommen nicht zum erlauchten Kreis gehöre.
Gerade befahren sie die *Tower Bridge*, und die Ungezogenheit verliert an Wirkung. Auf dem grau-braunen Fluss dümpelt ein betagtes Kriegsschiff. Die Erklärung läuft simultan zum Anblick. Es handele sich um die *HMS Belfast*, die, so führt die nicht auf seekriegshistorische Feinheiten geeichte Österreicherin aus, den deutschen Schlachtkreuzer *Scharnhorst* versenkt habe. Schon hat sie die ehemalige BDM-Aktivistin zur Gegnerin.
Das hat der olle Pott doch nicht allein geschafft, kräht sie in den Mittelgang.
Mutter, lass das, gemahnt ihr Sohn vergeblich zum lieben Frieden.
Nein, Geschichtsverdrehung müssen wir uns nicht anhören. Hat man schließlich an der *Hood* gesehen, was denen blühte, wenn deren sogenannte Kreuzer Auge in Auge mit unseren lagen. Eine Breitseite hat genügt, um den Kahn wegzupusten.

Roland möchte vor Scham im Sessel versinken, muss jedoch feststellen, dass Mutters historische Skizze beim deutschen Publikum bestens ankommt. Die auf diese rüde Art korrigierte Moderatorin lässt den Angriff gekonnt ins Leere laufen. Wer sich für die Details der Royal-Navy-Story interessiere, könne bei einem Besuch auf dem Kreuzer mehr erfahren.
Das Angebot bleibt ungenutzt. Auf der anderen Seite lockt der *Tower*. Die Mutter schließt sich der Gruppe an. Roland schnappt sich vom fliegenden Handel ein newspaper und übersetzt die Sportseiten. Er muss Wort für Wort erfassend einsehen, dass die englischen Printmedien diese westdeutsche Mannschaft nicht fürchten. Ein Sieg wird erwartet: England expects that every player will do his duty – Tradition verpflichtet. Bei dieser Gelegenheit würde sich sozusagen en passant die Revanche für die unnötige WM-Niederlage in Leon erledigen. Kein gutes Souvenir, urteilt Roland und schenkt das Käseblatt dem Busfahrer. Der freut sich über die Lektüre.
Mutter kehrt sichtlich beeindruckt, und zwar nicht allein vom Kronjuwelenglanz, zurück. Roland hat den einzigen unvorhergesehenen Vorfall des Routinetrips verpasst, muss sie ihm unbedingt sofort erzählen. Beim Gang durch das unheimliche Gemäuer habe sie Knall auf Fall einen schrillen Klingelton und Sirenengeheul vernommen – schon habe ein streng blickender Soldat mit bloßem Oberkörper, nur mit einer langen grauen Unterhose bekleidet, einen Fuß im ungeschnürten Stiefel, den anderen ohne Schuhwerk auf den Kiesboden stemmend, ein Schnellfeuergewehr auf sie gerichtet. Don´t move, lady, please don´t you move, lautete seine einzige eindringliche Bitte. Etwa zwei Minuten habe diese Visavis- Position gehalten werden müssen, dann habe ein kurzer Pfiff den Spuk beendet. Der Soldat salutierte geflissentlich und verschwand. Weg war der, wie vom Erdboden verschluckt. Also eins muss man denen lassen, auf Zack sind die. Kein Wunder, dass die uns schließlich geschlagen haben. Hut ab.
Roland wünscht sich nach *Wembley*. Der Bus schleicht durch die City of London, auf der rechten Seite wird der Haupttresor des Empires in Augenschein genommen, zur linken *ST. Paul´s* bestaunt. Zügiger geht es dann vorbei am *British Museum* und University zu *Madame Tussauds´s* .
Das interessiert auch den angehenden Historiker. Der Eintritt ist nicht inklusive, deshalb bekommt Mutter Gelegenheit, die von der Wulsdorfer Bank besorgten Pfundnoten auszuprobieren. Sie tut das im vollsten Vertrauen auf die Gastgeber.
Hier wird man nicht beschissen wie in Italien. Korrekt sind die hier. Das muss man anerkennen.
Sich vom Schalter abwendend befragt sie einen in Freundlichkeit erstarrten Wachsbobby nach der Uhrzeit. Vom Schreck der Fehlhandlung muss sie sich auf einer nahen Bank erholen. Dort verharrt ein zeitungslesender Herr im grau-schwarz gestreiften Anzug in Bewegungslosigkeit.
Hier haben sie auch so´nen Wachsbubi hingesetzt, mit ´ner druckfrischen Zeitung, damit es nicht...
Der Mann erhebt sich mit einem grüßenden Handzeichen. Von dem Muttergesicht in diesem Überraschungsmoment hätte Roland zu gerne einen Wachsabdruck gehabt.
Da am Guidebook gespart werden musste, stehen sie manchmal ratlos vor einer Figur. Was ist das für´n Knilch, fragt Mutter auf eine in dunkler Ecke hockende Figur aus Shakespeares Zeiten deutend. Guy Fawkes, dessen berühmter Fehlzündung britische Pyromanen ihren Festtag verdanken, ist ihr gänzlich unbekannt. Roland referiert die Geschichte aus dem Englischlehrbuch der Unterstufe. Die den Rundgang leitende Frage lautet jedoch: Ist die nachgebildete Persönlichkeit getroffen oder nicht?
Die Beatles sind nach Rolands Geschmack nicht mehr zeitgemäß gekleidet in diesen knappen grauen Anzügen aus der Hollywood-Bowl-Zeit. Auch die ehemals schockenden Pilzfrisuren sind längst passé.

Die gehören hier sowieso nicht hin, schlägt Mutter Rolands Einwände nieder. Die können sich immer noch nicht benehmen. Kriegen ´nen Orden von der Queen und geben den zurück. Unerhört.
Wer gehört hier hin? Zum Beispiel der da. Roland hat die Churchill-Figur in dunklem Frack erspäht und freut sich auf einen Konter. Sieh nur dein besonderer Feind. Neben dem würde sich Hitler gut machen, am besten im Cut, wie am Tag von Postdam.
Mutter bleibt am Ball: Den Bollerkopp sollten sie lieber in der Themse versenken, diesen Hund. Von Rechts wegen hätte der in Nürnberg mit auf die Anklagebank gehört. Stattdessen schmeißen sie dem den Karlspreis nach. Ich sage nur – Dresden. Den Rest sollen sich andere denken.
Wortlos zieht sie an den Abbildern der Großen dieser Welt vorbei, Roland grinsend hinterdrein. Vom deutschen Führungspersonal ist der gute alte Adenauer verblieben. Brandt wird erst gemacht. Dessen Skulptur wäre aus Mutters Sicht in diesem Saal per se deplaziert. Adenauer, ja, das kann man verstehen, aber *dieser* Sozialdemokrat mit *der* Vergangenheit? Die Zeiten werden immer verrückter...
The times they are a-changin´, summt Roland leise vor sich hin und schaut besorgt auf seine Armbanduhr, während Mutter eine überzogene Andacht vor dem Tableau der Royal Family hält.
Die Queen, ja wirklich gut getroffen. Wie aus dem Leben gegriffen. Schau nur Roland. Ist das nicht ein ganz wunderbarer Anblick? Und Charles´ Ohren haben sie extra etwas kleiner gestaltet, sehr rücksichtsvoll. Oh Gott, beim Philipp haben sie zu sehr gemogelt. Der guckt immer viel verkniffener aus der Wäsche. Der hier strahlt ja richtig.
Roland drängt zum *Chamber of Horrors*. Mutter kneift. Das ist ihr zu grauslig.
Wieso, stichelt Roland, du schreist doch sonst bei jeder Gelegenheit: Rübe ab! Hier kannst du sehen, wie das geht.
Mutter verbietet derartige Vergleiche. Ihre Einstellung zu gewissen Gewaltverbrechen sei etwas grundsätzlich anderes, diese Szenen jedoch nur unappetitlich.
Roland lässt sich den thrill nicht nehmen. Die Guillotine im Revolutionseinsatz. Ein armseliger Wicht wird an den Haaren unter das bluttriefende Schneidegerät gezwungen. An der Wand der aufgespießte Kopf Robbespierres, daneben die Totenmaske der Pech-Marie Antoinette. Das sollte eine Pflichtexkursion sein für jene Neunmalklugen, die mit dem Zauberwort Revolution hausieren gehen. Vom Paris der Schreckenszeit mit ein paar Schritten nach Trafalgar. Kanonendonner, Flüche und Schreie Verwundeter vom Tonband. Dicker weißlicher Kunstnebel kriecht, Pulverdampf imitierend, durchs rekonstruierte Gefechtsdeck der *HMS Victory*. Nebenan ein Ensemble mit dem sterbenden Admiral Nelson, ausgemergelt und bleich. An der Figur des tragischen Seehelden bricht sich paradigmatisch alles Heroische. Was nutzt der posthume Ruhm, wenn einer, wie hier am Modell ins fahle Licht gesetzt, dermaßen elendig verrecken muss? Krieg bringt Tod und Verderben, mit dieser Bestätigung seines Pazifismus´ kehrt Roland dem Donnergrollen den Rücken. Heute Abend geht es zum Fußball. Da kann einer zum Helden werden und muss nicht sterben.

Als sie um halb sechs im ruckeligen U-Bahnwagon durchs Röhrenlabyrinth sausen, fühlt sich Roland unentwegt beobachtet. Was mag man hinter den müden, unbewegten Mienen über den jungen Mann denken, der bei der Hitze hier unten in Bundeswehrparka verpackt stramm an der haltgebenden Stange lehnt, mit eingerollter Bundesflagge dicht am Körper, die nicht zu sehr auffallen soll, aber jedem ins Auge stechen muss? Wittern sie den Fremden im Zug? Die Farbigen, die Roland als exotische Tupfer unter den sonst blassen Fahrgästen ausmacht, gehören zum alltäglichen Weltstadtbild, aber dieses hoch aufgeschossene, langhaarige Schmalgesicht mit den

getönten Gläsern im bronzierten Brillengestell und der olivgrünen Ummantelung, wie sie hier keiner trägt, was treibt den in die *London Underground*? Solche Fragen, bildet sich Roland ein, müssten durchs stickige Zugabteil geistern. Die Mutter dagegen, die aussieht wie die Queen auf einer Landpartie, in ihren kniehohen, braunen Winterstiefeln, dem beige-grün karierten, vom hellbraunen Übergangsmantel fast verdeckten Baumwollrock und dem dunkelgrünen Kopftuch fest ums Kinn gezurrt, steht an ihrem Platz wie ein Bobby im crossroad traffic. Den dunkelblauen Knirps hat sie natürlich doch unter den Arm geklemmt, obwohl ihr Roland im Hotel eingehend dargelegt hat, dass man, um Ärger zu vermeiden, im Stadion keinen Schirm aufspannt, schon gar nicht auswärts. Mutter möchte aber nicht pudelnass werden, und so blieb es bei dem Knirps. Im Hotel wollte Roland noch eine scherzhafte Bemerkung über ihren Aufzug machen, als sie mit Klappschirm in der einen und Handtasche fest in der anderen Hand aus ihrer, wie sie augenzwinkernd betonte, „Suite" trat. Sie kam ihm zuvor.
So, ich bin klar. Du auch? Jetzt müssen die Hunde uns erstmal schlagen. Kampflos räumen wir das Feld nicht. Also rein in die olle Wembleybude, und dass du mir ja ordentlich mit dem Lappen wedelst. Die sollen sehen, dass unsere nicht allein sind.
Roland war sprachlos. Alle Achtung, zu dieser Form musste er erst noch finden.
Look, the flag, der kleine Rotschopf auf der Bank gegenüber, der Roland bereits einige Minuten argwöhnisch gemustert hat, wendet sich seiner Mum zu und deutet auf den Fahnenträger.
Die Beschützerin zieht ihn zu sich heran, flüstert ihm leise ins Ohr, während sie Roland belustigt anschaut. Das Kindergesicht entspannt sich und lächelt. Am nächsten Halt steigen die beiden aus. Roland kann keine Figur erkennen, die eindeutig mit dem Großereignis, auf das er zufiebert, in Verbindung zu bringen wäre. Er sieht sich umgeben von Pendlern, die zu ihren flats in die Vorstädte fahren wie jeden Abend. Sind sie in der falschen Bahn? *Dollis Hill*, korrekt. Noch zwei Stationen und sie müssen raus.
Da, *Wembley Park*. Roland zieht die Mutter mit. Aus den anderen Wagons strömen die Leute zielstrebig zum Aufgang links. Roland erkennt Union Jacks. Sie sind an der richtigen Adresse.

Als sie das Ende der schier endlosen Stufen erreichen, tauchen sie in einer anderen Welt auf. The Tube scheint nicht das Verkehrsmittel zu sein, mit dem englische Fans zu ihrem Spiel fahren. Hier oben ist alles anders, auch das Wetter. Ein feiner Nieselregen hat sich wie ein dichtes Netz über den unaufhörlich fließenden Menschenstrom gestülpt. Berittene Bobbies versuchen die Fahrbahnmitte frei zu halten, obwohl der Autoverkehr von vornherein ausgeschaltet ist. Roland schaut nach vorn, dorthin, wo alle hinstreben. Da liegt es – *Wembley*, gleich einer düsteren Trutzburg mit zwei bewehrten Türmen hebt es sich majestätisch drohend von der Abenddämmerung ab. Nur die ovale Lichtglocke darüber deutet auf Leben hinter den mächtigen grauen Mauern. Als habe die Einschüchterung bereits gewirkt, hakt sich die Mutter bei ihrem großen Sohn ein. Damit wir uns nicht verlieren, wispert sie.
Tatsächlich nimmt das Gedränge zu, je näher sie dem Tempel kommen, der sich vor Rolands Augen Schritt für Schritt vom entrückten Mythos in ein im Kolonialstil gehaltenes grandioses Kolosseum verwandelt. Die von Rundbögen und strenger Säulenarchitektur geprägte Fassade ist von außen nur spärlich beleuchtet. Man kann lediglich am Verlauf, den die Schlange vor ihnen nimmt, ausmachen, wo die Eingänge sind. Die Insulaner bewegen sich in einer eigentümlich, fast, möchte Roland meinen, feierlichen Stimmungslage auf ihr Fußballheiligtum zu. Keine verbale Aufgeregtheit ist zu registrieren, kein Gesang geschweige denn Gegröle ist vernehmbar, als geböten die zwei aufragenden Türme auf der königlichen Seite dem Ankommenden zu schweigen, um dem mit Legenden gesegneten Ort den nötigen Respekt zu erweisen.

Die Stunde des Lärmens wird früh genug schlagen. Wie eine Vorwarnung dringen die ersten England-Rufe aus dem Koloss, dieses Anfeuerungsstakkato, das sich machtvoll ausgestoßen, von der spezifischen Wembleyakustik beschleunigt, in wellenartigen Echos zu einem aufpeitschenden Stimmenorkan steigern kann. Das Lüftchen, das zur Begrüßung aus der Arena herausweht, reicht aus, um ihm einen Schauer über den Rücken laufen zu lassen. Mutters Griff wird fester.
Offical Programme!
Roland greift zu. Thirty Pence, Sir. Ein preiswertes Souvenir.
Bleib hier, fleht die Mutter.
Der Mut scheint sie, da das ungleiche Paar den Mauern, die sie nun hoch überragen, ganz nahe ist, gänzlich zu verlassen. Kein Wunder, noch nie beim Fußball und dann gleich *Wembley.* Das ist eine echte Feuertaufe. Roland ahnt, dass sie sich von der verkehrten Seite angeschlichen haben. Ein Bobby wird befragt. Mutter zeigt die kostbaren Tickets.
Yes, Madame? Let me see, Enclosure South. It´s the opposite side .You have to turn right, please.
Also einmal herum um die Festung, begleitet vom stetig zunehmenden, rhythmischen Klatschen und Singen der sich drinnen einstimmenden Menge. Mutter schaut zu ihm hoch, sagt nichts. Da, vertraute Stimmen. Ich dachte schon, wir sind die einzigen, gibt sie erleichtert von sich.
Deutschland - Deutschland, klingt es trotzig aus dem Grüppchen vor ihrem Eingang. Ilse, wo bist du, dringt es verloren aus dem Pulk.
Du bist nicht allein..., summt Roland einem Reflex gehorchend vor sich hin. Wie komm´ ich bloß auf Roy Black, ärgert er sich über die Volte seines Unterbewusstseins. Es wird nach Bier verlangt.
Behind the turnstiles. You can order your drinks inside, please move inside…
Schon sind sie durch. In dem geräumigen Gang, über dem sich der zweite Rang vibrierend wölbt, verläuft sich die Gruppe rasch. Das Gewirr von sich überkreuzenden Metallverstrebungen hoch über ihren Köpfen, den Treppen und Stufen zum oberen Rang suggeriert Zirkuszeltatmosphäre. Die Dimension maßregelt den Besucherblick. Die bierdurstigen Teutonen orientieren sich am Angebot.
Du musst Lager verlangen, nicht die braune Soße!
Roland verlangt nach nichts. Mutter sucht die Toiletten.
Beil dich!
Jetzt, da sie so nahe am Ziel sind, wird Roland unduldsam, kann er der Anziehungskraft des sagenumwobenen Rasens kaum widerstehen. Jetzt will er hinein! Nervös wandert sein Blick zwischen der Tür mit der Aufschrift „Ladies“ und dem Aufgang zur Tempelmitte. Endlich, Mutter schlüpft aus der Ladies-Tür.
Primitiv sag´ ich dir. Bumsbudig, und dafür wollten die noch Geld haben...
Mit dem Druck hat sie scheinbar auch Furcht abgelassen und bekommt wieder Oberwasser.
Dafür zittern ihrem Sohn die Knie. Die Aura des mythenumrankten Sportfelds raubt ihm für Sekunden den Gleichgewichtssinn. Stolpernd betritt er den Tribünengang. Sein Blick klebt am Rasen. Dieses Grün, dieses einzigartige leuchtende Grün. Vom gleißenden Flutlicht umschmeichelt, erstreckt es sich gleich einem extra für den bevorstehenden Festakt frisch geknüpften Teppich. Drei Gärtner sollen für das Kunstwerk verantwortlich sein. Vater hatte nicht übertrieben, als er seine Kartenauswahl so überschwänglich selbst lobte. Halbe Höhe, genau im Faden der Mittellinie. Kein Pfeiler hindert den Blick. Eine bessere Position kann es in *Wembley* nicht geben. Rolands Blick wandert die sich rasch füllenden Ränge hinauf und streift das gigantische Rondell ab. In der Kurve rechts zeigen sich vermehrt schwarz-rot-goldene Fahnen. Die

vertrauten Farben machen Mut. Mutter richtet sich auf ihrem Bankplatz ein. Der spartanische Holzsitz missfällt ihr.
Einen Fernsehsessel haben die hier nicht extra für dich aufgestellt, pflaumt Roland sie an, sei froh, wenn das Ding hält und nicht am Ende zusammenbricht.
Ein Seufzer der Verzückung entfährt ihren Lippen. Sie hat die königlichen Bärenmützen entdeckt, die unbeeindruckt von den heftigen Schauern auf dem Rasen musizieren.
Nein, was für ein schönes Bild. So zackig in Reih´ und Glied, und das bei diesem Schmuddelwetter.
Auch Roland ist beeindruckt. Eine dermaßen mit Regenwasser vollgesogene Fellhaube durch den Abend zu tragen, diese Leistung nötigt ihm Respekt ab.
Langsam gewöhnen sich seine Augen an die Dimension, und er stellt fest, dass die Hunderennbahn, die das Feld umrundet, ungleich schmaler ist als die breiten Leichtathletikspuren in Hamburg oder Hannover. Daher sitzt er näher am Geschehen als erwartet. Der gute Eindruck steigert die Lust. Ungeduldig schaut er auf die Uhr. Bald müssten die Spieler kommen... Von oben vernimmt er UWE-UWE-Rufe.
Roland schaut sich um. Offenbar sitzt der Rekordspieler unter den Zuschauern im oberen Ring und ist soeben erkannt worden.
Der ist also auch hier. Was soll da noch schief gehen?
Mutter hat vom Uwe-Hallo nichts mitbekommen. Sie hält Opas Feldstecher vor die Augen gepresst und sucht die Gegenseite nach der Royal Box ab. Alles um sie herum vergessend kommentiert sie die Sondierung des königlichen Sperrbezirks.
Nein,...weiter links, da ist was frei. Wer ist das? Den kennt kein Schwein...weg da! Da, da, das könnt´ sie sein... Ist das nicht Anne mit ihrem Rittmeister? Keine Queen weit und breit... Die kommt nicht... hat was anderes vor...
Der Platz neben Roland wird besetzt. Hello.
Oh je, Engländer. Roland sieht sich direkt an der Grenze, die die nationalen Gruppen trennt. Das kann ja heiter werden...
Mutter jauchzt auf. Ja! Das ist sie! SIE ist da. Roland, das musst du dir ansehen.
Roland gehorcht. Tatsächlich, er identifiziert die Dame im pinkfarbenen Mantel und dazu passendem Hut als Queen Elizabeth, knapp dahinter ihr Gatte in unauffälligem Dunkelgrau. Roland reicht das Glas zurück.
Mutter ist nicht zufrieden. Der junge Mann neben Roland soll die Entdeckung bestätigen. Der kennt die schließlich besser als wir.
Roland vermittelt erfolgreich.
Yes, of course if it helps...
Der deutsche Wehrmachtsfeldstecher wird hinübergereicht.
Yes, Madame, you´re right: Her Majesty the Queen and the Duke of Edinburgh.
Zufrieden?
Mutter nickt zwar, kann sich jedoch nicht verbieten, die Aussage zu korrigieren. Duke of Edinburg… Das ist nur ein angenommener Titel. Tatsächlich ist der aus dem Hause Battenberg, also von deutschem Adel. Das soll man nicht vergessen...
Entschlossenen Blickes greift sie zum Glas und nimmt die Auserwählte erneut ins Visier.
Abrupt nimmt der Lärm zu. Überall flattern Union Jacks und weiß-rote Englandbanner. Die Mannschaften betreten den Rasenteppich. ENGLAND...ENGLAND, echot es durch den Raum. Rolands Nebenmann ist daran beteiligt. Mutter schaut verstört auf, das Fernglas baumelt an ihrem Hals. Das Echo schlägt verstärkt zurück. Mutter zieht den Kopf ein. Schwächelt sie im ersten Fronteinsatz?

Komm hoch, die Hymnen! Roland zieht sie mit auf die Beine. Die Haydnsche Melodie erklingt. Der Lärm legt sich. Roland mustert die deutsche Reihe. Grüne Hemden, ein gutes Omen?
Mutter wittert sofort Betrug. Unsere mussten den falschen Dress anziehen, die wollen alle Vorteile für sich.
Die Melodie wechselt, die Menge stimmt mit Inbrunst in die Herrscherhymne ein. Aus den Augenwinkeln fixiert Roland den lauthals singenden Mann zu seiner Rechten. Mit solcher Hingabe könnte er nie und nimmer sein Land lobpreisen. Die Hoffmannschen Verse klingen ihm zu dubios, außerdem ist jegliche Form von nationaler Begeisterung unter seinen Freunden verpönt. Wenn die wüssten, dass er hier die deutsche Fahne schwingt. Darf man gar nicht erwähnen so etwas. Mutter wiederum würde nur die erste Strophe singen. Da die jedoch, wie sie es ausdrückt, zu umstritten sei, hält sie sich taktvoll zurück. Eines Tages, meint sie, komme die alte Version wieder auf die Tagesordnung.
So, endlich Schluss mit dem Vorgeplänkel. Roland und mit ihm hunderttausend Gleichgestimmte erwarteten den Anpfiff. Nur Mutter hat noch etwas dagegen. Ob der englische Nachbar vorher schnell die Prinzessin Anne via Fernblick identifizieren könne, fragt sie an dem verdutzten Roland vorbei.
Der arme Kerl stöhnt gequält auf:
Lady, please, if you don´t mind…
Roland findet seine Sprache wieder und weist die Störenfriedin in knappster Form daraufhin, dass ab jetzt an diesem Ort nur ein König regiert – der Fußball! Der dankbare Blick des Engländers signalisiert ein über alle nationalen Barrieren erhabenes, kosmisches Einvernehmen.
Das Spiel läuft, und Alan Ball eilt schon knapp an der Seitenlinie auf und davon. Wutsch – da schliddert ihm der zum Fürchten aufgeplusterte Breitner derart geschickt dazwischen, dass der Einwurf ihm zugesprochen wird. Roland schaut gespannt auf das vom dunklen Kraushaar umrankte Gesicht des blitzgescheiten Verteidigers. Es leuchtet vor Konzentration und Entschlossenheit. Mit einem Zuruf dirigiert er den Putzer Schwarzenbeck zur rechten Stelle. Der reagiert aufs Wort. Ohne Verzögerung wandert der Ball in den deutschen Reihen von Fuß zu Fuß, schon rollt der Gegenzug. Roland schaut dem Treiben bewundernd zu. Wenn das so weitergeht ...
Es geht nicht so weiter. Mit den späten Strahlen der Aprilsonne, die sich durch ein Wolkenloch gestohlen hat und einen schillernden Regenbogen in den hellen Teil des Himmels malt, beginnen die englischen Attacken über die Flügel zu rollen. Das ist ihr Spiel. Keine Mannschaft der Welt beherrscht diese Zangentaktik so perfekt wie die aus der Urzelle des Fußballsports gekeimte Einheit. Scharf und hoch geschlagen kommen die Flanken im Minutentakt dicht vor das deutsche Tor, getragen von den ungebrochen schallenden Schlachtrufen der angeheizten Menge. Die Mutter macht sich auf ihrem Stück der harten Holzbank unter dem Eindruck der forcierten Akustik immer kleiner. Roland sieht keinen Anlass zu Kleinmut. Zwar bestimmen die Engländer das Spiel, doch die hohen Bälle werden zuhauf von den krakenähnlichen Armen des Meier Sepp weggepflückt. Den Rest erledigen die forsch zu Werke gehenden Abwehrrecken.
Nebenan werden Flüche ausgestoßen über den fuckin´ great keeper.
Nicht schlecht, wenn die sich jetzt schon ärgern, frohlockt Roland, nicht ahnend, dass der Kummer seiner Banknachbarn alsbald noch größer sein wird.
Die Perspektive hat gewechselt. Jetzt schauen Mutter und Sohn in die andere Richtung. Im englischen Hoheitsraum wird die Lage unübersichtlich. Plötzlich flattert das Tornetz. Roland schießt in den Stand: Tor?!

Hinter ihm sind einige mit hoch. Mutter kommt nicht nach, sondern kippt nach hinten weg. Rechts neben Roland bleibt alles auf den Plätzen. Er bemüht sich um die hilflos zappelnde Mutter, zieht sie zu sich heran.
Haben wir ein Tor?
Ja doch, eins zu null!
Mensch, wirklich? Wer war´s?
Hab´ ich nicht gesehen.
Roland vergewissert sich mit einem Blick zur elektronischen Anzeige. Da leuchtet das Unfassbare: England 0 – West Germany 1. Der Name es Schützen blinkt weit sichtbar: Hoeness.
Die Lärmorgie ist in sich zusammengebrochen. Kein Wunder. In den Augen der gastgebenden Mehrheit ist soeben etwas grundlegend schief gelaufen. Statt gebieterisches ENGLAND-ENGLAND, nun verhaltenes Deutschland-Deutschland.
Die wütenden Gegenangriffe der Heimelf versanden im von den deutschen Strategen beherrschten Raum. In dieser Phase offenbart das englische Spiel seine stereotype Schwäche.
Auf der anderen Seite führen die Manager Netzer und Beckenbauer alternierend den Taktstock. Sie dirigieren, ihre Kameraden laufen, die Gegner müssen zuschauen und können über den nur knappen Rückstand froh sein. Ungläubiges Raunen wabert durch den Raum, wenn die deutsche Zehn mit langen Schritten und wehenden blonden Haaren über das weite Feld kreuzt und im Sturmlauf die Gegner umkurvt. Der eine kann nicht folgen, ein anderer grätscht ins Leere. Netzers präzise Pässe öffnen die Wege für die lauernden Stürmer, sehr zum Missfallen der englischen Fans. Tackle...get him...on him, fordern sie des deutschen Passspiels überdrüssig.
Roland schweigt und wundert sich.
Zur Pause verschwinden Rolands englische Nebenleute von der Bildfläche. Damit Mutter nicht auf die Idee kommt, Erklärungen zum Verhalten in der Royal Box zu erbitten, nimmt er ihr das Fernglas kurzerhand ab und gönnt sich selbst eine Nahperspektive der vollbesetzten Ränge. Dort, wo sich schwarz-rot-goldene Tupfer zeigen, sieht man fröhliche Mienen. In einem Block des unteren Rings entdeckt Rolands Suchblick Bundeswehruniformen, eine „GEBIRGSJÄGER-ARTILLERIE AUS BAD REICHENHALL GRÜSST DIE DEUTSCHE ELF“ mit ihrem Transparent. Die Gesichter im Abschnitt daneben schauen dagegen skeptisch drein. Etwas weiter wird heftig disputiert und gestikuliert. Auf der schmalen Hundebahn wachen Bobbys in schwarzen Regencapes – Garanten für Disziplin und Ordnung.
Mutter entwindet ihrem Sohn das Glas. Ich glaub´, SIE kommt wieder; und Anne ist wohl dabei, sag´ ich dir.
Zum zweiten Anpfiff ist die Reihe wieder vollzählig . Erneut geistert der Wembleyruf durch die riesige Arena, doch selbst für die Mutter hat er seinen Schrecken verloren. Keck schaut sie aus dem Kopftuch heraus. Lass die krakeelen. Noch führen wir.
Die Heimelf fighted für den Ausgleich und ihren guten Ruf. Gleichwohl werden die Flüche neben Roland lauter. Viel fuck, shit und Jesus dringt an sein Ohr. Personelle Konsequenzen werden gefordert. Mit Rodney Marsh bekommt die Hoffnung einen Namen. Sir Alf Ramsey gehorcht der Stimme des Volkes. Die Karriereuhr des einstigen WM-Helden Geoffrey Hurst ist abgelaufen. Die Grünhöfer weinen ihm keine Träne nach. Mit dem neuen Stürmer attackieren die sieggewohnten Engländer weiter wild entschlossen nach dem alten Rezept. Roland schaut auf die Uhr. Langsam rückt der kaum erwartete Erfolg in greifbare Nähe. Der junge Mann neben ihm strapaziert seine Stimmbänder, fordert sich und seiner Mannschaft die letzten Reserven ab. Und als habe der über die heilige Stätte wachende Fußballgott ein Einsehen, wird sein zäher Eifer belohnt. Roland hatte das Unheil gar nicht kommen sehen, so schnell war es

hereingebrochen. Ein ohrenschmerzender Aufschrei durchzuckt die Atmosphäre, gleichzeitig registriert er eine ruckhafte Aufwärtsbewegung neben sich. Als er hinschaut, springen dort schon die Leute im Torjubel auf und ab. Sepp Maier auf den Knien, Höttges klaubt den Ball aus dem Netz. Der Name Lee blinkt vom Scoreboard. Wie geht es Mutter? Die zieht ein Gesicht, als habe ihr Sohn soeben eine Sechs in Mathematik gestanden. Roland spürt ein Stechen im Zwölffingerdarmbereich, die *Spasmo Nervogastrol* hat er vergessen.
Jetzt zeigt *Wembley* dem Gegner seine Fratze. Verständigung ist nicht mehr möglich. ENGLAND - ENGLAND übertönt alles. Mutter wird blasser, Roland knirscht mit den Zähnen. Wohin mit der Anspannung? Wie meinte der Herr im Zug? Ohren zu und durch.
Durch ist urplötzlich Siggi Held dort auf der ganz anderen Seite. Läuft und läuft, was soll er auch machen, so allein auf weitem Feld da vorne? Keiner da, nur Moore hetzt ihm hinterdrein.
Könnt´ ne Ecke draus werden, hofft Roland.
Plumps, da wird der einsame Held schon niedergestreckt. Roland springt auf und schreit ohne rechte Überzeugung ELFMETER!
Kaum verlangt, schon erfüllt. Der Schiedsrichter zeigt auf den ominösen Punkt.
Penalty? No way, wird neben ihm jaulend protestiert. He did´nt even touch him...
Roland kümmert die Nörgelei wenig.
Mutter steht neben ihm. Sie hat sofort erkannt, worum es geht. Das kann die Entscheidung sein.
Wer schießt?
Netzer zelebriert bereits sein ureigenes Exekutionsritual.
Ist er der Richtige? Mutter schaut den fachkundigen Sohn fragend an.
Roland weiß es nicht. Ein Freistoß aus fünfundzwanzig Meter direkt zu verwandeln, traut er dem Schusskünstler ohne weiteres zu, aber solch einen Elfer... Der Zwölffingerdarm meldet sich zurück. Roland schließt die Augen und presst die Finger um beide Daumen. Wenn der hängt, ist eh alles okay, wenn nicht, hat er es wenigstens nicht mit ansehen müssen...
Mutters Aufschrei verscheucht alle Zweifel. Roland reißt die Augen auf, fällt in ihre Arme. Sekundenlang verharren sie in dieser Liebkosung. Ein Elfmeterschuss in *Wembley* ermöglicht eine Annäherung, wie sie lange nicht denkbar war. Als sie sich voneinander lösen, hat sich die Atmosphäre vollkommen verändert.
DEUTSCHLAND-DEUTSCHLAND tönt es jetzt aus vielen Ecken. In diesen Momenten registriert Roland, wie viele Landsleute tatsächlich mitgereist sind. Unübersehbar die Farben, nicht zu überhören die Gesänge. Die heimischen Zuschauer verharren geschockt auf ihren Plätzen, kein Versuch einer akustischen Gegenwehr ist zu vernehmen. Auf dem Platz bereitet die deutsche Eliteeinheit den Fangschuss vor. Der getreue Hacki Wimmer, der für den Meister Netzer unermüdlich das Feld beackert hat, treibt den Ball auf Rolands Seite erneut in die löcherige Abwehr des waidwunden Gegners.
Sein genauer Pass - Müllers Drehung und Schuss – Banks´ vergeblicher Hechtsprung – das Rappeln im Netz – Rolands Lufthüpfer und Schrei, eine Sache von Sekunden. Jetzt ist alles egal: Die Fahne wird geschwungen, dass der Stock sich biegt. Mutter fuchtelt mit dem Knirps in der Luft herum, das Kopftuch löst sich von ihrem Haar. Der englische Freund wendet sich dem Deutschen zum Abschied zu.
Good match, unfortunately your side won, nevertheless congratulations, see you…
Thank you, good bye ...
Gerührt von dieser noblen Geste schaut Roland dem Sportsmann lange nach.
Das war ´n netter Kerl, sagt Mutter ihm hinterher, ein fairer Verlierer.

Wembley hat kapituliert. Die deutsche Kolonie übernimmt das Kommando auf den Rängen. Bevor sie begleitet von den Pfiffen des maßlos enttäuschten Volkes in die Katakomben abtauchen darf, muss die gedemütigte Truppe in ungeordneter Reihe erst noch die Hymne durchstehen.
Geht´s nochmal von vorne los, wird unter den siegestrunkenen deutschen Schlachtenbummlern gewitzelt.
Sie kennen das Ritual nicht, das in diesem Lande sämtliche öffentlichen Veranstaltungen beschließt. Mutter vermeldet den geordneten Rückzug des königlichen Hofstaates. In dessen Gefolge strömen die Massen zu den Ausgängen. Auf dem Rasen formieren sich die Rotröcke zum Schlusskonzert. Ob die ihre Mützen geföhnt haben, fragt Mutter. Zu dieser Stunde müssen sie jedenfalls nicht mehr im Regen stehen. Die ausgelassen feiernden Deutschen winken ihnen fröhlich zu. Die wackere Kapelle dankt es mit einem schmissigen „Alte Kameraden". Mutter horcht überrascht zu. Vater hätte sicherlich seine Freude daran gehabt. Roland drängt zum Aufbruch. Ein letzter Blick zurück, bevor es in den Vorhallengang hinuntergeht. Hier komm´ ich nie wieder her. Das gibt´s nur einmal.

Auf Mutters eindringlichen Rat überzieht er die verräterische Fahne mit einer Plastiktüte vom *Kaisers Kaffeegeschäft*, die Mutter stets für alle Fälle in der Handtasche mitführt. Damit die uns in der U-Bahn nicht lynchen.
Roland fragt sich, wie ernst die Frau das meint und rüffelt sie mit dem Hinweis, dass sie sich nicht in El Salvador befände. Natürlich war die Vorsichtsmaßnahme überflüssig. In der mäßig besetzten Bahn nimmt keiner besondere Notiz von den beiden Allerweltsgesichtern. Sie bewegen sich wieder im ganz normalen Großstadtnachtverkehr.
Als sie der Unterwelt entsteigen, überfällt Roland ein unbändiger Bierdurst, außerdem muss der Sieg begossen werden. Die außerkontinentale Zeitrechnung schlägt ihnen ein Schnippchen. Die Gelegenheit zur last order ist längst verstrichen. Die Pubs sind verdunkelt.
So was Blödes, findet selbst Mutter. Dabei würde sie zu Hause nie den Weg in eine Kneipe finden.
Roland hofft auf die Hotelbar.
Mutter fühlt sich wie erschossen und wankt zu ihrer „Suite". Das Erlebte muss sich erst setzen. Mit der Ermahnung, sich nicht unnötig zu besaufen, wird der Sohn ins Nachtleben entlassen.
In welchem Fall ist besaufen nötig und wann nicht? Roland beschließt, später darüber nachzudenken.
Die Bar ist nur mäßig frequentiert. Einige Herren haben sich vor einem Fernsehapparat zu einem Stuhlkreis formiert. Teutonen kann Roland nicht ausmachen. Er verdrückt sich an die Bar, ordert a pint of bitter und leert das mächtige Glas in einem Zug bis auf die Hälfte. Schmeckt gar nicht schlecht. Da sag´ einer, die können nicht brauen.
Die Sendung heißt „Match Of The Day", und damit kann an diesem Abend nur das eine gemeint sein. Eben ist Sir Alf Ramsey auf dem Bildschirm erschienen und muss nun seiner Managerpflicht nachkommen, die Niederlage zu erklären – rechtfertigen kann er sie ja schlecht. Beharrlich ignoriert der in den Adelsstand entrückte Coach die bohrenden Fragen nach taktischen Schnitzern und Fehleinschätzungen hinsichtlich der Besetzung des Teams. Eindringlich verweist er auf die überragende Vorstellung einer westdeutschen Mannschaft, die er so stark niemals erwartet habe. Kopfschütteln im Stuhlkreis . Never trust a german squad, wird seine Logik hämisch kommentiert. Eine Elf von absoluter Extraklasse habe den guten Engländern eine Lehrstunde erteilt. Das reicht den gentlemen zur guten Nacht. Der Bildschirm erlischt. Titel schützt vor

Torheit nicht, scheint ihr Fazit zu lauten. Darauf gönnt sich Roland noch ein pint of bitter. Mit dem Gefühl, etwas Großem beigewohnt zu haben, fällt er weit nach Mitternacht in die viel zu weiche englische Hotelmatratze.

Früh am Sonntagmorgen flitzt Roland zur Rezeption, wo die Tageszeitungen ausliegen. Oh What a Black Day For England, steht in fetten Lettern gedruckt auf einem Titelblatt. Die kauft er sich. Als er mit dem Souvenir später zum lecker fettigen English Breakfast am Tisch erscheint, ist Mutter schon wieder ganz die alte.
Zu Hause kommst du nicht so schnell aus den Federn.
Roland schweigt und lehnt sich genießerisch zurück.
Oh, what a black day for England – oh, welch ein schöner Tag für Roland. Am Montagmorgen wird ein Brief von der wiedervereinigungsbereiten Katrin im Reihenhaus landen, aber das weiß er jetzt noch nicht.

Ramba Zamba

Am ersten Montagmorgen im Oktober stand Roland am Bahnsteig des Bremerhavener Hauptbahnhofs, um zusammen mit Volkers Bruder Kurt und zwei Koffern zu akademischen Ufern in die altehrwürdige Universitätsstadt Göttingen aufzubrechen. Schwer fiel ihm der Abschied von der windigen Heimat nicht, nachdem ihm eine, wie Roland wehleidig bemängelte, dilettantisch durchgeführte Mandeloperation fast den ganzen schönen Sommer verdorben hatte. Unter den Nachwehen des rüden Werkelns in seiner Gurgel leidend, hatte er sich geschworen, nie wieder auf eine Empfehlung seines Onkels Harro hereinzufallen, der den Termin im *St.- Joseph-Hospital* arrangiert hatte.
Waren es die Komplikationen des, wie Mutter bedauernd einräumte, unvorhersehbaren unglücklichen Verlaufs des Routineeingriffs, oder musste es so kommen, weil ein zweiter Aufguss meistens fade schmeckt? – Roland und Katrin hatten ihre neue Chance nicht genutzt.
Ein ekstatischer Wiedervereinigungshöhepunkt im Ehebett der Eltern, die übers Wochenende zu einer Goldenen Hochzeit ins Ammerland gereist waren, konnte die weltanschaulichen Differenzen nicht kaschieren. Ihr Horizont brach sich an den Grenzen der Seestadt, seiner drängte darüber hinaus.
An diesem frischen Oktobermorgen weinte sie nicht am Bahnsteig. Nur die in Tränen aufgelöste Mutter gab gute Ratschläge für das neue Leben im südniedersächsischen Ausland:
Und vergiss nicht, in vierzehn Tagen die dreckige Wäsche mitzubringen.

Voller diffuser Erwartungen bezog er sein erste eigene Adresse am Düsteren Eichenweg. Die anderen zwei Zimmer des neuen Apartments wurden von drei Mädels bezogen, wovon aber nur mit einem gut auszukommen war. Das sollte Roland später merken. Wenn es nach den Wünschen der misstrauischen Eltern gegangen wäre, hätte sich Roland in einem der engen Häuschen des Studentenheims an der Gutenbergstraße einquartieren sollen, jedoch durfte aus sozialen Erwägungen nur jeweils ein Lerneifriger einer Familie in den Genuss des preiswerten Wohnens kommen. Diesen Quotenplatz hielt der strebsame Rolf inne, und Roland hegte nicht den Ehrgeiz, ihm das Sozialbett streitig zu machen. Er hasste jegliche Form der Kasernierung seit den Kindheitstagen, in denen er Sommer für Sommer gegen seinen hysterisch erklärten

Willen stets aufs Neue für vier lange Wochen in ein Kinderheim nach Bad Rothenfelde geschickt wurde, weil die Eltern ihre Ferien ungestört verbringen wollten.
Zur Erholung, wie Mutter den Protest ihres ungezogenen Sprösslings widerlegend hervorhob, um mit strenger Miene zu betonen: von Onkel Harro empfohlen.
Dieses Prädikat war über jeden Zweifel erhaben. Nach den dreißig Tagen Kinderknast wunderten sich die Eltern regelmäßig darüber, dass Roland entgegen der fachärztlichen Prognose nicht wohlgenährt, sondern abgemagerter als zuvor nach Hause kam. Selbst, als er mit acht Jahren dort anfing, ausgiebig ins Bett zu pinkeln, änderte dies nichts am Erziehungsauftrag: Das Kind muss lernen, sich einzufügen! Als er ihnen später erzählte, er habe sich mit seinem bepissten Bettzeug im Esssaal auf einen Tisch stellen müssen, um sich von zweihundert Kindern auslachen zu lassen, deuteten sie die unglaubliche Begebenheit als eine Ausgeburt seiner zu lebhaften Phantasie.

Bequem einfügen in seine Wochenplanung konnte Roland die kostenfreie Nutzung der gemeinschaftlichen Wachmaschinen und Trockner im Gutenbergdorf. So hatten beide Brüder etwas von den hilfreichen Einrichtungen des Studentenwerks. Als Roland die Mutter über die einfache Bedienung der vollautomatischen Maschinen und die Genugtuung über sein neu gewonnenes Stück Unabhängigkeit informierte, konnte sie sich nicht mit ihm freuen.
Wozu braucht ihr mich dann überhaupt noch, maulte sie beleidigt.
Fußball hatte mangels Gelegenheit im neuen Leben zunächst kaum Platz. Die Dreiundneunziger wurden erst zur Rückrunde bei *05* erwartet und für die „Sportschau" musste noch ein Fernsehplatz gefunden werden. Für eine Anfrage bei den fremdelnden Mitbewohnerinnen schien die Zeit nicht reif. Deshalb griff Roland auch in diesem Bedürfnis auf die Gemeinschaftseinrichtung beim Bruder zurück. In ihrer Ausrichtung aufs Gemeinwohl hatten die Studentenheime durchaus sozialistische Züge, stellte Roland lobend fest, und seine Abneigung legte sich etwas.
Der reale Sozialismus des gemeinsamen Sportschauerlebnisses sah allerdings anders aus, als von Roland gedacht. Die bierernsten Kommilitonen, eine Ansammlung von künftigen Juristen, Wirtschaftswissenschaftlern und naturwissenschaftlich orientierten Lehramtsanwärtern, sahen das Parodistische nicht in der Figur eines Ernst Huberty, dem es gegeben war, selbst ein trübes torloses Match mit dieser unverwechselbaren Süffisanz anzukündigen, die auf ein Spiel mit besonderem Pfiff hoffen ließ. Während der Spielberichte duldeten sie keine Kommentare, und aus ihren spärlichen Reaktionen in den Ansagepausen musste Roland entnehmen, dass sie an den Spielern, die er favorisierte, einiges auszusetzen hatten. Netzer war ihnen zu allürenbehaftet, Breitner zu links und ungepflegt, Lippens ein brotloser Gaukler – dazu noch Holländer, den notorischen Fummler Libuda solle mitsamt der ganzen Schalker Schiebertruppe die Kindermannsche Inquisition holen. Dafür applaudierten sie dem unbarmherzigen Terrier Vogts, forderten immer noch Sieloff für Deutschland und schwärmten für Bulle Roth – Das ist einer, der walzt alles weg! - Das höchste Glück zum Wochenende fanden sie nach der „Tagesschau" bei Grillwürstchen zu Altbierbowle.
Roland verdrückte sich zeitig, um andere Reize aufzuspüren.
Vor allem anderen stand am Montag zunächst die ordnungsgemäße Immatrikulation im Sekretariat der *Georgia Augusta* am Wilhelmsplatz, sodann die Besichtigung des *Deutschen Seminars*. Im Foyer das Gemälde mit dem jungen Schiller auf dem Weg zur Akademie, mehr einschüchternd als beeindruckend. Wie sollte sich einer aus dem Schatten solcher Vorbilder herausstudieren?
Roland nahm die Herausforderung an, legte sich einen straffen Stundenplan auf.
Der erste Rückschlag kam im Proseminar Mittelalter, als er eine in Latein gehaltene Urkunde fehlinterpretierte, die es einem Lehensmann erlaubte, pro Jahr sechs Karren

Salz zollfrei über eine Landesgrenze zu transportieren. Rolands Übersetzung verbot dies ausdrücklich. Die zweite zur Bearbeitung verteilte Urkunde erschien ihm noch verworrener.
Seinen Kummer mit dem Mittelalter nutzte seine mitfühlende Wohngenossin Susi, um ihm die sozialwissenschaftliche Fakultät schmackhaft zu machen, an der sie ihre Gesellschaftsstudien vorantrieb. Dies sei die Stunde der Politik, agitierte die unterkühlte Brünette aus Jever in erstaunlich geschulter Rhetorik. Wer Veränderungen anstrebe – und das wolle er ja wohl – müsse auch über die notwendigen Prozesse reflektieren. Mehr Demokratie wagen, hieße ebenso, mehr über Demokratie zu lernen.
Roland konnte nur einverständig nicken und dachte dabei an Kurt, der sich zum Sozialwirt berufen fühlte und prompt die Freuden eines Streiksemesters genoss, während Roland sich im unwirtlichen Mittelalter verlor und vergeblich versuchte, die Kommunikation dieser düsteren Zeiten mittels lateinischem Wörterbuch und Lexers mittelhochdeutscher Grammatik zu dechiffrieren. Nach einer ruhelosen Nacht reiflichen Überlegens behelligte er die Universitätsbediensteten am Wilhelmsplatz mit seinem Wunsch nach einem Fakultätswechsel.
Als Roland seine Kommilitonen nach den Zielen des Streiks fragte, wurde ihm klar, wie unüberschaubar der Kampf für eine bessere Gesellschaft sich zuweilen gestaltete. Es gab viel zu bekämpfen. Die einen stellten die Obligatorik einzelner Fächer infrage, andere bestritten die Prüfungsrelevanz der propädeutischen Scheine, die Nächsten verwarfen die herrschaftsorientierte Benotung im Kern, und am Ende stand die Studienordnung überhaupt zur Diskussion. Um auf die internationale Dimension ihrer Anliegen aufmerksam zu machen, verteilen die Aktiven tagtäglich Unmengen von Flugblättern, deren Inhalte Rolands Fassungsvermögen aufs Äußerste beanspruchten. Vom Befreiungskampf des palästinensischen Volkes hatte man gefälligst Kenntnis zu nehmen, den US-imperialistischen Terror in Vietnam musste man verurteilen, und grundsätzlich sollte sich ein jeder Aufrechter mit der unterdrückten Arbeiterklasse auf der ganzen Welt solidarisieren.
Vor alledem ging es zu Beginn jeder Sitzung um die Raucherfrage, wobei Pfeifenschmaucher Sonderregelungen beanspruchten. Um im Kampf an den zahlreichen Fronten nicht unterzugehen, verordnet sich Roland einen festen Streiktermin pro Woche, die Restzeit nutzte er zu Feldstudien im studentischen Milieu.

Auf diesem Feld sorgte Schulfreund Ludwig für allerlei praktische Übungen. Bereits nach zwei Wochen intensivster Selbstbefragung hatte er herausgefunden, dass die Geographie nicht das Richtige für einen pragmatischen Denker wie ihn sei. Die einmal mit der Immatrikulation angezapfte BaföG-Quelle sollte nun genutzt werden, die Suche nach sinnvollem Tun und Selbstverwirklichung zu finanzieren.
Der junge Charmeur hatte schon am Abend seiner Ankunft in Göttingen in der Kneipe *Filou* die Völkerkundlerin Christa lieben gelernt und en passant seine Obdachsuche erfolgreich abgeschlossen. Die strategisch günstige Lage seiner Wohngemeinschaft an der Weender Straße gegenüber dem neuen Campusgelände bescherte ihm regen Besuch. Auch Roland kehrte hier gerne ein, um sich vom Streikgeschehen zu erholen. Heimlich warf er dann ein oder zwei Augen auf die künstlerischen Schwarz-Weiß-Fotos von Christas reiner Naturgestalt, die in den Altbauräumen herumlagen. Roland freute sich, dass Ludwig so gut untergekommen war.
Von unterhaltender Kurzweil waren die Nachmittage mit den anderen männlichen Bewohner des illustren Domizils. Hans-Ulrich, Student der Psychologie und Spross einer Unternehmerdynastie aus der Unterhaltungsbranche, empfahl als einführende Lektüre zur Psychoanalyse Timothy Learys „Politik der Ekstase“ und experimentierte zu Studienzwecken mit Lysergsäurediäthylamid. Dabei war er sich selbst sein bester

Proband. Unter starker Kurzsichtigkeit leidend, schrieb er dem wundersamen Abfallprodukt der amerikanischen Pharmazeutik nicht nur durchschlagende Wirkung auf Hirn und Psyche zu, sondern glaubte überdies fest an seine linsenauffrischende Kraft. Manchmal, wenn die Chemie die Synapsen ins Rotieren brachte, griff er sich an die Augenlider, quetschte die harten Plastikhaftschalen aus den Höhlen, stürzte zu seinem klapprigen Renault, um den wiedergewonnenen Durchblick im Straßenverkehr praxisorientiert zu überprüfen. Die spontanen Einladungen zu diesen Spritztouren lehnte Roland wie die anderen höflich ab. Nur Christa begleitete Hans-Ulrich auf diesen Kurztrips. Bald kehrten sie wie vergnügte Kinder, die einen besonders phantasievollen Streich erfolgreich durchgespielt hatten, in die Wohnung zurück. Hans-Ulrich konnte sehen. Roland spielte mit dem Gedanken, sich alsbald Kontaktlinsen anzuschaffen. Mit dem LSD wollte er indes noch warten.
Lustig ging es zu, wenn Hans-Ulrich seine ansehnliche Sammlung von farbigen Hochglanzansichten revolutionärer Weiblichkeit aus *Das Da* und *Konkret* im Zimmer auslegte, um einen Schönheitswettbewerb zu veranstalten. Roland, Kurt und Ludwig hatten ihren Spaß daran, Jury zu spielen und kommentierten amüsiert die Präferenzen, die ihre Wahl beeinflussten. Sowohl Hans-Ulrich als auch Ludwig hielten sich an konventionelle Spreizposen, während Kurt rothaarige Modelle ohne Rücksicht auf die Stellung bevorzugte. Roland dagegen mochte Ansichten von hinten, die selten vorkamen. Es genügten ihm daher seitliche Perspektiven mit einem Blick wie auf dem Lockbild vor der Stripbude in St. Pauli.

Im späten goldenen Oktober war zunächst Schluss mit dem Müßiggang. An Christa war im völkerkundlichen Seminar eine Aufgabe herangetragen worden, für die aus ihrer Sicht Ludwig, Kurt und Roland die richtigen Leute waren. Es galt, einen Kommilitonen hilfreich zu unterstützen, der im Zweitfach Agrarwissenschaften studierte und dem bei seinen Experimenten buchstäblich etwas über den Kopf gewachsen war. So zwängten sich die drei auf Christas Geheiß in Hans-Ulrichs Renault und fuhren zur Sondierung der Lage vor Ort nach Witzenhausen.
Auf den dortigen Gutshofanlagen, die nur zum Teil bewohnt und bewirtschaftet wurden, empfing sie der Junglandwirt Enno in Holzpantinen und schlabberigem dunkelbraunen Norwegerpullover über einer hellgrünen Latzhose. Erst nach dem zweiten Pott lauwarmen Matetee kam der erste zusammenhängende Satz aus dem Wuschelbart.
Roland war schon etwas kodderig von der dunkelgrünen, mit selbstgewonnenem Rapshonig gesüßten Brühe, als der phlegmatische Riese endlich zur Sache kam. Er habe bei seinen rein wissenschaftlichen Untersuchungen zum landwirtschaftlichen Nutzen von Hanf bislang ausschließlich mit Pflanzen deutscher Herkunft experimentiert. Im vergangenen Frühjahr habe er arglos Samen ausprobiert, die ein Kollege von einer Exkursion in Südamerika eingeführt habe. Der Ertrag übersteige in nicht erwartetem Maß den für die hehren Ziele notwendigen Bedarf, sei aber – da müssten sie ihm recht geben – für den Kompost zu schade. Roland schaute in die Gesichter der Kumpane und war sicher, dass sie ähnlich dachten wie er:
Da hat ein Schlaumeier bestes kolumbianisches Gras zum Eigenverbrauch angebaut, und jetzt geht ihm die Düse angesichts der reichen Ernte. Zum Dealen fehlt ihm der Mumm, also will er das Zeug schnell auf bequeme Art losschlagen. Connections hat er nicht, sonst würde er sich niemals auf die Greenhorns aus Bremerhaven einlassen.
Der Landmann führte sie zu einem Verlies in dem zum Verfall preisgegebenen Schuppentrakt. Als sich die verzogene Bohlentür knarrend öffnete, floss den Besuchern aus dem von der Oktobersonne erwärmten Raum das herb-süße Aroma des harzigen Buschwerks in die Nüstern. Roland witterte sofort die Spitzenqualität. In

einer von Spinnen umwebten Ecke stand eine vormals weiß emaillierte, nun aber vom Rostfraß befallene Badewanne, bis obenhin voll mit bestem Marihuana. Roland dämmerte, warum dem Züchter die Sache zu heiß wurde. Schnell einigte man sich auf den Vorzugspreis von einer Mark pro Gramm. Die BafföG-Raten wurden zusammenaddiert und drei LÖB-Tüten mit den getrockneten Blättern vollgestopft, so dass es ungefähr ein Kilogramm ergab.
Während Ludwig und Kurt Christa und Hans-Ulrich zu einem zünftigen Erntedankfest einluden, traf Roland alle Vorkehrungen, um die Geschäfte anzukurbeln. Er investierte zusätzlich eine Stange *Camel-Filter*, entleerte die Schachteln und füllte sie mit der guten Ware auf. Knapp fünf Gramm passte hinein, wobei beim Abwiegen eine großzügige Toleranz eingeräumt wurde, da Roland nur über eine schlecht justierte Haushaltswaage verfügte. Die Filterzigaretten wurden in einem Schuhkarton zwischengelagert, aus dem sich jeder Besucher ihrer kleinen Wohngemeinschaft gratis bedienen durfte. Roland achtete sehr auf die Pflege des Gemeinwohls.
Mit den zehn Schachteln und hundert Mark in kleinen Scheinen zum Wechseln machte er sich auf seinen ersten Geschäftsgang durch die Göttinger Szene vom *Center* ins *Kontrast,* um schließlich in der Kellerkneipe unter dem *Jungen Theater* einen letzten Deal unter Dach und Fach zu bringen. Roland hatte den ortsüblichen Grammpreis um zwei Mark unterboten, um leichter in den Markt einzudringen. Ein voller Erfolg, weit vor Mitternacht war er restlos ausverkauft und hatte sich, wie er am nächsten Morgen feststellen musste, einen guten Namen gemacht. Schon um neun Uhr klingelten die ersten Kunden am Apartment im Düsteren Eichenweg. Zwei spindeldürre Typen in kaftanähnlichen Mänteln, mit speckigen Wildledertaschen über die Schultern gehängt fragten die völlig verdatterte Susi nach dem coolen Rolli. Roland hatte sie noch nie gesehen. In seinem Morgendämmer bediente er sie direkt aus einem der LÖB-Beutel. Während Susis Brötchentüte zweckentfremdet aufgefüllt wurde, beäugten die frühen Kunden gierig das gut gefüllte Warenlager. Um die unheimlichen Besucher loszuwerden, gab Roland Mengenrabatt. Ganz gegen seinen Wunsch kündigten sie ein baldiges Wiedersehen an.
Am liebevoll arrangierten Frühstückstisch musste sich Roland eine saftige Strafrede der aufgestörten Sozialreformerin anhören. Solche Kiffertypen in die Bude zu holen ... und überhaupt ginge es nicht um die Vernebelung des Bewusstseins, sondern um Aufklärung der Massen. Wozu degenerierendes Dandytum führe, habe ja wohl der Niedergang der Weimarer Republik nach den ausschweifenden zwanziger Jahren historisch aufgezeigt. Außerdem müsse er sich vergegenwärtigen, in welche Gefahr er sie mit seinen dunklen Geschäften brächte. Nicht auszudenken, wenn die Bullen bei einer Razzia die Matrizen für die notwendigen Propagandakampagnen gegen den westdeutschen Imperialismus fänden. Als politische Gefangene hätte sie später schlechte Chancen, ihre Aufklärungsarbeit im Schuldienst fortzusetzen.
Roland zeigte sich einsichtig, und sie einigten sich darauf, weitere Kunden mit der Notlüge abzuspeisen, dass er verzogen sei - neue Adresse unbekannt.

Nach seinem Alleingang beratschlagte er mit Ludwig und Kurt die weitere Verkaufsstrategie. Seine Dealerfahrungen brachten sie auf die Idee, für das große Geschäft nach Bremerhaven zu wechseln. Die Schwarzen von der U.S. Army würden ihnen das Zeug aus den Händen reißen. Kurz übers Wochenende dort ein Pfund losschlagen, dann wieder weg und den Rest hier am Ort nur an abgecheckte Leute verticken. So sollte es sein. Roland behielt sich vor, es auf dezente Weise in der Mensa am Wilhelmsplatz zu versuchen. Im Zuge der Vorkehrungen für die große Geschäftsreise sammelten sie eifrig Zigarettenpäckchen für die Standardmengen, Welthölzer-Schächtelchen für die

Schülerportionen sowie Halfzwarebeutel für den Gruppenbedarf. Roland steuerte eine Haushaltsrolle Alubratfolie für unvorhergesehene Fälle bei.
In diese heiße Phase der Geschäftsgründung fiel eine Einladung der Freunde aus der mit Studentenvolk überbelegten Mietskaserne vom gegenüberliegenden Eck am Kreuzbergring zur großen Samstagsfete. Irgendeiner war ausgezogen und dafür jemand anderes eingezogen. Das musste gefeiert werden. Um auf keinen Fall als Stimmungsmuffel dumm aufzufallen, kochte Christa vorher einen aromatischen Grastee nach eigenem Rezept, der im gemütlichen Beisammensein genüsslich geschlürft wurde. Roland kam etwas zu spät, weil er noch zur „Sportschau" beim Bruder Halt gemacht hatte. Christa hatte das neue Live-Doppelalbum von den *Doors* aufgelegt. Roland gefiel der Set so gut, dass er die anderen als Vorhut ziehen ließ, als sie ungeduldig zum Aufbruch ins Partyvergnügen drängten. Er setzte die Kopfhörer auf und zog sich den ganzen Trip bis zum „Soul Kitchen" rein. Einen besondern Kick versetzte ihm Jims Satz „Policemen were turning in their badges."
Ein echt witziger Typ, und nun lag er bereits über ein Jahr auf dem Friedhof in Paris.
Roland dreht sich noch einen Minijoint für den Weg und flog ab zu den Nachbarn. Beim Überqueren der aus Kiffersicht gigantisch illuminierten Kreuzung vernahm er in überschäumender Vorfreude die verheißungsvollen Sambarhythmen, veredelt durch die unvergleichlichen Santana-Riffs. In tänzelndem Schritt schwebte er auf die Feier zu, vor ihm rollte in Schleichfahrt ein dunkelgrün lackierter VW-Variant auf das gastgebende Haus zu. Keine New Yorker Cops, sondern einfache niedersächsische Wachtmeister auf nächtlicher Dienstfahrt. Roland schnippte den verräterischen Glimmstengel in den Rinnstein und zog seine Nummer ab. Was sollte groß passieren? Er sah sich on top of the world. So, wie er daherkam in seinem korrekt gebügelten, hellblauen Oberhemd und dem mausgrauen Cordsakko, würde man ihm nicht auf den ersten Blick ansehen, was in seiner Blutbahn zirkulierte. Sich scheinheilig anbiedernd begrüßte er die Beamten und brachte vorsorglich gleich das Lärmproblem ins Gespräch. Er sei nur aus diesem Grunde herüber gekommen. Bei dem Krach könne man ja nicht schlafen. In gekonnt gespielter Empörung stellte er sich zur Verfügung, die Sache zu regeln. Schnurstracks eilte er in die von der Staatsmacht ins Visier genommene Wohnung im ersten Stock. Forsch durchschritt er die Räume und gab Anweisungen:
Joints aus, Wasserpfeifen löschen, Ruhe bewahren!
Sodann drehte er den Lautstärkeregler der HIFI-Anlage herunter und signalisierte den unten wartenden Uniformierten, dass er die Lage im Griff habe. Sie könnten sich beruhigt entfernen, die Feiernden zeigten sich einsichtig. Die Beamten bedankten sich und fuhren von dannen. Die versammelte Partygesellschaft lobte Rolands eloquenten Auftritt, dank dessen das Gelage seinen geplant chaotischen Lauf nehmen konnte. Roland fiel über das Bulettenbufett her und drehte danach auf den Tanzboden ab.
Zu fortgeschrittener Stunde fand er sich gemütlich zu Boden gekifft neben Kurt in einem abgedunkelten Zimmer liegend wieder, mit halben Oberkörper an der Wand abgestützt und „Eigth Miles High" im Ohr. Überaus wach, jedoch völlig bewegungsunfähig, starrten sie in den spärlich erleuchteten Flur, sahen in entspannter Ruhe zu, wie der den lieben langen Abend furztrocken daherräsonierende Heini vom *Kommunistischen Bund* mitten im Türrahmen stehend diesen Szenevamp mit der Gudrun-Ensslin-Frisur fickte. Er bedächtig, aber kraftvoll – sie hingegeben und von Lust bewegt. War ihnen bewusst, dass sie beobachtet wurden? Roland hatte nicht den Eindruck, dass die beiden in ihrer unpolitischen Vereinigung daran Gedanken verschwendeten.
Er kannte die Frau flüchtig. Sie hatte ihn in der Mensa einmal angesprochen und nach einem Hörsaal gefragt und ob Roland auch in Ede Meiers Vorlesung gehen würde. Er

war überfragt in der Situation, wusste nichts von dem Kult um das Philosophenunikum. Sie hatte sich überaus nett verabschiedet. Er hatte ihr lange nachgesehen. Die Frau fiel auf, nicht nur dass sie reifer wirkte als die vielen anderen jungen angehenden Akademikerinnen, sie kleidete sich auch nicht mädchenhaft. Ihre Erscheinung widersprach der aktuellen Unisexmode. Schwarze, wie sich in dieser Nacht herausstellte, halterlose Strümpfe, darüber ein dunkler, sehr kurzer Rock mit breitem steinchenbesetzten Gürtel. An den zierlichen Füßen hochhackige Schuhe. Unter einer weinroten Bluse lauerte ein satt gefüllter Büstenhalter, lange, lila lackierte Fingernägel setzten verheißungsvolle Signale. Nur der mit dunklem Fellkragen besetzte, hellbeige Wildledermantel und die langsträhnige, dunkelblonde Frisur mit dem fransigen Pony passten zu Zeit und Ort. Der Typ hingegen lief stets in halbhohen Wildlederstiefeln, blauer Jeans und olivgrünem Parka über den Campus und hatte, wenn man ihm Gehör schenkte, nichts als Marx und Langeweile zu vermelden.
Das Paar konnte unterschiedlicher nicht sein und vollzog doch vor Rolands erstaunten Augen den Boogie Woogie in the middle of the door. Wie hatte er den Slip runtergekriegt, oder war sie vielleicht ohne ...? Warum rutscht ihm die Hose nicht vom Gesäß? Waren die beiden auch vollgedröhnt? Die Stöße des Kommunisten wurden drängender, sie gab mehr nach, der Rock rutschte vollends nach oben, sie wurde durch die schwingende Bewegung hochgehoben, schlang ein Bein um sein Becken, der andere Fuß berührte nur noch mit den Zehenspitzen den Boden, da glitt seine Hose langsam herab. Erst jetzt war Nacktheit sichtbar.
Kurt grummelte: Das gibt´s doch nicht, die ziehn das echt durch.
Roland sagte nichts, er war nicht erregt, nur unendlich fasziniert von dem Schauspiel im Türrahmen.
Das Ende der Vorstellung entglitt seiner Wahrnehmung, am frühen Morgen wachte er auf. Die Tür war geschlossen, das Paar entschwunden, Kurt auch. Roland schlich vorsichtig tastend an anderen Schläfern vorbei aus der Wohnung.

Die Geschäftsreise in die Seestadt gab Roland die gute Gelegenheit, Mutter einen ordentlichen Berg dreckiger Wäsche zur sofortigen Verarbeitung für die Siemens-Waschmaschine und die Bosch-Schleuder vor die Füße zu schmeißen. Da war die Freude groß. Über sein anderweitiges Gepäck schwieg er sich tunlichst aus. Vater bot für den abendlichen Ausgang die freie Nutzung seines Peugeots an. Roland hatte Mühe, diese besondere Ehre zurückzuweisen. Woher sollte der ahnungslose Beamte auf Lebenszeit wissen, dass er bei einem ungünstigen Verlauf des Ausflugs der Erstsemester in Gefahr stand, mit seinem Kennzeichen ins Fahndungsraster des Rauschgiftdezernats zu rutschen? Roland kündigte vollmundig an, sich zur Feier seines Besuchs richtig besaufen zu wollen.
Dazu braucht ihr wirklich keinen Wagen, zeigte der Vater Verständnis.
So fuhren die drei Handelstreibenden mit Bus und Straßenbahn zum Einsatzort. Roland ließ Kurt und Ludwig an der Loydstraße aussteigen, damit sie ins Zieldreieck zwischen *Zero*, *Äquator* und *Walli* eindringen konnten. Er selbst fuhr weiter in die Rickmersstraße, um bei den Schwarzen in *Chicos Place* die Lage zu checken. Kurt und Ludwig hatten dringend davon abgeraten.
Mensch, pass bloß auf, an der nächsten Ecke lauert gleich die MP, warnten sie.
Roland konnte nichts Verdächtiges entdecken. Der vertraute James-Brown-Beat legte seine letzten Sicherungen lahm. „I´m feelin´ good, doin´ what I would...“
Als er seine Augen an das von grellen Weißlichtblitzen durchzuckte Dunkel gewöhnt hatte, wusste er sofort, dass er mindestens einen Schritt zuviel in den falschen Laden gesetzt hatte. So musste es in Haarlem sein, mit dem Unterschied, dass er dort in diesem Moment in hohem Bogen rausfliegen würde. Hier, in der nordeuropäischen

Hafenstadt, hatte er zumindest einen gewissen Zeitbonus, der ihm einen geordneten Rückzug in eigener Regie freistellte. Bräute, die auf Bimbos stehn, können da gut abgreifen, hatte Stefan einmal gesagt, als die Rede auf *Chico* kam, aber sonst würd´ ich niemandem raten, da die Nase reinzuhalten.
Wär´ mir das bloß früher eingefallen, haderte Roland mit sich selbst, aber ohne wenigstens einen Versuch gewagt zu haben, wollte er sich nicht verdrücken.
Woran erkennt man einen Schwarzen, der kifft? Die an der Hippiemode orientierte Kleiderordnung der deutschen Mittelstandsjugend bot an diesem Platz keine Orientierung. Roland sah keinen in Parka und Bluejeans. Lange Haare fielen als Erkennungsmerkmal in der Army völlig aus. Ein echter Soul-Brother trug schwarzes Lackschuhwerk, knapp sitzende dunkle Trevirahose, buntes Oberhemd, vielleicht ein Jackett...
Gab die Anzahl der Ringe, Armreifen und Halskettchen Aufschluss über Rauschgiftkonsum?
Roland versuchte es einfach bei den beiden jungen Schlacksen, die dem Eingang, der für Roland jetzt ein Ausgang war, am nächsten standen. Einer trug statt Hemd einen braunen Rollkragenpulli, und beide schauten im Gegensatz zu den anderen einigermaßen freundlich drein. Na, dann...
Is there anybody in here who needs some real good stuff?
Are you kidding man...?
Roland drückte dem Größeren der beiden eine Welthölzerschachtel in die Hand, die sich blitzschnell schloss. Test the best, versuchte er einen Scherz, der offenbar nicht ankam.
He you, follow us, befahl der andere.
In ihrem Geleit kam Roland sicher hinaus. Und wenn die nun von der MP sind – sozusagen ziviles Militär?
Where´s your car?
No car..., Roland machte eine abwiegelnde Handbewegung und grinste verlegen.
Die beiden Lulatsche - sicher Basketballcracks, dachte Roland bei sich – lachten übers ganze Gesicht, als habe er einen guten Gag gerissen. Ein Dealer ohne Auto, das gab es nur in Good old Germany.
Das Eis war gebrochen, Roland hatte richtig in die Schwarzen getroffen. Ihr Chevrolet parkte an einer abgedunkelten Ecke in der Lessingstraße. Im Nu hatte einer aus dem Witzenhausener Krauser eine kurze, dicke Zigarre gedreht. Roland sollte anrauchen. Er kam sich vor, wie ein Vorkoster im alten Rom. Bei Nichtgefallen würden sie ihm die Kehle durchschneiden. Roland musste Schmunzeln, als er das Geschoss weiterreichte. Mal sehen, was jetzt kommt?
Jesus.....this is real good shit...
Marihuana, verbesserte er der Ordnung halber.
Yeah man, marihuana.
Das war das Zauberwort, das den Deal perfekt machen sollte.

Ludwig und Kurt klagten über das schleppende Geschäft, als Roland sie am *Zero* aufgabelte.
Die Leute sind so misstrauisch hier, moserte Kurt.
Vielleicht sind wir zu billig, meinte Ludwig.
Vergesst die Schülergroschen, an der nächsten Ecke warten harte Dollars, wischte Roland ihre Vorbehalte beiseite, und schon lotste er die Kumpanen zum Amischlitten.
Ehe sie sich versahen, waren sie mit von der Partie.
Ab geht´s zum Weserdeich, übernahm Roland das Kommando. Auf dem Parkplatz unterhalb der *Tiergrotten* konnte bei schönstem Nachtblick auf die Weser die nächste Teststufe gezündet werden. William, der Beifahrer, wollte überzeugt werden, dass der

Rest der Verkaufsmasse dem gleichen Standard entsprach wie der Brösel aus dem Streichholzschächtelchen. Nach zwei langen Zügen brummte er nur noch get boozed man, get boozed ... Seine Augäpfel erschienen Roland im fahlen Laternenschein stetig an Umfang zuzunehmen.
Er selbst versank in die weich gepolsterte Rückbank und war nicht mehr verhandlungsfähig. Alles um ihn herum schien so wabbelig wie Mäusespeck von *Haribo*. Aus den Stereolautsprechern des Autoradios säuselte ihm Shirley Basseys sinnliches Mundwerk ein supersoftes „Something“ in die Gehörgänge. Warum hat sich Lennon nicht in diese Lady verguckt? Dann hätte er jetzt wenigstens ´ne geile Weiberstimme auf seinen Scheiben und nicht so´n Gejapse...

Rolands erster realitätsbezogener Gedanke nach einer ihm unendlich vorgekommenen Zeit des entspannten Halluzinierens entsprang seiner Reaktion auf einen bekannten Reflex, dem Drang zu urinieren. Um dieses Geschäft zu erledigen, musste er nur brav mit Kurt und Ludwig ins *Äquator* hineingehen, vor dessen Eingang sie gerade von ihren Kunden abgesetzt worden waren.
Na, alles klar, meldete Roland seine Aufnahmefähigkeit wieder an.
Und selbst, frozzelte Kurt zurück.
Am Pinkelbecken gesellte sich ausgerechnet der Wirt höchstpersönlich zu ihm.
Hatte der nicht eben so komisch gelunzt, als sie durch die Tür kamen und sich gleich nach ganz hinten verpieselten?
Roland atmete tief durch. Der Geruch frisch desodorierter Pisse stach in seine Nasenhöhlen. Er schaute kurz zum geräuschvoll strullenden Wirt herüber. Plötzlich kam ihm vor Augen, an wen der ihn immer schon erinnert hatte: an den Kommandeur der römischen Garnison in Kleinbonum. Genauso fies und selbstgefällig schaute der aus.
Was treibt einen mehr zum Pissen..., ein gurgelnder Rülpser des Fieslings brachte die Frage ins Stocken.
Jetzt labert der mich noch von der Seite an ..., ungute Gedanken wirbelten aufgestört durch Rolands überreizte Denkzentrale, ... und meint, ich bin so blöd und sag´ Dope, damit er mich in der Scheißkabine in der Ecke einsperren und die Bullen rufen kann.
Sein Strahl versiegte, die Blase sperrte. Auch das noch...
...der Alkohol oder das Wasser?
Äh, der Alkohol natürlich...
Quatsch! Ihr jungen Spunde habt keine Ahnung ... aber hier bis halb drei nachts Klugscheißern, das könnt ihr...
Verächtlich schnaufend knöpfte das Römergesicht den Schlitz zu und schlurfte zu seinem Arbeitsplatz.
Kein Wunder, dass der Laden immer ruhiger wird, so wie der seine Gäste behandelt.
Hin- und hergerissen zwischen Erleichterung und Ärger gesellte sich Roland zu den eifrig rechnenden Freunden. Erst jetzt realisierte er die gute Nachricht:
Alles weg.
Und wie viel Kohle hat´s gebracht?
Achthundert Dollar und etwa zweihundert Mark.
Kurt kicherte: Vielleicht steigt ja der Dollarkurs bis Montag.
Rechnet ihr mal schön, ich hau´ ab.
Roland sah sich erneut von Römern beobachtet. Sein Bewegungsdrang war nicht mehr zu bremsen. Schon war er auf dem Weg nach Grünhöfe. Die Federung seines Ganges schien so eingestellt wie bei den Apollo-Astronauten auf dem Mond. So ähnlich musste sich ein Känguruh fühlen.
Und wenn nun die Bullen auf ihn im Reihenhaus warten, schoss es ihm mit einem Hüpfer paranoid durch den Kopf. Vielleicht waren die beiden Soul-Brothers gar keine

Kiffer, sondern gut getarnte Spitzel im Sondereinsatz gegen die Göttingen-Mafia. Nicht auszudenken das Szenario... die Mutter hätte er damit garantiert auf dem Gewissen, da würde kein noch so beherzter Einsatz Dr. Möllers mehr etwas retten.
Die bösen Phantasien trieben ihn durch Geestemünde, das schlechte Gewissen jagte ihn die Daimlerstraße hinunter. Endlich, das Reihenhaus, dunkel, in nachtschlafender Ruhe, keine Bullen weit und breit.

Ein zufälliges Wiedersehen mit seinem Klassenkameraden Klaas vor dem *Juridicum* bestärkte Roland in seinem Entschluss, den Dealerberuf nicht weiter auszuüben. Der gestandene Szenehaudegen sah sehr mitgenommen aus.
Richtig alt geworden bist du, konnte Roland mit seinem schlechten Eindruck von ihm nicht hinter dem Berg halten.
Gerade noch einmal davongekommen sei er, berichtete der angehende Jurist und verurteilte sogleich nachhaltig die unselige Ausflipperei und die ganze Drogenscheiße. Ihm hing noch eine Razzia im Elternhaus aus den letzten Schultagen nach. Ein Junkie hatte ihn verpfiffen, weil er angeblich dessen Johnny-Winter-Alben mutwillig zerkratzt hätte. Fünfzig Gramm Shit, eine kleine Wasserpfeife und etliche *Valium* hatten sie mitgenommen.
Die haben mich nur nicht verknackt, weil mein Alter so gut angesehen ist, außerdem hatte er einen fähigen Anwalt an der Hand. Jetzt muss ich deswegen nur sechs Wochen Dienst im Altenheim ableisten. Bin ich froh. Das kann ich in den Ferien erledigen.
Um sein Mitgefühl auszudrücken, wollte Roland ihm eine der Welthölzerschachteln gratis zukommen lassen. Die falsche Geste am falschen Ort. Wie der Teufel das Weihwasser, so wies Klaas die milde Gabe fluchend von sich.
Bist du völlig durchgeknallt? Da kann ich mein Studium sofort schmeißen und mich gleich hinterher... tschüs!
Da Ludwig und Kurt ebenfalls keine weitergehenden Ambitionen hegten, die Witzenhausen-Connection geschäftlich zu nutzen – sie bastelten inzwischen an einem Fernrohr für die Himmelserkundung, nachdem ihnen beim Besuch der Sternwarte eine astrologische Erleuchtung widerfahren war – besorgte sich Roland noch eine Notration für den Eigenbedarf, die er in eine Jacobs-Kaffee-Dose quetschte und sorgfältig mit Alubratfolie versiegelte. So konnte er den Grobschnitt bis zu zwei Jahre frisch halten. Zumindest hatte das nervenaufreibende Intermezzo genügend Gewinn erbracht, um Kontaktlinsen und eine Dual-HiFi- Anlage zu finanzieren. Jetzt sollte das sagenhafte Studentenleben für Roland richtig losgehen.

Endlich losgehen konnte, dank der Frühjahrssonne, auch die Fußballspielerei am *Institut für Leibesübungen*. Gleich beim ersten Kick bekam Roland Ärger mit dem Platzwart, weil er aus Unwissenheit über die penible Rasenpflege mit seines Bruders auf Hochglanz gewichsten Puma-Stiefeln der Serie *Pelé* aufgelaufen war und mit den noch kaum abgenutzten Alustollen tiefe Narben in das kostbare Grün pflügte. Da im Wiederholungsfall eine Sperre für das ganze Semester drohte, musste er wohl oder übel die letzten Finanzreserven für ein Paar *Adidas Samba* hinblättern. Die Marke hatte ihm Pille empfohlen, mit dem Roland schon rasch eine zukunftsträchtige Freundschaft schloss. Diese neue Bekanntschaft sollte Rolands Fußballleidenschaft nachhaltig beleben.
Pille war Roland sofort aufgefallen, wie der in verwaschenem Batikhemd und überlangen Bermudashorts über den Rasen wuselte. Die Günter-Netzer-Mähne von einem bunten Stirnband gebändigt, fummelte Pille virtuos zwischen den anderen Sportsfiguren herum. Er liebte es, besonders spektakuläre Tore zu erzielen oder gleich mehrere Gegner zum Narren zu halten. Manchmal brachten ihn seine eigenen Haken und

Schlenker derart zum Lachen, dass er nicht mehr weiterspielen konnte und die vorher so geschickt herausgespielten Chancen versiebte. Das machte nichts, die nächste Gelegenheit folgte auf dem Fuß. Roland mochte diesen kompromisslosen Nonkonformismus am Ball, und so hatten sich zwei gefunden. Pille erzählte von seinen tollen Jahren in der Jugendabteilung von *Hannover 96*. Unglücklicherweise verhindere eine vor Jahren diagnostizierte Gelenkschwäche eine Karriere als Fußballstar. Für die unbegnadeten Luschen am *IfL* würde es aber immer noch reichen. Das konnte Roland vorbehaltlos bestätigen. Er war immer froh, wenn er nicht gegen Pille spielen musste, der jeden, der ihn attackierte, gnadenlos der Lächerlichkeit preis gab.
Eine weitere Gemeinsamkeit ergab sich aus ihrem akademischen Weg. Pille studierte wie Roland aufs höhere Lehramt hin und war auf diesem ehrwürdigen Weg schon etliche Semester voraus. Er residieret in der *Burse*, dem ältesten Studentendomizil der *Georgia Augusta*. Dort während seines Studiums wohnen zu dürfen, galt als Privileg und unterstrich den Status des Erwählten. Viele schlaue Köpfe hatten schon in den spartanisch ausgestatteten Zimmerchen, die Roland an Mönchszellen erinnerten, gebüffelt. Wie viele würden noch folgen?
Ein Schwarzweißposter mit einem nymphenartigen Frauenwesen aus einem Goddardfilm und ein Coverfoto Bob Dylans, von dem Roland wenig wusste, verzierten die enge Studierkammer. Pille legte „Planet Waves“ auf und setzte Roland umfassend ins Bild über Dylan und die Frauen. Später las er aus „Minima Moralia“ und unterrichte den unwissenden Kommilitonen über Adorno und die Frankfurter Schule. Roland erzählte von *93* und kompensierte fehlendes Wissen über die anderen Themen mit einer Prise aus der Jacobs-Kaffee-Dose. Pille zeigte sich begeistert über die Reinheit des Stoffes, dessen Herkunft Roland nach Südamerika verlegte. Dadurch machte er ein beträchtliches Stück Boden gut im dialektischen Kosmos, verlor aber den Überblick, als Pille Horkheimer ins Spiel brachte. Da gab es vieles aufzuarbeiten, umso mehr wenn man bedachte, dass Marcuse sozusagen noch auf der Bank schmorte. Den Einstieg, schlug Pille vor, sollte Roland über Bahrdts Vorlesung zu den Schlüsselbegriffen der Soziologie suchen. Das ließ sich Roland nicht zweimal raten.

Vor Semesterbeginn wollte man jedoch gemeinsam den Auftritt der Dreiundneunziger im *Maschpark* erleben. Pille war neugierig geworden, als Roland ihn darüber aufklärte, dass mit Reimann, Bertl und Deterding drei ehemalige Bremerhavener bis vor kurzem für *96* gespielt hatten. Mit Rolf Kaemmer stand immerhin noch ein Seestädter in der aktuellen Hannoveraner Bundesligamannschaft.
Bremerhaven 93 als Talentschmiede – Roland sah bei seinen Anekdoten großzügig darüber hinweg, dass diese Zeiten vorerst vorüber waren. Der hoffnungsvolle Nachwuchs seines Jahrgangs hatte die Lücken nicht füllen können, das wertvollste Talent war ihnen vom reichen Bundesliganachbar Werder weggeschnappt worden. Dort versauerte es auf der Ersatzbank.

Zu Spielbeginn genoss Roland das Stück Heimat, das ihm die weinroten Trikots bedeuteten. Er erkannte den von Volker in der Jugend so gefürchteten Paul, der auf dem besten Weg war, zu einem Nobby-Stiles-Double zu mutieren. Mal sehen, ob der hier auch soviel Furcht und Schrecken verbreitet. Leider Fehlanzeige, musste er nach einer Viertelstunde zugeben. Das Spiel entwickelte sich zu einem zähen Kick. Ein paar gefällige Stafetten von Ziegler und Schöttner auf Bremerhavener Seite und planloses Anrennen der Platzherren. Viel mehr bekam Roland nicht mit, und das lag sicher nicht nur am bescheidenen Regionalliganiveau, sondern in ganz erheblichem Maße an Pilles weiblicher Begleitung, die sich als eine Sybille aus Nienburg vorstellte. Sie war frisch aus den Winterferien in Marokko zurück und hatte, wie Roland anerkennend

feststellte, ihren Teint auf Hochglanz gebracht. Auch ohne Saharasonnenhilfe hätte die selbstbewusste Mimik ihres außerordentlich hübschen Antlitzes die Männerblicke auf sich gezogen. Ihre exotische Ausstrahlung wurde durch das rostbraune Stirnband mauretanischer Herkunft unterstrichen. Oben im graubeigen Kaninchenfellmantel ganz Lady, unten in den verwaschenen mit Löchern und buntem Flickwerk versehenen Jeans wieder Tramp. Der provozierende Antagonismus ihrer Erscheinung endete in sündhaft teuer wirkenden Ziegenlederboots, die sie, wie Pille verraten musste, in Marrakesch für ´n Appel und ´n Ei eingehandelt hatte. Unbewegt, höchstwahrscheinlich sogar unbeteiligt, verfolgte sie den unspektakulären Verlauf des Männerspiels. Pilles Kommentare nahm sie mit unmerklichem Aufschlag ihrer meerfarbenen, von geheimnisvoller Aura umspielten Augen gnädig zur Kenntnis. Roland rätselte über die vermeintliche Beredtheit ihres Schweigens. Was die wohl von uns denkt?
Zum ersten Mal kam er sich mit seinem Fußballfimmel vor einem Menschen lächerlich vor, und das Spiel machte keine Anstalten, das miese Gefühl zu verscheuchen. Er wünschte umso mehr einen satten Kantersieg seiner Dreiundneunziger. Danach sah es in der ersten Halbzeit kaum aus.
Sybille drehte sich zur Pausenentspannung bedächtig eine feine Zigarette aus einem Tabak der Marke *Buccaneer*. Ein verwegenes Weib bis ins Detail.
Die Einschüchterung hielt an, obwohl sich Roland mit den neuen Kontaktlinsen und der Minipli, mit deren Hilfe er seine fettigen, dünnen Strähnen zu einem Rod-Steward-Mob gebauscht hatte, sehr viel selbstsicherer über Campus und Weender Straße bewegte, fühlte er sich klein neben diesem absoluten Szenefeger. Pille hatte in Bezug auf Frauen keinen Deut übertreiben - die hier war erste Sahne. Rolands emotionales Gleichgewicht kam weiter ins Schwanken, als sie kurz ihren Mantel lüftetet und für einen aufwühlenden Moment den Blick auf ihre schwarze, mit blauen und roten Metallspiegelchen besetzte Bluse freigab. Nicht so sehr die Wirkung des effektvoll verzierten Textils, sondern mehr der Anblick des sich in nicht erwarteter Deutlichkeit von ihrem gertenschlanken Oberkörper abhebenden Busens legte ihm einen Klos in den Hals, der sich noch hartnäckiger an seine Gurgel klebte, als sie sich kurz durchreckte und einige Quadratzentimeter orangebraune Bauchfreiheit aufblitzen ließ.
Roland fiel ein, dass er ja mit dem auf Rechtsaußen spielenden Schild einmal anlässlich eines Wohltätigkeitsspiels der Großhandelsfirma *SB Meins* gegen den *Papa-Bully-Club* in einer Mannschaft gestanden hatte.
Mit dem hab´ ich zusammen gearbeitet, beeilte er sich Pille und Sybille gegenüber interessant zu machen.
Aber als er anheben wollte, über den schwergewichtigen Discothekenbetreiber aus Stotel und seiner streichholzdürren Frau zu erzählen, ... einem Paar wie aus dem Panoptikum, das wirklich etwas hergab zum Erzählen, wenn Roland nur daran dachte, wie er flugs den zweiten Flügel der Eingangstür von der Großhandelshalle aufhebeln musste, weil dieser bassstimmig räsonierende Anderthalbmensch sonst nicht durchgepasst hätte, und wie bei dem Spiel unter sengender Julisonne mitten in der gut laufenden zweiten Halbzeit einer von Papas Kneipenkickern schwer aufstöhnend dahin gesunken war, und alle in banger Sorge auf den Rettungswagen gewartet hatten, während der röhrende Fettklops gehässig über den Milchbubi höhnte, der sich zur Pause wohl doch besser so wie Rolands SBler an gekühltem Zitronentee und nicht an *Becks* hätte laben sollen, wie Roland dann das Durcheinander des Gegners nach dem glücklichen Abtransport ihres schwächelnden Thekenkumpels genutzt hatte, um nach Flanke von eben diesem Schild ein blitzsauberes Kopfballtor abzustauben ..., kam sie ihm frappierend schlagfertig zuvor:
Und, lädst du den nachher zum Kaffee ein?
Die nadelstichige Ironie hinterließ Wirkung.

Das Spiel half nicht weiter. Im Gegenteil, nicht nur, dass Rolands Dreiundneunziger nach undurchsichtigem Gestochere einen Treffer hinnehmen mussten, sie benahmen sich zu allem Überfluss noch so dermaßen daneben, dass Roland vor Scham auf den Boden sah. Einer überhäufte den Linienrichter mit seemännischen Kraftausdrücken, die auch in Göttingen verstanden wurden, und musste deshalb vorzeitig duschen gehen.
Als Paul schließlich ausgewechselt wurde, hatten Pille und Sybille genug gesehen.
Sei nicht traurig, hauchten ihre zarten Spottlippen.
Die rauchherbe Stimme umschmeichelte Rolands Ohr und trieb ihm die Hitze in die Muscheln.
Pille verabschiedete sich mit dem Bonmot eines alten Fuchses: Erst nach neunzig Minuten sei Schluss - und kicherte aufgekratzt in die Frühjahrskälte, wohl wissend, dass für die Bremerhavener an diesem Nachmittag selbst hundertzwanzig Minuten nicht reichen würden.
Als das Paar aus seinem Blickfeld entschwunden war, verließ auch Roland das Geschehen vorzeitig. Beim Schlusspfiff trottete er bereits gesenkten Hauptes den Schützenanger entlang, nicht ahnend, dass dieses sein einziger Besuch bei einem Auswärtsspiel des *TUS Bremerhaven 93* gewesen war. Er fragte sich weniger, ob die Seestädter hier die letzte Chance für die Qualifikation zur neuen Zweiten Bundesliga vermasselt hatten, als vielmehr, ob Sybille BH-Trägerin war oder nicht. Roland tippte auf nicht.

Dank Pilles weitreichender Kontakte konnte bald eine lebhafte Tipp-Kick-Runde gegründet werden, die sich in lockerer Terminfolge bei Roland traf, da er über die besten Platzverhältnisse verfügte. Die Netztore fanden geradezu sensationelle Beachtung. Roland verlieh großzügig und nicht ohne Stolz Spieler mit angefeilten Füßchen, was bei Pille, der sein eigenes, unbehandeltes Spielermaterial mitbrachte, auf Protest stieß. Er fürchtete Wettbewerbsverzerrung. Sein Einwand wurde jedoch einstimmig zurückgewiesen, da, so argumentierte das spontan gebildete Schiedsgericht, es ihm freigestellt sei, seinen Spieler ebenfalls zu manipulieren. Solchen Schnickschnack habe er nicht nötig. Er werde ihnen auch ohne Plattfuß genug Schnibbeleier ins Netz legen. So waren der Widerworte genug gewechselt, und es konnte gekickt werden, dass es eine Freude war. Gespielt wurde unter so wohlklingenden Künstlernamen wie Libuda, Netzer, Breitner, Rivelino und Boninsegna. Letzterer wurde von einem undurchsichtigen Schlitzohr beansprucht, der die Fakultäten wechselte wie seine Postadressen, auffallend oft in der Cafeteria der neuen Zentralmensa herumschlich und Roland kurz hintereinander einen Bürostuhl, ein Dutzend Kisten italienischen Weißwein sowie eine Hausratsversicherung aufschwatzen wollte. Wenn sich Roland diesbezüglich auch bedeckt halten konnte, gegen dessen Mogeleien beim Tipp-Kicken war er machtlos. Wie hatte sich der eben noch eindeutig Schwarz zeigende Ball plötzlich auf Weiß gedreht? Der als Schiedsrichter fungierende Kurt hatte jedenfalls nichts bemerkt. Also, weiter mit Boninsegna...
Nach dem zweiten Termin hatte Roland dessen Trick durchschaut. Er ließ sich nichts anmerken und probierte den Schwindel beim nächsten Spiel gegen Pille alias Günter Netzer erfolgreich aus. Dabei beließ er es. Pille war auch mit fairen Mitteln leicht zu schlagen, da konnte sich Roland für so manche auf dem IFL-Rasen erlittene Schmach revanchieren.
Von den neuen Tipp-Kick-Kameraden erfuhr Roland, dass *Nullfünf* bei ihnen nicht hoch im Kurs stand. Ein jeder hing wie er an seinem Heimatverein. Überhaupt halte sich die Begeisterung am *Maschpark* in Grenzen. Das liege daran, dass man die alte

Spielstätte abgerissen habe und sich nun nicht entscheiden könne, wo gespielt werden solle, im neuen Park, der allerdings längst nicht fertiggestellt sei, oder im *Jahnstadion* draußen am Kiessee, wusste jemand bestens über die lokalen Probleme Bescheid.
Der gleiche Salat wie in Bremerhaven, dachte Roland, ins neue *Nordseestadion* gehen die Leute auch nicht so gern wie auf den *Zollinland.*
Ach, alles Quatsch, die Intellektuellen hier jubeln viel zu vornehm, lästerte Berni, der als Breitner auf den Pömpel tippte.
Das konnte Roland bestätigen. Am *Zollinland* herrschte ohne Frage ein anderer Ton als hier in Göttingen. Vielleicht fehlte es tatsächlich am proletarischen Umfeld – oder an der konfessionellen Bindung, mutmaßte Jörg alias Rivelino, der unlängst ein Auslandspraktikum in Glasgow absolviert hatte. Das sei nun doch zu weit hergeholt, verwarfen die anderen die gewagte Hypothese, so eine Rivalität wie die zwischen *Rangers* und *Celtic* gebe es hierzulande nicht . Roland kannte jedenfalls keinen, der sich aus religiöser Überzeugung mit einem Club identifizierte.

Zu der Zeit, da das große Weltmeisterschaftsereignis näher rückte, fuhr Roland, von alarmierenden Meldungen aufgeschreckt, in die alte Heimat, um mit dem Vater die dringliche Frage zu erörtern, wie an Eintrittskarten heranzukommen war. Leider konnte der ihm nur bestätigen, dass seine Verbindungen zum *Bremer Fußball Verband* diesmal nicht weiterhalfen. Mehr Demokratie wagen hieß auch, jedermann ohne Ansehen der Person und unter Missachtung aller Privilegien den Zugang zu den Spielen zu öffnen. Dieses plebiszitäre Verfahren ging Roland ganz schön auf den Wecker, den er am Stichtag zur Eröffnung der Kartenjagd ein Jahr vor Beginn des Spektakels auf sechs Uhr gestellt hatte. Mutter holte ihn pünktlich aus dem Bett, damit er sich rechtzeitig eine Stunde vor Ladenöffnung am *Deutschen Reisebüro* in der Bürger anstellen konnte. Das sollte reichen für eine aussichtsreiche Platzierung.
Weit gefehlt. Mit welch krasser Fehleinschätzung der Verhältnisse der Student der Politikwissenschaften manchmal durchs Leben ging, zeigte ihm die Menschenschlange, die er auf der Bürger antraf. Bis zur Ecke Loydstraße musste er zurücktraben, um sich hinten anzustellen. Als er sich gegen Mittag endlich zum richtigen Schalter durchgedrängelt hatte, waren bereits alle Karten für die Vorrunde vergeben. Ihm blieben zwei Kurvensitzplätze für die zweite Finalrunde in Hannover und zwei Stehplätze für das Finale in München, ebenfalls Kurve.
Was willst du bloß mit Endspielkarten, benörgelte Mutter seine magere Ausbeute, soweit kommen unsere doch gar nicht.

Zurück in Göttingen sollte er sich wenigstens darüber freuen, dass die vorausdenkende Susie einen supermodernen Grundigfernseher aus den Semesterferien mitgebracht hatte. Falls er ab sofort regelmäßig seinen Teil zum Abtrag des Geschirrberges leisten würde, war ihm die samstägliche Nutzung zur „Sportschau" erlaubt – aber nur allein, damit du mir nicht in der Dreiviertelstunde die ganze Bude mit deinen Tipp-Kick-Heinis verkiffst.
Solche Sorgen würde er ihr nicht bereiten, denn die spielfreudige Tipp-Kick-Runde löste sich, forciert durch Pilles notorischen Protest gegen Boninsegnas Spielweise - er hatte dessen Hinterfotzigkeit zwar bemerkt, aber nicht klar durchschaut, was ihn nur noch mehr auf die Palme brachte –, schleichend auf.
Nebenbei musste schließlich noch studiert werden. Im Zuge dessen schlossen sich Roland und Pille für ein Semester einem fächerübergreifenden Großprojekt an: „Praktische Übungen zur Ideologiekritik an Massenliteratur"– eine Gemeinschaftsproduktion eines aufstrebenden Sozialwissenschaftlers mit Protesterfahrung und eines vom grassierenden Reformeifer aufgeschreckten Sprachforschers.

Pille kannte die junge Geliebte des intensiv an der femininen Basis interessierten Soziologen von einem Fetentechtelmechtel vor Sybilles Zeiten.
Seine Frau arbeitet in der Psychologischen Beratungsstelle des Studentenwerks, wusste er die Verhältnisse zu erleuchten.
Na, dann weiß die ja bestens Bescheid, was man in Krisenzeiten zu tun hat, erfasste Roland die Situation.

Die für den universitären Lehrbetrieb revolutionäre Form der Zusammenarbeit verhieß allen Beteiligten immense Vorteile. Auf der einen Seite konnten Roland und Pille mit dem Seminar zu gleichen Teilen Pflichtstunden für beide Hauptfächer abdecken und sich den Leistungsnachweis wahlweise anrechnen lassen, für die Dozentenseite bedeutete die Arbeitsteilung, dass die Herren eine ihrer Pflichtübungen bequem abspulen konnten.
Solche Tricks durchschaute Roland damals noch nicht und war begeistert bei der Sache, als sich das gerammelt volle Plenum zur konstituierenden Sitzung traf. Großem und Einzigartigem würde er zugezählt, erfuhr Roland aus den berufenen Mündern, die ihr Vorhaben als eine Initialzündung für eine Reform des ganzen Curriculums vorab feierten. Roland begrüßte die forsche Art, wie es gleich in medias res ging. Keine zähe Theorie zur Einführung, für diese trockenen Bedürfnisse stand ein Semesterapparat im *Socioökonomikum* bereit. Roland nahm sich vor, bei Gelegenheit vorbeizuschauen.
Das revolutionäre Neue bestand im Wesentlichen darin, dass den Studierenden die praktische Arbeit voll und ganz allein aufgebürdet wurde. Dazu bedurfte es der Bildung von Arbeitsgruppen. Die Listen dafür lagen an den Eingängen aus. Pille und Roland trugen sich auf dem gleichen DIN-A-4- Bogen ein. Damit neigte sich ein arbeitsreicher Studientag dem Ende zu.
Roland sah den Sprachforscher in diesem Semester nicht wieder. Zum alles aufklärenden Finale Grande, würde er sich wegen einer Unpässlichkeit entschuldigen lassen, aber das konnte in dieser taufrischen Aufbruchstimmung noch niemand wissen.
Rolands Gruppe traf sich im *Theologicum*. Sofort fiel sein Blick auf die erste Frau in seinem Leben, die er tief enttäuschen sollte: Ein von blonder Naturkrause umrahmtes Gesicht, wie die gute Fee aus dem farbig illustrierten Märchenbuch, das ihm Onkel Ralf zu seinem fünften Geburtstag geschenkt hatte. Roswitha meldete sich mit einer süßen Mädchenstimme zu Wort, die sie in ihrer Reife noch begehrenswerter erstrahlen ließ. Ihren mütterlich anmutenden Busen versuchte sie mittels einer weißen, bestickten Schlabberbaumwollbluse zu kaschieren. Ihre sicherlich nicht zu schmalen Hüften umschloss einer dieser langen Wickelröcke, die Männern Anlass gab, ausschweifende Mutmaßungen über die Formen anzustellen, die er verbarg.
Roland kam ins Tagträumen und vernahm mit halbem Ohr, wie man sich auf die Erstellung eines Comics einigte, der die studentische Situation an einer Massenuniversität kritisch darstellen solle. Pilles Vorschlag, die Ideologie des *Deutschen Fußball-Bundes* bildhaft zu konterkarieren, stieß auf ärmliche Resonanz. Rolands zustimmendes Signal stand einsam im Raum.
Zur Sichtung des Bildmaterials aus verschiedenen Comicserien hatte Roland einen Teil der Gruppe zu sich geladen. In der Hoffnung, dass Roswitha ihm erscheinen würde, hatte er sich für die Verköstigung besonders ins Zeug gelegt. Drei Tüten Bahlsenkeksmischung waren hübsch auf extra geputzten Tellern verteilt. Dazu dampfte Susies größte Teekanne auf dem getöpferten Stövchen.
Sein Engagement war nicht vergebens. Den lästigen Rock hatte sie mit einer braunen Feincordjeans getauscht, die sich wie maßgeschneidert über ihre runden Lenden und muskelfesten Oberschenkel spannte. Sie zeigte sich aufgeschlossen und gesprächig, und während sie so sorgfältig die Bildchen ausschnitt, erzählte sie Roland, dessen

Fußballleidenschaft sie schnell erkannt hatte, von dem flippigen Tommy Rohrbach aus ihrer Frankfurter Heimat. Der hatte ihr während einer Fete, zu der sie von einer Freundin aus dem Eintrachtmilieu mitgeschleppt worden war, schon reichlich abgefüllt sein Leid geklagt über Disziplinarstrafen vom Trainer – Isch glaub´, der hat Ribbeck geheiße - für Sachen, die er gar nicht verzapft habe, sondern für die ein namenloser Angeber verantwortlich sei, der unter seinem Namen Mädchen anmache und Autogramme verteile.
Also, der war ziemlich neebe de Kapp, aber zugehorscht hab isch däm gern´.
Roland hörte ihr ebenso gerne zu, und einmal, als er ihr während einer schöpferischen Pause seine Tipp-Kick-Männchen gezeigt und einige Kunstschüsse mit den angefeilten Füßen demonstriert hatte, gab sie ihm einen flüchtigen Kuss auf die Wange. Verspielte Typen fand sie zum Knuddeln.

Wenn es nach Roland gegangen wäre, hätten sie sofort damit anfangen können, aber solche Flausen solle er sich getrost aus dem Kopf schlagen, riet ihm die ins Vertrauen gezogene Susie, da Roswitha fest mit ihrem getreuen Genossen Marek von der Blaskapelle *Kurve links* liiert sei. Im Übrigen ein äußerst sympathischer Kerl, der über den Zweiten Bildungsweg den steinigen Pfad zur Uni geschafft habe, wo er strebsam die alte Wirtschaftsordnung studierte, um eine neue zu propagieren – ohne Übertreibung ein Mann, auf den man sich hundertprozentig verlassen könne, im Leben genauso wie im politischen Kampf. Da habe so ein halbgebildeter Halodri wie er nicht den Hauch einer Chance.
Beeindruckt von dieser Ansprache, stellte Roland seine Flirtversuche offiziell ein, lauerte indes heimlich auf die Gelegenheit, die Susie ausgeschlossen hatte. Seine Geduld wurde auf eine harte Probe gestellt. Als er schon nicht mehr damit rechnete, rückte der Versuch einer Annäherung unverhofft in den Bereich des Möglichen.
Es war eine dieser mäßig vergnüglichen Wahlfeten, die nach den in immer kürzeren Abständen durchgeführten Wahlen zum ASTA von den jeweils siegreichen Fraktionen spontan anberaumt wurden. Diesmal hatten Susies Genossen vom *MSB* die Nase vorn. Gefeiert wurde in der Altbauresidenz des marxistischen Politbüros in der Bühlstraße. Susie hatte Roland im Überschwang des Sieges einfach an die Hand genommen. Der hatte an diesem für ihn an sich schon abgehakten Abend sowieso nichts Besseres mehr auf Lager. Immerhin würde er sich auf Kosten der Volksbefreier besaufen können, und einen Teller Nudelsalat konnte er zudem noch gut vertragen. Seine Stimmungslage verbesserte sich schlagartig, als er Roswitha erblickte. Seitdem sich die Gruppenaufgabe mit der Abgabe ihres alternativen Comics erledigt hatte, war sie zu seinem Bedauern von der Bildfläche verschwunden. Jetzt tanzte sie unbeschwert wippend genau vor seiner Nase. Wild schüttelte sie die blonde Lockenpracht zum erdigen Rock: „ Proud Mary...Rollin´, rollin´ on a river...“ Roland lächelte ihr versonnen zu .
Schöne Roswitha, tanzende Fee, flüsterte er in die Melodie.
Ihre Brüste hüpften ausgelassen unter dem dunkelblauen Nicki. Den untadeligen Marek konnte er zu seiner Freude nirgends entdecken.
Susie zog ihn weg, wollte ihm unbedingt die heiligen Räume der Volks-WG zeigen. Vorsichtig tastete er sich unter den niedrig hängenden Deckenbalken durch die engen Flure der maroden Fachwerkbutze. Eigentlich abrissreif der Schuppen, aber im Zuge des Gründungsbooms linkslastiger Wohngemeinschaften eine Goldgrube für seinen Besitzer.
Wettern gegen die Kapitalströme und lassen sich für diese baufälligen vier Wände ausnehmen wie die Weihnachtsgänse.
Aus Rücksicht gegenüber seiner bemühten Führerin fasste Roland seine lästerlichen Gedanken nicht in Worte.

Nach eingehendem artigen Bestaunen der einschüchternden Regalwände und der mit allerlei wichtigen Papieren drapierten Schreibtische hatte er sich seinen Nudelsalat redlich verdient, meinte Roland und zog sich mit Pappteller und Edelpilsflasche auf einen abseitigen Sofaplatz in einem Zimmerchen im dachschrägen Obergeschoss zurück. Ein ähnlicher Viersitzer hatte vor Jahrzehnten Oma Adeles Stube entstellt. Nebenbei kauend und schlürfend begutachtet er die einschlägig sortierte Bibliothek des ihm unbekannten Bewohners. Ein paar Meter blaues *MEW*, etliche Leninraubdrucke und die neuen Suhrkamp-Taschenbücher, daneben ein Palästinensertuch, zum Dreieck gefaltet aufgespannt. In der Ecke gegenüber eine Gitarre, auf dem Holztischchen vor dem Sofa das aufgeschlagene Liederjan-Buch.
Roland musste gähnen, vergeblich hielt er Ausschau nach Fußballreliquien. Er goss reichlich Edelpils nach, um den faden Geschmack des lieblos zusammengerührten, mehligen Konglomerats wegzuspülen. Den Pappteller wollte er auf dem Regal in seinem Rücken entsorgen. Zu nachlässig drehte er sich um, prompt rutschte etwas von der Pampe in den Abgrund hinter der wulstigen Rückenlehne. Ein zaghaftes, unterdrücktes Lachen ließ ihn aufhorchen. Er riskierte einen Blick nach unten und sah direkt in Roswithas große blaue Augen. Mit einem entschuldigenden Lächeln schaute sie schief zu ihm herauf. Unter ihr lag ein breites, rotnasiges Vollbartgesicht mit halb geschlossenen Lidern. Beide Männerhände waren unter dem nachgiebigen Nicki verschwunden.
Wie vom Keulenschlag getroffen sprang Roland auf, stolperte die schmalen Stiegen hinunter und floh, sich nicht mehr umblickend, ins Freie.
Oh Gott, oh Gott, stammelte er vor sich hin, ... wie konnte ich Blödian mich nur in diese Frau vergucken...dass die mit mir jungem Schnösel was anfangen würde... die steht doch nur auf diese Marxdaddys, sucht ´n Vaterersatz.
Letztere Vermutung hatte er von seiner jüngsten Freud-Lektüre abgeleitet, ohne in diesem aufgewühlten Moment groß darüber nachzudenken. Denken wollte Roland an diesem verkorksten Abend nicht mehr, auch nichts mehr sehen, nur noch verkriechen, schlafen und vergessen.
Scheiß Weiber, scheiß Politmacker!

Von dem Sündenfall geläutert warf sich Roland in der Folgezeit in die Schufterei für die Zwischenprüfung, ohne den Verlockungen des Nachtlebens nachzugeben.
Dafür schleppte ihn Susie zu diversen Demonstrationen, und als es gegen Chile ging, zeigte sie sich zu seiner Verblüffung bestens informiert über den WM-Spielplan.
Du hast doch Karten, löcherte sie ihn, sind da auch welche für das Chile-Spiel in Berlin bei?
Zu seinem Bedauern musste er sie enttäuschen.
Schade, da hättest du deinen Fußballtick für die richtige Sache politisch nutzen können.
Roland ahnte, was sie damit meinte, und war plötzlich froh, keine Karten zu besitzen. Was einem als einsamer Demonstrant bei einem Länderspiel blühen konnte, überstieg Susies Vorstellungsvermögen. Roland unterließ es, sie aufzuklären. Sie gehörte zu der Kategorie, die selbst im Hauptquartier des Ku-Klux-Klan gleiche Bürgerrechte für Schwarze einfordern würde.
Zum 1. Mai forderten sie gemeinsam höhere Löhne, weniger Arbeitsstunden, mehr Urlaub für die Arbeiterklasse im Allgemeinen und ein Streikrecht für Lehrlinge im Besonderen. Der als Hauptredner aufgebotene, örtliche Gewerkschaftsboss musste sich viele Zwischenrufe gefallen lassen und erntete hämisches Lachen und böse Pfiffe von kommunistischer Jugend, als er die Bundesrepublik ein gut regiertes Land nannte. Susie freute sich über die rege Beteiligung ihrer Genossen am Störfeuer. Bald würde

dieser Tag nicht mehr unter der Ägide einer politisch inkonsequenten Sozialdemokratie stehen, sondern von einer marxistisch geführten Arbeiterklasse organisiert sein. Roland war überzeugt, dass die skeptisch dreinschauenden Gewerkschaftler um ihn herum diese Perspektive kaum begrüßen würden, und fragte sich, ob unter dem Diktat der Bühlstraße noch Fußballländerspiele am „Tag der Arbeit“ erlaubt wären, so wie an diesem Mittwoch. Das für den Spätnachmittag angesetzte letzte Vorbereitungsspiel gegen Schweden sah Roland als das eigentliche Highlight des Maianfangs. Davon ließ er aus taktischen Gründen nichts verlauten, als er sich nach dem Verzehr von zwei Tellern DGB-Erbseneintopf für drei Mark still aus der Menge herausschlich. Da hatten die Demagogen von Susies Fraktion das Rednerpult erfolgreich okkupiert und gingen mit den vermeintlichen Arbeiterverrätern hart ins Gericht.

Das Spiel in Hamburg sollte für Helmut Schöns Planungen von entscheidender Relevanz sein, da kein Geringerer als Günter Netzer dort den letzten Beweis seiner WM-Tauglichkeit erbringen musste. Seit er sich mit dem knorzigen Weisweiler überworfen hatte und nach Madrid ausgewandert war, las man kaum noch gute Kritiken über ihn. Fülliger sei er geworden und bewege sich unter spanischer Sonne schwerfällig und behäbig. Nun wollten sich Pille und Roland gemeinsam überzeugen, dass diese gehässigen Stimmen falsches Zeugnis abgaben wider die Legende. Mit so einem Zambogranatentor wie im Pokalendspiel gegen Köln sollte er alle Zweifler Lügen strafen, hofften sie, als sie bei schönstem Maiensonnenschein in dem düsteren Studentenbunker in der Levinstrasse in Sybilles Kemenate zusammentrafen. Roland wusste die Ehre dieser besonderen Einladung wohl zu schätzen, beinhaltete sie doch eine Garantie auf beste Bildqualität, da Sybille über einen breiten Farbbildschirm mit direktem Antennenanschluss verfügte.

Die anmutige Gastgeberin empfing ihren Männerbesuch in luftiger Bluse und ausgebeulter Jeans. Ihre Präsenz überraschte Roland, da Pille eigentlich von einem soliden Herrennachmittag gesprochen hatte. Ihre Verabredung mit der Busenfreundin Nina habe sich verschoben, weil die kurzfristig zu einem Hexenreigen nach Hannoversch-Münden getrampt sei.

Die üben das Besenreiten, witzelte Pille über die Schulter und machte sich am Apparat zu schaffen.

Oder wie man blöden Ochsen die Hörner stutzt, rüffelte Sybille in gespielter Angriffshaltung zurück.

Los, los hinsetzen, tönte es aufgeregt aus der Fernsehecke, es geht schon los. Frauen haben ab jetzt Sendepause, schwang sich Pille zum Herr der Dachstube auf.

Und Hexen kommen in die Besenkammer, setzte Roland übermütig nach.

Sybille zog sich in ihr philosophisches Schweigen zurück.

Roland konzentrierte sich auf die Farbbilder aus der Freien Hansestadt.

Das Spiel begann und schon bekam der, auf den sich nicht nur die Männeraugen der Nation neugierig richteten, den Ball zugespielt. Unübersehbar lahm drehte sich Netzer um die eigene Achse und produzierte einen Fehlpass.

Pille stöhnte auf und entschuldigte im gleichen Atemzug die Fehlhandlung: Noch nicht richtig warm.

Roland wischte sich den Schweiß von der Stirn. Im Göttinger Dachgeschoss staute sich die Sonnenhitze. Zur Auflockerung riskierte er einen Scherz auf Netzers Kosten.

Für den brauchen sie heute keine Zeitlupe. Der hat seine Bewegungen bereits auf slow motion abgestimmt.

Keine Reaktion.

Sybille schaute kurz auf.

Pille wetterte gegen diese arroganten Bayernpinsel, die den blonden Auswanderer - das sei doch offenkundig – nicht mitspielen ließen.
Roland sah das nicht so krass, war aber auch von Sybilles Aura zu abgelenkt, um ernsthaft die genaue Passfolge zu kontrollieren. Wie sie da hingegossen lag auf ihrer mit schwarzem Cordsamt bezogenen, einladend breiten Schaumstoffmatratze und angestrengt in ihrem Biologie-Reader blätterte. Rolands Augen suchten das Terrarium mit dem Saharaskorpion auf den Glasböden des nur meterhohen Regals neben der Schlafspielwiese, über dessen wackeligen Standort Pille geklagt hatte, da er beim Liebesspiel zu oft von der Horrorvision heimgesucht wurde, das Glas könne mitsamt des stacheligen Untiers auf seinen nackten Hintern purzeln. Die gläserne Behausung nahm sich kleiner aus als gedacht. Das giftige Insekt war zwischen den Steinen nicht zu sehen. Sybille wollte das, wie sie fand, possierliche Tierchen wegen seiner afrikanischen vibrations nachts in ihrer Nähe wissen. Sie wiederum störte sich an der muffigen Enge der *Akademischen Burse*, die ihr die Lust zum Vögeln nahm. Da nächtlicher Damenbesuch dort zudem nicht gern gesehen wurde, entwickelten die beiden ein kleines, aber zählebiges Beischlafproblem, wusste Roland, der in diesem Augenblick überlegte, ob er seinerseits in der greifbaren Nähe des kleinen Wüstenjägers sorglos lieben könnte.
Pilles beifälliger Kommentar holte ihn ins *Volksparkstadion* zurück. Ein Netzerpass hatte eine aussichtsreiche Situation heraufbeschworenen, die der laut Pille hoffnungslos unbegnadete Cullmann vertändelt hatte. Die Kamera verblieb bei dem umstrittenen Realstar, der, beide Hände auf die Knie gestützt, nach Luft ringend im Mittelkreis verharrte.
Jetzt macht der Siesta, spottete Roland leichtfertig, das hat der sich so angewöhnt.
Beckenbauer macht´s nicht besser, giftete Pille dünnhäutig zurück, wie der da dauernd nur herummosert und die anderen gängelt.
Wie abgesprochen schwenkte das Bild auf den Kaiser aus Bayern. Pille hechtete zum Schirm, drückte den Zeigefinger auf die kleine schwarz-weiße Figur.
Ja, du bist gemeint, alter Besserwisser. Wenn du weißt, wo´s langgeht, heb doch selber deinen Arsch und mach was...
Der Gescholtene hörte nicht hin, und bald danach war Pause.
Sybille ergriff die Gelegenheit, für frische Luft in ihrer von Männerlungen verqualmten Bude zu sorgen. Roland nahm sich vor, sie der Höflichkeit halber mit ins Gespräch zu ziehen. Stümperhaft fragte er sie nach ihrer Paukerei für die Biologiezwischenprüfung.
Interessiert dich das wirklich?
Ja, schon.
Sie übergab ihm den Reader und entschuldigte sich für ein paar Minuten: Muss mich umziehn, mir ist so heiß heute.
Pille lauschte den Halbzeitnachrichten.
Die Kundgebungen wurden in diesem Jahr stark besucht, hörte Roland mit, sogar in München waren Vierzigtausend beteiligt. Zahlen wie beim Fußball, dachte er und schaute auf die Bilder von der Kundgebung in Hamburg, wo Vetter die unheilige Allianz der Unternehmer und Wirtschaftsverbände anprangerte. Im zweiten Atemzug forderte er dazu auf, die linken Chaoten und Apostel der Gewalt zurück in ihre Löcher zu jagen.
Pille lachte hämisch auf: Hör dir diesen Flachkopf an.
Wie zur Bestätigung der Notwendigkeit einer solchen Jagd liefen plötzlich Bilder der Gewalt über den Schirm. Handgreiflichkeiten zwischen jungen Menschen und Polizeiknüppel im Einsatz in Westberlin. Linksradikale, vernahm Roland noch mit einem

Ohr, seien auf Mitglieder der *Jungen Union* losgegangen. Dann warf er einen Blick in den Reader.
Die didaktisch veranschaulichte Biologie sagte ihm zu. Komplexe Sachverhalte einfach zu vermitteln, das war das Prinzip, mit dem Roland in seiner Schulzeit auch den Naturwissenschaften hätte etwas abgewinnen können. Die Anatomie des Menschen mit unserer neuen Biologielehrerin Sybille. Da wäre er bis in die Haarspitzen motiviert gewesen.
Die angehende Pädagogin kam in einem rattenscharfen Patchworkledermini und ärmellosem grauem Herrensporthemd zurück. Er hatte damals im *Maschpark* richtig getippt – kein BH. Als sei er vom Teufel geritten, fragte Roland nach ihren Ideen für einen Aufklärungsunterricht und bekam postwendend eins zwischen die Hörner.
Brauchst du vielleicht Nachhilfe?
Pille kicherte ihm schadenfreudig in die Rippen, um sofort auf seine Verschwörungstheorie um den lahmenden Real-Star zurückzukommen. Fazit: Die kleinkarierten Bayern schneiden den tragischen blonden Helden systematisch, weil sie neidisch auf sein Auslandsengagement sind. Die wollen lieber Overath, weil der nach ihrer Pfeife tanzt. Schön hat eh nichts zu melden, basta!
Roland kam das spanisch vor.
Sybille argumentierte aus biologischer Warte und verwies auf den Höhenunterschied zwischen Madrid und Hamburg. Da könne einer durchaus kurzatmig werden.
Pille bat sie inständig, sich ihrer unkundigen Stimme zu enthalten. Solchen Hirnriss müsse er sich jetzt nicht noch antun...
Endlich fiel ein Tor und rettete die Stimmung. Ein zweites forcierte den Pilsnachschub aus dem Boschkühlschrank. Der früh eingewechselte Heynckes polierte mit einem Doppelpack den alten Mönchengladbacher Glanz auf. Netzer verblasste in einer Statistenrolle.
Im obligatorischen Interview ließ sich der höfliche Bundestrainer nicht in die Karten schauen. Netzer hatte ein gutes Gefühl. Pille durchschaute den Komplott, und Sybille erinnerte an sein Versprechen, sie ins Restaurant auszuführen. Roland hingegen wurde vom Maieintopf gezwickt und verabschiedete sich hastig zu einem Verdauungsspaziergang. Laut furzend und vor Erleichterung seufzend durchmaß er in langen Schritten mit wüsten Sybillephantasien im Kopf den Levinpark Richtung Königsallee.

Die Zwischenprüfungstermine rückten näher und wurden überstanden. Das verlangte nach Belohnung. Roland und Susie planten ihre erste Hausfete. Ein Problem bestand darin, wie sie die beiden eigenbrötlerischen Mitbewohnerinnen zum Mitmachen bewegen konnten. Sie bewirtschafteten ihren eigenen Kühlschrank im Zimmer und achteten peinlichst auf die Trennung der Pflegeutensilien im gemeinsamen Bad. Da Roland auf diesem Terrain zu Grenzüberschreitungen neigte, fand er des öfteren Beschwerdenotizen an seiner Zimmertür vor. Direkt angesprochen hatte ihn noch niemand. Ob sie mit dem, der ihre Handtücher schändete und ihre Zahnpastatuben verunstaltete, feiern würden? Roland suchte den Kontakt und bekam eine taktische Abfuhr. Sie erwogen, darüber nachzudenken. An der Römerpilspauschale würden sie sich auf keinen Fall beteiligen. Annette, Germanistin mit Schwerpunkt Mediävistik und einen Kopf größer als Roland, bekannte sich ausdrücklich zur ihrer Alkoholabstinenz. Roland hatte verstanden und erhöhte seinen Anteil an der Umlage. Susie erklärte sich für Gaumenfreuden zuständig
Ein ganzer Tag verging für die Vorbereitungen. Die meiste Zeit verschlang das Drehen der filterlosen Grassticks, die in Gläschen aufgestellt zu jedermanns Verfügung in den Zimmern verteilt wurden. Susie schöpfte keinen Verdacht. Roland schlug vor, die Zimmertüren auszuhängen, um das Gemeinschaftsgefühl zu animieren und der

Cliquenbildung vorzubeugen. Sodann legte er an der langen Wand, an der das großflächige Waldwegposter prangte, mit den leinenbezogenen Schaumstoffelementen eine Sofalandschaft aus und verteilte Salzletten und *Perli-Erdnüsse* auf die Pappteller im Anbauregal. Beim Kauf von Lebensmittel achtete er anders als Susie, die immer öfter die neuen billigen Ersatzartikel anschleppte, streng auf Markenprodukte – ein leidiges Reizthema ihrer Kleinstwohngemeinschaft. Zuletzt musste noch die Langspielplattenkollektion sortiert werden: Schwerverdauliches wie Zappa, Hendrix, *Pink Floyd*, *Velvet Underground* und Susies Ernst-Busch-Anthologie nach hinten, Fetzerscheiben von Rod Steward, *Led Zeppelin*, *Humble Pie*, *Deep Purple*, *Who*, *Rolling Stones* und natürlich den *Doors* nach vorn. Hoffentlich würden am nächsten Morgen nicht zu viele Kratzer zu beklagen sein.
Um neun Uhr trafen die ersten lieben Gäste ein, der Christa-Club mitsamt Ludwig und Kurt. Als besondere Überraschung übergaben sie Roland einen Topf mit frisch gebrühtem Vanille-Gras-Tee, den er, um Unauffälligkeit bemüht, auf dem Stövchen in der Küche warm stellte. Dann klingelte es ununterbrochen. Spartakisten und als koalitionsfähig befundene Jusos strömten durch den Flur, zwei besondere Freundinnen aus Susies neu gegründeter Frauengruppe verzogen sich sofort ins hintere Zimmer, Rivelino, Boninsegna, und Breitner trudelten nacheinander ein, flüchtige Szenebekanntschaften huschten ins Zimmer, nur Pille und Sybille tauchten nicht auf. Mick Jagger turnte schon mit dem „Honky Tonk Woman“, Roland verteilte *Römerpils* und Susie schnupperte argwöhnisch durch den Flur. Noch ein verspätetes Klingeln, er sah nach und schaute ungläubig in die Unschuldsaugen der Nachzüglerin - es war Roswitha.
Willste misch net eneilasse?
Doch... ja... klar, Roland geriet ins Stottern.
Biste bös´ mit mir?
Nein, warum?
Ach gelle, du weißt scho..., flugs schwebte sie an ihm vorbei, lüftete die abgewetzte Jeansjacke. Die weiße, spitzenbesetzte Baumwollbluse hatte sie diesmal in die Cordhose gestopft. Ein bunter, perlenverzierter Leinengürtel umschloss ihre Taille. So schmal hatte Roland sie gar nicht in Erinnerung, aber diese unvergleichlich ovalprallen Ausbuchtungen ihres Popos konnte man schwerlich vergessen.
„Built me a woman, make her ten feet tall...”
Mit einem Auge sah Roland Ludwigs routinierten Abtastblick, als die späte Attraktion auf die Sitzkissenwiese glitt. Mit anerkennendem Grinsen signalisiertet er Roland seine Hochachtung. Der überschlug sich vor Servilität.
Roswitha fragte bescheiden nach einer Cola. Das ließ sie in Rolands Augen noch reiner erscheinen.
Als er die nächste Nachschubrunde drehte, winkte sie ihn zu sich.
Isch han dir extra e Plätzche freigemacht. Komm setz disch neebe misch.
Dann erzählte, nein beichtete sie ihm von dem Wahlabend und wie es zu der Sofaszene kommen konnte. Ihr Frankfurter Dialekt klopfte ihn mit sanftem Sington weich. Wenn man ihren Worten Glauben schenken wollte – und das tat er vorbehaltlos – steckte sie in arger Gefühlsverwirrung, da ihre Liebe zu Marek bedauerlicherweise in einer Sackgasse sei. Die Rotnase sei nur eine Randfigur...
... aber eine mit flinken Grabschhänden, unterbrach sie Roland mit Apostelmiene.
Ach, du, ... hast am End´ noch heimlisch zugeschaut?
Der Verdächtigte blinzelte vielsagend in die Runde.
Das Gebrabbel und die Musik pendelten einander aus.
Boninsegna redete für Rolands Geschmack etwas zu intensiv auf Susie ein. Eine Warnung schien angebracht. Roland bewegt sich in ihre Richtung, da stellte ihn ein

unbekanntes, blondsträhniges Jüngelchen angenervt zur Rede. Ob es verdammt noch einmal in dieser Wohnung vielleicht richtige Zigaretten gebe und nicht diese Kamelhaarstummel. Roland schlüpfte brav in die Gastgeberrolle und kramte den Schuhkarton mit den losen Filterzigaretten hervor. Die dankbare Mimik des Jungen hätte gut in einen Werbefilm für die Marke gepasst, kam Roland in den Sinn, als der Tabaksucher den ersten langen Zug ausgiebig genoss. Mit einer Handvoll *Camel-Filter* zog es ihn zurück zu Roswitha in die Kuschelecke. Er wollte nicht dafür verantwortlich sein, falls sie sich versehentlich bekiffte.
Du hast ganz schön Fetze in deiner Bude, das kommt sicher von dem viele Haschisch, gell? Wer mag das nur beigeschleppt haben?
Roland gab sich ahnungslos.
Hübsche Bilderchen haste do, lobte sie fortgesetzt das Interieur und zeigte auf das Foto mit dem vor einer schier unendlichen Menschenmenge im Spagat hochspringenden Gitarristen im weißen Overall . Wer ischt dann das?
Pete Townsend in Woodstock .
Die *Who* waren ihr nicht sehr geläufig.
Roland erzählte ihr von Klaas und dessen Konzerterlebnis auf der Isle of Wight, von dem genialen Gitarrenderwisch mit seinen Windmühlenflügelbewegungen beim Solospiel – er hätte ihr das gern pantomimisch demonstriert, aber die Enge würgte seinen dilettantischen Versuch ab -, vom noch ausgeflippteren Drummer Keith Moon, wie der die Trommelstöcke mitten im Spiel hoch in die Luft schleuderte und zum Finale die ganze Schießbude mittels Pyrotechnik sprengte, um den Rest eigenhändig zu zertrümmern.
Wieso macht´n der so ebbes?
This is our generation, zitierte Roland frei improvisierend, people try to put us down! Die *Who* spielen den „Young-Man-Blues“, nicht diese Zupfgeigenhanseln, die eignen sich höchstens für´n Wandervogelseniorentanztee, hatte er sich in Rage geredet.
Roswitha nickte verständnislos.
Oder der hier, der ist zwar tot, aber unerreicht, warte...
Auf dem Dualteller hatte sich Jim Morrison in den Absprung zum Ausbruch vorgesungen: „We want the world and we wan´ it ...“ Gleich würde der Urschrei aus den Boxen katapultiert. Roland drehte den Lautstärkeregler bis zum Anschlag auf, dann kam es:
„NOOOWWWWWAHHHHH....“, die Stimme zerspringt im Rückkopplungspfeifen. Roswitha hält sich die Ohren. Alle, die schon weggedöst waren, starren aufgeschreckt ins Halbdunkel.
Was soll der Scheiß, mosert Kurt.
Ludwig winkt müde ab.
Christa schaut verstört aus dem Fenster, als habe sie auf der Straße ein Mordopfer gesichtet.
Roland dreht den Knopf zurück und robbt an die Seite seiner Herzdame.

Wenige Sekunden nach dem ultimativen Schrei stand Annettes drohende Gestalt im Türrahmen und kündigte ernste Konsequenzen an. Missbilligend beäugte sie die türlose Zarge. Der Lärm übersteige jedes Maß, dies sei keine Party, sondern ein Vandalengelage.
Die Meckertante nachäffend prognostizierte Roland ihren baldigen Auszug.
Roswitha lehnte sich sacht an seine Schulter: Du bist ebbe en Lausebub, aber ganz en lieber.

Roland goss *Römerpils* nach. Roswitha blieb bei Cola und bot ihm ihren zart rosa schimmernden Mund zum Kuss. Roland schloss die Augen und verlor sich in ihrem Lippenspiel.
Nach dem Kussintermezzo hatte sich die Atmosphäre im Raum weiter entspannt. Irgendwie war Joni Mitchell auf die Dualrotation gekommen. Ihr Mimosenstimmchen bändigte die Adrenalinströme. Roswitha hatte das Libuda-Foto über dem Plattenspieler entdeckt.
Un´, wo läuft der hin?
Nach Mexiko. Roland schickte sich an, ihr von Hamburg zu erzählen, von dem was Höttges gesagt hatte, wie er sich gewünscht hatte einmal in die Augen des Wunderstürmers zu sehen und wie sein Wunsch dann nach der WM in Erfüllung gegangen war, als er mit dem Vater auf dem Gang hinter der Haupttribüne im *Niedersachsenstadion* den Moment der Ankunft des Mannschaftsbusses abgepasst hatte, Libuda ganz dicht an ihm vorbeiging, er ihn schüchtern ansprach wegen eines Autogramms, der Angesprochene ihm seine Schlafwandleraugen zuwandte, Roland so fasziniert war von diesem nachlässigen Fixieren, dass er den Kugelschreiber fallen ließ, und es deshalb nicht zur Unterschrift kam, weil der Derwall zur Eile gemahnt hatte.
Zu der Zeit nannten ihn längst alle Stan, möchtest du wissen, weshalb?
Ja, sie wollte.
Isch horsch dir gern´ zu. Du kannst so schö erzähle, viel besser als de Tommy Rohrbach.
Also fuhr Roland fort, erklärte den Vergleich mit Stanley Matthews, erwähnte exkursartig Zick-Zack-Matischak, kam vom Stürmerthema ab, fabulierte sich irgendwie in die Einswardenepisode und beschwor vor Roswithas mitleidenden Augen die arktische Kälte jenes denkwürdigen Sonntagmorgens, während die letzten Gäste nach und nach aus dem Zimmer verschwanden.
Auch Susie hatte sich in ihr Bett verkrochen, aber Roswitha lag immer noch neben ihm auf den Schaumstoffelementen, die er so gemütlich arrangiert hatte – damit sich die Leute näher kommen können. Bei ihm und Roswitha hatte das prima funktioniert.
Roland gähnte ungeniert.
Und du..?
Willst de misch rausschmeiße ... darf isch net bei dir bleibe?
Roland sah auf. Diese Möglichkeit hatte er nicht im Entferntesten in Betracht gezogen, dass der unerreichbare Sonnenschein jetzt hier und heute nacht bei ihm...
Schweißperlen krochen auf seine Stirn, es wurde ihm heiß und kalt zugleich, er zitterte. Auf diese Art hatte ihn das Glück noch nie überrumpelt.
Was mach´ ich nur?
Roswitha strich ihm über die Stirn. Bleib´ nur liege, isch mach´ uns e Bettche.
Roland schloss die Augen und ließ alles geschehen. Wenn die Augenblicke endlich kommen, die wir so sehr herbeigesehnt haben, wissen wir nichts damit anzufangen. So´n Mist, was wird die von mir denken, wenn ich´s gleich nicht bringe...
Komm, leg dich zu mir.
Roland öffnete die Augen. Die Kerzen waren verloschen. Das Restlicht der Straßenbeleuchtung, das durch die grauen Vorhänge drang, zauberte eine Schattenlandschaft ins Zimmer. Neben ihm hatte Roswitha aus den Sitzbausteinen ein bequemes Schlafquadrat zusammengelegt und wartete unter der aufgebauschten Daunendecke auf ihn. In Jeans und Oberhemd konnte er schlecht zu ihr kriechen. Roland war froh, dass unter diesen Lichtverhältnissen alles grau erschien. Seitdem Susie ihn vor ein paar Wochen morgens auf dem Flur wegen seiner von der Mutter im Winterschlussverkauf erfochtenen Feinrippunterwäsche aufgezogen hatte, kam er sich darin verklemmt und spießig vor. Was tragen Revoluzzer unter der Uniform, hatte er beleidigt zurückgefragt

und keine Antwort bekommen. Aber der Stachel des Zweifels steckte tief, und er sann über alternative Formen der Unterbekleidung nach. Nach einem Gang durch die Wäscheabteilung bei *Karstadt* musste er feststellen, dass Feinripp immer noch die billigste Lösung war. Dabei war es dann geblieben. Nur kam er sich jetzt vor Roswitha auch ziemlich billig vor. Seinen gestreiften Schlafanzug ließ er besser im Schrank.
Die zersetzenden Vorbehalte hätte er sich sparen können. Roswitha hatte die Kleiderfrage auf einfache Weise gelöst. Sie räkelte sich splitternackt unter der schweren Decke.
Du hast ja noch was an.
Die Wärme ihres Fleisches strahlte ihn an, als er zögerlich unter die Daunen schlüpfte. Einladend zog sie seinen Kopf an ihre Brust und streifte ihm mit ihrer Hand ebenso sanft wie entschlossen das letzte Baumwolltextil von den Lenden. Unter dieser Bewegung schoss ihm die Lust so heftig durch die Epidermis, dass seine Beinmuskulatur erzitterte. Um seine Standhaftigkeit brauchte er sich indes nicht zu sorgen. Alles weitere nahm Roswitha in ihre sicher führende Hand. Seine hilflosen, von Urtrieben befehligten Versuche, die Initiative zu übernehmen, ließ sie spielerisch ins Leere laufen. Die letzten Widerstände gegen die lustspendende Macht der Frau erloschen. Roland gab sich zum ersten Mal in seinem Liebesleben völlig hin. Reibungslos glitt ihr Schoß auf seinen Schwanz. Mit vorsichtigen Wippbewegungen begann sie ihren liebkosenden Ritt und pendelte sich in ein gefälliges Tempo ein. Nur keine Hast.
Und wenn de net mehr kannst, sagste Bescheid, flüsterte sie ihm leicht ventilierend ins Ohr.
Als sie sich zwischendurch zu seinem Gesicht herunterbeugte, um seine Lippen zu suchen, strichen ihre samtigen Brustbälle über seinen Oberbauch und lösten einen Wonneschub aus, der ihm bis ins Rückenmark fuhr. Unwillkürlich stöhnte er auf, öffnete die Augen und sah ihr zu, wie sie zielsicher zur Erfüllung wippte.
Die Locken umspielen ihr entspannt lächelndes Antlitz. Kurze, helle Laute flöten aus den Lippen. Voller Vorfreude auf das Platzen des Lustballons ruft sie seinen Namen. So hat ihn noch niemand gerufen.
Ja, ja, ja ...mehr als alles auf der Welt wünscht er, dass sie kommt, auf ihm kommt...
Ihr finales Rucken war zu heftig.
Während sie zerfloss, hatte Roland Mühe, den durch sein Becken zirkulierenden Schmerz auszupendeln.
Keuchend und mit Tränen in den Augen sank sie neben ihm aufs zerwühlte Laken. Er spürte die Entspanntheit ihrer Glieder. So musste sich die berühmte Gummifrau aus dem Zirkus anfühlen.
Langsam kehrten ihre Sinne aus dem Nirwana zurück. Sie ertastete seine Dauererektion.
Roland schob alles auf das viele *Römerpils*.
Roswitha diagnostizierte Verkrampfung, die es zu lösen galt.
Roland spürte die geschmeidigen Finger, mit denen sie so geschickt die Bildchen ausgeschnitten hatte. Seine Lust steckte tatsächlich irgendwo fest. Ihre gelenke Massage bereitet ihm Schmerzen im Glied und Stiche im Sack.
Er jaulte leicht auf.
Du musst dich entspannen, hauchte sie aufmunternd ins Ohr.
Einem embryonalen Instinkt gehorchend drückte er sein Gesicht ins weiche Tal zwischen ihren Brüsten. Ohne es zu merken, verbiss er sich in einem der steifen Knubbel. Sie stupste ihn sacht zurück. Er kaute rücksichtsvoller, und die Verspannung begann sich zu lösen. Der Schmerz verklang, und etwas unendlich Schönes stieg zwischen seinen Hüften auf. Ihre Hand hatte sich im Idealrhythmus eingeschwungen.

Was immer in ihm klemmte, sie zog es beharrlich heraus. Bei schwindendem Bewusstsein begann der junge Mann sich unter ihrer Fingerfertigkeit zu winden. Diffuse Glücksphantasien vernebelten seine Wahrnehmung.
Lass es nicht enden, lass es nie enden!
Ein mächtiger schmerzunterlegter Lustschub, begleitet von einem im ganzen Parterre vernehmbaren Schrei, setzte allem Sehnen und Verlangen ein furioses Ende, dann war endlich Ruhe am Düsteren Eichenweg.

Anderntags, als Roland, so gut es in seinem morbiden Zustand ging, Susie beim Säubern von Küche – da musste jemand auf einen Fresstrip gekommen sein und hatte noch des Nachts mit Spaghetti und Ketchup herumgewedelt - und dem von Kotzesprenkeln übersäten Bad half, eröffnete sie ihm in strengem Ton, dass ihr Bildschirm aus Protest gegen Pinochet beim Chile-Spiel dunkel bleiben würde. Roland vermutete hinter diesem unausgegorenen Boykott eine versteckte Strafmaßnahme. Offenbar schrieb sie die hartnäckig haftenden Gästegrüße seinen Einladungen zu, folgerte er aus ihrer unnachgiebigen Haltung.

Da Pille wie vom Erdboden verschluckt schien, musste er sich wohl oder übel wieder bei des Bruders Hausgemeinschaft anmelden. Dort kam, wie befürchtet, keine Stimmung auf an diesem schwülheißen Nachmittag. Das Bier wollte bei der Affenhitze nicht schmecken, und das Spiel versandete in taktischem Gezaudere. Dafür bekam Roland als kleinen Ausgleich für den mangelnden Unterhaltungswert der aufwendigen Direktübertragung einen Einblick in die Reaktion deutscher Männer auf Protestaktionen bei ihrem Lieblingssport.
Nun guckt euch diese Radikalinskis an, empörten sich die Sesselhocker, als die Kamera ein Häuflein aufrechter Linker erfasste, die zaghaft ihr schwarz beschriftetes Leinentuch hochhielten.
Alle ferngesteuert von drüben.
Und da sollen sie die linken Bazillen auch sofort wieder rüber schicken, zu ihren Genossen hinter der Mauer...
...dem Antifaschistischen Schutzwall, verbesserte eine höhnische Stimme hinter Roland.
Glaubst du, die wollen solche Chaoten haben, mischte sich nun Rolf ein.
Na, dann schicken se die eben gleich weiter nach Russland. Die haben genug Plätze frei im Arbeitslager, wie nennen die das noch gleich?
GULAG, half Roland mit seinem Wissen aus.
Solche Kommentare waren ihm zu vertraut, um sich daran zu stören.
Hätte er Susie herlocken können, wäre es lustiger geworden.
Nicht direkt ins Arbeitslager, aber zum Frisör hätte der strebsame akademische Nachwuchs aus der Studentenkaserne den Breitner schon gerne einmal geschickt, wenn nicht ausgerechnet der vorlaute Mao-Leser aus München mit einem Giebelkracher das Vaterland vor einer Premierenpleite bewahrt hätte. So blieb er diesmal von ihren Schmähungen verschont.
Roland hatte genug gesehen und gehört, zur WM-Euphorie gab es keinen Anlass. Seine miese Laune würde sich noch verschlechtern, wenn er erst den Brief vom Vermieter, einem Rechtsanwalt aus Susies Heimatstadt, in den Händen hielte, der zu diesem Zeitpunkt noch im Verteilersystem der *Deutschen Bundespost* zirkulierte. Darin wurde ihm mit fristloser Kündigung zum Schutze des Hausfriedens gedroht, falls erneut derart massive Beschwerden über Lärmbelästigung und sittenwidrigesTreiben in der Kanzlei eingingen.

Endlich gab es Lebenszeichen von Pille, jedoch umhüllt von dunklen Wolken am Liebeshimmel. In besorgniserregender Verfassung tauchte er am frühen Morgen nach dem lauen WM-Auftakt auf. Zappeliger als gewöhnlich, auf nüchternen Magen rauchend – Roland bekam allein vom Hinsehen einen Würgereiz - wanderte er die Küchenzeile auf und ab, während Roland noch ganz verbrummelt Susies magenfreundlichen Kaffee aufbrühte. Er kam kaum zu Wort, um von seinem Roswithaglück und der tierisch geilen Fete zu berichten. Pille übergoss ihn förmlich mit seinem Sybillepech. Er sei am Ende mit seinem Liebeslatein, die dauernden Nörgeleien auf der schwarzen Samtwiese neben diesem kleinen Wüstenungeheuer leid, alles wegen dieser verdammten Frigidität oder wie solle man dieses Querschießen im Bett anders nennen? Ungefragt wurde Roland in Kenntnis gesetzt über Sybilles notorische Orgasmussperre, gegen die Pille nicht mehr anvögeln könne, weil sie sich permanent verkrampfe und seit neuestem zu allem Überfluss noch so komisch über androgyne Disposition und Bisexualität daherrede. Dauernd lege sie die neue Transformerscheibe von Lou Reed auf und schwärme von diesem David Bowie, der – da müsse Roland doch wohl zustimmen – aussehe, wie ′n Schluck Wasser inner Kurve.
Roland kannte das neue Wesen nicht.
Sei ja auch egal, jedenfalls sei alles hoffnungslos verfahren und die Liebe am zerbröseln.
Roland, sicherlich von dem erotischen Gipfelsturm mit Roswitha beflügelt, vielleicht auch, weil ihm zufällig die Türszene mit dem Kommunisten und dem Vamp durchs neuronale Hinterstübchen geisterte, verstieg sich in folgenschwere Machorede.
Wenn Frauen solche Zicken machen, musst du das nicht so ernst nehmen. Im Grunde genommen warten die alle nur darauf, dass einer kommt und sie richtig nimmt. Guck dir zum Beispiel den Brando an, wie der es dieser Teenieschlampe im „Letzten Tango“ besorgt. Sagt zu ihr, wie sie da blöde in der leeren Wohnung rumsteht: Hol Butter! – Die naive Tussie checkt natürlich nicht, worum es geht, holt die Schmiere, und schwupp di wupp fickt er sie richtig in ihren knackigen Hintern, und - wie ich dir′s gesagt hab′- dem Luder gefällt das am Ende sogar.
Pille wurde hellhörig. Diese Durchhalteparole hatte er gebraucht.
Ein paar eisgekühlte *Römerpils* aus dem Fetenüberhang lockten Roland weitere Männerzoten heraus und begossen Pilles neu gestärkte Entschlossenheit, der vom heterosexuellen Pfad abgelenkten Zicke zu zeigen, wie mit dem Bock anständig gerammelt wird. Spätestens zum Spiel gegen die Betonköpfe aus dem Arbeiter- und Bauernstaat würde man sich wiedersehen, sicherlich könne er dann schon sagen, wie alles gelaufen sei.
Roland wünschte ihm viel Vögelglück und trollte sich zum Postkasten. Als er das Drohschreiben des Anwalts in den Händen hielt, schlich der Übermut aus seiner Tagesform. Einem spontanen Anlehnungsbedürfnis nachgebend sehnte er sich in Roswithas Kuschelgriff.
Einen süßen, heißen Sommer hatte sie ihm in Aussicht gestellt, als sie sich unter nasszarten Küssen verabschiedet hatte, nur solle er sich einige Zeit gedulden, bis ihre Verhältnisse mit Marek geklärt seien. Einer von ihnen müsse über kurz oder lang aus dem gemeinsamen Nest am Kreuzbergring ausziehen. Nach drei Jahren des Zusammenlebens sei das nicht so einfach und würde sicherlich nicht schmerzfrei ablaufen. Roland würde wegen der zahlreichen Fußballtermine in nächster Zeit sowieso kaum Zeit für sie haben, hatte sie einen letzten Abschiedsscherz parat.
Geduld würde ihm also am Ende Rosen bescheren. Hoffentlich bald, wünschte sich Roland, während er den bösen Brief bedächtig zerknüllte. Wäre Pille jetzt erst aufgelaufen, hätte die Beratung wahrscheinlich einen anderen Verlauf genommen, jedoch die Willkür des Zufalls kannte kein Pardon.

Zum Spiel Deutsche gegen Deutsche hatte sich Pille nicht zurückgemeldet, und so saß Roland des Abends allein mit Susie vor dem Grundigschirm und lauschte den Klängen der DDR-Hymne.
Hörst du, sprach ihn die Wohngenossin in ihrem sonoren Schulungston an, der sich ihrer Stimme bemächtigte, wenn ihr ein Thema ernst war, „Auferstanden aus Ruinen" – das wird auf alle Fälle der Geschichte gerecht, verleugnet nicht die faschistische Verblendung, sondern stellt sich der Verantwortung... „und der Zukunft zugewandt" – da steckt die Bereitschaft, ja Verpflichtung drin, etwas ganz Neues, nämlich Anderes zu schaffen...
Ja, ja, Roland nuckelte kleinlaut am *Römerpils*.
Die Melodie hatte bereits gewechselt. Jetzt wurde der teutonische Evergreen geblasen. Susie wollte zum Totalverriss ansetzen, doch er kam ihr zuvor.
Ich weiß, was jetzt kommt, also bitte. Ich geb´ zu, dass der Kaiserschmarren in Scheiße getunkt ist, trotzdem geht mir im Stadion immer noch einer ab, wenn ich da steh´ und die Mannschaft seh´. Schickst du mich jetzt dafür ins Umerziehungslager?
Der Anpfiff erlöste beide von der Fortführung der Grundsatzdebatte.
Eigentlich wünschte er nicht, dass die gerade frisch für den Fußball erwärmte Kameradin mit einer deftigen Niederlage ihrer kommunistischen Favoriten sofort wieder abgeschreckt würde, aber ihre aufmüpfige Rede sollte schon mit einem, am besten gleich zwei frühen Blattschüssen abgestraft werden.
Schon seit einer geschlagenen Stunde lag sie ihm in den Ohren mit dieser Idealversion vom Kollektiv, das für die Idee antrete.
Welche Idee, hatte er nachgehakt.
Na, äh, ... eben der Idee von der Gemeinschaft Gleichgestellter, die alle in gleichem Maße für eine Sache eintreten.
Ach so, Dumas lässt grüßen oder was, das gab´s schon zu feudalen Zeiten. Trotzdem muss man immer noch sehr gut sein, um in so eine Truppe aufgenommen zu werden. Das hat etwas mit Talent zu tun und nicht mit stalinistischem Drill...
Gut gewiss, setzte sie verbissen nach, aber man muss nicht zwangsläufig zu solchen korrumpierbaren Parvenüs degenerieren wie der Beckenbauer, der sich selbst für einen Kaiser hält..., und außerdem ist die stalinistische Phase von den Genossen längst kritisch reflektiert und überwunden worden.
Ach Papperlapapp, der Beckenbauer wird so genannt vom Volksmund. Wie dem auch sei, der ist in der Lage, schon mal ein Spiel allein zu entscheiden, etwas vollkommen Verblüffendes oder schlicht Geniales zu produzieren. Das ist der Unterschied. Deine Genossen tun so, als ob eine Fußballmannschaft genauso zu führen sei wie ein Volkseigener Betrieb, wo die Verantwortung von einem Untersekretär zum nächsten Oberbonzen hin- und hergeschoben wird. Beim Fußball braucht´s aber Typen, die auch auf eigene Faust etwas wagen, wie Breitner, Netzer oder Beckenbauer. Durch solche Aktionen macht man sich eben einen Namen. Die kennt jeder, aber wer bitteschön ist Kische, wer kennt Kreische oder Sparwasser? Ha, der spart sogar am Wasser, so kleinkariert wie der Name ist auch dessen Spiel. Eine Schablone reiht sich an die andere.
Und warum sind die dann bei der WM dabei, wenn die so schlecht sind, fragt Susie, eine Schwachstelle in seiner Logik witternd, dazwischen.
Schlecht nicht unbedingt, aber todlangweilig. Mancher Gegner schläft dabei ein, und so findet dieser blinde sozialistische Hühnerhaufen eben seine Körner. Mit richtigem Fußball hat das wenig zu tun.
Wenigstens weiß dieser Haufen, wofür er spielt, deckte sie einen letzten Trumpf auf, nämlich für ihr Land, äh, ich meine Staat. Die verwöhnten Westdeutschen feilschen doch nur um die Prämie.

Da hatte sie einen heiklen Punkt getroffen. Tag für Tag drangen Nachrichten über Prämienstreit und Intrigen aus der zur Kaserne verbarrikadierten Sportschule im Holsteinischen. Schön schaute immer verkniffener aus dem Trainingsanzug und Netzer, so schien es, war in eine von der Bayernfraktion konstruierte Abseitsfalle getappt. .
Um sich keine Blöße zu geben, provozierte Roland einfach lustig weiter.
Ja, pass auf, gleich macht kleines dickes Raffzahn Müller bum, und der sozialistische Spuk ist für heute Abend vergessen. Sei froh, dass Netzer nicht dabei ist, sonst würden die Genossen rambazamba schwindelig gespielt.

Die Fußballhistorie widerlegte seinen Optimismus Minute für Minute.
Zur Halbzeit steckte er in Erklärungsnöten.
Susie schaukelt gut gelaunt in ihrem Korbsessel. Ein Unentschieden sei schon ein Sieg bei der unverhältnismäßigen Hetzkampagne von *FAZ* und Springerpresse gegen die Solidargemeinschaft aus dem besseren Deutschland. Parallel zu ihrer Genugtuung schwenkte das Fernsehbild über den Pulk der ostdeutschen Schlachtenbummler, zeigte die fröhlichen Mienen der Mustergenossen, die, als sie das Kameraauge bemerkten, wie auf Kommando ihr stereotypres „ACHT, NEUN, ZEHN – KLASSE!" aufsagten und ihre mitgebrachten Fähnchen schwenkten, als bejubelten sie eine Parade der *Jungen Pioniere*.
Wetten, dass die Hälfte von denen nach dem Spiel am liebsten in Hamburg auf Wohnungssuche gehen würde, wenn die könnten, wie sie wollten, versuchte Roland wenigstens aus dem Pausenbild Punkte gutzumachen.
Ja, für einen Tag als Flüchtlingsheld in die *Bildzeitung* und dann ab ans Fließband, glaubst du nur alleine. Mittlerweile sind die klüger geworden, und wissen, dass sie hier nur ausgebeutet werden.
Der Lauf der Geschichte wendete sich weiter gegen Rolands Interessen, das nervte nicht nur ihn, sondern auch den Kommentator des öffentlich-rechtlichen Übertragungsanstalt. Konsequenzen aus der peinlichen Vorstellung wurden erwogen. Overath musste gehen, Netzer kam, jedoch Ramba Zamba vermochte er nicht zu inszenieren, konnte gar froh sein, dass ihn die vergrätzten Bayern überhaupt anspielten.
Susie bekam stetig Oberwasser und überdrehte regelrecht, als der von Roland vorher verspottete Sparwasser, jeder statistisch fundierten Prognose zum Hohn und trotzdem dem tatsächlichen Geschehen gerecht, sich mit einem wunderschön herausgespielten Tor seinen Platz in der Geschichte zweier Staaten und einer Nation ertrotzte.
Völlig ausgelassen schnitt die junge Marxistin ihrem arroganten Gast Grimassen, während der vom Schock sprachlos gemacht die wie begossene Pudel auf dem Rasen hockenden Maier und Höttges anstarrte, um dann noch mit Bildern der abgeordneten Jubelbrigade konfrontiert zu werden, die selbst dieses für sie vollkommen unerwartete Erfolgserlebnis in routinierter Disziplin abfeierten, als seien sie in erster Linie darum bemüht, auch beim Freuen nicht aus der Rolle zu fallen. Inzwischen hatte Susie zum Telefon gegriffen, schleppte den Apparat an der extra langen Schnur herbei und drückte Roland in diebischer Freude die Muschel ans Ohr. Am anderen Ende wurde lauthals die „Internationale" gegrölt, Kichertöne und laute Lacher platzen dazwischen. Roland wies die akustische Belästigung von sich. Die Bühlstraße stand Kopf.
Hoffentlich ist Roswitha nicht dabei, wünschte er und drückte die Daumen für eine Wende im *Volksparkstadion*. Plötzlich fiel ihm das Sozialistische an dieser Bezeichnung auf. Auch das noch – nomen est omen?
Roland bettelte inständig für einen Geniestreich der blonden Ikone einer besseren Fußballwelt. Susie bejubelte in übertriebener Freude jede gelungene Aktion der ostdeutschen Genossenschaft.

Interessiert sich sonst nicht die Bohne für Fußball und macht jetzt so ´ne Show wegen der blöden Kommunisten, ärgerte sich Roland magensauer, morgen kaut sie wieder auf Marx und Mandell rum und hat alles vergessen.
Zum bitteren Ende flüchtete er sich, vom *Römerpils* verblendet, in fatalistische Verschwörungstheorie. Der Wehner habe das Spiel an die *SED* verschaukelt, phantasierte er vor sich hin, damit die vergurkte Ostpolitik wieder in Gang komme. Mit rechten Fußballdingen könne es an diesem Abend unmöglich zugehen.
Susie tippte sich an den Kopf. Mit dem Schlusspfiff verabschiedete sie sich Hals über Kopf in die Bühlstraße. Der historische Sieg der Arbeiterklasse über den westdeutschen Fußballimperialismus musste gebührend gefeiert werden. Ob er mitgehen wolle, fragte sie im Gehen verschmitzt zurückschauend.
Roland fand nicht die Kraft abzuwinken, blieb einfach nur stumm sitzen.
Die anschließende Befragung der Verantwortlichen für das kaum zu fassende Desaster, dem ins Depressive abgleitenden Schön und dem grantigen Beckenbauer, bestätigte Rolands Gefühl – diese WM machte keinen Spaß.
Einige Herren würden sich noch schwer wundern, orakelte der gereizte Bayernhäuptling bedeutungsschwer in die Mikrophone.
Roland wunderte sich über nichts mehr und schaltete ab.

Der angefangene Abend war zu verdorben, um ohne Trost ins Bett zu gehen. Roland entschied sich für einen Spätbummel ins *Center*. Da würde bestimmt keiner vom Fußball reden. Vielleicht würde Pille dort sein.
Der Freund blieb unauffindbar, dafür drehte Sybille ihre Pirouetten auf dem mit Kippen übersäten Tanzboden.
„Walk On The Wild Side", dröhnte es aus den mächtigen Boxen. Passt zu ihr, ging es ihm von ihrem Anblick angenehm überrascht durch den Kopf. Die dumpfen Basstöne klopften gegen sein Brustbein. Im Vorübergehen streifte Sybilles im Drehschwung ausgestreckte Hand zufällig über seinen Sakkoärmel, sie sah kurz auf und wich von ihm, als habe sie den Satan angefasst.
Komisch, wunderte sich Roland, is´ wohl auf´m Horror. Damit zog er sich mit seinem *Göttinger Edelpils* ins hintere Dunkel zurück.
Nicht lange danach näherte sich Sybille in Begleitung einer mit loderrotem Haar umkränzten, matronenhaften Weiblichkeit in langem, dunkelrotem Flatterrock und mächtigem Busen unter bunt verzierter Bluse - Nina. Ohne Vorwarnung bedrängte sie den verdattert blinzelnden Eckenhocker mit ihrer von etlichen Halfzwareportionen geschmirgelten Alt-Stimme.
Ist der das Schwein, fragte die Hexenschülerin mit kurzer Vergewisserung zu der in Rückendeckung verharrenden Kumpanin.
Kurzes Nicken.
Läuft hier im Schicki-Micki-Sakko auf, dieser Snob, und schämt sich nicht, meiner besten Freundin einen saufiesen Fick in den Hintern zu wünschen.
Roland begann das Schauspiel zu begreifen und ahnte ein böses Missverständnis. Die kleine Furie ließ ihn nicht zu Wort kommen.
Du mieser Popper, wenn du was für deine perversen Gelüste brauchst, lass meine Freundin aus dem Spiel, und hetz nicht noch andere Macker auf!
Roland ersuchte, nach Worten ringend, um Klärung, mit einiger Mühe gelang es ihm, Sybille zu einer Aussprache vor die Tür zu bitten, während Nina ihnen hinterher zeterte, sie solle sich ja in Acht nehmen vor dem Analfetischisten. In der Fluchtbewegung hörte Roland noch, wie sie ihn mit den marokkanischen Zöllnern auf eine Stufe stellte, die Hippiemädchen so gern ins Arschloch schauten.
Endlich im Freien, setzte Sybille die Strafrede ihrer Freundin ungemindert fort.

Wie er dazu komme, Pille einzuflüstern, er solle sie ordentlich in den Allerwertesten vögeln..
So hatte ich das nicht gemeint, unterbrach sie Roland zaghaft, nur im übertragenen Sinn.
Was mache das für einen Unterschied, ließ sie weiter Dampf ab, Fakt sei, dass er Pille überhaupt so etwas Säuisches aufgeschwatzt habe. Und so einer will ´n Freund sein.
Etwas beruhigter berichtete sie ihm dann von dem Matratzeneklat, bei dem Pille so ungewöhnlich forsch zu Werke gehen wollte und, von ihr empört zur Rede gestellt, von der Beratung im Düsteren Eichenweg erzählt hatte, sie als Zicke beschimpft und dann beleidigt von dannen sei. Seitdem habe sie nichts mehr gehört von ihm, und das sei auch besser so.
Roland verteidigte sich so gut es eben ging in dieser delikaten Strafsache. Es tue ihm unsäglich Leid, er sei leider total missverstanden worden, räume ein, unter den gegebenen Umständen ein untaugliches Beispiel angeführt zu haben. Die Filmszene habe er nur als ein Extrembeispiel zitiert. Im Übrigen, formulierte er spitzfindig um den heißen Kern herum, müsse grundsätzlich zwischen Kunstgeltung und Wirklichkeit unterschieden werden. Dass Pille, der ihm aus Turks Seminar als ein entschiedener Gegner des Widerspiegelungstheorems bekannt sei, dies außer Acht lassen würde, habe er nicht ahnen können, da der belesene Freund ihm in ästhetischer Theorie sonst weit voraus sei.
Immer, wenn Männer praktisch was verbockt haben, kommen sie auf die theoretische Tour, höhnte Sybille merklich gefasster. Du bist vielleicht ein Typ, schaust aus deinen spießigen Oberhemden, als wenn du kein Wässerchen trüben könntest, und laberst derart rhetorisch abgebrüht daher...
Roland meinte, Bewunderung aus ihrer Stimme zu entnehmen.
Vernehmlich milder gestimmt bot sie ihm an, ihn in den Düsteren Eichenweg zu chauffieren, als er Anstalten machte, sich unter Berufung auf Studienpflichten am folgenden frühen Morgen zu verdrücken.
Während sie einträchtig in der roten Ente durch die nachtleeren Straßen juckelten, räumte sie ein, dass die Sache mit Pille eh vorbei sei, unabhängig von der finalen Bettkatastrophe.
Um von dem sensiblen Thema abzulenken, erzählte Roland von dem Fetenabend und dem daraus resultierenden Drohbrief.
Soll ich dir meine Macholotterhöhle zeigen, scherzte er, sich umständlich aus der Blechbüchse windend. Er hatte nicht damit gerechnet, dass sie einwilligen würde, daher wusste er ihr spontanes Ja nicht klar einzuordnen. Jedoch, was war schon dabei?
Da könnten sie gemeinsam ihre neuste Pink-Floyd-Scheibe antesten, begründete sie ihr Einverständnis.
Das klang einleuchtend.
Roland gemahnte zur Ruhe und peilte die Lage. Die Luft war rein im Parterre. Susie nächtigte sicher in der Bühlstraße, die braven Mädels befanden sich auf Heimaturlaub.

Rasch hatte Sybille für Atmosphäre gesorgt, zwei Restkerzen entzündet und *Pink Floyd* zur abgewandten Seite des Mondes auf den Weg gebracht. Das Funkeln der sternklaren Nacht sandte ein verführerisches Halbdunkel in den Raum. Um seiner Gastgeberrolle gerecht zu werden, begann Roland bedächtig einen Dreiblatt zu wickeln.
Ne kleine Mondrakete für zwei, grinste er seinen unverhofften Damenbesuch spitzbübisch an.
Sie beobachtete aufmerksam seine Bastelarbeit. Roland spürte den einverständigen Blick. Auf den kleinen Zauber ist Verlass, stellte er befriedigt fest.

Kennst du Psylocibin? Langsam streifte sie sich die lange, netzartige Strickweste von den schmalen Schultern.
Nein, Roland suchte nach einem geeigneten Pappfilter, sie half ihm mit dem festen Deckblatt ihres Zigarettenpapierheftchens aus.
Das ist nicht so heavy, vergleichbar mit ´nem heftig sprudelnden Sekt und wirkt wie Meskalin.
Von Meskalin hab´ ich keine Ahnung, oder vielleicht bin ich auch zu blöde, um was zu merken.
Wie?
Roland zündete die Startstufe und reichte die Wundertüte weiter. Dabei fing er an, von dem Peyote-Kaktus zu erzählen, den sich Ludwig, nachdem er die korrekte botanische Bezeichnung herausgefunden hatte, von einer Kakteenzucht in Lemgo hatte schicken lassen. Auf die Idee war er während einer Klassenfahrt zur Burg Sternberg gekommen. Der Besuch der namhaften Pflanzenschule gehörte zu dem vom Klassenlehrer ausgearbeiteten Programm.
Wie heißt der Kaktus, unterbrach sie ihn mit wachem Interesse.
Ja, da kannst du von einem Schmalspurbiologen noch lernen, Roland gönnte sich einen langen Zug von der Endstufe, hielt mit der Atmung inne und mit der herausfließenden Abluft gab er den Namen preis: Lophophora williamsii.
Seiner Mutter hatte Ludwig weisgemacht, das haarige Ding brauche er für den Biologieunterricht, als es per Nachnahme mit der Post kam, fuhr Roland seine Geschichte fort. Später hat sie mich, als ich ihn zu einem Zug durch die Szene abholen wollte, völlig unvermittelt gefragt, welchen Kaktus ich für den Unterricht besorgt hätte. Mensch, da bin ich vielleicht ins Flattern gekommen.
Sybille streckte amüsiert die Beine von sich.
Also haben wir die Kugel geschält, hauchdünne Scheibchen geschnitten und getrocknet. An einem frühen Sonntagnachmittag haben Ludwig, Kurt und ich an unserem Lieblingskiffplatz oberhalb des Weserfähranlegers in so einem urigen, halboffenen Deichhäuschen jeder eins dieser runden Plätzchen unter die Zunge gelegt und minutenlang eingespeichelt.
Und?
Nix und. Nacheinander ist uns von dem strengen, bitteren Geschmack übel geworden. Ich bin dann fix runter zum Fährkiosk und hab´ Cola und Haribomischung besorgt, um den Scheißgeschmack zu bekämpfen. Die ganze Ladung haben wir in null Komma nix verdrückt. Wenn das der Trip war, dann nein danke. Ludwig wollte nicht wahrhaben, dass das Zeug nicht wirkt und hat tapfer noch ein paar Scheibchen weggekaut. Weil wir nicht mal was zu kiffen hatten, bin ich dann nach Hause. Ich glaub´ nicht, dass die beiden noch schwere Hallus erlebt haben. Gesagt haben sie später jedenfalls nix. Den Rest von dem komischen Kaktus haben wir dann unserem Klassenkameraden Klaas geschenkt. Der kannte sich mit Meskalin aus, behauptete er jedenfalls und meinte, wir hätten was falsch gemacht. Ob der dann auf´n Trip gekommen ist, weiß ich nicht.
Der Joint hatte seine Schuldigkeit getan. Der Filterrest verglomm im braun glasierten Tonaschenbecher. Sybille fühlte sich bestens unterhalten.
Du hast ja witzige Freunde. Den Ludwig könntest du mir bei Gelegenheit mal vorstellen. Der gibt nicht so schnell auf. Das gefällt mir ... Komm, zeig mir, was du außer coolen Stories noch so drauf hast.
Behutsam fingerte sie sein zerknittertes Hemd aus der Jeans und fuhr mit ihren Lippen über seinen Bauch, knapp oberhalb der breiten Gürtelschnalle. Roland zog es wohlig warm durchs Sonnengeflecht. Ihre Hände schlichen seine unbehaarte Brust hinauf. Er spürte das zarte Kratzen ihrer Fingernägel und erwartete das Erwachen seiner Lust.
Du bist so schön weich, das mag ich, nicht so haarig, sondern mehr androgyn... hmm.

Das Kompliment missfiel ihm. Er zögerte mit einer Reaktion. Wohin sollte die Reise hier gehen?
„You lock the door and throw away the key …“, säuselten die Mondanbeter aus der HiFi-Station.
Sybille hatte sich aufgerichtet. Mit einem entschlossenen Ruck zog sie den schwarzen Samtpulli über ihren hübschen Kopf, und die volle, sonnengekurte Brustpracht wippte im Nachtschatten, „...there´s someone in my head but it´s not me.“
Die Grenze war passiert. Roland würde mitreisen.
Sybilles Jeans glitt herab. Die eifrige Biologin entblätterte sich in einem atemberaubenden Tempo.
Auf dem letzten Trip haben Pille und ich komplett die Klamotten gewechselt, plauderte sie offenbar gut angeturned aus dem Nähkästchen, und sind dann ins *Kontrast*.
Die Bemerkung verwirrte ihn erneut, seine Erregung kam ins Stocken. Was soll das werden?
Die Schöne der Nacht war derweil ans Balkonfenster geschlüpft, nur der reinweiße Minislip verlor sich noch auf ihrem fest gerundeten Bodenturnpopo. Deutlich konfigurierte sich ihre wohlgeratene Gestalt in dem von der Straßenbeleuchtung gespendeten Nachtlicht. Mit einem Ruck zog sie die bodenlangen Vorhänge zusammen
Muss ja nicht jeder mitkriegen, was du in deiner Bude treibst.
Eine hatte, einem diabolischen Zufall in die Falle laufend, doch etwas erspäht, aber das konnte der sich in Untreue verstrickende junge Mann in diesen Prickelmomenten nicht ahnen.
Sybille kam auf die Kissenburg zurück, kurz bevor sie sich zu ihm niederbeugte, streifte sie sich den Slip von den Hüften.
Na, was ist? Zielstrebig machte sie sich an seiner Gürtelschnalle zu schaffen.
Ist der coole Macker plötzlich schüchtern geworden?
Lass, ich mach´ das. Um mit dem Standardripp keine atmosphärischen Störungen zu provozieren, entledigte Roland sich beider Hosen in einem Rutsch. Sybille strich ihm beifällig über Po und Lenden.
Du kannst sicher ganz soft sein, wenn´s drauf ankommt. In dieser Erwartung rutschte sie bäuchlings an seine Seite, hob leicht ihren Hintern und blinkte ihn auffordernd an.
Pink Floyd orgelten sich unbeirrt ins Andante.
Roland nahm die Herausforderung an. Sollte jetzt die Probe aufs Exempel folgen? Der Gedanke geilte ihn auf.
Merkst du, wie groß ich werde, flüsterte er ihr, ohne seine Erregung zu überprüfen, draufgängerisch in den Nacken, als er Anstalten machte, das lockende Oval zu besteigen.
Sybille wandte sich in ihrer Hingabe gestört träge um, sah an ihm herunter und brach abrupt in ein prustendes Gackern aus. Immer lauter lachend schüttelte sie ihn regelrecht von ihren Lenden ab. Roland, auf allen Vieren verharrend, starrte ungläubig auf sein Genital. War es ein an Roswitha gemahnender Gedankenhüpfer oder schlicht die im Unterbewussten lauernde Angst vor der eigenen Courage? Wie auch immer, sein Pimmel war zum Stummelchen geschrumpft und hatte sich in den Vorhautrest zurückgezogen, so weit es nur ging. So klein hatte er ihn noch nie gesehen.
Du bist mir einer, neckte sie weiter, so was hat Pille noch nie gebracht... Das ist ja ´n Ding. Das muss ich morgen sofort Nina erzählen, die lacht sich schlapp.
Roland lag starr vor Schock stocksteif da. Die Niederlage hüllte ihn in Kälte, er begann zu frösteln. Sybille zog die Decke über ihrer beiden Blöße, schmiegte sich wärmespendend an ihn und küsste ihn immer noch knickernd auf die Wange.

Och, isser jetzt traurig der Kleine. Komm, macht doch nix. Ist vielleicht besser so, sonst hätte ich am Ende noch Angst vor dir bekommen.

Am Morgen danach sah sich Roland fortgesetzt in der Defensive. Susies missbilligende Blicke auf das ihr fremde Fräulein lasteten auf seinem Gewissen ebenso wie der quälende Gedanke, dass Sybille die Erfahrungen dieser Nacht an Unbefugte ausplaudern würde.
Nachdem sich die treuherzige Wohngenossin mit einer Grundsatzfrage – Was die Frauen bloß an dir finden? - kopfschüttelnd in die Seminarbibliothek verabschiedet hatte, mühte sich Roland mit seiner geballten Wortgewandtheit, Sybille aufs Stillschweigen zu vereidigen.
Ihr Schwur wirkte indes nicht eben bibelfest, als sie sich unter herzigen Küsschen für längere Zeit verabschiedete. Auf sie warteten vier Wochen Blockseminar im fränkischen Rehau.

Allein mit sich und der verkorksten WM besann sich Roland auf das Naheliegende, und das war ohne Zweifel die rasche Trennung von den erheblich im Marktwert gesunkenen Karten für das Zwischenrundenspiel in Hannover. Er versuchte sein Glück in der neuen Mensa und musste rasch feststellen, dass sich der Verkauf von Tickets für das im Lande stattfindende Weltereignis ungleich schwieriger gestaltete als der Grashandel.
Interesse an Eintrittskarten für die WM?
Klar, zeig her... ah, Hannover. Wer spielt?
Äh, Brasilien...
Und? Gegen wen?
Ich glaube DDR..
Mensch hör auf, lass stecken. Die sitz man selber ab. Viel Spaß!
Nach einigen solcher fruchtlosen Kurzdialoge vermied er hinterhältig die genauen Staatsnamen und sagte einfach Deutschland. Doch das mündige Publikum ließ sich nicht hinters Licht führen und deckte den Etikettenschwindel stets auf. Roland musste einsehen, dass es nicht einfach sein würde, einen Dummen zu finden.
Als er am dritten Tag schon kapitulieren wollte, traf er gleich zwei: einen unbedarften sympathischen jungen Mann, unschwer als Erstsemester zu erkennen, der seiner auf Besuch weilenden Schulfreundin aus der fernen schwäbischen Heimat etwas Besonderes bieten wollte. Den beiden Menschenfreunden kam Roland mit seinem Angebot gerade zur rechten Zeit über den Weg gelaufen, obwohl sie, wie schnell herauszufinden war, über Fußball wenig im Bilde waren. Darin wiederum witterte Roland seine Chance. In barocker Rhetorik beschwor er die Kunstfertigkeit der Weltmeister vom Zuckerhut und referierte über die Genialität eines Pelé, wie sie weiland Jürgen Werner so unübertroffen in Worte gebündelt hatte, wobei er schlitzohrig verschwieg, dass der Weltstar unlängst abgedankt hatte und nur mehr als hochdotierter Werbeträger vom WM-Sponsor *Pepsi* die Tribünen schmückte. Auch ließ er die DDR wieder Deutschland sein, und weil die beiden Herzchen sich anhand der hingeblätterten Karten vergewissern konnten, dass er nur den regulären Preis verlangte und nicht eine müde Mark mehr, war man sich schnell handelseinig. Kaum hatte Roland den Fünfzigerschein in der Hand, fiel ihm ein, dass er ja noch fix in die Universitätsbibliothek müsse, dort warteten sehnlichst gewünschte Folianten auf ihn.
Dafür hatte man Verständnis.
Dann also, viel Vergnügen, auf Wiedersehen, und ab um die Ecke...

Am gleichen Abend wurde Roland von der wundersamen Dialektik des Lebens überrascht. Der Vater rief aufgeregt aus der Geschäftstelle seines *TSV* an und rapportierte in Rolands gespitzte Ohren, dass er, während Roland die beiden unnutzen Billets glücklich abgestoßen hatte, ein wahres Schnäppchen gemacht habe: Zwei Endspielkarten zum regulären Preis, die ein von der Schmach in Hamburg mürbe gemachter Fußballfreund in der *Nordsee-Zeitung* angeboten habe.
Sollst sehen, schnaufte seine durch einige Lütge Lagen aufgeputschte Stimme am anderen Ende, unsere packen jetzt die Brechstange aus und machen den Durchmarsch, und du bist mit deinen Freunden dabei. Na? Was sagst du?
Roland konnte seinen Optimismus nicht teilen, wollte aber nicht den Spielverderber geben und bedankte sich artig. Als er dann noch von der bestandene Zwischenprüfung erzählte, stieg des Vaters Abendlaune ins Euphorische.
Gut Junge, weiter so... du wirst noch Professor.
Typisch Vater - entweder man war zu nichts nutze oder oberster Befehlshaber. Dazwischen gab es nichts.
Ein Blick auf den im Apparat tickenden Zähler bremste dann allerdings den Mitteilungsdrang. Selbst auf Vereinskosten galt es, sich kurz zu fassen.

Als sich Vaters Prophezeiung erfüllte, verfügte Roland über vier Endspielkarten und hatte damit die besten Trümpfe in der Hand, um eine schöne Fußballtour in die bayerische Landeshauptstadt zu organisieren. Die potentiellen Reisekandidaten würden ihm die kostbare Pappe aus Waldfischbach aus den Händen reißen, hatte er sich gedacht.
Weit gefehlt! In diesen Tagen vor der Stunde der Wahrheit musste er feststellen, dass er in der Universitätsstadt von Nörglern, Zauderern und Hasenfüßen umgeben war. Seine erklärte Entschlossenheit, persönlich zum großen Finale zu reisen, traf auf wenig Verständnis. Man schien sich auf die Parole eingeschworen zu haben: Stellt euch vor, es ist Endspiel und keiner will hin!
Susies Vorbehalte hatte er mittlerweile akzeptiert, zu allem Überfluss war ihr während der Übertragung des Schwedenspiels auf der Großleinwand im Hörsaal der Pädagogischen Hochschule ein Böller zwischen den Füßen detoniert. Da hatte sie die Nase gestrichen voll von diesem Fußballwahn.
Erfahrungen aus der gleichen Veranstaltung nutzte Kurt zur abschlägigen Argumentation. Die Fahnenschwenkerei und die nationalistischen Gesänge der Burschenschaftler und RCDS-Anhänger habe ihm zu denken gegeben.
In München wollen die tatsächlich mit dem größten Chor der Welt auflaufen, typisch deutsch, alles muss immer das Größte sein. Hast du das nicht gelesen? Alle sollen mitsingen, meint dieser komische Vogel aus dem Ländle. Nein danke, ich lass mich doch nicht von so einem reaktionären Arsch zum Chorknaben degradieren.
Als Ersatz schlug er seinen Bruder Volker vor, der just seinen Wehrdienst abgeleistet habe und deshalb sicherlich einschlägig sangesgeübt sei. Roland war nicht übermäßig angetan und versprach halbherzig, darauf zurückzukommen.
Doch wo er auch fragte, wen er auch zu begeistern versuchte, überall gleichlautende Vorbehalte.
Endspiel? Ja, vor dem Fernseher, aber hinfahren? Niemals, da hocken nur Spießer, Revanchisten, versnobte Kapitalisten und auf den Stehplätzen im selbstverschuldeten Elend dahindämmernde Proleten. Aufgeklärte Leute gehen da nicht hin.
Zu dieser Ablehnung kam klammheimliches bis offenes Sympathisieren mit dem Gegner. Den fidelen Holländern mit ihrem lockeren Lebenswandel, der Frauenbesuch in ihrem offenen Quartier mit Raucherlounge ausdrücklich einschloss, gönne man den Sieg viel eher als der verbissen wirkenden Auswahl des eigenen Landes, die sich in

ihrer hermetisch abgeriegelten Sportkaserne in Grünwald wie eine Pfadfinderriege aufführe, die den Ernstfall probe. Nur mit Neptuns Hilfe hätten sie die Wasserschlacht von Frankfurt schließlich gewonnen und sich an den spielstärkeren Polen vorbei ins Finale gedrängelt, während die virtuosen Niederländer ebenso leichtfüßig wie torhungrig nach München gestürmt seien. Ihnen gebühre die Weltmeisterkrone. Nicht Kaiser Franz werde den neuen Weltpokal hochhalten, sondern König Johan müsse gehuldigt werden, und das zu Recht. Damit würde sich schließlich auch das gerechtere System durchsetzen, fußballerisch wie politisch. Liberal-soziale Demokratie gegen rechthaberischen Polizeistaat – da müsse jedem aufgeklärten und kritischen Geist klar sein, wem der Sieg unbedingt zustehe.
So betrachtet musste Roland kleinlaut passen und versuchte es bei Bruder Rolf, einem bekennenden Bundesrepublikaner.
Der schob jedoch pflichtbewusst einen Nachschreibtermin in BWL vor um abzulehnen. Als Roland sich bemühte, ihn umzustimmen, kam der eigentliche Grund seines Zauderns zum Vorschein. Die ernsthafte Sorge um Unversehrtheit der eigenen Person, die er bei einem Besuch im *Olympiastadion* in Gefahr sah.
Ich lass´ mich doch nicht von irgend so einem durchgedrehten palästinensischen Killer oder RAF-Idioten über den Jordan schicken. Außerdem glaube er nicht an einen Sieg der Deutschen und für den zweiten Platz nehme er eine solch lange Reise nicht in Kauf.
So stand Roland allein da mit seinen Finalkarten, deren Schwarzmarktwert in den Zeitungen mittlerweile mit zweihundert D-Mark pro Stück notiert wurde. Er spielte mit dem Gedanken, den Vater zu überreden und verwarf ihn gleich wieder – dessen Reisehorizont reichte allenfalls bis Hannover, außerdem war ihm die Kurvensteherei in so einer Menge nicht mehr zuzumuten. Also rief er schließlich den alten Mannschaftskameraden an, der sofort in Feuer und Flamme stand und ad hoc zwei Kumpel vom *BSC* aus dem Hut zauberte, die mitfahren würden. Einer davon stelle das Fahrzeug. Roland legte auf und bekam ein ungutes Gefühl. Es sollte ihn nicht täuschen.

Bereits als Volker am Samstagnachmittag mit einem roten Kadett am Düsteren Eichenweg aufkreuzte, kamen Roland arge Zweifel, ob er mit diesen Fußballfreunden in ein Auto gesteckt werden wollte. Aus dem Beifahrerfenster begrüßte ihn flatternd die altvertraute Fahne, die Mutter noch rasch aus dem Keller hervorgekramt hatte, als Volker die Karten und einen Pack frische Feinrippunterwäsche vom Reihenhaus abholte. So unvorbereitet damit konfrontiert bescherte ihm der Anblick des republikanischen Banners in seiner neuen Lebenswelt gemischte Gefühle. Wenigstens würde er das Ding nicht schwenken, verpflichtet er sich vorab zur Zurückhaltung.
Solche Vorbehalte quälten seine neuen Reisebegleiter nicht. Forsche Deutschland-Rufe skandierend drängten sie in die Wohnung. Nur gut, dass Susie den Auftritt nicht mitbekam. Sie hatte Roland sowieso gehörig gehänselt wegen seiner Fahrt zu dieser Selbstinszenierung der westdeutschen Imperialisten und Kapitalisten. Derart umständliche Formulierungen kamen stets dabei heraus, wenn sie es ernst meinte.
Selbst über die Details des anberaumten Sangesfrohsinns zeigte sie sich im Bilde, sonst hätte sie ihm kaum viel Spaß mit Freddy wünschen könne, als sie sich zur Mittagszeit in die Bühlstraße aufmachte.
Was der wohl singen will? „Die Gitarre und das Meer“ passt wirklich nicht, da ist vielleicht besser „Hundert Mann und ein Befehl“, stichelte sie im Gehen. Ach ja, und pass auf, dass du bei der Faschohymne den Text nicht verwechselst.
Die Tür fiel ins Schloss, und Roland blieb endlich verschont von ihrem Spott.

Die lauten Gäste hatten sich in Rolands Zimmer vorgeschoben. Ihr Blick fiel auf das Woodstock-Foto.
Was is´n das für´n Kasper?
Roland enthielt sich einer Antwort.
Schon hatten sie Libuda entdeckt. Der is doch nur noch was für die Alten Herrn.
Roland drängte zum Aufbruch.

Eingezwängt auf dem Rücksitz des mit ausgeschlagenen Stoßdämpfern bestückten Automobils fand er Gelegenheit, sich seine drei Reisegenossen genauer anzuschauen. Schulkamerad Volker, mit einem von der Bundeswehr finanzierten Führerschein dekoriert und als Chefchauffeur fungierend, hatte sich nur physiognomisch verändert. Noch bulliger der Rücken, noch kantiger die Konturen. Gleichzeitig strahlte er weiterhin die Ruhe und Gelassenheit aus, die Roland von früher so angenehm in Erinnerung hielt. Seine Reiseführung stellte kein Problem dar. Dagegen waren die zwei Unbekannten, das fühlte er schon nach den ersten Kilometern der Mammutstrecke, nicht sein Fall.
Die unvermeidbare Nähe des verschlagen dreinschauenden, pubertären Pickelgesichts unter der schwarz-rot-goldenen Schirmmütze neben ihm, dessen großkariertes Hemd dringend in die Waschmaschine gehörte und der unablässig mit den abgekauten Fingerkuppen auf den Rippen seiner braunen Cordhose trommelte, bereitete ihm schon auf Höhe Witzenhausen Magendrücken. Knapp dreihundert Kilometer von der Seestadtgrenze entfernt stierte der auf den Namen Dirk hörende Bursche orientierungslos in die vorbeifließende Landschaft: Göttingen, Hannoversch-Münden, Kassel – alles böhmische Dörfer. Was aus dem Mund noch zu erwarten war, mochte sich Roland kaum vorstellen.
Joschi, der Fahrzeughalter auf dem Beifahrersitz, war indes munter im Begriff, für Unterhaltung zu sorgen. Die abgegriffene ADAC-Straßenkarte auf seinen Beinen sollte die Erdkundelücken mit Information stopfen. Dem losen Mundwerk des hageren Mitzwanzigers konnte Roland Bruchstücke seiner Vita entnehmen. Demnach war der gebürtige Österreicher, der wie eine Secondhandausgabe von Ilja Richter gekleidet war – abgeschabte braune Schlaghose, ausgebeultes beiges Cordsakko, gelbes rüschenbesetztes Synthetikhemd – und auf dessen Kinn und Backen sich die Stoppeln offenbar nicht zu einem Bart vereinigen konnten, als Unterkellner in der gehobenen Gastronomie tätig. In seiner Freizeit spielte er seit ein paar Monaten Jugendtrainer beim *BSC Grünhöfe*. Den zu seiner Linken mit ruhiger Hand lenkenden Volker betrachtete er offensichtlich als seinen besonderen Förderer und, was die Finaltour betraf, als heimlichen Delegationsleiter. Roland ging schon bald auf den Wecker, wie er, wenn die Sprache aufs bevorstehende Spiel kam, sich einschmeichelnd darin befleißigte, von „unseren Jungs“ zu reden, als wenn es keine österreicherische Mannschaft gäbe. Zeigte sich in diesem Assimilierungsreflex die moderne Variante eines großdeutschen Bewusstseins oder einfach nur ein pathologischer Fall von Identitätsverwirrung?
Die Wortwechsel erstarben und ein notdürftig mit dem Autoradio verkabelter Kassettenrecorder übernahm die Unterhaltung. Roland hatte nicht geglaubt, dass diese seichtmusische Beschallung noch gefragt war. Jetzt konnte er sich bis an die Schmerzgrenze der Geschmacksnerven belästigt vom Gegenteil überzeugen. Drafi Deutscher ließ Marmor und Stein zerbersten, Michael Holm fuhr weiterhin nach Mendocino, eine Manuela schob den Verlust ihrer Unschuld unbeirrbar auf den Bossa Nova, ein Ricky schluchzte „Mamy Blue“ und irgendwann verlor Roland die Übersicht im Gestampfe und Geträllere, manche der Sangesbrüder und Schwestern waren ihm gänzlich unbekannt. Der Junge mit der Mundharmonika war jedenfalls nicht Bob Dylan.

Die breite Palette der Kirmesmusikschrecklichkeiten wurde rauf- und runtergedudelt bis zur ersten Pinkelpause in Kirchheim. Dort bewegten sich an diesem lauen Sommerabend zahlreiche junge Touristinnen verschiedener Nationen in luftigen Kleidchen, knappen Jeans und kurzen Röcken. Hübsch anzusehende Mädels wuselten zwischen den parkenden Mobilen und dem Rasthof hin und her, was die Jungherrenbande aus Bremerhaven dazu trieb, mit Anzüglichkeiten zu glänzen, wie sie Roland dunkel aus seinen Schulhoferlebnissen der Unterprima im Gedächtnis hatte. In dieser, von ihm als äußerst peinlich empfundenen Situation, wurde ihm klar, dass junge Männer, deren Triebphantasie um ein Bett im Kornfeld kreiste, ein nachhaltig gestörtes Verhältnis zum fremden Geschlecht haben mussten. Die Qualen, die ihnen ihre hoffnungslos im Unbewussten eingeklemmte Gefühlswelt bereitete, standen dieser nie über die Entwicklungsstufe der Pubertät hinausgekommenen maskulinen Spezies ins Gesicht geschrieben. Das Unvermögen, sich einer Frau auf weniger als zehn Schritte flirtend anzunähren, zwang sie unisono in ein Vokabular der untersten Schiene. So gesehen taten sie Roland sogar ein wenig Leid, als sie da so hilflos fuchtelnd den Weiberröcken hinterher johlten, um sich in dem Moment, wenn sich eine dazu herabließ, ihnen direkt ins Antlitz zu schauen, verschämt grinsend abzuwenden, als habe sie ihre Mami beim Onanieren erwischt. Das alles erinnerte ihn stark an die Freierinvasion damals im *Eroscenter*. Die halbreifen Bengel verwechselten die begehrten Teenies in ihrer ohnmächtigen Begierde mit Nutten, und dieses fatale Missverständnis würde sie, das war zu befürchten, ein ganzes Liebesleben lang behindern. Roland stellte sich vor, was Roswitha, Sybille oder Susie von ihm denken würden, wenn sie ihn in dieser Gesellschaft anträfen. Schnell verdrängte er den Gedanken. Statt dessen fielen ihm diese Emanzen ein, die neuerdings mit Vorliebe das Selbstvertrauen junger akademischer Männer auseinander pflückten und jeden, der ihren missionarischen Eifer in Zweifel zog, sofort als Chauvinisten beschimpften. Ein Anflug von Ärger kroch ihm durch den Zwölffingerdarm, wenn er daran dachte. Sollten diese Zicken zunächst einmal seinen Reisebegleitern Manieren beibringen. Da gäbe es viel zu tun. Andererseits würde er selbst seiner ärgsten Feindin weder Dirk noch Joschi an den Hals wünschen, zügelte er seinen Unmut und lenkte seine Reflexionen wieder in rationale Bahnen.

Zum Glück war mittlerweile der eben noch vermisste Volker vom Rastgeschäft zurück, und es konnte mit Joschi als frischem Fahrer weitergehen.

Zur Abwechselung wurde Humoriges abgespult: Mike Krüger. Mehr konnte Roland in dieser Runde nicht erwarten. Die Otto-Kassette sei schon vor Hannover verreckt, setzte Volker ihn mit Bedauern in Kenntnis. Das ließ sich verschmerzen.

Allmählich begann es zu dämmern, und auf Höhe Fulda döste Roland, das Gesicht an die Scheibe gedrückt, friedlich dahin.

Kurz vor Würzburg fuhr ihm Heinos schneidende Stimme aufrüttelnd durchs Mark. Volkers liebstes Magnetophonband schlängelte sich über den Tonkopf, und Joschi Stimme krächzte asynchron dazu: „Rote Feder, schwarzes Haar, blaue Augen wunderbar..."

Roland richtet sich verstört auf und übte gute Miene zur deutschen Indianerpolka.

Mit dem Durchfahren der bayerischen Landesgrenze begannen im Kadett die Proben für den Schlachtgesang, die sich auf eine Mixtur aus „Deutschland-Deutschland" und „Zicke-zacke, Zicke-zacke Heu Heu Heu" mit der abweichenden Variante „Hi Ha Ho – Holland geht K.O." beschränkten. Diese Monomanie im Kampfsingen resultierte offenkundig daraus, dass dem Fundus der deutschen Fußballweisen eine eigene eingängige WM-Hymne fehlte. Roland wusste auch keinen Rat. Vielleicht würden dem Herrn Fischer später im Stadion noch ein paar gefällige Verse einfallen, versuchte

er seine Mitfahrer über den Mangel hinwegzutrösten. Die Sangeslust erstarb derweil, und die drei WM-Fahrer gingen dazu über, sich im Gespräch über den Gegner auf das Spiel einzustimmen. So konnte Roland erfahren, wie das gemeine Fußballvolk über das Finale dachte, und das, was ihm zu Ohren kam, verwies auf die alte Herberger-Weisheit, dass Fußball schließlich und endlich eine Sache sei, die auf wenigen einfachen Wahrheiten beruhe.
Die holländischen Käsköppe würden zum Bahnhof gerollt, Cruyff sei ein Spitzbube, der es nur darauf anlege, Fouls zu herauszuschinden, der kriege vom Terrier Vogts ordentlich was auf die Socken und dann sei Feierabend, die vielgepriesene Spielkunst der Holzschuhtrampel sei brotlos, im Fußball zählten Tore, und dafür sei Müller zuständig. Ergebnis: drei zu null, und ein dreifaches Hipp Hipp Hurra!
Was Pille wohl dazu gesagt hätte?
Hinter Nürnberg zeigten sich immer mehr holländische Kennzeichen auf der Bahn. Orange beflaggte Busse mussten überholt werden. Joschi und Dirk gerieten langsam in Finalrage und zeigten den ungeliebten Nachbarn die deutsche Fratze.
Macht sie nieder, macht sie nieder!
Ihr heißer Atem kondensierte am Fensterglas. Aufgebracht hielten sie Rolands Fahne aus dem Beifahrerfenster und schwenkten sie wild wider die niederländische Zumutung. Insgeheim hoffte Roland, der alte Stoff würde sich im scharfen Fahrtwind vom Stab lösen, aber er hatte vor Zeiten bei der Befestigung zu gute Arbeit geleistet.
Als am frühen Vormittag endlich auf der rechten Seite am Horizont das Olympiagelände mit dem alles überragenden Fernsehturm sichtbar wurde, verlangsamte sich die Fahrt im zähen Verkehrsfluss. Der Himmel hatte sich am frühen Morgen mit dunklen Wolken bezogen. Roland spielte in erholter Laune scherzend Orakel und beschwor in raunender Tonlage Fritz-Walter-Wetter herauf, doch seine Begleiter konnten mit der Legende nichts anfangen. Sie fuhren von der Historie gänzlich unberührt in den ungewissen Endspieltagtag hinein.
Auf dem Randstreifen demonstrierte der Staatsschutz Stärke. Gepanzerte Bundesgrenzschutzfahrzeuge und stellenweise auch die schnittigen BMW-Limousinen der Bayerischen Landespolizei wachten über den geordneten Anmarsch der beiden Schlachtenbummlerarmeen. Einzelne Wagen wurden herausgewunken.
Was wollen die?
Die Drei hatten allem Anschein nach noch nie mit der geballten Staatsgewalt Bekanntschaft gemacht.
Höchste Sicherheitsstufe, weil man ein Desaster wie vor zwei Jahren verhindern will, versuchte Roland die Mitfahrer ins Bild zu setzen.
Was war denn da?
Ach geh´, das woas doch jeder, das Massaker an diesen Arabiern, fuhr Joschi belehrend dazwischen.
Roland blieb die Sprache weg.
Uns halten die nicht an, bestimmte Joschi.
Die suchen nach Terroristen, schaltete sich Roland wieder ein, und wer kann schon sagen, wie ...
Die werden heute gleich erschossen, hab´ ich gehört, platzte Dirk plump grinsend in die Erklärung.
Roland gab auf.
Ich hab´ was von Leibesvisitation an den Eingängen gelesen, meldete sich Volker.
Igitt, juchzte Dirk auf, da können einem ja schwule Bullen an die Eier fassen.
Oder den Weibern an die Möpse, wieherte Joschi.
Dafür gibt´s Polizeibeamtinnen, wies ihn Volker leise mitlachend zurecht.
Wo, wo? Heiko beugte sich hellhörig geworden nach vorn.

Rolands Muskelnerven zogen sich in einem abwehrenden Reflex zusammen. Er musste an Susies Kritik denken und wünschte sich heraus aus dem engen Gefährt. Wenn die Tour erst überstanden war, wollte er seine Fußballleidenschaft ernsthaft hinterfragen.

Zwei Stunden vor dem Anpfiff zum wichtigsten Spie in seinem Fußballleben steht Roland endlich dicht an Volker gedrängt in dem Kurvenblock für das deutsche Fußvolk. Joschi und Dirk durften auch mit ihnen diese Stufen herunter, obwohl sie die zwei zugekauften Karten für den nächsten Abschnitt hatten. Aber im Innenbereich des Stadiongeländes waren die Kontrollen nicht mehr so streng, wie Roland das in diesem besondern Fall gerne gesehen hätte. Der Fahnenstock blieb ebenfalls unbeanstandet. Offiziell war nur eine Länge von einem Meter erlaubt, doch nachdem bei keinem von ihnen Schusswaffen gefunden wurden, war für die Kontrolleure alles andere Nebensache.
Weitergehen, weitergehen, befahlen sie ungeduldig.
Dirk war überglücklich, dass Roland keine Anwartschaft als Fahnenträger anmeldete. Er hatte schon mit dem Gedanken gerungen, siebzehn Mark für so ein genormtes Fähnchen vom Souvenirstand zu investieren. Jetzt kann er umsonst für Deutschland wedeln.
Roland schaut fragend auf die gut fünf Quadratmeter umfassende Flagge mit dem Eintrachtadler in der oberen Ecke. Wie haben die Frankfurter Jungen nur die über drei Meter lange Stange hineingeschmuggelt?
Volker erkennt des Rätsels Lösung: Das Ding ist aus mehreren Teilen zusammengesetzt.
Weithin hörbar freuen sie sich auf ihren Grabi und den Holz.
Mensch, wär´ das toll, wenn da heute welche von *Dreiundneunzig* dabei wären, muss Roland seine schöne Phantasie gleich an Volker weitergeben. Stell dir vor, da unten würde nachher Willi Reimann stürmen oder Bertl oder ...
Volker spinnt nicht mit, wird durch Fanfarenstöße abgelenkt, die mit ihrem Getöse den ersten Unterhaltungsakt ankündigen. Eine Dinkelsbühler Knabenkapelle schickt sich an, zu Pauken und Trompeten auf der Laufbahn zu exerzieren, als gelte es, der auf München schauenden Welt zu demonstrieren, wie in Deutschland die Jugend immer noch erzogen wird: im Gleichschritt marschierend mit einem Lied auf den Lippen.
Volker ist beeindruckt.
Roland schaut sich derweil neugierig die ausladende Betonschüssel an. Visavis wogt das Oranje Meer. Ein sangesgeübtes Völkchen, das sich nach der Melodie eines bekannten Traditionals seine ureigene WM-Hymne zusammengereimt hat: „ Holland halt de Werreld Cup...“
Einige deutsche Gruppen haben die Idee kopiert und halten ihre Version dagegen, allerdings klingt diese Variante weniger überzeugend.
Sein Blick schweift rüber zur Haupttribüne unter der Zeltdachkonstruktion. In ihrer Mitte ist kaum ein Platz besetzt. Die Prominenz wird sich später in ihre Schalensitze bequemen, zusammen mit Obersangesbruder Scheel, Erbkanzler Schmidt und dem unumstrittenen Politstar Henry Kissinger. Die monegassische Familie soll auch komplett angereist sein. Ob sich die Caroline für Fußball interessiert? Wenn man da drüben jemanden erkennen wollte, müsste schon ein besonders leistungsfähiger Feldstecher herhalten, so unendlich weit entfernt erscheint ihm die hochgeschwungene Tribünenseite. Das Stadion hat einen gigantischen Durchmesser, im Grunde genommen überhaupt nicht geeignet für ein Fußballspiel, da der Raum für die klassischen olympischen Disziplinen viel zu großzügig bemessen ist, fällt ihm bei näherer Betrachtung der Architektur ins Auge.

Zufällig ertastet er die leicht zerknüllte Eintrittskarte in der Seitentasche seiner Windjacke. Sorgfältig glättet er den entwerteten grünen Karton, verstaut ihn in einer der Innentaschen.
Auf dem Fußweg vom Parkplatz zum Stadion konnte er mitverfolgen, wie dessen Marktwert stetig sank. Als sie den ersten Händler gewahrten, verlangte der immerhin noch hundert Mark, kurz vor dem Einlass war der Kurs auf dreißig gefallen. Roland hatte bislang nicht einmal die regulären fünfzehn von den anderen bekommen. So kann es einem gehen, wenn man von den falschen Leuten als guter Freund eingestuft wird. Auf alle Fälle wird er sein Exemplar gut aufbewahren, als Zeitdokument, so etwas bekommt man nie wieder. Dieses T-Shirt mit dem aufgedruckten Beckenbauer-Konterfei, dass Joschi sich hat aufschwatzen lassen, wird schnell verbleichen, und wen interessieren in einem Jahr noch *Tip und Tap*, diese schräg grinsenden Plüschmonster? Die haben morgen ihre kommerzielle Schuldigkeit getan, und damit hat sich ihre Existenz erledigt.
Volker hätte trotzdem gerne ein Paar gehabt. Roland konnte ihm den voreiligen Kauf mit Hinweis auf den zu erwartenden Preisverfall nach dem Spiel ausreden.
Was wollte er mit den nichtsnutzigen Viechern?
Für´s Auto.
Auf dem Rasen kulminieren die Feierlichkeiten. Plötzlich wird es vor der Haupttribüne lauter.
DEUTSCHLAND, DEUTSCHLAND, dringt es durch die Sängerfront.
Zwei deutsche Spieler in dunkelblauen Trainingsjacken möchten aufs Feld und dürfen nicht. Selbst sie müssen dem strengen Protokoll gehorchen und verschwinden wieder im dunklen Gang unter den Sitzreihen. Die voreilige Anfeuerung erstirbt.
Roland wartet darauf, dass sich Ergriffenheit einstellen soll, wie beim Vater vor zwanzig Jahren. Der hat anno dazumal nur vor einer winzigen Flimmerkiste gehockt und ist vor Überwältigung fast durchgedreht. Und jetzt? Und hier? Nun steht sein Sohn mitten im Ort des ehrwürdigen Geschehens wird selbst Teil einer gelebten Geschichte, die er später seinen Enkeln als eine sicher immer wieder gern gehörte Anekdote auftischen kann, und doch will ihm nicht einmal der Anflug eines Schauergefühls über den Rücken fließen. Sämtliche Sensoren scheinen lahmgelegt.
Liegt es an der unheiligen Reiseallianz mit den Seestädtern, in die er so blindlings hineingeraten war oder an den Menschenformationen unten auf dem Rasen, die sich dem unbedingten Willen des Choreographen zur Form gehorsam beugen?
Das kleine Deutschland zeigt seinen Gästen, was man hierzulande traditionsgemäß zu einer großen Feier vor allem bewegt – Masse. Eineinhalbtausend Figuren, Herren in blauen Anzügen, Damen in wallenden dunkelroten Kleidern, werden vom Chorführer Fischer über den Rasen dirigiert, mal geometrische Formen bildend, mal in Ringelreihen verkettet dahinziehend und natürlich unablässig Volksweisen schmetternd. Leni Riefenstahl hätte ihre Freude an der Regie. Roland blickt nahezu empfindungslos auf die Sängerparade. In dieser Haltung steht er nicht allein da. Die Frankfurter Abordnung hinter ihm stemmt sich trotzig gegen den verordneten Rhythmus.
„Eins und zwei und drei und vier
so viel Tore schießen wir
lustig lustig trallallallalla
heut ist der Grabi mit dem Hammer wieder da..."
Auf dem Feld der organisierten Freude ertönt völkerverbindendes Liedgut:
„Tulpen aus Amsterdam."
Schunkellaune überträgt sich auf die Ränge.
Die Frankfurter nehmen den Takt auf:
„Tore aus Frankfurt am Main..."

Der Innenraum beginnt sich zu leeren, das Sängervolk besteigt die Luxusvehikel, die als Mannschaftsbusse ausgedient haben und noch einmal eine Ehrenrunde für die deutsche Automobilindustrie drehen, bis sie durch die große Öffnung seitlich der Haupttribüne verschwinden. Endlich dürfen die Hauptdarsteller auf das Spielfeld, formieren sich in Erwartung der Hymnen. Roland spürt einen Anflug von Anspannung.

Und endlich kamen sie doch noch, die Momente, für die sich der unmäßige Aufwand einer solchen beschwerlichen Reise lohnt, die man herbeisehnt, auf die alle Hoffnung gesetzt wird, die diese verrückte Leidenschaft erfüllen und gleichzeitig neu begründen, den ganzen am Abgrund zum Wahn balancierenden Akt mit Sinn adeln. Zunächst wurde aber nicht nur Rolands Leidensfähigkeit bis zum schmerzhaften Anschlag ausgereizt. Neeskens humorloser Gewaltakt traf ihn in der Zwölffingerdarmzone.
Die Frankfurter Kolonie erholte sich am schnellsten von dem frühen Rückschlag.
Nicht verzagen, Hölzenbein fragen!
Dann schlugen die Minuten der Spezialisten. So perfekt und schön anzusehen segelte der Frankfurter Fachmann für Strafraumfaller nach dieser schlitzohrig provozierten Attacke in den Sechzehner, dass es eine Freude war, den erhofften Strafstoß zu fordern.
Ja, ja, so und nur so waren die abgebrüht und kunstfertig aufspielenden niederländischen Stars aufs Kreuz zu legen.
Nachdem Breitner kurz danach den holländischen Keeper so dermaßen verladen hatte, dass der nur noch mutlos zuschauen konnte, wie der Ball in die linke untere Ecke rauschte, wollte das Geschrei kein Ende nehmen auf den Rängen. Alles, alles musste raus, das Glücksgefühl, die Befreiung von dem unverdaulichen Anfangsschock, alles, raus, weg! Jetzt wollten sie es dem Gegner richtig zeigen. Selbst der stets unterkühlt durchs Leben gehende Volker gebärdete sich wie aufgeputscht. So hatte Roland seinen Freund in der ganzen Grünhöfer Zeit nicht gesehen, so losgelöst, mit solch purer Freude im Gesicht.
Konnte es eine Steigerung geben?
Es musste, wenn man Weltmeister werden wollte.
Ein Spielzug, der wie ein letztes Aufflackern der Ramba-Zamba-Kunst anmutete, brachte Höhepunkt und Entscheidung zugleich, und wie zur Hochzeit der deutschen Fußballkultur führte ein Zusammenwirken von Mönchengladbach und Bayern zum Kulminationspunkt. Mit Rainer Bohnhof setzte sich einer der Eleven des vergessenen Altstars Netzer, den Helmut Schön im Abschlusstraining lediglich noch als Cruyff-Double gebraucht hatte, auf der rechten Seite mit dieser Dynamik durch, die der deutschen Mannschaft als bestes Mittel verblieben war, den Mangel an Filigranem zu kompensieren und knappe Erfolge zu sichern.
Dem einmaligen Müller, dieser Inkarnation eines Torjägers, war es vorbehalten in der ihm ureigen Art, die Annahme des Balles, Drehung und Torschuss in einem einzigen Bewegungsablauf vereinigte, den Triumph zu krönen und einen Jubelorkan in Rolands Stehplatzumgebung auszulösen.
Als sich der wellenartige Bewegungskreisel langsam legte und man wieder sein eigenes Wort verstehen konnte, stand keiner in dem Mengenquadrat mehr dort, wo er vormals seinen Platz behauptet hatte. Ein fremdes Gesicht tauchte vor Roland auf, Volker winkte zwei Meter weiter unten. Dirk war überhaupt nicht mehr zu sehen. Joschi zerkreischte sich die Stimmbänder. Roland sah Schaum in seinen Mundwinkeln. Würde der Wunschdeutsche vollends die Gewalt über sich verlieren?
Der Halbzeitpfiff half ihm wieder zur Besinnung.

Wäre in dieser Minute Schluss gewesen, hätte man wahrlich Weltmeisterliches feiern können.

Eine knappe Stunde später spürte Roland in erster Linie die Erleichterung, dass die nervenaufreibende Zitterei um den Sieg, der die ganze lange zweite Hälfte am seidenen Faden hing, überstanden war. Klar doch, man war Weltmeister – unglaublich zwar, aber wahr – und jubelte allerorten:
HI – HA – HO – DEUTSCHLAND HAT DEN WELTPOKAL - SO EIN TAG und so weiter.
Das gesamte Repertoire deutscher Siegeshymnen konnte nun genutzt werden.
Eine Spielergruppe tanzte siegestrunken vor der stehenden Ovation der Haupttribünengäste, andere versanken in Andacht auf dem Rasen, einer warf Blumen in die kochende Kurvenmenge. Gleich würde Weltmeister Beckenbauer den Pokal mit der Weltkugel vom Bundespräsidenten Scheel überreicht bekommen. Man spürte den Willen zur Ausgelassenheit, obwohl die eigentlichen Glücksmomente dieses Nachmittags schon wieder verflogen waren.
Weltmeister war man in der dreiundvierzigsten Minute geworden. Ab da begann der verbissene Kampf um die Verteidigung des Erreichten, und so würde es weiterhin sein. Daran dachte in diesen ersten Minuten nach dem Triumph natürlich keiner. Dem, der jetzt nicht jubelte, war nicht zu helfen. Da musste Roland nur auf Joschi schauen, der sich gar nicht wieder beruhigen wollte. Der war gewiss Weltmeister geworden. Nur, wer sollte einem sagen, wie man sich als ein solcher zu fühlen hatte? Roland war in dieser Hinsicht sicher kein Vorbild. Ausgelaugt von der Anspannung, von Müdigkeit geplagt, hungrig, durstig, verschwitzt unter der hermetischen Windjacke und unwillig der anstrengenden Rückfahrt in zweifelhafter Gesellschaft entgegenblickend, sah er die Zukunft auf der elektronischen Anzeige.
Adios - Argentina ′78.
Der Weg dahin erschien ihm kürzer als die Autobahnstrecke nach Göttingen.

Am späten Montagnachmittag danach war die ganze Weltmeistereuphorie verflogen. Mit zittrigen Fingern hatte er Roswithas Brief geöffnet und stierte nun schon fünf Minuten auf die paar Zeilen, mit den traurig gemalten Buchstaben, die ihn darüber in Kenntnis setzten, dass sie ihrem Marek zurück nach Frankfurt gefolgt sei. Ihm, Roland, wünsche sie viel Glück mit der Schönen aus der Nacht, in der er sein Zimmerchen so unvergesslich im Kerzenschein illuminiert hatte ...

Teil II: Kampf

Du machst unter mir Raum zu gehen, dass meine Knöchel nicht wanken.

(Psalm 18/37)

Gesperrt

Roland hinkt auf Krücken gestützt über den sonnenbeschienenen Balkon seines komfortablen Einzelbettzimmers auf der chirurgischen Männerstation des *Marienhospitals* und genießt den Ausblick auf den um diese Spätnachmittagszeit lebendig gefüllten Innenhof der katholischen Krankenanstalt, die auch evangelischen Privatpatienten gute Pflege zukommen lässt.
Er sei bestens untergebracht, konnte Roland die Mutter beruhigen, als er die Nachricht von dem unglücklichen Lufttritt beim Freizeitkick und der unumgänglichen Operation fernmündlich mitteilen musste.
Viel mehr vermochte er ihr nicht zu erklären. Gerade als er anfangen wollte, mit Details der auf einem Monitor mitverfolgten Zangenkneiferei in seinem geschundenen rechten Knie aufzuwarten, drängelte sich der Vater gewichtig in die Leitung, um die Abrechnungsmodalitäten im privatversicherten Krankheitsfall eines Landesbeamten zu erläutern
...vierzig Prozent übernimmt die Kasse und sechzig die Beihilfe, ... und alles in doppelter Ausfertigung, sonst hast du unnötige Lauferei. Hast du das verstanden?
Ja, ja, Roland verschwieg, dass die prozentuale Gewichtung in Niedersachsen um Nuancen anders lag, um die umständlichen Klärungsversuche des alten Herrn nicht unnötig zu torpedieren.
Und du hast unbedingt ein Anrecht auf Chefarztbehandlung, lass dich nicht von so ´nem Anfänger vermurksen.
Ja, das...
Hörst du, keinen Oberarzt ... Chefarzt! Das ist ein Unterschied. Wie heißt der da eigentlich, taugt der was?
Ist schon in Ordnung...
Wie konnte das nun wieder passieren. Du sollst unterrichten und nicht auf´m Platz herumrennen. Nun lass die Bolzerei endlich. Das ist nichts für dich. Hab´ ich dir schon so oft gesagt.
Hast du.

Ja, dann mach´s man gut. Leg lieber auf. Das Telefonieren im Krankenhaus ist teuer, übernimmt die Kasse nicht ... Ach, hier ist noch mal Mutter....
Aber nicht mehr so lange, hörte Roland die sich entfernende Vaterstimme noch brummen.
Ja, Roland? Und wer wäscht deine Wäsche jetzt, wo du nicht kannst? Soll ich am Wochenende kommen?
Nein, nicht nötig. Martina hilft mir.
Wer?
Erzähl´ ich dir später, gleich ist Visite, tschüs.

Wie hatte sich die Mutter gefreut, als Roland nach über zwei Jahren in der Warteschleife vom niedersächsischen Bildungsminister die langersehnte Zusage für einen Referendarplatz in Osnabrück zugesandt bekommen hatte.
Jetzt kannst du richtig zum Dienst gehen, wie es sich für einen Beamten gehört, atmete sie auf. Hast du überhaupt eine gute Ledertasche? Mit so einem Jutesack kannst du auf keinen Fall in die Schule. Wie sähe das aus?
Wie seine Zukunft dort auf der westlichen Seite Niedersachsens aussehen würde, hatte Roland in dem Moment nicht sagen können. Viel mehr, als dass dort ein Fluss namens Hase floss, wusste er über die Stadt nicht, in der er zum Lehrer reifen sollte.

Da könne er sich warm anziehen, hatte ihn Heinrich beim Abschiedsspiel am *IFL* bedauert, schlimmer sei es nur in Meppen. Da würden Anwärter mit Politik im Fächerrepertoire, die nicht christdemokratisch tickten, nach allen Regeln der Fachleiterkunst abgeschlachtet.
Heinrich musste es wissen, leckte er doch immer noch an den Wunden, die ihm als rührigen Gewerkschaftler in den Emsniederungen geschlagen worden waren. Eine Lehrerkarriere hatte man ihm dort jedenfalls erfolgreich vermasselt.
Wenigstens hat Osnabrück einen vernünftigen Zweitligaclub und nicht so eine Buddeltruppe wie Nullfünf, hatte sich Roland selbst Mut gemacht und war froh, endlich mit einer neuen Perspektive aus dem linken Ghetto hinter dem eng gezogenen Göttinger Stadtwall herauszufinden.
Seit Monaten hatte Roland dort nur noch als geduldeter Misfit in dem von allen guten Geistern längst verlassenen Egoistennest gehaust, wo sich das Gemeinschaftliche darin erschöpfte, die notorische Leere des Kühlschranks zu beklagen und die Verantwortung für die ausufernden Telefonrechnungen abzulehnen. Nur in Herberhausen, bei Bernie und Moni, in ihrem in monatelanger Plackerei eigenhändig restaurierten Fachwerkhäuschen, gab es für Roland noch einen Fluchtort, den er gerne an Wochenenden aufsuchte, um dort bei selbstgebackenem Topfkuchen und frisch aufgebrühtem Zitronengrastee Tee Monis neueste Visionen einer genossenschaftlich organisierten, ökologischen Landwirtschaft zu erfahren, während Bernie einen brandaktuellen Greatful-Dead-Bootleg zum Klingen brachte. Bernie freute sich immer, wenn Roland seine Tipp-Kick-Grundausstattung mitführte. Vom Bundesligareigen der „Sportschau“ animiert verkickten sie oft ganze Samstagabende, ohne dass Langeweile aufgekommen wäre.
Alltags sah Roland sich wiederum eingekreist von Psychotreffs, Frauengruppen, Männerkreisen, Schwulenclübchen, Lesbenzirkeln, Ashrams und diffusen Encounterrunden, in denen es zu Wiedergeburten kam und beinahe jede zwischenmenschliche Regung in eine Generaldebatte übers Verbale und Nonverbale führte. Während die grassierende Brabbel- und Knuddelsucht unaufhaltsam sämtliche Gemeinsamkeiten zerbröselte, konnte man sich in den Kreisen, in denen Roland rotierte, mit dem Thema Fußball leicht hoffnungslos ins Abseits manövrieren.

Schon die WM in Argentinien war unter schwersten ideologischen Beschuss geraten, als die bundesdeutsche Delegation sich anschickte, in aller Selbstverständlichkeit vor der Junta zu dienern. Nachdem dann der depperte Schön ausgerechnet Naziflieger Rudel ins Mannschaftsquartier nach Ascochinga eingeladen hatte, gingen selbst Roland die Argumente aus, und er schloss sich schweren Herzens der von Sybille zum WM-Boykott eingeschworenen Reisegruppe nach Kreta an, die sich drei lange Wochen dem Durcheinandervögeln und Sonnenanbeten hingab und nachher heillos zerstritten in ihre Einzelnerven zerlegt auf getrennten Wegen in die ungeliebte Heimat zurückfand.
Roland war im munteren Querspringen nicht zum Zuge gekommen, hatte statt dessen von Zwölffingerdarmstichen gepeinigt miterleben müssen, wie Sybille kompromisslos ihrer Neigung zum gleichen Geschlecht frönte und mit diesem Mannweib aus Kreuzberg, das sich als Medizinstudentin ausgab, eine Zeltgemeinschaft in hörbarer Nähe zu seiner olivgrünen Bundeswehrpersenning gründete. Der unbarmherzig schlechte Sommerlauf der Dinge hatte es dann arrangiert, dass ausgerechnet Roland zusammen mit Sybille den Polo zurücklenken musste, in den sich auf der Hinfahrt zur Sonneninsel noch fünf erwartungsfrohe junge Menschen gequetscht hatten. Am Ende des sinistren Trips der gleichgeschalteten Individualreisenden hatte sich keiner mehr gefunden, der den um die halbe Länge seines Auspuffs gekürzten Kleinstwagen nutzen wollte. Die deftigen Spritpreise in Italien und Griechenland hatten ihren Teil zur Abschreckung beigetragen.
Um bei den zu befürchtenden Polizeikontrollen nicht ganz ohne Alibi dazustehen, hatte Roland das durchgerostete Endstück im Kofferraum mitgeführt.
Gerade an der letzten Kurve erst abgefallen, wollte er denen im Beanstandungsfall auf die Nase binden. Das Stimmungsbarometer passte sich der muffigen Hitze in dem unter der Kilometerlast blechern röhrenden, an unzähligen Nahtstellen scheppernden Gefährt an.
Als Roland schließlich seine Neugier auf WM-Fußball beim Anstieg auf den Alpenpass nicht mehr bremsen wollte und das Radio so beiläufig wie irgend möglich auf die Wellenlänge einstellte, die vom fernen amerikanischen Kontinent herüberschwingend zu dieser Stunde die österreichische Hörerschaft in ihren Bann schlug, und er allein an der sich von Oktave zu Oktave ins Crescendo windenden Stimme des Sprechers heraushören konnte, wie der Krankl und das Schneckerl die deutsche Abwehr um den stoischen Kaltz und den glücklos die Sense schwingenden Vogts vorführten, herrschte Sybille ihn in äußerster Überreiztheit an, den Kasten gefälligst abzudrehen.
Dein Fußballfimmel ist mir immer schon auf den Geist gegangen, schob sie auf Tabula rasa zielend nach.
Wart ab, was der Hermaphrodit vom Kreuzberger Kiez für Macken kultiviert, kam sein Konter prompt.
Damit war der Kommunikationsabbruch endgültig vollzogen worden.
Gleichwohl hatte ihn die Dominanz ihrer ignoranten Gesellschaft vom Lauf der Geschichte abgeschnitten. Den Rest des Dramas von Cordoba durfte er am nächsten Tag den Zeitungen entnehmen.

Über Fußball konnte Roland sich fortan am ehesten im Kontakt zu seinen neuen Taxikollegen auf dem Laufenden halten, zu denen immer mehr brotlos Examinierte stießen, die wie er mit dem Erwerb des Personenbeförderungsscheines ihren Fehlstart in die Karriere wirtschaftlich abfederten. Die Chauffeure aus Berufung waren den Gelegenheitsfahrern nicht nur bei der Jagd auf die sich verknappende Recource Fahrgast überlegen, sondern dank ihrer akribischen Lektüre der *Bild*, die man einem

Endloswitz der Fahrer zufolge keinesfalls schräg halten sollte, damit einem das Blut nicht in den Wagen lief, immer besser informiert über die Interna von Bundesliga und Nationalmannschaft. Rolands Studentenabonnement der *Frankfurter Rundschau* war in dieser Hinsicht eine Fehlinvestition.

Über den exakten Spielplan der Europameisterschaft waren die ausgekochten Lenker jedenfalls schneller im Bilde, und als Roland endlich realisierte, wie wichtig eine vorausschauende Terminplanung war, hatte er schon den schwarzen Peter für den Endspielsonntag gezogen.

Zunächst fing die Schicht in der erwarteten Ruhe an, bis er den Auftrag für die Harzstraße annahm, dorthin, wo die kastigen Reihen des sozialen Wohnungsbaus den Stadtrand ausufern ließen. Dass der Fahrgast leicht schwankend auf den Daimler zuhielt, war fürs Taxigeschäft nichts Außergewöhnliches. Irgendeinem Feierabendtrinker war es zu öde geworden und wollte aus dem Dreizimmerküchebadelend in die Stammkneipe oder gleich in den Puff am Güterbahnhof entfliehen.

Schnell abhaken die Tour und weiter geht's beim Endspiel Rom, schaute Roland voraus. Dort lief es bisher ganz ordentlich, wenn man dem Radiokommentar Glauben schenken konnte.

Ohne die brennende Kippe aus dem Mundwinkel zu nehmen, bedeutete ihm die mit süßsaurem Alkoholatem belüftete Stimme, die aus dem schlecht rasierten Allerweltsgesicht von der Beifahrerseite in die Kabine drang, noch eine Weile zu warten, es gäbe noch etwas zu erledigen.

Kannst deine Uhr ruhig anstellen, hier is´ ´n Vorschuss. Ein sorgfältig gefalteter Fünfzigmarkschein segelte auf die Mittelkonsole. Aber nicht mit den Mäusen durchbrennen, sonst gibt´s Ärger mit Big Daddy.

Damit machte die sonntäglich aufgeputzte Gestalt kehrt und schlingerte zum Zellenneubau zurück, mied jedoch die Eingangstrakte, sondern verschwand weit am Ende des langgezogenen Betonquaders aus dem Blickfeld, während in Rom die zweite Halbzeit Probleme für die deutsche Elf brachte.

Roland hatte sich abgewöhnt, über die Handlungsmotivation seiner Fahrgäste nachzusinnen. Da lag der Schein, und so lange das vom Taximeter gesetzte Limit nicht überschritten war, würde er warten. Jeder komische Heini, der zahlte, war besser als solche Schlawiner wie diese muffigen Landfreaktypen aus Adelebsen, die ihm mit ihren verdreckten Lumpen die ganze Rückbank versaut hatten und ihn am Ende ihres Ausflugs mit Naturalien abspeisen wollten.

Roland drehte die Reporterstimme hoch, die mit Besorgnis registrierte, dass Briegel angeschlagen den Platz verlassen hatte. Cullmann sollte die Lücke füllen.

Ausgerechnet der, meckerte Roland leise vor sich hin, als er mit dem nächsten Augenaufschlag einen Schatten auf seine Karosse zuspringen sah. Das Echo schriller Schreie und lauter Flüche wehte ihm nach. In der weißwandigen Fensterflucht wurden Gardinen bewegt.

Schon spürte Roland Bierodem im Nacken.

Los, ab geht die Post Junge. Wofür bezahl´ ich dich?

Roland gehorchte mechanisch: Wohin?

Nach Rosdorf,

Ehe Roland realisierte, dass er von der Situation dazu überrumpelt worden war, ein Fluchtfahrzeug zu lenken, bog er schon in die Kasseler Landstraße ein.

Ja, drück richtig auf den Pinsel. Sein sprunghafter Gast lachte freudlos auf. Der Kuh hab´ ich´s gezeigt. Mich vor die Tür zu setzen ... Ha, da muss se früher aufstehn. Is´ doch sonst zu blöde zum Mäusemelken, die Schlampe. Hat ihr alles nur die Mama ins Ohr geflüstert, die alte Hexe ... Biste verheiratet?

Ich, fragte Roland von der aufstöhnenden Reporterstimme abgelenkt nach. In Rom war etwas passiert.
Klar du, ist hier noch jemand?
Ich nicht.
Du gefällst mir, und du würdest mir noch besser gefallen, wenn du schwörst, es nie zu tun. Also?
Also was?
Schwörst du´s?
Roland tat ihm den Gefallen. Aus solchem Stuss kam man als Jasager am besten heraus.
Die fruchtherbe Frauenstimme aus der Funkzentrale schnitt störend durch den Sender.
Er hätte zu gerne einmal die Figur dazu gesehen. Solche Wünsche mussten in diesen turbulenten Endspielminuten zurückstehen.
Eine Nachricht für Wagen sechsunddreißig.
Das war er.
Bitte fahren Sie unverzüglich den Bahnhof an. Ihr Fahrgast wird dort erwartet.
Jetzt wird´s wirklich ernst, schoss es ihm durch den Kopf. Zur Bestätigung drückte er, wie für solche Situationen vereinbart, nur den Sendeknopf.
Big Daddy hatte nichts mitbekommen. Schlechte Reporterkunde aus Rom hatte seine ganze Aufmerksamkeit okkupiert.
Hör dir das an. So´n Scheiß, die blöden Belgier haben den Elfer versenkt. Ha, heute is´ so´n richtig beschissener Tag. Alles geht in die Binsen, da soll auch die Schwiegermutti was von haben, redete er sich in Rage.
Keine Frage, der Mann war auf Endgültiges aus, kroch Roland ein Anflug von Furcht unter die Hirnschale.
Die aus Belgien können uns nicht behellgien, kalauerte er zur Beruhigung in den Rückspiegel.
Der Spruch hob die Laune im Fond: Mensch, das ist gut. Den muss ich mir merken, wo haste den her?
Von meinem Onkel Ralf. Der ist auch Taxifahrer.
Der Diesel surrte unter die mächtige Eisenbahnbrücke. Unaufhaltsam hielt der Stern vor ihm auf das Groner Tor zu.
Roland pokerte fünfzig zu fünfzig. Bei Grün würde er nach links ziehen, bei Rot rechts einordnen.
Grün. Augen auf und durch!
Der Protest kam mit Verzögerung: Mensch du Penner, nach Rosdorf ging´s rechts ab. Was soll der Scheiß...!
Tschuldigung, ich dreh´ am Bahnhof um. Keine Panik, das haben wir gleich.
Vorn nahte die langgezogene Schleife hinüber zum Bahnhof, blieb nur noch die Berliner Straße zu kreuzen...
Bist so´n Aushilfskutscher, so´n verkrachter Akadämlicher, stimmt´s?
....und husch rüber zum Stand. Dort leuchtete das rettende Grün des Streifenwagens.
Bremsen, Tür aufstoßen und raus aus der Karre, verfloss zu einer Bewegung. Tief durchatmend hechtete er zum nächsten Kollegen.
Was is´n los?
Weiß auch nicht, keuchte Roland.
In professioneller Ruhe lotsten zwei Polizeibeamte den zeternden Big D. aus der cremegelben Limosine. Roland hatte noch nie einen Polizeieinsatz mit derartiger Erleichterung quittiert. Gleichzeitig tat ihm die Gestalt, die sich dort mit abgespreizten Armen an die Grüne Minna lehnte, schon wieder Leid. In diesem Moment, da er seinen ungemütlichen Fahrgast erstmalig in voller Größe sah, meinte er, das fatale

Ausmaß der Tristesse zu ermessen, gegen das der grimmige Mensch Amok lief. Offenbar hatte er für diesen Sonntag extra seinen besten Anzug angezogen, dazu weißes Hemd und graue Lederkrawatte. Nur das graue Stoppelgesicht und die fettsträhnige Frisur störten den geschniegelten Eindruck. Welche Feierlichkeit mochte hier so fürchterlich aus den Fugen geraten sein?
In gelassener Routine klopfte einer der Beamten das Jackett ab. Roland sah, wie er mit spitzen Fingern eine Pistole zutage förderte.
Sieh mal an. Was wollten Sie denn damit?
Gehört mir nicht, nuschelte die versackende Stimme des Wüterichs, fragen Sie lieber meine Alte...
Der Kollege neben Roland starrte entgeistert auf die Waffe. Guck dir das Ding an...
Rolands Perspektive verschleierte sich. Ein saures Brennen stieß aus seinem Magen die Speiseröhre hoch.
Der NDR-Sprecher rief: Tor!
Der Beamte am Wagen schaute fragend auf: Hrubesch?
Der Polizeifunk vermeldete einen Unfall in Weende.
Der Zähler tickte bei 29,20 DM.
War der Rest Trinkgeld?

An diesem schönen Mittwoch im Mai muss Roland direkt schmunzeln, wenn er an diesen aus der Spur gelaufenen Endspielabend im letzten Sommer denkt. Der Mutter gegenüber hatte er von dem unberechenbaren Fahrgast kein Sterbenswörtchen erwähnt. Wie hätte die sich wieder aufgeregt. Sie war sowieso über alle Maßen empört darüber, dass die Kultusminister aller Bundesländer ihren Sohn, den Studienrat in spe, so lange schmoren ließen.
Das hätte es früher nicht gegeben, seufzte sie enttäuscht, als Roland sie zum wiederholten Male vertrösten musste.
Dafür hat es eben Hitler gegeben, giftete Roland zuletzt angesäuert zurück, um sich vor ihrer Wehleidigkeit zu schützen.
Aber das war ja bekanntermaßen etwas ganz anderes, was die Jugend überhaupt nicht ermessen könne.
Roland hatte statt dessen allmählich ermessen können, wie man sich fühlte, wenn man nicht gebraucht wurde.

Alles vorbei, alles weit weg: die nervtötende Fahrerei dem Geld hinterher, die Einsamkeit im Fußballbrachland, das ganze unsägliche Treten auf der Stelle. An der Hase macht der Fußball wieder Spaß, weil es hier einen lebendigen *VFL* gibt, und hier macht die Liebe wieder Spaß, weil es Martina gibt. Kummer bereitet nur das Lehren und Lernen, weil es das Gymnasium am Stahlwerk gibt.
In Anflügen von Spasmen verkrampft sich seine Zwölffingerdarmregion, wenn Roland an die Turbulenzen zurückdenkt, die seine ersten Gehversuche als Referendar begleiteten, dabei war von Schülerseite bisher nur beanstandet worden, dass er sich gelegentlich in schlecht gebügelten Hemden vor die Klasse stellte. Davon abgesehen lief es gut zwischen ihm und der Kleinstadtjugend, was ihm allerdings bei denen, die bevollmächtigt waren, seine Lehrfähigkeit abzuprüfen, keine Bonuspunkte einbringen konnte. Junglehrer, die einen guten Draht zu Schülern hatten, passten nicht in die Schule.
Evangelisch Getaufte, die sich obendrein als Protestanten bezeichneten, auch nicht, hatte Roland zu spät erkannt, als er zum Antrittsgespräch beim Direktor geladen war. Nachdem sein ketzerisches Bekenntnis im rustikal getäfelten Raum stand, und Roland, ins Plaudern verfallend, zu allem Überfluss noch seine Examensarbeit über alternative

Lebensformen skizziert hatte, zogen sich die Lippen seines neuen Dienstherrn zu einem strengen Strich zusammen. Alle Werte, die sein Weltbild formten, musste er durch Rolands Kurzauftritt in Gefahr gesehen haben, galt doch dem Fachkoordinator für Katholische Religion fest und unumstößlich die kinderreiche, katholische Lehrerfamilie als die alternativste aller Lebensformen. Rolands verzweifelter Schwenk auf das unbedenkliche Thema Fußball nutzte nichts mehr. Er wurde zur Umerziehung ins Lehrerzimmer entlassen.
Roland konnte die übliche Anfangsschonfrist unbehelligt lehren und lernen - bis zu jener Fachsitzung, die der aufstrebende Studienrat Lockmann anberaumt hatte, der, wie man in der Zentrale des *Staatlichen Studienseminars* an der Niedersachsenstraße lobend hervorgehoben hatte, mit der Fakultas für die Fächer Geographie und Katholische Religion geradezu prädestiniert sei für die Leitung einer Fachgruppe im Lernfeld Politik.
Hervorragender Philologe, von dem können Sie viel lernen, schwärmte Seminarleiter Lassmann von seinem ehemaligen Musterschüler.

An einem stürmischen Märznachmittag meinte es die Ampelschaltung am Heger Tor zu gut mit ihm auf der Fahrt zur Fachsitzung in der Schule, und so lief Roland um Minuten zu früh seinem wartenden Mentor, der offenbar Besonderes mit ihm plante, in die Arme. Keine weitere Referendarsseele weit und breit im überheizten Arbeitsraum des Lehrerzimmers. Die beste Gelegenheit für die Gretchenfrage, die Roland, nachdem Begrüßungshöflichkeiten ausgetauscht waren, gleich gehörig ins Schwitzen brachte.
Meinen Sie nicht, dass ein glaubwürdiger Gemeinschaftskundelehrer sich eindeutig politisch engagieren sollte?
In Lockmanns Lächeln lag die Überlegenheit des Inquisitors, der nur zu genau wusste, dass unter der Folter sowieso alles nach seinem teuflischen Plan laufen würde.
Roland stockte der Speichelfluss. Wie darauf antworten, ohne sich zu verraten? Über seine politischen Engagements hatte er logischerweise in der christlich-sozialen Gesellschaft nichts verlauten lassen, selbst seinen Zivildienst mit keiner Silbe erwähnt. Aus den Akten war die Verweigerung indes nicht zu tilgen.
Engagement im weitesten Sinn ist sicherlich unbedingt angebracht, versuchte Roland sich aus der Falle herauszuwinden.
Das meine ich nicht, stieß Lockmann mit öliger Stimme nach.
Nicht?
Ich meine das Bekenntnis zu einer Partei.
Das ist sicherlich ein naheliegender Gedanke, beeilte sich Roland konstruktiv dagegenzuhalten, aber um das besondere Vertrauensverhältnis zwischen Lehrern und Schülern nicht zu belasten, sollte man sich vielleicht in dieser Hinsicht zu einer gewissen Neutralität verpflichten.
Entschuldigen Sie, da bin ich ganz anderer Meinung. Lockmanns Augen leuchteten missionarisch. Diese vorgegaukelte Wertfreiheit kann zu einem gefährlichen Vakuum führen, das die Schüler in höchste Verunsicherung treibt und in fatale Desorientierung entlässt. Die Zeche kann die Gesellschaft bezahlen.
Ja, wenn Sie das so betrachten ... Roland sah seine Felle davonschwimmen.
Genauso, mein lieber Herr Groll verhält sich das, und deshalb zählt für mich zu den notwendigen Bedingungen für einen integren Politikunterricht, dass man als Pädagoge klar Position bezieht. Hissen Sie ruhig Ihre Flagge. Da haben die Schüler etwas Handfestes, an dem sie sich orientieren oder reiben können, je nach dem ... Ich kann Ihnen versichern, dass wir auf diesem Weg dahin kommen, wohin wir wollen – in die freie Diskussion, auf eine konstruktive Grundlage gestellt. Seien wir doch ehrlich,

daran hapert es zu oft, das wissen Sie so gut wie ich, an der freien Diskussion. Da fängt die Sache erst an, Spaß zu machen. Hab´ ich Recht?
Wie bereitwillig die Schüler sich an Lockmann rieben, hatte Roland eingehend bei seinen Hospitationen beobachten können. Mucksmäuschenstill lauschten sie seinen Monologen über den gerechten Weltenlauf, sehr wohl wissend, welche Unannehmlichkeiten der Versuch einer Widerrede nach sich ziehen würde.
Wie nun antworten, ohne die Falle zuschnappen zu lassen? Ein Bekenntnis zur *SPD* oder Schlimmerem wäre gleichbedeutend mit dem Abbruch der Ausbildung gewesen.
Wie Lockmann mit Roten Socken umging, hatte er an Rolands Vorgänger vorexerziert. Den mach´ ich fertig, hatte der zu einer Hinrichtung erster Güte aufgelegte Ausbilder Roland kurz zugeraunt, als sie im Gänsemarsch zur finalen Examensprobe des längst verlorenen Kollegen von der falschen Fraktion in die erwartungsstille Klasse getrabt waren.
Der konnte sich drehen und wenden in seiner schülerorientierten Methodik vor dem picobello gezirkelten Tafelbild, wie er wollte. In der Urteilsverkündung wurden Konzept und Vorgehen haarklein auseinandergepflückt und dem Delinquenten die Höchststrafe als ein besonderer Gnadenakt des Seminarleiters präsentiert.
Der ist in seinem roten Sumpf versackt, kommentierte Lockmann lakonisch, als die quälende Prozedur überstanden war.
Und jetzt drohte Roland zu verenden, wie die Maus in Kafkas kleiner Fabel.
Sicher, da steckt Logik drin, versuchte er sich noch einmal herauszulavieren, ich konnte mich bisher nur nicht für eine Richtung entscheiden. Mit dieser nach Aufschub bettelnden Ausrede hoffte er auf Rettung - vergebens.
Ach, da kann ich Ihnen helfen. Kommen Sie doch zu uns. Mit dem Appell auf den Lippen zog Lockmann mit Emphase einen Aufnahmeantrag zur Parteimitgliedschaft in der *Christlich Demokratischen Union* aus seiner mit Büchern und Heften überfüllten schwarzledernen Aktentasche. Die Fachleiteraugen blitzten Roland auffordernd an.
Der konnte gerade noch sein letztes Fünkchen an Geistesgegenwart dazu nutzen, mit aller Höflichkeit zu versichern, dass er sich die Sache überlegen wolle, da lugte endlich der nächste Ankömmling zaghaft in den Raum.
Kommentarlos nahm Lockmann das Formular vom Tisch und legte sein Verbrüderungsgesicht auf.
Wir haben gerade Herrn Grolls Chancen erörtert, säuselte er glatt, er benötigt gelegentlich ein wenig Orientierungshilfe, habe ich den Eindruck, damit er den Weg erkennt, der zum Ziel führt... Und wie sieht es bei Ihnen aus...?

Damit hatte Roland seine Chance in der Ausbildungsmeisterschaft leichtfertig verspielt. Alles weitere würde nur mehr knüppelharte Abwehrarbeit sein. Immerhin hatte er einiges aus der schweißtreibenden Fachsitzung gelernt: Erstens würde er nie mehr zu früh kommen, zweitens mochten in der Lehrerausbildung für das Fach Deutsch die vom Bildungsministerium empfohlenen Richtlinien gelten, für Lockmanns Fach galt das Parteiprogramm der *CDU* und drittens blieb das natürlich unausgesprochen. Ohne Frage zählte dies zu den Dienstgeheimnissen, über die Roland, an seinen Anwärtereid gebunden, zu schweigen hatte.
Roland verschwieg seine Mitgliedschaft in der Gewerkschaft so gut es eben ging – das verhuschte Häuflein der *GEW*-Lehrer hatte genug mit sich selbst zu tun und würde für keinen der Referendare auch nur ein Wort einlegen - und versuchte, sich mit den nun geklärten Verhältnissen zu arrangieren. Eins musste man Lockmann lassen, er spielte mit offenen Karten. Der obergewaltige Studiendirektor Kupsch dagegen, der Rolands Auftritte vor der Klasse stets so argwöhnisch begleitet hatte, dass man den Eindruck gewinnen konnte, er sei nebenberuflich für den Verfassungsschutz tätig, verpackte

seine Missbilligung in einen Heiligenschein von gutgemeinten Ratschlägen, die sich allesamt als versteckte Warnungen entpuppten.
Ich sehe gerade in der Liste für die Kursthemen im nächsten Halbjahr, dass sie einen Grundkurs über „Faschismus“ anbieten wollen, fing er Roland mit seiner vereinnahmenden Gestik in der Pause vor dem Lehrerzimmer ab. Wie sollen wir das verstehen?
Ja, das habe ich doch skizziert. „Faschismus“ als klar zu definierende Ideologie im historischen und aktuellen Bezug.
Sehen Sie, sehen Sie, Herr Groll, setzte er, mit flacher Hand Rolands Schulter tätschelnd, seine Onkelmiene auf, das habe ich mir gedacht, dass Sie nicht sorgfältig genug reflektiert haben. Immer gleich vorne weg mit den angelesenen Termini, ohne die Gefahren auf der Adressatenseite zu beachten ... Finde ich ja gut, diesen Mut zu neuen Ufern bei den Referendaren, aber immer ruhig mit den jungen Pferden, sag′ ich. Da ist ja die Crux mit diesen Begrifflichkeiten, da ist so ein Schindluder getrieben worden in den letzten Jahren, und dem sind Sie sicher ... bestimmt in bester Absicht aufgesessen... Wie der verehrte Herr Kollege Lockmann vermutet, informieren Sie sich vielleicht ein wenig zu eingleisig aus diesen... ähh, wie soll ich sagen, ohne dass es falsch verstanden wird, nicht wahr, vollkommen ohne jemanden nahe treten zu wollen, aber, Herr Groll, es muss so klar formuliert werden, ...aus diesen linksliberalen Blättern. Ja, und dann wundert sich alle Welt, dass die Weltbilder junger Leute Schlagseite bekommen.
Ich nutze unter anderem *Spiegel* und *Frankfurter Rundschau*, rechtfertigte sich Roland mit gutem Gewissen.
Sehen Sie, das meine ich. Es gibt doch noch andere Blätter ... Schauen Sie doch einfach öfter in unsere Zeitung am Ort. Allein der politische Kommentar auf der ersten Seite, eine wahre Fundgrube für den Unterricht, sage ich mir immer wieder, wenn ich morgens nur einen kurzen Blick darauf werfe. Nicht wahr, warum in die Ferne schauen, wenn das Gute liegt so nah, Herr Groll. Weniger wäre oft mehr gewesen. Denken Sie gelegentlich an meine Worte ... Und wenn ich Ihnen eins raten darf, ganz im Vertrauen unter uns,... vermeiden sie diese unselige Bezeichnung. Uiih, uiih, uiih, „Faschismus“, Herr Groll, so eine Schimäre von einem Begriff. Damit kann man in Teufels Küche kommen. Überall, wo sich heutzutage Recht und Ordnung regt, kommen Chaoten und Schreihälse sofort mit diesem Wort, und schon ist es ein Vorwurf. Nicht wahr, einfach in den Raum gestellt, ohne Sinn und Verstand. Nein, ich weiß ja, worauf Sie hinauswollen, oder kann es mir denken, nicht wahr – das „Dritte Reich“, darauf können wir uns einigen. Da, bin ich Ihrer Meinung, steckt didaktisches Potential drin. Jedoch, was soll ich Ihnen sagen, damit locken Sie keine Schüler aus der Reserve, will keiner mehr etwas von hören, hängt denen zum Hals heraus. Daran hätten Sie keinen Spaß. Und den wollen wir doch haben bei aller Pflicht. So ein junger Pädagoge wie Sie, nicht wahr, richtig lebendigen Unterricht wünschen Sie sich, und das zu Recht. Daher, wenn ich Ihnen einen Rat geben darf, also bitteschön, das müssen Sie ganz allein entscheiden, ich will Ihnen da nicht hineinregieren, auf keinen Fall. Sie sollen sich ja freischwimmen. Da bin ich mit Herrn Lockmann auf einer Linie. Bloß nicht soviel gängeln, sagen wir immer. Wir wollen selbstbewusste, selbständige neue Kräfte,... also, äh, wo war ich stehen geblieben?
Sie wollten...
Ach so, ja, äh, besser lassen Sie das ganze wackelige Unternehmen, und ...ich nehme an, dass Sie auf etwas eher Theoretisches hinauswollen, mit gutem Grund, das gehört dazu, predige ich so oft vergebens. Nicht nur die Exekutive veranschaulichen, nein, wichtiger noch sind die Grundlagen, und da hätte ich etwas für Sie, da können Sie sicherlich aus fundierten Quellen schöpfen – machen sie ein Projekt zum Marxismus

respektive Kommunismus. „Die vernebelnde Lehre und der Irrweg in den kommunistischen Staatsterror“, so nenne ich das, damit klar ist, wo die Reise hingeht. Da sind die Schüler bei der Sache, hier spüren sie die Gefahr der Ideologie. Da ist rege Mitarbeit garantiert... Und ..., in einen schleifenden Flüsterton verfallend drängte sich das transpirierende Schwergewicht mit dem betäubenden Mundgeruch an seinen schmächtigen Schützling heran,

... wir können die Unbelehrbaren gleich aussortieren, nicht wahr, damit sie Gelegenheit bekommen, ihren Irrtum reiflich zu überdenken.

Wenn Sie meinen. Roland sehnte das nächste Klingelzeichen herbei.

Ja, Herr Groll, nun machen Sie nicht so ein Gesicht. War nur ein Denkanstoß, nicht wahr, dafür sind wir gestandene Kollegen doch da, um so jungen sympathischen Kerlen wie Ihnen in den Sattel zu helfen, salopp gesprochen. Nichts für ungut Herr Kollege..., dabei machte er Anstalten, die Ansprache beenden, ...da fällt mit ein, was ich Sie immer schon fragen wollte. Haben Sie damals die Geschichte mit dem verbrecherischen Pamphlet über die „klammheimliche Freude“ verfolgt? Das war doch an Ihrem Institut, wenn ich recht im Bilde bin?

Ja, aber nach meiner Zeit, log Roland schnell zurück.

Da haben Sie aber Glück gehabt. Das macht ja gar keinen guten Eindruck so was. Nicht wahr, das ist der Sumpf, aus dem der Terrorismus kriecht. Seien Sie froh, dass Sie da weg sind. Inmitten solcher Sympathisanten kann ein junger Mensch schnell die Orientierung verlieren... und natürlich anonym, so feige. Am Ende wollen so welche noch Lehrer werden...tzz tzz. tzz.

Die Flurglocke ertönte.

Also, Sie denken an meine Denkanstöße? Ich erwarte Ihren überarbeiteten Vorschlag dann am Dienstag, nicht wahr Herr Groll ... Und ein bisschen mehr Optimismus ausstrahlen, bitteschön! Denken Sie daran, wir sind Vorbild und wollen unsere Schüler nicht schlecht gelaunt nach Hause schicken. Das kommt dann auf dem Elternabend prompt zurück. In dem Sinne, frisch ans Werk.

Nach Schultagen wie diesem wünschte sich Roland, wenn er abends in seiner kargen Dachstube an der Hansastraße über Leitfäden und Richtlinien gebeugt am Schreibtisch hockte, nichts sehnlicher als Sympathisanten, mit denen er sich gemeinsam über sein elendes Lehramtsanwärterlos hinwegtrösten wollte. Der Stammtisch der Referendare im *Unikeller* bot dafür mit Sicherheit nicht die geeignete Runde. Wen noch keine Depression befallen hatte, der konnte sich dort, im dauerdämmerigen Souterrainverlies der ehemaligen Fürstenresidenz, leicht infizieren. Bei Rolands Stippvisite in der schwermütigen Runde berichtete jemand von einem Leidensgenossen in Meppen, der nach einem Selbstmordversuch im *Landeskrankenhaus* auf dem Gertrudenberg gelandet war und nun mit Hilfe von Psychopharmaka vom Sinn des Lebens ohne Schule überzeugt werden musste.

Nein, der Ort der Freude, das hatte Roland längst heraus, lag in einem anderen Stadtteil, eng zwischen Häuserzeilen und Bahndamm, in direkter Nachbarschaft zu einer Eisenbahnbrücke, die ihm den Namen gab: das *Städtische Stadion an der Bremer Brücke*. Dort spielte mit dem *VFL Osnabrück* ein Club, der Roland aus Bremerhaven und Göttingen in nachhaltiger Erinnerung war. Er konnte sich an kein Spiel mit dem *VFL* erinnern, das *Dreiundneunzig* oder *Nullfünf* gewonnen hatten. Keine Frage, dies war ein Verein mit Ambitionen, der eben so unverdrossen wie glücklos an die Tür zur Ersten Liga klopfte – eine geradezu klassisch tragische Konstellation, die einiges an Dramatik verhieß. Immer wieder hatten Rolands ausufernde Vorbereitungen für die didaktischen Manöver unter Lockmanns Ägide ihn von einem bereits ins Auge gefassten Besuch abgehalten.

Ein flammender Appell der VFL-Spieler an ihre Anhänger im Sportteil der *Neuen Osnabrücker Zeitung* hatte ihn wachgerüttelt. Mehr Engagement gelobten die Lilaweißen dem getreuen Anhang, nachdem einige Gurkenspiele den Start in die Rückrunde verpatzt hatten. Nun, im nächsten Heimspiel gegen *Viktoria Köln* sollte alles besser werden, und zur Unterstützung ihrer ehrlichen Bemühungen auf dem Platz wurde jeder Besucher gebraucht, also auch er, interpretierte Roland die Botschaft, die ihn eines grauen Morgens im regenreichen März erreicht hatte. Diesem Ruf konnte er sich schlecht versagen. Händeringend warb man um jeden Sympathisanten. Dort war er willkommen.

An einem wolkenverhangenen Freitagabend machte sich Roland zum ersten Mal in seinem Fußballleben auf zu dem kleinen Stadion im Schinkel. Weit blitzte das helle Flutlicht von den Masten und wies ihm den Weg, als er mit langen Schritten auf die Unterführung an der Bremer Straße zuhielt. Der verheißungsvolle Lichtschein ließ den Puls ansteigen. Flutlichtatmosphäre hatte er bislang nur bei Länderspielen genossen, aber noch nie bei einem Ligaspiel. Das machte die Sache zweifelsohne noch reizvoller, ja die ganze Stadt erschien ihm plötzlich in einem viel freundlicheren Licht, als verflüchtige sich der bedrückende provinzielle Mief unter der Leuchtkraft der hundertfachen Luxstärke.
Die so aufwendig bestrahlte Spielstätte lag im ältesten Arbeiterviertel der Domstadt, das ihn mit seinen geputzten Fassaden und gediegenen Vorgärtchen eher an urdeutsche Kleinbürgertugenden erinnerte als an den herben Charme jener Heimstätten, in denen die tägliche Schufterei für den bescheidenen Wohlstand und der trotzige Stolz auf den niedrigen sozialen Stand das Wohnklima prägten. Im Schinkel schien, wie überhaupt in Osnabrück, die Welt noch in bester Bürgerordnung. Kein Vergleich etwa zu Bremerhaven-Lehe, wo die Dreiundneunziger einst beheimatet waren und sich in diesen Zeiten unübersehbar Risse in der sozialdemokratischen Befriedung bemerkbar machten. Massiver Zuzug von fremden Gesichtern gepaart mit rüdem Spekulantentum schufen dort wie andernorts vollkommen neue Konfliktfelder. Von all dem war im Schinkel bislang nichts zu merken.
Gut so, dachte sich Roland, als er in seiner extra imprägnierten Adidas-Regenjacke den Eingang Nord passierte, dann gibt´s hier auch nicht solche Keilereien wie im Ruhrpott oder in Hannover.
Für Referendare gab es keine Ermäßigung.
Das Erwachsenwerden wurde auch immer kostspieliger, stellte Roland fest.
Hurtig erklomm er die Stufen zu den Stehplätzen auf der nicht allzu hohen Gegentribüne. Ohne Mühe konnte er sich seine Idealposition in der leicht zur Mittellinie versetzten Perspektive suchen. So ähnlich kannte er das vom *Zollinland*, aber eben nur ähnlich. Hier waren die eng ans Feld gerückten Stehränge viel kompakter und konsequenter ausgebaut, und die moderne Sitzplatztribüne schmückte ein großzügiges Dach. Die Stimmung unter den Unentwegten, die diesen ungemütlichen Freitagabend unbedingt im Stadion verbringen mussten, war erstaunlich gut, obwohl die meisten, wie Roland, dem nasskalten Wetter ungeschützt ausgesetzt waren. Zum Glück schüttete es nicht so heftig wie in den Tagen zuvor. Ein Spielausfall hatte im Bereich des Möglichen gelegen und hätte beinahe Rolands Entschlossenheit einen Strich durch die Rechnung gemacht. Nun stand er endlich auf den leicht aufgeweichten, mit Lehm gefüllten Traversen in gespannter Erwartung des Anstoßes zu seinem ersten richtigen Ligaspiel nach den langen Jahren der Entsagung. Voller Vorfreude schaute er auf den von vier Tiefstrahlern befluteten, herrlich grün leuchtenden Rasen.
Fast wie in *Wembley*, übertrieben seine vom Lampenschein geblendeten Gedanken, schade nur, dass niemand da war, mit dem er das Erlebnis teilen konnte.

Zum Pausenpfiff hatte sich die gute Stimmung verflüchtigt. Giftige Pfiffe verabschiedeten die Heimmannschaft in die Kabinen hinter dem Tor auf der Bahndammseite.
Da gehört auch was zu, ging es Roland durch den Kopf, als er die feixende Gästemeute im Blick hatte, wohnen in Köln und gehen nicht zum *FC*, sondern folgen diesem Vorstadtclub zum Auswärtsspiel nach Osnabrück, schlagen sich den halben Tag um die Ohren, nur um bei diesem Sauwetter ihre Mannschaft zu unterstützen. Soweit war es bei ihm noch nie gekommen. Würde er jemals zu solch einer Identifikationsleistung fähig sein?
Mehr noch interessierte ihn die Gemütslage der VFL-Spieler. Leid taten sie ihm, wie sie so belämmert vom Feld trabten, beschimpft und verhöhnt vom eigenen Volk. Wie hatten sie sich ins Zeug gelegt, auf dem Feld wie in der Presse. Und nun so ein unglücklicher Lauf. Verbissen hatten sie von Beginn an das viktorianische Bollwerk berannt. Jedoch nicht die beherzt aufspielenden Hausherren, sondern die kühl kalkulierenden Kölner lagen zur Halbzeit aufgrund ihres cleveren Konterspiels in Führung, und das nicht einmal unverdient, hätte jeder objektive Beobachter feststellen können. Trotzdem waren Roland die VFLer lieber, schließlich gehörte ihnen das kleine Stadion, in dem er sich sofort heimisch gefühlt hatte, auch wenn der schmalstufige Wall, auf dem er sich befand, nicht mehr als den bescheidenen Komfort der Aufbaujahre bot. Skeptisch lugte er zu dem windschiefen Wellblechverschlag hinauf, der als Getränkestand diente. Etwas Warmes wurde aus diesem Versorgungsbehelf nicht gereicht, da gab es nur gekühlte Grundnahrung: Bier, Cola, Wasser.
Dann muss nicht soviel sortiert werden, wenn die von da oben bei schwerem Sturm die Böschung hinabrutschen, witzelte er vor sich hin. Er nahm sich vor, seine Blase zu schonen, zumal er nicht erraten konnte, wo die Toiletten versteckt waren.
Unverhofft entdeckte er ein bekanntes Gesicht inmitten des gedämpft brabbelnden Stehvolks. Das hatte er schon einige Male an der Niedersachsenstraße gesehen. Roland fiel der Name wieder ein: Harald – der kämpfte mit der gleichen berüchtigten Fächerkombination, die Roland verdächtig machte, am *Ratsgymnasium* um seine Existenz. Mal sehen, was den hierher treibt.
Roland rückte an die Seite des Kollegen in der schwarzen Bikerjacke: Na, Herr Assessor, auch mal ein bisschen Bundesligaluft schnuppern.
Ach, hallo. Dass wir uns hier noch nie begegnet sind...
Ich bin heut´ zum ersten Mal da.
Na, da hast du dir keinen schönen Einstand ausgesucht, bedächtig drehte er einen appetitlichen Javaansestängel, sieht nicht gut aus heute Abend, die Seuche geht weiter. Stellen sich aber auch irgendwie zu blind an im Sechzehner.
Schon glomm die Lunte, und der verlockende Tabakqualm umspielte Rolands Nase. Nur kurz währte der Kampf mit den guten Vorsätzen, dann hatte die Sucht obsiegt.
Harald überließ ihm freigiebig das würzige Kraut und suchte weiter nach Begründungen für die dürftige Vorstellung des *VFL*.
Tja, der Feilzer fehlt vorne an allen Ecken und Enden, und die Kölner stehen hinten gut drin mit dem Segler, der hat übrigens mal bei uns gespielt, aber damals im Sturm.
Wann war das? Roland lies den ersten Zug ganz langsam durchs Bronchialgeäst zirkulieren. Die Halbzeiterfrischung tat verdammt gut.
Muss so dreiundsiebzig gewesen sein, noch in der Regionalliga. Der ist dann zu den *Bayern* und hat jetzt schon bald die ganze zweite Liga abgetingelt.
Solange gehst du schon zum *VFL*?
Ich steh´ hier bald zwanzig Jahre.
Roland horchte auf. Er stand direkt neben einem der ganz Treuen, einem echten VFL-Sympathisanten, der überdies schwer Bescheid wusste. Was hätte ihm Besseres

passieren können? Nun musste noch die Mannschaft ihren Teil für das Feierabendglück tun.

Es wurde einer von den selten gewordenen Abenden, an denen sich alles fügte, für Roland, für Harald und für den *VFL*. Ab der fünfzigsten Minute wendete sich das Blatt zu ihren Gunsten. Fühlbar gut tat es Rolands Ohren, wie sich Haralds Torschrei trotzig und erleichtert zugleich in die kühle Abendluft entlud und mit dem Jubel der anderen widerhallte. Das war der richtige Sound, so musste es kommen, genauso. Schnell flocht er inmitten der aufköchelnden Stimmung ein, dass der Torschütze vor Jahren noch für die Dreiundneunziger gespielt hatte, da ging der Hinweis schon im nächsten Aufschrei unter.
Harald starrte ihn sich mit beiden Händen an den Kopf fassend an: Mensch, die biegen das um, die biegen das um!
Dieser ungläubige und gleichermaßen flehende Blick, diese beschwörende Stimme. Das konnte keinen kalt lassen, zumindest keinen wie Roland. Er hob seine Neutralität auf. Ab jetzt war er VFLer und wenn auch nur für diesen Abend. Die Punkte mussten hier bleiben an der *Bremer Brücke*. Bangen Blickes schaute er auf die Uhr.
Das hätte er sich sparen können. Sorgen brachte dieser Abend nicht mehr. Beim Dreizueins zuckten auch Rolands Arme in die Höhe, Minuten später lagen sich die beiden Anwärter für das höhere Lehramt in den Armen: vier Tore in zwanzig Minuten. Harald gab eine Runde Halfzware aus. Leichten Herzens genießen – so war das wohl gemeint. Hatte man das HB-Männchen eigentlich jemals beim Fußball gesehen?
Harald freute sich über den *VFL*, Roland freute sich mit Harald und der ausgelassenen Menge. Hinter dem Kölner Tor herrschte ein Mordsspektakel. Das machte der Gästeabwehr zusätzlich zu schaffen.
Der *VFL* spielt am liebsten in der zweiten Hälfte auf das Tor vor der Osttribüne, erläutete Harald die Gepflogenheiten, da stehen die Hartgesottenen. Die haben schon so einiges bewirkt.
Das kann ich mir vorstellen. Rolands Blick schweifte über die ins gleißende Licht getauchte Szenerie. Prächtig flatterten die lilaweißen Tücher in der rauen Luft und unterstrichen die Hoheitsansprüche.
Der Schiedsrichter unterstrich seine Machtbefugnis und wies den Osnabrücker Trainer in die Schranken. Der gebärdete sich schon einige Zeit wie aufgeputscht, hatte Roland den Eindruck. Zum wiederholten Male war er aufgesprungen und hatte völlig außer sich ins Feld gebölkt. Unter dem hatten die Spieler sicher nichts zu lachen. Jetzt hatte er auch noch den Unparteiischen angegiftet und musste zur Strafe seinen Platz an der Linie räumen.
Das ist vielleicht ein verrückter Hund, amüsierte sich Harald.
Ist der öfter so ?
Ja, so einen Choleriker haben wir hier noch nicht gehabt.
Lange musste der Heißsporn nicht mehr im Kabinengang schmoren. Zum Abpfiff gestikulierte er schon wieder über den Rasen.
Bestens gelaunt stieg Roland mit Harald den Nordwall hinunter. Am locker gespannten Maschendraht war eine Reihe zum Wasserlassen angetreten. Jetzt wusste Roland, wie die sanitären Angelegenheiten hier geregelt waren.
Und nun zu *Hüggelmeyer*, schlug Roland vor, ich geb´ einen aus.
Nein, bloß nicht, winkte Harald entschieden ab, da sind nur die alten VFLer, und dann noch stinkehackevoll. Die drehen da voll ab nach so einem Spiel. Grölen rum, labern dumm, fangen am Ende noch an zu singen und spinnen vom Aufstieg.

Hinter den mit angegilbten, grobmaschigen Wirtshausgardinen zugehängten Sprossenfenstern des *Schinkel Eck*, wo sie den Sieg begießen wollten, gab eine moderate Stammtischgesellschaft im Rentenalter den Ton vor. Die beiden Ankömmlinge verzogen sich in einen Nebenraum. Die dunkel imprägnierten Balken des Fachwerks verliehen den frisch geweißten Wänden einen folkloristischen Zug. Auf den robusten Bierstadlschemeln ließ es sich aushalten. Kühl und herb rann der frische Gerstensud durch Rolands Kehle. Harald kam ins Erzählen. Roland spitzte die Ohren.
Nach dem dritten Pils schwelgten beide in nostalgischen Regionalligareminiszenzen - *VFL* Serienmeister und *Dreiundneunzig* ein würdiger Gegner. Harald durchlitt noch einmal das fehlende Quentchen Glück in den Aufstiegsrunden. Roland ließ den Niedergang des *TUS* vor beider Augen Revue passieren, dabei stieg ihm direkt etwas Nasses in die Augen.
Ihre sentimentale Zeitreise wurde durch laute Gesprächsfetzen aus dem plötzlich übervölkerten Thekenbereich unterbrochen. Zu den Stammtischbrüdern hatten sich allerlei durstige Kehlen gesellt, teils Volk aus dem Stadion, teils abendwandelnde Schaulustige aus der Anwohnerschaft, die neugierig den großspurigen Reden am im Bonanzabarock verkleideten Tresen lauschten. Die einen hatten alles miterlebt, andere wussten es besser.
... Das dritte Ding, sach ich dir, ...hör zu, das dritte Ding hat der Olai gemacht... Da war der noch dran, sach ich dir...
Und? Was haste davon? Drin ist drin, basta!
Wart ab, was morgen inner Zeitung steht...
Mach noch einen, aber diesmal randvoll ... ja, wat guckste Heiner? Wir sind Vorzugsgäste... überwech tut nicht nötig ...
Komm Otto, stör den Heiner nich´ beim Zapfen...
Stell dir nur mal vor, der Feilzer wär´ heut´ dabei gewesen, dann ... Heiner hier kommen noch zwei hin... ja, was haste denn?... Natürlich auf meinen Deckel... dann hätt´s heut´ aber zehnmal gescheppert..
Ach, hör doch auf... jetzt hebste wieder ab...
Zehnmal! ... Heiner, wir warten...
Wer brauch´ noch Feilzer?
Nun hört euch den an... dir sollte Biskup mal den Arsch aufreißen.
Zehnmal!
HIER REGIERT DER VFL, HIER REGIERT DER VFL... NIE MEHR ZWEITE LIGA, NIE MEHR...
Was meint er damit nun wieder?
Oberliga, he he he…
... NIE MEHR, NIE MEHR…
Mann, schalt ab!
Heiner was is´ nu?
... Du beklagst das fehlende Dach über den Stehplätzen, jammerte Roland vom Pils gerührt gegen den Lärm in die Javaanseschwaden, da müsstest du heute den Zolli sehen, wie sie den geschliffen haben. Zum Weglaufen. Und das neue Stadion da oben hinterm Deich, da fliegen einem die Ohren weg, wenn´s mal so richtig pustet ...
Harald bestellte noch einen Seelentröster: Dann ist aber Schicht, muss morgen zur ersten Stunde raus.
... Hier rücken die Leute dem gegnerischen Torwart von hinten buchstäblich auf den Pelz und machen ihre Stürmer heiß, konnte man ja vorhin gut beobachten. Soll ich dir sagen, was im *Nordseestadion* hinter den Toren los ist?... Da kommst du nicht drauf...
... HURRA, HURRA, DER VFL IST WIEDER DA...
... da wuchert Grünzeug.

Was?
Ja, beide Kurven, und das sind richtig ovale Scheißkurven, sind mit immergrünem Buschwerk bepflanzt.
Das könnte 'ne Idee von den *GRÜNEN* sein, meinte Harald und lachte sich den Schaum von den Lippen.
So sieht das in Bremerhaven beim Fußball aus, da biegen sich die Zweige im Nordseewind.
Die sind ja nun auch endgültig weg vom Fenster mit ihrem.... wie hießen die zuletzt noch?
OSC.... Die waren wirklich zu blöde ...haun ab vom Zolli... Das war der Anfang vom Elend...
Erinnerungsverloren stierte Roland in den Gastraum.
Heiner orderte das erste Taxi. Für einige war es höchste Zeit, andere würden kein Ende finden.
Harald gemahnte zum Aufbruch: Kopf hoch, da kannst du hier ja neu anfangen, hier müssen die Gärten dem Fußball weichen und nicht umgekehrt.
Wie? Roland spürte die bleierne Pilsschwere.
Die Geschichte erzähl' ich dir ein anderes Mal. Also, auf den *VFL*, Prost!
Auf den *VFL*, Wohlsein.

So gut hatte Roland der Herrenabend im *Schinkeleck* gefallen, dass er Harald gleich beim nächsten Treffen im Studienseminar für die Idee vereinnahmte, einen festen Kicktermin für Referendare zu organisieren. Roland versprach, alles in die Hand zu nehmen, aber Vereine und Sportamt zeigten sich für die Bereitschaft zur Körperertüchtigung nicht aufgeschlossen, schoben versicherungstechnische Finessen vor, um sein Vorhaben versanden zu lassen. Erst für den Herbst stellten sie einen Hallenplatz in Aussicht. Solange wollte Roland nicht warten.
So war es im schönsten Maiensonnenschein zu diesem vermaledeiten Gebolze auf dem welligen und noch dazu leicht abschüssigen Geläuf am Schölerberg gekommen, das Harald von Anfang an höchst ungeeignet erschien. Doch Roland, der sich extra ein neues pastellgrünes Sommertrikot mit einer Sieben aus der Wulsdorfer Kleiderkammer erbettelt hatte, wischte in seiner Sprunghaftigkeit alle Bedenken vom Tisch. Zu viele fußballlose Monate waren seit seinem Abschied vom IFL-Rasen ohne ausreichende Bewegung verstrichen. Auf dem städtischen Holpergras unterhalb des Zoos wollte er sich endlich mit seinem kaum genutzten Puma-Schuhwerk nach Herzenslust austoben.
Entschlossen riss er in seinem zusammengewählten Haufen die Verantwortung für das Toreschießen an sich, zeigte dem jaavansegeschwächten Harald die Hacken und wuselte auf das Stangengehäuse der anderen zu, drängte sich unwiderstehlich in eine flache Hereingabe des spurtschnellen Sportlehrers. Genau hatte er den knapp über der Grasnarbe heranzischenden Ball im Visier, setzte sein Schussbein in eine kraftvolle Drehbewegung, konnte nicht ahnen, dass die Kugel auf eine dieser Unebenheiten, die das Feld so unberechenbar machten, prallte, dadurch um Nuancen von der ursprünglichen Bahn abkam und Rolands übermäßige Schussenergie in logischer Konsequenz des physikalischen Ablaufs im luftleeren Raum verpuffte. Infolge des Missgeschicks fuhr ein mörderischer Schmerz durch Gelenk, Mark und Bein. Urplötzlich fand er sich wimmernd am Wiesengrund. Weit aufgerissenen starrten seine Augen ungläubig auf das rechte Knie. Die aus ihrem Bänderlager gerissene Scheibe glitt langsam in ihre angestammte Position zurück und schabte dabei, von peinigendem Stechen und Pochen umzuckt, über gereizte Knorpelmasse. Gleichzeitig färbte sich seine Sicht auf den Vorgang grau ein. Er fror. Eiseskälte unter stechender Frühsommersonne. Übelkeit befiel ihn, sein Puls fuhr Achterbahn. Im Nu war das lädierte Knie so dick

wie sein Oberschenkel. Mit dem nachzitternden Schmerz kroch Hitze ins aufgeschwemmte Fleisch. Ebenso fasziniert wie fassungslos verfolgte er die körpereigene Veränderung. Vor zwei Minuten noch bumsfidel über den Platz springend - jetzt zu keiner Bewegung mehr fähig. Vor Anstrengung und Schreck hechelnd trat Harald an seine Seite.
Wir haben angerufen. Die Ambulanz kommt.
Roland schluckte: Sag bitte Martina Bescheid... Das wird heut´ nichts mehr mit uns... äh mir.

Die Tür zu Rolands Einbettzimmer geht auf, und hinein kommt nicht Martina, die sehnlichst Erwartete, sondern Schwester Gertrude.
Ah, das Abendmahl.
Wie einstudiert schaut der resolute gute Geist der Station den wieder viel zu frechen Patienten strafend an, aber der Herr Assessor darf sich einige Scherze erlauben, auch wenn er nicht nach einem Lehrer aussehe, eher wie der Lümmel von der letzten Bank, meint die wohlerzogene Ordensschwester.
Hoffentlich ist es dem jungen Herrn heute recht, lispelt sie mit ihrer gekünstelten Spottstimme, ich habe extra geschaut, dass keine Sülzwurst dabei ist, obwohl...
Danke, ich werde bestimmt etwas finden.
Ja, wenn Sie lange genug suchen. Guten Appetit.
Erhobenen Hauptes zieht sie sich zurück.
Roland begutachtet sorgfältig das Angebot. Da ist einiges für Martina dabei. Wie er sie kennt, wird sie bestimmt nichts Vernünftiges gegessen haben, dabei täten ein paar Gramm Füllmasse ihren Formen ganz gut. Was nicht ist, kann ja noch werden, denkt er und lässt seine Gedanken treiben, während er versonnen die frische Mohrrübe mümmelt, die ein findiger Gourmet dem Verköstigungsensemble beigelegt hat.

Das Glück mit Martina hatte ihm jener lichte Moment beschert, der ihm eines nachtspäten Stündleins im Unikeller durch sorgenschwarze Gedanken leuchtete. Als er, vom Lockmannfluch geplagt, seine Augen ziellos durch das Kneipengewölbe streifen ließ, hatte sich sein Blick auf diese lockende Orthographie geheftet, die ein blitzweißes Zettelchen an der gegenüberliegenden Pinwand verzierte. Seine schulmüden Augen erlasen der Botschaft die ausdrücklich an einen Mann gerichtete Aufforderung, sich für eine neu zu gründende Wohngemeinschaft mit zwei berufstätigen jungen Frauen zu melden.
Solche Chancen für Männer boten sich nicht oft auf dem diffizilen Wohnungsmarkt, lehrte ihn die Erfahrung aus seiner erfolglosen Bewerbung in einem dieser Altbaunester in der Katharinenstraße, in denen sich ziellos durch die Fakultäten studierende Akademiker gegenseitig den Alltag versauerten.
Roland hatte einmal sogar zehn backfrische Brötchen als Bestechungsgut zum anberaumten Frühstückstest mitgeführt, um die vier Verfügungsgewaltigen bei ihrer ausgeklügelten Befragung milde zu stimmen. Dass er die Investition abschreiben konnte, hatte er bereits geahnt, als die kantige Wortführerin spitzlippig anfragte, warum er keine Körnerbrötchen in seiner Tüte habe.
Das ist interessant, finde ich, sagt mir schon einiges über dich.
Aha, bestaunte Roland ihre analytische Gabe.
Dem einzig geduldeten Mann hatten die ofenwarmen Dinger dann vorzüglich geschmeckt. Roland entdeckte auf einer naturgebeizten Anrichte den Sportteil der *NOZ*. Der hünenhafte, gutmütige Blondschopf hatte Sport fürs Lehramt studiert und war durch einen schweren Unfall zu einer beruflichen Neuorientierung gezwungen. Trotzdem war ihm die gute Laune nicht abhanden gekommen, entnahm Roland der

stockenden Frühstückskonversation. Gerade als er auf das Thema *VFL* kommen wollte, war der strenge Pagenkopf mit dem Körnerschmacht ans Eingemachte gegangen. Ein zweiter Mann im Fünfergefüge sei eigentlich nur eine Notlösung, man habe so einvernehmlich mit der ausgeschiedenen Rosi gelebt, fand sie. WG-Erfahrung habe Roland ja vorzuweisen, aber diese von auswärts einsickernden Referendare würden, so höre man in informierter Nachbarschaft, so leicht verspießern unter dem Eindruck der bedrückenden Schulatmosphäre. Das Gymnasium am Stahlwerk sei noch dazu für seinen notorischen Konservatismus berüchtigt. Mit den Einphasigen von der hiesigen Uni sei das ganz anders, fand sie, die seien von Grund auf alternativ eingestellt, wusste sie. Sie wolle der Entscheidung des Küchengremiums nicht vorgreifen, aber allgemein zu bedenken geben, dass er aufgrund seiner Dienstpflichten in der Schule schwerlich Zeit finden würde, den gemeinsamen Kochplan zu erfüllen. Leute, die zu oft in die Mensa gingen, ständen außer Diskussion. Bevor sie ihm den Zellentrakt zeigte, für den er monatlich dreihundert Mark hinblättern sollte, hatte Roland die Sache schon abgehakt.
Wie gesagt, wir rufen dich an, komplimentierte ihn die heimliche Concierge durch den von hochragenden, vollgerammten Bücherregalen noch enger gestellten Flur.
Vielleicht sieht man sich mal beim *VFL*, hatte Roland noch spitzbübisch in die Küche gegrüßt.
Die treuen Hundeaugen des Sportinvaliden hatten ihm traurig nachgeschaut.

In neu erwachter Entschlossenheit hatte er das Glücksblatt an sich genommen, damit ihm ja nicht noch ein anderer dazwischenfunken sollte.
Gegen alle Vernunft und aus der Theorie der Gruppendynamik bekannten Vorbehalte hatte er am darauffolgenden Montag mit den zwei Mädels im *Merlin* den gemeinsamen Mietpakt geschlossen. Bereits nach zehn Minuten amüsierten sich Judith, die zartgliedrige Goldschmiedin, und Martina, die rotgoldlockige Auszubildende im Buchhandel, übermütig kichernd über Rolands Kommentare zu der erfolglosen Bewerbung in dem Emanzenhort mit dem dressierten Alibimann. Sein Anwärterstatus beeindruckte die beiden hübschen Provinzblüten nachwirkend.
Ein Deutschlehrer im Haus ist echt Klasse, freute sich Martina, das Nesthäkchen, da kannst du gleich meinen ganzen Papierkram für die Berufsschule durchsehen. Und wenn du uns fleißig die Kohlen schleppst, flötete sie weiter, koch´ ich unserem Lehrer mittags ein schönes Süppchen.
Und ich wärm´dir die Pantoffeln an, wenn du brav den Abwasch erledigst, fügte Judith, die Ältere, schnippisch an.
Ahnte sie da schon, dass Martina binnen weniger Wochen mit dem leptosomen Harlekin in der Kiste landen würde? So nannte Judith das - in der Kiste landen. Roland würde diese ihm fremde Wendung noch oft genug zu Ohren kommen, wenn sie sich desillusioniert von ihren Wochenendodysseen wieder im Dreierbund einklinkte und vom Rotweinkater angekratzt einiges ungeschehen wünschte – und dann musste ich mit dem Arsch auch noch in der Kiste landen..., wobei das Arschige der wechselnden Kistenmänner darin lag, dass sie in festen Frauenhänden waren. Nicht liierte Typen ließen Judith kalt.
Roland zog die Möglichkeit einer Landung erst zum Abschluss des ausgelassenen Abends ins Kalkül. Der freundschaftlich gemeinte Kuss von Martinas sanften Teenagerlippen, von Judith beleidigt beäugt, dauerte diesen gewissen Tick zu lange.
Mit Wäschesack und abgewetztem Lederkoffer, großmännisch dimensionierter Schaumstofffliege und etlichen losen Brettern zog Roland fast schon etwas übermotiviert ins Hinterhaus an der Buerschen Straße, das in den Aufbaujahren einer Unternehmerfamilie gehobene Wohnqualität geboten hatte. Mittlerweile war das massive

Blockparkett an vielen Stellen stumpf. Die Holzrollläden ließen sich nur mühsam bewegen, und die Fensterfront im langgezogenen Flur war komplett mit extra starker Baufolie bespannt, was als eine behelfsmäßige Isolierung gedacht war. Beheizt werden mussten die hohen Zimmerfluchten mittels mächtiger Kohleöfen. Zur Einlagerung der nötigen Brennstoffe gab es einen extra großen Kellerraum. Bei der Besichtigung des mit pechschwarzem Kohlestaub behafteten Verlieses deutete Martina theatralisch auf zwei verbeulte Blecheimer.

Damit kannst du im Winter die Eierkohlen hoch schleppen.

Rolands unentschlossener Miene setzte sie mit schelmischem Gebieterblick entgegen: Versprochen ist versprochen, sonst gibt´s die fristlose Kündigung.

In diesen Untiefen des Anwesens würde sie sich später nie wieder verlaufen.

Nachdem Martinas dekoratives Klavier aus der Gründerzeit von vier gemieteten Schwergewichtlern endlich an seinen Platz bugsiert worden war, sah es für Martina aus wie eine richtige Wohngemeinschaft.

Irre abenteuerlich, findest du nicht Roland?

Das Abenteuer startete mit beschaulichen Klavierabenden, an denen sich Martina mit der verstimmten Tastatur ins Einvernehmen setzte. Roland lauschte, sich mit entrücktem Blick auf ihrer stramm gepolsterten Bettcouch lümmelnd, ihren Chopin-Interpretationen. Die Atmosphäre begann zu knistern, obwohl noch keine Briketts bestellt waren. An dem Abend vor Rolands Tritt ins Nichts hatte sich das aufgeladene Gemisch entzündet. Nun sahen sie sich in ihrer Sehnsucht auf heiße Kohlen gelegt.

Hallo, Martinas seidige Stimme fischt Roland aus dem Gedankenfluss. Er musste ihr behutsames Klopfen überhört haben.

Ihr entwaffnendes Lachen verscheucht die Abenddämmerung. Lässig baumelt Rolands blassgewaschene Cordsamtjacke über ihren schmalen Schultern. Das langfallende braune, mit feinen Mustern bestickte Kleid fließt wie angegossen über ihre mädchenhaften Kurven. Die schwarzen Pumps klickern über das Linoleum.

Die hab´ ich mir aus deinem Schrank geliehen, wie ein Modell posierend schiebt sie die knappe Jacke ins Licht, du hast doch nichts dagegen? Der feuchtwarme Aufdruck ihrer Lippen verbietet jeglichen Vorbehalt aus Rolands liebkosten Mund.

Würd ´ mich nicht wundern, wenn man dir in diesem Aufzug hinterher pfeift.

Du wirst lachen, ist schon passiert, unten am Pottgraben, als ich mich aus deinem R4 gequält habe, ist mir das Kleid sooo hoch gerutscht. Gleich waren ´n paar Typen da ... Schau, was ich dem armen, kranken Schnuckiputzi alles mitgebracht habe.

Roland strahlt. Martina bemüht sich vom ersten Schmerztag an um ihren Liebsten mit einer Fürsorglichkeit, die nur Frischverliebte aufbringen können. Stolz präsentiert sie ihm die Köstlichkeiten aus ihrem zugedeckten Korb. Eine eisgekühlte Flasche Riesling und eine Großpackung Haribomischung mit extra viel Lakritz.

Das hast du fein gemacht, knurrt Roland albern, aber am liebsten knabbert der böse Wolf am Rotkäppchen selbst herum, uah, uah... Behände zieht er die überrumpelte Geliebte neben sich aufs Krankenlager und reibt seinen Kopf an dem anschmiegsamen Kleiderstoff, der sich über ihren flachen Bauch spannt.

Von Martinas durchdringendem hellen Lachen aufgescheucht, lugt die Nachtschwester ins Séparée.

Martinas wasserblaue Augen schauen verschämt aus dem verknauschten Kissen.

Äh,... ja, ja, ... mit dem Abendbrot bin ich soweit fertig, weiß der fidele Patient nichts Besseres zu sagen.

Den Eindruck habe ich auch. Mit abstrafendem Blick macht sich Schwester Katharina am Klapptisch neben dem Bett zu schaffen. Das Tablett stellt sie scheppernd auf die emaillierte Konsole an der Wand.

Sie sind mir vielleicht ein Käsekind, nörgelt sie, die gute Sommerwurst haben Sie wieder liegen lassen. Manch einer würde sich die Hände danach lecken.
Und ..., geübt dreht sie sich um die eigene Achse, .. die junge Dame darf sich auf keinen Fall aufs Bett setzen. Das gibt zu viele Falten in der Überdecke. Das geht nicht! Stühle für Besucher haben wir genug.
Geräuschlos gleitet Martina auf den ihr zugewiesenen Platz und schlägt die Augen verschämt nieder.
Äh, den Joghurt würden wir gern noch essen, beeilt sich Roland, etwas für seine Besucherin zu retten.
Gegessen wird nur am Tisch, lautet die strenge Order. Ab acht sollten Besucher nur in Ausnahmefällen bleiben.
Heute ist ein Ausnahmefall.
Wieso, wenn ich fragen darf.
Heute ist Fußball.
Ach das .... dafür haben sich schon einige Herren im Aufenthaltsraum versammelt. Da können Sie sich zusetzen.
Nein, das geht schlecht, äh, wegen.... ich reg´ mich da immer so auf... außerdem wird dort geraucht, fällt Roland noch ein, das kann ich nicht vertragen.
Und wo ist Ihr Fernseher?
Ja, Martina, wo ist der Fernseher, leitet er die Frage weiter.
Ach so, der Apparat, den hab´ ich ganz vergessen. Im Auto, ich hol´ ihn rasch hoch...
In mäßiger Eile stöckelt sie aus der Tür.
Das Fräulein schaut auch Sport? Die gestrenge Katharina lässt nicht locker.
Ja natürlich, leidenschaftlich gern sogar, lügt Roland mit Schafsmiene ins Schwesternangesicht.
Na dann, ich sehe bei meiner nächsten Runde nach dem Rechten. Brauchen Sie etwas für die Nacht.?
Nein, danke, ich schlafe gut.
Sich misstrauisch umblickend stapft die Ordonanz aus dem Zimmer.
Gut, dass die alte Gewitterhexe die Flasche nicht entdeckt hat, stöhnt er in sich hinein.
Natürlich hat Martina einen Korkenzieher vergessen. Man merkt, dass sie vom Trinken nicht viel versteht. Die Plastikverschalung ist leicht herunter, aber den Korken ... Mit aller Presskraft drückt Roland seinen Daumen in den Flaschenhals. Das obstinate Ding will sich nicht bewegen, da - jetzt geht es ...
Mit einem glucksenden Geräusch verschwindet der Pfropfen nach unten. Roland spürt etwas Kaltes auf der Backe, sein Hemdsärmel fühlt sich nass an. Das Bouquet des Rieslings entweicht in die Raumluft.
Martina steht in der Tür, mit dem Privleg-Gerät plus Zimmerantenne bepackt.
Hilf mir mal.
Wollt´ ich auch grad´ sagen. Roland nimmt ihr die Last ab. Seine weinbenetzte Hand schmiert über das staubige Gehäuse: Mist...
Was hast du denn gemacht?
Die Flasche geöffnet.
Und warum benutzt du nicht den Korkenzieher?
Roland schaut auf. Wo hat sie nur das Ding plötzlich hergezaubert?
Der steckte in der Jeansjacke über dem Stuhl ...
Jetzt wird´s aber höchste Eisenbahn, gleich geht´s los in Stuttgart. Komm, lass uns schnell den Kasten anschmeißen.
Was ist dir eigentlich wichtiger, Fußball oder ich?
Bitte jetzt nicht solche Fragerei.
Da kann ich auch wieder gehen, mault Martina und setzt sich aufs Bett.

Komm, nun werd nicht zickig, bettelt Roland und schaut nervös auf den Wecker am Nachtschränkchen, du fandest das doch so spannend, was ich dir von Breitner und Schuster erzählt habe. Heute kannst du die beiden sehen.
Ja schon...
Na also, warte, ich muss noch...
Ich seh´ was, ruft Martina schon wieder gut gelaunt.
Roland justiert das drehbare Antennengestell. Sag an, wenn das Bild klar ist.
Sooo... noch ein bisschen nach links... stopp ... nein rechts.... vielleicht ... nein doch lieber ...
Was ist nun?
Ich glaub´, so geht´s.
Roland dreht den Ton hoch und humpelt zum Bett.
In Stuttgart formieren sich die Mannschaften für die Hymnen. Scharfes Bild, herrliches Wetter, Breitners Augen blitzen, Schuster wirkt gelangweilt, Roland lehnt sich entspannt an Martinas Schulter, Martina löffelt Joghurt mit Kirschglibber.
So einen Monitor haben die hier im OP, wo ich genau sehen konnte, wie ...
Roland! Martina drückt verschreckt die Hände auf die Ohren. Hör auf! Du weißt, dass ich davon nichts hören mag, schon gar nicht beim Essen.
Na schön... Wenn ich daran denke, wie Kurt damals sechsundsiebzig die Antenne hoch in der Hand halten musste, damit vor lauter Schnee überhaupt etwas zu sehen war, und sie, nachdem Hoeness das Ding dann vergeigt hatte, einfach in die Ecke geschmissen hat. Minutenlang haben wir auf die flimmernde Mattscheibe eingeschimpft, Mann, Mann ...
Heut´ ist alles besser, holt ihn Martina in die frühsommerlich aufblühende Gegenwart zurück.
Ja, wegen Breitner.
Nein, wegen Martina, musst du sagen, du Stoffel.
Natürlich, ist doch logisch, sachte verschwindet Rolands Hand unter ihrem Saum.
Roooland!
Kranke bedürfen der Nähe ... schau, der die Jacke gerade auszieht, das ist Schuster.
Sieht süß aus.
Finden alle Teenies. Seine Frau nennt ihn Mausi. Die ist Modell, von der gibt´s ´n paar scharfe Fotos.
Ich war auch Modell.
Ehrlich?
Für die *Freundin* .
Auch solche heißen Fotos?
Ach nein, was du gleich denkst. Modefotos, aber mit sexy Blick...
Wie haste den hingekriegt?
Der Fotograf, so ein hässlicher Gnom mit Bauch, meinte: You must think of money and sex..
Stark, mach mal vor.
Nein, so kann ich das nicht ... Nun schau hin. Es geht los.
Die Kamera fängt einen fahnenschwenkenden Jüngling in Großaufnahme ein, bevor der Wechsel zur Totalen erfolgt.
So bin ich früher auch los.
Ja, ehrlich? Und wo ist die Fahne geblieben?
Die hat meine damalige liebe Wohngenossin Susi nach dem Endspiel vierundsiebzig einkassiert. Mit dem Nationalwahn sei Schluss, hat sie gemeint. Das Ding wurde auf ´ner Antifa-Demo verbrannt, symbolisch, verstehst du?.
Was? Antifa-Demo?

Ach, das waren damals in Göttingen diese Aktionen gegen die Rechten.
Ja, aber die haben doch Hakenkreuzfahnen, denk´ ich, wieso... ?
Weil die Bundesrepublik in direkter Nachfolge des NS-Staates stünde, meinten viele damals, und nur auf die Linken einschlage, während die Rechten ungestört weitermachten. Der Bullenstaat eben, kapitalistisch, imperialistisch und in gewisser Weise faschistoid ...
Och Gott, och Gott, wie politisch, und da mussten die ausgerechnet deine Fahne verkokeln?
Komm, vergiss es. Zu der Zeit warst du noch ein Küken, und heute kräht kein Hahn mehr danach, bestimmt nicht in Osnabrück.
Ach wie isser wieder erwachsen, der Herr Assessor .. ich war schon mal auf einer Demonstration, wenn du das meinst.
Was du nicht sagst.
Ja, und zwar gegen diese Atomkraft.
Oh nein, bitte nicht das Thema ... jetzt ist Fußball, verdammt!
Du hast doch damit angefangen...
Ja, schon gut, guck mal, was dieser Zico da mit Förster macht... wutsch schon isser weg der Ball... ja da schaut der Waldschrat... und, sieh hin, durch die Beine, so schnell konnte der Briegel gar nicht die Hosen zumachen, ha, ha, ...
Man könnte meinen, dass du für die Brasilianer bist.
Nein, natürlich nicht ..., aber die sind eben die Besten, alles Künstler, haben ´ne sinnliche Beziehung zum Ball, die gehen mit dem sogar ins Bett.
Iiiiih...und womit gehst du ins Bett?
Mit Rotkäppchen, uaaaah ..., leichthändig zieht er den Reißverschluss des eng anliegenden Kleides auf und fährt sachte schnaufend mit seinen stoppeligen Wangen über den hellen Teint ihrer daunenzarten Schultern.
Roland, lass das... pass auf das Kleid... nicht... weg da... wenn die böse Schwester wiederkommt...
Und außerdem ist Fußball, da haben die Damen frei, grinst Roland und lässt von seinem Opfer ab.
Du elender Chauvisack!
Woher kennst du solche schmutzigen Wörter?
Warte ab, was ich so alles kenne ...
Hoffentlich auch schöne Spielchen ...
Wirst sehen ... Wer musste sich denn ausgerechnet nach der ersten Nacht das Knie brechen?
Verdrehen und überdehnen ... Wow! Hast du das gesehen, da hätt´s beinahe geschneppert. Die verlieren heut´ .
Wer?
Die Deutschen.
Uhps, hab´ ich richtig gehört? Da heißt einer Sokrates...
Ja, stimmt, Socrates, der mir dem intellektuellen Bart, der...
Der heißt doch nicht wirklich so, oder?
Nein, die geben sich Künstlernamen, weil ihre bürgerlichen viel zu lang und oft schwer auszusprechen sind. Außerdem sind es ja auch Künstler, im Gegensatz zu den Deutschen.
Was sind die?
Höchstens Kunsthandwerker, und das auch nur Breitner und Schuster... Das ist nun mal so. Damit müssen wir leben... Der Socrates, wollte ich sagen, ist obendrein Zahnarzt und setzt sich für notleidende Kinder in Rio de Janeiro ein.
So etwas sollten die Deutschen auch machen. Die denken nur ans...

JAAA! Supergeiler Pass, wie der ankommt, zentimetergenau... jetzt fällt ein Tor, sag´ ich ...
Woher willst du ...?
TOR, TOR ! ... Genauso muss es kommen, echt geil.
Nicht so laut, beruhig dich, sonst kommt die Nachteule ...
Egal, wenn's klingelt, muss alles raus... und was zu saufen her. Wo ist der Wein? Schnell Martina, hol das Zahnputzglas, und du spülst dir am besten deinen Joghurtbecher.
Aha, so ist das also beim Fußball – die Männer kommandieren und die dummen Puten wackeln los.
Bitte, bitte, winselt Roland mit Bittstellerblick, schließlich gibt es was zu begießen.
Jetzt bist du wieder für die deutschen Handwerker.
Ja, das muss man zugeben, war natürlich Weltklasse.
Hier, dein Kukidentglas, wohl bekomm´s.
Zum Wohl, auf Paule. Hmm, echt gut.
Wieso auf den, der hat das Tor nicht geschossen, das war ein anderer.
Aber Breitner hat den affengeilen Pass geschlagen übers halbe Feld. Der Ball ist dem Rummenigge doch genau auf den Fuß gesegelt, und reingemacht hätte den letztlich jeder Blinde.
So wie du am Schölerberg.
... Hm ...

Zur Pause gibt es im *Neckarstadion* Blasmusik und auf Zimmer 204 der chirurgischen Männerstation frische Luft. Innig verschlungen tasten sich Roland und Martina auf den Balkon vor. Aus dem ausgeleuchteten Innenhof weht ihnen die Restwärme der Tagessonne entgegen. Niemand anderes ist zu sehen. Viele Fenster in den umlaufenden Reihen sind schon dunkel. Eine friedenspendende Ruhe scheint sich über das ganze Viertel gelegt zu haben.
Typisch, flüstert Roland, wenn große Fußballübertragungen sind, beruhigt sich der Verkehr schlagartig.
Irgendwie romantisch, seufzt Martina. Warm drängt sich ihr fester Bauch zu ihm.
Ihr blassrosa Kussmund spielt mit seinen Lippen. Duuu... Schnuckiputzi...
Jaaa, Roland spielt mit.
Das nächste Mal müssen wir aber etwas aufpassen, sonst gibt´s bald ´ne Bescherung.
Holla!
Die Pille vertrag ich nicht, also lass dir was einfallen.
Ich? Äh ... ja ....da bleiben nur Kondome...
Und? Martinas Stimme wird sachlich.
Was und?
Hast du schon mal mit ... ?
Ja, ein oder zweimal ... war bisher nicht nötig.
Und wie ist das so?
Toll... witzig ...
Witzig?
Äh, ich meine, das kriegen wir schon hin.
Hoffentlich ist das nicht zu komisch eklig ...
Keine Angst, das wird bestimmt gut, rollt Roland in seinen Brunftbass verfallend, nachher wollen wir gar nicht mehr ohne...
Och, Roland, wenn du nur immer so lieb wärst.
Wär´s schön langweilig ... Da fällt mir ein ... Rate mal, wer heute Nachmittag hier war?

Wahrscheinlich diese Schwester Irmel mit dem Quadrathintern.
Ha, ha, du bist eifersüchtig, gib's zu. Der Hintern ist erste Bananenklasse.
Pah!
Nein, eine Schülerin aus meinem Grundkurs über Jugendkultur, von der hab' ich dir schon erzählt, die macht eifrig mit.
So?
Ach, die findet mich halt gut, so schwärmerisch, kennst du bestimmt noch aus deiner Schulzeit so was... Jedenfalls kommt die hier rein, wünscht kurz gute Besserung mit Blümchen und so, Karte vom Kurs unterschrieben et cetera, druckst ein bisschen herum und erzählt mir dann eine Story von ihrer besten Freundin, bei der sich eine ungewünschte Bescherung angekündigt hat.
Schwanger?
Richtig, und ich sollte ihr eine Adresse für 'ne Abtreibung stecken.
Was? Roland, du hast doch wohl nicht ...?
Nein, zuerst habe ich sie gefragt, warum das Mädchen damit nicht zu Lockmann gehe, der sei schließlich Vertrauenslehrer für die Oberstufe. Da könne das arme Ding sich gleich selbst anzünden, hat sie gemeint. Ihr Gesicht hättest du sehen sollen.
Und weiter?
Ich hab' sie an *Pro Familia* in Bremen verwiesen. Ganz zufrieden war sie damit nicht, hat wohl erwartet, ich würde ihr eine Adresse in Holland nennen, aber da hätte ...
Da hättest du was schönes angerichtet. Stell dir vor, so etwas geht schief, und nachher kommt ans Licht, dass du...
... nun mal langsam. So aus dem Hut hätte ich auch nichts zaubern können. Da hätte ich erst bei Mechthild nachfragen müssen. Die organisiert solche Abtreibungstrips von Göttingen aus.
Brrr, mir wird kalt, komm, lass uns reingehen... Soll ich dir was sagen?
Ja?
Die hat für sich selbst gefragt, die Freundin war nur vorgeschoben.
Hör auf, schwanger sah die nicht aus.
Manchmal seid ihr Männer auch zu blöde...
Dafür verstehen wir viel von Fußball.

Zur zweiten Halbzeit sitzt Schuster auf der Bank, Martina hockt auf dem Stuhl neben dem Bett, Roland liegt eine Hariboschnecke kauend auf dem erhöhten Kopfende. Zahnputzglas und Joghurtbecher sind bis zum Rand gefüllt mit Riesling, die leere Flasche schlummert im abgedeckten Korb.
Willst du wirklich da unten hocken bleiben, Rotkäppchen?
Ja, bis die Nachteule durch ist, sonst genier' ich mich.
Ach, seufzt Roland vom Moseltropfen sentimental gestimmt, der begnadete Schuster sitzt draußen, und der Malocher Dietz kommt. Bestimmt sein letzter Einsatz vor der Rente.
Rente?
Ja, in der Nationalmannschaft ist für den Feierabend. Hat Breitner angeordnet. Der ist der neue Chef, hab' ich dir doch neulich erzählt, und die anderen kuschen... bis auf Schuster. Der hat verlauten lassen, er werde für Breitner nicht den Rasenmäher spielen. Echt cool, findest du nicht?
Was um den Schuster für ein Theater ist, warum spielt er nicht mehr mit?
Weil er ein Star ist, wird er geschont für seinen Verein *FC Barcelona*. Die zahlen dem immerhin 'ne ganze Million. Da können die schon verlangen, dass der sich heute nicht kaputt macht.
Waaas ? So viel?

Ich glaub´, sogar noch mehr ... mit tausendvierhundert Mark hat der in Köln angefangen. Genau das verdient heute ein Referendar ...
Jammer nicht. Ich bekomm´ gerade mal Sechshundert im ersten Lehrjahr.
... Mein Gott, was für ´ne Gehaltsteigerung. Soll alles seine Frau eingefädelt haben, ´ne clevere Schnalle, das muss man ihr lassen ...
Das nenn´ ich echte Frauenpower, triumphiert Martina.
... haben dieser autoritären Träne, den sich die Kölner vom *DFB* aufgehalst hatten, einfach die Brocken hingeschmissen, als der wie bei den Pfadfindern loslegen wollte und hauen ab nach Barcelona, für ´ne Million... Das muss man sich einmal vorstellen, wie das wär´, wenn ich dem Lockmann die Meinung sagte und tschüs ... nach Barcelona oder Paris oder ...
Florenz, schlägt Martina sich lieb umblickend vor.
Meinetwegen auch Florenz. Ja, Toskana, gute Idee, ... aber wer braucht einen Gemeinschaftskundelehrer in der Toskana, fragt sich Roland mit schwerer Zunge.
Sei nicht traurig, du wirst schon noch gebraucht. Auf alle Fälle als Mann.
Das Spiel gewinnt Rolands Konzentration zurück.
Hui, die brauchen heute ´ne Menge Dusel, wenn die das nach Hause schaukeln wollen ... Typisch Dietz, Querpass oder Fehlpass... und der Hansi, nein, so ein Traumtänzer ... ja, das machst du nicht mit diesen ausgebufften Bimbos.
Roland!
Tschuldigung... ist doch wahr. Ich meine, Müller spielt gegen den *VFL* im Pokal natürlich super und gegen Posemuckel ist er Weltklasse, aber gegen die Brasilianer schnallt der völlig ab.
Ohhh ...nein... Roland, guck doch...
Ja, ja, hab´ ich doch gewusst. Wums, bums, so schnell geht das. Den hat der Immel gar nicht gesehen. Scheiße ...
Was machen die da jetzt?
Ich schätze, Knallgöwer kommt.
Wer?
Karl Allgöwer, der hat´n Mordsbums, deshalb Knallgöwer. So´n Ding wie eben kriegt der deshalb noch lange nicht hin ...
Roland, ich glaube, du hast recht, die Deutschen verlieren noch.
Verlieren ist gar kein Ausdruck, die gehen unter ... he,he, sieh dir das an, Spitze, Hacke, eins, zwei, drei, wer hat den Ball? Die Deutschen bestimmt nicht ... Da wird jetzt Samba getanzt, dass die mit den Ohren schlackern ... Freistoß? Oh, oh, das ist eine gefährliche Entfernung.
Der den Ball hat, heißt Junior, lacht Martina, dafür sieht er aber alt aus. Oh, was ...?
Satan! Der hat gepasst. Von wegen alt aussehen. So, ab jetzt geht´s den Bach runter.
Aha, die junge Dame weiß, was sich gehört ... Unmerklich ist Schwester Katharina ins Zimmer geschlichen. .. Regeln Sie Ihre eigenen Besuchszeiten?
Ihre Nase scheint den Rieslingduft zu wittern.
Bitte, beschwört Roland die höhere Instanz, nur noch eine Viertelstunde, dann ist alles überstanden.
Überstanden?
Ja, wir verlieren und sind traurig.
Martina schaut scheinbar voll konzentriert geradewegs auf den kleinen Schwarzweißschirm.
Na, wenn Sie weiter nichts traurig stimmt, mache ich mir um Sie keine Sorgen, junger Mann. ... Also, zur Nacht benötigen Sie nichts? ... Die Dame muss sich unten beim Pförtner melden, sonst kommt sie nicht aus dem Haus. Gute Nacht!

Gute Nacht, erwidert Roland höflich ... So, die wären wir los. Jetzt kann das Rotkäppchen wieder zum Wolf in die Höhle schlüpfen.
Ich weiß nicht, und wenn sie doch noch wiederkommt ... Sag´, warum lässt du dir keine *Valium* geben.
Wozu?
Sammeln, für alle Fälle, oder für Judith.
Für Judith?
Ja, wenn die manchmal vollkommen down ist von dem ganzen Männerfrust, spült sie das Zeug mit ´ner Flasche Rotwein runter und ist für einen Tag abgemeldet.
So schlimm? Das hab´ ich nicht gewusst.
Und alles nur wegen euch Männern, schnurrt Martina schmusebedürftig. Betont träge zieht sie sich zu Roland aufs Bett, die Augen zu Schlitzen zusammengezogen, als wolle sie sich wie eine Katze anschleichen.
HAND, HAND! Rolands Oberkörper klappt in die Senkrechte, sein linkes Bein wippt nach vorn. Martina zuckt verschreckt zusammen.
Roland! Das ist ja wohl ...
Elfmeter, es gibt Elfmeter, hast du das mitgekriegt?
Hör mal, erst bettelst du, dass ich zu dir kommen soll, und dann schmeißt du mich fast von der Bettkante.
Aber Liebes, schmoll nicht rum. Das ist DER Moment des Spiels. Das konnte doch keiner ahnen.
Martina rutscht stumm auf ihren Stuhl zurück. Ihre fragenden Augen huschen zwischen Fernsehbild und Mannsbild hin und her.
Da, da ..., Rolands Tunnelblick hat nur noch den Bildschirm im Visier, alles andere ausgeblendet, ... Breitner, natürlich Paule. Wer sonst? Der verlädt den Keeper und die Sache ist geritzt ....ja, und ...NEIIIIN ... das darf nicht wahr sein... Was? Ha,ha, Wiederholung, genau, zu früh bewegt, alles klar ... Was regen die sich auf, weg da! Das Ganze noch mal von vorn, bitteschön ... Was jetzt? Nee, nee, doch nicht Breitner zum zweiten Mal ... Guck dir Rummenigge an, winkt ab der Verpisser ...
Roland! Martina sieht den Zeitpunkt zur Intervention angezeigt.
Ja, mein Gott, schau dir das Chaos bloß an. Wer einmal vergeigt hat, sollte es besser lassen, und jetzt versucht ... AAHRRG ...
Roland verbeißt sich in die Bettdecke. Breitner schlägt die Hände vors Gesicht. Der brasilianische Torhüter wird von seinen Feldspielern frenetisch umjubelt. Er hat den zweiten Strafstoß ebenfalls pariert. Martina sucht nach Worten.
Roland, Roland, beruhig dich.
Er lässt vom Klinikleinen ab.
Du hättest dich eben sehen sollen.
Weshalb? Das war noch harmlos.
Wie bitte? Mir hat´s gereicht. So einen fußballverrückten Typen hab´ ich noch nicht erlebt.
Ha, da hättest du früher Pille sehen sollen, in Göttingen. Der ist manchmal auf die Glotze los und hat mit der flachen Hand auf die Scheibe gehauen oder so heftig dagegen gewettert, dass sie von seinem Atem angelaufen ist. Der ist wirklich abgedreht dabei.
Ach der ... und dir hätte die Nachteule besser eine Beruhigungspille geben sollen.
Roland lehnt sich erschöpft zurück.
In Stuttgart ist Schluss. Martina schaltet den Apparat ab.
Da hast du ja was aushalten müssen, nuschelt Roland in sein nicht zu unterdrückendes Gähnen, dafür darfst du dir etwas wünschen.
Au ja, wir fahren zusammen nach Schüttorf.

Häh?
Zum Open Air auf den Vechtewiesen.
Wer spielt?
Ideal und *The Cure*.
Kenn´ ich nicht.
Kein Wunder, wenn du immer nur diese Gruftis hörst. He, Opa, siebzig-einundsiebzig ist passé. Janis Joplin, Jimi Hendrix, Jim Morrison, John Lennon - sind alle tot ...
Aber Dylan lebt noch.
Ja, bei Jesus. Also versprochen?
Wenn du meinst. Rolands Widerstand erlahmt, seine Lider sinken tiefer.
Nun aber husch unter die Decke. Der arme kranke Lehrer muss schlafen. Gute Nacht mein Liebster, und träum was Schönes.
Von dir?
Natürlich von mir.
Roland spürt ihren Abschiedskuss noch auf seiner Wange, als er den Kopf voller Breitnerphantasien weinselig wegschlummert. Ein Martinatraum will nicht gelingen, statt dessen drängt sich ein blassgesichtiges Lockmannmonster in seine unruhige Schlafreise. Viel zu früh wacht er am Mittwochmorgen auf und beschließt als erstes, ab sofort Valium zu bunkern – für alle Fälle.

Der *VFL* stolperte mit Ach und Krach in die eingleisige Zweite Bundesliga, und Roland rettete sich mit leichten Blessuren in die Sommerferien. Fünf herrlich lange Wochen konnte er der christlich-sozialen Schülerschmiede am Stahlwerk den Rücken kehren, kein schlechter Kupschatem zur nullten Stunde und keine Lockmannfallen am späten Nachmittag. Es wurde ein schöner Martinasommer. In übermütiger Zweisamkeit hüpften die beiden Neu-Osnabrücker in der aufgeheizten Ägäis von Insel zu Inselchen und abends in ihr kleines blaues Tramperzelt. Als Schuldienst und Buchhandel sie wieder zur Ordnung riefen, richteten sie sich in dem Mansardenverschlag auf dem Dachboden des verschachtelten Domizils ihr Refugium für romantische Nächte ein.
Unter diesem Dach wohnt die Liebe, hauchte Martina ihrem Roland ins Ohr, als sie zum ersten Mal fest in seinen Armen geborgen durch das Fenster der arg verwitterten Gaube in den klaren Sternenhimmel sah.

Bei der Morgenlektüre der *NOZ* überschlug Roland leichtfertig den politischen Kommentar und informierte sich lieber über die Saisonvorbereitung der Lilaweißen. Was er las, stimmte ihn skeptisch für die anstehende schwere Runde, waren doch sowohl der forsche Trainer sowie Torjäger Feilzer vom Ligakonkurrenten *Bayer Uerdingen* abgeworben worden. Die Neuen waren für Roland allesamt unbeschriebene Blätter, meinte auch Harald beim ersten gemeinsamen Bier nach Rolands griechischer Inselkur.
Mit gemischten Gefühlen gingen die Referendare ins neue Schul- und Bundesligajahr. Roland verpasste wegen der knappen Vorbereitungszeit für eine von Lockmann zu examinierende Lehrprobe die Heimpremiere und schaffte erst gegen *Kickers Offenbach* den Einstieg in die Bewährungssaison.
Erneut hatte er einen Flutlichtabend erwischt, und das kleine Stadion schien ihm fast bis auf den letzten Winkel gefüllt.
Je höher man steigt, um so mehr geht´s ums Geld, haderte Harald mit dem Zuschlag für das Topspiel.
Wart ab, besänftigte ihn Roland, dafür wird auch mehr geboten.

In dieser Hinsicht enttäuschten die Offenbacher nicht, die mit dem übersichtigen Kutzop und dem eleganten Bein zwei Spieler von Bundesligaformat in ihrer Elf hatten, die das Spiel bestimmten. Sämtliche Tore entsprangen aus Freistößen, und am Ende waren die Kickers um diese entscheidende Nuance, die im Profigeschäft zählt, cleverer als ihre bemühten Gegner.
Ab jetzt weht ein anderer Wind, prophezeite Harald geknickt, als sich die von Kutzops Elfmeter ruhig gestellte Nordtribüne langsam leerte, da muss Piepenbrock noch einiges investieren.
Investiert wurde in den Folgemonaten in den zügigen Ausbau der Stehtribünen hinter den Toren. Doch als die Ränge wuchsen, schrumpften in der logischen Verkettung des Misserfolgs die Zuschauerzahlen. Die Niederlagen häuften sich, in der Tabelle geriet der *VFL* ins Rutschen, das Wetter auf der Baustelle wurde mieser und die Stimmung fieser. Im Dezember wurde dann das kathartische Opferritual zelebriert – der neue Trainer hieß Rühl. Aus seiner Erfahrung sollte er den Osnabrückern lehren, welche Anforderungen die gestraffte Liga stellte.
Als bundesligatauglich erwies sich das randvoll gefüllte Stadion nach dem Ausbau beim Rückrundenspiel gegen *Schalke 04*. Die gesamte Westseite war mit blauen Gelsenkirchenern besetzt, die fast das ganze Spiel über krakelten oder sangen. Die Ostseite hielt lauthals dagegen, konnte den Klassenunterschied jedoch nicht wettmachen. Die Osnabrücker Mannschaft spielte gegen den designierten Aufsteiger tapfer mit und ertrotze ein Unentschieden. Hoffnung keimte auf, obwohl Roland den *VFL* für die entscheidende Phase der knüppelharten Saison alleine lassen musste, da er in Gefahr stand, an der Niedersachsenstraße in die Abstiegszone zu geraten.

Mit einigem taktischen Geschick umkurvte Roland die ersten Klippen in den tückischen Examensgewässern. An seiner ultimativen Deutschstunde zum „Woyzeck" war nicht viel auszusetzen. Allein Studiendirektor Kupsch moserte über Rolands Tafelbild und skizzierte in verblüffender Stringenz, wie man die Charakteristika der Hauptfiguren in ihrer Wechselbeziehung hätte noch exakter bildlich fixieren können. Roland war zum ersten Mal von seinem Fachkoordinator beeindruckt. Die Demonstration hatte Format, musste er anerkennen. Monate später stieß Roland zufällig auf das identische Schema, das Kupsch als sein Konstrukt ausgegeben hatte, in einer abseitigen Quelle zum Thema. Er lernte daraus, dass man in der Schulhierarchie besser vorankommt, wenn man es versteht, die Leistungen anderer für sich zu reklamieren. Aber da war es für eine praktische Umsetzung dieser Einsicht zu spät.
Der nächste Gegner war fraglos der schwerste: Lockmann. Seitdem klar war, dass in Sachen CDU-Beitritt von Roland keine Rückmeldung kommen würde, hatte sich die Gangart in der Gemeinschaftskunde für ihn merklich verschärft. Vor versammelter Referendarsrunde hatte der unbarmherzig nachbohrende Fachleiter festgestellt, dass Rolands Politikverständnis zu diffus sei und er sich in nachlässig durchdachten Konzepten verstricke. Die Schüler jedoch wollten Klarheit, und das sollten sie jetzt zur Examensprobe auch bekommen. Atomkraft ja oder nein, diese Entscheidungsfindung sei genau das richtige Thema für diesen feierlichen Anlass.
Jeder im Raum wusste, welches Ergebnis erwartet wurde. Die Augen aller ruhten auf Roland. Was mochte in den Köpfen der anderen umgehen? Dachten sie vielleicht: Mensch Junge, sei nicht so bockig und mach, was der große Zampano verlangt. Ist doch eh wurscht, womit man die Schüler langweilt. Hauptsache, man kommt gut durch. Auf alle Fälle waren sie sicher heilfroh, nicht in seiner Haut zu stecken.
Wartet, euer Stündlein schlägt auch bald, flüchtete sich Roland in verfrühte Schadenfreude. Spätestens in diesen Schweigeminuten musste selbst dem letzten Gutgläubigen klar sein, wo alle Solidarität endete. Auf diesem Felde kämpfte jeder für sich allein.

Ausgerechnet Atomkraft. Wenn Lockmann von den unzähligen Kilometern gewusst hätte, die Roland in den bewegten Jahren mit Sybilles Bulli durchs Land gefahren war, mit der roten Sonne auf gelbem Grund, hell leuchtend am Bug. „Atomkraft? Nein danke!" – die letzte Losung, die eine Gemeinsamkeit verhieß, bevor sich die Kultivierung des Egos anbahnte, und jeder nur noch an seinem eigenen Ding interessiert war.
- Mir geht der andauernde Gemeinschaftsdusel auf die Nerven, ich zieh´ jetzt mein eigenes Ding durch – war danach eine gängige Bekundung, wenn wieder ein Engagement für das Gemeinwohl folgenlos verpufft war.
Aber konnte er soweit gehen, sich vor eine Klasse zu stellen, um das Gegenteil als Überzeugung zu verkaufen?
Nein danke, sagte sich Roland und bremste Lockmanns Dynamik aus. Er steuerte den Kursverlauf so, dass zur Examensprobe thematisch umdisponiert werden musste. Statt „Atomkraft? Ja, natürlich!" durchzupauken, stellte Roland Energiesparkonzepte zur Diskussion. Eine wahrlich langweilige Alternative zu Lockmanns Wunsch, aber dafür absturzsicher.
Der verladene Fachleiter kochte innerlich und gab sich alle Mühe, die von Roland mit beglaubigter Statistik und doppeltem Tafelbild versicherte Stunde in Grund und Boden zu beurteilen, aber an diesem Tag war Rolands didaktische Abwehrkette nicht vollends auszuhebeln, und so endete das Endspiel unentschieden – Wiederholung ausgeschlossen. Es hatte gleichwohl gereicht, um Roland auf Jahre für den Schulunterricht zu sperren. Dass daraus eine lebenslängliche Strafe werden würde, konnte selbst Lockmann nicht ahnen.
Lassmann wandte sich in seiner holprigen Rede zum Abschied vor allem an die vermeintlichen Überflieger und Anpassungswilligen, denen die Schultüren für die Zukunft weit offen standen. Die nicht mehr zu leugnenden Barrieren, die immer mehr Assessoren den Zugang zu den Lehrerzimmern verstellten, zwangen ihn, auf eine für ihn höchst unerquickliche Pflicht seiner Berufung einzugehen. Er tat dies in dem nüchternen Pragmatismus, mit dem er unangenehme Aspekte zu erledigen pflegte. Kurz und kühl setzte er den Junglehrerüberhang darüber in Kenntnis, dass eine mindestens zehnwöchige versicherungspflichtige Beschäftigung vonnöten sei, bevor Ansprüche auf Arbeitslosenunterstützung angemeldet werden könnten. Die Beamtenbesoldung schließe eine Absicherung für solche Fälle nicht ein. Auf die Frage eines Ratlosen, welche Art der Beschäftigung damit gemeint sei, antwortete der Oberstudiendirektor für besondere Aufgaben:
Irgendetwas wird sich schon finden, zur Not gehen sie eben zur Müllabfuhr.
Die unwirsche Strenge in seinem Ton signalisierte, dass er seine Fürsorgepflicht mit diesem Rat als erfüllt ansah.
Hurragefühle wollten nach dem kurzen Blick in die Abgründe des richtigen Lebens nicht aufkommen. Ein unsichtbarer, aber für jedermann fühlbarer Riss zog sich durch den Haufen der Entlassenen. Neidisch wurden jene Glückspilze beäugt, die eine inoffizielle Zusage bereits in der Tasche hatten und anfingen, über Umzugsbeihilfe und Trennungszulage zu fachsimpeln. Um das Stimmungsbarometer nicht völlig absacken zu lassen, sah sich Roland befleißigt, die Story von Heinrich, Uwe und Walter aus Göttingen zum besten zu geben, die ein Gruppenfoto mit dem Bonmot „Wir trinken *Jägermeister*, weil arbeitslose Lehrer jeden Job annehmen" zum Hersteller nach Braunschweig geschickt hatten.
Und, was hat die Firma geantwortet, hatte er ad hoc das Interesse auf sich gezogen.
Sie lobte den Einfall, fand die Aussage für ihre Zwecke dagegen ungeeignet, weil ihr Kräuterschnaps die Leute fröhlich stimmen solle. Zum Trost gab es drei Gratisflaschen *Jägermeister* mit separater Post.

Lassmanns gequältes indigniertes Lächeln verfolgte Roland bis zur Glastür am Ende des ihm sattsam bekannten Ganges.
Damit war die Ausbildung abgeschlossen.

Den Odem des städtischen Unrats musste sich Roland nicht um die Nase wehen lassen, um an die Almosen des Sozialstaates zu gelangen. Der Job als Fahrer bei einer Eisenwarengroßhandlung führte schließlich bequemer ans Ziel. Den Rausschmiss konnte er rechtzeitig zum Beginn der WM in Spanien provozieren, als er bei der Anlieferung einer kolossschweren Brandschutztür während des Abladens Schwäche offenbarte. Er habe einen Leistenbruch und könne das Gewicht unmöglich mittragen, zuckte er bedauernd mit den Achseln.
Einen Leistenbruch? Das können wir uns hier nicht leisten, hallte es ihm gallig nach.
Drei Tage später hatte er seine Papiere für das Arbeitsamt zusammen.
Dort waren die Formalitäten rasch erledigt. Die überforderten Sachbearbeiter konnten mit seinesgleichen noch weniger anfangen als mit den anderen aus dem täglich anschwellenden Strom der Depravierten.
Ach Gott, Sie sind Lehrer. Das Bedauern klang ehrlich. Zeiten sind das heutzutage.
Einen auch nur annähernd adäquaten Arbeitsplatz für derart qualifizierte Bewerber haben wir nicht.
Nachdenklich blätterte der schmächtige Anzugträger mit den eingefallenen Wangen das spärliche Angebot durch, um es dann entschlossen zur Seite zu legen.
Ach, das ist doch alles nichts für einen wie Sie, mit der Ausbildung und der Qualifikation. Sicher werden Sie bald eingestellt. Sie müssen sich natürlich bundesweit bewerben. In dieser Hinsicht wenden Sie sich an den Fachvermittlungsdienst in Bremen. Hier sind die Unterlagen. Viel Glück. Auf Wiedersehen.
Mit der Auflage, sich alle drei Monate zu melden, wurde Rolands Fall eine Akte. Das Rinnsal der Arbeitslosenhilfe floss pünktlich auf sein Sparkassenkonto.

Die WM ist gerettet, frohlockte Roland vor Martina. Vom letzten Fahrerlohn hatte er alle notwendigen Zutaten für eine spritzige Sangria besorgt. Die sollte Martina in der zur spanischen Loge umdekorierten Mansarde zu den heißen Spielen servieren. Von Jörn, dem freischaffenden Autoschlosser, der sich seit einem Meditationsmarathon in Rulle Anorak Wutawa nannte, zu jeder Tages- und Nachtzeit ein hölzernes Amulett trug und seinen Lebensplan vierzehntägig xerokopiert per Luftpost aus dem fernen Puna zugestellt bekam, hatten sie den superbreiten Philippsfernseher übernommen, als Ausgleich dafür, dass ihm Rolands R 4 bei den vom TÜV geforderten Schweißarbeiten in seiner Heimwerkstatt auf seinem Kotten in Vehrte in Flammen aufgegangen war. Roland konnte den Verlust verschmerzen. Mobilität war in naher Zukunft nicht gefordert. Das Wesentliche sollte sich in den nächsten vier Wochen unter dem Mansardendach in der heimischen Wohngemeinschaft abspielen.
Alles war von Martina hübsch hergerichtet, nur die deutsche Mannschaft spielte nicht wie erhofft mit. Von einer Blamage in die nächste Zumutung stolpernd, quälte sie sich unter spanischer Sonne. Roland ärgerte sich in der Hitzeglocke unter dem schlecht isolierten Gaubendach, Martina rührte unbeirrt Rotweinbowle an. Lustiger ging es an den spielfreien Abenden zu. Martinas Vorschlag zur Innovation folgend probierten sie Kondome aus. Die Blausiegelgummis waren ihr jedoch nicht feucht genug und das London-Latex warf nach Rolands Gefühl Falten beim Vergnügen, also blieb es bei den bewährten *Fromms*.
Nachdem die nervtötenden Gruppenspiele endlich überstanden waren, kam auch zu den Spielen Freude in der Mansarde auf. Zum Halbfinale kannte Martina sämtliche deutschen Spieler und ergänzte ihr Wissen um die Regeln von Minute zu Minute. So

konzentriert hatte Roland sie vorher nie gesehen. Selber ließ er sich von der Lektüre der winzigst gedruckten Hinweise auf der zusammengefalteten Frommsbeilage ablenken, als Schumacher zu seinem folgenschweren Spreizsprung ansetzte. Martinas Aufschrei riss ihn aus der Verhütungstheorie. Da Roland die ganze Brutalität des Frontalangriffs nicht mitverfolgt hatte, und die Kamera für lange Momente nur die abwiegelnde Gestik des Torhüters einfing, verstieg er sich in ignorante Altvorderenhäme:
Die Franzosen mit den roten Hosen und den blauen Jacken kriegen welche in den Nacken.
Roland, du fieses Schwein, empörte sich Martina, siehst du nicht, was dieser Barbar angerichtet hat? Ich glaube, der andere ist tot.
Da erkannte auch Roland die grausige Lage und bettelte reumütig um Martinas Vergebung.
Du bist mir vielleicht ein Pazifist, war ihre Abscheu selbst nach dem Elfmeterschießen nicht verklungen.
In dieser Nacht musste Roland alleine schlafen, um über seinen bösen Satz nachzudenken.
Als er am Morgen nach der Schlacht von Sevilla von dem zynischen Angebot des deutschen Rowdys las, er werde dem schwer geschädigten Franzosen Jacketkronen spendieren, war Roland von dieser WM bedient. Wie tief waren die schrecklichen Teutonen gesunken, dass sie erst einem dermaßen die Fresse polieren mussten, um sich ins Endspiel durchzutanken? Und obendrein wurde das Opfer verhöhnt. Wie sollte man einer zivilisierten Umwelt erklären, was in diesem Sport noch ehrenhaft war?
Die Laune war verdorben im Hinterhaus an der Buerschen Straße. Der zum Endspielsonntag geladene Harald konnte auch nichts zur Aufmunterung beitragen. Breitners letztes Tor für die Nationalmannschaft war so nutzlos wie Rolands erste Bewerbung bei der Bezirksregierung. Roland und Harald blieben gesperrt, Schumacher durfte weiterspielen, Breitner sagte leise Servus.

Wir müssen von Beginn an oben mitschwimmen, hatte der VFL-Chef die Parole für die neue Saison ausgegeben und ein paar Schnäppchen aus der ersten Liga von seiner Einkaufstour mitgebracht, darunter einen ehemaligen Nationalspieler, den es im Sonderangebot bei *Werder Bremen* gab - Erwin Kostedde, der braune Bomber, der zu seinen besten Zeiten sogar als Müller-Nachfolger für Deutschland in der engeren Wahl gestanden hatte.
Roland erinnerte sich noch gut daran, wie er im Herbst neunzehnhundertfünfundsiebzig zusammen mit Kurt in Sybilles vom Rost angeknabberten Ente ins *Rheinstadion* gejuckelt war, um eigens das Comeback von Netzer und Breitner mitzufeiern. Zu bejubeln hatte es jedoch wenig gegeben. Netzer hatte konsequent seinen Mythos zerspielt. So schwerfällig wie er sich über das Feld schleppte, musste man den Eindruck gewinnen, er habe die Bleiweste vom Training noch unter dem Trikot, und Breitner fiel mehr durch Meckereien auf. Ein Lichtblick war schließlich eben jener Kostedde, zu der Zeit ein quirliger Strafraumwühler, der sich mächtig reinhängte und vehement in die wenigen Flanken hechtete, die an diesem tristen Nachmittag zustande kamen, und der einmal sogar im Tornetz gelandet war. Unglücklicherweise hatte er den Ball nicht dabei, trotzdem prophezeite ihm Kurt damals eine große Zukunft. Das wird einer, hatte er in seinem typischen Telgrammstil geurteilt.
Ganz so glanzvoll war die Karriere dann nicht verlaufen, gleichwohl freuten sich Harald und Roland nun auf viele Kostedde-Tore im VFL-Dress. Die Wahrheit sah wie so oft im Leben anders aus als ausgemalt. Zwar spielte der namhafte Goalgetter immer noch über dem Niveau der meisten seiner neuen Mannschaftskollegen, doch schnell

musste jedem kundigen Beobachter klar sein, dass hier ein Altstar eine Zusatzrente einsackte. Wer sollte es ihm verübeln?

Vor dem engen Einlass zur Stehgeraden erweckten die beiden verhinderten Pädagogen regelmäßig ein kurzes Aufflackern von Mitleid in dem ausgemergelten Antlitz des wortkargen Frührentners, der die Sonderausweise zu kontrollieren hatte. Schüler, Studenten und Rentner mussten die Legitimation ihrer Bedürftigkeit klar ersichtlich präsentieren. Wehe, da war ein Dokument abgelaufen oder ein Foto passte nicht zum Ausweisträger, da nutzte kein Palavern. Ein diktatorischer Fingerzeig bedeutete die peinliche Zurückstellung zum Nachlösen. Konfrontiert mit dem blassblauen Papier der *Bundesanstalt für Arbeit* schwand für Sekunden alle Strenge aus dem Ordnergesicht, ein schwach artikuliertes Murmeln, später nur noch ein kurzes Nicken gleich einer stummen Beileidsbekundung stellten Roland und Harald den Weg zum Sozialtarif frei. Von keinem wurde das von ihnen offen gelegte Amtsblatt näher in Augenschein genommen oder gar berührt, als fürchte man sich, vom Pesthauch des Aussatzes befallen zu werden.

Im Verlauf der sich immer mehr zu einem Ärgernis entwickelnden Saison hatte sich um Harald und Roland eine kleine Kolonie ausgesperrter Lehrer geschart. In den Pausen gab es genug Gelegenheit zum gegenseitigen Beklagen und Trösten. Leidenswege wurden skizziert, Chancen diskutiert. Zwei versuchten es im Studium der *Waldorfpädagogik*, und ein ungebrochen vom Aufbruchsgeist längst vergangener Tage Beseelter phantasierte über die Gründung einer „Freien Schule“, abgekoppelt vom staatlichen Bildungsmonopol. Im monatlich erscheinenden *Stadtblatt*, in dem jene kritischen Beiträge zum lokalen Geschehen ein Forum fanden, die der christlich-sozialen Presse keine Zeile wert waren, hatte er unter dem gewagten Titel „Legal? – Illegal? – Scheißegal!“ auf sein Anliegen aufmerksam gemacht. Gerade war er zurück vom jährlichen Treffen der freien Schulträger in Kreuzberg, dem unbekehrbaren Zentrum der Alternativen.

Zur Unterhaltung gab´s eine Sondervorstellung des UfA-Zirkus mit Fritz Teufel als Überraschungsgast, berichtete er stolz.

Ehrlich, fragte Roland neugierig nach. Was macht der eigentlich, seit er aus dem Knast raus ist?

Schreibt Märchen für Erwachsene, ziemlich abgefahrene Sachen über Spaß-Guerilla und so. Den Kindern hat´s gefallen. Macht sonst ´nen einigermaßen introvertierten Eindruck. Ist wahrscheinlich oft reichlich bedröhnt. Zum Frühstück hatte der jedenfalls schon Gras in der Pfeife, wenn mich meine Nase nicht vollkommen getäuscht hat. ... Was ist nun, wollt ihr bei der Gründung unserer Schule dabei sein? Arbeit gibt es genug.

Einträchtig winkten Harald und Roland ab. Idealismus zum Nulltarif war ihre Sache nicht.

Das Engagement der Profis auf dem Rasen für den *VFL* war letztendlich auch an die Höhe der Gage verbunden, die mit dem allmächtigen Unternehmerpräsidenten ausgehandelt werden musste. Wie brüchig die Bindung zwischen Vereinsführung und angestelltem Spielerpersonal war, wurde durch den katastrophalen Start in die Rückrunde schonungslos offengelegt.

Nach einem absoluten Gurkenspiel am *Bornheimer Hang* lagen die Nerven auf beiden Seiten blank, musste Roland aus der *NOZ* erfahren. Der Präsident hatte sich grollend in die Zentrale seiner Dynastie zurückgezogen, um über ernste Konsequenzen nachzusinnen. Wie die aus einer Weltsicht, die alles ausklammerte, was sich nicht ins eindimensionale Passepartout der sogenannten Leistungsgesellschaft zwängen ließ,

aussehen würden, hatte sich Roland denken können. Prompt zeigte der Dienstleistungs-Tycoon tags darauf sein wahres Gesicht. Mittels einer rüden Abmahnung, in der er sich in seinem unbändigen Zorn zu dem Vorwurf verstieg, einige Profis hätten vorsätzlich schlecht gespielt, wurden die Gehälter bis auf weiteres eingefroren. Der Manager flankierte die Strafaktion mit dem Diktum von der Scheinwelt, in der einige Herren offenkundig leben würden, die gar nicht wüssten, was eigentlich los sei. Die Eingeweihten unter den Tribünengästen konnten sich ein Schmunzeln über diese unfreiwillig zweideutige Metapher nicht verkneifen, war es doch Kalthoffs Idee gewesen, dem zögernden Kostedde zum Vertragsabschluss vor Saisonbeginn einen mit ansehnlich gebündelten Scheinen gefüllten Koffer als Entscheidungshilfe unter die Nase zu halten.
Wer geglaubt hatte, die Spieler würden sich den Griff ins Portemonnaie wohl oder übel gefallen lassen, musste sich getäuscht sehen. Die Zeiten, zu denen der autoritäre Hammer für klare Verhältnisse sorgte, waren im Fußball unwiderruflich vergangen. Vereine leisteten sich Manager, Spieler umgaben sich mit Beratern und Rechtsbeiständen, um im knallharten Business zu reüssieren. Aus dieser Ecke kam dann prompt der ausgeklügelte Konter, der die Vereinsführung kalt erwischte und das Publikum spaltete. Per Einschreiben korrekt auf den Weg gebracht, gingen auf der Geschäftsstelle an der Wesereschstraße die fristlosen Kündigungen von Spielmacher Lehmann und Sturmpartner Olaidotter ein. Roland verschluckte sich wieder einmal am viel zu heißen Frühstückskaffee, als er die Meldung las, und nahm sofort Telefonkontakt zu Harald auf.
Hast du das gelesen?
Harald, der disziplinierte Frühaufsteher, war bereits voll im Bild.
Die wittern eine Chance, auf billigem Weg den Verein zu wechseln, am besten ablösefrei. Die Frage ist, ob sie damit durchkommen.
Auf diese Idee wäre Roland so schnell nicht gekommen. Ein paar Ausgaben später wurde die Möglichkeit in der *NOZ* gehandelt.
Das Tischtuch war endgültig zerschnitten Den schwarzen Peter bekamen die zwei Aufmüpfigen zugemogelt, fortan als Rebellen gebrandmarkt. Die Ostkurve reagierte auf ihre Weise: JUDAS, VERRÄTER, FEIGLINGE, pöbelte die Menge beim nächsten Heimspiel gegen die abwesenden Boykotteure.
Roland war beeindruckt von der Chuzpe, mit der die Rebellen auf ihrem abseitigen Standpunkt beharrten. Sagten einfach: Nee, so nicht, und schmissen die Brocken hin, peng! Nun seht mal schön zu, wie ihr ohne uns klar kommt ...
In so eine solche Position hätte er sich auch gerne einmal versetzt gesehen und wusste gleichzeitig, dass er zur Inszenierung eines solchen Paukenschlags kaum fähig wäre.

Mitten in diesen stürmische Zeiten an der *Bremer Brücke* erhielt Roland seine erste Chance zur Bewährung als Lehrer, genau gesprochen Dozent. Den entscheidenden Wink hatte ihm Lothar, der designierte Schulgründer, erteilt. Im angrenzenden westfälischen Kohlerevier, von dem sehr zum Missfallen der Osnabrücker *GRÜNEN* bei ungünstiger Wetterlage ein Schwall von Rußpartikeln in grauer Abluft herüberwehte, hatte ein Erwachsenenbildungswerk die geradezu revolutionäre Idee aufgebracht, für neue Deutschkurse vorzugsweise arbeitslose Kollegen anzustellen. Harald zeigte sich nicht interessiert, da seine Familienbande zur Bezirksregierung endlich erfolgreich genutzt werden konnten. Ihm stand eine Vertretungsstelle am *Ratsgymnasium* in Aussicht.
Also borgte sich Roland zur Bewerbungstour ins Westfalenland vom Kumpel den Simca aus und stürzte voller Enthusiasmus übers Lotter Kreuz hinwegsausend ins Berufsleben. Die Solidaritätsaktion ging, wie sollte es anders sein, von einem

aufstrebenden Pädagogen aus der Fraktion der Roten Socken aus, der durch seine rührige Initiative Führungsambitionen reklamierte und sowohl in der kommunalen Bildung als auch im lokalen Tratsch für Aufsehen sorgte.
Als Roland seinen ersten Vertrag als Honorar-Dozent ausgehändigt bekam, hatte sich sein neuer Chef gerade das hübscheste Sekretärinnengesicht von der Altbauetage, in der die Bildungsriege untergebracht war, ins mit Bertolucci-Plakaten verzierte Büro gezogen, eine im Neubaueigenheimalltag vorzeitig abgeblasste Blüte, die sich nur allzu willig in die wildromantische Amour Fou ziehen ließ und mit ihren Kolleginnen schon geheimniskrämerisch über Scheidung und alsbaldige Wiederheirat tuschelte. Ihr ebenfalls gesetzlich und kirchlich mit einer höheren Unternehmertochter verbandelte Schreibtischprinz würde, das pfiffen die Klatschspatzen von den Revierdächern, eine solche Eskalation des Verhältnisses nie und nimmer zulassen. Der wollte schließlich ganz nach oben - und nebenbei ein bisschen quervögeln, ergänzte Roland in spitzbübischen Gedanken. Das von ihren wachgeküssten Gefühlen verwirrte Liebchen unterschätzte diesen nur allzu menschlichen Zug am Karrieremann eklatant. So war der Nährboden für quälendes Herzeleid satt gedüngt und das Auf und Ab ihrer als offenes Geheimnis geführten Liebschaft ein unerschöpfliches Kaffeethema.
Roland gönnte den beiden ihr Turtelglück und konzentrierte sich ganz auf die neue Aufgabe als Fremdsprachenlehrer für das Fach Deutsch. In seinem Kurs saßen mehrzählig Aussiedler aus Polen, zu denen sich drei als Flüchtlinge anerkannte Sikhs gesellten. Die deutschstämmigen Polen, die auf keinen Fall mit waschechten Polacken verwechselt werden wollten und zum Beweis ihrer Identität bei jeder unangebrachten Gelegenheit ihren druckfrischen Bundespersonalausweis zückten, regten sich zuerst schwer darüber auf, dass sie mit ausländischen Kanackern in einem Raum lernen mussten. So nannten sie die Herren aus Indien, ohne sich groß Abfälliges dabei zu denken. Aus ihrer Sicht gehörte es sich einfach nicht, farbige mit weißen Menschen in einen Kurs zu setzen. Roland benötigte viel Geduld und einige Wochen Zeit, um den Begriff Toleranz praktisch werden zu lassen. Nachdem sich herausstellte, dass die manierlichen dunkelbraunen Männer die Grammatik der deutschen Sprache sehr viel rascher begriffen als die im schwerfälligen schlesischen Akzent näselnden, kalkhellen Arbeiter und Rentner aus ehemals Liegnitz, Oppeln, Gleiwitz und anderswo, keimten zu Rolands Erleichterung Respekt und Achtung auf. Ab da konnte ungestört gelehrt und gelernt werden. Die Sache fing an, Spaß zu machen. In den Pausen fühlte sich Roland bestens unterhalten, wenn er zu seinen Stippvisiten in die Verwaltungsetage kam, um am Fotokopierer seine selbst kreierten Arbeitsblätter zu vervielfältigen. Gerne hörte er dann mit halbem oder ganzem Ohr zu, welche Neuigkeiten das Damenkränzchen über den Stand der Büroaffäre zu verbreiten wusste. Besonders lohnend war sein Besuch nach dem traditionellen Frühjahrsbetriebausflug an die Nordsee. Roland verpasste zum ersten und einzigen Mal die pünktliche Rückkehr in den Kursraum, von so ungeheuerlich köstlicher Dramatik gefesselt. Die Fotos von diesem Wochenende, darunter Dokumente von unschätzbarem Tratschwert, kursierten wochenlang unter den Händen von Befugten und Unbefugten.

Im vereinsinternen Grabenkrieg hatte sich der Pulverdampf mittlerweile verzogen wie beim Hornberger Schießen. Die Rebellen wurden per einstweiliger Verfügung dazu verdonnert weiterzuspielen. Das zahlende Tribünenvolk, Roland und Harald eingeschlossen, begrüßte die richterliche Entscheidung, denn die beiden Abtrünnigen wurden in der ladegehemmten VFL-Offensive an allen Ecken und Kanten gebraucht. Prompt ließen sie sich im Heimspiel gegen *Hessen Kassel* schon als die Väter des Sieges feiern. Geschickt hatten sie vorher in der Presse lanciert, dass sie sich dem Verdikt des Arbeitsgerichtes nur im Interesse der Mannschaft und der Zuschauer

beugen, keinesfalls aber für Vereinsführung, Trainer oder Manager spielen würden. Die Ostkurve dankte es ihnen mit Ovationen, kein Gebrüll mehr von Judas und Verräter. Wen interessierten da noch die herabwürdigenden Parolen von gestern? Im Fußball regiert allemal nur das immerwährende Jetzt, und an diesem Abend zählte nur eins: HURRA, HURRA, DER VFL IST WIEDER DA!
Hinter den Kulissen störte man sich allerdings daran, dass maßgebliche Spieler nicht mehr mittels Beschwörung von Ehre und Tradition zu motivieren waren. Da würde nur noch ein deutlicher Fingerzeig auf den schnöden Mammon helfen, um die verhunzte Saison einigermaßen glimpflich in die Sommerpause zu schaukeln, schien dem Trainer zu dämmern, als er kurz und bündig konstatierte, dass es im Restprogramm nur noch um Kohle ginge. Ob die vom Neidbazillus infizierte Truppe sich würde soweit zusammenraufen können, um den drohenden Fall aus der prämienrelevanten Tabellenregion abzuwenden, wusste auch Harald nicht vorherzusagen. Eins wusste er indes genau: Mehr ist diesmal nicht drin.

Nun, da der Honorartransfer von der nordrhein-westfälischen Kohlerevierkasse auf das niedersächsische Sparkassenkonto in Gang gesetzt war, sah sich auch Roland mit der Kohlefrage konfrontiert. Was tun mit dem plötzlichen Geldsegen, der den Sozialtarif vom Arbeitsamt um einiges überstieg? Roland entschloss sich, das VFL-System zu übernehmen. Demgemäß betrachtete er den Zuschuss vom Arbeitsamt als Grundgehalt und wertete die Honorare als Erfolgsprämie. In dieser einfachen Addition kam er fast auf ein volles Lehrereinkommen. Die Lösung erschien ihm gerecht, auch wenn die bezahlten Ferien noch fehlten und er im Krankheitsfall mit leeren Händen dastehen würde. Zu Beginn seines Berufslebens sollte man nicht unbescheiden sein, fand auch Martina. Schnell hatte sich Rolands neuer, zehn Jahre junger, orange leuchtender Escort refinanziert.
Zum nächsten Tribünentreff erschien Harald mit strahlender Siegermiene. Er hatte die feste Zusage für ein Vertretungshalbjahr am *Ratsgymnasium* in der Tasche. Die Erfolgsmeldung schlug auch im Verschlag des Getränkehändlers zu Buche. Die beiden Glückspilze überboten sich im Rundenschmeißen. An den Ausgang dieses Abends konnte sich Roland später nicht erinnern. Hatte er am Ende druckvoll pinkelnd am Maschendraht gestanden? Dafür blieb der Ausklang der von so viel Gezank und juristischer Haarspalterei begleiteten Saison unvergesslich. Mit drei Toren verabschiedet sich Old Erwin Kostedde von der *Bremer Brücke* und gestaltete den Sommerabend zu einer kleinen Gala. Fünf zu null hieß es am Ende. ERWIN FÜR DEUTSCHLAND, forderte die Ostkurve, und Roland und Harald sahen schmunzelnd zu, wie der gefeierte Star überglücklich winkend die Ränge ablief.
Was der wohl jetzt macht, fragte Roland beiläufig in die Begeisterung.
Der hat ausgesorgt, versicherte ihm Harald, so einer hat heutzutage Anlageberater, vielleicht ein paar Mietobjekte. Der geht noch einige Jährchen als Versicherungsfritze oder Repräsentant für Sportsachen, dann legt der die Beine hoch.
Der hat´s gut, lenkte Roland die Gedanken wehmütig in die Zukunft, und unsereins muss mit über sechzig höchstwahrscheinlich immer noch vor irgendeiner durchgeknallten Rabaukenklasse stehen.

Für den Sommer sollte der Fußball ruhen, hatte Roland seiner Martina versprochen, und die war froh, dass keine WM oder EM ihre Pläne zur Umgestaltung der Wohnräume durchkreuzen würde. Immerhin ging es um eine Veränderung, wie sie in Rolands Leben vormals noch nie stattgefunden hatte: Die Konstituierung einer eheähnlichen Gemeinschaft. Die ihm reichlich suspekt erscheinende Diskussion um die Reduzierung der Dreierkonstellation auf ein Zweiernest war aufgeflackert, als

Judith die Nähe der beiden jungen Liebenden nicht länger hatte ertragen wollen und das Weite suchend schon vor dem Jahreswechsel auf eine ostfriesische Insel umgezogen war.
Na, dann weiterhin viel Spaß mit dem Pausenclown, hatte sie gegenüber Martina beim Abschiedsschoppen ihrem Sarkasmus freien Lauf gelassen, um über Roland noch zu mutmaßen, er habe in seinem Leben bestimmt schon mehr als einen Ball zu viel an die Birne gekriegt.
Was mochte sie damit nur gemeint haben?
Martina hatte sich von Judiths vulgärfeministisch getrübten Defätismus nicht beirren lassen und mit einer ungestörten Zweieridylle geliebäugelt. Roland war es dann noch einmal mittels verschachtelter Rhetorik, deren sumpfige Basis Martina nicht recht zu durchschauen vermochte, gelungen, sie zur Fortsetzung der Wohngemeinschaft im herkömmlichen alternativen Trott zu überreden. Natürlich konnte er nicht voraussehen, dass sich der neue Genosse, ein von seinem angestammten Beruf des Landschaftsgärtners entwöhnter Luftikus, dem es durch den Kopf flauste, er sei zu Höherem berufen, alsbald als ein verschärftes Sicherheitsrisiko erweisen würde. Zwar hatte der mit seiner angenehm offenen Art beeindruckende Jogi beim munter fließenden Vorstellungsgespräch in der von Martina extra auf Hochglanz gewienerten Wohnküche viel von den nicht mehr hinnehmbaren Bürden seines schweren Berufes erzählt, jedoch dabei vergessen zu erwähnen, dass er sich seit geraumer Zeit der Unterstützung der aus Jamaika importierten „Legalize-It-Kampagne" verschrieben und konsequenter Weise eine private Umschulung zum Dealer absolviert hatte. Nicht nur, dass er von den Gepflogenheiten des Zweiten Bildungsweges inspiriert, die Nacht zum Tag machte, zudem hatte er seine Handelsvertretung vom *Hyde Park* in das versteckt liegende Hinterhaus an der Buerschen Straße verlegt, ohne die Konzessionsfrage gegenüber Roland oder Martina anzusprechen. Nach dem Besuch von zwei überaus höflichen und korrekten Kriminalbeamten, die Roland gerade noch im Flur abfangen konnte, um zu versichern, dass der von ihnen Gesuchte sich umgehend beim Kommissariat an der Hannoverschen Straße melden würde, wurde dann von der völlig verstörten Martina rascher Handlungsbedarf eingefordert.
Tu was, oder ich zieh´ aus!
Sag mir, was ich machen soll.
Na, rausschmeißen sollst du den Kerl, was hast du denn gedacht? Bist doch sonst nicht so´n Schlappschwanz.
Wenn Martina so deftig wurde, musste sie wahrlich in Rage sein. Erst am Tag zuvor hatte sie ihm zitternd den angesengten Klodeckel gezeigt und von den stundenlangen Badbesetzungen nächtlicher Besucher berichtet.
Du bekommst ja nichts mit, wenn du einmal eingeschlafen bist. Ratzt wie ein Murmeltier, so etwas Unsensibles. Ich lieg´ die halbe Nacht wach, und du liegst da wie ein Sack Kartoffeln ...
Da half nichts mehr. Roland musste den Hausherren spielen und dem dubiosen Treiben ein rasches Ende bereiten. Sicherlich hatte Martina Recht, andererseits tat ihm der blonde Lulatsch auch Leid, wie er dasaß in Judiths ehemaliger Zimmerburg, wo jetzt anstatt der Helme- Heine- Poster die rote Fahne mit dem grünen Dreiblatt prangte - „Legalize It", auf dem Regal darunter die Wasserpfeifen und Schillums nach Größe geordnet, zackig zu einer Reihe gestellt. Vor ihm das Mahagonitischchen mit den orientalisch verzierten Schachfiguren auf dem schwarzbeige furnierten Karree. Um sich herum die *U-Comics* auf dem mit Rotweinflecken getupften, naturfarbenen Ikeasofa. Vor Wochen hatten sie sich noch Arm in Arm zu Alvin Lees Soli über die halbleere Tanzfläche im *Hyde Park* bewegt. Und nicht nur Rolands Wahrnehmung war diese Nacht in eine eigentümlich befriedete Sentimentalität getaucht, auch Martina

hatte vor Rührung geblinzelt, als Jogi während der Zugabe als einziger sein brennendes Feuerzeug in die Höhe hielt, um dem mächtig die Saiten zupfenden Bluesveteranen Respekt zu zollen. Und nun sollte er den ausgeflippten Kerl rausschmeißen.

Na, Roland, wie wär´s mit einer Partie, begrüßte ihn Jogi, das Brettspiel zurechtrückend, mit diesem schläfrigen Tagesblick, den er selten vor den Abendnachrichten aus den Augen schütteln konnte.

Darum geht es heute nicht, fiel Roland gleich mit der Tür ins Zimmer, um keine Ablenkung zuzulassen, einer deiner Kunden hat heute Nacht auf unserem Klo gedrückt, und damit ist ein Point of no return erreicht, wenn du raffst, was ich meine.

Wie kommst du ...?

Ich weiß es eben, weil ich lange genug auf der Szene rumgetingelt bin und durchblicke, also...

Die Tür hatte sich vor Martinas langen Ohren geschlossen. Roland musste gar nicht mit der Kripo argumentieren, um zu einer gütlichen Einigung zu kommen. Jogi war kein streitbarer Mensch. Vielleicht zu verwirrt, um zu begreifen, dass die Freiheit, die er suchte, immer eine Phantasmagorie bleiben würde. Seine Reaktion auf Vorgänge, die er nicht steuern konnte, hieß Rückzug. Und so zog er sich auch aus dem Versteck in der Buerschen Straße zurück. Roland musste sich nur anhören, was für ein armseliger, winzigkarierter Spießer er in Jogis Augen sei, und akzeptieren, dass die ausstehenden Mietanteile abzuschreiben waren. Drei Tage später war das Zimmer bis auf zwei Reisetaschen voller Comics wieder geräumt. Als Jogis Lebensgefährtin, eine schwarzgelockte, vom täglichen Aerobic sportlich gebogene Rechtsanwaltsgehilfin, die sich selbst als eine Spätzünderin bezeichnete und wegen des spinnerten Traumtänzers Ehemann und Reihenhaus verlassen hatte, die Alternativbibliothek abholte und Martina mit sorgenernster Miene und belegter Stimme erzählte, dass der arme Teufel seit dem Vortag in Untersuchungshaft einsitze, schlug die Freude über den reibungslosen Verlauf der Räumaktion abrupt in Reue um.

Vielleicht hättest du ihm noch eine Chance geben sollen, stellte Martina Rolands Verhandlungsführung infrage.

Was ich? Du wolltest ihn doch schnellstens loswerden.

Ja, aber nicht so, und wenn er jetzt noch hier wohnen würde, wäre ...

Mein Gott, bist du naiv, dann könnte uns Harald jetzt mit einiger Sicherheit im Knast besuchen, und zwar getrennt. Mir brächte er montags den *Kicker*, dir am Donnerstag die *Freundin*.

Damit nahm Roland die Jeansjacke vom Haken und tat, was Männer tun, wenn sie vom Verlauf der häuslichen Kommunikation vollends entnervt sind. Er ging mit seinem Kumpel Harald ausgiebig zechen. Einträchtig über die Unwägbarkeiten sprunghafter Weibslogik schwadronierend, füllten sie sich im hintersten Winkel des *Unikellers* derart ab, dass Roland noch anderntags bei der Einführung der Modalverben an der spröden Schiefertafel im kreideführenden Arm spürte, wie der Restalkohol in seinen Venen dümpelte.

Nüchtern betrachtet relativierte sich Jogis Schicksal auch in Martinas Augen.

Und überhaupt, was kann dem schon groß passieren, beruhigte sie ihr Gewissen, wo seine Freundin beim Rechtsanwalt arbeitet, wird die ihm sicher aus der Patsche helfen. Der bekommt Bewährung, einen Therapieplatz und danach bietet ihm das Arbeitsamt noch eine Rehamaßnahme an.

Am besten in Jamaika, wollte Roland den Faden weiterspinnen, behielt den lästerlichen Einfall aber für sich.

Auf alle Fälle würde es keinen Dritten mehr in der Gemeinschaft geben, hatte Martina entschieden. WGs sind out, sei in der *Freundin* zu lesen, muffig wie die siebziger Jahre. In den Achtziger seien klare Kisten angesagt. Entweder man wohne als bekennender Single allein oder eben konsequent zu zweit, ohne Alibipersonal um sich herum. Alles andere seien verkorkste Gruftieverhältnisse. Roland wollte nicht als Gruftie abseits stehen und fügte sich dem Geist der neuen Zeit. Bekennender Single konnte man schließlich immer noch werden, manchmal schneller, als einem recht war. Hinsichtlich des Arrangements des hinzugewonnenen Wohnraums war Rolands Rat kaum gefragt, da sein innerarchitektonisches Talent, laut Martina, in der Apfelsinenkistenphase verkümmert war. Unter Frauenregie fügte sich der Fundus von Möbelstücken und Accessoires harmonisch zusammen.
Roland half mit, sein Zimmer zu einer Bibliothek mit Fernsehecke umzugestalten. In der zugigen Mansarde durfte er sich einen Ausweichschlafplatz für die Nächte einrichten, in denen er wegen der einen oder anderen kleinen Lümmelei von der gemeinsamen Schlafwiese verbannt wurde. Im neuen Wohnzimmer zentrierte sich das Arrangement um das herausragende Schmuckstück, einen von Martinas Papa sorgfältig restaurierten Stubenschrank, dessen vergessene Einzelteile Martina zufällig in dem Gerümpel auf dem Dachboden entdeckt hatte. Sein Säulenprofil und das geschliffene Glas in den Türen würden ideal den repräsentativen Effekt des Gründerzeitklaviers ergänzen, freute sich die zukünftige Grande Dame. Staunend hatte Roland zugesehen, wie sich unter den geübten Händen seines Fastschwiegervaters die verzogenen grauen Bretter wieder zu einem Möbelstück zusammenfügten. Um nicht nur tatenlos herumzustehen, hatte er einer spontanen Eingebung aufsitzend auf eigene Faust eine kubistisch gehaltene, mit braunem Cordsamt bezogene Sitzgarnitur vom Secondhand-Möbelshop in Belm besorgt und vor den im frischen Seidenmattlack schimmernden Schrank gruppiert. Damit wollte er Martina überraschen. Nur langsam sollte sich die Skepsis aus ihrem Mienenspiel verziehen, als sie die kostspielige Anschaffung in Augenschein nahm. Es wurde nie gänzlich geklärt, ob das Ensemble zusammen passte oder nicht. Zum krönenden Abschluss des Nestbaus stiftete Harald einen neuen Klodeckel, den er eigenhändig montierte. Beim obligatorischen Bier nach vollbrachtem Werk wünschte er dem Freundespaar alles erdenkliche Glück und fügte vielsagend grinsend hinzu:
Jetzt könnt ihr eine richtige wilde Ehe führen.
In einem von Martina unbeobachteten Moment zog Roland seinen Gast ins Fernsehzimmer und präsentierte stolz sein neustes Spielgerät, einen in nächtlichen Heimwerkerüberstunden selbst gezimmerten Tipp-Kick-Tisch mit schwarz lackierter Umrandung. Die hellweiß nachgezogenen Linien auf dem samtigen Grün stachen dem Besucher lockend in die Augen.
Wie ein richtiges kleines Stadion, lobte Harald das Bastelwerk und hatte gleich einen Vorschlag zur Verschönerung parat: Man könnte noch einige Reklameschildchen an die Bande kleben, Firmenembleme oder Ähnliches, das würde sich gut machen.
Ja, natürlich, du hast Recht. Gleich am nächsten Tag würde sich Roland um die Bandenwerbung kümmern.
Nach den ersten Übungsschüsschen vergaßen sie Martina. Unversehens waren sie in ein flottes Freundschaftsspiel involviert. Bestens trainiert lupfte Roland dem unvorbereiteten Gegner die raffiniertesten Bogenlampen ins feinmaschige Netz. Sein gelber Stammspieler, mit hellblauer Hose bemalt und grünem Abzeichen versehen zum brasilianischen Nationalhelden befördert, ließ ihn nicht im Stich. Die blaue Zehn auf dem Rücken und der Name betonten das Anspruchsniveau.
Tut mir Leid, tröstete er den sich tapfer wehrenden Harald, aber gegen Zico gibt´s eben kein Mittel.

Ach, hier seid ihr abgeblieben... Martina war ihnen auf die Schliche gekommen. Und das nennst ihr Fußballpause? Na warte Roland ...
Komm, Martina, bitte, nur noch dieses eine Spiel ..., Roland setzte zu einem angeschnittenen Eckstoß an, ... ist fast vorbei, die Uhr tickt schon so komisch laut, gleich macht´s Rrrrring! ... Warte, das muss ich Harald noch zeigen – tak - haste gesehen. Wenn ich das noch ein bisschen übe, gehen die Dinger direkt rein.
Roland! - Martina machte ernst.
Lass gut sein, war Harald froh, den Anlass zum Abbruch nutzen zu können, beim nächsten Mal bei mir. Wenn ich den Trainingsrückstand aufgeholt habe, kannst du dein blaues Wunder erleben, wirst sehen...
Au ja, wir spielen ein Dreierturnier, fiel Roland dazu ein. Ich bringe Martina ein paar Tricks ... Martina? ...

Fest entschlossen, die fußballfreie Zeit intensiv zu nutzen, hatte Martina den Besuch des Open-Air in Tecklenburg anberaumt. Es wurde einer dieser rar gesegneten Abende, an denen ein solche Veranstaltung in Westdeutschland ohne Regenguss über die Zeit kam. Den ganzen Samstag über schönster Sonnenschein. Die durch Haralds Dauerliebe Gitte verstärkte Gruppe war bester Stimmung. Harald freute sich aufs *Ratsgymnasium*, Roland würde im nächsten Semester für zwei Deutschkurse gebraucht und Martina hatte ihre Prüfung zur Buchhändlerin bestanden. Da fiel die dritte Ablehnung der Bezirksregierung nicht ins Gewicht . Roland hatte sie schon zu den anderen abgeheftet.
In überschäumender Begeisterung formierten sie sich zum Chor beim Ohrwurm von *Geier Sturzflug*:
„Und dann wird wieder in die Hände gespuckt,
wir steigern das Bruttosozialprodukt ..."
Ja, ja, wir gehören dazu, mochte ein Gefühl verspäteter Bejahung in ihnen aufsteigen. Selbst Harald, sonst kein Freund von seichter Lyrik, schüttelte das Reservierte für eine kurze Auszeit von sich. Glücksverloren hüpften sie durch die Reprise.

Wenn Roland nicht durch schmerzvolle Erfahrungen in Göttingen, Grohnde, Brokdorf und anderen kleineren Kriegsschauplätzen vorgewarnt gewesen wäre, hätte Martinas nächster Ferienspaß gehörig ins Auge gehen können. Ein Happening hatte es werden sollen, der Solidaritätsauflauf für die Erhaltung des *Hyde Parks* im alten *Schweizerhaus*. Als Roland das martialisch gewappnete Polizeikorps erblickte, das sich daran beteiligen sollte, zog er die Notbremse.
Komm, weg hier, riss er Martina aus aller Revoltenromantik, das sieht nach übler Randale aus.
Martina, ganz auf Klamauk und fröhlichen Protest eingestellt, wertete Rolands Rückzugsbefehl als übervorsichtige Hasenfußtaktik. Wie sollte sie auch anders? Bislang hatte sie die grünen Männchen wenn überhaupt nur als zuvorkommende Helfer im Straßenverkehr erlebt. Roland ließ sich nicht beirren und wurde deutlicher.
Ich lass mir doch nicht für so´ne Zappelbude den Hintern versohlen, echauffierte er sich auf offener Rheiner Landstraße, wenn die Stadt sagt, jetzt ist Schluss mit lustig, dann ist Feierabend. Da ändern wir nichts dran. Der Laden überlebt das allemal. Die machen bald woanders wieder auf und scheffeln noch mehr Kohle. Mach dir keine Sorgen, auf Discomucke müssen wir nicht lange verzichten.
Wenn du meinst, nur widerwillig ließ sich Martina aus der zwielichtigen Protestmeile herausziehen.
Der Rückzug ins *Exil* bescherte ihnen dann noch eine lange kurzweilige Tanznacht.

Die Hyde-Park-Revolte brachte einigen übermotivierten jungen Discobeschützern sowie unbeteiligten Gaffern erhebliche Körperverletzungen ein, hielt für einige Nächte die Sanitätsdienste auf Trab, und die Anwohner der Rheiner Landstraße wunderten sich über Szenen in ihren Hauseingängen, die sie vorher allenfalls kurz in der „Tagesschau“ gesehen hatten. Langfristig profitierte die Geschäftsführung der notorisch übervölkerten Diskothek von dem unausweichlichen Umzug ihres Vergnügungsbetriebes an den Fürstenauer Weg. Die Osnabrücker Justiz wickelte die anhängigen Strafverfahren routiniert ab. Eine aufgeweckte Kommunalpolitikerin des alternativen Spektrums nutzte die Gelegenheit, um sich in einer Diskussion zum beklagenswerten Umgang mit der Jugend in der Hasestadt zu profilieren. Roland sah seine Vorahnung bestätigt. Martina erhielt ihre erste Lektion in Sachen Interessenswahrung im Kapitalismus.

Man konnte zum *VFL* stehen wie man wollte in diesen aufgewühlten Zeiten, die Jugend wurde dort nicht stiefväterlich behandelt. Im Gegenteil, die Losung für die bevorstehende Saison hätte lauten können: Lass doch der Jugend ihren Lauf!
Keine vollgepackten Geldkoffer mehr für satte Oldies, keinen Ärger mit überbezahlten Stars. Ab jetzt sollten sich die gestandenen Recken an den jungen Springern aufrichten, die in der Endrunde zur deutschen Juniorenmeisterschaft für Furore gesorgt hatten. Kurz nach dem Start des Ligaspielbetriebs sollte es an der *Bremer Brücke* zu einem Pokalknüller kommen, dessen Auslosung während der „Sportschau“ Roland und Harald in helle Vorfreude versetzte. Erstligist *1. FC Nürnberg* mit Kargus, Burgsmüller und Anhang würden ihre Aufwartung machen. Rolands Phantasien über dieses sagenhafte Ereignis zeigten Wirkung.
Was? Echte Bundesliga, wurde selbst Martina vom Fieber angesteckt, da will ich mit!
Hand in Hand stapften sie zusammen mit Harald an dem lauen Sommersamstagabend die Nordtribüne hoch, Martina hatte letztmalig ihren Schülerausweis nutzen können. Die beiden Männer schlüpften auf die bewährte Mitleidstour durch.
Uih, das ist lustig, Martinas helles Lachen überstrahlte die um diese Vorzeit noch karg besetzte Nordtribüne, richtiges Pauken und Trompeten.
Ja, hier gibt´s noch zünftiges Tschingderassabum, freute sich Harald mit ihr, nicht so´n reißerisches Getue wie beim American Football, mit Cheerleadergirls und ähnlichem Killefitt.
Gehören irgendwie dazu, diese Bumbumkapellen, meldete sich Roland zurück.
Artig spendierte er Martina eine kühltruhenfrische *Fanta* und den Männern ihr Pils. Dies war ein besonderer Tribünengang. Noch nie hatte ihn eine Freundin zum Fußball begleitet, und nun stand Martina dicht bei ihm. Stolz, als gehöre alles zu seinem ureigenen Königreich, erklärte er ihr die verschiedenen Stadionabschnitte: den fast leeren Gästeblock, die Sitzplatzgerade mit dem VIP-Bereich.
Siehst du, dort in der Mitte steht die Kamera vom *ZDF* ... und da auf der anderen Seite hinter dem Tor noch eine, ziemlich eingekeilt von der lila Fraktion auf der Ostseite.
Und was sollen die Netze hinter den Toren? Kann man da überhaupt durchsehen.?
Da war selbst Harald überfragt. Das vom Tribünendach hinunter bis zum Gitterzaun gespannte Maschenwerk sah er zum ersten Mal. Vielleicht für Querschläger, was weiß ich, gab er sich ratlos.
Oder für was von hinten kommt, überraschte Martina die Männer mit Sachverstand. So eng hatte sie sich das jedenfalls nicht vorgestellt. Ganz anders als im Fernsehen, irgendwie kleiner in Wirklichkeit. Und hier steht ihr immer und brüllt um die Wette? Witzig.
Als der Stadionsprecher die Nürnberger Mannschaftsaufstellung herunterbetete, klang jeder Name wie eine Einschüchterung in Rolands Ohren.

Wenn wir heute gewinnen, wäre das schon sensationell, redete er gegen den Begrüßungslärm an, um die Erwartungen zu dämpfen. Schade, dachte er verzagend, da kommt Martina einmal mit, und gleich setzt's 'ne Klatsche, gegen die haben wir doch keine Chance.
Man soll keinen Fußballabend voreilig abschreiben, merkte sich Roland für ewig seit diesem Pokalknüller im August. Nur gut, dass er seinen Kleinmut nicht vor den anderen offenbart hatte. So konnte er befreit jubelnd auftrumpfen und hinterher behaupten, dass er nie an der Sensation gezweifelt habe.
In der zwölften Minute schlug die Jugendabteilung des *VFL* in Gestalt von Paul Jaschke eiskalt zu und ließ den bundesligagestählten Kargus ins Leere greifen. Die Menge berauschte sich am Führungstor, Martina begeisterte sich an der johlenden Ostkurve, Roland freute sich über Martinas Temperament, Harald jubelte in gewohnt verhaltener Manier. Dieser erhöhte Stimmungspegel sollte sich bis zum furiosen Finale halten.
In der Pause fand Martina ihr Vergnügen an der Voltegierkunst der Belmer Ponyfarm und schlürfte die zweite *Fanta*. Alles war bestens gerichtet, zollte Roland der Organisation des Rahmenprogramms höchstes Lob, als sei man über den Besuch der jungen Dame vorher informiert gewesen.
Nach Trunks Zufallstreffer sah Roland schon wieder die Felle davonschwimmen. Warum hatte er nur so wenig Vertrauen in die Osnabrücker Jugend?
Schließlich waren es die Nürnberger Vollprofis, die sich amphibiengleich über das sommererholte Grün schleppten. Der VFL-Nachwuchs schlängelte sich dagegen draufgängerisch und flink durch die starre Formation der schwerfälligen Fossilien aus dem Frankenland. Die unermüdlich skandierende Ostkurve im Nacken zerrte an den Reserven ihrer mentalen Substanz. Der letzte Widerstand war gebrochen. Die Juniorenmeute zerlegte die Abwehr, der Leitwolf machte mit einem entschlossenen Hammerschlag den Sack zu. Das Tribünenvolk geriet aus dem Stauen ins Schwärmen.
SO SCHÖN, SO SCHÖN - so etwas hatte man an der *Bremer Brücke* wahrlich lange nicht gesehen. Harald musste weit ausholen, um zu erinnern, wann sich Vergleichbares zugetragen hatte. Roland konnte da nicht mitreden. Martina hatte es sich so ähnlich vorgestellt, nur diese naturbegabten Brasilianer würden sicher noch besser spielen, nahm sie stark an.
Ja, so in etwa verhält sich das, stimmten ihr die Männer lachend zu, als sie im Zug der aufgekratzt abwandernden Menge die Bremer Straße hinuntertrieben.
Zur internen Siegesfeier zog sich die reifere Jugend in den Biergarten am *Unikeller* zurück, die Schinkelaner Gastronomie erschien Martina entschieden zu hausbacken.
Auf wackeliger Bierbank unter nackter Glühbirnenkette konnte sie ihre Begleiter kaum vom Thema ablenken. Zu aufwühlend wirkte das Geschehen nach. Als sie schließlich von Nürnberg abließen, setzte Roland mit dem Schwenk zum *Tipp-Kick* nach. Aus einer Bemerkung von Haralds Seite hatte er herausgehört, dass der Trainingsrückstand weitestgehend aufgeholt sei. Schon zauberte Roland einen Vorschlag zur Steigerung des Vergnügens auf den Biertisch. Seine Recherchen hatten ergeben, berichtete er unter Martinas müden Blicken, dass es vormals einen *TKC Osnabrück* gegeben habe.
Einen was, fragte Harald nach des Kürzels genauer Bedeutung.
Martina wusste von nichts.
Einen offiziellen Tipp-Kick-Club – und das Tollste ist, dass euer Roland den ehemaligen Kapitän der Truppe ausfindig gemacht hat. Na, was sagt ihr jetzt?
Martina sagte dazu nichts und drängte zum Aufbruch.
Was Harald betraf, das erkannte Roland selbst noch mit seinen hefegetrübten Augen, musste noch ein wenig Überzeugungsarbeit geleistet werden, um ihn vom tieferen Sinn des Vorhabens zu überzeugen. Da galt es nachzuhaken, nahm sich Roland fest

vor, als er leicht schwankend aus den Schlossmauern trat, die seit knapp einem Jahrzehnt eine Universität umgaben.
Da müssen wir unbedingt am Ball bleiben, rief er dem mit Harald Richtung Schinkelmitte davonbrausenden Taxi nach, nachdem ihn Martina glücklich auf dem Gehsteig fixiert hatte, so ´ne Gelegenheit kommt nie wieder ...

Beharrlich - aus Martinas Perspektive wie der Hund am Knochen - trieb Roland das Spiel mit dem kantigen Tipp-Kick-Ball voran. Harald erwies sich alsbald als ebenbürtiger Gegner. Mit seinem blauweiß gestreiften Maradona setzte er Rolands brasilianischem Nationaltorhüter zunehmend seine schwer berechenbaren Granatenschüsse ins Netz. Die Platzverhältnisse im Dachgeschoss an der Schützenstraße standen denen an der Buerschen Straße in nichts nach. Um die Pattsituation aufzuheben, bedurfte es neuer Herausforderungen, musste auch Harald einsehen.
Na, macht euer Kinderspielkreis noch Spaß, stichelte Martina beim Sonntagsfrühstück.
SCHICKT UNS INTER MAILAND HER, WIR FINDEN KEINE GEGNER MEHR, johlte ihr von den Sportseiten der Samstagszeitung umhüllter Quasiverlobter feixend zurück.
Fest entschlossen, ihre zu konstanter Perfektion verfeinerte Spielstärke unter verschärften Bedingungen auszutesten, vereinbarten Roland und Harald ein Turnier mit den letzten Aktiven des *TKC Osnabrück.*

Die Vereinsräumlichkeiten an der Schweerstraße mit drei professionell gestalteten Spieltischen, Tabellenschautafel und eigenem Getränkeautomat markierten eindrucksvoll den Unterschied zwischen Freizeitkickern und Profitruppe. Die Abmessungen der Spielfelder erfüllten exakt die Norm der Tipp-Kick-Ligavereinigung und waren demgemäß noch weiter gefasst als das Riesenspielfeld, das es gemeinhin im Handel gab. Statt der von Roland und Harald benutzten original Netztore von *MIEG* waren hier vollstabile Alurahmen montiert, mit extra starken Netzten aus weißem Store bespannt. Michael, der immer noch anerkannte Spielführer des *TKC*, legte sich zusätzlich zu der Spielfigur, mit der er die ersten Schüsse ausführen würde, vier weitere Metallkicker in einer Reihe an die Bande hinter seinem Tor. Jeder Eisenfuß war auf spezielle Weise angefeilt. Einer ganz schmal und lang, der andere extra breit und extrem flach, der dritte spitz zulaufend, Nummer vier in ähnlicher Form wie Rolands Zico und der fünfte schließlich abfallend gefeilt und kurz abgesägt. Jede dieser ausgeklügelten Bearbeitungen hatte ihren besonderen Effekt: die schmale lange Version für weite Bogenlampen und angeschnittene Fernschüsse, die extra breite für hoch aufschießende Bogenschlenzer nahe am Tor, die spitz zulaufende für zielgenaue Flachschüsse, die Roland vertraute Variante diente Michael für schnelle Ausführungen aus dem Mittelfeld heraus, und der kurzgefeilte Fuß wurde als Hammer benutzt. Zwecks Demonstration sämtlicher Möglichkeiten kamen im Eröffnungsspiel gegen Roland alle Figuren zum Einsatz.
Es wäre nicht unbedingt notwendig gewesen, urteilte der Geschädigte im Nachhinein. Nach dem zehnten Gegentor hatte er vollends den Überblick verloren. Manchmal konnte er sich beim besten Willen nicht erklären, wie das vertrackte Kantenei den Weg ins Storenetz gefunden hatte. Doch es gab nichts zu deuteln. Akkurat hüpfte das vermaledeite Ding hinter der weißen Linie auf oder sauste geräuschlos in die vergilbten feinen Maschen. Harald schlug sich tapfer und erzielte sogar ein Ehrentor. Gegen die zwei anderen jugendlichen Gesellen aus der ehemaligen Regionalligastaffel des *TKC* konnten die beiden Amateure aus dem Schinkel mit viel Engagement und Zeitschinderei zweistellige Niederlagen vermeiden. In der anschließenden Analyse beim Automatenbier wurden die notwendigsten Trainingseinheiten für Harald und

Roland festgelegt und Perspektiven einer TKC- Zukunft erörtert. Talent sei durchaus erkennbar, versuchte Michael die beiden angeschlagenen Gäste bei Laune zu halten. Grundvoraussetzung für künftige Erfolge sei fraglos der Umbau ihrer Torhüter. Über die gesamte Niederlagenserie des gegentorreichen Abends hatten sie die eigenartigen Keeperkonstruktionen ihrer Gegner bestaunt, die sich nicht wie üblich auf Knopfdruck zur Seite bogen, sondern starr mit der Stange in einem Metallklotz verankert waren. Bewegen ließen sie sich mittels der schnellen Hand ihrer Bediener.
Reine Übungssache, versicherte Michael aufmunternd. Ein perfekter Tipp-Kick-Toni würde, wie so vieles im Leben, nicht einfach vom Himmel fallen.

Wer nun wie Martina gedacht hatte, mit diesem Desaster hätten sich Rolands Tipp-Kick-Flausen erledigt, musste sich getäuscht sehen. Im vierzehntägigen Turnus sollte den Neulingen zur professionellen Spielpraxis verholfen werden. In den Zwischenzeiten verordneten sie sich einige zusätzliche Trainingsstunden, um die Kluft zu den versierten Sparringspartnern zu überrücken. Harald, der geduldige Tüftler, hatte schnell heraus, wie die Automatik des Torhüters außer Kraft zu setzen war und mittels eines festen Korkens die Stange fixiert werden konnte. Kameradschaftlich half er dem weniger geschickten Freund beim Umbau. Roland hatte bei Michael, dem als Sammelbesteller vom Hersteller ein großzügiger Rabatt gewährt wurde, zwanzig Beine und dreißig Bälle bestellt. Die Sache mit den Beinen fand Roland besonders praktisch. Das passende Handwerkszeug, ein Eisenfeilen-Set sowie einen Schraubstock für feine Metallbearbeitung, hatte Martina zufällig im Schaufenster bei *Kötter&Siefker* entdeckt. Bei aller Skepsis, die sie Rolands Spieltrieb entgegenbrachte, dachte sie immer noch klug mit. Bald hatte er einen perfekt zugefeilten Kader in glänzenden brasilianischen Nationalfarben zusammen. Harald, dem Allroundprinzip verhaftet, beschränkte sich auf zwei nahezu identische Maradonaversionen.
Im Zweiwochenrhythmus holten sie sich ihre Niederlagen an der Schweerstraße ab und registrierten wachsam, wie die Frequenz der Gegentore abnahm.
Zwischen den Lektionen gab es genug Gesprächsstoff. Das meiste drehte sich um den *VFL*. Michael und seine Freunde zählten zum festen Kern der Ostkurvenbelegschaft, die nie ohne Schal und Trikot ins Stadion ging. Diese Kleiderordnung einzuhalten, fiel ihnen leicht, da sie allesamt in der Nachwuchsmannschaft des Vereins standen – allerdings, und das kitzelte sie doch an der Ehre, nur in der zweiten Mannschaft. Michael hatte als einziger wenige Male in der ersten Auswahl mittrainieren dürfen. Der Trainer hatte ihm Hoffnungen auf mehr gemacht.
Aber da musst du schon ein richtiger Crack sein, versicherte der fast Auserwählte den anderen mit leichter Resignation in der Stimme, da musst du echt was bringen.
Wenn du so gut wirst wie im *Tipp-Kick*, sehen wir dich bald auf'm Platz an der *Bremer Brücke*, tröstete ihn Roland mit einem Lob zur rechten Zeit.
Dafür sind wir die echten Fans, hatte sich Michael wieder gefangen, nicht solche Gelegenheitsgaffer, die nach zwei Niederlage in Folge schon zu Hause bleiben.
Das war das erste Mal, dass Roland diesen Anglizismus auf Fußball bezogen bewusst wahrnahm. Michael und seinesgleichen nannten sich Fans. Roland und Harald hätten sich nie so bezeichnet, obwohl eine Niederlage für sie keinen Grund darstellte, nicht ins Stadion zu gehen. Das kam nur bei schwerer Krankheit, höchstem Examensstress, unumgänglicher Familienfeier oder Todesfall infrage. Kneifen galt auch für sie nicht! Trotzdem waren sie keine Fans.
Da gehörte eben noch mehr dazu, hatte Michael völlig recht.
Fans veranstalten einen Höllenlärm und schaffen erst die jedem Stadion eigene Atmosphäre, reißen die anderen mundfaulen Gucker aus ihrer Lethargie, wenn Hoffnungslosigkeit aufkeimt, zeigen Farbe, schwingen diese riesigen Fahnen, zünden

Böller und Raketen, kreieren Ohrwurmverse und – das macht den eigentlichen Unterschied aus – fahren regelmäßig in Gruppen zu Auswärtsspielen.

Anfang Dezember schlug die Stimmung hoch im Tipp-Kick-Keller.
Jaaa, geil! Ich hab´ ihn, ich hab´ ihn, diesmal nicht Freundchen, platzte die ganze Anspannung aus Roland heraus.
Nach drei Monaten voller schweißtreibender Lehrstunden am grünen Tisch hatte er dem grippegeschwächten Michael an diesem Dienstagabend im Dezember das erste Unentschieden abgetrotzt. Harald konnte den Triumph über den fiebernden Lehrmeister mit einem knappen Sieg perfekt machen. Die zwei anderen TKCler ließen sich seit den Novembertagen, an denen sie von den Schinkelaner Eleven nacheinander besiegt worden waren, kaum noch beim Training blicken.
Michael trug den Verlust seines Unbezwingbarkeitsnimbus´ mit Fassung. Viel wichtiger war für alle im Dreierbund, dass der *VFL* am Wochenende endlich wieder gepunktet und noch dazu den Spitzenreiter überzeugend geschlagen hatte. Mehr als ein Lichtblick, ab jetzt geht´s wieder bergauf, herrschte einhelliger Optimismus an der Schweerstraße, obwohl die Variante mit dem zum Spielertrainer beförderten Rückkehrer Schock skeptisch beurteilt wurde. Rühls Beurlaubung ging in Ordnung, keine Frage, der war am Ende mit seinem Latein. Aber war Schock die Lösung?
Der hat doch den Karren selbst mit in den Dreck gefahren, gab Harald zu bedenken.
Und was der schon für Querschläger im eigenen Strafraum produziert hat, nörgelte Roland, viel zu schwerfällig der Kerl. Der kann gerade mal was wegdreschen. Einen abgezockten Libero stell´ ich mir anders vor.
Was hatten sie sich an den vorherigen Spieltagen die Haare gerauft auf Nord- und Osttribüne. Wie weggezaubert der Schwung vom Nürnbergspiel, mit dem sich so manch´ einer auf einen Aufstiegsplatz geträumt haben mochte. Im schwermütigen Novembergrau meinte die Tischkickerschar dann sogar das Abstiegsgespenst am Kellerfenster auszumachen.
Alles dummes Gerede, erstickte Michael die Kassandrarufe im Keim. Der *VFL* und Abstieg? Lachhaft!
Die Talsohle ist durchschritten, gab sich Harald diplomatisch.
Roland sah insgeheim noch eine klitzekleine Chance für den Aufstieg.
Zum Abschluss dieses denkwürdigen Abends hatte Michael eine kleine Überraschung parat.
In Essen würde zum dritten Advent ein Tipp-Kick-Einladungsturnier ausgetragen, an dem einige Bundesligaasse und hochkarätige Regionalligaspieler teilnehmen würden. Er habe sich erlaubt, Roland und Harald anzumelden. Das sei die beste Gelegenheit, die verbesserte Form unter Wettbewerbsbedingungen zu testen. Die zaghaften Einwände von ihrer Seite wimmelte er nonchalant ab. In seinen Augen seien sie längst soweit, die Feuertaufe zu bestehen.
Ob der heute extra schwach gespielt hat, damit wir bei der Sache mitmachen, argwöhnte Harald bei der Rückfahrt durch Schneematsch und Regen.
Roland war mit seiner Phantasie schon wieder viel weiter.
Stell dir vor, wir kommen da bis ins Viertelfinale oder wer weiß wohin. Mensch, das wär ´n Ding ... da würde mein Bruder aber Augen machen, wenn ich ihm so einen originalen Tipp-Kick-Pokal vor die Nase setzte ...
Ich werde eher Studienrat als Pokalsieger in Essen, blieb Harald realistisch.

Beide gingen in ihrer Einschätzung der Lage fehl. Harald würde das erst in ferner Zukunft realisieren müssen. Roland wurde vor Ort in Rüttenscheid von der Wirklichkeit abgefangen.
Noch als er den beiden seiner Gruppe zugelosten Vorkonfirmanden beim Warmtippen über die schmächtigen Schultern sah, bestärkte Siegesgewissheit sein Gemüt, dabei hätte ihn die perfekt abgestimmte Trikotage der Jungen vorwarnen sollen.
Alles Blendwerk, dachte er bei sich und schaute in der mit Spieltischen vollgestellten Mehrzweckhalle des Jugendzentrums nach dem dritten Gegner aus. Der sollte bei korrekter Auslegung des Spielplans den Anfang machen. Als Roland schon mit einem wegen Säumnis zuerkannten Zweinull kalkulierte, trat der Bummler ans Gerät.
Niemals zuvor hatte die Einschüchterung einer Erscheinung bei Roland so nachhaltig gewirkt wie beim Auftritt dieses Menschen, der eine frappierende Ähnlichkeit mit dem von Roland bewunderten Rockmusiker Willy de Ville hatte. Allerdings stammte der aus New Orleans und nicht aus Esslingen. Dieses nuancierte Schwäbeln wollte so gar nicht passen zu dem untersetzten Türkensohn, in seinem schwarzen Bolerojäckchen und dazu passender Samthose. Das schwarzgraue Westernhemd unterstrich den Zockertouch, der schwarze Lockenwust signalisierte wilde Entschlossenheit, die weit geschwungenen Ohrringe suggerierten Verwegenheit. Dunkle Ränder unter leicht hervortretenden Augen erzählten von langen Spielnächten, in denen der aufgetakelte Macho sich augenscheinlich nicht nur mit *Tipp-Kick* vergnügte. Eng an ihn geschmiegt und das ganze Spiel nicht von seiner Seite weichend, umschmeichelte ihn eine orientalische Lolita modernster Prägung, ebenfalls in schwarz gegossen mit den entsprechenden Einschnitten auf Brust und Rücken, in knappster schwarzer Jeans auf schwindelhohen Pumps herumstaksend. Das zur Vampmaske umgemalte Mädchengesicht würdigte Roland keines Blickes. Er sah noch zwei ähnliche Biester, die sich hinter dem Paar formierten, dann war keine Zeit mehr für Rundblicke. Einer der Konfirmanden hatte das Schiedsgericht übernommen und rief zum Anstoß.
Von diesem Kommando an sah Roland von seinem Gegenüber für zehn folterlange Minuten nur noch Hand und Finger. Die linke Hand weilte während des gesamten Spiels auf der Bande hinter dem Tor, stetig bestückt mit einer glimmenden *Malboro*. Die unkaschierbar vergilbten Fingerkuppen verrieten den Kettenraucher, die unterschiedlich gearbeiteten Ringe den Angeber. Ob diese Hand auch für das Tipp-Kicken bestimmt war, würde Roland nie erfahren. Für ihn reichte des Gegners Rechte vollends aus. Nachdem Roland den Ball das zweite Mal aus seinem Netz gezupft hatte, konnte er ausmachen, dass sein Gegner lediglich einen schwarz bemalten Spieler benutzte, den er zwischen Daumen und Mittelfinger eingeklemmt hatte, um mit dem Zeigefinger je nach Erfordernis blitzartig oder betont sachte den Knopf zu drücken. Das einzige, was Roland nachher klar aus diesem Erlebnis erinnern konnte, war die unfassbare Schnelligkeit, mit welcher diese andere rechte Hand agierte. Zur Pause sah Roland, wie sein Gegenüber ärgerlich die Locken schüttelte. Die Lolita ließ eine Kaugummiblase platzen. Beinahe hätte Roland eine Entschuldigung gemurmelt. Nur gut, dass die Frotzeleien der Groupies auf Türkisch ausgetauscht wurden. Not und Pein waren ohnedies schlimm genug. Ohne große Mühe und selbstredend einhändig setzte die schwarzärmelige Blitzhand Roland zum Schluss noch einen Eckstoß direkt ins Netz, genauer gesagt, der Schütze ließ den Ball voller Berechnung so gekonnt hinter der Torfigur auftropfen, dass Roland sich das hüpfende Kügelchen mit seinen nervösen ruckartigen Reißbewegungen selbst ins Tor schaufelte.
Aus! Die Lispelstimme des Schiedsjungen beendete alle Qualen.
Wortlos löste sich der Esslinger Pate mit seinem Clan von der Platte. Roland fand keine Zeit, ihnen nachzusehen. Fahrig sammelte er seine Brasilianer zusammen. Hoffentlich hatte keiner den Namen Zico erkannt. Plötzlich empfand er die wider-

rechtliche Nutzung des Künstlernamens als Anmaßung, die nach Demütigung schrie. Zwei Minuten blieben ihm, um sich auf den Part des Unparteiischen für das Konfirmandenspiel zu konzentrieren. Die beiden Kontrahenten sahen ihn zweifelnd an, als wenn sie ihm auch das Schiedsrichten nicht zutrauten.
Es blieb das einzige, was Roland an diesem Advent zur Zufriedenheit aller bewältigte. Als er gegen den Verlierer aus dem Jugendspiel antrat, hatte er sich fest vorgenommen, alles besser zu machen, ging tatsächlich in Führung und verfiel nach einem unglücklichen Gegentor in alte Fehler. Michaels Coaching verpuffte an der Bande. Nichts wollte mehr gelingen, als habe es nie Training im Keller gegeben. Zum Ende der Vorrunde war Rolands Tipp-Kick-Enthusiasmus wie weggeblasen. Zum Schatten seiner selbst geschrumpft wurde er zum Spielball seines letzten Gegners, der jede Schwäche konsequent nutzte, um sein Torverhältnis für die Abschlusstabelle aufzustocken.

Wie hoch hast du eigentlich gegen diesen Supercrack aus Stuttgart verloren, fragte Harald nach einer halben Stunde in Schweigen gehüllter Fahrt durch das Schnellstraßenlabyrinth des nimmermüden Ruhrpottverkehrs .
Esslingen, der kam aus Esslingen, erwiderte Roland unwirsch, um Zeit für eine Antwort zu gewinnen.
Er wusste es selbst nicht. Totale Amnesie, nachdem er wie ein feiger Schüler in der Pause das auf der aufgeklappten Wandtafel vermerkte Ergebnis mit einer verschämten Wischbewegung unleserlich gemacht hatte.
Nach dem zehnten Ding hab´ ich nicht mehr mitgezählt, redete er sich heraus, ist ja auch egal.
Das war vielleicht ´ne Type, staunte Harald noch bei der Nachlese, echt filmreif und diese Proloschicksen dazu ... Wenn ich mir vorstelle, solche Dirnen in der Klasse zu haben. Die waren doch keine achtzehn.
Michael wusste noch, dass Rolands Alptraum mehrmaliger süddeutscher Tipp-Kick-Meister war. Er würde sicher zu den Finalisten zählen, genauso wie Haralds Vorrundengegner, ein urgemütlich wirkender, kugelbäuchiger Frührentner aus Gelsenkirchen, der sich in der übermäßig geheizten Halle in Badelatschen und Bermudashorts zu den Spielen bequemte und unablässig die restriktive Handhabung des Bierausschanks auf diesen Kinderveranstaltungen beklagte.
Michael wäre gern noch bis zum Endspiel geblieben, aber Roland hatte zum sofortigen Aufbruch gedrängt, als im Viertelfinale das Aus für den TKCler kam. Ein geschniegelter, athletisch geformter Abiturient aus dem hohen holsteinischen Norden im maßgeschneiderten Sportanzug, der sich wie ein Tischtennisspieler am Tisch bewegte, hatte alle Osnabrücker Träume begraben.

An diesem Advent hatte Roland eine Leidenschaft verloren. Kleinlaut und verstört kehrte er ins ofengewärmte Hinterhaus zurück. So demoralisiert hatte Martina ihn noch nie erlebt. Die Absagen der Bezirksregierung steckte er ungleich gelassener weg. Noch ganz unter dem Eindruck der Ereignisse stehend erzählte er von dem schwarzen Spieler, seiner Schnelligkeit und von den schmachvollen Niederlagen gegen die Konfirmanden. Martina erwies sich als einfühlsame Trösterin.
Man kann aus jeder Niederlage etwas lernen, gemahnte sie weise, vielleicht solltest du es als einen Schritt zum Erwachsenwerden ansehen.

Gleich am nächsten Tag verbannte Roland den Tipp-Kick-Tisch aus der Fernsehbibliothek in die zur Weihnachtszeit bitterkalte Mansarde. Wie hatte er diesem Kinderkram nur so lange nachhängen können? Telefonisch kündigte er den Trainingsbetrieb an der Schweerstraße auf. Harald, stellte sich heraus, war die Entwicklung ganz recht.

Das Ende der Tabelle würde der *VFL* bald erreicht haben, wenn sich der Niederlagenhagel auch unter dem dritten Trainer fortsetzen würde, war der arg geschrumpften Anhängerschar klar, als sie sich am letzten Februarsonntag bei tristem Novemberwetter zum Abstiegsduell gegen den *BV Lüttringhausen* eingefunden hatte. Der miserable Lauf hatte die Tribünenbesetzung sichtbar ausgedünnt.
Immerhin, bemerkte Harald schniefend, ganz so arm wie beim letzten Spiel sieht´ s nicht aus.
Und davor erst, als die Ostkurve zum Boykott aufgerufen hatte, erinnerte Roland an die schwärzesten Minuten seiner VFL- Jahre.
Nur ein langes weißes Leinen mit der Aufschrift „KEINE LEISTUNG - KEINE FANS!“, vor den Aufgang gespannt, zeugte von der Anwesenheit der verprellten Getreuen hinter den verwaisten Rängen. Eine anrührende Verzweifelungsaktion, an der sich sicher auch Michael beteiligt hatte. Ganze zwanzig Minuten ließen die Boykotteure ihre VFLer schmoren, bis sie geräuschlos ihre Stufen besetzten, um dem Geschehen demonstrativ den Rücken zu kehren. Aber auch dieser stumme Protest hatte nicht gefruchtet. Im Gegenteil - die verunsicherte Mannschaft war, von Fortuna verlassen, einer weiteren Niederlage entgegengestolpert.
Jetzt sollte es ein alter Bekannter richten, der Management und Trainerstab des *VFL* mit seinem geschätzten Gastkommentar in der *NOZ* schon manches Mal die Leviten gelesen hatte. Nun war er da, der Ahmann, wahrlich kein Zauderer. War bei *Alemania Aachen* von einem auf den anderen Tag ausgestiegen und hatte beim *VFL* unterschrieben.
Der glaubt wenigsten noch an uns, krächzte Haralds vom Katarrh gedämpfte Stimme, als sich der passionierte Raucher auf dem Rasen zeigte. Harald würde heute keine mehr anzünden. Roland zeigte ihm kurz einen mit *Asbach* gefüllten Flachmann, der in der Pause den alkoholbereinigten Glühpunsch von der Bude aufladen sollte.
Wollen wir einen vorbrennen?
Nein, lass man stecken, noch zu früh. Fröstelnd schlug er den Kragen hoch.
Fieber? Roland blickte ihm besorgt ins fahle Gesicht.
Wenn ich gemessen hätte, wäre ich wohl in Konflikte gekommen. Besser, man weiß es nicht.

Das macht im Wesentlichen die fesselnde Magie von Fußball aus, dass man eben nicht weiß, wie es kommt und deshalb ausharrt, um die Auflösung des Rätsels nicht zu verpassen. Was hätte einen sonst an diesem nebelgrauen Nachmittag auf der unwirtlichen Nordtribüne nach sieben Minuten noch halten sollen? Kurz davor war „Rakete“ Eggeling seinem Ruf endlich einmal gerecht geworden und hatte, antriebsschnell in eine verspringende Rückgabe der Lüttringhausener spritzend, einen Strafstoß herausgeholt. Lehmanns Giebeltreffer brachte Haralds Stimme zum Erliegen. Zehn Minuten später war bei Eggeling schon die Endstufe abgebrannt. Humpelnd verließ er das Feld.
Die Dortmunder werden schon gewusst haben, warum sie den Orbitheuler loswerden wollten, presste Harald unter schwerem Räuspern verärgert durch den Kragen. Jetzt kaspert da vorne nur noch Funke rum.
Der sorgt zumindest für gute Unterhaltung, frozzelte Roland gegen die miese Stimmungslage an. Wie der es immer wieder schafft, an einem sicheren Ball vorbeizuschliddern, das hat schon was, oder diese unnachahmlich abdriftenden Querschläger, wenn er mit voller Wucht den Stiefel noch drangekriegt hat. Wo sieht man so was sonst?

Der würde sich gut als Stuntman für 'ne Serie mit dem Titel „Fußball kurios“ eignen, fiel einem Nebenmann dazu ein.
Humor ist, wenn man trotzdem lacht, lautete das allgemeine Fazit zur Halbzeit.
Als einzige Labsal blieb der heiße, mit *Asbach* genießbar gemachte Punsch aus Pappbechern, die man nur in behandschuhten Händen halten konnte.
Gästetrainer Siggi Held traute sich als erster wieder auf den Platz .
Der hat auch schon bessere Tage gesehen, kommentierte Harald teilnahmsvoll dessen Auftritt.
Ja, damals in Hannover, als ich ihm die Pille zugeworfen hab', erinnerte sich Roland lebhaft.
Na, ja, soweit muss man nicht unbedingt zurückrechnen, als Trainer haben sie den auch schon ziemlich durchgereicht.
Und jetzt isser Letzter, so kann's gehen, seufzte Roland, um sich rasch wieder zu fangen. Besser der, als der *VFL*.
Vier Akteure sorgten dafür, dass die folgenden fünfundvierzig Minuten in Rolands Gedächtnis nicht vollkommen dem Vergessen anheim fielen: Funke setzte sich unermüdlich mit unfreiwilliger Komik in Szene, ein mit Flüstertüte bewaffneter Tribünengast aus Lüttringhausen trug seinen Teil zur Erheiterung bei, indem er seinem Trainer unüberhörbare Ratschläge erteilte – SIGGI; DU MUSST JETZT DEN KALTER BRINGEN -, die der unter dem Gelächter der Zaungäste willig umsetzte, Lothar Gans rettete Minuten vor dem herbeigesehnten Ende mit seinem Kopf die mehr als schmeichelhafte Führung, und der Schiedsrichter erlöste mit einem durchdringenden Schlusspfiff das Osnabrücker Fußballvolk von dem grausamen Spiel.
Von der feuchten Kälte hüftsteif gemacht, stiefelten Harald und Roland schweigend wie die Mehrheit die ausgetretene Treppenschneise hinunter.
Gewonnen und immer noch auf einem Abstiegsplatz, so sieht das aus, grummelte Harald schwer atmend.
Jetzt feiern wir erst einmal meinen Geburtstag, änderte Roland die Perspektive, um der Aussichtslosigkeit die Schärfe zu nehmen. Also, nächsten Samstag werd' ich dreißig. Da haun wir noch einmal kräftig auf die Sahne, bevor ich endgültig erwachsen bin.
Harald schaute ihn fragend an.
Wart's ab, ich hab' einige alte Weggefährten eingeladen. Das wird eine Superparty ...

Voller Vorfreude warf sich Roland am Montag in die Vorbereitungen für das große Fest. Eine richtig geile Sause sollte es werden, wie in alten Zeiten. Doch schon während der Planungsphase sollte er merken, dass sich das Rad der Zeit nicht zurückdrehen ließ und die alten Spuren höchst ambivalent waren, voller Stolperfallen.
Erste Misstöne ergaben sich bereits im Vorfeld bei der Zusammenstellung des Musikprogramms. Roland hatte sich den Ablauf so schön vorgestellt: Eine vom Kennerohr arrangierte Doors-Retrospektive, angereichert durch ausgesuchte Dylan-Reminiszenzen und Greatful-Dead-Klassiker, sollte die Runde durch den Abend begleiten, zu fortgeschrittener Stunde vielleicht noch „Live at Leeds“ oder, wenn es die Situation zuließ, den einen oder anderen Zappa-Knüller, so ähnlich hatte er sich das gedacht und war reichlich konsterniert von Martinas energischem Protest.
So ginge das auf keinen Fall, funkte sie dazwischen, ob er glaube, dass die anderen ebenfalls so dermaßen früh in ihrem Musikgeschmack verkümmert seien, und ob er überhaupt an jüngere Leute gedacht habe, die es schließlich auch noch gebe. Da hatte sie wohl in erster Linie an sich gedacht, ansonsten war nach Rolands Kenntnisstand kein junges Gemüse geladen. Um nicht intolerant zu erscheinen oder als Ewiggestriger dazustehen, ließ er die Liebste gewähren und solche ihm unbekannten Größen wie *Madness*, *Simple Minds*, *Ideal*, *Level 42*, Madonna zu seinem geheiligten LP-Stapel

stellen. Am besten sei sowieso eine Samplerkassette für einen Abend dieser Art geeignet, wollte Martina es noch besser wissen.
Kommt nicht in die Tüte, stellte sich Roland quer, da können wir ja gleich *NDR* durchdudeln lassen.
Insgeheim rechnete er damit, dass er später zwangsläufig die Leitung des Abends übernehmen würde. Am Ende würden alle total begeistert sein, schließlich und endlich war er aus seiner Göttinger Studienzeit als abgebrühter Fetenspezialist bekannt. Was dagegen hatte die schäfchenbrave Martina in dieser Hinsicht schon auf die Beine gestellt? Alles kalter Kaffee. Sollte sie ihm nur freie Hand lassen, dann würde die Post schon abgehen. Auf alle Fälle würde er es sich nicht nehmen lassen, den Gästen zu später Stunde den Tipp-Kick-Tisch freizugeben. Besonders Bernie würde ein Spielchen bestimmt nicht ablehnen. Ob er noch wusste, dass er früher beim Tipp-Kicken als Breitner angetreten ist?

Und dann kamen sie eingetrudelt, die alten Kameraden. Ludwig, der nach den kräftezehrenden Jahren als alleinerziehender Lebemann von Göttingen nach Worpswede übergesiedelt war, um als angehender Spezialist für Bronzeguss zur wahren Berufung zu finden. Ihm liefen die Spuren der wilden Endlosjugend als tiefe Linien durchs Gesicht. Im Schlepptau führte er seine aktuelle Liebschaft, ein noch von der Adoleszenz umschimmerter, schwarzgelockter Blickfang, der auf den Namen Angel hörte. Kurt, der nach dem sozialwissenschaftlichen Intermezzo froh war, an einer Fachhochschule für Bibliothekswesen untergekommen zu sein, und sich nun mit vollem Ernst auf die spannenden logistischen Aufgaben in irgendeinem niedersächsischen Foliantenbunker einstimmte. Der getrimmte Bart und die gestutzten Locken drückten die Einsicht in die Notwendigkeit zur Anpassung aus. Zur Seite stand ihm seine frisch angetraute Pädagogengattin, die den ganzen nachholenden Ausbildungsaufwand finanziell absicherte. Kompromisslos in ihrer Erscheinung dagegen immer noch Moni und Bernie, die Landfreaksymbiose aus Herberhausen im Göttinger Wald, übergewechselt in die sattgrünen Niederungen Fischerhudes, um den von der Bremer Alma Mater gezeugten Haufen arbeitsloser Sozialpädagogen zu verstärken. Sie im bunten fließenden Hippiegewand mit Stirnband die langen naturblonden Haare umkränzt, die vollen Lippen zum Begrüßungsküsschen gerollt, er in dicker Holzfällerjoppe über der Breitcordhose, deren Enden wulstig aus den speckigen Lederstiefeln quollen. Über dem frei wuchernden Bart blitzte das vertraute wache, dunkel umrandete Augenpaar.
Mit Sack und Pack für die Übernachtung eingerichtet drängten die Ankömmlinge ins festlich gestimmte Hinterhaus, nur den alten Schwung hatten sie nicht mitgebracht, dafür jede Menge neuer Sorgen im Gepäck. Die Bürden des Erwachsenwerdens nannte Ludwig das, als der Abend in seinen Augen schon längst gelaufen war.
Jeder herzlich begrüßte Gast fügte dem Geschehen seine eigene Dynamik bei, die nicht immer gut war für das Wohlgefühl der zusammengewürfelten Runde. Später würde Martina Roland vorhalten, dass er bei der Auswahl der Gäste zu blauäugig gehandelt habe.
Wie sollte er ahnen, in welch aufgelöstem Zustand Pille die Zugreise ins abgelegene westliche Niedersachsen angetreten hatte, um schon beim Gang über die Humboldtbrücke missmutig feststellen zu müssen, dass die Gegend hier genauso verprollt sei wie der Stadtteil Linden in der Landeshauptstadt. Kaum in der Tür, fing er an zu zetern über die Gestapomethoden der Albrechtadministration, die ihm die Rückgabe seines Führerscheins mit hinterhältigen Schikanen verweigere.
Stell dir vor, ereiferte er sich noch in voller Schimanskimontur eingepackt, die haben mich zum Idiotentest zitiert. So eine Unverfrorenheit.

Anderntags würde Martina lästern, dass sie sich darüber nicht wundern könne.
Dann bestand er darauf, sofort etwas von dem mitgeführten Gras zu rauchen, da er sich nach dieser schrecklichen Fahrt mit der Deutschen Bummelbahn unmöglich in diesem durchgerüttelten Nüchternzustand mit so vielen, ihm dazu noch fremden Menschen in einem Raum aufhalten könne. Das müsse man verstehen. Roland verstand ja, versuchte es wenigstens, freute sich auch über die unverhoffte Aussicht auf einen schönen Joint. Insgeheim hatte er gehofft, dass einer der Veteranen daran denken würde, doch so Knall auf Fall, sozusagen mit dem Rauschgift in die Tür zu stolpern, darauf war er nicht eingestellt. Martina schlug geistesgegenwärtig die zur Gästekammer eingerichtete Mansarde vor. Nervös schaute Roland auf die Uhr, während der aufgekratzte Gast kräftig die unter ungünstigen Lichtverhältnissen fahrlässig gedrehte Tüte heruntersog. Mit leisem Knistern machte die komprimierte Wirkungskomponente auf sich aufmerksam.
Kommt von so ´nem Landei, der im Deister Ökolandwirtschaft betreibt und bei uns in Linden den Bioladen versorgt, ließ Pille zwischen den langen Zügen verlauten. Der unzeitgemäße Rundschnitt mit dem wie eine Stirngardine wirkenden Pony erinnerte an die Prinz-Eisenherz-Figur aus dem Filmklassiker, den es im Festtagsfernsehprogramm zu Weihnachten gegeben hatte.
So braun, wie der feine Raspel sich beim Tütenbau gezeigt hatte, war Roland schon davon ausgegangen, dass es sich um südamerikanischen Import handelte, und hatte deshalb nur verhalten gezogen. Er konnte doch als Gastgeber seinen lieben Freunden nicht von Anfang an völlig bekifft gegenübertreten. Was würde Martina sagen? Auf alle Fälle, das merkte er jetzt schon, würde er einen Mordsappetit entwickeln.
Besser auf´m Fresstrip, als sich um Kopf und Kragen zu labern, sagte sich Roland als die beiden Heimlichtuer zum Festbankett schritten. Pille kicherte selbstbezogen neben ihm her. Plötzlich musste Roland an Jogis Fahne denken und dessen radikales Bekenntnis zum Cannabiskult. Mein Gott, wenn ich die Story unbedacht zum Besten gebe, fürchtete Roland um seine Selbstdisziplin. Schnell schlüpfte er in die Küche, um im hintersten Winkel des Küchenhängeschranks nach dem Glas mit den gebunkerten *Valium* zu suchen. Schon hatte er zwei Zehner heruntergeschluckt.
BRRRR, ätzend bitter das Zeug. Schnell ein Bier und dann bloß relaxen, wünschte er sich nachträglich zum Geburtstag. Irgendetwas hatte Martina vom Verfallsdatum gesagt. Egal, Hauptsache Dämpfung.

AHHH, das Geburtstagskind. Großes Hallo im festlich hergerichteten Wohnzimmer. Beide Fondueschüsseln bruzzelten unter Volldampf. Verlockende Bratdüfte kitzelten Rolands aufgeputschten Gaumen. Vorausschauend wie so oft, hatte Martina ihm schon zwei leckere Würfel vorgeröstet. Hmmm...
Genießerisch mampfend riskierte er einen Blick auf die Geschenke, die hübsch überschaubar auf dem Klavierdeckel ausgestellt waren: die neue Dylan-Scheibe, ein Kalender mit Paula-Modersohn-Drucken – sicher von den Worpswedern -, uih, ein Botho-Strauß-Bändchen (wer traute ihm so Schwerverdauliches zu?), und da - wie putzig – eine auf Tipp-Kick-Dimension zurechtgestutzte, akkurat gearbeitete Nachbildung der ZDF-Torwand, ein unverwechselbares Harald-Präsent. Aus allem ragte Martinas Überraschung hervor: ein fünfzehn Zenitmeter hoher Marzipanfußballer im deutschen Nationaltrikot, extra von der *Konditorei Trümper* hergestellt.
Roland suchte Blickkontakt, um Harald seine Danksagung zu signalisieren, aber was war in den besonnenen Freund gefahren? Heftig gestikulierend mit grimmigen Falten auf der Stirn redetet er auf seinen Tischnachbarn gegenüber ein, während dessen aufgeschreckte Begleiterin, ein stilles Wasser namens Anke, das Geschirr aus dem Disput herauszuhalten versuchte.

Wie sollte Roland wissen, dass Julius, der neue Kollege aus dem Bildungszentrum, Harald schon seit geraumer Zeit mit seinem Gefasel über den kulturellen Wert einer Fünfziger-Jahre-Retrospektive auf den Wecker fiel, und dem sonst reservierten Freund nach dem dritten Bier die Pferde durchgingen, weil er den Stuss über Nierentisch-Design, Bowle-Nostalgie, Cocktail-Schnickschnack und Isabella-Kult nicht kommentarlos schlucken wollte? Gerade als Roland zu ihm rüberschaute, war er mitten in seiner Replik über Adenauer-Restauration, Nazialltag unter republikanischem Schein, Blockdenken, Gezeter vom Kalten Krieg, autoritären Terror in der Erziehung, absolut langweilige Musik, pottschlechte Heimatschnulzen, totalen Mief und Muff.
An den im Sofa versackten Ludwig vorbei wollte sich Roland an den Unruheherd heranpirschen. Ludwig, von je her jeglicher theoretisch gefärbter Debatte gegenüber skeptisch eingestellt, hatte keinen Schimmer, worum es ging, wundert sich nur darüber, dass man sich auf ´ner Fete so in Rage reden konnte. Die Zeiten seien doch längst vorbei. Schnell wurde Roland klar, dass der Schulkamerad bereits von dem selbst mitgeführten Chianti stillgelegt war. Der würde kaum noch etwas zur Abendunterhaltung beisteuern können.
Woher sollte Roland wissen, wie fraglich es um die Liebe zu Angel stand, die, ratlos ob des Phlegmas ihres Paschas, schmollend zur anderen Seite des Viersitzers geneigt Beistand bei der ihr am Alter gemessen näher stehenden Martina suchte? Später würde Roland von Martina Genaueres über die Schwäche Ludwigs für eine attraktive alleinerziehende Sozialpädagogin erfahren, die als Gelegenheitsmodell in der Worpsweder Malerwelt für Aufregung sorgte und Ludwig seit Wochen vom Bronzegießen abhielt.
Mit bleiernen Schritten - eine *Valium* hätte augenscheinlich genügt - bemühte sich Roland zurück an die Tafel, um seinen unbändigen Hunger zu besänftigen. Kurt half ihm mit seinen Spießchen aus, so dass schnell vier leckere Häppchen gebräunt waren. Während der Garzeit lauschte Roland zwangsläufig den bierernst gemeinten Ausführungen der von Kurt geehelichten Realschullehrerin Gesa. Das Vokabular kam Roland sattsam bekannt vor. An Orten der Lebensfreude sollte es strikt tabu sein. Gesa scherte diese Benimmregel wenig. Offensichtlich war sie von Planung und Durchführung ihres Unterrichts einigermaßen überfordert. Das hatte die Bezirksregierung in Braunschweig postwendend mit einer Einstellung honoriert. Solche Lehrerinnen braucht die Schule, dachte Roland und rettete ein dunkelbraunes Stück Roastbeef aus der brodelnden Tunke.
Gesa rutschte von der didaktischen Reduzierung ins Labyrinth der Methodik, driftete vor Pilles verengten Pupillen ins Tafelbildliche, um das Projektbezogene ihres Themas zu illustrieren, außerdem fürchtete sie um die Transparenz ihrer Evaluationsinstrumentarien – dabei war die letzte Klassenarbeit noch gar nicht korrigiert.
Kurt sagte noch weniger als zu den alten Zeiten.
Diese ganze pädagogische Scheiße sei nichts als pseudotheoretischer Bluff, auf den nur Arschkriecher im Studienseminar hereinfielen, um mit der Herunterbeterei dieser Affenkacke die profilneurotischen Fachleiter zu bauchpinseln, polterte Pille dazwischen.
Gesas Redefluss erstarb wie ein abgewürgter Escortmotor.
Das war harter Tobak, gab Roland an sich selbst gewandt zu, aber etwas anderes hätte Gesa kaum bremsen können.
Kurt kommentierte fortgesetzt mit Schweigen.
Was Gesa nicht ahnen konnte, war, dass Pille just vor einem Jahr mittels einer amtsärztlich bestätigten Schülerphobie das Referendariat in Hildesheim geschmissen hatte und nun wieder beim gleichen Paketdienst Schichten schob, der ihm sein bis zum letztmöglichen Semester ausgereiztes Studium finanziert hatte, allerdings wegen noto-

rischem Führerscheinverlust nicht mehr als Fahrer, sondern im schlechter bezahlten Lagerdienst.
Jetzt schien ein Themenwechsel vonnöten, besann sich der Gastgeber auf seine Rolle.
Wie steht´s denn so bei *Sechsundneunzig,* wählte er das Naheliegende, um auch Kurt eine Chance zum Mitreden einzuräumen.
Ach, hör bloß auf mit dem Hühnerhaufen, nahm Pille die Hilfestellung höchst undankbar auf, da gehe ich doch schon lange nicht mehr hin. Die spinnen wohl, uns solange zweite Liga zu bieten. *Sechsundneunzig* gegen ... wie heißen die eigentlich, die ganz unten hängen?
BV Lüttringhausen, ergänzte Roland mit sedativ bewegter Zunge.
Also *Sechsundneunzig* gegen *BV Lüttringhausen* im *Niedersachsenstadion* vor, wenn´s hoch kommt, dreitausend Bekloppten – was Öderes kann man sich kaum vorstellen.
Kurt riskierte die Andeutung eines Lächelns.
Roland dachte an den vergangenen Sonntag zurück. War das noch öder, genauso öde oder nicht ganz so?
Jetzt aber zu Harald, fiel ihm der Anlass seines Rundgangs wieder ein. Sollten die sich an diesem Ende selbst anöden.
Als habe er Wackersteine im Hintern, wuchtete er sich ungelenk zwei Stühle weiter an des besten Freundes Seite. Der Zeitgeistexperte hatte sich eine Zigarre zwischen die breiten Zähne geklemmt. Um seinen Führungsanspruch zu untermauern? Das Thema Fußball - Wie mochte das Stichwort bis hier durchgedrungen sein? - hakte er damit ab, dass diese eher niedere Form der Sportunterhaltung von aktuelleren, dem Zeitgeschmack angepassteren Ballspielen an Popularität überholt würde. Er denke da an Basketball und Tennis. Bevor Harald dagegenhalten konnte, änderte der spielerisch Qualmringe in die fette Raumluft absetzende Neuzeitler gezielt den Gesprächsstoff, als habe er nur auf Roland gewartet.
Ob sie schon vernommen hätten, dass vor kurzem ein auf Honorarbasis tätiger Lehrer beim Arbeitsamt aufgeflogen sei, weil er nebenbei zusätzlich Arbeitslosengeld kassiert habe.
Urplötzlich hellwach, durchschoss Roland eine Schweißattacke. Sein aufgescheuchter Blick heftete sich hilfesuchend an Harald.
Der Druck auf die Blase des Provokateurs bot Anlass, die Sitzordnung zu korrigieren.
In der HIFI-Nische bahnte sich der nächste Disput an. Angel und Martina sahen sich von der reiferen Jugend übergangen. Jetzt forderten sie einen Programmwechsel ein. Ihre Palastrevolte wurde von Buchhandelskollegin Trudi und ihrem schwulen Gigolo unterstützt. Sie verlangten nach flotten Tanzweisen. Roland mochte das blonde Jüngelchen, das in seiner hellblauen Frühjahrskombination gut in die Herrenkonfektionsabteilung von *Horten* gepasst hätte. Die schmale Krawatte mit der glitzernden Nadel betonte das Yuppieflair. Wenn Trudi sich in homosexueller Abendbegleitung zeigte, wollte sie demonstrieren, dass sie wieder einmal nichts von Männern wissen wollte. In diesen Phasen kleidete sie sich derart opak, dass es kaum einem Charmeur eingefallen wäre, sie anzusprechen. Für diesen Abend hatte sie einen altweißen Hosenanzug angelegt, der ihre Matronenfigur unvorteilhaft betonte. Die von perlmuttschimmernden Spängchen gestützte Turmfrisur verlieh ihr eine tantige Note, die sie älter wirken ließ, als sie eigentlich sein wollte. Lilarot bemalte Lippen wiederum konterkarierten den altjüngferlichen Aufzug, so dass ein Rest von geheimnisvoller Aura blieb. Auf alle Fälle würde jeder aufmerksam hinschauen, der sie so zum ersten Mal sah.
Ludwig leiste von seiner Sofawarte schwachen Widerstand.
Rock´n Roll will never die, versuchte er trotzig die alte Rebellenordnung zu wahren.

Genau, sprang ihm Roland zur Seite, am besten ´ne volle Dröhnung *Doors*, nicht wahr Kurt, versuchte er einen weiteren Veteranen in das Theater hineinzuziehen, wie damals, als wir den Tuner immer bis zum Anschlag aufgedreht haben.
Och nö, das muss nicht sein, gähnte der mutlos herüber.
Na bitte, ganz der Alte, Roland zwinkerte Ludwig zu, der müde lächelnd die Waffen streckte.
„Mit Pfefferminz, mit Pfefferminz bin ich Dein Prinz ... "
Martina und Angel hatten sich durchgesetzt. Trudi und ihr smarter Kavalier wirbelten schon über das in der Tanzecke extra gebohnerte Parkett. Holla, welchen Schwung ihr Aushilfskavalier drauf hatte. Die Mädels drehten jauchzend Pirouetten. Roland wandte sich wieder Harald zu. Discofox war seine Sache nicht.
Offenbar auch nicht das Steckenpferd von Moni und Bernie, die sich herangepirscht hatten, um ungeduldig nachzufragen, ob nicht bald ein Verdauungsjoint kreisen würde.
Gute Gelegenheit, die Valiumbremse zu lösen, dachte sich Roland.
Pille war im Bilde. Harald lehnte dankend ab.

Verschwörerisch schlich das Kifferquartett zur Mansarde hinauf. Auf dem Flur begegneten sie Julius.
Es darf getanzt werden, ermunterte Roland ihn um Ablenkung bemüht.
Wenn der wüsste, was hier abgeht, flüsterte er den anderen hinterher, als sich die Wohnzimmertür wieder geschlossen hatte, würde der uns aber ´ne Predigt halten.
Pille, den Moni partout über den ökologischen Paradigmenwechsel in der Politik überzeugen musste, nutzte die Gelegenheit, um stolz über den absolut schadstofffreien Cannabisanbau im Deister zu referieren. Sogar das Problem eines hartnäckigen Schneckenbefalls habe man dort auf biologischer Basis lösen können.
Wie das denn, fragte Bernie, Pilles Ausführungen anzweifelnd, nach, ich kenne nur die Methode mit dem Schneckenkorn. Davon gehen die Tiere allerdings elendig zugrunde, denen läuft davon bei lebendigem Leib der Schleim aus.
Roland versuchte sich das nicht vorzustellen, als er die schlanke weiße Tüte anrauchte.
Pille blieb gelassen: Nein, nein, so fies doch nicht. Die Typen im Deister haben einfach Bierfallen aufgestellt ..
Was? Moni verschluckte ihren nächsten Zug und bekam einen Hustenanfall.
Pille fing das munter glimmende Röhrchen auf. Whole joint was jumpin´, goin´ round around, trällerte er aufgeweckt in ihre leuchtenden Augen.
Bernie sank zurück. Sein Basedowblick sagte alles: voll drauf!
Sind alle im Bier ersoffen, setzte Pille knickernd nach, ganz sanft entschlafen, so richtig ökologisch.
Moni lachte sich den Reiz von den Bronchien.
Roland fiel eine Schlagzeile zu der Vorstellung ein. „Tragödie im Deister – Schnecken ertrinken im Bier", darunter klein abgesetzt. „Blutprobe ergab: Sie waren bekifft!"
Kreischend rollte sich Pille zur Seite. Moni wimmerte vor Lachen. Bernie glotzte an die Decke.
Es klopfte an der Mansardentür.
Auf frischer Tat ertappt, fürchtete Roland. Der Gedanke konnte nicht mehr schocken.
Ich wollte nur sagen, dass unten noch zwei neue Gäste sind, vermeldete Martina auf die Schnelle, Jörn mit einer Lissy. Kennst du die? Sie haben sich in der Küche über die Reste hergemacht. Übrigens, sie haben dir ein Tarotspiel geschenkt.
Ein Tipp-Kick-Ball hätte auch genügt, lästert Roland leichtfertig in den sich in die Dachbalken verziehenden grauen Dunst.
Du könntest dich wenigstens bedanken, maulte Martina, und lüften wäre auch nicht schlecht, mahnte sie schon im Gehen begriffen.

War früher Sannyasin, der Typ, setzte Roland gegenüber der Runde zu einer Erklärung an, nannte sich Anorak Wutawa. Heute macht er auf New Age, ich blick´ da nicht mehr durch ... Eine Lissy ist mir unbekannt.
Ein weiterer Fall für eine neue „Trilogie des laufenden Schwachsinns“, folgerte Pille.
Und wer hat die alte geschrieben, fragte Moni kichernd nach. Vielleicht hoffte sie, dass sich ihr Unterhalter in eine vom Nonsens produzierte Sackgasse geredete hatte, und sich nun eine Scherzpause ergeben würde.
Eckhard Henscheid, blieb Pille souverän im Spiel, kennst du die Story nicht vom Coma-Teppichladen, wo die Verkäufer nicht wissen, wie sie die Zeit rumkriegen, und einer immer *Sechsämtertropfen* in diesen kleinen Fläschchen holen muss, damit die sich peu a peu das Zeug hinterkippen können.
Sechsämtertropfen? Moni liefen die Lachtränen aus der verschmierten Kayalschminke.
Ja ..., Pille begeisterte sich am Fluss der Assoziationen, für jedes Amt einen Tropfen.
Neiiin! Moni kreischte sich in die nächste Brüllattacke.
Pille rollte sich zum Lachsack zusammen.
Irgendwie ein eingespieltes Team, zuckte Roland die Achseln. Mit der Aussicht auf ein bekifftes Tipp-Kick-Spiel lockte er Bernie aus dem Raum..
Unschlüssig warf der noch einen Blick zurück auf die beiden Scherzkekse.
Komm lass, zog ihn Roland die steile Holztreppe hinunter, die müssen heute ordentlich einen ablachen. Da kann nicht jeder drauf einsteigen.
Während Bernie dann schlecht motiviert die Knöpfchen drückte und kaum einen Ball in Rolands sicher gehütetem Tor unterbringen konnte, stimmte er ein Klagelied über Monis neuerliches sinnliches Coming Out an, das sie vorzugsweise außer Haus zu feiern pflegte und damit einen erheblichen Stress in die ökologische Kottenidylle trug. Da sei ihr dieser komische Pille sicherlich ganz recht gekommen mit seinen Deistergeschichten und dem Lektürevorsprung.
Und jetzt turnt der die da oben richtig an, grollte Bernie die Augen zur Decke drehend.
Ach, hör auf, bemühte sich Roland, das Abdriften in einen Beziehungshorror zu unterbinden, so einer ist Pille nicht, der ist harmlos, ehrlich.
Um eine neue Spielvariante anzuwenden, schlug er vor, die von Harald gewerkelte Minitorwand mit einem Wettschießen einzuweihen. Vorher wollte er kurz im Wohnzimmer die Lage sondieren.

Zu später Feierstunde tummelte sich dort fast alles auf dem gewienerten Stück Tanzboden. Marianne Rosenbergs Geträllere wirkte anscheinend wie ein Katalysator zwischen den Generationen. Roland hatte die Wirkmächtigkeit solcher Schnulzen stets unterschätzt. Martina erfreute sich an der gekonnten Führung ihres Tanzpartners. Es war der ungemütliche Zigarrenlutscher. Nur Harald hockte versonnen am unaufgeräumten Tisch. Da platzte Anke herein und gab vor Vergnügen prustend kund, dass ein Gang zur Toilette mit Vorsicht anzutreten sei, weil dort ein unbekanntes Pärchen ein Schaumbad nahm. Sie müssten sich entstressen, um die Verspannungen des mit Zank und Streit vergeudeten Tages wegzumassieren.
Roland schaute Martina an.
Das sind sicher Jörn und Lissy, rief sie rhythmisch winkend vom Parkett, finde ich witzig.
Ihren nächsten Seitschritt konnte sie alleine setzen, da sich ihr Galant abrupt gelöst hatte, um seiner gehorsamen Anke das Zeichen zum Aufbruch zu geben. Energisch zupfte er sein mit rotem Taft gefüttertes Boss-Sakko von der Stuhllehne. Offenbar hatte er nichts Witziges an der Nachricht gefunden. Erhobenen Hauptes verließ er kurz grüßend den Ort der dubiosen Feier, seine Tischdame eine Entschuldigung wispernd hinterdrein. Trudi überredete ihre Begleitung zum Absacken ins *Exil*.

Tschüs, man sieht sich!
Der kollektive Abgang gab Anlass zum großen Gähnen.
Kurt und Gesa baten um Einweisung ins Schlafgemach. Martina geleitete sie ins Dachgeschoss.
Roland bekam Lust auf tonale Dissonanz. Zeit für die *Who*, entschied er für sich.
Harald, der regungslose Sofadrücker Ludwig und die an ihn geschmiegte Angel fügten sich dem Lärm. Bernie wippte entspannt mit den Füßen.
Da ging die Tür wieder auf. Der Tross der Schlafbedürftigen kam zurück.
Da oben schlafen schon zwei, nörgelte Kurt in die übermüdeten Gesichter der letzten Aufrechten.
Na ja, schlafen nicht direkt, musste Gesa die Beobachtungen noch spezifizieren.
Macht nichts, dann pennt ihr eben im Fernsehzimmer, dirigierte Martina sie verlegen lächelnd weiter.
Roland schaute Bernie an. Der wippte nicht mehr.
Harald gemahnte zum Zapfenstreich. Roland geleitete ihn zur Haustür.
Wie Feten manchmal so enden, wunderte sich Harald zum Abschied.
Als Roland den Flur zurücktappte, erwartete er nicht, dass noch jemand Lust auf Torwandschießen hatte.

Der unvermeidliche Katzenjammer wurde durch die termingerechte Absage der Bezirksregierung noch kräftig nachgesalzen. Die Sommerbewerbung würde wegen totalem Einstellungsstopp im gymnasialen Zweig entfallen, konnte Roland dem maschinell erstellten Schreiben entnehmen. Allmählich bekam er das Gefühl, mit dem Eintritt in den Dreißigerclub tatsächlich eine Schallgrenze überschritten zu haben. Ab jetzt, schwante ihm, wurde es dorniger. Schwer lagen ihm die düsteren Visionen seines Kollegen Julius im Magen, der sich zudem verdächtig gut mit dem fidelen Leithengst im Kohlerevier verstand. Mit zunehmend schlechtem Gewissen absolvierte Roland seine Pflichtbesuche beim Bundesamt am Johannistorwall, wo man seit neustem Marken wie an der Fleischtheke bei *Allkauf* ziehen musste, um in einer gerechten Reihenfolge abgefertigt zu werden. Und dann, als habe ihn das Glück nicht schon schnöde ignoriert, kam auch noch Pech dazu.
Ein dem ganzen Schinkel, nur nicht Roland, bekannter Betrüger mit dem Kosenamen Löffelrudi ließ den Traum vom ersten eigenen Daimler jählings platzen, indem er dem der Automechanik völlig unkundigen Dozenten mit Hilfe simpel manipulierter Papiere eine schrottreife Klonte unterjubelte. Roland musste sehr gegen seine Überzeugung selbst eine unlautere Taktik einschlagen, um das von der Polizei als verkehrsuntauglich eingestufte, ausrangierte Taxi an einen anderen, ebenfalls vom Stuttgarter Stern geblendeten Dummkopf weiterzuschieben. Der erhebliche finanzielle Verlust, der dabei in Kauf zu nehmen war, gab ihm das Gefühl ausgleichender Gerechtigkeit. Als er der Mutter das Desaster am Telefon beichtete, erinnerte sie ihn an Vaters Mercedes-Reinfall vor zwei Jahrzehnten. Da hätte der Unglücksrabe fast schon wieder lachen können, wenn die ganze Aufregung seine Zwölffingerdarmzone nicht so gereizt hätte. Weil der hochempfindliche Verdauungssensor den Stress nicht verzeihen wollte, musste Roland ausgerechnet zum Gastspiel des Tabellenführers *Schalke 04* das Bett hüten.
Gewonnen, rief Harald schon zehn Minuten nach Spielende durch die Telefonleitung.
Mensch, toll, erzähl.
Eins zu null, Jaschke endlich wieder mal. Hätten noch eins schießen können ... na ja, ein bisschen Dusel gehört immer dazu. Schalke hat wenig gezeigt. Von diesem Wunderknaben Thon war nicht viel zu sehen.
Waren viele da, wollte Roland noch wissen.

Die Hütte war fast voll. Wenn die weiter so spielen, kommen die Leute auch wieder.
Ja, wenn, wünschte sich Roland, vielleicht haben wir ja noch 'ne Chance.
Wir müssen nur fest dran glauben, Daumen drücken, beschwor Harald beider Durchhaltewillen. In Italien zünden die Tifosi im Abstiegskampf Kerzen in den Kathedralen an, aber bei uns Ungläubigen wirkt so was nicht. Also, besser dich und Kopf hoch.

Ob in diesen schweren Zeiten jemand Kerzen für den *VFL* angezündet hat, ist nicht überliefert. Falls doch, waren sie nicht geweiht, oder etwas anderes in der Leitung nach oben musste gestört haben. Von einem nervenraubenden Spieltag zum nächsten wurden Harald, Roland und mit ihnen die letzten Getreuen um eine Hoffnung auf Rettung ärmer. Als das Schicksal besiegelt war, enthüllte der raubeinige Trainer, wie er unfähige Kicker zu bestrafen gedenke. Ein Schnitt müsse gemacht werden, polterte er in der ihm ureigenen Naturalistik, und zwar nicht mit dem Skalpell, sondern mit dem Buschmesser. Diesem Kahlschlag fiel das Gros der Mannschaft zum Opfer. Roland und Harald mussten sich von vielen bekannten Gesichtern an der *Bremer Brücke* verabschieden, was ihnen nicht schwer fiel, da man Absteigern bekanntlich keine Träne nachweint.

Und wie würde Rolands doppeltes Honorarspiel bestraft werden?
Um sein Schicksal bangend floh Roland des Nachts in seinen Träumen vor den Dämonen der staatlichen Vollzugsorgane. Eins war klar, es würde nur eine Frage der Zeit sein, bis seine illegal angebohrten Einnahmequellen aufgedeckt würden. Verzweifelt sendete er Versuchsballons mit Bewerbungen in alle möglichen und viele unsinnigen Richtungen. Lange Nächte vertippte er verbissen mit je nach Adressatenprofil streng formell, betont salopp, aufschneiderisch oder hündisch bettelnd gehaltenen Briefchen. Martina stutzte die Haare auf Bewerbungsniveau und arrangierte die geeignete Bekleidungskombination für ein möglichst nichtssagendes Foto. Sogar einen Schlips ließ sich Roland für den Fototermin an den empfindsamen Hals legen. Die aufwendigen Sendungen im DIN-A-4-Format kamen so konsequent abschlägig zurück, wie sie auf den Weg gebracht wurden. Alles lief in äußerst höflicher Form ab. Die *Deutsche Bundespost* durfte sich freuen. Wie viel die wohl im Jahr an der Unzahl nutzloser Bewerbungen verdiente? Immerhin konnte er den anschwellenden Stapel der Absagen dazu nutzen, den für ihn zuständigen Arbeitsvermittler - auch so eine irreführende Bezeichnung – mit vermeintlicher Eigeninitiative zu blenden. Ein wenigstens formell geäußertes Mitleid war ihm dafür gewiss.
Gleichwohl lebte er zunehmend negativ gestimmter in den regnerischen Frühsommer hinein. Düstere Aussichten fürwahr. Alles deutete auf ein Jahr des Niedergangs. Auch Harald blieb nicht unbetroffen, wurde doch seine bequeme Vertretungsstelle am *Ratsgymnasium* für das kommende Schuljahr auf eine halbe Springerstelle in Bad Bentheim heruntergestrichen.
Jetzt kommt es knüppeldick, jammerte er, erst steigt der *VFL* ab und dann so was. Um noch prophetisch anzufügen: Die EM wird auch ein Reinfall. Pass auf, was ich dir sage, da fliegen unsere ganz schnell raus.
Mit dieser Vorhersage stand er nicht allein im Wind. Genüsslich zog der rüstige Ruheständler Breitner von Langeweile getrieben in seinen giftigen Kolumnen über seine vormaligen Kollegen her. Da zudem Intimfeind Schuster wie schon zur WM erneut von einem spanischen Abwehrochsen vom Rasen gepflügt worden war, und nur noch als hinkender Tribünengast die Stadien beehren konnte, traute man der Derwall-Truppe keine Höhenflüge mehr zu.

Roland schwante in dieser Hinsicht jedenfalls nichts Gutes. Missmutig lebte er in die unterrichtsreichen Tage hinein.
Als er sich eines verregneten Nachmittags, vom Tagwerk unbefriedigt zurückgekehrt, wieder mit verzagender Miene aus dem Escort mühte, kam ihm Martina aufgeregt einen Briefbogen wedelnd entgegen. Ihrer ganzen von Freude und Überraschung überstrahlten Mimik sah Roland sofort an, dass etwas grundlegend Neues passiert war. Eine plötzliche Wende zum Guten? Roland mochte kaum daran glauben. Das passiert nur anderen.
Es war tatsächlich etwas Neues – eine Einladung zum Bewerbungsgespräch bei keiner geringeren Institution als dem *Deutschen Akademischen Austauschdienst* in Bonn. Dort hatte sich einer seiner Versuchsballons verfangen. Ungläubig überflog Roland den Briefkopf, zum wiederholten Male studierte er den Inhalt. Kein Zweifel, die meinten wirklich ihn.

Knapp drei Monate später, genau am letzten Augusttag dieses regenreichen Sommers, trafen sich Roland und Harald zu ihrem letzten gemeinsamen Besuch an der *Bremer Brücke*. Dass dem in späteren Jahren noch viele weitere folgen würden, konnte an diesem schwülen Abend keiner von beiden wissen.
Dummerweise hatte er in den von Umzugskartons verstellten Räumen keinen Regenschirm gefunden und war mit der alten Adidas-Regenjacke losgezogen.
Wird schon nicht so schlimm werden, beruhigte ihn Harald, als Roland seinen besorgten Blick gen Himmel wandte. Der hatte natürlich wieder gut vorgesorgt in seiner Bikerallwetterkluft mit abnehmbarer Kapuze. Bisher hatte es lediglich getröpfelt, warum sollte es nicht so bleiben?
Harald bediente sich aus dem Halfzwarepäckchen, Rolands Augen wanderten die spärlich besetzte Tribünen ab. Tatsächlich tummelten sich ein paar Versprengte im Gästeblock. FRIESEN HÄNIGSEN – DER POKALSCHRECK, las er von einem einsamen Transparent am Gitterzaun.
Wo kommen die eigentlich her, erkundigte er sich bei Harald.
Irgendwo aus der Hannoveraner Gegend, wollte er sich nicht festlegen.
Vielleicht vom Deister, mutmaßte Roland. Humor haben die jedenfalls, kommen hierher gebrettert und tun so, als würden sie gewinnen. Tzzz, tzzz, so ähnlich sind die Wulsdorfer von meinem Alten drauf.
Die Mehrzahl der sommerlich gestimmten Zaungäste erweckte nicht den Eindruck, als würde sie das Pokalspiel an diesem gewitterschwangeren Abend besonders ernst nehmen. Eine willkommene Freitagabendunterhaltung war das Ganze, mehr nicht. Ein oder auch zwei Bier, hoffentlich ein paar flotte Spielzüge, Tore natürlich, und zwar nicht zu knapp. Dafür würden die teuren Neuen schon sorgen, die in der Oberliga bisher nicht spielen durften, weil sie vom *DFB* noch gesperrt waren.
Na, wann geht´s dann los bei euch, nahm Harald die Gelegenheit zum Anlass, nach dem Stand der Ausreiseaktion zu fragen.
Am Montag reisen wir ab, mit der Fähre von Rotterdam. Die Möbel sind schon unterwegs, läuft alles wie geschmiert. Vater Staat bezahlt.
Ja, wenn man mal drin ist im Boot, bekommt man meist auch schnell ´nen guten Platz, versinnbildlichte Harald Rolands Glück.
Kannst du laut sagen, bestätigte Roland, Kohle ist keine Frage. Was meinst du, wie froh die beim Arbeitsamt waren, als die hörten, dass sie mich loswerden. Und im Bildungszentrum haben sie mich auch über alle Maßen herzlich verabschiedet.
Einer weniger, der Ansprüche stellen kann, werden die gedacht haben, unterbrach Harald spöttisch.

So hab´ ich das noch gar nicht betrachtet, wunderte sich Roland. Ist ja auch egal jetzt ... die größte Schwierigkeit bestand darin, Martina zu überzeugen.
Das kann ich mir vorstellen, zeigte Harald Verständnis.
England stand von Anfang an fest, aber wohin genau, war nicht klar. Martina wollte nur in den Süden oder direkt nach London. Alles andere sei schrecklich, meinte sie. Einen Tag, nachdem dieser Maceda mit seinem Torpedo Derwall den Rest gegeben hatte ...
Erinner´ mich nicht daran, in der letzten Minute so ein Ei, stöhnte Harald auf.
... kam die Nachricht direkt von Salford. War für mich zuerst ´n böhmisches Dorf. Als ich dann die unmittelbare Anbindung an Manchester entdeckt hatte, war ich natürlich total happy, wegen *United* und so.
Haben die nicht zwei Clubs?
Ja, und beide in der Ersten Liga. Wenn die gegeneinander spielen, steht wahrscheinlich die ganze Stadt Kopf.
Und Martina?
Die war im ersten Moment echt fertig. Da kannst du allein hingehen, hat sie gemault. Da gebe es richtige Slums, und sowieso sei dort im Norden alles potthässlich.
Gelesen habe davon auch schon, fiel Harald ein.
Na, wenigstens habe ich sie überreden können, die Lage zu sondieren. Da sind wir hin, mit dem Bus, ´ne ätzende Juckelei, kann ich dir sagen, inklusive Fähre siebzehn Stunden. Und ausgerechnet fuhren wir genau dort in die City hinein, wo es am schlimmsten aussieht. Moss Side nennt sich das Viertel. Schwarze mit Dreadlocks lungern zwischen langgezogenen einstöckigen Flachdachbauten herum, etliche Türen und Fenster mit Brettern vernagelt, Unmengen an zerbrochenem Glas, schwelende Mülltonnen, Autoskelette ...
Tatsächlich, so schlimm?
Du machst dir kein Bild. Dagegen sind Schinkel Ost oder Haster Berg reine Erholungsgebiete. Martina hat sich dann zum Glück schnell mit der Stadt angefreundet, weil wir durch die Vermittlung meiner zukünftigen Kollegin schnell so einen flat anmieten konnten. Sie ist mit einem Engländer verheiratet und kennt sich natürlich gut aus. Da haben wir von Anfang an guten Kontakt. Ihr Mann hat diesen trockenen englischen Humor und echt was drauf. Komponiert Erkennungsmelodien für Fernsehen und Radio mit Hilfe eines Computers. Ein ganzes Zimmer vollgestellt mit Elektronik und Musikinstrumenten. Der macht alles selbst, von der ersten Note bis zum letzten Ton. Ich wusste gar nicht, dass so etwas geht.
Tja, Talent müsste man haben.
Ja, das wär´ auch gut für´n *VFL* ... Wenigstens wohnen wir da in einer moderaten Gegend, vorwiegend Häuser aus der viktorianischen Zeit, alles uralte Kästen, ziemlich baufällig und vermodert. Martina fand´s irre romantisch. Viel Grün mit großem Garten, so wie sie sich England vorgestellt hatte.
Sie kommt also mit?
Ja, das heißt unter einer kleinen Bedingung ...
Welcher?
Erzähl´ ich dir später... Ich glaub´, da tut sich was.
Pünktlich zum Anpfiff tröpfelte es stärker, was der Laune keinen Abbruch tat, weil es nach zwei Minuten schon eins zu null für die Millionentruppe aus der Oberliga stand.
Da sieht man, befanden die Schaulustigen in Rolands Nähe, der Unterschied ist eben zu groß.
Der zweite Streich ließ nicht lange auf sich warten.
Das Ding ist gelaufen, folgerte Roland, wenn es nachher zu doll gießt, können wir ja ein bisschen früher abhauen und noch einen zum Abschied kippen.

Harald nickte einverständig.
Roland kam wieder ins Plaudern.
Ich stell´ mir grad´ vor, wie das ist, da in *Old Trafford*, wenn da ein Tor fällt ...
Ja, ich könnt´ echt neidisch werden, gab Harald zu, da geht wirklich die Post ab. Da stehst du im Orkan, und hier ist Windstille.
Als wir unseren Abstecher in den Lake-Disrict gemacht haben, konnte man vom Motorway kurz einen Blick auf das Stadion werfen. Am liebsten wär´ ich gleich rein, nur um zu gucken. Martina fand nichts dran. Sähe aus wie ein stinkmoderner Fabrikkomplex. Na ja, Frauen und Stadien, da können die wohl nichts empfinden. Mich hat allein die Dimension umgehauen. Eine separate Bahn-Station direkt unter der Haupttribüne ... sage und schreibe über Vierzigtausend pro Spiel ...
Huch! Wie konnte das passieren, fragten sich nicht nur Harald und Roland, nachdem es nur noch zwei zu eins stand.
Roland war der Faden gerissen, dem neuen Regisseur des *VFL* eine Oberschenkelmuskelfaser. Hinkend verließ der erste der teuer eingekauften Hoffnungsträger das Feld.
Zur Pause mussten sie aufpassen, dass ihnen das Bier nicht durch zu aufdringliche Regentropfen verwässert wurde. Harald hatte Mühe, seine Selbstgedrehten trocken zu halten.
Weißt du eigentlich, wen ich da unterrichten soll?
Studenten, denke ich.
Ja, und zwar fast ausschließlich weibliche.
Na, da schau an. Ein leiser Pfiff kam über Haralds Lippen.
Ich bin dazu abkommandiert, wöchentlich zehn bis fünfzehn Stunden mit kleinen Gruppen von sündhaft jungen Engländerinnen Konversation zu treiben. Das ist mein Job.
Welch eine Strafe...
Martina hab´ ich das noch nicht verklickert. Das reicht, wenn die das vor Ort merkt.
Und dann?
Gibt´s erst mal was auf die Mütze. Das heißt, so krass wird´s nicht werden, ich bin dann nämlich zusätzlich institutionell gefeit vor etwaigen Versuchungen.
Versteh´ nicht ...
Roland schob die Hände parallel nach vorn, als sollten ihm Handschellen angelegt werden. Verstehst du jetzt?
Warte, sag´ bloß .. ?
Ja, wir heiraten, das war die Bedingung. Kann ich akzeptieren.
Hoppla, das is ´n Ding. Bin ich eingeladen?
Ja, auch unter einer Bedingung.
Welche?
Du musst Trauzeuge spielen.
Herrje, ob ich das verantworten kann?
Reden wir später drüber, jetzt geht´s da unten weiter.
Nun sieh dir das an, grantelte Harald, Linz ist auch raus. Hat wieder nur Invaliden und Frührentner gekauft, der bescheuerte Piepenbrock.
Wie heißt der Neue, zeigte sich Roland schlecht informiert.
Bauer.
Sieht aus wie Breitner, wenn der annähernd so spielt, kriegen wir noch was zu sehn.

Tatsächlich bekamen sie etwas zu sehen, was sie lange in Erinnerung behalten sollten, und zwar nicht vom *VFL*, sondern vom Gegner aus der niedersächsischen Verbands-

liga, der dankbar registrierte, wie sich der verschlafene Haufen der Exprofis allmählich auf das Niveau herunterspielte, das den Feierabendkickern lag.
Nach dem Ausgleichstreffer passte sich das Wetter dem Desaster an. Das Unheil konnte seinen schlüpfrigen Lauf nehmen. Zum Ende der regulären Spielzeit leerte sich die Nordtribüne bis auf vereinzelte Schirmträger. Harald und Roland versuchten in der Verlängerung, so gut es ging, am Getränkeverschlag Schutz zu finden. Beim Stand von zwei zu vier packte der Wirt zusammen. Die beiden durchnässten Tribünengäste kletterten hinter den Tresen unter das schützende Wellblech. Roland spürte, wie ihm das Wasser in die Unterhose sickerte. Die verbrauchte Regenjacke wirkte wie eine Membrane. Jegliche Imprägnierung war weggewaschen, die Lederstiefel dunkelbraun eingeweicht.
Endlich hatte es Sinn, die Brillengläser zu putzen. Mit dem neu gewonnen Durchblick konnte er klar und deutlich beobachten, wie ein gewaltiger Hammer aus mehr als dreißig Metern Entfernung zum fünften Treffer ins VFL-Gehäuse wutschte.
Bingo, höhnte es aus Haralds Kapuze, den kaufen wir.
Plötzlich tauchte aus dem grell beschienenen Regenvorhang eine Gestalt auf, ohne Regenschirm, völlig ungeschützt, daher komplett gewässert. Das vormals helle Sakko baumelte ihm dunkel eingefärbt sackig an den Schultern, das Hemd klebte am Körper, die Hosenbeine umlappten die Waden.
Ich fahr´ heut´ nich´ nach Haus, ich geb´ ne Runde aus, reimte der triefende Mitfünfziger frohgemut über die Theke.
Kein Zweifel, ein Hänigser. Roland erklärte ihm die kümmerliche Bierlage.
Jungs, bei euch läuft heute wirklich gar nichts, dabei habt ihr so ein schönes Stadion. Aber, zeigte er Großmut, da muss man durch. Und, gab er ihnen noch ein tröstliches Wort mit auf den Heimweg, auf viel Regen kommt irgendwann wieder Sonnenschein. Wo geht´s zu eurer berühmten Altstadt, oder hat die heute etwa auch geschlossen?
Roland wies ihm die Richtung zur Eisenbahnbrücke. Sich gestenreich bedankend zog er von dannen, der aufgeweichte Lehm quatschte unter seinen Sommerslippern.
Komischer Vogel, maulte Harald.
Wer weiß, wie wir uns aufführen würden, wenn wir fünf zu zwei bei *Bayern München* gewonnen hätten.
Wie sollten sie auch nur im entferntesten ahnen, dass ausgerechnet die Bayern der nächste Pokalgegner gewesen wären, die nun statt nach Osnabrück nach Hänigsen reisen würden.

Eine Woche darauf setzte der frisch gebackene Ehemann und künftige Lektor für deutsche Sprache im *DAAD* nach Großbritannien über.
Im Inland gesperrt, im Ausland gefragt, so ähnlich müssen sich die vom Kindermann verfluchten Schalker gefühlt haben, als sie damals in der Fremde tingeln gehen mussten, dachte er, während das schwerfällige Fährschiff aus dem Hafen von Rotterdam glitt, ... und als sie wiedergekommen sind, konnten sie immerhin noch Nationalspieler werden.

Wembley *revisited*

Roland sitzt im Sonderzug, einem von sieben United-Specials, die an diesem Mai-Samstag von Manchester nach London unterwegs sind, und freut sich auf seinen zweiten Besuch in *Wembley*. Nie im Leben hätte er gedacht, noch einmal dorthin

zurückzukehren, doch seitdem sich Roland der Fangemeinde des traditionsreichen Vereins aus der nordenglischen Industriemetropole angeschlossen hat, scheint er mit Fortuna im Bunde zu stehen. Wie vorbestimmt hat sich alles so gefügt, dass die ′Red Devils′ im FA-Cup-Final 1985 stehen, und Roland darf mitfahren zu dem, wie die Inselbewohner meinen, berühmtesten Endspielspektakel der Welt.
Ihm gegenüber im Zugabteil sitzt Familie Bowles, seit siebzehn Jahren stolze Inhaber eines Dauersitzplatzabschnitts am Scoreboard End Stand im *Manchester United Football Ground*, bekannter als *Old Trafford.* Sitze und Tradition hatten sie vom Großvater übernommen. Der habe sich noch einen Platz im Maine Stand leisten können, setzt Mutter Bowles den Begleiter aus Deutschland ins Bild, aber nach der durch Umbau und Modernisierung fälligen Preiserhöhung habe man einen Umzug behind the goals in Kauf genommen. Dort sitzen sie direkt oberhalb der Stehplatztribüne, wo der support der Gäste eingeschlossen wird. Da habe es schon so manchen verbalen clash an der Balustrade gegeben, weiß sie zu erzählen. Da sich der junge Mann vom Kontinent äußerst interessiert an Anekdoten aus der United-Geschichte zeigt, plaudert die burschikose Mittfünfzigerin, die Roland fatal an die Miss Marple Figur aus alten Filmen erinnert, gerne weiter über die glorreichen Zeiten der Europacupspiele mit George Best.
Oh yes, Georgy, crazy son of a bitch he was, but people loved him anyway ... They simply adored him .. Started so many magical runs towards the Scoreboard End at that times … and marvellous goals he shot. But, you know, he caused a lot of trouble in clashes with the authorities of the Football Association, and .. . dabei rückt sie näher zu ihrem Gegenüber, um das Folgende nicht für alle vernehmbar werden zu lassen, … in the seventies drank too much, you know …
Roland wusste um die Probleme, die den Ausnahmespieler am Ende seiner Karriere aus der Bahn warfen, aber in diesen Momenten, da er die Geschichte von jemanden erzählt bekommt, der in jenen Spieltagen so hautnah am Geschehen war, kommt es ihm vor, als erführe er alles zum ersten Mal. Neugierig fragt er weiter nach Bobby Charlton, der heute als einer der vier Direktoren die Geschicke des finanzstarken Clubs mitlenkt, und erfährt von dem einmaligen Abschiedsspiel für den Rekordspieler, das zweiundsechzigtausend Zuschauer angelockt hatte. Und natürlich kommt das Gespräch auf Matt Busby - die mitteilsame Dame spricht den Namen, ihrem nordenglischen Akzent verhaftet, mit dem charakteristischen kurzen U und dem langen A für Rolands Ohren so verdeutscht aus, als habe ihr Uwe Seeler die Silben souffliert -, der Vaterfigur des englischen Fußballs schlechthin. Aus Mutter Bowles′ Sicht auf die Katastrophe von München hatte nicht nur eine Region ihre vielversprechende Fußballmannschaft verloren, sondern die Tragödie raubte, folgt man ihrer dramatischen Version, einem Vater seine Söhne. Die Busby Babes waren seine Jungen. Er hatte sie nicht nur trainiert, sondern erzogen. Förmlich aus dem Nichts habe er dann die Mannschaft aufgebaut, die dem Club endgültig seinen Glorienschein gesichert hat. Zur Verwunderung ihres gespannten Zuhörers mokiert sie sich dabei über die younger generations, die mit der in den Adelsstand erhobenen und auf den Präsidentensitz entrückten Persönlichkeit nicht mehr viel verbinde. Tatsächlich, erfährt Roland später von anderer Seite, hat der Präsident bei United etwa die Position inne, die Queen Mum in der Royal Family ausfüllt.
Don′t you bother the young gentleman with boring staff from ancient times, dear. Mr. Bowles, das drahtige Gegenstück zur üppigen Erscheinung seiner Frau, verdreht die Augen und zwinkert Roland auf Verbrüderung zielend zu.
Die vom täglichen Klempnerhandwerk geformten Hände ruhen auf seinem Schoß. Unter den Achseln bilden sich schon zur Vormittagstunde die charakteristischen Flecken im weißen Baumwollstoff seines kurzärmeligen weißen Hemds. Und das

Thermometer würde weiter steigen, verhießen die Morgennachrichten im Radio. Eine graugelbe Gesichtsfarbe lässt ihn, wie viele Männer aus dem Norden, älter erscheinen, als er tatsächlich ist. Die tiefen Rinnen unter Augen und Kinn erzählen vom mühevollen Kampf ums Dasein im industriellen Niedergang. Heute übertüncht Entspanntheit die herben Züge. Am frühen Montagmorgen wird er wieder in seinem Betrieb in Chorlton die Rohrzangen packen, und so wird es weiter gehen. Da steht er sich weit besser als manch einer der massenhaft freigesetzten Bergarbeiter, weiß er, und wirkt zufrieden mit seinem Los.
Roland versichert, keineswegs gelangweilt zu sein. Tatsächlich könnte er seiner unterhaltsamen Zugbegleiterin noch stundenlang zuhören, ganz im Gegensatz zu Enkel Tom, der angeödet aus dem Fenster auf vorbeiziehende quaderförmige Wohnsilos schaut. Shepherds Bush heißt die Gegend hier. Von Schafen und Buschwerk ist weit und breit nichts zu vermerken. Toms Vater, im Bereitschaftsdienst bei der *Greater Manchester Metropolitan Police*, hat das Anrecht auf die Finalteilnahme diesmal an seinen Sohn abgetreten.
Leicht sei es ihm nicht gefallen, lacht Mutter Bowles, aber sie habe ihren Schwiegersohn daran erinnert, dass er vor zwei Jahren wegen der Notwendigkeit eines Replays gleich zweimal in den Genuss einer Wembleyreise gekommen sei. Um die Fahrt nicht lang werden zu lassen, packt sie vorzeitig einige gut gefüllte Sandwiches aus und bietet sie der hungrigen Runde an.
Roland greift gerne zu, da er selbst, was typisch für ihn ist, nicht einmal über eine Notproviantration verfügt. Seine im Oxford-Englisch gefassten Höflichkeiten machen die Bowles verlegen. Verschämt lachen sie über ihre eigenen Redewendungen, nachdem sich ihre neue Bekanntschaft als Lehrer offenbart, noch dazu von der University. Mit dem Schulenglisch hätten sie so ihre Probleme und nach Grammatik dürfe er sie schon gar nicht fragen.
Hat Roland auch nicht vor. Da erzählt er lieber von seinen Erlebnissen als zugereister United-Supporter. Als seine Zuhörer von den fünfzig Pfund erfahren, die Roland für seinen Stehplatz hinblättern musste, füllen sich ihre Blicke mit Fassungslosigkeit. Eine solch horrende Summe, mehr, als eine Dauerkarte für die ganze Saison kosten würde, für ein Spiel auszugeben, auch wenn es sich um das Cup-Final handelt, das sprengt bei weitem den Rahmen, der ihrer Fußballbegeisterung gesteckt ist. Wahrscheinlich halten sie Roland jetzt für ein bisschen verrückt. Tom denkt derweil ganz pragmatisch. Im Vergleich mit seinem Ticket will er Rolands höllenteures Stück auf Echtheit überprüfen. Die Untersuchung ergibt keinen Hinweis auf Fälschung. Roland, der nichts anderes erwartet hat, zeigt sich doch erleichtert. Um den seriösen Eindruck, den seine Reisegefährten von ihm haben, nicht noch weiter zu untergraben, behält er den Rest der Story lieber für sich, lässt die frischen Eindrücke noch einmal im Stillen Revue passieren, als das Gespräch erlahmt, und er sich den Kopf ans Fenster gelehnt zum Dösen zurückzieht.

Was konnten die gut versorgten Dauersitzer um die Hindernisse wissen, die aus dem Weg geräumt werden mussten, damit Roland es überhaupt schaffte, auf den Wembleyzug aufzuspringen?
Eigentlich war er schon abgehängt, als er mit Verspätung in den Ligabetrieb eingestiegen war im September des vorhergehenden Jahres gegen *West Ham United*, weil er den Fehler beging, die „United Review", das Official Programme, auszuschlagen, das ihm so marktschreierisch angepriesen wurde. Wenn er nur geahnt hätte, dass diese bunten Heftchen wundertütengleich die Schlüssel für die heißen Spiele enthielten, hätte er natürlich zugegriffen, aber so war seine vielleicht allerletzte Chance auf Eintritt ins Verteilersystem für begehrte Tickets verstrichen.

Was er damals als Liganeuling nicht wissen konnte: Die Hochglanzbroschüren bargen einen rot abgesetzten Abschnitt, den „Manchester-United-Official-Token", der wie früher die Rabattmarken vom *Konsum* in ein Heftchen, dem „Official Tokensheet", eingeklebt werden sollte. Zu Topspielen, bei denen die Karten knapp wurden, musste das möglichst vollständig bestückte Dokument an der Vorverkaufskasse vorgelegt werden. Als es für Roland ernst wurde, klafften am Anfang seines sheets fünf weiße Lücken. Zu viel, klärte ihn Trevor, eingefleischter United Fan von der *English Section* am *Language Department* in Salford, auf, da habe es keinen Zweck sich einzureihen.

Von dieser vertrackten Verteilerlogik war Roland zunächst weit entfernt bei seinem ersten Spiel in *Old Trafford*. Da ging es zunächst einfach darum, den richtigen Platz zu finden in diesem hoch aufragenden Ungetüm von einem Stadion. Auf dem unübersichtlichen Vorplatz trieben sich unter den Augen der auf mächtigen dunklen Rössern patrollierenden Bobbys dubiose Gestalten herum, die überteuerte Sitzplätze an Unkundige losschlagen wollten. Roland wusste jedoch, dass noch Stehplätze auf regulärem Weg zu bekommen waren. Allerdings landete er, da er sich, die Dimension der Arena falsch einschätzend, am Einlass zur Gegentribüne wähnte, prompt am falschen Ende, nämlich genau neben dem Gitterblock, in dem das gemeine Volk der Gäste eingepfercht war. Er befand sich am Scoreboard End, jener Hintertortribüne, auf welche die Heimmannschaft am liebsten in der ersten Halbzeit zuspielte. Zwischen ihm und den trotzig singenden Fans der ´Hammers´, wie der Roland aus frühen Europapokalschlachten mit *Borussia Dortmund* und *München 1860* bestens bekannte Londoner Club in der Liga genannte wurde, war ein Stehplatzareal vollkommen frei gelassen worden, um die gemäßigteren heimischen Anhänger von der radikalisierten Gästemeute zu trennen. Das Gros der ausgekochten United-Supporter tobte vis-à-vis am Stretford End. Fangruppen, die ihrem Verein zu Auswärtsspielen folgten, waren in englischen Städten gefürchtet wie die Pest. Wie in allen anderen Stadien war der harte Kern der Gäste in einem käfigähnlich umzäunten Block sicher verwahrt und von argwöhnisch beobachtenden, gummiknüppelbewehrten Bobbys umstellt. Zum ersten Mal wehte Roland von den Stufen zwanzig Meter links neben ihm dieser kalte Hauch der Aggression an, der die Atmosphäre in den englischen Stadion überlagerte und ein hartnäckiges Problem für die Verantwortlichen aus Sport und Politik im Lande darstellte. Hooliganism - Frau Thatcher dachte bei diesem Thema über Schnellgerichte im Stadion nach, Jimmy Hill, prominenter Sportmoderator des *BBC*, redete einer standrechtlichen Prügelstrafe das Wort – diese spezifische Form des Krawalls rund um den britischen Fußball schien von Spieltag zu Spieltag ein größeres Ausmaß anzunehmen. Niemand wusste so recht, wo der scharfe Wind gesät wurde, der immer öfter in und um die Stadien tobte. Es als ein Kompensationsphänomen der Unterschichtjugend zu betrachten, griff eindeutig zu kurz. Die Chancenlosen aus den zu Slums heruntergewohnten Industriearbeitersiedlungen hatten nicht das Geld, um sich den Eintritt für die Krawallbühnen in den Stadion zu leisten. Die *National Front*, Englands Rechtsaußenbande, spielte nur eine marginale Rolle im Vereinsfußballkrieg. Die zeigten sich mehr bei Länderspielen, um ihren Ausländerhass abzufeiern. So herrschte Ratlosigkeit bei den Experten, und die Maßnahmen griffen bislang ins Leere. Einig waren sich die Ligakonkurrenten darin, die gefürchteten auswärtigen Fans in einer eingefriedeten Stadionecke zu isolieren, aus der sie nur Blick- und Pöbelkontakt zu den Einheimischen hatten. Schon beim Bierverbot zeigten sich Abweichungen.
In *Old Trafford* war das so geregelt, dass in den Bereichen kein Alkohol getrunken werden durfte, von wo das Spielfeld zu sehen war. Deshalb stürzten Männer jeden Alters in aller Eile mehrere pints of lager oder bitter in den funzelig beleuchteten Gängen unterhalb der Tribünen hinunter. In der bedrückenden Enge, die dort unter der

knapp kopfhohen Betondecke wegen des Andrangs auf die Ausschankhöhlen herrschte, verging Roland sofort die Lust auf Bier. Schnurstracks war er vor dieser klaustrophobischen Luftschutzbunkeratmosphäre ins Stadioninnere geflohen.
Dort ließen ihn die Schimpfkanonaden, die aus dem Gästekäfig zu ihm herüberschallten, unwillkürlich an seinen Escort denken, den er einem guten Rat folgend kilometerweit vom Stadion entfernt versteckt hatte. Hoffentlich würde die Karre verschont bleiben. Im gleichen Atemzug musste er schon über seine hasenfüßige Ängstlichkeit schmunzeln. Was sollte an einem elf Jahre alten Ford noch für Diebe interessant sein?
Zwei Monate später würde er die Antwort wissen. Da würde er die Beifahrertür mit eingeschlagener Scheibe auf dem bewachten Parkplatz am Departement vorfinden. Die auf der hinteren Ablage dilettantisch montierten Blaupunktlautsprecher würden herausgerissen sein – Wert etwa dreißig Mark.

An diesem ganz normalen Ligasamstag war die große Schlacht ausgeblieben.
Was Rolands Augen und Ohren mitbekamen, war usual business für die Bobbys, die mit unbewegten Mienen die Kriegstänze geschlechtsreifer junger Männer aus dem Londoner Stadtteil West Ham überwachten. Nothing to fear, auch wenn bei jeder Attacke, die einen United Stürmer zu Fall brachte, ein Schimpfkanon unflätigster Natur auf das Gästegefolge angestimmt wurde, gewürzt mit viel fuck, bastards und piss off zwischen dem, was Roland nicht verstand, unübersetzbare, im Mancunian slang hingeworfene Bösartigkeiten, flankiert von kleinen Wurfgeschossen. Das ganze bizarre Theater wurde mit Argusaugen von den auf ihrem Posten zur Tatenlosigkeit verpflichteten Ordnungshütern registriert.
Roland gewöhnte sich schnell an das unvermeidliche akustische Störfeuer und ließ sich in der Folge nicht mehr ablenken vom Wesentlichen: dem Spiel.

Die Dynamik, die beide Mannschaften vorlegten, versetzte Roland in ein für ihn vollkommen neues Fußballerleben. Die Leidenschaft, mit der hier um jeden noch so unerreichbar scheinenden Ball gefochten wurde, riss ihn unvermittelt mit, als gleich zu Beginn der in quirligen Zickzackbewegungen von der linken Seite kommende Feuerkopf Strachan hart an der Strafraumgrenze rüde gefoult wurde. Mit einem Ruck gingen um Roland die Arme hoch, begleitet von einem Donnergrollen, das sich durch die ganze linke Kurve fortsetzte. Unwillkürlich sah er nach oben, wo sämtliche Besucher aus ihren Plastikschalen aufgesprungen waren, und sich unter ohrenpeinigenden Pfiffen einige tausend ausgestreckte Hände gegen den Täter gerichtet hatten, der betont unbeeindruckt dreinschauend vom Tatort wegtrabte.
Was würde erst geschehen, wenn ein Tor fiele?
An diese aufgedrehte Tonlage und die Vehemenz der Anfeuerung musste er sich erst gewöhnen. An der *Bremer Brücke* war es zuletzt so ruhig wie beim Beerdigungskaffee zugegangen. Genau im Gedächtnis hat Roland die Ausführung des anschließenden Freistoßes behalten, vielleicht deshalb, weil sie so perfekt und erfolgreich ablief, wie es sich Roland und Harald beim *VFL* immer vergebens gewünscht hatten. Welch ein Kontrastprogramm lief dagegen am Scoreboard End vor Rolands erstaunten Augen ab. Entschlossen trat der wenig zauderliche Stratege Norman Whiteside, der sich vor Jahren im WM-Qualifikationsspiel im *Volksparkstadion* beim deutschen Publikum mit seinem Siegtor für Nordirland unbeliebt gemacht hatte, an den Ball. Den Rücken gestärkt durch einen langgezogenen Heulton – RAMBOOOO – zirkelte er, ohne einen Anlauf zu benötigen, einen genauen Heber an die Fünfmeterlinie, wo sich der wie ein junger Bulle dampfende Nachwuchsstürmer Hughes im Luftkampf gegen zwei baumlange Abwehrspieler durchsetzte und den Ball so wuchtig mit seinem Schädel ins

Netz beförderte, dass es sich weit nach hinten ausdehnte. Im Tortrubel wurde Roland dann, hoffnungslos verstrickt in der verhakelten Menge, zwei Stufen mit nach unten gezogen von den an ihm hängenden, auf und ab hüpfenden Menschen, die sofort wieder anfingen, die in ihrem Käfig zum Mitleiden verdammten Londoner zu verhöhnen. Armes *West Ham*, wie eine Satansmeute kamen die 'Red Devils' an diesem Nachmittag über sie, wurden regelrecht weichgekocht. Roland erwärmte sich Tor für Tor am Fegefeuer. Fünf zu eins obsiegten die Hausherren, vier Tore fielen in der ersten Halbzeit am Scoreboard End für *United*.

Alles war optimal gelaufen an diesem Nachmittag, nur Rolands Performance im Stadion musste natürlich verbessert werden. Nicht noch einmal würde er leichtfertig die „United Review" ignorieren, und am nächsten Samstag fand er auch den Weg zu den Turnstiles an der United Road, wo er einen schmalen Grat an der Mittellinie einnehmen konnte und eine ideale Perspektive auf das Geschehen vorfand. Hier, am United-Road-Paddock, spielte sich direkt vor Rolands Augen das von den Fans erwartete Begrüßungsritual ab, bei dem sich die Spieler mit dem am Gitterzaun klebenden Volk abklatschten. Laut jauchzten jedes Mal jene auf, deren Hände mit Berührung gesegnet wurden. Emphatische Bekundungen der Zuneigung wurden den bewunderten Helden zuteil, deren Auftritt für viele die Zumutungen des nordenglischen Alltags für zwei Stunden vergessen machte. Wie aufgeputscht leuchteten die Augen eines Mark Hughes, wenn er seine gelockerte Muskelmasse auf den Zaun zubewegte, während in des Dänen Olsen Nähe helle Schreie des Entzückens ausgestoßen wurden. Der blondlockige, kleinwüchsige Teenieschwarm quittierte das Theater um seine Person mit diesem schüchternen Sonnyboylächeln, das den Phantasien des weiblichen United-Volks nur neue Nahrung gab. Norman Whiteside dagegen, der kantige Nordire, zeigte sein kaltes Vollstreckergrinsen, mit stechendem Blick formte er das Fingerzeichen zum Sieg. Wildes Rambo-Geheul begleitete seinen Auftritt am Zaun, das in respektvolles Raunen überging, wann immer der Captain Bryan Robson sich dem Volk zuwandte, der nicht nur das lokale Starensemble führte, sondern auch die Nationalmannschaft. Schon nach dem einen Spiel, das Roland in *Old Trafford* miterlebt hatte, wusste er, warum dieser Spieler über allen stand. Selten hatte Roland einen perfekteren Allrounder gesehen – ideenreich, torgefährlich, dynamisch und sich nicht zu schade, ordentlich draufzugehen, wenn Not am Mann war, dabei stets um Fairness bemüht, kurz: ein vollendeter Sportsmann, sowohl auf als auch außerhalb des Platzes, wie Roland später persönlich erfahren sollte.
Die Wendung 'wie in einer Sardinenbüchse' traf genau zu auf die gequetschte Position, in die sich Roland jeden zweiten Samstag und dazwischen an so manchem Mittwochabend freiwillig begab, um eingekeilt in dem ranzig ausdünstenden Männerpulk auf der unteren Stehplatzterrasse der Gegentribüne von *Old Trafford* die Ligaspiele von Manchester *United* mitzuerleben. In der Saison 1984/85 versäumte er kein Heimspiel mehr.
Allein die One-Man-Show eines Jesper Olsen, der, wenn es die Platzwahl gut meinte, in der ersten Spielhälfte vor dem United-Road-Paddock seinen Linienzauber zelebrierte, war das im Vergleich zu deutschen Verhältnissen geringe Eintrittsgeld allemal wert. Für die umgerechnet knapp zehn Mark hatte Roland lange Zeit nur Zweitligafußball auf ärmstem Niveau geboten bekommen. Eine Augenweide hingegen, wie der kleine Däne hier mit verblüffender Leichtigkeit jeden riskant gespielten Ball unter Kontrolle brachte, um dann seinen Gegenspieler im Dribbelstepptanz vorzuführen, dass die Menge aufjuchzte, oder um nach einer kurzen Körpertäuschung unter dem anerkennenden Raunen staunender Beobachter unwiderstehlich davonzuziehen. Mit diesem Zug zum Tor war er ungemein gefährlicher als

sein wuseliges schottisches Pendant Strachan, dem es wiederum gegeben war, mehrere Gegner an der torentferntesten Außenecke zu binden, um sich dann doch im Zickzackwirbel aus der scheinbar undurchdringbaren Umklammerung zu lösen und den Ball, noch zwei Verteidiger umkurvend, fast auf der Torauslinie tänzelnd in den Strafraum zu treiben. Meistens wurde er letztendlich regelwidrig von den staksigen Beinen geholt, was im Normalfall vielversprechende Freistoßsituationen heraufbeschwor oder im besten Fall einen Elfmeter nach sich zog.
Wenn Olsen einen guten Tag erwischte, und das kam in dieser Saison erfreulich oft vor, stürzte er die gegnerische Abwehr von einer Verlegenheit in die nächste. Ohne auf den Ball zu schauen, ließ er ihn, dicht an der Außenlinie verharrend, zwischen seinen Füßen hin und her wechseln, so dass niemand voraussehen konnte, zu welcher Seite der Antritt erfolgen würde – und dann war er weg, ließ den Bewacher einfach im Gelächter der feixenden Zaunmeute stehen. Hatte diesmal einen Lupfer angetäuscht und dem hochspringenden Genarrten die Kugel zehntelsekundenschnell unterhergeschoben. Schon löste sich die Abwehrkette in einen Hühnerhaufen auf, wenn er im Schlangenlinienspurt den Strafraum erreichte, jedoch entgegen jeder Angriffslogik unvermutet scharf nach links auswich und damit jene Zeit gewann, die er brauchte, um seine zielgenaue Flanke in die gefährdete Hochsicherheitszone vor dem Tor zu schlagen, wo der ungestüme Hughes als verlässlicher Adressat bereits lauerte, oder die nachstoßenden Whiteside und Robson eine vom Gegner noch einmal mit knapper Not vereitelte Chance, eiskalt als Zweitverwerter aus dem Hinterhalt zuschlagend, nutzten. Auf diesen Wegen fielen etliche Tore in *Old Trafford* zu Rolands Zeit als United-Follower.
Während der Marathonmann Strachan unermüdbar weiterdribbelte, drohte dem dänischen Wirbelwind auf der linken Seite in der zweiten Hälfte regelmäßig die Luft auszugehen. Um seine Auswechselung hinauszuzögern, wurde er von dem einschüchternden Menschenwall am Stretford End wachgerüttelt, dort, wo die hartgesottenen Fans standen, die sich und ihren Spielern jeden Samstag aufs neue alles abforderten, die trinkfestesten Gesellen und streitsüchtigsten Raufbolde, die das ′Red Hot Dynamite′ verwahrten, jenen Sprengstoff mit dem Potential, jedes Spiel in ein Inferno zu verwandeln. Wer sich unter dieses Dach verirrte und zu Schaden kam, dem konnte man nur grobe Fahrlässigkeit unterstellen, meinte Trevor, Rolands Kollege vom Department.

Erschöpft und glücklich kehrte Roland nach den Spielen zum Abendtee zu Martina zurück in die von ihr aus den auf DAAD-Kosten aus Deutschland mitgebrachten Möbelstücken zum Komfortappartement arrangierte kleine Dachgeschosswohnung an der Carlton Road und schwärmte von Olsens Dribbelkunst und Robsons Treffsicherheit. Immer gab es etwas Tolles zu berichten, nur an den wenigen Tagen, an denen nicht mehr als ein Remis herausgekommen war, hielt sich die Begeisterung in Grenzen. Eine Niederlage hatte Roland in dieser ersten Saison nicht erleben müssen.
Von den Erzählungen ihres Gatten hellhörig gemacht, erwachte Martinas Interesse, wünschte sie sich, einen persönlichen Blick auf den prominenten Liebling der fußballbegeisterten Frauen zu werfen. Allerdings erschien eine Begleitung auf die von Männerleibern verstellten Stehtribünen nicht zumutbar, und Sitzplätze waren zunächst kaum aufzutreiben.
Trotzdem kam es kurze Zeit später zu einem kuriosen Zusammentreffen zwischen ihr und dem Fußballstar.
Gerade glücklich von einem Kurztrip aus der Heimat zurück auf dem Manchester Airport gelandet, nahm ihr der zuvorkommende junge Mann mit dem bekannten Strandcasanovalächeln die schwere Reisetasche vom Band an der Gepäckschleuse.

Oh, you´re welcome, Lady – dieses sanfte akzentfreie Englisch auf ihr überraschtes Dankeschön hatte ihr so ein dämliches Verlegenheitsgrinsen ins Antlitz gepresst und sicher eine leuchtende Röte auf die Wangen gemalt.
Wenn der trickreiche Däne, wie er es in Old Trafford zu tun pflegte, die Schwäche seines Gegenübers gedankenschnell für eine Überrumpelungsattacke ausgenutzt hätte, wäre ich an diesem Abend wohl Single wider Willen geworden, scherzte Roland drauflos, als ihm Martina die Begebenheit zur Begrüßung am Eingang aufgekratzt lachend erzählte.
Was ihr Männer gleich immer denkt, musste er sich zurechtweisen lassen. Ich steh´ nicht auf Zwerge, solltest du wissen. Außerdem hat sich da sofort so´n blondes Gift mit Sonnenbrille dazugestellt, auf solch falsche freundliche Tour, wie sie diese intriganten Weiber bei „Dallas“ und „Dynastie“ fahren. Warum müssen gutaussehende nette Männer immer so blöde Zicken abbekommen?
Es gibt auch Ausnahmen, stellte sich Roland diplomatisch.

Als die Mannschaft im leichten Aufgalopp ins Viertelfinale des englischen Pokalwettbewerbs vorgedrungen war, beglückte ihn Trevor unverhofft mit drei überzähligen Sitzplatzkarten für den B-Stand auf der Haupttribünenseite. Da fügte es sich wunderbar, dass Martinas Schulfreundin Daggy ihren Besuch angekündigt hatte. Martina hatte Roland schon lange über deren jüngst erwachtes Interesse für Fußball informiert und Kartenbedarf für ein Spiel angemeldet, aber bitte ein tolles – als ob man so etwas vorbestellen könnte. Stolz präsentierte Roland seine Schätze und organisierte für die liebe Freundin einen unvergesslichen Samstagnachmittagausflug ins Stadion. Wieder ging es gegen die ´Hammers´. Roland war überzeugt, einen festlichen Sieg voraussagen zu können, da er aus seinen profunden Kenntnissen über den aktuellen Stand in der Division One, die ihrem Hauptsponsor gehorchend in *Canon-League* umbenannt worden war, um die schwache Form der Londoner wusste.
Und so war es dann gekommen: Die drei Fußballtouristen aus Deutschland durften sich mit den anderen Fünfzigtausend über vier United-Tore freuen, Martina bestaunte mit großen Augen Olsens Einlagen für die Galerie – Das macht er extra für dich, neckte Roland schelmisch von der Seite -, und Daggy genoss das erste richtige große Fußballspiel in ihrem Leben.
In der Pause schoss die passionierte Fotografin, die schon während des Spiels einige Motive eingefangen hatte, das einzige Stadionfoto, das es von Roland und Martina gibt: Wie sie einträchtig nebeneinander auf den angejahrten hölzernen Klappsitzen posieren, Martina mit ihrem Strahlelächeln, keck aus dem hellen Wollmantel hervorschauend, die im zarten Bernsteinton schimmernden, schulterlangen Haare per Mittelscheitel gebändigt, die wachen Augen hinter der Marilyn-Monroe-Brille, die ihr so verflixt gut steht, versteckt, auf den Knien die extra für den Stadionbesuch hervorgekramte Umhängetasche aus rotem Leinen; er in Macholederjacke über dem schludrig gebügelten Oberhemd, der im Kontrast zu den anderen rotweißen Bindern hervorstechende schwarze Schal korrespondiert mit der dunklen Yuppiefrisur und dem schmalen Oberlippenbärtchen. Die Naturbräune seines Teints verleiht seiner Erscheinung in der Gesellschaft der blassgesichtigen Männer auf den anderen Sitzen fast ein südländisches Flair.

Zum Halbfinale gegen den Erzrivalen, den *FC* aus Liverpool, nutzte beim Gerangel um die begehrten Tickets selbst ein dichtbeklebtes Tokensheet nichts – nur Dauerkarteninhaber durften mit in den *Goodison Park*, der als neutrale Spielstätte bestimmt war. Also studierte Roland die Angebote auf dem freien Markt in den *Manchester Evening News*.

Ohne Martina recht ins Bild zu setzen, fuhr er abends mit den nötigen Pfundnoten versorgt hinaus nach Eccles, um dort von einem ihm im graumelierten Unterhemd gegenübertretenden bärbeißigen Riesen ein unscheinbares Stück Papier ausgehändigt zu bekommen, das gar nicht aussah wie ein Fußballticket, sondern wie eine dieser neuartigen computergedruckten Kinokarten. Im fahlen Licht der schummrigen Flurbeleuchtung war das Aufgedruckte nicht einmal klar zu entziffern. Siedendheiß fielen ihm in diesem späten Moment die inständigen Warnungen der Cluboffiziellen vor Fälschungen ein. Aber wie sollte er unter diesen Lichtverhältnissen eine ernsthafte Prüfung vornehmen, während der nicht wie ein abgezockter Schwindler wirkende Mann im reinsten Mancunian Englisch eine Geschichte zu der Karte erzählte, von der Roland nur Fetzen verstand?
Wie in Hypnose versetzt reichte Roland die verlangten fünfundzwanzig Pfund hin und stotterte eine Verabschiedung. Als er im Auto wieder zu klarem Verstand fand, war er sich sicher, einem Betrug aufgesessen zu sein, und das erschien ihm in diesen Sekunden nur konsequent. Es musste ein Zeichen sein, das ihn zur Besinnung bringen sollte von seinem Fußballwahn. Im Zwielicht einer Straßenlaterne wollte er sich letzte Gewissheit über den Reinfall verschaffen. Alles würde er Martina beichten. Sollte sie ihn auslachen, er hatte es verdient! Doch wenig später, da er den feinen Nadeldruck lesen konnte, stand dort tatsächlich etwas vom FA-Cup-Semifinal, auch *Goodison Park* stimmte, Reihe und Sitz waren exakt ausgewiesen. Es handelte sich wahrhaftig um ein originales Sitzplatzticket – keine Fälschung, kein Betrug! Der Schweiß des Gefühlswechsels tropfte ihm von der Stirn. Was würde Martina staunen?
Dass er einen um das Vierfache überhöhten Preis gezahlt hatte, musste nicht unbedingt zum Thema werden, befand Roland, als er überaus zufrieden mit sich selbst wieder in die Carlton Road einbog.

Früh am Samstagmittag machte er sich zur Merseyside auf.
Martina ließ ihn an diesem Tag nur widerwillig ziehen, da sie Ungeheuerliches über die Zerstörungswut und Rauflust der Liverpooler Hardliner gelesen hatte. Mehrmals musste er versichern, gut auf seine Person aufzupassen.
Frauen, dachte er abwiegelnd, regen sich immer zu sehr auf in solchen Sachen. Wird doch alles nur aufgebauscht in der Sensationspresse hierzulande, sind meistens nur Randerscheinungen, alles halb so wild.
Während er im Auto auf der M 62 an Warrington vorbeisausend aus den Nachrichten die Warnungen an den United-Anhang vernahm, auf keinen Fall ohne Ticket anzureisen, stieg das Fieber in ihm unablässig an.
Wer wird wohl so blöde sein, schnarrte er übermütig gegen die Lautsprecher, der clevere Roland aus Deutschland hat alles im Griff.
Aus den Fahrzeugfenstern vor ihm flatterten rote Schals.
Wir ziehen gegen Liverpool und siegen heute supercool ... Die haarsträubenden Reime flossen ihm leicht durch die Lippen. Heute war alles erlaubt, heute war Fußball!

Wie freute er sich auf den *Goodison Park*, der mit der *Anfield Road* auf einer Quadratmeile zusammenliegend die Urzelle schlechthin im Fußballmutterland bildete. Von einem Stadion konnte man direkt auf das andere schauen. Allerdings hatte ihm der erste Eindruck von der Umgebung, dort, wo Everton und Walton aneinandergrenzen, einen Schock versetzt. Was war nur geschehen mit jenen Arbeitersiedlungen, die ihm früher im Englischunterricht als lebendige Wohnzentren des nordwestlichen Schwerindustriereviers erklärt worden waren, welche die Prosperität der britischen Ökonomie in den fünfziger und sechziger Jahre gespeist hatten?
Alles vorbei!

Im Zuge einer Tagestour mit der zur Besuch weilenden Mutter hatten Roland und Martina vor Monaten schon verstörende Eindrücke vom beklagenswerten Zustand jener vom Verfall traumatisierten Bezirke sammeln konnten.
Everton und Walton gehörten zusammen mit Kirkby, weiter draußen an der M 5 gelegen, sowie Moss Side in Manchester und zahlreichen anderen Bezirken in Sheffield, Leeds und anderswo zu den taktischen Opfern, die beim Schwenk zur New Economy anfielen. Nur der Fußball schien hier den Untergang der klassischen englischen Industrien, der von Regierungsseite systematisch forciert wurde, zu überleben. *FC Everton* und *FC Liverpool* stellten die einzigen Kontinuitäten für die hoffnungslosen Hinterbliebenen dar in den bizarr anmutenden, von urbaner Erosion heimgesuchten Wohnlandschaften.
Eine desolation row kreuzte die nächste freudlose Gasse mit diesen langgezogenen Hutzelhäuschenreihen aus rußgeschwärzten, vormals weißgetünchten Klinkern, wo selbst hinter Bretterverschlägen noch vergessene Rentner hausten. Fast jeder zweite Eingang wies Wundmale des Zerfalls auf: blätternde Farbe, bröckelnder Putz, zerschlissene Gardinenreste, zersprungenes Fensterglas, vernagelte Türen. Die schmalen Straßen, längst abgekoppelt von den Ausbesserungsplänen der Verwaltung, perforiert von Schlaglöchern mit teilweise halsbrecherischem Ausmaß, an den Rändern vereinzelte angerostete Automobiltorsi. Zwischen den angefressenen Häuserzeilen mit Hundekot übersäte Grasnarben, auf denen die Kinder wie streunende Köter herumirrten. Und überall Müll: aus offenen Tonnen oder geplatzten Säcken hervorquellend, auf den Gehsteigen verstreut oder im Rinnstein vor sich hinfaulend. Hie und da ein längst aufgegebenes Lädchen, das an den vormaligen Normalzustand gemahnte. Die mit Stahlgittern verbarrikadierte Poststelle sowie mit Stacheldraht gesicherte Balkone gaben Zeugnis von dem Kriegszustand, in dem sich die Bevölkerung eingerichtet hatte.
Wie die Anwohner auf ungebetene Neugier reagierten, hatten die drei Slumtouristen erfahren, als die Mutter nicht genug bekommen konnte vom Bestaunen der Kehrseite der Thatchermedaille und Roland veranlasste, das Elend noch einmal zu durchfahren. Es war genau jenes eine Mal zu viel gewesen. Selbst der alte Kleinwagen, mit dem Roland seine Damen chauffierte, musste wie eine Provokation zwischen den armseligen Behausungen wirken. Urplötzlich tauchte eine krakeelende Kinderschar zwischen den Halbruinen auf und schleuderte einen Hagel von Steinen und Dosen auf das suspekte Gefährt mit dem fremden Kennzeichen. Reaktionsschnell hatte Roland das Gaspedal durchgedrückt und war, die Schlaglöcher leidlich umkurvend, in scharfem Tempo dem Angriff knappstens entwichen, sonst hätten sich die Spuren des von Regierungsseite geleugneten Klassenkampfs unauslöschbar ins metallicgrüne Blech graviert.
Das haben wir nun von der Gafferei, hatte Roland die Mutter angeherrscht, als er vom Schock der Attacke für Momente die Beherrschung verlor, du konntest ja nicht genug kriegen von der ganzen Tragödie!
Für den Rest der Tour war die zuweilen mächtig anstrengende Besucherin, sehr zur heimlichen Freude Martinas, ungewöhnlich kleinlaut geblieben.
Nur auf verstiegenen Umwegen hatten sie sich wieder zurück ins ergraute Brachland gewagt, damit Roland wenigstens einen zaghaften Blick auf das legendäre mächtige zweiflügelige Eisentor an dem breiten Treppenaufgang der *Anfield Road* werfen konnte, durch das die Liverpudlians Samstag für Samstag zu ihren Stehplatzterrassen strömten. Darüber geschwungen der im viktorianischen Stil geschmiedete, auf zwei wuchtig gemauerten Pfeilern ruhende, goldfarben blinkende Bogen, und mitten in der Verzierung prangte der längst zum Mythos gewordene Vers: „You´ll Never Walk Alone“.

Diesmal hatte Martina zur Weiterfahrt gedrängt, ein zweites Mal wollte sie nicht zwischen die Fronten geraten. Als sie auf der Hauptstraße in Richtung Beatles-Museum fuhren, war Roland eingefallen, dass er nicht einmal ein Foto gemacht hatte.

Einen Fotoapparat hatte Roland auch im *Goodison Park* nicht dabei. Es erschien ihm ratsam, mit möglichst wenig Gepäck auf die verschachtelte Hintertortribüne an der Gwladys Street hochzusteigen.
Unter dem tief heruntergezogenen Dach herrschte eine eigentümlich hermetische Atmosphäre in dem Eckblock, als ob der Lärm der sich einstimmenden Masse unter der hölzernen Bedeckung stecken blieb und gar nicht in die Weite des Raumes entweichen konnte. Gegenüber eine ähnlich zweigeteilte Konstruktion, unten das Stehvolk, auf der Galerie darüber die besseren Plätze.
Aus der Ferne erinnerte die altehrwürdige Pfeilerarchitektur mit der im Evertonblau verzierten Balustrade an die aktionsgeladenen Ritterturniere in den Kostümfilmen, die Roland in seiner frühen Jugend so gerne sonntagnachmittags im Fernsehen geschaut hatte, wo Ivanhoe, Prinz Eisenherz oder andere wackere Recken gegen den schwarzen Graf anritten und mächtig aufs Blech gehauen wurde. Zuletzt wankte der unbescholtene Held als arg gezauster Sieger immer auf eine solche Tribüne zu, um von der am vollen Busen bebenden Königstochter den Ehrenpreis dargereicht zu bekommen. Der König schaute stets deppert drein, weil er von der Liebschaft bis zum großen Hauen und Stechen überhaupt nichts gewusst und irrigerweise den schwarzen Bösewicht zum Schwiegersohn erkoren hatte, bevor der vom Guten niedergestreckt sein elendes Leben im aufgepflügten Turf aushauchen musste.
So blutrünstig wie im Mittelalter würde es beim Pokalthriller wohl kaum zugehen, obwohl – ein leises Unbehagen kroch in Roland auf, als er mit einigem Schrecken erkannte, dass auf der anderen Seite die United-Flaggen flatterten und direkt unter ihm jene rote Armee in Stellung gegangen war, die sich nach dem Europacup-Sieg der letzten Saison „Kings of Europe“ auf ihre Fahnen geschrieben hatte.
Ach du Scheiße, entfuhr es ihm unflätig.
Unwillkürlich wandte sich sein Blick auf die kleine Kapelle an der Ecke auf der Haupttribünenseite, wo die tiefgläubigen Everton-Anhänger fern ab jeglicher Blasphemie um gnädigen Beistand von oben baten und sich Fanpärchen in Blauweiß trauen ließen.
Ein kurzes Stoßgebet wäre jetzt nicht unangebracht, zog es Roland durchs Oberstübchen, als er realisierte, dass ihm genau das unterlaufen war, was nach den Wünschen der Polizei unbedingt vermieden werden sollte, nämlich durch den unkontrollierten Kartenerwerb von Schwarzhändlern mitten unter die gegnerischen Fans zu geraten. Wer so etwas in diesen aufgeputschten Zeiten riskiere, handle höchst fahrlässig, hatte es von autorisierter Stelle geheißen.
Nun war es passiert. Nur gut, dass er ohne Schal oder sonstige Clubkennzeichnung aufgelaufen war. So machte Roland als undefinierbares graublaues Neutrum gute Miene zum Spektakel seiner freundlichen Banknachbarn und stellte sich zur Pause als harmloser Fußballtourist aus Deutschland vor.
Kopfschütteln allerseits. Was zum Teufel wollte einer aus fuckin Old Germany beim FA-CUP-Semifinal?
Roland ließ die Frage offen, zumindest war er mit seinem Außenseiterstatus für Anfeindungen tabu. Der Friede hielt bis weit in die zweite Hälfte, jedoch, als es ihn bei Hughes´ Führungstreffer unwillkürlich vom Sitz hob, regte sich im näheren Umfeld Misstrauen. Im verstohlenen Seitenblick entdeckte er noch jemanden in ähnlich prekärer Situation, der in seinem schwarzen Mantelzwirn und der Goldrandbrille im sorgfältig gebräunten Gesicht ausschaute wie ein Key Account Manager von der

Barclays Bank. Eigentlich eine unauffällige Erscheinung, wäre da nicht der verräterische rot-weiße Schal gewesen. Das hatte sich der Snob bei aller Distinguiertheit nicht verkneifen können. Nach Rolands zweitem Hinschauen nickte ihm der Mantelträger aufmunternd zu. Er hatte Rolands Sympathie für *United* offenbar durchschaut. Im hektischen Auf und Ab der hart umkämpften Schlussphase vergewisserten sie sich gegenseitig per Blickkontakt über ihre Meinung zum Stand der Dinge auf dem Feld. Als sie dann schon beide *Wembley* im Visier hatten, platzte ihnen in allerletzter Verlängerungsminute Walshs Abstauber zum Ausgleich in die schöne Vision.
Noch ganz benommen von dem späten Jubel um ihn herum und durch die angespannte Sitzerei von Gelenksteife befallen, wankte Roland zu den verwinkelten Treppenfluchten, die irgendwo im Freien münden sollten. Die flüchtige Blickbekanntschaft blieb sitzen. Ahnte der stille Verbündete, was draußen vor sich gehen würde?

Als Roland die wie eine Schiffsgangway wippende Treppe zum Ausgang hinunterstolperte, war ihm endgültig klar, warum *Old Trafford* als das modernste Stadion auf der ganzen Insel galt, die Vorzüge des *Goodison Park* dagegen eher im Museumswert lagen.
Kaum auf der Straße vernahm Roland schon den nervösen Befehlston der Bobby-Kavalleristen. Mit ihren zu der aus den Katakomben quellenden Menge quergestellten Pferden versperrten sie den kürzesten Weg zum Parkplatz. Unter hektischen Rufen versuchten die Ordnungshüter den Zug zur Umkehr zur bewegen.
Plötzlich war dann alles sehr schnell abgelaufen. In überstürzter Hast wichen die von etwas Bedrohlichem verschreckten Menschen in den vorderen Reihen zurück, änderten die Laufrichtung und drängten den entgeisterten Roland beiseite. Angstgeschrei wurde laut, Flüche ausgestoßen. Besorgte Väter nahmen ihre kleinen Söhne in die schützenden Arme und trugen sie im Laufschritt weiter, junge Damen kreischten auf. Roland trat auf Glas, es zersplitterte unter seinen Stiefeln. Jemand musste seine Brille verloren haben, jetzt war sie hin. Ein Dutzend Polizeireiter drängte mit gezogenem Gummiknüppel durch die Gemengelage aus überwiegend rot gekleideten Leibern nach vorne. Trillerpfeifen durchschnitten die Schreie der Flüchtenden. Roland begriff, dass von dort ein Angriff - von wem auch nimmer – drohte. Der vorher dichtgedrängte Menschenstrom hatte sich durch die Laufbewegungen aufgelockert. Die Rennerei nahm zu. Die Gefahr schien näher zu rücken, Rolands Fluchtinstinkt war geweckt. Schon rannte er mit anderen die Straße entlang. Plötzlich gewahrte er die Einmündung einer kreuzenden Gasse. Ohne zu zögern, bog er ein, während der Pulk, aus dem er ausgeschert war, ins Niemandsland Richtung Anfield schoss, verlangsamte seinen Gang und spazierte zügig weiter, wechselte in die nächste Einmündung, sah zurück, um sicher zu sein, dass er vom Stadion wegkam.
Das Flutlicht strahlte weiter hinter ihm. Der Lärm war abgeklungen. Ab und zu schrillte noch ein Pfeifton herüber. Im Gehen registrierte er in hellwacher Wahrnehmung, dass die Häuserreihen in Stadionnähe einen gepflegteren Eindruck machten als die Behausungen dort, wo die Attacke auf sein Auto stattgefunden hatte. Jetzt erst bemerkte er die neugierigen Gesichter, die sich in den Fenstern zeigten. Die Anwohner vom *Goodison Park* sahen aus sicherer Warte zu, wie die Konkurrenz eine Abreibung kriegte. Zu wem sie wohl halten mochten?
Nach mühseliger Neuorientierung gelangte er auf langen Umwegen schließlich bei seinem unversehrten Escort. Mit Verspätung auf den Motorway schleichend, reihte er seinen Wagen in die heimwärts fließende Schlange der Mancunians ein. Überall flatternde Schals und Fahnen. Im Radio wurde von heftigen Krawallen berichtet. Zahlreiche Verletzte seien zu beklagen, eine Frau habe wahrscheinlich ein Auge verloren, sie lag im Krankenhaus, mehr war nicht bekannt, der Sachschaden vor allem

an parkenden Autos sei erheblich. Der Einsatzleiter der Polizei zeigte sich im Interview entsetzt über die Gewaltbereitschaft.
Anderntags konnte Roland das ganze Ausmaß des blutigen Nachspiels aus den *Manchester Evening News* erfassen. Fotos von Verletzten klagten an. Er wollte sich nicht vorstellen, an ihrer Stelle gewesen zu sein. Die Mancunians erhoben schwere Vorwürfe gegen die „Skullies" vom *FC*. Die Liverpudlians wiederum hatten das ganz anders gesehen: die „Red Avengers" vom Stretford End hätten das Scharmützel angezettelt.
Hast du davon etwas mitgekriegt, fragte ihn Martina am Abend aufgeschreckt von den schlimmen Nachrichten.
Nein, antwortete Roland ohne mit der Wimper zu zucken, das war sicher am anderen Ende.
Warum sich wegen so einer blöden Sache den Spaß verderben, rechtfertigte er die taktische Lüge vor seinem Gewissen, wo es doch jetzt um ein Ticket für das Replay ging?

Gleich am folgenden Mittwoch sollte die Entscheidung gesucht werden. Diesmal mussten die Liverpooler in die Ausweichhölle der ′Red Devils′ reisen – den *Manchester City Football Ground* an der Maine Road, ein abweisend wirkender, grauer Betonkasten, dessen blau getünchte schmale Einlässe Roland bislang nur von außen besichtigt hatte.
Die knappe Ansetzung ließ keine Zeit zur Kartensuche auf dem Kleinanzeigenmarkt. Fest entschlossen, nicht aufzugeben, hatte er sich am frühen Montagmorgen mit seinem lückenhaften Tokensheet an der Stadionkasse angestellt. Vielleicht würden sich die Damen hinter den Schaltern von den außergewöhnlichen Nöten eines verirrten deutschen United-Maniacs aus Osnabrück erweichen lassen.
So weit musste er gar nicht vordringen, um Gehör zu finden. Seine im lobenswert flott fließenden Oxfordenglisch vorgetragene Passionsgeschichte erweckte Mitgefühl unter den Anstehenden. Nachdem er sich auf Nachfrage zur geographischen Lage des dem einfachen Mancunian vollkommen unbekannten Osnabrück mit der Bemerkung „near Mönchengladbach" weitergeholfen hatte, stellte sich rasch Sympathie ein. Unter der Wirkung des international wohlklingenden Namens hatte sich bald einer gefunden, der Roland eins von seinen vier erstandenen Stehplatztickets zum Nennpreis abgab, ohne den geringsten Aufschlag zu verlangen. Einfach so, nimm hin und wandle! Eine kostbarere Gabe hätte es für Roland nicht geben können. Stumm schloss er seinen Gönner in die Arme. Nie hatte das Völkerverbindende, das dem Fußball von Festrednern nachgesagt wird, für ihn eine handfestere Bedeutung.

Am Mittwochabend wollte ihn Martina fast nicht aus der Wohnung lassen. Zuviel hatte sie von Befürchtungen mitbekommen, die allerorten über den Ausbruch eines Fankriegs ausgerechnet an der Maine Road geäußert wurden. Wegen der schlechten Presse hatte Roland die lokalen *Evening News* am Dienstag und Mittwoch vorsichtshalber in seinem Büro vergessen und nur den überregionalen *Guardian* mit nach Hause gebracht. Ans Radio hatte er nicht gedacht. Um die Gesundheit ihres Gatten bangend, verfluchte sie sein Kartenglück. Immer wieder musste er ihr hoch und heilig versprechen, bei den geringsten Anzeichen von trouble kehrt zu machen. Sie nahm ihm seine Beteuerungen nicht ab, zumal ihr die besonderen Vorkehrungen, die er aufgrund seiner Erfahrungen vom Hinspiel traf, nicht verborgen blieben.
Warum ziehst du die verschossene Regenjacke an, hakte sie misstrauisch nach, die sollte doch nur für Notfälle sein? Und die alte Cordhose hattest du schon Monate nicht mehr an. Sei dir zu abgewetzt, hast du gesagt.

Dass er in seinen geheimsten Gedanken selbst die Möglichkeit eines Überfalls einkalkulierte und sich deshalb mit zweiter Wahl kleidete, ließ er sich tunlichst nicht anmerken. Heimlich entleerte er sein Portemonnaie bis auf ein Minimum von fünf Pfund, das im Bedarfsfall für Sandwich und Bier ausreichen sollte. Bei einem Übergriff sollte es wenigstens nicht teuer werden. Den Ausweis versteckte er in einer reißverschlussgesicherten Innentasche der aufgetragenen Jacke. Natürlich würde er zu Fuß gehen, mit dem Auto würde er nur ein weiteres Angriffsziel an den Gefahrenherd heranfahren, das sollte auch Martina verstehen. Eingeschlagene Scheiben, gekappte Antenne, abgebrochener Seitenspiegel, zerstochene Reifen – das könne man sich gut ersparen. Außerdem könne er in eine Umleitung geraten und im schlimmsten Fall im Stau versauern, während United gen *Wembley* stürmte. Nicht auszudenken so ein Horrorszenario.
Nach weiteren dringenden Ermahnungen konnte er sich endlich auf seinen ungewissen Weg machen durch den mäßig beleuchteten Alexandra Park. Ein einsamer Jogger kreuzte seinen Weg.
Ganz schön mutig - oder einfach nur naiv, zu dieser Schummerstunde noch auf diesen berüchtigten Pfaden zu traben. Hat gute Chancen, morgen in den *Manchester Evening News* zu erscheinen, als soundsovieltes Opfer einer Halbwüchsigengang, die sich aufs Gesichtsschlitzen spezialisiert hat...
Im Widerschein der orangestichigen Lampen schimmerten zerbeulte Bierdosen und noch halbfeuchte Kondome, teilweise behaftet mit Kippen. Das Unratensemble am Wegesrand deutete auf die Nähe des Straßenstrichs. ... Wie hat man sich das vorzustellen? Kommt hier angebrettert mit einer von den verhärmten Lieschen, die an der Einmündung zur Carlton Road in ihren gewerbemäßig gekürzten Mäntelchen vor sich hin frieren. Spart sich den Zins fürs schäbige Zimmer, knallt sich noch eine Dose Lager hinter, ex und hopp – wenn das arme Ding schlau ist, trinkt sie nicht mit, die Kohle hat sie natürlich vorher abkassiert -, und dann drauf aufs Vergnügen, aber wie in diesen nicht gerade oberklassenmäßig ausgelegten Vauxhalls, Austins oder Mini-Rover-Büchsen? Im Escort die Sitzlehnen herunterzuschrauben, war schon, wenn man es von außen bewerkstelligte, ein Mordsumstand, und dabei noch ´ne Erektion halten, unvorstellbar, dass an so ´nem Herumgemache jemand, sei es gewerblich oder außergewerblich, Spaß haben konnte ... Autonummern waren nichts für Roland. Einmal hatte er es mit Sybille in der Ente gemacht, damals in einem Pinienwäldchen bei Cannes. Erst hatte er die Rückbank flachgelegt und dann sie. Zum spielerischen Beginn fand sie die Vorstellung irre spannend, hinterher wurde dann rumgemault. Sie habe nichts davon gehabt, weil sie dauernd auf Spanner gehorcht hätte, außerdem – und das hatte auch ihn mächtig irritiert – fing die leichte Kutsche gehörig an zu schwingen, als er richtig in Fahrt kam. Mann o Mann, filmreif zwar die ganze Chose, aber geil war anders. Später haben sie es dann noch einmal auf einem Osterkurztrip im Elsass in dem von Ludwig ausgeliehenen alten Kadett probiert, was natürlich schief gehen musste. Sybille fand es jedenfalls ziemlich abturnend, trotzdem hatte sie ihm gekonnt einen runtergeholt ...
Ob dazu in diesem Geschäft heutzutage auch Gummis Pflicht sind? Die fleißigen Bienen werden unbedingt darauf bestehen, und wenn die Kerle nicht lebensmüde sind, lassen sie sich das Ding auch ohne Murren drüberziehen. Nachdem die Sache irgendwie gelaufen ist, schmeißt er das verrubbelte Latex schnell raus, raucht noch eine und die Kippe hinterher. Wenn sie es ihm gut besorgt hat, fährt er die billige Dienerin der Lust wieder an ihren Platz, sonst fliegt sie gleich mit raus und guckt dumm auf den Geschäftsabfall....

Von seinen lasterhaften Phantasien über Whalley Range bei Nacht gut unterhalten, durchmaß Roland die verbrauchte Grünanlage und kam rasch zum Bus-Depot voran, wo schon ein Vorposten knüppelbestückter Bobbys auf ihn und seinesgleichen wartete. Nach strengster Kartenkontrolle wurde entschieden:
Manchester-Support? Please turn right and follow the sign with the yellow spot, please Sir, just follow the yellow spot and …
Wer sich als Manchester-Follower bekannte, wurde in die gelbe Zone geschickt, selbst wenn er ein Ticket für einen Block auf der anderen Seite hatte. Das oberstes Gebot des Leitsystems lautete: nur keine Durchmischung der Fangruppen.
Nachdem er einige weitere Kontrollpunkte passiert hatte, näherte er sich den schmalen Eisenstiegen, die hoch zur Stehplatzempore unter dem riesigen freitragenden Dach der Gegentribüne führten. Aus dieser Froschperspektive erinnerte die Konstruktion an eine gegen Terroristen abgeschirmte Kaserne der *Royal Army.* Über alle Mauern und Umzäunungen war Natodraht geschwungen, strategisch anfällige Punkte zusätzlich mit nach oben spitz zulaufenden Stahlgittern versehen.
Am Fuß der Treppe befiel ihn ein unangenehm beißender Geruch. Roland schaute hoch und konnte sich gerade noch vor dem wegducken, was in beachtlichem Strahl von oben in die Tiefe fiel. Schon klatschte der feuchte Segen auf das Geländer. Pissefäden zerplatzten zischend auf den Metallstufen. Fächerförmig aufspringende Schleier aus abertausend winzigsten Urintröpfchen flimmerten im Flutlicht. Die Stimmung in luftiger Höhe erreichte Cup-Niveau.
WE ALL PISS ON LIVERPUDLIANS - WE ALL PISS ON LIV-ER-POOL …
Eine Pinkelpause nutzend schoss Roland die Treppe hoch. Bahn frei – Here we go!
Wo hatten die nur alle das Bier her? Weit und breit kein Getränkeausschank und Maueröffnungen, die nach Toilette aussahen, hatte er auch nicht ausmachen können. Eigentlich war von organisatorischer Seite alles trocken gelegt und trotzdem dieser immense Druck auf die Fanblasen?
Oben angekommen stach ihm der Gestank ungestüm in die Nase. Jetzt konnte er das ganze Ausmaß des Abflusses aus den maskulinen Überdruckventilen erfassen. Etwa zwanzig Meter durchmaß die Reihe junger Männer, die ihre Notdurft kurzerhand an der schmuddelgrauen Betonrückwand unter dem düsteren Dach verrichteten. Zu ihren Füßen eine munter fließende Rinne, in der das Gemisch aus Bitter- und Lager-Pisse zügig zur Seite abging, um dort in die Tiefe zu stürzen, aus der Roland mit anderen aufgestiegen war. Niemand schien an der Unsitte Anstoß zu nehmen. Kein Zweifel, Roland war an der Maine Road mitten ins Stretford End geraten. Jetzt wäre eine Zigarette gut gewesen, aber Rolands Bronchien hatten ihm das Laster immer weniger verziehen, und so hatte er seit seiner Ankunft auf der Insel versucht, die Sucht, so gut es ging, zu ignorieren. „Cigarettes can seriously damage your health!" Irgendwie war da was dran.
Hastig drängte er durch die dichten Körpertrauben nach unten durch, um den impertinenten Düften zu entrinnen. Aus dem Meer von Köpfen wehte ihm Tabakqualm ins Gesicht. Hm, tat das gut.

An der Maine Road konnte man das Verhältnis der Kräfte von den Rängen klar ablesen. Die gesamte Gegentribüne, die Sitzplätze hinter dem Tor links und etwa die Hälfte der Haupttribüne waren in einheimischer Hand, das restliche Drittel von der Merseyside besetzt. Also waren die Fronten geklärt. Es konnte losgehen:
United - Here we go!
Richtig los ging es für *United* erst nach der Halbzeitpause, in der sich Roland kaum einige Zentimeter von dem mit einiger Ellenbogenkraft verteidigten, schmalen Fleck wegbewegt hatte. Als die Kräfte eines Kenny Dalglish, dem schottischen Denker und

Lenker im Liverpooler Dress, schwanden, riss der englische Nationalkapitän im Manchestertrikot die Initiative an sich. Einen fulminanten Sturmlauf durch die Mitte schloss er mit einem weit vor dem Sechzehner losgelassenen Giebelkracher zum Ausgleich ab.

Fast wie weiland Libuda, staunte Roland, nachdem sich die vom Torjubel ausgelöste Rangelei um ihn gelegt hatte und der Blick aufs Spielfeld wieder frei war.

ONE BRYAN ROBSON - THERE`S ONLY ONE BRYAN ROBSON, jubilierte es unter dem Tribünendach.

Zehn Minuten später schoss Hughes den Weg zur Wallfahrt in die Hauptstadt endgültig frei.

Da kannte die Sangeslust keine Grenzen mehr, Rolands Organ verstärkte den zigtausendstimmigen Männerchor.

WE ALL FOLLOW MAN UN-I-TED, WE ALL GO TO WEM-BE-LEY …

Immer auf der Hut vor feuchten Überraschungen, drängelte sich Roland kurz nach dem Schlusspfiff die Seitentreppe hinunter, umkurvte siegestrunkene Bummelanten und flog förmlich durch den von etlichen Stadionbesuchern belebten Alexandra Park ins spätabendliche Whalley Range. Schnell noch ´ne Ladung Fish ´n Chips vom pakistanisch geführten Take Away an der Withington Road, und ab ging´s um die an diesem Fußballabend unbesetzte Nuttenecke hoch in den heimischen Flat.

Dank seines präzisen Timings erwischte er pünktlich den Beginn von „Match of The Day“. Jimmy Hills Nick-Knatterton-Gesicht kündigte „breathtaking Semi-Final-Action“ an. Martina freute sich über die glückliche Heimkehr ihres Lausegatten und holte ihm ausnahmsweise das vorausschauend eingelagerte *Heineken* aus dem Kühlschrank.

So ein Paschagetue wollen wir gar nicht erst einreißen lassen, mahnte sie aus der Küchenzeile hervorspähend, während ihr umtriebiger Ehemann ermattet im nachgiebig gepolsterten englischen Sofa versackte. Die Fernsehbilder belebten seine Konzentration. Aufgeregt formulierte er seinen deutschen Zweitkommentar zum englischen Originalton.

Schau, gleich kommt Robsons Auftritt ... warte, jetzt kommt der Hammer ... wums, wie das Netz rappelt, hab´ ich gar nicht gesehen, da waren schon alle Arme hoch ...

Die Kamera fuhr einen Schwenk über die Ränge

Da, da ungefähr muss ich gestanden haben – mitten in diesem dunklen Wall ... Wie das aussieht von hier, richtig unheimlich.

Gab´s Krawalle, fragte Martina nach.

Ich hab´ nichts mitgekriegt, wunderte sich Roland rückblickend selbst. Hab´ ich doch gesagt, dass so was nicht oft passiert, und in *Wembley* ist sowieso alles anders.

Dafür bekommst du bestimmt keine Karte, glaubte Martina.

Wart´s ab, dachte Roland.

Anderntags fand er neben dem Spielbericht die Bilanz der nächtlichen Kloppereien. Diesmal hatten die zur Piccadilly Station abziehenden Horden aus Liverpool indische Läden in der Wilmslow Road heimgesucht und Jagd auf Nichtweiße gemacht. Wenn die Polizei-Absperrungen anders ausgerichtet gewesen wären, hätte Rolands Heimkehr unter ungünstigen Umstände unliebsam verlaufen können, und Fish ´n Chips wären vielleicht auch nicht drin gewesen. Aber das war ja nun, da *Wembley* lockte, alles Schnee von gestern.

Fifty Pounds? Jesus, that´s got to be a fortune, isn´t it?

Mutter Bowles verschluckt sich fast am Sandwich, als Roland damit herausrückt.

Dabei war er froh gewesen, dass er den schwarzen Burschen, die in ihren Nahkampfjacken und mit den grauen Wollmützen auf den fast kahl rasierten Schädeln wenig vertrauensbildend aussahen, nicht noch mehr hinblättern musste. Interessenten hatte es genug gegeben. Die Geschäfte florierten rund um *Old Trafford* unter den Augen der großzügig beiseite sehenden Bobbys. Deren Hilfe hatte Roland dann gleich in Anspruch genommen, um die Echtheit des mit Wasserzeichen versehenen Papiers überprüfen zu lassen. Wie viel er dafür bezahlt habe.
Thirty quit, log Roland ihnen vor.
Ihr Lächeln entlarvte ihn postwendend. Alright Sir, keep it save.
Martina fand selbst die von Roland zugegebenen fünfundzwanzig Pfund schon happig angesichts des regulären Preises von ganzen sechs. Das Cheap-Day-Return-Ticket für die Bahn fiel da kaum noch ins Gewicht. Roland gestand sich ein, verrückt zu sein. *Wembley* legte alle Vernunft lahm.

Und nun sind sie tatsächlich kurz vor dem Ziel der Fußballträumer. Die Gesänge schwellen an.
WE ALL LOVE MAN UNITED, WE ALL GO TO WEM-BE-LEY …
HER WE GO, HERE WE GO …
Mutter Bowles packt zusammen. See you love, and good luck for our team …The lads deserve it anyway, don´t they?
Im gemächlichen Schlurfschritt tastet sich Familie Bowles vorzeitig zum Ausstieg. Die treuen Gefolgsleute haben Sitzplatztickets für den Bereich, wo Roland vor dreizehn Jahren mit der Mutter um Netzer, Müller und andere gebangt hatte. Und jetzt kehrt er an den Ort des längst historisch gewordenen Triumphes zurück.
There it is!
I can see it now! Respektvolles Raunen schwebt durch den Gang des Wagons, weiter vorne lautes Freudengeheul.
Wembley – da erscheint es am Fenster, nimmt an Dimension zu, während der Zug die Geschwindigkeit drosselt.
Ein vollkommen anderes Bild als zu der Dämmerstunde damals im regnerischen April. Hell erstrahlen die grauweißen Mauern in der gleißenden Mittagssonne an diesem für Inselverhältnisse ungewöhnlich warmen Maitag, der wie ein verheißungsvoller Vorbote eines sonnenverwöhnten Sommers erscheint. Rundherum bunt geflaggt. Über allem der Union Jack und das Banner der *Football Association* auf den sich majestätisch abhebenden Türmen an der Nordseite. *Wembley* begrüßt seine Gäste im Festtagsgewand.
Ein letzter Abschiedsblick herüber zu den Bowles, dann schwenkt Roland ein in den Strom zur Westkurve, vor der sich schon eine rotweiß drapierte Menge aufgestaut hat. Zahlreiche fliegende Souvenirhändler und Sandwichstände beleben die von den United-Farben bestimmte Szenerie.
Drinks inside! An dieser Regel scheint sich nichts geändert zu haben. Nur kümmern sich die jungen Kerle heutzutage nicht mehr darum. Der Dosenmüll an den Wegrändern und einige verdächtig rot leuchtende Nasen deuten darauf hin, dass nicht wenige Besucher in den CUP-Final-Day mit einem Frühschoppen gestartet sind. Freipinkler kann Roland allerdings keine ausmachen.
"Official CUP-Final-Programme"! Yes, Sir? …One pound please, … thank you very much!
Das in blau und rot ausgewogene Hochglanzcover zeigt ein im Tackling begriffenes Spielerpaar, eine stilisierte Methapher britischer Fußballphilosophie. Roland verstaut das ergatterte Souvenir unter dem Hemd. Das wird er sein ganzes Leben behalten.

Da, Entrance 58 zur Upper Standing Enclosure. Roland ist am Ziel. Krampfhaft hält er die Eintrittskarte ins Glück umklammert. Tatsächlich ragen, wie von warnenden Stimmen vorausgesagt, aus den Absperrgittern, von denen der schmale Pfad zum Einlass umstellt ist, griffbereite Klauen hervor, die versuchen einem Unachtsamen das kostbare Papier in letzter Minute zu entreißen. Aus einer Traube, die sich um einen Schwarzhändler drängt, hört Roland den aktuellen Kurstand heraus. Fifty ! Noch hält die Cup-Aktie ihren Wert.
Die Grabscher am Rande sehen nicht so aus, als wenn sie nur ein Zehntel davon aufbringen könnten. Diejenigen unter den Ausgeschlossenen, die nicht auf Kartendiebstahl erpicht sind, versuchen mittels waghalsiger Artistik in den Tempel zu gelangen, ermuntert durch jene bereits Eingelassenen, die aus den bogenförmig gerundeten Öffnungen des oberen Ranges lugen. Notdürftig zu dicken Stoffwürsten gedrehte Fahnen werden als Kletterhilfe bis auf halbe Höhe heruntergelassen. Weiter reicht das Material nicht. Die schaulustigen Wartenden verfolgen – teils mit Gelächter, teils um die Knochen der Klettermaxen besorgt - das Drama an den glatten Mauern. Keinem Ordner bleibt die Chance einzugreifen. So etwas muss sich von selbst regeln. Einer stürzt unter spitzen Schreien der Beobachter aus etwa drei Metern Höhe ab.
Puuh!
Nochmal gutgegangen...
Die Lust aufs Klettern ist dem blassgesichtigen Rotschopf allem Anschein nach vergangen. Eine anderer zäher Muskelmann, mit der Aufforderung „Piss off!“ auf dem schmuddelweißen T-Shirt, wird es tatsächlich schaffen, erkennt Roland. Seine letzten Anstrengungen werden von begeisterter Anfeuerung unterstützt. Dicke Hautfalten quellen aus dem Bund seiner staubverschmierten Jeans, fest hat er seine Pranken in dem pendelnden Fahnenzipfel verkrallt. Helfende Arme strecken sich ihm vom Balkon entgegen. Frenetischer Applaus, als er oben ist. Jeder hier unten gönnt ihm den Erfolg. So einer hat sich die Finalteilnahme redlich verdient. Die Solidarität mit den kleinen Helden der lower class, die unter den schmerzhaften Umwälzungen der Produktivkräfte rissig geworden ist, hier, vor der Westkurve von *Wembley,* funktioniert sie noch. Der Klettermeister präsentiert sich in Triumphatorpose, das T-Shirt spricht auch vorne Bände: „Hate me!“

Trotz der Nähe latenter Gefahr hat Roland nicht das Gefühl, dass es heute zu Übergriffen oder Schlimmerem kommen könnte. Ein übergeordnetes Friedensgebot scheint diesen Tag vor den Unerhörtheiten zu schützen, die den englischen Fußball von Monat zu Monat in Verruf bringen. Selbst das traditionelle Nationenderby gegen die hassgeliebten Brüder aus dem hohen Schottland wurde aus Angst vor Randale nach Glasgow verlegt. Sollen die doch den *Hampton Park* auseinandernehmen, wird die Lady aus der Downing Street denken, Hauptsache vor ihrer Tür bleibt alles in schönster Hauptstadtordnung.
Heute kann man jedoch davon ausgehen, dass selbst die wildesten Hooligans zahm bleiben. Keiner wird es wagen, die besondere Aura, die das Ereignis umkränzt, mutwillig zu zerstören. Heute ist sich das von Existenznöten gespaltene Volk eins. Der Regelkanon wird akzeptiert, den Bobbys ausnahmslos Folge geleistet, dem Ritual Respekt erwiesen. An diesem Samstag bleiben die werktäglichen Kampfhandlungen eingestellt. Heute ist CUP-Final-Day. Da wird gefeiert, am Sonntag ausgeruht, am Montag können die Tumulte in Gottes Namen weitergehen mit den auf verlorenem Posten streikenden Bergarbeitern in Yorkshire, den ausgesperrten Druckern in „Fleet Street“ und den der permanenten administrativen Demütigungen überdrüssigen Einwanderern aus den Vorstädten der Ballungsgebiete, die vom ausgelaugten Sozialsystem nicht mehr zu befrieden sind - von der *IRA* einmal ganz zu schweigen.

Schon während der ganzen Woche hatte Roland registrieren können, wie sich die Nation auf das große Finalfest vorbereitete. Die eiligst produzierten Liedchen der beiden beteiligten Mannschaften lieferten sich ein Kopf-an-Kopf-Rennen in den Charts, da hatten Black, Elton John, Madonna, *Spandau Ballet*, George Michael und andere bis zur nächsten Woche hinten anzustehen. Die Berichterstattung überbot sich in Sinnigem und Unsinnigem zum Thema. Nachdem die sportliche Konstellation längst ausgelotet war, fokussierte sich das Interesse auf den Gossip über die Starspieler und ihren Familien. Da die sportliche Rivalität nichts mehr hergab, wurden Animositäten zwischen den Lagern in die Welt gesetzt und wieder beigelegt. Als auch das ausgelutscht war, ging es nur noch um statistische Superlative: die höchste Einnahme aus Kartenverkauf und Fernsehrechten, die horrenden Schwarzmarktpreise, die rekordverdächtige Live-Übertragung rund um den Globus, schließlich noch die neue Schalensitzausstattung auf den Haupttribünen des *National Stadiums*. Alles sollte aufs Beste hergerichtet sein für den großen Tag.
Zu Wochenbeginn sah man im Stadtbild immer häufiger diese rotweißen Papierrosetten, die sich nicht nur Männer an ihre Jacken hefteten, um ihre Sympathie für das Team anzuzeigen. Eine Stadt stellte sich hinter ihre Fußballmannschaft, mit Ausnahme jener, die an *Manchester City* gebunden waren. An fast jeder Ecke gab es diese Dinger für dreißig Pence. Warum hatte Roland keine?
Wie in seiner Heimat so galt auch hier ein Bekenntnis zum Fußball unter den Bediensteten an höheren Bildungsinstituten als verpönt. Ein intellektueller Mensch hatte selbstredend mit derartig niederem Zeitvertreib nichts zu schaffen. Kam jemand in Verdacht, wurde ihm stillschweigend - nach einigen Gläsern beim „Cheese and Wine“ gelegentlich auch offen – die kulturelle Kompetenz abgesprochen. Das riskierten außer dem in Kollegenkreisen als notorisch kindisch getadelten Trevor nur wenige. Einer davon war, wie Roland unter der Woche unschwer an der Rosette erkennen konnte, der Kollege von der *French Section* mit den verräterischen Rotbäckchen, der in seinem feinstreifigen Hochwasseranzug ausschaute wie Rolands altbackener Lateinlehrer aus den Humboldtschuljahren. Außer diesem Bekenner lief nur noch einer aus dem von Trimester zu Trimester schrumpfenden Häuflein der männlichen Sprachstudenten offen mit dem Papierschmuck herum, ein pickeliger, spätpubertärer Fettklops, ebenso gutmütig wie verschüchtert. In dieser Gesellschaft konnte Roland unmöglich Farbe bekennen.

Heute würde ein schöner Tag bleiben, ist Roland überzeugt, als er sich durch das letzte Nadelöhr der Leibesvisitation gewunden hat. Jetzt ist er wieder in *Wembley,* und auch hier im unteren Foyer erscheint alles heller als in der Erinnerung.
Durch die Zugänge, die nach draußen auf die Ränge führen, flutet das sonnenhelle Tageslicht in das Vorhallengewölbe. An den Getränkeständen geht es zivil zu, niemand uriniert an die Wände, die Aura der Kultstätte hat ihre Wirkung nicht verloren. Eine hagere Bohnenstange, mit weißrotem Zylinder behütet und mit mindestens drei United-Schals behängt, jongliert ein Tablett mit wohl zwanzig überschäumenden weißen Plastikbechern zum nächsten Treppenaufgang.
To celebrate the win, zwinkert er Roland zu.
Der bekommt Lust zum Mitfeiern. Obwohl noch mehr als neunzig Minuten bis zum Anpfiff verlebt werden müssen, sucht er die Stufen zur oberen Etage, bevor der letzte freie Fleck in der Sardinenbüchse der Upper Standung Enclosure mit anderen Füßen zugestopft wird. Geblendet vom Sonnenlicht zwängt er sich abwärts orientiert durch die Körperreihen, bis sich vor ihm ein winziges freies Stufeneck öffnet. Roland verharrt auf der Stelle und verkeilt seinen Oberkörper mit den anderen Leibern. Hautnaher kann man Fußball nicht erleben. Die nackten Schultern vor ihm dampfen

sauer. Roland spürt, wie der Schweiß auf seiner Stirn zu Perlen gerinnt. Für die folgenden zweieinhalb Stunden im Hitzestau würde ein gutes Stehvermögen vonnöten sein. Pokalspiele verlangen beste Kondition, weiß Roland aus Erfahrung, deshalb hatte er sich am Abend vorher zeitig schlafen gelegt.
Der kluge Fan baut vor, hatte er der verduzten Martina zugeflüstert, als er sich kurz nach den Abendnachrichten in die Federn verabschiedete.

WE ALL FOLLOW MAN UNITED ...
Das in die Westkurve von *Wembley* verlegte Fankorps vom Stretford End wendet sich basslastig an sein blaues Gegenüber auf der Ostseite.
„MAN-U: FA-CUP-WINNER 1985“. Aus einer entfernten Perspektive könnte man vermuten, dass Roland dieses Transparent hochhält, so dicht schwebt es über ihm. Weiter unten warnt ein anderes:
“DANGER! HIGHLY EXPLOSIVE MAN-UNITED CANNOCK!”
Von oben drängt immer noch Nachschub ins Pulverfass.
Nur gut, dass die wahren Verhältnisse von der Fernsehkamera nicht erfasst werden, beruhigte Roland seine aufkeimende Befürchtung, Martina könne sich daheim in der Carlton Road zu viele Sorgen um ihn machen.
Um sich von dem zunehmenden Druck auf seine Rippen abzulenken, konzentriert er sein Augenmerk auf den Rasen, dem die frühsommerliche Sonneneinstrahlung eine Blässe über das Grün spannt, die ihm diese magische Anziehungskraft nimmt, der Roland in seinen jungen Jahren an dem denkwürdigen Abend im April erlegen ist. Jetzt, bei helllichtem Tag betrachtet, schaut der Platz aus wie eine x-beliebige, frisch gemähte Spielwiese im Park. Die rotbunt ausstaffierten Bärenmützen nötigen dem Betrachter jedoch genau wie damals Respekt ab.
Bei diesen Temperaturen müssen sich die haarigen Kaffeewärmer im Nu aufheizen wie eine Trockenhaube beim Damenfrisör, vermutet Roland. Das wäre ein Bild für Mutter.
Bei diesem Gedankenflitzer späht er in Richtung Royal Box. Noch keine geadelte Seele zu sehen. Echte Royalties werden sich heute sowieso nicht zeigen. Das Cup-Final ist eine Angelegenheit des Hauses Kent. Diese zweite Garnitur würde Mutter kaum interessieren, obwohl da auch deutsche Verwandtschaft mitmischt, allerdings sehr entfernte.
Langsam füllen sich die blauen Schalensitze in den gehoben Bereichen, auch die VIP-Lounges beleben sich. Da kommt Bewegung aus der dunklen Tunnelöffnung unterhalb der Evertonkurve. Die Mannschaften? Jetzt schon?
Nein, zur Überraschung aller quillt ein schier endloser Zug Mancunians aus den Katakomben und marschiert in geordneten Reihen auf der schmalen Laufbahn in Richtung Westkurve. Hier werden sie von ihren Leuten begrüßt wie Sieger. Das macht Spaß. Übermütig winkend bauen sie sich vor den berstend vollen Rängen auf und genießen die unverhofften Ovationen. Mit gelben Leibchen umschürzte Ordner öffnen einen Spalt in der umlaufenen Bande. Während die Vorhut des fröhlichen schunkelnden Geleitzugs in die unteren Stehränge eingespeist wird, strömen immer noch Menschen aus dem Tunnel gegenüber. Der Block, der die Überzähligen aufnehmen soll, kommt Roland ebenso überfüllt vor wie der obere Abschnitt, in dem er eingezwängt ist. Morgen wird in der Zeitung stehen, dass die Arena aufgrund des illegalen Verkaufs gefälschter Tickets mit einhundertzehntausend Menschen sträflich überfüllt war. Alle werden froh sein, dass eine Katastrophe ausgeblieben ist.

Der Anpfiff naht. Die Ungeduld nimmt zu. Die Gesänge steigern sich. Dann ist es soweit. Die Mannschaften zeigen sich. Der Lärm erreicht schmerzende Phonstärke.

Die Evertonkurve verwandelt sich in ein einziges blaues Farbenmeer, aus dem ein dichter Konfettiregen auf die einmarschierenden Akteure geschleudert wird. Mehr kann Roland zunächst nicht erkennen. Zu viel rotes Tuch wedelt ihm vor der Nase herum. Als die Sicht wieder frei wird, haben die vom Schiedsrichtertrio angeführten Riegen schon fast die Stelle vor der Haupttribüne erreicht, wo zwei lange rote Läufer zu einem T geformt für den Auftritt der Ehrengäste bereitliegen. Mit stolz geschwellter Brust nehmen zuerst die frisch gekürten Meister Aufstellung, daneben reihen sich die Herausforderer aus Manchester auf, die mit einem Sieg im Finale die ganze unbefriedigend abgelaufene Saison sozusagen im Handstreich zu einem guten Ende bringen könnten.
Der Lärm erstirbt, als die ersten Takte der Cup Final Hymne erklingen.
„Abide with me; fast falls the eventide; ...”
Die jungen Männer in Rolands Nachbarschaft schauen sich hilfesuchend um. Diesen Text haben viele nicht im Repertoire. Nur vereinzelte Stimmen durchdringen die Ruhepause in der Upper Standing Enclosure West. Dies ist der Moment der wahren Traditionalisten. Schon ist die Verlegenheit ausgestanden. Die Herrscherhymne vereint die Hundertzehntausend im Chor. In respektvollem Schweigen tritt Roland in sich zurück. So vertraut und doch so unendlich fremd - eine derart übergreifende, jeden einschließende Identifikation wäre in seiner Heimat nach wie vor undenkbar. Der letzte Akkord ist noch nicht verklungen, da meldet sich das Anfeuerungsstakkato beider Lager wieder. Die Stehplatzkurven geben den Ton vor. Jetzt singt auch Roland mit.
Auf dem Feld wird das offizielle Begrüßungsritual routiniert abgespult. Die Kapitäne stellen ihre Kameraden vor. Die Manager assistieren. Der eine im dunklen Maßanzug mit blauer Krawatte, der andere in hellgrauer Kombination mit rotem Binder. Duke und Dutchess of Kent in gewohnt distinguiertem Smalltalk, da wird die von der Tratschpresse ausgegrabene Nazi-Vergangenheit des verwandten Prinzenpaares sicher kein Thema sein. Mit den Handschlägen zur Begrüßung haben die Spieler offensichtlich die letzten Zwänge des strengen Rituals abgeschüttelt. Wie angestochen hüpfen und spurten sie jetzt über den Rasen. Noch einmal winken Herzog und Herzogin dem Volk zu, keine Sekunde zu spät werden die Läufer eingerollt, schon hat sich das improvisierte Forum aufgelöst. Die Ränge sind jetzt deutlich in zwei farblich getrennte Hälften aufgeteilt: eine rote und eine blaue.
Der Schiedsrichter hat den rechten Arm gehoben, die Linienrichter geben grünes Licht, der Anpfiff ertönt, Rolands Cup Final läuft.

In der kurzen Pause der Verlängerung liegen etliche Spieler erschöpft auf dem Rasen und lassen sich die Beinmuskulatur lockern Roland merkt, wie ihm die Kräfte schwinden. Ließe der Druck nach, den die durchschwitzen Leiber der Mitleidenden um ihn ausüben, würde er sofort zu Boden sinken und sitzen bleiben.
Die Anstrengungen des zweistündigen Pokalfights stehen allen im Gesicht geschrieben. Rolands Nebenleute haben sich allesamt heiser gesungen. Die Stimmlage in der Upper Standing Enclosure West ist um eine Oktaven gesackt. Unverdrossen werden die roten Flaggen geschwungen. Hier und da keimen Gedanken an ein Replay am Donnerstag auf. Eine Vorstellung, die niemandem besonders attraktiv erscheint. Ein Cup-Final ohne Entscheidung hinterließe zweifelsohne einen faden Geschmack, auch für Roland.
Nur einmal, zu Beginn der zweiten Halbzeit, lag der Triumph nahe, war der Torschrei in den Kehlen krepiert. Mark Hughes, vor kurzem zum 'Young Player of the Year' gekürt, war wieder einmal zu ungestüm in eine Maßflanke gestrauchelt. Ein paar Minuten später hatte *Everton* die große Chance, was außer einem Zwölffingerdarm-

sticheln jedoch keine dramatischen Folgen nach sich zog. Dann noch einmal Aufregung, als Kevin Moran wegen eines, an britischen Maßstäben gemessen, Allerweltsfouls des Feldes verwiesen wurde. Der Spieler war untröstlich, schlug die Hände vors Gesicht, und musste von dem trotz der Hitze nach wie vor im Jackett gehaltenen Ron Atkinson vom Rasen geführt werden. Was Roland nicht wissen konnte und erst in diesen Minuten erfuhr: Der Ire ist der erste Spieler, der jemals bei einem Cup-Final vom Feld gestellt wurde, eine Schmach, die ihm das ganze Erlebnis verderben wird. So möchte kein britischer Spieler in die Annalen eingehen. Er wird noch lange getröstet werden müssen

Es geht wieder los. Noch einmal für zweimal fünfzehn Minuten volle Konzentration. Wieder spielen die Roten auf Rolands Kurve zu, aber oft kommen sie nicht mehr nahe. Die Luft ist raus. Die Fehlpässe häufen sich. Doch warum läuft Whiteside plötzlich so ungehindert da rechts durch? Hat mit einem Übersteiger, wie von Bongartz abgeguckt, den letzten Abwehrspieler abgehängt, ist im Sechzehner ...
SHOOT, SHOOT ... NORMAN FINISH IT, überschlagen sich die Stimmen.
Roland krampft sich die Brust zusammen, Herzinfarktgefährdung um fünfzig Prozent gestiegen.
Der Schuss kommt flach, passiert den sich streckenden walisischen Nationaltorhüter im Everton-Tor. Mehr sieht Roland nicht, wird von einem in seinem Rücken spürbaren Ruck nach vorne geworfen, gleichzeitig fühlt er einen schmerzhaften Schlag am Hinterkopf. Seine Füße verlieren die Bodenhaftung.
YEAAAAAAAAAAH!
Der Donnerschrei wird für Rolands Ohren durch das Tuch abgedämpft, welches das ganze Männerknäuel überdeckt, mit dem Roland in die Tiefe abdriftet. Aus Fernsehbildern weiß er, was mit ihm geschieht. Gleich wird die Welle zurückschwappen, und wenn es sich glücklich fügt, steht er in einer Minute wieder an seinem vorherigen Platz. Die Rückwärtsbewegung rollt an. Roland hält sich an den Schultern zu beiden Seiten fest, seine Füße schrammen über die Stufenkanten. Die Welle pendelt aus. Jetzt gilt es, Halt zu finden. Geschafft! Das immer noch über ihm wabernde rote Tuch hüllt alles in ein rosa gefärbtes Halbdunkel. Instinktiv hat er die Arme jetzt schützend über dem Kopf, dass der ihm nur nicht in letzter Jubelsekunde nach hinten weggerissen wird. Langsam gelingt es den Eingehüllten, sich zu befreien.
Da lacht die Sonne wieder. Die Stadionhälfte, in der Roland um einen festen Stand kämpft, tobt. Alle stehen, tanzen, singen, auf den Sitzplätzen hält es niemanden mehr.
WE ALL LOVE MAN-UNITED – MAN-UNITED WE LOVE YOU ... ONE NORMAN WHITESIDE, THERE`S ONLY ONE NORMAN WHITESIDE …
Roland hört sich mitsingen.
Auf der Anzeigetafel über der mundtot gemachten, blauen Kurve blinkt der neue Spielstand. Der Meister aus Liverpool gibt sich nicht geschlagen. Mittelfeldmotor Reid, der mit seinem zu früh ergrauten Lockenschopf wie ein Notnagel aus Evertons Altherrenriege anmutet, tatsächlich aber mit seinen achtundzwanzig Lenzen vor dem Debüt im englischen Nationaltrikot steht, drückt, unterstützt vom Youngster Steven, vehement über rechts auf Baileys Tor. Albiston, der schottische Nationalverteidiger im United-Dress, drischt die Kugel weit ins Tribünenrund.
Jede halbwegs gelungene Aktion der Roten wird jetzt besungen. Roland spürt seine klatschnassen Schultern. Es ist kein Schweiß, sondern riecht nach Bier. Er erfühlt die nachschmerzende Stelle am Hinterkopf. Es muss eine umherfliegende Heineken-Dose gewesen sein.

Der Schlusspfiff geht im Jubel unter. Die roten Spieler fallen sich in die Arme - zu großen Freudentänzen sind sie nicht mehr fähig -, die blauen sinken erschöpft zu Boden. Einigen der ausdauernden Schreihälsen in Rolands Nähe schießen die Tränen in die Augen.
Jetzt aber zusammengerissen für die Pokalübergabe. Die Anhänger der Unterlegenen zeigen sich als faire Verlierer und feiern einfach mit.
In der Royal Box formiert sich die Adelsriege zur feierlichen Verleihung der Medaillen. His Royal Highness The Duke of Kent gibt sich in seiner Funktion als Präsident des englischen Fußballverbandes die Ehre. Die erschöpften zweiten Sieger erklettern auf wackeligen Beinen die Stufe zur Loge. Endlich naht der ersehnte Moment, die Übergabe des greifbaren Symbols des Triumphes in Form einer überdimensionierten, silbern blitzenden Blumenvase mit zwei geschwungenen Griffen – der Cup. Lustig flattern die roten und weißen Schleifen im frühsommerlichen Wind, als der Skipper Robson den Pokal in die Höhe stemmt. Noch einmal zieht ein stimmgewaltiger Orkan durch das immer noch voll besetzte Stadion.
ONE U-NI-TED, THERE`S ONLY ONE U-NI-TED ... HERE WE GO, HERE WE GO!
Ein Mythos feiert sich selbst. Wohin Roland seine Blicke wendet, schaut er in glückliche Gesichter.
„MANCHESTER UNITED – FA-CUP-WINNER 1985".
Schlussendlich hat sich alles gefügt. Wahrlich ein Feiertag für die Fan-Invasion aus dem gebeutelten Norden. Heroes just for one day – heute haben sie es den Großstadtclubs und mit ihnen den arroganten Tories und Whitehall gezeigt. Die „Eiserne Lady" und ihre Helfershelfer können den nördlichen Councils die Gelder streichen, die Fabriken schleifen, die Bergwerke schließen und den Menschen die Jobs wegnehmen, aber im Fußball sind die Underdogs aus dem Norden immer noch eine Macht, und die werden sie sich nicht nehmen lassen.
Nach der vierten Ehrenrunde beginnt auch in der Upper Standing Enclosure der ungeordnete Abzug. Roland lässt sich im Strom der unablässig singenden Mancunians mittreiben.
Draußen blüht der Handel mit Reliquien.
Scarfs, United-scarfs, only five pounds now, tönt es aus verschiedenen Richtungen
Teurer als im Fanartikelshop am *Old Trafford,* weiß Roland und greift doch zu. Jetzt oder nie. Die glückstrunkenen Momente erleichtern die Entscheidung. Noch nie hat er sich so demonstrativ zu einem Club bekannt. Später wird es sein liebstes Souvenir aus England sein, jetzt ist es ein Bekenntnis. We all love ...!
Roland hat mit Glück noch einen Platz im dritten Manchester-Special ergattert. Der vierte fährt erst in einer halben Stunde. Von Wehmut beschlichen, wirft er einen letzten Blick zurück aus dem an Fahrt zunehmenden Zug.
Wembley verabschiedet sich im Abendlicht von ihm. Während die runden Mauern schon in einen leichten Grauschleier getaucht sind, strahlen die beflaggten Türme noch hellweiß in den letzten Strahlen der niedrig stehenden Sonne. Da entschwindet es aus seiner Sicht, das Camelot des britischen Fußballs. Mochte ein englischer Spieler in seinem Club schon ein Star sein, erst mit einem Auftritt auf diesem Rasen erweist er sich würdig für den Ritterschlag. Der Besuch eines Spiels an dieser Stätte gleicht einer Pilgerfahrt, segnet jeden aufrichtigen Fan. Von diesen Gedanken ergriffen, heftet Roland seinen Blick solange auf den schrumpfenden Koloss, bis der allerletzte Zipfel des Union Jacks auf der Turmspitze aus den Augen ist. Zweimal durfte er den thrill erfahren, ein drittes Mal wird es nicht geben.

Die Katastrophe schlug in Brüssel zu und versetzte die englische Öffentlichkeit für Tage in Schock. Als die Wortführer der Parteien ihre Sprache wiederfanden, ließ kaum einer ein gutes Haar am Fußball und seinen Fans. Plötzlich hatten es Oberschlaue natürlich vorausgesehen.
Das musste ja so kommen ...
Natürlich lag man so nicht falsch und ebenso entlarvte sich das Gros der Schelte bei genauem Hinhören als notorische Besserwisserei. Keiner hätte das Desaster so eindeutig vorhersehen können, und niemand hätte nach dem Liverpooler Sündenfall eine plausible Erklärung liefern können. Zuviel blieb rätselhaft. Sollte man den Stimmen Gehör schenken, die zwischen den hysterischen Rufen nach servere punishment zu bedenken gaben, dass die Sache auf der Insel so nicht abgelaufen wäre, ganz einfach, weil man hier mit den Mechanismen zu vertraut sei, welche die aggressive Stimmung auf den Rängen hochkochen ließen? Gewiss, jeder englische Fußballfan, der wie Roland regelmäßig ins Stadion pilgerte, war darauf trainiert, Krawall vorauszuahnen, lange bevor etwas passierte. Allerdings half dieser durch Erfahrung erworbene Wissensvorsprung nicht weiter, wenn es um die Frage ging, warum die Kerle mit den langen Schlagwerkzeugen auch dann noch weitermachten, als das ganze Ausmaß des von ihnen angezettelten Terrors für jeden klar erkennbar war. Vielleicht hätten jene, die hektisch nach Konsequenzen verlangten, nachdem die Menschen an der zusammenbrechenden Heyselmauer zerquetscht worden waren, lange vorher einen Bildungsurlaub in Everton und Anfield buchen oder einfach nur ein paar Spieltage am Stretford End verbringen sollen, um auf klügere Gedanken zu kommen. Statt dessen pochte die Lady mit dem Messerblick stur und realitätsfern auf ein praktisch undurchführbares Ausweissystem für Stadionbesucher, sollten die Schnellgerichte noch flinker sein, die Prügel noch härter. Das einzig Neue war das sofortige Saufverbot in den Stadien. Das wäre eigentlich schon viel früher fällig gewesen, aber die rührige Lobby der Brauereien hatte ihre Stadionpfründe bislang offen halten können. In Brüssel war das Fass nun übergelaufen. Damit würde sich auch die übermäßige Pinkelei erledigen, begrüßte Roland die naheliegende Entscheidung. Gleichzeitig war das populistische Verdammen des Fußballs natürlich eine einzige Heuchelei. Jeder wusste, dass die nächste Saison nach *Heysel* genauso pünktlich angepfiffen werden würde wie geplant. Show must go on, lautete das unumstößlich Gesetz des Geschäfts, ob mit oder ohne Hooligans. Roland würde jedenfalls den Start in den Spielbetrieb nicht versäumen, schon wegen der Token.
Wie gut, das die Saison vorbei ist, hatte Martina gestöhnt, als die verstörenden Bilder aus dem *Heysel Stadion* über die Mattscheibe flimmerten.
Da hatte sie das einzig Positive an der Tragödie auf den Punkt getroffen. Wenn jetzt noch Spiele in *Old Trafford* angestanden hätten, wäre Roland in arge Konflikt gekommen. Sich zu schämen, wäre das wenigste gewesen.
Nach der Sommerpause würde sich die Stimmung sicher schon wieder aufgehellt haben, setzte er auf den wundheilenden Zeitfaktor.
Rücksichtshalber nahm er vorerst den United-Schal von der Heckablage im Escort, den er dort so akkurat und gut sichtbar ausgelegt hatte. Man musste es ja nicht unbedingt auf Provokation anlegen. Die Red-Devils-Aufkleber ließen sich allerdings nur schlecht von den Scheiben kratzen.
Die bleiben dran, entschied er kurzerhand, ein bisschen Flagge zeigen sollte erlaubt sein.

Ob Roland jetzt genug habe vom englischen Fußball, fragte Harald in seinem nächsten Briefe an, in dem er gute und schlechte Kunde aus Osnabrück auf die Insel übermittelte. Die gute betraf den Fußball: Im gesteigerten Superlativ schwärmte er

vom Aufstiegsglück des *VFL*. Roland war gerührt. Den letzten Nachrichten zufolge deuteten die Zeichen an der *Bremer Brücke* keinesfalls auf Wiederaufstieg, nachdem der nervenaufreibende Saisonverlauf mit den herben Rückschlägen dem bis über die Grenze seiner Kräfte engagierten Trainer buchstäblich das Herz zerrissen hatte. Sicherlich hatte auch der übermäßige Zigarettenkonsum den Engpass für den Infarkt gelegt, mutmaßte Roland. Und nun hatte der auf die Trainerbank gerückte Manager das vorausgeplante Wunder tatsächlich vollbracht. Roland kabelte sofort ein Glückwunschtelegramm in den Schinkel.
Die schlechte Kunde betraf das leidige Berufsthema: Haralds Mann in der Bezirksregierung hatte sich vor der Zeit in die Pension verkrochen. Mir geht das Vitamin B aus, las Roland aus der Schrift gewordenen Verzweiflung des Freundes. Das Spiel mit den Feuerwehrstellen ging zu Ende. Eine Perspektive nicht in Sicht.

Die deprimierende Nachrichtenlage dämpfte die Lust auf Heimaturlaub. Auf schlechte Zukunft konnten Roland und Martina gut und gern noch ein Jahr verzichten.
Das Beste war, schlussfolgerte Martina, die Gelegenheit für eine Schnupperreise durch das typische England.
Wo lag das?
Natürlich im Süden, musste sich Roland aufklären lassen.
Da Martina offensichtlich genau wusste, wo es langzugehen hatte, überließ ihr Roland gern die Routenplanung und verdingte sich als geduldiger Chauffeur durch den Linksverkehr. Der Trip ins Baedeker-England wurde ein voller Erfolg. Tags über verwöhnte sich das Flitterpaar mit kultureller Bildung, abends kam gehörig Schwung ins Eheleben.
Roland musste dem Einfallsreichtum seiner Fremdenführerein höchstes Lob zollen. Die von ihr ausgewählten Zwischenstops waren ganz nach seinem Geschmack. In den Parkanlagen des *Warwick Castle* trafen sie auf einen leutseligen roten Ritter in festlich herausgeputztem Harnisch, nur Prinz Eisenherz und Ivanhoe hielten sich feige versteckt. Vom *Blenheim Palace* sandte er der Mutter herzliche Urlaubsgrüße auf einer Bildpostkarte von der ewigen Ruhestätte ihres Erzfeindes Churchill.
In Stratford konnte er sich aus nächster Nähe von der sprichwörtlichen Reisedisziplin junger Japaner überzeugen, die seine Sitzreihe im Parkett des *Royal Shakespeare Theaters* komplettierten. Was sie von der postmodern gemeinten Adaption der Camouflage in „As You Like It“ hielten, wurde mit zunehmender Spieldauer immer klarer. Einer nach dem anderen versank vom Schlaf überwältigt in den bandscheibenschädigenden Klappsesseln. Dabei schien ihnen die nicht mehr abzuwehrende Schlafattacke kaum Entspannung zu bringen, wenn Roland ihre selbst im weggedämmerten Zustand fortdauernd verspannten Züge richtig deutete. Was diese Menschen dagegen am liebsten taten, konnte man aus den Utensilien schließen, die ihnen um den Hals baumelten oder auf Schoß und Knien verstreut lagen: Fotos schießen, Popcorn mampfen, Schokoriegel schmatzen und Cola schlürfen.
Weiter ging es zu den römischen Thermen in Bath, um dann zum von Martina anvisierten eigentlichen Ziel der verspäteten Flitterreise zu führen: Cornwall, ein Muss für jedes romantisch gestimmte Reisepärchen in England, befand Martina, wobei sie leise infrage stellte, ob ihr Ehemann überhaupt sensibilisiert war für derartige Befindlichkeiten. Das ehrliche Bemühen, den Erwartungen gerecht zu werden, konnte sie ihm indes nicht absprechen. Nachhaltig begünstigt wurde das Reiseklima in diesen südenglischen Sommertagen durch die von allen Medien beäugten Auftritte eines deutschen Teenagers auf dem Tennisrasen in *Wimbledon*. Weil dieser siebzehnjährige Kraftmeier in den zwei Wochen, in denen seine Hautfarbe unter der ungewöhnlich gutmütigen Sonne von kalkweiß zu krebsrot wechselte, die gesamte Tenniselite

düpierte, und zum jüngsten Wimbledonsieger aller Zeiten avancierte, wurden Martina und Roland in ihrer Pension mit dem Verlauf der Sensation zu Vorzugsgästen erhoben. Von Runde zu Runde wuchsen Anerkennung und Respekt. Am siegreichen Ende wurde ihnen zu der grandiosen Leistung gratuliert. Roland nahm die Ovationen dankend an. Dabei verschwieg er taktvoll, dass ihn Tennis nicht die Bohne interessierte. Zumindest ließ sich aus diesem aufschlagfertigen Jungen ein lohnendes Konversationsthema herausschlagen, dachte er vorausschauend die Planung für das Winter-Term an.

Neue deutsche Themen waren rar geworden, nachdem sich Rolands Repertoire an landeskundlichen Gesprächsaufhängern an der nonchalanten Ignoranz seiner Konversationspartnerinnen zerrieben hatte.
Wie hatte er sich noch auf dem Vorbereitungsseminar im letzten Herbst in der DAAD-Zenrale in der Bundeshauptstadt an der Kennedyallee ins Zeug gelegt in der Debatte über die Frage, welche aktuellen Erscheinungen das Deutschlandbild aus englischer Sicht beeinflussen könnten. Sicherlich solche Fehltritte, wie der von den Skinheads bei der EM in Straßburg, hatte er vielbeachtet zu bedenken gegeben.
Viel zu aufwendig gedacht, wusste er spätestens, nachdem ein Drittel des Hochschuljahres verredet war. Alles nur Nebengeräusche in den Köpfen dieser jungen Menschen von vorwiegend weiblicher Natur, die sich die deutsche Sprache als Fach gewählt hatten, um ihren „Business Studies" den, wie sie hofften, entscheidenden Link in Richtung Spitzenjob und damit Riesenverdienst zu geben. Ihr Deutschlandbild zierte als Leitmotiv das Hofbräuhaus und war signiert von Hitler. Irgendwo im Osten des fernen Kontinents sahen sie noch eine Mauer, hinter der verblendete Kommunisten hocken sollten. Auf der dem Westen zugewandten Seite dampfte in ihren Augen die Wirtschaft auf Hochtouren und ließ die Westdeutschen besser leben, als sie es nach dem Nazi-Schlamassel verdient hatten. Aber so war der Deutsche ihnen bekannt: fleißig, strebsam, sauber, groß, blond, zäh - irgendwie unheimlich.
Und Roland?
Intellektuelle hätten immer etwas Abweichlerisches. Das falle nicht weiter ins Gewicht.
Aha!
Aus Gründen, die englische Studentinnen nicht weiter interessierten, lief es bei den ehemaligen Feinden bekanntermaßen besser als auf ihrer Insel, wo die sturen Arbeiter mit ihren sozialistisch verseuchten Gewerkschaften jeden rechtschaffenden Aufstieg verhindern würden. Deshalb sollten moderne englische Frauen sich klugerweise europäisch orientieren und Deutsch lernen.
Und worüber wollte man sprechen?
Über das föderalistische System?
Are you kidding?
Über Parteien und Verhältniswahlrecht?
Oh no, if you please could change the subject ...
Über den besonderen Status West-Berlins?
It is separated into two different parts, isn´t it?
Über den neuen deutschen Film?
What do you mean by that?
Zum Beispiel Faßbinder?
Who is that?
Schlöndorff?
Never heard of him. But what about "Das Boot"?
Daran hatte Roland in seinem missionarischen Eifer nicht gedacht. Also gut ...

Keine noch so geschickte Gesprächsführung hatte verhindern können, dass man bald bei der Frage nach Adolfs Fähigkeiten als oberster Heerführer war. Roland hatte sich von einer Verlegenheit in die andere gewunden. Wollte das denn nie aufhören? Jedoch, wozu regte er sich auf? Über mangelnde Gesprächsbereitschaft konnte er sich jedenfalls nicht beklagen. Und ging es schließlich und endlich nicht vorrangig darum, die Hühner zum Gackern zu bringen? Thema verfehlt, Konversation gelungen. So würde das Fazit in Zukunft öfter lauten.
Umweltzerstörung? Bürgerinitiativen? Grüne Partei?
Why does a nice guy like you worry so much about politics?
Privatfernsehen?
What´s the point? We´ve got two private channels for many years.
Wenigstens war zum Thema Glotze eine Konversation locker über die fünfundvierzig Minuten Distanz gekommen. Roland erfuhr eine Menge über das, was Deutschland noch bevorstehen würde. Die jungen Damen hatten die staatlich kontrollierten BBC-Kanäle für sich bis auf wenige Restminuten abgeschrieben. Immerhin lief „Dallas" dort noch. Das war ein letzter Grund. Die Aufregung darüber, das *ITV* sich diesen Quotenbringer beinahe auch noch geschnappt hätte, teilten sie nicht. In den USA würde die Serie extra für das Werbefernsehen gedreht, also was sollte falsch daran sein, es auch im United Kingdom mit Reklame zu zerstückeln? Das zweite Programm der *BBC*, das Roland so gerne sah, war ihnen jedenfalls viel zu behäbig und problemlastig. Zu viel sophisticated talk, eben etwas für Deutsche.
Mit literarischen Anstößen hielt sich Roland ohnehin zurück, da er aus Kollegenmund darüber informiert worden war, wie kläglich seine Vorgängerin in ihren hartnäckigen Versuchen gescheitert war, ihren englischen Geschlechtsgenossinnen die westdeutsche Frauenliteratur der siebziger Jahre nahe zu bringen.
Very persistent she was and … too much Womens Lib, you know...
Solche dezenten Vorwarnungen sollte man nicht in den Wind schlagen, war vom *DAAD* auf den Weg gegeben worden. Roland hielt sich daran.
Zaghaft hatte er es, als der Konversationsverkehr schon längst auf die seichte Schiene verlegt war, mit populärer Lyrik versucht. Aber auch Udo Lindenberg und Nena vermochten Rolands mit druckneuen Plakaten von der *Bundeszentrale für Politische Bildung* verschönertes Büro nicht in eine Quasselbude zu verwandeln. Also war er notgedrungen dazu übergegangen, das geforderte interkulturelle Gespräch von der Adressatenseite aufzuziehen. So las sich in seinem offiziellen Bericht für die Zentrale an der Kennedyallee die methodische Umschreibung für den schlichten Umstand, dass er vor den charmanten Biestern und ihren Finten, seinen deutschen Eifer ins Leere laufen zu lassen, kapituliert hatte. Und siehe da, sie hatten es ihm in flott fließender deutscher Rede gedankt. Obendrein bekam der deutsche Lektor erhellende Einblicke in die Gemütslage seiner ins zarte Erwachsenenalter hineinlebenden englischen Schülerinnen, erfuhr, wie sie im Kino einen Richard Gere anhimmelten und liebend gern in die Rolle der beneidenswerten Glücklichen geschlüpft wären, die diesen modernen Adonis im Film von der Kadettenanstalt wegheiratete. Im Hollywood-klischee blitzte auf, was der jungen, modernen, englischen Frau als Lebensziel vorschwebte: ein draufgängerisch erfolgreicher Mann, gutaussehend mit romantischem Flair, am besten ausgestattet mit einer Sportkarosse - BMW wäre nicht schlecht. Übrigens, das müsse man den Deutschen lassen, im Fahrzeugbau seien die kaum zu überbieten. ... Später dann, aber nicht zu spät, ein schmuckes Haus im Grünen für die ein bis zwei Kinderchen, und - bitteschön – das alles bei gleichbleibend satt gefülltem Gehaltskonto. Dafür lohne es sich zu studieren.
Aha! Und was war darüber hinaus von Interesse?

Princess Diana natürlich, die neue Attraktion des Königreiches. Zwar bot die Windsor-Physiognomie ihres königlichen Gatten nicht das, was sich ein britischer Teenager der achtziger Jahre unter einem handsome guy vorstellte, doch ansonsten fehle es an nichts, und das ohne Studium! Respekt, die stelle was da. Der mitunter arg linkisch daherkommende Thronfolger müsse sich vorsehen, sonst könne er schon bald hinter seiner kessen Frau verblassen. War der aufwendige modische Lebensstil der adeligen-Jet-Setterin angemessen oder zeigte sich darin snobistische Verschwendungssucht?
Ronald hatte sich überfragt gefühlt. Was bewegte die Gemüter noch?
Leihmutterschaft! Das Schicksal von „Baby Cotton" und damit sämtliche ethisch-moralischen Fragen, die diese von Amerika eingeschleppte Variante der künstlichen Befruchtung in sich barg. Durfte sich eine Frau für so etwas hergeben? Wie standen die Kommilitoninnen in der Runde persönlich dazu? Müsse das Ganze nicht strikt verboten werden? Selten war es leidenschaftlicher hergegangen in Rolands karg möbliertem Büro im Crescent House als zu dieser brisanten Konversationsstunde. Wie war das in Deutschland geregelt?
Roland versprach, sich umgehend zu informieren.
Weitere Themen von Interesse?
Page-Three-Girls!
Roland war die Hitze aus dem Kragen gekrochen. Jetzt ging es langsam in Richtung Gürtellinie. Das sei doch mehr ein Thema für schweinigelnde Männerunden, versuchte er um den schlüpfrigen Glamour herum zu kommen. Nein, keineswegs. Ob er nicht von der Verbotskampagne dieser Labour-Abgeordneten aus Birmingham gelesen habe? Damit gewinne das Thema geradezu politische Brisanz.
Überredet. Der *DAAD* würde hoffentlich nicht von allem erfahren, was in Salford zur Sprache kam. Hin und her gingen die Meinungen über die kleinen Morgenfreuden englischer Männer. Wie der deutsche Lektor dazu stehe?
Beiläufige Blicke gab er zu.
Fiona, das studiogebräunte Modellgesicht mit antoupierten Kurzfrisur, wie sie die geldgeilen Flittchen in den amerikanischen Soaps zur Schau trugen, glaubte ihm nicht. Das Thema turnte sie ohne Frage an. Sie konnte nicht umhin, eine rasante Nackedei-karriere, wie sie die pfundige Samantha Fox vorgelegt hatte, spielerisch anzudenken.
Roland stellte sich die in Idealmaßen modellierte Figur der hübschen Plaudertasche in Boulevardformat vor. Da würde keine Redaktion abwinken. Die Hitze im Hemd nahm zu. Es wurde Zeit, die Wellen nicht überschwappen zu lassen. Um dem heißen Eisen eine gewisse soziologische Tiefe zu geben, brachte er jene junge Frauen aus der Arbeitslosengesellschaft ins Gespräch, die aus purer Existenznot zum Amateurstrip in den Clubhäusern der Gewerkschaften auftraten. Dieser Ablenkungsversuch vom nackten Kern provozierte weniger Mitleid als Häme, da sich die Damenrunde belustigt ausmalte, in welch ärmlicher Unterwäsche verhärmte Bergarbeitergrazien das zum Nichtstun aussortierte Mannsvolk in Verlegenheit stürzen würden.
Kleidsame Dessous, das war Roland und Martina schon bei ihrem ersten Einkaufsbummel angesichts des dekorativen Angebots in den Kaufhäusern der City aufgefallen, gehörten zur absoluten Grundausstattung junger Inselfrauen, stellten in Termini der Logik gewendet quasi eine notwendige Bedingung für die intime Phase des Paarungsrituals dar. In diesem Trend zu scharfen Spielsachen zeigte sich ein gravierender Unterschied im interkulturellen Vergleich zum feministischen Minimalismus westdeutscher Prägung, der als einzige Form der Unterbekleidung den schmucklosen Konvektionsslip vorsah, eine Sitte, die Roland schon zur Hochzeit der freischwingenden Busenkultur immer etwas puritanisch vorkam. Wie prickelnd schön waren da die Zeiten, als er noch Katrins Büstenhalterarsenal verwalten durfte.

Zwei Wochen nach der heißen Gesprächsrunde, als sich die hochgekochten Phantasien längst abgekühlt hatten, sah sich Roland mit unerwarteten Spätfolgen konfrontiert, die unerquickliche atmosphärische Störungen ins emotionale Gleichgewicht der jungen Ehe trugen. Unklugerweise hatte er aus einer Unachtsamkeit heraus Einzelheiten seiner neu gewonnenen Kenntnisse über Spitzenwäsche gegenüber Martina preisgegeben. Nur mit Mühe konnte er den dienstlichen Charakter der Thematik begründen.
So, so, hakte Martina spitzmündig nach, über so etwas müsst ihr euch unterhalten, damit die Schicksen Deutsch lernen. Und wann steht das Thema Ficken auf der Liste?
Aber ...
Nichts aber, pass auf, sag´ ich dir, pass auf! Diese jungen Dinger kommen schnell auf dumme Gedanken. Und wenn man dir nicht ordentlich auf die Finger sieht ...
Der Stachel des Zweifels war gesetzt, musste Roland einsehen. Es kostete einige Anstrengungen, ihn wieder zu ziehen.

Solche Stolperfallen würden sich aus einem Gespräch über seichte Muse nicht ergeben, hatte Roland auf Unverfänglichkeit spekuliert, als er Erfahrungen mit Popmusik zur Diskussion stellte. Wie konnte er ahnen, dass ihn ausgerechnet seine Anekdote zum Sting-Konzert im *Apollo* ins Zwielicht setzen würde. Dabei hatte er lediglich erzählt, wie der Sänger bei der Ankündigung eines als Zugabe gedachten Police-Klassikers alle Besucher aus Whalley Range besonders herzlich gegrüßt hatte. Roland und Martina hatten sich gefreut über die überraschende Ehre. Wenn Roland alles richtig verstanden hatte, was ins Mikrophon gebrabbelt wurde, hatte der welterfahrene Rockstar einige Monate seiner wildesten Zeiten dort verlebt, und war offenkundig durch den verschwiegenen Betrieb auf den verrufenen Gehsteigen um die Carlton Road zu seinem Klagelied über die Rotlichtgeschäfte der geheimnisumwitterten „Roxanne“ inspiriert worden.
Und da wohnte Roland.
Das solle er besser nicht zu öffentlich machen, hatte die Plauderriege zu Rolands Überraschung plötzlich ungewohnte Moral gepredigt, er sei ja ein netter Kerl und rechtschaffender Lektor, aber dass er als Universitätsangestellter mit seiner jungen Frau ausgerechnet am bekanntesten Straßenstrich von Manchester Quartier genommen habe, na ja ...

Bestens ausgestattet mit seinem aktuellen Tennisthema warf sich Roland nach den längsten Ferien seiner kurzen Karriere ins zweite Jahr als Lektor für deutsche Sprache an der University of Salford. Diesmal wollte er sich nicht so leicht die Butter vom Brot nehmen lassen und schob entschlossen eine Fußballstunde nach. Mit Brüssel hatte die Diskussion um das Spiel eine Brisanz gewonnen, die auch englische Sprachstudentinnen nicht ignorieren konnten, begründete er sein forsches Vorgehen.
Er traf auf wenig Gegenwehr. Brav stellten sich die ferienerholten Damen der Herausforderung und hatten gleich Vorschläge zur Abhilfe der Gewalt parat:: Erstens müssten die hilflosen Bobbys endlich besser bewaffnet werden, zweitens solle man mit dingfest gemachten Hooligans nicht zimperlich umspringen. Fiona begeisterte sich an dem Vorschlag, Krawallmacher bei Schwerstarbeit und härtestem Drill in Lagern zu disziplinieren. Mit dieser Argumentation hätte sie sich mit guten Aussichten als Pressereferentin in der Downing Street bewerben können, fiel Roland dazu ein, behielt das Gedankenspiel aber für sich und ließ der Debatte ihren martialischen Lauf.

Uniteds Start in die neue Saison geriet leider nicht so schwungvoll wie der Wiedereinstieg ins Konversationsgeschäft. Bei aller Anfangseuphorie zeigte Brüssel doch Nachwirkung. Die gute Stimmung war dahin. Fußball bekam das Stigma einer anrüchigen

Freizeitunterhaltung, den kulturell höher gestellten Bürgern noch suspekter als zuvor. Alles war anders. Rolands pünktlicher Antritt zur Saison nutzte nichts, das Tokensammeln war für die Katz. Topspiele würde es für die ´Red Devils´ in dieser Saison nicht geben, das war relativ früh klar. Vom Europapokal waren alle britischen Clubs ausgeschlossen, die ersatzweise organisierte, als „Supercup" getarnte Trostrunde für die Insel erwies sich als ein vorhersehbarer Flop. Ähnlich war es mit den Neueinkäufen: allesamt Fehlinvestitionen! So etwas passierte also nicht nur einem Piepenbrock, lernte Roland daraus. Aus dem Pokalwettbewerb flog der Cup-Verteidiger schnell raus, in der Liga holperte man bald hinter der Spitze her. Sogar ein Heimspiel ging verloren. Die Zuschauerzahlen sanken unter vierzigtausend, eine neue Erfahrung für Roland in *Old Trafford* . Ron Atkinson wurde kaum mehr zum „Bell´s Manager of The Month" gekürt und musste sich seinen Whisky künftig selbst kaufen. Dabei hatte das markante Machogesicht mit dem Lauerblick so gut zu der Marke gepasst, war Roland jedes Mal in den Sinn gekommen, wenn er die Fotos betrachtete, auf denen der Beschenkte die begehrte Magnumflasche mit einem hintergründig aufflackernden Anflug von Vorfreude auf den Pupillen in der „United-Review" präsentierte. Der machte nicht nur gute Miene zum bekannten Label, sondern auch den Eindruck, dass er die viereinhalb Liter bestens verarbeiten konnte.

Davon und von weiteren Anekdötchen seiner Samstage in *Old Trafford* erzählt Roland am Abend des fünften November, an dem Kollegin Maren nebst Ehemann Kevin zu einer Guy-Fawkes-Party in der Carlton Road geladen haben.
In der ihm angeborenen Neigung zum Übermut hatte Roland großmäulig angekündigt, dass er zu diesem Anlass das zu erwartende reichhaltige Angebot an Alkoholika üppig nutzen wolle, da für den Rückzug ins Bett lediglich eine Treppe zu erklimmen und ein Flur zu durchmessen sei.
So eine Gelegenheit kommt so schnell nicht wieder, frohlockte er, bei so einem Cheese-and-Wine-Gelage an der Uni muss man immer aufpassen, dass man noch irgendwie nach Hause kommt. Diese elende Juckelei durch die halbe Stadt nachts kann einem ganz schön auf den Wecker gehen.
Heute Abend würde Roland den Heimvorteil genießen können. Martina hatte nichts dagegen, solange die Situation nicht verlangte, dass sie ihn die Treppe hinaufschleppen müsse.
Nein, nein, soweit sollte es nicht kommen, schließlich wollte er unbedingt bei der Ballerei in der Nacht mitwirken. Voller vorausschauender Begeisterung für das Feuerspektakel hatte er am Sonderstand bei *Safeways* ein ansehnliches pyrotechnisches Sortiment zusammengestellt. Hei, da würde es lustig rumsen, bei den Granaten, die er bereithielt. Sollten die Gäste sich ruhig die Ohren zuhalten und rummosern, heute war Knallen erlaubt!

Mit sicherem Gespür für Grenzsituationen hat er soeben den sich verdüsternden Blick der ihm im Angesicht hockenden Hildegard, seiner Vorgängerin im Amt, registriert und elegant das Thema gewechselt, so wie Martina es im Vorfeld als Richtschnur für den Abend ausgegeben hatte:
Wenn du merkst, dass die Leute dein Gelaber vom Fußball anödet, tritt´s du auf die Bremse. Am besten fängst du gar nicht erst davon an.
Warum hat sich die verkniffen plierende Feministin überhaupt in den Kreis gerückt, in dem Roland in seinem Ikea-Schwingsessel den Takt der von Kevin produzierten, poppigen Instrumentalkomposition nachwippt. Diese ganze Konversationsfarce färbte gehörig ab, musste er feststellen, immer häufiger ging mit ihm dieser Lenkungsinstinkt durch, wenn es nicht angebracht war. Du bist viel zu dominant geworden, hatte

Martina schon einige Male angemahnt. Da war was dran. Heute schien das nicht störend aufzufallen.
Armin und Manfred, die trinkfeste deutsche Abordnung aus *HUMIST*, mischt jedenfalls im United-Thema munter mit. Nach dem Cup-Final hatten sie extra bei Martina im ´Manchester-United-Supporters-Room´ ín der Carlton Road ausgeharrt, bis er zurück war, und danach noch eine aufschäumende Siegesfeier angekurbelt. Daran denkt Roland immer wieder gerne zurück. Zu vorgerückter Stunde würden bestimmt einige waschfeste Zoten über Mancunian Chicks aufs Trapez kommen. Seitdem Armin von seiner der Wochenendhüpferei überdrüssigen Völkerkundeliebschaft aus Hamburg die ultimative Freistellung erhalten hatte, fuhr Roland noch lieber zum gemütlichen Männerumtrunk nach Didsbury, wo die beiden unterschiedlichen Junggesellen zu ebener Erde in verschworener Nachbarschaft hausten und ihre Fallen für die Chicks stellten. Unglaubliches, das er vorsorgehalber Martina nur fein gefiltert weitergab, erfuhr er dann von ihren nächtlichen Odysseen durch Wet-T-Shirt-Events und Toga-Nights, wo sich Roland den onkelhaft wirkenden Armin einigermaßen deplaziert vorstellte. Die wallende Übergangsmantelpracht, die er um sich zu schlagen pflegte, unterstrich nur seine Leibesfülle, und der stete Lagerkonsum begünstigte ohne Frage die Doppelkinnbildung. Der schüttere Haaransatz tat das Übrige, um seiner ganzen Erscheinung eine vom Jugendideal entrückte Linie zu geben. Als Roland Armin zum ersten Mal vorgestellt wurde, hatte er den Mittdreißiger glatt für Anfang vierzig gehalten. Ein gestandener Mann, von dem etwas Saturiertes ausging. Vielleicht war es das, was junge Dinger an ihm finden mochten. Tatsächlich war Armin aber, das hatte er Roland in einer lagerfeuchten Stunde anvertraut, auf ein Weibsbild aus, mit dem er Beständigkeit in seinen unsteten Lauf bringen könnte. Sein eigentliches Jagdrevier sollte dem hehren Anspruch gemäß auf der Kolleginnenebene liegen. So eine richtige prächtige, englische Stute. Allerdings, das könne sich Roland wohl denken, sei das Angebot, obwohl es sich aus drei Hochschulen speiste, äußerst dürftig. Die Hoffnungen ruhten für diesen Regenwinter auf dem dreitägigen Kongress über „Interkulturelle Konvergenz“ an der Manchester University, zu dem Teilnehmerinnen aus dem ganzen Empire erwartet wurden. Roland hatte Verständnis für die Präferenz einheimischer Kandidatinnen, da Armin mit Sicherheit längerfristig auf seiner neuen Stelle in *HUMIST* festsitzen würde. Natürlich wäre er lieber in Hamburg oder besser noch Berlin untergekommen, aber die angespannte Ausschreibungslage in der Heimat zwang selbst promovierte Sprachwissenschaftler so einen Notnagel wie *HUMIST* ernst zu nehmen. Eine Alternative wäre Helsinki gewesen. Da war Manchester sicher ein besseres Los, fand auch Roland. Nebenbei hatte ihm Armin zu später Schoppenstunde ans Herz gelegt, nicht auf die saublöde Idee zu kommen, in der gottverdammten Germanistik zu promovieren oder sonst irgendwo im Deutschen eine Zukunft zu sehen.
Das geht alles geschwinde den Bach runter, quetschte er zwischen den ernst zusammengezogen Lippen hervor, in ein paar Jahren wird´s die ersten Fachbereichsschließungen geben, wirst sehen. Wenn Manfred sich nicht sputet, kriegt der höchsten noch was in Tromsö.
Roland hatte nur müde genickt und sich gefragt, ob es bei den Wikingern im rauen Norden einen Fußballverein gab.
Manfreds bevorzugte Jagdgründe lagen ohne Zweifel auf DAAD-Ebene. Geschickt nutzte er die diversen Anlässe zu Kongressen und Tagungen für seine Beutezüge. Anders als der bärbeißige Armin konnte er mit seiner tennistrainierten, untersetzten Statur und seinen von fahlblonder Lockenfülle umrahmten Robert-Redford-Zügen auf eine attraktive Physiognomie bauen. Überdies gelang ihm auf Kommando dieses gewisse charmante Basislächeln, so dass Martina sich gut vorstellen konnte, wie der

die Weiber weichschmalzte. Nur einmal, als der ausgekochte Campuslöwe bei einem Treffen in London das hübscheste Lektorinnengesicht des gesamten Jahrgangs - sinnenweckender Schmollmund, kaffeebraunes Seidenhaar, Nutellateint, Kurven im Idealguss unter enganliegendem, bordeauxfarbenen Samtkleid - im Aufzug des *Bonnington Hotel* angegangen war, hatten ihm die ganzen Vorteile nichts genutzt. Blassgesichtig und nervös an der eigenen Bekleidung zupfend war er dem Lift entstiegen. Das verschreckte Reh schlüpfte mit gesenktem Köpfchen zum nächsten Seitenflur davon. Da musste etwas vollkommen in die Binsen gegangen sein. War aber auch reichlich dreist gewesen, diese Volte, hatte die Schöne doch extra ihren Lover aus Frankfurt einfliegen lassen, zum Wochenendkuscheln in die City of London. Der Glückspilz entpuppte sich als ein zum Gähnen netter Konvektionsbeau: groß, gut gebaut, weiche Sportsmannzüge, Typ Schwimmer, kurze Haare, Krawatte, helles Hemd, Nichtraucher, Mathematiker. Wie war der nur bei dieser scharfen Germanistin gelandet, musste sich nicht nur Manfred fragen.

An diesem Guy-Fawkes-Abend hemmt die Anwesenheit der einschlägig bekannten Kämpferin für weltweite Frauenrechte die Bereitschaft zum undogmatischen Herumalbern. Dabei hat die aufrechte Hildegard bislang nichts zählbares zur Unterhaltung beitragen, sitzt nur da mit ihrem Kontrollblick und schlürft den extra mitgeführten Kräutertee aus dem Naturkostangebot des *National Trust.*
Sicher zählt die uns im Geiste die Bierdosen vor, argwöhnte Roland, während Armin gerade mit einer Batterie *Heineken* aus der Küchenecke zurückkommt.
Bier aus Dosen war nach ökologischem Moralkodex ein besonders schwer zu wertender Frevel, erfüllte nicht nur den Tatbestand des Alkoholmissbrauchs, sondern zählte zudem als Müllvergehen. Das war die Crux mit Frau Dr. Hildegard Horn, sie stellte als ökologisch gewendete Feministin eine fraglos untadelige Protagonistin der westdeutschen Linken dar. Niemand aus der Runde hätte ihr in ideologischer Hinsicht das stille Wasser reichen können. Dafür würde sie aus diesem Kreise auch keiner aufs Kreuz legen wollen, feixt Roland in verschwiegener Reflexion zum Stand der Dinge.
Nicht, dass sie direkt hässlich wirkte, sie war einfach nach allgemeinästhetischen Kriterien bemessen mehr ein Nichts als ein Etwas: nicht attraktiv, nicht sympathisch, nicht interessant, nicht unterhaltsam und vor allem nicht weiblich. Eine Bohnenstange mit lieblos gescheiteltem, überlangen Spittelhaar, aus dem die spitzen Ohrmuscheln drohend hervorstachen. Das verstockt wirkende Jungengesicht verweigerte sich standhaft jeglicher Kosmetik. Der langgezogene Körperrest hüllte sich in Strickzeug.
Für den heutigen Abend hat sie eine braun-grüne Kombination angelegt: brauner, grobmaschiger, überweiter Pullover mit baumrindenbraunem, bodenlangem Rock, der vielleicht bei Rolands Mutter Gefallen hervorgerufen hätte. Ihre langen Füße sind mit mausgrauen Socken umzogen, die Kevin ihr aus seinem Wintersortiment ausleihen musste, weil sie gleich nach ihrer Ankunft von einem Frieranfall überfallen wurde.
Das kommt davon, wenn frau im November in Birkenstocksandalen herumlatscht, hatte Armin gehöhnt, als er die entfernte Kollegin noch außer Hörweite wähnte.
Pass auf, dass du die schicken Socken nicht versengst, pflaumte er unbedacht weiter, nachdem Hildegard ihre Füße bedenklich nah zum elektrischen Kaminfeuer platziert hatte .
Dass Männer sofort denken, wir Frauen hätten Probleme mit der Selbstwahrnehmung, wenn wir einer Sache näherkommen. Dabei solltest du vielleicht eher fragen, wovor du dich eigentlich fürchtest.
Damit war erst einmal der Faden gerissen. So überfragt dreinschauend hatte Roland Armin noch nie dasitzen sehen.

Dass diese Frau mit ihren Geschlechtsgenossinnen in Salford nicht warm geworden ist, als sie mit westdeutscher Frauenliteratur und grüner Programmatik bewaffnet ihre Konversationsmission angegangen war, wunderte hier niemanden.
Mein Gott, was müssen die Engländerinnen nur über deutsche Frauen denken, hatte Martina geschmunzelt, als Roland ihr von dem Repertoire seiner Vorgängerin berichtet hatte.
Einer von der *English Section* war trotz alledem - oder gerade deswegen? – entflammt. Matthew, ein sommersprossiger Enddreißiger mit ausnehmend vornehmen Umgangsformen, was das Grüßen, Verabschieden und seine höfliche Aufmerksamkeit im Gespräch betraf. Wieder einer, von dem sich Roland nach Martinas Dafürhalten einiges abgucken konnte, wobei sie einschränkend einräumen musste,
... dass der in Hinsicht auf Frauen ´nen schrägen Geschmack entwickelt hat. So ein angenehmer Mensch läuft mit so ´nem Besen rum, irgendwie arm dran der Mann, wunderte sie sich zum wiederholten Male über die unberechenbare Rotation des Beziehungskarussells.

Heute Abend sitzt die verirrte Männerseele entspannt lächelnd und aufgeräumt plaudernd zwischen Martina und Maren. Die Damen fühlen sich, so wie Roland die Szene aus seinem nachgiebigen Schwingsessel einschätzen kann, vom soften Gentleman angenehmst unterhalten. Beherzt auflachend goutiert Maren soeben einen intelligent formulierten Scherz ihres gesprächsbemühten Gastes.
Der ist gut dran, flaust es Roland durch den Sinn, hat seine verbiesterte Domina bei uns geparkt und schiebt vor den beiden Sonnenblüten galant seine Schoten raus.
In Rolands Kreis schleppt sich die Unterhaltung durch das Berufsthema, dem kleinsten gemeinsamen Gesprächsnenner, wenn keiner mehr riskieren will.
Manfred fühlt sich befleißigt, über jene akribisch vorbereitete Stunde zu referieren, in der deutsche und englische Esskultur verglichen werden sollten, die jedoch unrettbar in einen Klamauk über Erfahrungen mit „bangers“ abgeglitten sei.
Worüber? In Armins Kehle staut sich der Heineken-Fluss.
Wie bitte, habt ihr heute „bangers“ gegessen? Vom Stichwort hellhörig gemacht, klingt Kevin sich in die Runde ein.
Hildegard schweigt und schlürft.
Die mussten wir früher im Kindergarten und in der Schule essen. Immer nur „bangers“, erinnert sich Kevin mit Schaudermiene, und zu Hause gab es dann manchmal noch „bangers and mash“ zum dinner. Das war, wie sagt man auf deutsch, echt ... disgusting, brrr.
Eklig, meint Roland und fühlt sich ungut erinnert an seine einzige Erfahrung mit diesem in Kunstdarm gestopften Schlamm aus Innereien, Knorpel und Gott wer weiß was für Tiermehl.
Zum Kotzen, pflichtet Armin zustimmend bei.
Habt ihr gewusst, dass da überhaupt kein Fleisch drin ist, setzt Kevin nach. Gosh my friends, so etwas müsst ihr nicht essen.
Wir haben nur darüber gesprochen, klärt ihn Manfred auf.
Hoffentlich nicht direkt vor der Mittagspause.
Sehr appetitlich, meldet sich Hildegard von der Teetasse aufblickend, ... und so treffend landeskundlich akzentuiert.
War das ein Rüffel, oder offenbarten sich hier letzte Ressourcen an Humor?
Och, spinnt Armin lagerfröhlich weiter, das lässt sich doch auf elegante Weise interkulturell retten, wenn man die mannigfaltige deutsche Wurstkultur einbindet.
So ähnlich ist das gelaufen, räumt Manfred ein, mit den „Wienern“ kam dann die großdeutsche Variante ins Spiel.

Da hattest du wieder den Anschluss geschafft, bringt Kevin die Pointe augenzwinkernd zum Abschluss. Think big, von euch Deutschen kann man wirklich was lernen. Und wie schmeckt das englische Bier?
Gut! Die Antwort des Männertrios kommt wie aus einem Mund.
Bestes Blödelwasser.
Damit kann man sich solide abpumpen.
Hildegard hat keine Meinung.
Der Gastgeber kümmert sich um Nachschub.
Finde ich interessant, wie schnell ihr euch von den Studentinnen aus dem Konzept bringen lasst, meldet sich Hildegard entschlossen zurück, den Jux nicht länger gedeihen zu lassen. ... Ich gehe davon aus, dass ihr über Konzepte verfügt, was die Fremdsprachendidaktik angeht.
Ja, aber ... Hilfesuchend schaut Roland auf die anderen.
Armin zuckt die Schultern.
Hildegard lässt nicht locker: Wenn man oder frau alle Planung aufgibt, weil den Studenten oder Studentinnen die Bereitschaft abhanden gekommen ist, sich ein Thema zu erarbeiten, müssen wir uns nicht wundern, wenn wir nichts bewirken, oder schlimmer noch, kontraproduktiv handeln.
Was hast du bewirkt, fällt Roland keine bessere Replik ein.
So platt kann nur ein Mann fragen, der zu nachlässig reflektiert hat, muss er sich zurechtweisen lassen. So eindeutig kann das nicht evaluiert werden. Das müsste man als ausgebildeter Lehrer wissen. Es kommt auf Glaubwürdigkeit und methodische Verlässlichkeit an. Dass man oder frau zu dem steht, was er oder sie vertritt. Im Übrigen stellt das Geschlechterverhältnis eine sträflich unterschätzte Bedingung dar. Ich bin mehr denn je der Meinung, dass Konversationsgruppen mit dominierendem Frauenanteil unbedingt von Frauen geleitet werden sollten. Da ist beim *DAAD* ein Umdenken gefordert, darum wird es in Zukunft gehen, bin ich überzeugt.
Manfred forscht mit unsteten Suchblicken nach alternativem Plaisier in der Party-runde.
Armin drückt Dellen in seine Heineken-Dose.
Roland gibt sich nicht geschlagen: Umdenken hört sich immer gut an, und die Planung lasse ich mir auch nicht aus der Hand nehmen. Vor kurzem habe ich standhaft auf die Diskussion über einen lyrischen Impuls hingewirkt.
Alle Achtung! Armin nimmt wieder Haltung an. Worum ging´s ?
„Das Lied der Deutschen".
Manfred lässt einen Pfeifton durch die Lippen ab.
Hildegard windet sich in Unmut: So ein nationalistischer Schwachsinn kann nur Männern einfallen.
Roland lässt sich nicht ablenken: Hab´ ich verschiedenen Gruppen vorgelegt, und die meisten sind gleich drauf angesprungen. Die Verse waren notorisch bekannt, einige haben sogar angefangen zu singen,
Was, möchte Armin unbedingt wissen.
Na, „Deutschland, Deutschland über alles ...", was hast du denn gedacht?
Ist nicht wahr? Armin sinkt in seinen Sessel zurück.
Sure, he´s damned right. Kevin ist mit der nächsten Heineken-Ration zurück. Ich würde es auch nicht besser wissen, wenn ich nicht mit Maren geheiratet, äh, verheiratet wäre. Für mich, und natürlich noch mehr für meinen Vater und Großvater, wart ihr Deutschen immer „über alles". Wie heißt das in diesem Nazimarsch – heute Deutschland, und tomorrow die ganze Welt? So sehen wir euch, und das ist eigentlich ganz okay, niemand regt sich hier groß darüber auf.
Genauso ist das gelaufen, sieht sich Roland bestätigt.

Hildegard schweigt und schlürft weiter Kräutertee.
Did you know, dass die Melodie vielen Engländern als ein altes Kirchenlied bekannt ist. Es heisst, wait a minute, ...I think, yes : „Glorious Things Of Thee Are Spoken".
Nee, das hab´ ich nicht gewusst, staunt Roland.
Den anderen geht es nicht anders.
Seht ihr. Da habt ihr von einem einfachen englischen musician noch something gelernt, freut sich Kevin und beginnt, die Heinekendosen zu verteilen.
Hildegard lehnt höflich ab. Die für sie berechnete Blechbüchse nimmt Armin bereitwillig in Verwahrung.
Die vierte Lagerdosis lockert die Sicherungen. Um von dem stimmungsbremsenden Jobthema wegzukommen, wechselt Roland abrupt zu Walser und gießt damit nur weiter Öl in Hildegards Feuer.
Habt ihr schon gelesen, was Helmut Halm als Lektor in Kalifornien erlebt?
Was Neues von Walser? Ja, hab´ ich schon von gehört, erzähl. Manfred meldet sich mäßig motiviert wieder an.
Ja, „Die Brandung", das müsste für Hildegard interessant sein, da geht´s nämlich auch um die vertrackte Logik des Konversationsunterrichts. Walsers Held hat die gleichen Probleme damit wie wir.
Ausgerechnet Walser, kommt es kaum hörbar über Hildegards Lippen.
Die hat auch in allem was rumzumäkeln, flucht Roland in sich hinein und zündelt trotzig weiter. Die Qualen der Versuchung und akademischer Alkoholismus, stichelt er ungebremst in Richtung Armin und Manfred, das ist doch genau das richtige für die Didsbury Twins.
Didsbury Twins, japst Armin durch die von Manfreds stetigem Camelkonsum gebildeten Qualmwölkchen, das ist guuuut.
Das würde noch besser kommen, wenn du dir endlich ein vorzeigbares Auto zulegen würdest, tönt es hämisch von Manfreds Seite.
Ja, ja, da liegt er nicht falsch, kommt Roland auf Touren, eine posh car ist immer von Vorteil ...
Hildegards Augen ziehen sich zu Schlitzen zusammen.
... da reicht schon so´n aufgepeppter Escort, wie ich mir einen neu zugelegt habe.
Du meinst diesen Möchtegernporsche da unten im Hof, hakt Armin nach.
Ja, sieht heiß aus was, mit den Ralleystreifen und dem Heckspoiler? Mit der Schleuder bin ich neulich so rasant auf unserem Staff-Parkplatz am Crescent House aufgebremst, dass der Kies nur so um die Alufelgen gespritzt ist, und was soll ich euch sagen, prompt regten sich gleich ein Dutzend Puppen an den Fenstern.
Hast du nachgezählt? Auf Manfreds Spott ist Verlass.
Hildegards Augenschlitze verengen sich zu Schießscharten.
Da wäre ich lieber nicht dabei gewesen, winkt Armin ab.
Na ja, du kannst ja weiterhin zu Fuß über den Campus latschen wie Helmut Halm. Der weiß gar nicht, wohin er zuerst schauen soll, auf die süßen Münder, die Kaugummiblasen platzen lassen, oder auf die an die Blusen klopfenden Brüste ...
Die ...? Armin kommt nicht zu Wort.
Ha! Hildegards eckiger Brustkorb ist nach vorne geschossen, ihre Augen sprühen Funken im Zehntelsekundentakt. Das ist wirklich die Höhe. Du mieser Chauvi, du selbstgefälliger Macker!
Aber, ich ...
Ja, wie du dich da schon die ganze Zeit rumflegelst in deiner notorischen Paschapose und uns ungeniert ausmalst, wie du dich am liebsten an den Studentinnen vergreifen möchtest ...
Halt mal, ich habe nur zitiert, was ..

Ach was, verkriechst dich noch feige hinter diesem sogenannten Roman. Das ist eure Sprache, sind eure kranken Phantasien. Frauenverachtend, erniedrigend ... einfach widerlich!
Aus der verqualmten Tiefe des Raumes richten sich alle Blicke auf den von Hildegard aufgescheuchten Stuhlkreis. Martina hat ihren Gatten ins Visier genommen wie einen Lauser, der einen bösen Unfug getrieben hat.
Mit eifrigem Achselzucken versucht Roland Unschuldsbeteuerungen hinüberzufunken.
What´s the matter darling? Matthew kniet an der Seite seiner deutschen Liebe. Die sendet weiter Blitze in Richtung Frauenfeind Nummer eins.
Armin stiert verlegen in den knallroten Elektrokamin.
Manfred lauert gespannt auf weiteres Kreuzfeuer.
Wie bestellt kommt Kevin mit der rettenden Idee: Come on boys, let´s go, the gun powder plot is going to start.
Armin stemmt sich ächzend aus seinem Sitz und hilft Roland aus dem durchgewippten Schwingsessel auf Flüsterdistanz zu sich heran: Du, äh, um kurz drauf zurückzukommen ..., ein absichernder Blick in den feministischen Abgrund, ... die klopfenden Brüste, waren die von dir?
Nein, nein, wispert Roland im Nachschock, alles Walser, alles Walser ...
Trotzdem gut, sehr guuut, muss ich mir unbedingt besorgen.
Manfred streift voller versteckter Schadenfreude an Roland vorbei: Herr Kollege, nur der Vollständigkeit wegen: Der Titel heißt einfach nur „Brandung“ – nicht „DIE Brandung“.
Ach so, ja? Manchmal fehlt mir noch der Blick fürs Detail.
Im Hof starten die ersten Raketen in den mattschwarzen Novemberhimmel. Jetzt geht die Party richtig los.

In dieser Guy-Fawkes-Nacht kam Roland mühelos die Treppen hoch. Nachdem er Hildegards Potentiale zu spüren bekommen hatte, war ihm der Durst vergangen. Eigentlich hätte ihm die Begegnung mit der feministischen Art schon am nächsten Morgen schnuppe sein können, aber wo die Seuche des Zweifelns einmal ausgebrochen ist, bildet sich oft ein virulenter Herd. So eindeutig die Indizienlage für Roland sprach, versuchte Staatsanwältin Martina doch einen Verdacht gegen ihn zu erhärten. Da waren zunächst die komischen Bücher, die er las.
Mein Gott, das ist moderne deutsche Literatur, und Sex gehört zu unserem modernen Leben, rechtfertigte er sich guten Gewissens.
Na ja, ich muss so etwas jedenfalls nicht lesen.
Dazu verklammerten sich ein paar zufällige Zusammentreffen mit Fiona in Martinas Alarmstimmung zu einer logischen Kette höchst suspekter Begegnungen.
Die will doch was von dir!
Ich bitte dich ...
Und weshalb zerrt die ausgerechnet dich beim Sommerfest auf die Tanzfläche und zerreißt dir dabei vor allen Leuten das Hemd? Das war doch kein Zufall.
Ich ... was weiß ich.? Sie fand es spaßig, mit ihrem Lektor zu tanzen.
Spaßig? Und deshalb muss sie dir Klamotten vom Leib reißen?
Nun übertreibst du. Sie war unglücklich mit dem Fingernagel im Knopfloch hängen geblieben.
Ja, wer sich solche Nuttenkrallen zurechtfeilt ... Und dass die dir damals mit ihrem Hintern direkt vor deiner Nase herumgewackelt ist, als wir zum Badminton in die Sporthalle kamen. Was war das?
Wann? Ich kann ...

Ach, tu nicht so. Die hatte sich doch nur für dich so hingestellt, mit diesen knallengen Leggins ... und wie sich der lachhafte Fetzen von einem Slip drunter abzeichnete ... man konnte, ach was red´ ich, sollte doch alles genau sehen.
Dir scheint ja nichts zu entgehen.
Zumindest so was nicht. Wahrscheinlich gehst du deshalb so gern Mittwochs zum Hallenfußball. Warum dauert das eigentlich immer so lange?
Martina, jetzt reicht´s!

War es das, was diese feministische Gouvernante erreichen wollte, Zwiespalt zu säen, wo Harmonie walten sollte? Roland bekam eine gehörig nachglühende Wut auf die humorarme Spielverderberin mit ihrem verquasten Gequatsche von Frauenleid und Frauenrecht. Dass Martina mit ihren natürlich völlig haltlosen Schlussfolgerungen einem Zufallstreffer nahe gekommen war, wollte er nicht so hoch bewertet wissen und überdeckte die Umstände mit taktischem Schweigen. Tatsächlich war Fiona – Zufall oder nicht – plötzlich mittwochs in ihren stramm gezogenen Leggins auf dem schmalen oberen Tribünenrang der Sporthalle aufgetaucht und hatte ihre mit zartblauem Trikotstoff umspannten, billardkugelrunden Brüste über das Geländer geschoben, Lidschatten fein abgestimmt auf den Schimmer der Sportgarderobe. Betont teilnahmslos hatte sie dem Ballspiel zwischen Staff und Students zugeschaut. Sonst war nichts gewesen. Nicht einmal zur kleinsten Andeutung eines grüßenden Zeichens war es zwischen dem deutschen Lektor und seiner englischen Studentin gekommen.

Natürlich war sie nicht seinetwegen gekommen, oder etwa...? Vielleicht war die anonyme Valentine-Card, die er gleich nach Erhalt und heimlicher Lektüre im Büro vernichtet hatte, gar von ihrer Hand? Quatsch! Aber wer mochte dann der Auserkorene sein? Argwöhnisch hatte Roland das Aufgebot der jungen Hüpfer gemustert, die seinem Staff-Team eine Klatsche nach der anderen verpassten. Er vermochte keinen eindeutig zuzuordnen.

Ohne es sich eingestehen zu wollen, hatte sich Roland zusätzlich mächtig ins Zeug gelegt vor der schönen Zuschauerin, als würde sie ihn unablässig von ihrer erhöhten Warte antreiben. Aber der austrainierte Nachwuchs aus den Departments, wo richtige Männer handfeste Wissenschaft betrieben, ließ ihn und Trevor in ihren roten United-Shirts mit dem Sharp-Aufdruck älter aussehen, als sie waren. Schon nach zwei Spielchen war ihm der Schweiß in Rinnsalen unter dem vollsynthetischen Trikot gelaufen. Die Haare klebten fettsträhnig an der Stirn. Keuchend in die Beuge gezwungen, hatte er die Hände auf die sich wattig anfühlenden Oberschenkel gestützt. In unbeobachtet geglaubten Momenten hatte der abgekämpfte Freizeitkicker verstohlene Blicke hinauf zur Galerie geworfen. Was mochte das junge Blut über ihn denken, wie er da so wackelig stand? Mit seinem fleischfarbenen Knieschoner hatte er sich wie ein Invalide im Rehabilitationstraining gefühlt. Nach zwei Terminen hatte sie genug gesehen von der schlappen Vorstellung. Tauchte jedenfalls nie wieder auf. Seitdem hatte er das Gefühl, dass er besser spielen würde, wie von einem Druck befreit. Plötzlich konnte sein Seniorenteam sogar gewinnen. Trevor und Roland hatten sich triumphierend abgeklatscht.

Na also, wer sagt´s denn. Alte Schule, nichts verlernt, tönten sie vor der englischen Jugend.

Deren Revanche gestaltete sich torreich.

Und nun sollte ihm in Folge der Gouvernantenschelte auch noch der Mittwochkick verdorben werden.
Kam nicht infrage. Sollte die verquerte Tante ihre deutschen Schwestern im Geiste verrückt machen. Hier auf der Insel würde sie sowieso keine Schnitte bekommen.

Radikaler Feminismus war und blieb im United Kingdom eine Lachnummer, noch so ein deutsches Sonderding, ebenso typisch wie irrational. Konnte sich eine Gesellschaft, die mit dem Progress der Moderne Schritt halten wollte, nicht erlauben. Englische Frauen benötigten keine Nachhilfe in Emanzipation von deutschen Oberlehrerinnen. Ihre Entschlossenheit, nicht zu den Verlierern im Verteilungskrieg zu gehören, war ohnedies unerschütterlich.
Irgendwann im späten November verließ Hildegard Horn, von Roland unbemerkt, die Insel. Ihr Exklusivprogramm „Literatur von Frauen, über Frauen, für Frauen", in ganz Großbritannien weder ein notwendiges noch ein hinreichendes Argument für eine Einstellung in den Hochschuldienst, sollte ihr an den germanistischen Fachbereichen in der kontinentalen Heimat ein dienlicher Dietrich für Karrieretüren sein.
In Salford hatte der Abzug der feministischen Schützenhilfe aus Deutschland niemandem Kummer bereitet. Bittere Tränen wurden dagegen vergossen, als das Department, von einem wahrhaft tragischen Verlust getroffen, für Tage unter Schock stand. Das Crescent House trauerte um Lynn Bowman, bei der Roland so eifrig und gerne seine Englischkenntnisse erweitert hatte. Lynn war eine von den Frauen, die mit ihrer lebenspraktisch ausgerichteten Herzensgüte jedem noch so grauen Studientag ein Licht aufzusetzen vermochte. Mehrfachbelastet durch Mann, Kinder und Beruf hetzte die kleine Enddreißigerin auf ihren hochhakigen Pumps in den Pausen nervös durch die Flure des Departements, immer um etwas vermeintlich Vernachlässigtes in Sorge. Im Unterricht stand sie hochkonzentriert und bis zur letzten Sekunde engagiert ihre Frau, ohne dass Roland jemals ein Zeichen von Resignation oder Unmut auf ihrer Miene ausgemacht hätte. Lynn war Sprachdozentin aus Berufung, nicht auf Karriere erpicht, sondern auf Spaß beim Lehren. Das bescherte ihr die zweischneidige Ehre, äußerst beliebt zu sein. Übermäßige Sympathie auf Schülerseite bringt an jeder Hochschule automatisch eine Bürde an zusätzlicher Arbeit mit sich, die der Beliebte jenen Kollegen abnimmt, denen der Beruf zur lästigen Pflichtübung geworden ist. Diese cleveren Muffel verstehen es, die Anzahl der von ihnen betreuten Klientel klein zu halten. Dafür haben sie in den Pausen Ruhe und pünktlich Feierabend.
Wie anders war das bei Lynn. Wie oft hatte Roland beobachtet, wie sie wieder einmal von einer auf sie einfragenden Meute vor ihrem Büro gestellt worden war und die ohnehin knappe Zeit fürs Sandwichmampfen ihren Schäfchen opferte. Nicht von übermäßiger Attraktivität gesegnet, versuchte sie im Rückgriff auf modische Varianten, die sie offensichtlich aus amerikanischen Soaps abschaute, ihre Erscheinung trendy zu halten. Der Schulterpolsterlook eignete sich gut dafür, ihre schlaffe Haltung zu kaschieren, befand Roland. Die Daueranspannung, unter die ihr überreiztes Nervenkostüms gestellt war, gravierte ihr weitere Stressrunen ins Angesicht. Mit dem Schminken hatte sie ihre Not, mit Menschen nicht.
Und nun war sie tot, auf grässliche Weise umgekommen, bei einem entsetzlichen Unfall auf der M 6 vor Birmingham mitsamt ihren Lieben im Vauxhall verbrannt, weil ein übermüdeter Busfahrer die Kontrolle verloren hatte. Sonntags hatte Roland die Bilder noch in den BBC-News gesehen: Ein Amateurvideo hatte Bild und Ton geliefert. Unwirklich schrill hallten die Schreie der Unglückseligen aus Autotrümmern und Qualm. Wer hätte da an Lynda gedacht?
Als er am Montagmorgen ins Crescent House kam, wurde ihm sofort klar, dass etwas anders war. Verstört dreinschauende Studentinnen hockten auf den abgeblassten Kunstledersesseln im Foyer. Trevor eilte auf ihn zu, um die traurige Kunde flüsternd weiterzuleiten. Schluchzende Mädchen drängten auf den Gehweg am Windsor Crescent hinaus. An Konversation war nicht zu denken. Roland dachte an seine letzte Begegnung mit Lynn.

In ehrlicher Anerkennung hatte sie ihm seinen Essay für die Englischprüfung zurückgegeben. Noch bei der Abgabe hatte sie keinen Hehl daraus gemacht, dass ihr Rolands Themenwahl nicht gefiel, sie von einem Kollegen etwas Ausgereifteres, Intellektuelles erwartet hatte. Roland hatte sich angesichts ihrer unverhohlenen Enttäuschung etwas geniert. Welch eine Wandlung sich beim Korrigieren vollzogen haben musste. So sehr gefallen hatte ihr Rolands Vergleich von englischer und deutscher Fußballkultur, dass sie, die vorher niemals einem Fußballspiel beigewohnt hatte, ernsthaft einen Besuch in *Old Trafford* erwog, um vor Ort das Bild zu überprüfen, dass Roland beschrieben hatte.
Nun würde Lynn nie mehr hinkommen.

Mit einer kräftigen Heineken-Schwemme sollten die Schatten des Unglücks zum Jahreswechsel weggespült werden. Roland schob zur Stärkung der Moral Liedgut aus seiner Jugend in den Sharp-Recorder.
„ … The sky is clearing and the night has cried enough
The sun he comes the world to soften up.
Rejoice, rejoice, we have no choice but to carry on … “
Angesichts der vagen Vorausschau auf die unumgänglich anstehende Rückkehr im Sommer verpuffte die stimmungsaufhellende Wirkung im Nu.
Von Melancholie umschlichen zählte Roland die Termine, die ihm in *Old Trafford* noch verblieben.
Haralds Briefe enthielten wenig aufmunternde Kunde aus der Heimat. Arbeitslose Lehrer waren mittlerweile zu einem Massenärgernis geworden, von Arbeitsberatern nicht gut gelitten, weil sie kaum zu vermitteln waren und überdies unangemessen Ansprüche anmeldeten. Was bildeten die sich eigentlich ein, wurde nicht mehr nur hinter vorgehaltener Hand gefragt. Der Ton wurde allseits rauer, las Roland aus den Zeilen der Korrespondenz, und die Ellenbogen würden gezielter als je zuvor eingesetzt. Die Möglichkeiten zum Broterwerb hätten sich an allen Bildungsklitschen drastisch verschlechtert, trotzdem balgten sich die armen Lehrersäue um jede Stunde. Auf einen Kampf jeder gegen jeden müsse Roland sich einstellen, wurde er vorgewarnt.
Zieh dich warm an, wenn du zurückkommst .. . oder bleib am besten, wo du bist, wenn du kannst ... Hier braucht dich niemand!
Und wie geht´s dem *VFL*?
Wandelt am Abgrund, Absturz jederzeit möglich. Der neue Trainer hat zum Ende der Hinrunde die Nerven verloren und einen gegnerischen Spieler auf dem Gang zur Kabine eigenhändig zu Boden gestreckt. Dafür muss er drei Monate auf der Tribüne schmoren.
Das nenne ich Einsatz, schrieb Roland zurück, der Mann würde gut auf die Insel passen.

Als einsamer Lichtblick am Horizont vor dem schwarzen Loch namens Heimat leuchtete die nach Mexiko verlegte WM auf. Dabei sollten Rolands Blicke aus der Inselferne die Geschicke der vom selbsternannten Teamchef Beckenbauer befehligten bundesdeutschen Truppe zunächst nur beiläufig begleiten.
Von vorrangigem Interesse war auch für Martina die vom Local Hero Robson geführte englische Mannschaft. Dort drüben auf der anders Seite des weiten Ozeans durften auch die angsteinflößenden Insulaner mitspielen. Ihre schrecklichen Fans würden es nicht hinüber schaffen, hoffte man inständig allerorten.
Während aus Bonn schon die ersten Formulare zwecks Verwaltung eines reibungslosen Ablaufs der Heimkehr in der Carlton Road eintrudelten, versuchte Roland seine

Gedanken vom nahenden Ende der englischen Zwischenzeit abzulenken, indem er sich auf die Aufstellungssorgen des englischen Teammanagers konzentrierte. Ausgerechnet der landauf, landab verehrte Kapitän aus Manchester laborierte sehr zum Kummer der Mancunians seit Monaten an einer chronischen Schultergelenkschwäche, die seine WM-Teilnahme ernsthaft in Gefahr brachte. Roland drückte ihm die Daumen für baldige Genesung. Als der beliebte Star zu einer Autogrammstunde bei *Waterstone´s Booksellers* an der Deansgate erwartet wurde, um seine druckfrische Biographie „United – I Stand!“ unter die Fans zu bringen, musste Roland da natürlich sofort hin, hätte den Termin jedoch um ein Haar verpasst, weil er nur den United-Teil der *Evening News* las und kaum das Lokale, wo das Ereignis werbewirksam angekündigt wurde.
Wie gut, dass Martina wieder einmal aufgepasst hatte. Roland erstand ein preiswertes Exemplar der Kickerstory in Paperbackformat. Während die Berühmtheit das handliche Buch zum Signieren an sich nahm, formulierte Roland seine Genesungswünsche. Der gefragte Autor hob den Kopf, lächelte, bedankte sich höflich und fragte Roland nach seinem favourite club in Germany. Roland schaute Martina an. Wie hatte er gemerkt, dass...?
VFL Osnabrück, nuschelte Roland immer noch überrascht und setzte seinem schreibenden Gegenüber damit ein Fragezeichen auf. Der wünschte dem unbekannten Club trotzdem alles Gute. Schon wurde Roland von nachdrängender Jugend weitergeschoben.
Zeig schon, was er geschrieben hat, konnte Martina ihre Neugierde kaum noch zügeln.
„To Roland - Best wishes - Bryan Robson“, las er vor.
So hab´ ich mir den gar nicht vorgestellt, schwärmte Martina nachdenklich in den proppenvollen Buchladen zurückblickend, so erwachsen und so vernünftig. Wirkt wie dein großer Bruder, dabei ist der jünger als du. Von so einem könntest du dir einiges abgucken.

Zur WM wollte Martina nicht im Abseits stehen. Roland hatte ihr von der Großbildleinwand erzählt, die in der *Students´ Union* im Castle Irwell installiert worden war, damit das studentische Männervolk die Spiele der englischen Teams in möglichst livehaftiger Atmosphäre genießen konnte.
Da müssen wir hin, da wird was los sein, drängelte Martina.
Roland ließ sich nicht zweimal bitten.
Als sie am Abend ihren Platz in einer der hinteren Stuhlreihen eingenommen hatten, brodelte der zweckentfremdete Tanzsaal schon wie das Stretford End. Studenten der University of Salford spielten England-Supporters-Club: Brillenträger im Nationaltrikot, England-Schals wurden präsentiert, Union Jacks in allen Größen geschwenkt. Eine kleine Schar weiblicher Begleiterinnen hatte sich an der langgezogene Theke im hinteren Bereich in Sicherheit gebracht. Von dort kommentierten sie weniger das Geschehen auf der Leinwand als mehr die Kapriolen, die ihre Kavaliere in den vorderen Stuhlreihen schlugen. Wenn einer etwa aufsprang und einen Imponiertanz auf dem Stuhl vorführte, sich in den Armen verschränkte Schunkelquartetts bildeten oder Bierduschen aufspritzten. Einige Mädchen machten sich als Bedienung nützlich, damit der Lager-Nachschub nicht ins Stocken kam. Während sie sich durch die ungeordneten Reihen ihrer Kommilitonen schlängelten, heimsten sie jede Menge zweideutiger Komplimente ein. Den Mädels schien das zu gefallen. Wenn einem eine besonders treffende Retoure eingefallen war, johlte das Mannsvolk anerkennend auf. Das ganze Treiben war umtost von andauerndem Gesangslärm, so dass Martina und Roland sich nur schwer untereinander verständigen konnten.
EN-GE-LAND, EN-GE-LAND, EN-GE-LAND...

HERE WE GO, HERE WE GO … TO MEXICO .
Martina strahlte. So musste das sein. In der Pause wäre sie beinahe auf dem glitschigen, feuchten Film ausgeglitten, der sich langsam über das gesamte Bodenlinoleum ausbreitete.
Herrje, hier muss man zusehen, dass man heil zur Toilette kommt.
Englische Fußballfans gehen nicht zur Toilette.
Meinst du, das da unten ...?
Nein, so schlimm sind die auch nicht. Das Bier läuft denen nur langsam aus den Ohren raus.
Da das torlos dahinplätschernde Match gegen Portugal zum Jubeln und Feiern nicht viel hergab, erschöpften sich die heranreifenden Führungskräfte noch ausgiebiger in dem, was das Mannsein nach urenglischem Verständnis wesentlich ausmachte: dem Trinken. Die Schluckrituale erinnerten Roland an imaginäre Rivalenkämpfe, wie sie in Raubtierrudeln oder Affenhorden zu beobachten waren. In diesen Spielchen schimmerte etwas genuin Archaisches durch, das zu hinterfragen von vornherein absurd war.
Im späten Nullzueins sah Roland das Zeichen zum Aufbruch. Wer sollte schon wissen, wie der lagergetränkte Männerbund eine Niederlage quittieren würde?
Im hektischen Hinaustrippeln auf biergeschwemmtem Geläuf registrierte er, wie Robson ausgewechselt wurde. Das war nur logisch, musste Roland eingestehen. Der von Martina gelobte Supermann hatte es über die gesamte Distanz erfolgreich verstanden, seine anfällige Schulter aus jeglicher Gefahr herauszuhalten.
Martina war vorausgestöckelt, um den Wagen vom Parkplatz zu holen. Sie würde jeden Moment vorfahren. Roland wartete unter dem Vordach des Halleneingangs. Die ersten Enttäuschten wankten unentschlossen hinaus. An den Eingansseiten plätscherte und würgte es. Jetzt ging das Pinkeln und Kotzen los. Zeit zu fahren.
Da kommt Martina angerauscht.
Mann, hat die einen Zahn drauf.
Mit ziependen Bremsgeräuschen kommt sie zum Stehen.
Yeah! - Here we go! - Jesus! – What the hell ...?
Eine Handvoll Männeraugenpaare stiert auf das vorgepreschte Gefährt.
Gosh, a brand new XR Three!
Who the hell is drivin´ ?
It´s a lady .. . watch out, it´s a left hand drive.
Must be french.
Roland umkurvt das Heck, um auf die Beifahrerseite zu gelangen.
Hey Mister .. . What´s he doing .. ?
Auf der anderen Seite bahnt sich ein Schaustück mit besonderer Note an.
Hello Mademoiselle, this is especially for youuuuuuuu!
Drei akkurat aufgereihte, blanke Jungmännerpopos grüßen Martina stramm zum Abschied.
Roooland, sieh nur, witzig! Martina juchzt strahlend auf. Solche rustikalen Sympathiebekundungen scheinen ihr zu gefallen.
Gib Gas, fleht der Beifahrer.
Martina gehorcht reflexartig. Mit aufheulendem Motor ruckt der Escort die leicht ansteigende Zufahrt hoch.
Lautes Rumoren hallt ihnen nach.
Damned … Shit… Fuckin´ Germans … Go to hell Ruuummenägge … Bastard ... Dwarf … You´ll never win the fuckin´ World Cup again … EN-GE-LAND EN-GE-LAND ...

Am nächsten Morgen lugte Roland verstohlen in den leeren Saal, um zu überprüfen, ob die Leinwand noch unversehrt stand. Alles war noch intakt. Eine Putzfrauenkolonne in Salford-Communitygrau mühte sich nach Kräften, den Schmierfilm aufzuwischen. Das Spektakel konnte fortgesetzt werden.
Mit den Resultaten besserte sich auch das Benehmen in der Students Hall. Der deutsche Lektor und seine Frau wurden gern gesehene Gäste. Nackte Männerhintern gab es nicht mehr zu sehen. Zum Trost regnete es Konfetti. Da war Bryan Robson bereits von der WM-Bühne abgetreten – die Schulter hatte nicht mitgespielt. Der neue Star hieß Lineker. Mit einem lupenreinen Hattrick versetzte er die ganze Nation in Euphorie. Die Yellow Press spekulierte über den Titelgewinn. *Heineken* und *Carlsberg* erzielten Rekordumsätze.
Die vom argentinischen Superstar gelenkte „Hand Gottes" bereitet allen Träumen ein jähes Ende. Abrupt herrschte Ruhe vor dem Großbild aus Mexico City. Diesmal blieb das Konfetti in den Tüten.
Wie würde das Fanvolk reagieren?
In fast schon trotzigem Schweigen wurde der Schwindel weggesteckt. Zwar schämten sich einige vom eiskalten Handstoß geschockte Männer ihrer Tränen nicht, doch niemand verstieg sich dazu, den ehemaligen Kriegsgegner in Grund und Boden zu verdammen.
Maradona, fuckin´ bastard … piss off … skunk!
Noch ein paar unflätige Seitenhiebe auf den mit Blindheit geschlagenen Schiedsrichter, das war´s. Kein Nachkarten, kein Versuch einer Legendenbildung, nur unendlich viel Lager wurde geordert, to forget the whole fuckin´ world cup thing ...
In Deutschland wäre das anders abgelaufen, vermutete Roland.
Und was hielt man in England von der deutschen Mannschaft?
Respekt! Mit derart minimalistischen Mitteln soweit zu kommen, das können eben nur die Deutschen. Irgendwie schon fast unheimlich ...

England war mit fliegenden Fahnen untergegangen, die Brasilianer hatten sich wie schon in Spanien zu früh gefreut, die Franzosen waren in Schönheit gestorben. Übrig blieben wieder die Deutschen, um die europäische Ehre zu retten, hatten sich an allen anderen vorbei durch Hintertüren ins Endspiel geschlichen.
Die wenigen, die sich in Manchester darüber freuten, waren Zocker, die mit dem Zufall spekuliert hatten – dazu natürlich Roland und Martina.
Soviel Patriotismus sollte man sich schon bewahren, führte Roland gegenüber Manfred und Armin ins Feld, als die beiden lagerdurstig wie eh und je zum Fernsehendspiel in der leergeräumten Wohnung an der Carlton Road auftauchten. Freitags zuvor hatte die *Deutsche Möbelspedition* die wesentlichen Bestandteile des Lektorenhaushalts abgeholt. Nur der Grundigschirm mit dem extra installierten Tondecoder für den Empfang im United Kingdom stand noch an seinem Platz. Der musste am Montagmorgen irgendwo im Escort untergebracht werden.
Eigentlich praktisch so eine Fußballparty zum Auszug, hatte Martina gemeint, da braucht man nicht mehr darauf zu achten, dass einem die Wohnung nicht versaut wird.
Roland fand es besonders passend, dass der Kühlschrank kaum mehr für Lebensmittel benötigt wurde. Den gewonnenen Raum hatte er mit Heineken-Dosen aufgefüllt. Kevin und Maren tauchten auf und einige Grußbekanntschaften aus dem verzweigten Flursystem des muffigen Gemäuers. Alle hatten Durstlöscher im Gepäck. Armin und Manfred durften sich wie zu Hause fühlen. Das mit dem Patriotismus sahen sie differenzierter.
Dieser Teamchef von eigenen Gnaden, hob Manfred an ...
Der Suppenkaspar, kicherte Armin dazwischen.

... habe eine restaurative Auffassung von Fußball, die nur darauf bedacht sei, das eigene Tor zu umstellen wie einen Hochsicherheitstrakt. Letztlich - und da sei die Parallele zur christdemokratischen Regierung zu ziehen - ziele dieser risikolose Konventionalstil auf Herrschaftssicherung.
Wenn man so will ein Kolonialstil, konstatierte Armin sportsoziologisch abdriftend und ließ den ersten Dosenverschluss knacken.
Der Cup gehört nach Südamerika, entschied Manfred, der Fußball dort bezieht Kreativität von unten, aus den Herzen der Depravierten, dem Bewusstsein der Unterdrückten und..., er ließ die Stimme tiefer sinken, ... atmet die Sehnsucht nach dem ganz Anderen...
Armin staunte Kulleraugen.
... So gesehen erleben wir heute ein Messen der Systeme. Kapitalismus westdeutscher Prägung gegen ...
Ruhe, es geht los, rief Martina zur Ordnung.
Roland war froh, dass sie sich zur Zeremonienmeisterin aufgeschwungen hatte. Dies war schließlich nicht die Stunde der Soziologie, sondern die des Fußballs.
Die englischen Gäste hatten Manfreds Exkurs zur politischen Ökonomie des Weltfußballs mit Befremden vernommen. Typisch deutsch, mochten sie denken, die können am Ende sogar ein simples Fußballspiel ideologisch wenden. Die Motivation aus englischer Sicht war dagegen einfach: Die Deutschen sollten die Bestrafung übernehmen für den Schwindel mit der Gotteshand.
Die Nationalhymnen wurden angespielt. Der britische Kommentar zeigte sich nicht besser informiert als die Sprachstudenten der University of Salford. Glaubte man dem Sprecher, so erklang auf dem Rasen des *Aztekenstadions* in der Bruthitze von Mexico City „Deutschland, Deutschland über alles".
Armin vernahm es sprachlos.
Roland grinste. Ein passendes I-Tüpfelchen für seinen Aufsatz zum Thema, der pünktlich zu seiner Rückkehr in Deutschland erscheinen sollte.

Zur Halbzeit sahen sich die Didsbury Twins vom Spielverlauf bestätigt.
Roland füllte den leergetrunken Kühlschrank auf und hoffte im Stillen inständig auf eine Wende.
Der nicht erwartete Ausgleich überraschte ihn beim fünften Toilettengang. Seitdem sich der Zwölffingerdarm beruhigt hatte, spielte die Blase verrückt. Keiner hatte richtig gejubelt, war ihm auf aufgefallen, lediglich ein Aufschrei des Erstaunens drang an sein Ohr.
Das gibt´s doch nicht, fluchte er im Zurückstolpern, Deutschland wird Weltmeister und niemand freut sich. TOR, TOR!
Trotzig reichte er die versäumte Begeisterung nach.
Here we go! Kevin bot seine Unterstützung an. Watch the german tanks. They strike back when you least expect it.
Da hört ihr´s!
Jetzt geht´s los! Martina lachte befreit auf, endlich Stimmung.
Manfred winkte kopfschüttelnd ab.
Armin verzog die Miene: Wenn die das tatsächlich schaffen ...
Die schaffen das, sollst sehen... Aus längst verschüttet geglaubten Rumpelkammern seiner Erinnerung drängte das Bild des Vaters in Rolands Sinn, wie der sechsundsechzig aufgedreht hatte ... jetzt kommt die Gegenoffensive, hörte man Roland tönen, das stecken die nicht weg, jetzt werden die fertig gemacht ...
Warum nicht gleich Ardennenoffensive, höhnte Manfred.

Die englischen Gäste amüsierten sich über die Uneinigkeit im deutschen Lager. So ein Herumlavieren um den heißen Fußballbrei war ihnen gänzlich abhold. Für sie galt nach wie vor „Right or wrong - My country“, wenn es um den World Cup ging.
Ein kalter Vollstrecker namens Burruchaga machte allem Disputieren ein Ende.
Na also, lehnte sich Manfred zufrieden zurück, da vollzieht sich nur die Logik der wahren Kräfteverhältnisse.
Schumacher hat dich wohl nicht gehört, stichelte Armin spitzbübisch, der hat lieber die weiße Fahne gehisst.
Der Arsch, nörgelte Roland beleidigt.
Die Hausgäste verabschiedeten sich nacheinander in dezenter Rücksicht auf die Verlierer, allerdings schien ihnen der Ausgang des Finales nicht unrecht. Die Deutschen Fußballweltmeister? Das wäre vielleicht doch ein bisschen unheimlich ...

Später, als die Lektorengemeinschaft einträchtig an der Beseitigung des Heineken-Überschusses im Kühlschrank arbeitete, konnte sich Roland immer noch nicht geschlagen geben.
Mit Maradona hat die Korruption gesiegt und damit ein Grundprinzip dieser Drogenkartelle da drüben, formulierte er ein bitteres Fazit, und das findet ihr gut?
Die Alternative bekommst du früh genug zu spüren, wenn du ab morgen wieder in Kohlland bist, konterte Manfred aus trinkfester Überlegenheit.
Stell dir vor, dieser abgefeimte Technokrat aus Bayern wäre jetzt Weltmeister und Dietmar Jakobs Weltfußballer des Jahres, malte Armin aus, damit wäre der ganze Sinn einer WM auf den Kopf gestellt.
Die surrealen Auswüchse dieser Vision – Beckenbauer beim Austüfteln immer raffinierterer Abseitsfallen, Jakobs mit ausgefahrenen Stollen auf der Lauer im eigenen Sechzehner - durchzogen Rolands Träume in dieser kurzen unruhigen Nacht.

Als der Montagmorgen sich nicht mehr wegleugnen ließ, improvisierte Martina ein dürftiges Katerfrühstück. So still war es zwischen ihnen morgens bisher nie gewesen. Der klotzige Grundigapparat musste ja noch die veloursbelegten Treppen hinuntergeastet werden, fiel Roland ein. Kevin fasste herzhaft mit an. Roland half so gut es ging. Beinahe hätte er die Manchester-United-Supporters-Room-Plakette vergessen. Nun lag sie im Handschuhfach. Der Abschied von Maren und Martina gestaltete sich tränenreich, die Männer bewahrten Haltung.
Na, dann los! Ab geht´s, Richtung Heimat.
Einen letzten Schlenker um *Old Trafford* wollte Roland seiner Melancholie nicht mehr aufbürden. Von nun an würde alles nur noch Erinnerung sein.

Als sie Birmingham hinter sich gelassen hatten, meldete die zerebrale Sorgenzentrale die ersten bangen Fragen: Was war die Auslandserfahrung in der Heimat wert? Würden seine aufgebesserten Englischkenntnisse weiterhelfen? Wer würde eine Buchhändlerin einstellen, die zwei Jahre England erkundet, aber nicht ein einziges Buch verkauft hatte?
Was sollen wir denn jetzt bloß machen, flüsterte Martina gedankengleich an seiner Seite.
Ohne, dass er recht wusste warum, musste Roland an Hänsel und Gretel denken. Die hatten am Ende ihr Glück gemacht, obwohl die Sache vorher übel aussah. Und war dies nicht ein urdeutsches Märchen?
Irgendwas wird sich schon finden, antwortete er mäßig überzeugt.
Plötzlich empfand er die Vorstellung tröstlich, in ein Deutschland zurückzukehren, das nur Vizeweltmeister geworden war.

Aufstiegsträume

Roland und Martina zuckeln im Escort durch das autoverstopfte Bad Oeynhausen. An einem vorweihnachtlichen Samstag wie diesem ist das Nadelöhr auf dem Weg nach Hannover... natürlich tödlich, mault Roland in die Stoßstange des vor ihm schleichenden, moosgrünen Zweihundert D, dessen satter Rußausstoß die Luft eindickt.
Und auf so ´ne Dreckschleuder war ich mal scharf ...
Das rechte Bremslicht strahlt ihn phlegmatisch an, das linke bleibt weiterhin matt.
Roland bleibt gelassen. Ein Blick auf die Uhr zeigt: Sie sind selbst bei diesem Schneckentempo gut im Rennen.
Roland ist froh, dass Martina mitfährt, nachdem Harald gekniffen hatte. Auswärtsspiele waren nichts für ihn. Erst die lange Fahrt und zu schlechter Letzt mit ´ner Klatsche im Nacken zurück, nein danke!
Dabei hatte Roland alles perfekt arrangiert in dem überraschend einverständigen Telefongespräch, in das er sich eines weinseligen Abends, einer spontanen Wehmut nachgebend, eingewählt hatte, um mit dem alten Weggefährten Pille den Faden der Gemeinsamkeiten wiederaufzunehmen. Der dann sofort von der Idee, sich zum Niedersachsenderby zu treffen, begeistert war, überhaupt sehr gut zu sprechen auf *Sechsundneunzig* und gleich anfing, von Maxi Heidenreich zu schwärmen, diesem Supertalent, über den selbst der, wie mit hochtönender Stimme durch den Hörer gefistelt kam, sogenannte Teamchef schon sehr bald nicht mehr hinwegschauen könne. Davon könne, nein, müsse sich Roland unbedingt selbst überzeugen. Klar doch, hatte Roland damals vor vier Wochen Harald kurz entschlossen mit angekündigt. Ja doch, jubilierte es am Hannoverschen Ende der Leitung, für Schlafgelegenheit sei gesorgt, alles sei gerichtet für einen granatengeilen Herrenabend.
Und nun war Martina mit von der Partie zum großen Niedersachsenderby. Auch gut, oder vielleicht noch besser, kombinierte Roland. Mit der umgänglichen Mia würde sie sich garantiert gut verstehen, und damit stiegen die Chancen, dass die Gesprächsthematik sich nicht zu eindimensional gestaltete. Frauen - von Hildegard Horn abgesehen - hatten die Gabe, einer Abendrunde jene Verbissenheit zu nehmen, in die sich Männer gelegentlich hineinredeten, um dann am anderen Morgen vorzugeben, von nichts mehr einen Schimmer zu haben. So sollte es heute nicht enden.
Mensch, wenn ich mir das vorstelle, steigert sich Roland in ein vormittägliches Fußballfieber, als der Escort die Steigung bei Bad Eilsen überwunden hat und nun mit über hundertvierzig Sachen in Richtung Landeshauptstadt hinunterschießt, über Dreißigtausend werden erwartet, weil der *VFL* kommt, ist das nicht geil. Wer hätte das gedacht, als die am Anfang gleich gegen die Sechsundneunziger verklotzt hatten, und nun das: „*VFL* kam, sah und siegte“, steht am Montag in der *NOZ* ...
Ja, ja, pass lieber auf, hier ist Geschwindigkeitsbegrenzung. Ein überteuertes Radarfoto können wir uns nicht leisten.
Roland fragte sich, ob ihm beim Saisonauftakt im Spätsommer ein Maxi Heidenreich aufgefallen wäre ... Sollte er da jemanden sträflich übersehen haben?
Martina war in ihren Gedanken, mitten in diesem wuseligen Samstagmorgenverkehr auf der A 2, schon bei Mia, der einzigen Frau, die es über die Jahre mit dem schwierigen Freund ihres Gatten ausgehalten hatte. Als eine patente Partnerin hatte Roland Mia beschrieben, bei der man sich geborgen fühlen könne, ausgestattet mit einer Herzlichkeit, wie man sie heute kaum noch fände, nicht nachtragend, pragmatisch und überaus geduldig. Mit so jemanden müsste gut auszukommen sein.
Mir fällt ein, meldet Martina sich im Escort zurück, was ist das für ein Institut, an dem Pille dich unterbringen kann?

Die organisieren Deutschkurse für Aussiedler im großen Stil, heißt *GFB*, „Gesellschaft für Bildung" oder so ähnlich. Auf alle Fälle zahlen die mit Abstand am besten, und die Arbeitsbedingungen sind fast wie in staatlichen Schulen. Die Gewerkschaft muss da gut mitmischen, glaub´ ich. Besser könnte es nicht kommen ...
Und wie ist Pille da reingekommen?
Über ´nen Typen, den er in der Sauna kennen gelernt hat.
Was?
Ja, so läuft das. Da bewirbst du dich jahrelang mit Brief, Foto und tausend Siegeln, aber den Job kriegt einer, der zufällig zur richtigen Zeit den richtigen Typen am richtigen Ort findet.
Und der richtige Ort ist eine Sauna?
Wie du siehst, ja. Pille ist noch gar nicht lange dabei und schon im Betriebsrat ... Alles andere will er mir noch verklickern, wenn wir da sind ... Klang jedenfalls gut am Telefon.
Hauptsache, ihr kriegt euch nicht wegen so einem blöden Fußballkram in die Wolle. Du weißt, wie der drauf ist. Also, halt dich zurück, selbst wenn dein *VFL* verliert. Der Klügere gibt nach.
Ja, ja ... Den Gedanken an eine Niederklage nicht zulassend biegt Roland in die Abfahrt Herrenhausen ein.
Da, siehst du, da ist schon das erste Schild, das zum Stadion weist ... Mensch, wie lange bin ich da nicht gewesen, kramt er, nostalgisch animiert, in der Ablage seiner Erinnerung, ich glaub´ ... ja, das war im Herbst achtzig gegen Frankreich, als Schuster gerade den Zirkus in Köln hinter sich hatte und dann als Libero allen zeigte, was er drauf hatte. Da könnt´ ich heut´ noch mit der Zunge schnalzen, was der an dem Abend für Pässe gespielt hat ...
Ja, schon gut, ich weiß, der mit der Mausi. Pass auf, die fahren hier wie blöde, und wechsel nicht immer die Spur ...
Nein, sie nennt ihn Mausi ... oder umgekehrt? ... Jetzt weiß ich´s auch nicht mehr ... Was ich sagen wollte, hat mich Pille doch damals glatt hängen lassen, nachdem er mich mitten in der Woche nach Hannover gelockt hatte mit Aussicht auf so ´ne popelige ermäßigte Schülerkarte, die er irgendwo abgestaubt hatte. Ich komm´ also abends unter größtem Stress direkt von der Schule angedüst, spät dran, kaum etwas im Magen, treffe ihn völlig aufgelöst in seiner abgefuckten WG an und kann mir anhören, wie er sich da in so ´ner verdreckten Küche wüst mit ´ner Frau fetzt. Ich steh´ dumm rum, und als ich es endlich wage, ans Spiel zu erinnern, meint er, dass er jetzt unmöglich mitgehen könne, der Disput müsse geklärt werden. Außerdem seien ihm Länderspiele suspekt geworden, weil in Springers Auftrag vor dem Stadion Flugblätter mit dem Text der Nationalhymne verteilt würden. Ich sag´ noch, er solle froh sein, dass wenigstens die dritte Strophe gesungen würde und nicht die erste, aber er bleibt stur, meint, ich solle schön mitgröhlen, wenn mir danach sei, drückt mir die Karten in die Hand, und dröhnt wieder auf die Frau ein.
Was hatte er mit der?
So viel ich weiß, hatte er sich darüber aufgeregt, dass sie Schichten bei ´ner Peep-Show schob, um ihr Medizinstudium zu finanzieren. So habe er sich die Befreiung der Frauen vom patriarchalischen Joch nicht vorgestellt.
Ach was, der war wahrscheinlich nur sauer, dass sie nicht für ihn gepeept hat .
Weiß nicht ... mit der Frau ...
Sah die denn scharf aus? Ich meine, Männer wollen doch was Attraktives für ihr Geld sehen.
Na, hinterm Vorhang hätt´ ich die nicht versteckt.
Und ich? Wäre ich eine für die Peep-show?

Klar, aber was ...
Wie was? Frauen möchten eben wissen, ob sie für Männer attraktiv genug sind ... Sag, bist du schon mal in so einen Peep-Kasten gegangen?
Martina! Was soll das jetzt? Natürlich nicht ...
Natürlich nicht, natürlich nicht, äfft sie ihren Gatten provozierend nach, wenn man allen Männern glauben wollte, wären Puffs und Peeps überflüssig.
Die ist bestimmt längst Assistenzärtztin, bremst Roland Martinas Lust auf Grundsatzdebatte geschickt aus, an einer Universitätsklinik. Hat sich sozusagen auf Station gepeept.
Ja und ? Wär´ doch okay. Alles andere ist verklemmt, Pille ist verklemmt, finde ich. In der heutigen Zeit bekommt keiner mehr etwas geschenkt. Jeder muss einsetzen, was er hat, wenn es sein muss eben Titten.
Vor gar nicht so langer Zeit haben Feministinnen noch gegen sexistische Werbung in Zeitschriften wie *Stern* und so gewettert, hält Roland halbherzig dagegen, während in ihm, der Teufel weiß warum, das Bild Fionas chimärenhaft als Page-Three-Girl erscheint.
Um den verwirrenden Kitzel zu verscheuchen, lenkt er, da sie nun schon in Linden und damit kurz vor dem Ziel sind, seine Gedanken wieder in die Samstagmorgengegenwart.
Ach, Feministinnen, kommt es verächtlich von Martinas Lippen, ich meine so richtig verbissene, sind meistens auf altbackene Art verklemmt, wie diese komische Tante, die dich so angekeift hat, weißt du noch, die ...
Hildegard Horn.
Ja die, ... oder sind halt lesbisch.
Meinetwegen ... Hauptsache Pille kommt heute nicht wieder wegen einem x-beliebigen Hirnriss auf'n Horror und bläst alles ab.
Zuzutrauen ist dem so einiges, aber Mia ist ja auch noch da ...
Da! Scheiße ! Vorbei!... Das kommt nur von diesen blöden Einbahnstraßen. Jetzt kann ich noch einmal ums ganze Karree juckeln.
Wie heißt die Straße?
Weberstraße.

Laut Pilles Zeitplan kamen die Gäste viel zu früh. Schließlich müsse noch gekocht werden, da Roland auf Verköstigung bestanden hätte, nörgelte er, unausgeschlafenen Gesichts auf dem nassstreifigen Flur herumstaksend, während er den Feudel mit harter Hand auswrang. Die vertraute Prinz-Eisenherz-Frisur umschimmerte mattgrau seine verknitterten Züge. Mia grüßte entschuldigend aus der Badezimmertür am hinteren Ende eines dauerdunklen Flures. Der Morgen schien den beiden nicht gelungen zu sein.
Roland versuchte sofort, der lauen Begrüßung etwas abzugewinnen, und schlug vor, dass er sich mit Martina einen Spaziergang durch Linden gönnen werde. Beizeiten kämen sie zurück. Nur keinen Stress.
Was musstest du dich auch selbst zum Essen einladen, rügte Martina, als sie sich zwei Minuten nach ihrer Ankunft vor der graffitiverzierten Haustür wiederfanden.
Ich hab´ nur gesagt, es wäre ´ne gute Idee. Konnte ich wissen, dass der so´n Film draus macht?
Der Gang durch Lindens Zentrum führte sie ins urbane Panoptikum einer Welt, in der es Alternative zuhauf, aber kaum noch Alternativen gab. Vormalige Protestler, die es geschafft hatten, eine Versorgerstelle im weitverzweigten Beamtenapparat anzuzapfen, kauften in kritischer Absicht bei ehemals Gleichgesinnten, die geblendet vom Idealismus bewegter Jahre in die Plackerei des Einzelhandels geirrlichtert waren und

nun Second Hand-Shop, Antiquariat, Fahrradstall, Copy-Shop, Comic-Shop, Mitfahrzentrale, Alternativen Buchladen, Naturholzcenter, Teelädchen, Kräuterstube und Bioladen im feministischen Tante-Emma-Stil an diesem elendig langen Samstag offen halten mussten, weil es zum alltäglichen Konkurrenzkampf eben keine Alternative gab.

Mia empfängt die Gäste aus der südwestniedersächsischen Provinz im konventionellen Alternativlook: Schwarze Levis, dunkellila melierte, weit geschnittene Baumwollbluse, passend zur dezenten Hennatönung der Locken. Schade findet es Roland, dass ihre Naturkrause so zurecht gestutzt ist wie dauergewellt. Diese Salonnorm verleiht ihr einen tantigen Zug, der die attraktiven Seiten ihrer Erscheinung kompromittiert. Die jungenhafte Art sich zu kleiden lässt sie in ihrer Schlankheit wie eine Leichtathletin erscheinen, die sich sämtliche erotische Schwingmasse abtrainiert hat.
Pille redet sich am Mittagstisch über Maxi Heidenreich warm:
Der fegt die Osnabrücker heute allein vom Platz, so eine ausgefeilte Technik findest du in der Zweiten Liga sonst nirgendwo.
Och, dem senst mal eben unser Engländer Marmon über die Füße, flachst Roland unbedacht über die Eintopfschüssel, und dann zieht Stefan Holze, der Schinkelmaradona, das Spiel an sich.
Also, mit solcher Holzhackerei sollen die lieber nicht anfangen, versteht Pille keinen Spaß. Das sieht denen ähnlich, selber nichts bringen und feste das Spiel der besseren Mannschaft zerstören. So sind diese unbeschriebenen Blätter ... Mit viel Dusel und noch blinderen Schiedsrichtern kommen solche Durchschnittstruppen schließlich für kurze Zeit nach oben und verschwinden schnell wieder in der Versenkung ... *VFL Osnabrück*? Kann mich nicht erinnern, wann die einmal oben mitgemischt haben.
Deshalb finden wir das ja so schön an der Spitze, weil wir das nicht kennen.
Hinter der Spitze, bitteschön, und damit du es dir merkst, wiederhole ich hiermit: Der *VFL* verschwindet nach der Winterpause in der Versenkung, hörst du, Ver-sen-kung!
Ja, ja, beruhigt Mia die Gemüter in gekünstelter Mamapose, wir haben es alle verstanden: Der freche Roland landet mit seinem bösen *VFL* in der Versenkung, und Pille isst brav seinen Teller leer, bevor alles kalt wird. Nur wer seinen Teller ratzeputzeleer hat, gewinnt, kommandiert sie mit abgesenkter Stimme und muss dabei ein Lachen unterdrücken.
Martina amüsiert sich mit ihr.
Pille muss über sich selber lachen und löffelt folgsam weiter.
Roland kratzt seinen Tellerrand sauber, blinzelt Martina lausbübisch zu und zeigt unterhalb der Tischkante, vor Pilles Blicken verborgen, das Finger-V.
Pille hatte aufesse, kräht der Hausherr mit sichtlichem Vergnügen am Mutter-Kind-Spiel, nun schnell wette wette tun.
Nein, hör auf, ahnt Mia gedankenschnell, was folgen soll. Jetzt fängst du schon beim Fußball an zu zocken, erst *Toto*, dazu *Lotto* und jetzt noch das.
Ach was, ist nur ein Trinkgeld. Her mit dem Zaster und hinein in den Pott. Was ist Roland? Wie viel?
Wie viel was?
Über Martinas Locken steht ein Fragezeichen.
Wie viel ist dir der *VFL* wert? Zehn? Zwanzig?
Pille! Für Mia wird es zu ernst.
Roland kapiert mit Verzögerung, worum es geht. Zehn Mark erscheinen ihm genug. Pille nötigt die Frauen zum Mitmachen, damit es interessant wird. Seinen Anteil entleiht er sich der Haushaltskasse. In majestätischer Überzeugung tippt er auf Sieg für *Sechsundneunzig*. Martina zieht sich mit einem torlosen Unentschieden aus der

Entscheidungsnot, da Mia widerwillig auf Einzueins setzt, muss Roland auf einen VFL-Sieg wetten.
Pille hat nichts anderes erwartet. Tja Leute, tröstet euch, im Fußballwetten bin ich bekanntermaßen unschlagbar. Dafür spendiere ich nachher aus dem Pott einen großzügigen Obolus für die Siegesfeier.
Ha, ha ... versucht sich Martina in Sarkasmus. Die zehn Mark hat sie schon abgeschrieben, aber sie möchte des Gastgebers Spiel nicht verderben.

Von Linden ist das *Niedersachsenstadion* bequem zu Fuß zu erreichen. Roland hatte sich gewundert, wo die angekündigte Fan-Invasion aus der Hasestadt bleiben würde. Kaum eine lila Fahne war zu sehen, als sie über den Schützenplatz auf den Haupteingang zum mächtigen Wall der Gegentribüne strebten. Pille wetterte über den anschwellenden Autostrom, der die Innenstadt flutete.
Guck dir diese Flachköpfe an, giftete er in die Abgasschwaden, die kommen nicht wegen *Sechsundneunzig*, sondern um irgendwelchen überflüssigen Schnickschnack zu Weihnachten zu ergattern. Das wird immer schlimmer in den letzten Jahren, kann nicht teuer genug sein das Geschenk.
Roland hatte diese neue Lust am Luxus eher beiläufig als ein postmodernes Phänomen bezeichnet, was seinen Begleiter nur weiter in Rage brachte.
Postmoderne, Postmoderne, mokierte er sich über Rolands unbedachten Kommentar, auch so ein Pseudogerede. Wo findet die eigentlich statt? Höchstens bei der längst überfälligen Renovierung der Post. Guck dir nur an, was die da für Protzbunker hinklotzen.
Roland musste lachen. Da war dem alten Freund ein guter Gag gelungen. Leider konnte der die Pointe nicht genießen, weil sein umherschweifender Blick schon die nächste vermeintliche Zumutung ins Visier genommen hatte: ein Dutzend Polizisten mit Helm und Plastikschild bewehrt. Roland versuchte nicht hinzuhören ...

Jetzt, da sie ihren Bankplatz im Block E der Westtribüne erreicht haben, ist die VFL-Kolonie unübersehbar. Sämtliche Südkurvenplätze unterhalb der Anzeigentafel sind lila-weiß besetzt.
OS-NAAA-BRÜCK ... OS-NAAA-BRÜCK, dazu pocht der von der *Bremer Brücke* vertraute Paukenschlag.
Auf der anderen Seite und in Rolands Rücken droht die rote Fraktion.
Alles von Neonazis unterwandert, grummelt Pille verächtlich in die Sechsundneunziger Kurve schauend, die Schlimmsten nennen sich „Wölfe“ ...
Bald taufen die ihre Kurve in „Wolfsschanze“ um, witzelt Roland vor sich hin.
Ich finde das überhaupt nicht lustig, bleibt Pille ernst, kann einem richtig Angst machen, dieses notorische Sieg-Gebrüll. Ausgerechnet beim Fußball lassen die das raus.
Obwohl die „Wölfe“ jetzt, da die Mannschaften sich auf dem Rasen zeigen, richtig aufdrehen, ist Roland mitnichten eingeschüchtert von der Atmosphäre. Seitdem er zwei Jahre lang in den englischen Tribünenzwingern mitgekocht wurde, kommen ihm die deutschen Stadien mit ihren weitgreifenden Innenräumen fehlkonstruiert vor. Diese Schüsseln würden sich schwerlich in Hexenkessel verwandeln. Da müsste die Bude schon so vollgerammelt sein, wie damals gegen England, als er mit dem Bruder und dem bierseligen Vater unter dem Dach der gegenüber dem hohen Westwall mickerig erscheinenden Haupttribüne geschwitzt hatte, dass hier etwas überkocht. Heute wird das Rondell immerhin zur Hälfte gefüllt. Pille findet das sensationell.
Da kannst du mal sehn, wie der *VFL* zieht, schmunzelt Roland weiterhin gelassen. Keine Vierzigtausend und schon flippt der aus, wundert er sich im Stillen. Wie

bescheiden man doch in der Zweiten Liga wird. Muss frustig sein, wenn sich hier weniger als fünftausend Leute verlieren. Vor so einer armen Kulisse zu kicken, kann einem wie eine Strafe vorkommen. Dann lieber *Bremer Brücke*, da reichen dreitausend zum Remmidemmi aus. So gesehen haben wir ein viel moderneres Stadion, schließt Roland den Gedanken, ohne ihn laut werden zu lassen, ab.
Zur vergleichenden Diskussion zum Thema Stadion wäre sowieso keine Zeit mehr, weil das absolute Schlagerspiel der Zweiten Bundesliga in dieser Sekunde angepfiffen wird.

Zur Pause versucht Roland die Dezemberkälte aus der Hüfte zu schütteln.
Wie gut, dass der Winter noch nicht in Form ist. Wurde immer besser der *VFL* zum Ende der ersten Hälfte. Fehlt nur einer mit Killerinstinkt, ein kalter Knipser, dann hätte es schon längst geklingelt im Sechsundneunziger-Kasten.
Pilles mürrische Miene spricht für sich. Wortkarg redet er das Niveau der Partie herunter. Seien noch nicht warm die Roten, das werde sich ändern, nur ein Tor, dann würde der *VFL* eingehen, ganz sicher.
Ob Heidenreich auch in der zweiten Hälfte weiterhin den Unsichtbaren spielt, lästert Roland übermütig.
Pille straft die Beleidigung mit Schweigen.
Zum hektischen Beginn hatte es ihn dagegen nicht auf der Bank gehalten, als Eymold dem Shooting Star von der Leine ins Filigrane fuhr. Pille und außer Roland die gesamte Blockbesatzung um ihn herum pfiffen sich auf den Sünder ein. Die Stimmen, die an Rolands Ohr drangen, erinnerten ihn unsanft daran, dass der *VFL* hier nicht zu Hause war.
Pille sah sich auf der Siegerstraße.
Roland musste an Harald denken und an dessen Einwände gegen Auswärtsspiele.
Als Heidenreich unter der Wirkung der zähen Osnabrücker Gegenwehr die Tarnkappe überzog, nutzte Nobody Holze das Vakuum und übernahm die Regie, als hätte er Rolands Lobpreisungen vom Mittagstisch vernommen. Roland bestaunte die gekonnten Pässe des Youngsters.

So könnte es nach der Pause gerne weitergehen.
Klar, dass Pille etwas dagegen hat und auch kein Verständnis für die Abseitsfalle, in die seine Sechsundneunziger immer wieder hineintappen. Alles Zetern hilft aber nichts, selbst als Grillemeier den VFL-Riegel einmal ausgehebelt hat, versiebt er die hundertprozentige Chance. Roland spürt beim Durchatmen den wachsenden Druck auf die Blase.
Könnt´n Nullnull draus werden, bietet er Pille ein Remis an.
Das könnte dir so passen, nee, nee, so billig kommen die hier nicht weg, wär´ ja noch schöner, bringen nichts zustande und dann noch ´nen Punkt einsacken.

Zum Schlusspfiff steht das Remis.
Roland amt den VFL-Coach nach und stößt beide Arme triumphierend in den lichtgefluteten Himmel.
Wie kann man sich über so was freuen, mault Pille, die waren von Anfang an nur auf ein Nullnull aus, blöde Mauertruppe.
Wer, *Sechsundneunzig?*
Pille dreht sich wortlos ab. Missgelaunt stapft er die Stufen zum Ausgang hoch. Roland muss sich sputen, um Anschluss zu halten. Noch rasch ein Blick zurück ins Oval. Auf der anderen Seite verfolgt flinkes Medienpersonal mit geschulterter Kamera die maßgebenden Akteure des Nachmittags. Weil seit kurzem die Privaten im

Fernsehgeschäft mit dem Fußball mitmischen, wird es eng am Objekt. Begehrtester Interviewpartner scheint der Gästetrainer zu sein. Seine Spieler beglücken die mitgereisten Hasestädter in der Kurve mit Berührungen, lila Trikots segeln über die Absperrung. Roland fühlt sich gut, fast wie ein Sieger.
Mit wachsender Lust auf ein kühles Pils trottet er seinem wortfaul gewordenen Gastgeber hinterher. Leichten Schrittes überholen sie die im feierabendlichen Verkehrsinfarkt festgefahrenen Automobile der Weihnachtseinkäufer.

In der alternativen Lindener Stadtwohnung treffen sie ihre Herzdamen in anrührender Eintracht am Küchentisch an. Friedlich dampft die hellgraue, blümchengetupfte Teekanne auf dem Stövchen. Beide Frauen strahlen ihre durchgefrorenen Männer wärmend an. Vor ihnen liegt das große, in braunes Kunstleder gebundene England-Fotoalbum, das Martina extra mitgenommen hatte. Vielleicht hat Mia ja Interesse dran, hatte sie gemeint, als sie das unhandliche Ding am Morgen noch schnell unter den Arm klemmte.
Na, wie war`s? Die Frage kommt wie aus einem Mund.
Wir haben uns unentschieden getrennt, antwortet Roland in bester Laune. Entscheidung vertagt, nicht wahr Pille?
Abgerechnet wird am Schluss, kommt der brummige Kommentar vom Balkon, wo der Haushaltsvorstand sich am Bierkasten zu schaffen macht.
Wie viele Tore gab´s, hakt Martina neugierig nach.
Keins.
Keins? Dann ... halt mal, dann hab´ ich etwa die Wette gewonnen?
Ja, dir gehört der Pott.
Juhu, ha, ha, mich solltet ihr öfter fragen.
Super, Martina, freut sich Mia mit, vielleicht solltest du Pille das nächste Mal bei seinem Totoschein helfen.
Sehr witzig, nörgelt sich Pille wieder ins Geschehen, blinde Hühner sollten kein *Toto* spielen, selbst wenn sie einmal ein Korn finden.
Mia schweigt mit offenem Mund.
Martina hört nicht hin.
Roland schaut auf die Uhr, kurz nach sechs: „Sportschau"! Kommst du, Pille?
Ja, ja, glaub´ nicht, dass der *VFL* im Fernsehen besser aussieht.
Kaum ist das *Herrenhäuser* im Glas, geht es los. Heute spielt die Zweite Liga die erste Geige, weil die Erste Pause hat. Der diensthabende Moderator vom Sportschaudienst kündigt jedes Spiel an, als ginge es um die Auskunft über eine Bahnverbindung.
Dann läuft der Bericht. Der *VFL* im Fernsehen, früher eine Rarität, in letzter Zeit fast jedes Wochenende dabei, wenn auch nur kurz, aber immerhin.
Pille sieht die Schlüsselszene ganz klar.
Da hätte dieser Eymold raus gemusst, dann...
Roland verfolgt den Bericht derart gespannt, als kenne er das Ergebnis nicht. Wie würde Harald sich jetzt fühlen? Die gut funktionierende Abseitsfalle der Osnabrücker wird ausführlich gewürdigt, für Pille ein typischer Reporterunsinn. Heidenreich wird nicht erwähnt. Am Ende sieht sich der Hannoveraner Trainer bestätigt: der erwartet unangenehme Gegner. Sein Mittelstürmer lobt den *VFL*: ein heißer Anwärter auf den Aufstieg.
Quatsch, winkt Pille ab, die werden abgehängt, und wenn die wirklich aufsteigen sollten, ich sage nur, wenn ... dabei schaut er Roland hypnotisierend an, dann enden die wie TASMANIA, hörst du, TAS-MA-NI-AAAA, ha.
Und ich brauch´ noch ein HER-REN-HÄU-SER, he.

Das zweite Pils reicht für den Rest der Sendezeit. Als alle Ergebnisse feststehen, verkohlt der Totoschein im Aschenbecher.
Die Zweite Liga ist aber auch schwer zu tippen, tröstet Roland. Nachher kommt dafür der Sechser im *Lotto*.

Das magische Wort, das den Abend kippen ließ, hieß Abseitsfalle. Roland hatte es ohne Bedacht benutzt, um seine bisher unfruchtbaren Versuche zu illustrieren, sich ins Berufsleben zu integrieren. Mia war es gewesen, die ihm die Chance eröffnen wollte, die Jobfrage ins Gespräch zu bringen.
Und beruflich läuft es nicht so gut, habe ich gehört, hatte sie vorsichtig gefragt, als sich alle um das von den Frauen so appetitanregend hergerichtete Abendessen gruppiert hatten. Roland gönnte sich einen kräftigen Schluck *Herrenhäuser*, bevor er mit einem fatalen Satz alle Chancen zunichte machte.
Seitdem ich aus England zurück bin, laufe ich permanent in Abseitsfallen.
Da siehst du, wie das ist, stieß Pille in die offene semantische Flanke, wenn ein Gegner nur solche destruktiven Tricks anwendet.
Offenkundig kaute er immer noch auf dem Spitzenspiel herum.
Na ja, aber im Fallenstellen ist der *VFL* fast so gut wie der Teamchef, ließ sich Roland auf die Ablenkung ein, ohne die Folgen zu ahnen.
Teamchef, Teamchef, giftete Pille über Käsehäppchen und Gewürzgurken hinweg, passt zu diesem arroganten Pfau, dieses Unwort. Wie der so hochnäsig herumstolziert, statt sich auf die Bank zu setzen wie die anderen.
Das ist die Anspannung ...
Ach was, reiner Snobismus ...
Kann nicht schaden, wenn es die anderen beeindruckt.
Die Damen konnten nicht folgen. Zaghaft bedienten sie sich aus dem leckeren Angebot.
Pille kam in Fahrt: Von so einem Theater lässt sich höchstens ein Klopper wie Jakobs schocken, aber kein Ulli Stein.
Dafür durfte der nach Hause fahren.
Ja, ja, den kenn´ ich, warf Mia dazwischen, der hat Beckenbauer „Suppenkasper" genannt. Stark, nicht?
Man merkte ihrer Stimme das Bemühen an, dem Disput eine humorige Note einzuhauchen.
Daran kann man sehen, wie in Deutschland immer noch mit Kritikern umgegangen wird, ließ Pille dem Spaß keine Chance.
Kritik ist eine Sache, Beleidigung eine andere, blieb Roland konsequent am Ball, man bezeichnet die eigenen Kameraden nicht als „Gurkentruppe", immerhin sind die bis ins Endspiel gekommen.
Kameraden? Dass ich nicht lache. Arschkriecher und Heuchler, dazu destruktiv und stumpfsinnig. Weißt du, wie Menotti das nennt?
Wer?
Cesar Luis Menotti, argentinischer Weltklassetrainer, ist dir doch wohl ein Begriff?
Ach, der.
Ja, genau der nennt solche Vorstellungen, wie sie die Deutschen in Mexiko abgeliefert haben, „rechten Fußball", und die Unbegnadeten, die das verzapfen, bezeichnet er als „nützliche Idioten des Systems".
Komm, hör auf, Roland spürte einen leichten Ärger in sich aufkeimen, den er mit dem Rest aus der Herrenhäuser-Flasche zurückspülte. Der hat gut reden, der Mann ist selbst Großgrundbesitzer und Millionär. Und demnach gibt´s dann wohl ebenso ´nen linken Fußball, oder?

Logisch.
Und, wie sieht der aus?
Darauf waren auch Mia und Martina gespannt.
Die Frage schürte nur das Feuer der Zwietracht. Hilflos faselte Pille von Protagonisten des schönen Fußballs und vom Witz der Unterschicht, konnte die Zitate aus dem Mund des argentinischen Dandys jedoch in keinen linken Zusammenhang stellen, verlor den Faden und noch mehr die Nerven, als Roland sich nicht verkneifen konnte, Stefan Holze als einen postmodernen Protagonisten des schönen Fußballs zu loben.
Du bist mir schon lange komisch vorgekommen, steigerte Pille sich in eine bittere Bilanz, immer im linken Strom mitgeschwommen, aber stets über die Alternativen gelacht. Und jetzt, da es opportun ist, vollziehst du aalglatt die Wende und gehst auf den neokonservativen Trip.
Mia fasste sich an die Stirn.
Martina schüttelte die Locken.
Roland suchte nach Antworten.
Pille setzte die Generalabrechnung fort, schlidderte von der Politik ins Private: Wie damals bei Sybille ...
Wie kommst du jetzt ...?
Weißt du genau, erst stellst du sie als verdrehte Zicke hin ...
Martina schaute Roland aufgeschreckt an.
... dann machst du dich hinterrücks an sie ran.
Komm, lass das, zog Mia eine letzte Notbremse, das gehört hier nicht hin.
Doch, doch, das soll er wissen, stellte sich der Hausherr stur.
Mensch Pille, das ist über zehn Jahre her, und außerdem war Sybille mit dir fertig, als... ach, was soll das alles ... Schade, dass wir sie nicht fragen können, die lebt ...
Könnten wir schon.
Wieso?
Sie ist wieder im Lande, wenn du es genau wissen willst.
Wo?
Verrat´ ich nicht.
Soll das ´n Witz sein?
Damit du dich wieder an sie ranschleichen kannst?
Also, das ist doch lächerlich und kleinkariert.
Wiederhole das bitte noch einmal, forderte Pille in sachlicher Kälte, während er sich erhob wie zu einer Urteilsverkündung beim Schwurgericht.
Ja, ich meine ..., Rolands Reaktion verzögerte sich. Fragend schaute er Martina an, die verstört die Schultern hob, ... tut mir Leid, aber so eine Einstellung halte ich objektiv betrachtet für kleinkariert.
So, das wär´s, das muss ich mir nicht bieten lassen, blieb der Ton gerichtsnotorisch. Ich fordere dich hiermit auf, sofort meine Wohnung zu verlassen.
Immer noch unsere Wohnung, mahnte die erblasste Mia von der Seite.
Meinetwegen, unsere Wohnung, gab es keine Milde. Hauptsache, er geht, und zwar sofort!

Schade, seufzt Martina, als sie hinter Garbsen den Escort endlich aus der Baustellengängelung lenken kann und mit der ausgeschilderten Erlaubnis, aufs Gas zu drücken, auch ihre Sprache wiederfindet, da versteh´ ich mich auf Anhieb mit ´ner Frau und dann so was.
Wer kann denn ahnen, dass der so abdreht, zwingt Roland seiner belegten Stimme ab.
Ganz unschuldig bist du an dem Rausschmiss nicht.
Ach komm ...

Na, na, hast kräftig mitgestichelt .. .kannst ja in solchen Fällen nicht klein beigeben, immer noch einen drauf. Jetzt siehst du, was du davon hast ... Dabei wolltest du etwas von ihm ...
Da wäre nichts draus geworden, versucht Roland sich einzureden, glaubst du, dass so ´ne Knalltüte irgendwo was zu melden hat?
Und dass du ja nicht noch dieser Sybille hinterherfahndest, springt Martina zum nächsten, ihr ungleich wichtigeren Punkt, die zieht das Unglück scheinbar nur so an.
Warum sollte ich, nuschelt Roland abwehrend gegen die Windschutzscheibe.
Warum solltest du damals?
Komm, lass, sieh lieber zu, dass du nicht zu dicht auffährst.
Das lass meine Sorge sein, fuhr Martina ihn an, wer ist hier fahruntüchtig, du oder ich?
Roland lässt die Attacke schweigend ins Leere laufen.
Nur nicht noch einen Streit vom Zaun brechen wegen der ganzen verfahrenen Kiste, legt er sich selbst als Richtschnur für den Rest der unfreiwilligen Nachtfahrt auf. Das hat es in den letzten Wochen zu oft gegeben. Waren beide dünnhäutig geworden unter der Wirkung des Fehlstarts in die bundesdeutsche Wirklichkeit.
Entspannte Stunden hatte es eigentlich nur an der *Bremer Brücke* gegeben, versucht Roland seinen Gedankenstrom auf Positives einzuschwören, während er die Lehne seines Sitzes mit Hilfe des Drehknopfes an der rechten Metallführung sachte auf einen entspannungsspendenden Grad einstellt,... dort hatte er sich sofort wieder heimisch gefühlt. Da zum ungeduldig erwarteten Saisonstart gleich Zwanzigtausend erschienen waren, fiel die Umstellung von *Old Trafford* nicht ganz so schwer. Viel verändert hatte sich nicht.
Der Getränkeverschlag hing noch genauso behelfsmäßig verankert am Nordhang, wie Roland ihn nach der Hänigsenschlappe verlassen hatte. Nur war der Andrang deutlich geringer, seitdem der Heyselschock den Alkoholausschank unterbunden hatte. Die Ersatzkaltschale, die zur Kompensation gereicht wurde, traf nicht den Geschmack des gemeinen Fußballsvolks. Infolge der Zurückhaltung wurde zu Spielende kaum noch jemand am Zaunpissoir gesichtet. Eine sanitäre Nachbesserung erübrigte sich dadurch. Das Stehvolk der Nordtribüne würde weiter ohne Toilette auskommen. Dafür waren die Traversen neu gerichtet und befestigt worden. Bei Regenguss würden die Schuhe nicht mehr von Lehmschlamm umspült sein, und der Höhenunterschied der Stufen ließ auch bei drangvoller Enge jedem eine reelle Chance auf freie Sicht. Keine Frage, der *VFL* tat etwas für sein Publikum. Da fiel kaum ins Gewicht, dass aus der hochsensiblen, neuen Lautsprecheranlage auf der Nordseite nur Pfeiftöne und Knistern zu hören waren. Es konnte nicht alles auf Anhieb klappen. Das musste auch die junge Mannschaft erfahren, aber anders als in den vorherigen Runden steckte das für Roland weitgehend unbekannte Team die Auftaktniederlage unbeeindruckt weg und marschierte von Beginn an dicht hinter dem Favoriten aus der Landeshauptsstadt.
Die Ostkurve, die sich nun „OSTFRONT“ nannte und dem SIEG gelegentlich ein unüberhörbares HEIL folgen ließ, wünschte NEGER, die in den Reihen der Gäste spielten, mit einem herrisch fordernden HUSCH, HUSCH – IN DEN BUSCH. Sämtliche Gegner wurden regelmäßig als ASOZIALE besungen, die UNTER BRÜCKEN SCHLAFEN ODER IN DER BAHNHOFSMISSION.
Das ist jetzt so, woanders auch, wusste Harald. Überall die gleichen bizarren Spottverse.
Da hatte sich in der Tat etwas verändert in den vergangenen zwei Jahren. Solange das auf der verbalen Ebene blieb, konnte man peinlich berührt weghören, aber wozu die von den Stadträndern nachwachsenden jungen Kahlköpfe mit den Springerstiefeln fähig waren, las man immer öfter in der Zeitung.

Letzte Saison haben diese Glatzen in der Schützenstraße eine Autoantenne abgebrochen, beklagte sich Harald zur Pausenzigarette.
Roland konnte sich ein Schmunzeln nicht verkneifen. Eine?
Ja eine, und ? Genügt doch, oder?
Daraufhin setzte Roland den Freund über seine Erlebnisse in Everton ins Bild.
Jetzt weißt du, wie gut wir es im Schinkel haben, wollte Roland als Fazit stehen lassen.
Schön und gut, pochte Harald auf das Verwerfliche der Sachbeschädigung, aber wenn es deine Antenne wäre, würdest du dich schon ärgern.

Die Müdigkeit trübt Rolands Gedanken ein. In dem dunklen Nichts vor dem Lichtkegel der Scheinwerfer erscheint ihm das abgründige Zukunftsloch, das ihm seit der Rückkehr von der Insel schon durch einige Träume gegeistert ist. Eine ABM kam in seinem Fall noch lange nicht in Frage, da musste man mindestens ein Jahr im Nichtstun geschmort haben, um von diesen begehrten Almosen der Bundesanstalt träumen zu dürfen. Eine Umschulung zum Weiterbildungsreferenten bei *Karstadt* war das einzige, was der Fachvermittlungsdienst für einen wie ihn in Aussicht gestellt hatte. Weshalb er überhaupt zurückgekommen sei, hatte ihn der Beamte in Unkenntnis über die Gepflogenheiten beim *DAAD* beiläufig gefragt. Und die Auslandserfahrung, hatte Roland zurückgefragt, zählt die nichts? Statt zu schweigen, wie der von seiner eigenen Verwaltung vollkommen überzeugte Büromensch es tat, hätte er den uneinsichtigen Bittsteller ebenso lauthals auslachen können. Im beredten Blick seines glattgeschliffenen Gegenübers erkannte Roland urplötzlich die Logik des Kohlschen Prinzips. In die Ferne schweifen, um in der Fremde zu lernen? Alles Quatsch! In der gewendeten Republik blieb man tunlichst an seinem Ort und lauerte geduldig auf den entscheidenden Sprung auf den Karrierezug. Dableiben, aussitzen, Intrigen gegen Konkurrenten schüren und bloß nicht den Beobachterstandort verlassen. Man könnte ja etwas verpassen.
Diese Überlebensstrategie hatte Roland sträflich unterschätzt und in seinem Erfahrungsdrang prompt die falsche Richtung eingeschlagen. Und jetzt waren alle Türen längst zugeschlagen. Wie vernagelt der Weg in die Schule. Das perfide verfeinerte Verfahren zur Abwehr unliebsamer Bewerber, dessen sich die Bezirksregierung bediente, stand den düsteren Visionen bei Kafka in nichts nach. Als Roland die letzte maschinell erstellte Ablehnung auf recyceltem Papier in Händen hielt, kroch ihn zum ersten Mal die Ahnung an, dass die Sperre lebenslange Geltung haben würde. Die alten Verbindungen zum *Städtischen Bildungswerk* waren ebenfalls brüchig. Neue, fest verklammerte Seilschaften hatten sich dort gebildet, die niemanden unbeschnuppert in ihre Hütte am Berg ließen. Dabei war der Bedarf an deutscher Sprache sprunghaft gestiegen, seitdem aus der unermesslichen Tiefe des sowjetischen Raumes massenhaft russisch sprechendes Volk in den goldenen Westen strömte. Aber vor dieser ihr unheimlich vorkommenden Schülerinvasion hatte sich die Mannschaft am Berg erfolgreich abgeschottet. Da wäre ja tatsächlich Arbeit auf sie zugekommen. Darauf war das sorgsam ausgesuchte Personal nicht vorbereitet. So konnten clevere Unternehmer das Vakuum nutzen, die erkannt hatten, wie gut sich Sprache als Ware verkaufen ließ. Von Sonderfonds der Bundesanstalt angelockt, witterten sie schnell die einmalige Gelegenheit, fettes Brot zu verdienen. Das Konzept war denkbar einfach: Man mietet ein paar heruntergekommene, ausgediente Büroräume an, quetscht an die dreißig Fremdlinge mitsamt ihrem Lehrer auf möglichst wenige Quadratmeter zusammen, so dass es nicht grob gegen die Menschenwürde verstößt. Wenn noch Platz ist, stellt man eine Tafel dazu.
Der minimale Aufwand genügte, um Beamten der Bundesanstalt vorzugaukeln, es handle sich um Sprachunterricht. Damit war die Geldvermehrungsmaschine in Gang

gesetzt. Die notwendigen Deppen für die Lehrerrolle waren auf dem mit Pädagogen überschwemmten Arbeitsmarkt leicht zu rekrutieren. Es fanden sich immer welche, deren Not groß genug war, dass sie für einen Hungerlohn die Kreide in die Hand nahmen. Wer sie entnervt hinschmiss, wurde spätestens am übernächsten Tag ersetzt.
Harald konnte ein schwermütiges Lied von diesem Tagwerk singen. Länger als ein Jahr leistete er bereits diesen Unterrichtsfron in einer dieser Linguistik-Kaschemmen, die ihre Lehrer in Kettenverträge zwangen, die fundamentale Arbeitnehmerrechte ausschlossen.
Besser als gar nichts, seufzte Harald, als Roland ihn auf die offensichtliche Ausbeutung angesprochen hatte, früher haben wir vom akademischen Proletariat gefaselt, jetzt gehören wir dazu, und?
So weit wollte Roland es nicht kommen lassen. Sein Weg sollte, wie der des *VFL*, nach oben führen. Abstieg war für ihn kein Thema.

Martina, die den Escort heute Nacht mit erstaunlicher Energie über die Autobahn treibt, hatte die Jobsuche ihrerseits empört eingestellt, nachdem ihr rasch klar geworden war, was für einen schlecht bezahlten Beruf sie in der Hasestadt gelernt hatte.
Sollst Bescheid wissen, wie ein Literaturprof und wirst abgespeist wie eine hinter der Wursttheke, klagte sie und schmiss die Klarsichtmappe mit den Bewerbungsdokumenten wütend von sich, als ihr zum wiederholten Male ein Angebot unterbreitet worden war, das ihre Erwartungen beleidigt hatte.
Nun hieß es, gut hauszuhalten mit dem Übergangsgeld vom *DAAD*. Das Bundesamt würde nicht so großzügig sein, und doppelte Kassen, hatte Harald gewarnt, würden sich nicht mehr so einfach führen lassen wie ehedem. Da waren einige Kollegen in ausweglose Erklärungsnöte geraten, wusste er zu berichten. Die zuständigen Ämter hatten dazugelernt und ihre Karteien vernetzt. Diese beängstigende Ausdehnung des elektronischen Datentransfers, musste Roland den Kritikern der neuen Technik beipflichten, schränkte die Freiheiten der Bürger empfindlich ein.

Die angespannte Haushaltskassenlage war es, die Martina gegen ihre Überzeugung einwilligen ließ, diese in ihren Augen miefige Spießerbude in der Schützenstraße zu mieten. Den Mief wolle er schon mit frischem *Alpina* wegpinseln, versuchte Roland ihre Zweifel zu zerstreuen. Spießigkeit ist eine Sache der Einstellung und nicht des Raumes an sich, meinte er seiner Gattin eine Lektion in Sozialpsychologie erteilen zu müssen, wurde jedoch ungefragt von einem fordernden Pochen an das gemusterte Milchglas der Wohnungstür unterbrochen. Im Hausflur hatte sich Nachbarin Frau Müller aufgebaut, eine füllige, untersetzte Witwe im besten Rentenalter, dem Anlass entsprechend herausgeputzt in geblümter Kittelschürze und rosengemusterten Hausschuhen. Ihre Hände steckten in rosa Haushaltshandschuhen, und ein froschgrünes Kopftuch umschloss fest ihre runderneuerte Dauerwelle. Bewaffnet mit schaumbedecktem Wischeimer und Schrubber kam sie gleich zur Verhandlungssache. Sie habe nur in diesem einen Ausnahmefall den Treppenflur für die jungen Leute geputzt. Normalerweise, sagte sie, müsse diese Pflicht gerecht geteilt werden, was mit den Vormietern nicht immer zu ihrer Befriedigung geklappt habe, fügte sie in einem Ton hinzu, der die alte Schuld umstandslos auf die neuen Mieter übertrug. Nun wolle sie eine Einweisung in Flurdienst und Hausordnung geben.
Da Martina sich bereits aus dem Türrahmen zurückgezogen hatte, bekam Roland die Nachhilfe zum Thema Flurreinigung und Haussicherheit erteilt. Exakt wurde das Gebiet umrissen, für das er in Zukunft zuständig war.
Da fangen die Stufen von Frau Teske an, da dürfen sie nicht wischen, junger Mann!

Die Haustür war ab zehn abzuschließen. Der Keller, bekam Roland vermittelt, sollte normalerweise nach der „Tagesschau" nicht mehr betreten werden. Zu dieser unchristlichen Zeit saßen untadelige Rentnerinnen auf dem Sofa. Junge Leute sollten sich im Normalfall danach richten.
Bis jetzt sind wir mit dieser Regelung gut gefahren, bilanzierte Frau Müller mit prüfendem Blick auf den neuen Mieter, normalerweise.
Auf Martinas Spott war Verlass: Wenn du das nächste Mal einen Vortrag über Spießer halten möchtest, solltest du deine liebe Nachbarin unbedingt mitnehmen. Ihr gebt ein prächtiges Paar ab.
Roland hatte geschwiegen in der beruhigenden Gewissheit über einen unschätzbaren Vorteil der spottbilligen Unterkunft - die unmittelbare Nähe zur *Bremer Brücke*. Abends würde Martina das Flutlicht zwar nicht direkt sehen, aber dafür spüren können. Wenn der Wind es gut meinte, würde der ergreifende Chorgesang der Ostkurve zu ihr herübergetragen. Roland würde dann natürlich in aller Gemütsruhe, während die anderen Anrückenden um die Parkplätze in den engen Straßen kämpften, zu seinem Stammplatz auf der Nordseite spazieren. Ohne Hast würde er den kurzen Weg in weniger als zehn Minuten schaffen, schnurstracks die Körnerstraße hoch, zügig die Kreuzstraße entlang zur Ecke Weseresch, von dort waren es höchstens noch gute vier Minuten bis zum Kassenhäuschen. Da kam selbst Harald nicht mit, der brauchte satte fünf Minuten länger. Nach dem Abpfiff würde Roland geschwind wieder bei Martina sein, und schon längst das erste Bier zur dritten Halbzeit einschenken, wenn sich die Karossen der Auswärtigen vor seiner Haustür zu einer Schlange aufstauten.

Wie eine Zwangsjacke umschließt das verwirrende Gedankenwerk Rolands Hirn, als er sich zur Mitternacht ungelenk aus dem von Martina direkt vor Moormanns Kleinsttierhandlung geparkten Escort herauswindet. Die eingeschlafenen Glieder geben kaum Halt.
Da hat er nun ein Unentschieden beim Spitzenreiter ertrotzt, und trotzdem ist er mies gestimmt. Zum Jahreswechsel steht der *VFL* mit einem Bein in der Ersten Liga, versucht er sich positiv auf die Nacht einzustellen, und ich selbst mit beiden Füßen in der Arbeitslosigkeit, gelingt ihm die Stimmungsaufhellung nur unvollständig.

Das neue Jahr bescherte dem *VFL* die Niederlagen, die von Harald insgeheim befürchtet worden waren.
Das konnte nicht so weitergehen, sah der Freund sich in seiner Skepsis bestätigt, die alle Aufstiegsträume in schwarzen Nebel hüllte.
Damit konnten die Ausbaupläne für das *Städtische Stadion*, die der Präsident den Stadtoberen präsentieren wollte, in der Schublade bleiben.
Für Roland hagelte es weiter Absagen. Sämtliche in alle Richtungen der Republik versandten Bewerbungspakete, inklusive aktuellem Foto einer demonstrativ braven Rolandmiene, kamen ebenso akkurat geheftet wieder zurück, wie sie auf den Postweg gebracht worden waren – immer häufiger mit dem freundlichen Hinweis, dass man sich für eine Bewerberin entschieden habe, da Frauen nunmehr bevorzugt eingestellt würden. Als Begründung für diese Bio-Auslese wurde stets die als sakrosankt hingestellte Entscheidung irgendeines höhergestellten Gremiums vorgeschoben. Getragen wurde das Frauensponsoring im öffentlichen Dienst von gut postierten Männern, die keine weibliche Macht mehr aus Amt und Würden drängen konnte, und die sich durch ihre Anbiederung an die verordnete Praxis dankbare Unterstützung für eigene Karriereambitionen erhofften. Den neue Biologismus infrage zu stellen, galt dagegen als Tabubruch.

Roland hatte verstanden.
Indes stutzig werden ließ ihn, wenn ihm am Biertisch geflüstert wurde, dass wieder eine Pädagogenstelle an die Tochter eines christdemokratisch bekennenden Stadtrates gegangen war, plötzlich ein Volkshochschuldirektor in roten Socken seine Schwägerin als Kollegin begrüßen durfte oder ein Kulturamtsleiter von schillernder Couleur seine Geliebte als Stellvertreterin zur Seite gestellt bekam.
In einem ermüdenden Verfahren zur Besetzung eines Posten als Dozent für besondere Aufgaben am Akademischen Auslandsamt einer benachbarten Universität war Roland sogar in den engeren Kandidatenkreis vorgedrungen und erwartete voller banger Wunschphantasien die Einladung zum Vorstellungsgespräch.
Mach dir keine Hoffnung, dämpften jene Stimmen, die über die Verwandtschaftsverhältnisse vor Ort informiert waren, seine wackelige Euphorie, du bist nur zum Schaulaufen dabei, um dem formalen Procedere Genüge zu tun. Die Stelle bekommt eine Frau Moser-Morchelknoop.
Wieso?
Weil Herr Professor Morchelknoop dort als wissenschaftlicher Berater für Fremdsprachendidaktik alle Fäden in der Hand hat.
Aha ...

Nachdem es zum Sommer mit dem Aufstieg weder für Roland noch für den *VFL* geklappt hatte, ruhten wieder einmal alle Hoffnungen auf der folgenden Saison.
Neues Spiel, neues Glück, vertraute Roland der bekannte Zockerlosung, musste aber miterleiden, wie sich nichts zum Besseren fügte.
Er selbst trat weiter perspektivlos auf der Stelle, der *VFL* rutschte gar nach unten durch.
Nach dem frühen Pokalaus beim Absteiger Salmrohr war es mit der Geduld des Präsidenten vorbei. Zur Verwunderung vieler Beobachter hatte er sich ungewöhnlich lange geziemt zurückgehalten, jetzt stellte er durch eine Blitzaktion klar, dass der Verein von der Unternehmenszentrale in der Hannoverschen Straße geführt wurde, und nicht von der Geschäftsstelle an der Wesereschstraße. Wer zahlt, bestimmt. Das war im Geschäft so und auch im Fußball, der längst zu einem geworden war. Die Vereinsgremien trollten sich gehorsam in ihre Akklamationsfunktion.
Selbstherrlich, schimpften Tribünengäste, die Roland gut verstehen konnte.
Dafür jedoch auf jeden Fall sehr übersichtlich, begrüßen andere das eigenmächtige Handeln, - und lag da nicht eine Wahrheit drin?
Mochte sich das ohnmächtige Vereinsvolk noch die Köpfe heiß reden, die Entscheidung war getroffen, unwiderruflich. Der ratlos gewordene Nachwuchstrainer musste gehen, ein ausgebuffter Glücksritter vom Balkan wurde über Nacht zum Herrscher auf der Bank inthronisiert. Dass er als Fußballlehrer kaum Aufsehenerregendes vorzuweisen hatte, machte er durch lockere Rede wett. Schnell hatte er die Lacher und bald das ganze Osnabrücker Fußballvolk auf seiner Seite.
Der alte Wechselzauber hatte zum Glück gewirkt. Roland riss der schier unaufhaltsame Siegszug des *VFL* wenigstens an den Wochenenden aus dem festgefahrenen Stellungskampf an der Bewerbungsfront.
Von Spieltag zu Spieltag wurde es auf der Nordtribüne enger.

Da können wir aber froh sein, dass wir so früh gekommen sind.
Harald überflog staunend das vollgepackte Rechteck der *Bremer Brücke* an diesem letzten Freitagabend im Oktober.
Mit gebieterisch gehobener Stimme beschwor der sonst um Höflichkeit bemühte Stadionsprecher die unbeweglichen Massen auf den Stehrängen, weiter nach unten zu

rücken, aber die beiden Freunde aus der Schützenstraße gehorchten nicht so, wie die eindringlichen Ermahnungen, die gerade in einem nachzitternden Pfeifton verendet waren, es forderten.
Die Lautsprecher hatten vor den Anforderungen des Abends kapituliert, wusste jeder sofort Bescheid. Jetzt wurde eiligst ein pfiffiger Elektriker gesucht.
Solange die das Flutlicht nicht mit einem Kurzschluss abwürgen, geht´s noch, griente Harald, das Werbegelaber muss man nicht unbedingt hören.
Sollten die Nachzügler sehen, wie sie zu einem vernünftigen Platz kamen, mochte jeder für sich denken, schließlich war man nicht so zeitig aufgebrochen, um am Ende gegen den Zaun zu gaffen. So weit ging die Solidarität unter den Fußballfans eben doch nicht. Alle jubeln für einen Verein, aber für gute Sicht muss schon jeder selbst sorgen.
Noch konnte man dem Geschiebe von hinten standhalten. Fast wie in *Old Trafford* kam sich Roland vor.
Auf der Westseite waren die rot markierten Aufgänge nicht mehr zu sehen. Alles vollgestellt mit weiß-blauen Meppenern. In dem schmalen Tunnel, der aufs Spielfeld führte, war Bewegung zu erkennen, aber kein Spieler trat heraus, sondern kleine Gruppen von Gästefans, die nun durch die Tore im Zaun von unten auf die Tribüne geleitet wurden.
Wie beim Cup-Final in *Wembley*, fiel Roland ein, und dort war nachher herausgekommen, dass die Ränge überfüllt waren. Wenn er sich umschaute und die Bengel im Maschenzaun hängen oder über die auf dem Kamm der Nordseite aufgereihten, blechernen Werbeflächen lugen sah, schien es ihm an diesem Abend ähnlich prekär zu sein. Nicht auszudenken, was mit ihm geschehen würde, wenn eine Panik ausbrechen sollte. Entweder würde er unten am Zaun zerquetscht oder nach oben, mit anderen in einem Knäuel verkeilt, über die Böschung geschubst. Beide Möglichkeiten bargen ihr spezifisches Grauen.
Lieber keine klare Vorstellung darüber aufkommen lassen.
Damit wischte Roland den Anflug von Klaustrophobie entschlossen hinweg und zentrierte seine Aufmerksamkeit auf die ausfälligen Gesänge, die aus der Ostkurve sprudelten.
MISTBAUERN und SCHWEINETREIBER zogen die lila-weißen Chorknaben in gehässigen Weisen über die Gäste aus der emsländischen Enklave her, um die ungeliebten LANDEIER aus den nordwestniedersächsischen Ebenen zu verhöhnen. An der aggressiven Note, die den Spott untermalte, konnte man heraushören, wie sehr der aus dem benachbarten Kreis aufgestiegene Konkurrent die Gemüter reizte. Bislang war der *VFL* die einzige Fußballgröße im Bezirk gewesen. Durch den Auftritt des regionalen Rivalen auf gleicher Ebene war das Weltbild einiger VFL-Fans offenbar aus den Fugen geraten.
Dabei hing der Mannschaftsaufstellung der Gäste, die nun, da sich die Lautsprecher zurückgemeldet hatten, deutlich hörbar verlesen werden konnte, kein Hauch von Stallmief nach, sondern verriet im Gegenteil multikulturelles Flair: ein amerikanischer Europareisender im Abwehrzentrum und gar ein finnischer Nationalspieler auf kreativer Position. Solche internationale Erfahrung hatte der Hasestadtclub nicht zu bieten. Lediglich ein Brite ragte aus dem Gros des lokalen Personals heraus.
Bald nach dem Anpfiff sollten sich die städtischen Fans die Augen reiben, angesichts eines schwindelerregenden mit der Hacke gespielten Doppelpasses im Meppener Sturmzentrum. Wenige Minuten später geriet die Westkurve in blau-weiße Schwingung. Die verlachten Ackerpflüger lagen in Führung und sich in den Armen.
Roland schaute ähnlich belämmert drein wie die ganze lange Nordtribüne.

Auf der Sitzplatztribüne konnte man gut erkennen, wie viele Reihen von blauem Landvolk besetzt waren. Roland hatte noch nie zuvor eine so große Kolonie von Gästefans an der *Bremer Brücke* erlebt. Außer sich vor Freude wedelten sie mit ihren Fahnen und Schals. Die hatten es nicht nötig, die Gastgeber herabzuwürdigen. Die feierten sich lieber selbst.
Die folgenden Minuten bescherten ihrer putzmunteren Mannschaft ein Heimspielgefühl. Nur mit Mühe fand die Ostkurve und mit ihr der *VFL* den Anlauf zum Konter. Da langte Heiko Glöde wie aus heiterem Himmel hin.
Im vieltausendstimmigen Torschrei entlud sich der ganze Ärger über den Fehlstart.
Uff, stöhnte Harald auf, jetzt geht´s noch mal von vorne los.

Zur Pause sog er schon wieder, um Kompensation bemüht, am Javaanseröllchen. Roland schnupperte an der Abluft. Richtiges Rauchen verziehen ihm seine Bronchien seit Monaten nicht mehr. Es war das erste Laster, das er aufgeben musste. Welches würde das nächste sein?
Myyrys skandinavisch kalter Treffer zur erneuten Führung lag den Hasestädtern schwer im Magen. Dementsprechend schleppend lief die Pausenkonversation.
Von vager Erinnerung eingetrübte Bilder schwebten Roland durch die Wahrnehmung, während seine Blicke über den Gästeblock streiften.
Aus diesem Winkel betrachtet nicht unsympathisch, diese Meppener, musste er zugeben. Vom unerwarteten Spielverlauf hungrig gemacht, spekulierten sie jetzt sicherlich darauf, mit einem Sieg beschenkt in ihre Wiesen und Felder zurückzukehren. Die ganze Kolonie wirkte nicht annähernd so martialisch wie die lila Stellung im Osten, eher wie eine mitgliederreiche Kegelgemeinde auf Stadtausflug.
Ob die da immer noch Referendare in den Wahnsinn treiben, bezog er Harald in seine Pausengedanken mit ein.
Gibt´s da überhaupt noch ein Ausbildungsseminar?
Roland war überfragt: Auf jeden Fall kannst du dort als schwarzbraun bekennender Deutschlehrer in Kombination mit Katholischer Religion leben wie Gott in Frankreich, schätze ich mal, und Bundesliga haben die jetzt auch. Was will das Paukerherz mehr verlangen?
Dann wird´s höchste Zeit zum Konvertieren. Vielleicht solltest du mit denen gleich mitfahren, frozzelte Harald und lächelte das erste Mal an diesem ärgerlichen Derbyabend.
Wenigstens hat ihn der Quatsch aufgeheitert, freute sich Roland.
Zaghaft wurde er von der anderen Seite angetippt.
Hallo ...
Wer war das ... ?
Haare in modischer Eckfacon, Gesicht kantiger als früher, Augen verkniffener hinter mattschwarzer Hornbrille. Die asphaltgraue Schimanskijacke – genauso eine hatte der *Tchibo-Shop* in der Großen Straße vor zwei Wochen im Angebot - wärmte jemanden, der bei Roland als bunter Vogel im Archiv seines Gedächtnisses abgelegt war.
... Ach hallo, Mensch Lothar. Was machst du denn hier? Äh, ich meine, wie geht´s dann so?
Bestens, kann nicht klagen, bin gut im Geschäft.
Mit der „Freien Schule"?
Nein, nicht doch. So was bringt´s überhaupt nicht mehr. Haha ... Scheiß Idealismus, kann einen echt ruinieren ...
Abschweifenden Blickes wandte sich das unverhofft aufgetauchte Gesicht aus vormaligen Zweitligazeiten gegen das Flutlicht. Die Jahre hatten ihre furchigen Spuren hinterlassen.

... heute musst du da sein, wo die Musik spielt, sonst wirst du knallhart abgehängt.
Und wo spielt die Musik, wünschte sich Harald, der gespannt gelauscht hatte, zu wissen.
Für mich an der Uni. Nicht fest, sondern auf ABM. Da laufen zur Zeit ´ne Menge Sachen, natürlich aus wahltaktischen Erwägungen, ihr wisst schon - „Wir tun was gegen Arbeitslosigkeit" und so ein Blahblah. Tja, und an der Uni wird eben am besten bezahlt. Also BAT Zwo bekommst du praktisch nur noch dort, wenn überhaupt.
Wie bist du da rangekommen, wollte der plötzlich hellwache Roland wissen.
Schon einige Male war ihm von besser Informierten die Saga über unglaublich gut bezahlte Stellen zugetragen worden, die das Arbeitsamt angeblich zu vergeben hätte.
Lothar zeigte sich amüsiert über Rolands Unkenntnis: He, he, so einfach läuft das natürlich nicht. Offiziell existieren Wartelisten, aber die Vergabe geschieht unter der Hand, ist doch logisch.
Ach so.
Völlig reibungslos flutscht das, wenn du dir die Stelle selbst aufreißt.
Wie?
Ja, du musst jemanden überreden, dich einzustellen, für irgendein vorgeblich unaufschiebbares Projekt, das nach viel Arbeit aussieht. Dann muss eigentlich nur noch eine ABM beantragt werden. Kohle gibt´s gratis dazu.
Roland und Harald hörten dem Informanten staunend zu.
Mensch, Leute, das Arbeitsamt ist ein Dienstleistungsladen. So muss man das jedenfalls sehen, meine ich. Vorher hab´ ich schon ´ne passabel bezahlte Umschulung zum EDV-Dozenten mitgenommen. So ´n bisschen Know How über Hardware, Software, MS-Dos, Unix, Word ... dazu noch ein Programm, mit dem sich gut archivieren lässt. Die Bereitschaft zur Fortbildung kommt immer gut an. Und jetzt steh´ ich bereits vor der zweiten Verlängerung meiner AB. Ist eigentlich nicht möglich sowas, aber mit guten Drähte läuft eben einiges anders, kennt man doch ...
Und was musst du machen? Wie sieht die Arbeit aus?
Offiziell geht´s um die archivarische Sicherung von alten Beständen der PH-Bibliothek, in Wirklichkeit bin ich ein besserer Hiwi für meinem Chef, muss bei der Auswertung von einer empirischen Reihe mithelfen, furztrockene Datenochserei ... Ach ja. nebenbei promoviere ich so zum Schein. Macht sich immens gut ... Ja, und das für BAT Zwo, hi, hi, inklusive Studentenausweis, hi, hi, da geh´ ich hier doch glatt als Studi durch. Wie findet ihr das? Wär´ das nicht was für euch?
Harald winkte ab, keine Chance auf AB. Rolands wache Augen signalisierten hingegen Interesse
Wenn ich dir einen Tipp geben soll: Versuch´s mal bei Ostmark. Der sitzt im *Alten Seminarhaus* und hat ´ne ganze AB-Mannschaft laufen. Seitdem der sich die Nachlässe von einigen Exil-Schriftstellern gesichert hat, kriegt der alles bewilligt, gab Lothar bereitwillig Auskunft.
Davon hab´ ich schon was in der *NOZ* gelesen, wusste Harald, soll aber ein ziemlicher Choleriker sein.
Stimmt, lachte Lothar auf, die armen Säue werden regelmäßig abgekanzelt. Sind schon einige Frauen heulend aus seinem Büro gestürmt. Haben sich aber alle schnell wieder beruhigt, kein Wunder bei BAT Zwo ... und wenn alles vorbei ist, gibt´s wieder ordentlich Stempelgeld ... immerhin nach BAT Zwo.
Unten formierten sich die Akteure zum zweiten Derbyakt.
Die Nordtribüne nahm Haltung an.
Also, versuch´s doch einfach bei Ostmark, vernahm Roland noch in seinem Nacken, als Glöde mit einem Pass von Linz auf und davon ging. Die ungeahnt abgebrühte

Verwertung der Chance hatte Rolands Konzentration endgültig ins Spiel zurückgebracht.
Mit der Meppener Freundlichkeit war es allerdings vorbei. Garstige Pfiffe schrillten aus dem Westblock. Die Landwirte fühlten sich verschaukelt, witterten Abseits und Verrat.
In den Folgeminuten wurde auf dem Rasen die Sense eingesetzt. In dieser rustikalen Disziplin waren die Gäste eindeutig geübter. Die beiden Bankbesatzungen verzettelten sich in einem Kleinkrieg. Patschnasse Schwämme wurden als Wurfgeschosse eingesetzt.
Die Ordner erwiesen sich als parteiisch, und Glöde war nach einer Verwirrung im Meppener Strafraum von allen VFLern am besten im Bilde.
Sein dritter Streich trübte das Verhältnis zwischen Stadt und Land endgültig ein.
IHR KÖNNT ZUM MELKEN FAHRN .... höhnte es schadenfreudig aus der Ostkurve.
Vor der Haupttribüne gebärdete sich ein Meppener Sekundant wie ein Rumpelstilzchen. Irgendetwas wollte er dem Linienrichter aufdrängen.
Was hat der da, wunderte sich Roland.
Ich glaub´, ´ne Brille, meinte Harald zu erkennen, der will ihm seine Brille geben.
Der Wüterich wurde von Ordnern umstellt. Ein Blauer versuchte den Kreis der Männer mit den gelben Leibchen zu sprengen. Er wurde rüde abgeschüttelt. Etliche Sitzplatzinhaber blieben aufgestachelt stehen. Komplette Bankreihen tauschten wild gestikulierend Unfreundlichkeiten aus.
Die Schlussphase stand eindeutig im Schatten einer uralten Fußballfrage: Abseits oder nicht?
Zum guten Ende für den *VFL*, nachdem der letzte Pfostenkracher der wütend attackierenden Bezirksnachbarn ausgestanden war, atmete Harald kräftig durch: Mann, Mann, das letzte Mal schon so viel Dusel und heute wieder. Die haben ´ne echte Strähne, wie lange das wohl gut geht?
Hoffentlich noch einige Zeit, wünschte sich Roland etwas vom VFL-Glück mit nach Hause zu nehmen, und hörte sich den Namen Ostmark murmeln, obwohl der Held des Abends Glöde hieß.
Da hatte sich Lothar schon verabschiedet. Das schlechte Gewissen um die Vaterpflichten zog ihn vor der Zeit von der Tribüne. Zwei kleine Hosenscheißer in Fieberlaune und die Frau beleidigt, weil er sich zum Fußball verdrückt hatte.
Da könnten sich Harald und Roland ja vorstellen, was ihn zu Hause erwarte.
Beide hatten ahnungsvoll genickt, vorstellen wollten sie sich das gar nicht.
Auf dem gepflügten grünen Feld schubsten sich immer noch blaue und lila Figuren herum.
SV Meppen und *VFL* – da würde nie eine Freundschaft draus werden, waren Rolands letzte Gedanken zum Derby, als er auf der Schützenstraße einen nussbraunen Daimler mit EL-Kennzeichen passierte. Die Frontscheibe war komplett mit Ketchup zugekleistert.

Der Nachhall des turbulenten Nachbarschaftstreffen war schnell verklungen. Die Schnelllebigkeit des Geschäfts erlaubte kein langes Nachkarten. Roland wollte der Abend allerdings nicht aus dem Kopf gehen.
ABM lautete das Zauberkürzel, das ihn aus dem Abseits führen sollte, war er überzeugt, und Ostmark war die richtige Anlaufstelle, redete er sich ein.
In nervöser Eile entwarf er die Skizze eines literaturwissenschaftlichen Projekts, das er mit dem hochtrabenden Arbeitstitel „Ästhetik des Erinnerns“ schmückte. Antichambrieren in eigener Sache war seine Stärke nicht, wusste er, als er mit sottigem

Grummeln im Verdauungstrakt und hartnäckigem Druck auf der Blase die angewitterten Stufen zu der massiven Eichentür aufstieg, die den Zugang zum *Fachbereich Germanistik* der Universität markierte. Es beruhigte, etwas im Gepäck zu haben, das sich, so hoffte er, als Promotionsvorhaben verkaufen ließ.
Die hohen Rundbögen, die man durchschreiten musste, um an die Treppe zu gelangen, erschienen wie ein architektonischer Gruß an den gegenüberliegenden barocken Schlossbau. Ansonsten beherrschte die eckige Strenge gerade gezogener Konturen das Bild des zweistöckigen Gebäudes aus den frühen Aufbaujahren der Republik. Die langen Reihen der in jeweils vier deckungsgleiche Rechtecke unterteilten Fenster betonten das Uniforme der Konstruktion. Ein cremeweißer Anstrich konnte den faden Eindruck nicht verwischen. Hinter solcher Fassade sah Roland eher aktentreue Buchhalter am Werk als kreativ denkende Wissenschaftler. Tatsächlich hatte der Bau ursprünglich die Zentrale des regionalen Bauernverbandes beherbergt. Ein über dem Eingangseck postierter, in Stein gehauener Sämann zeugte als standbildhaftes Relikt von der übergeordneten Bedeutung der Agrarkultur im Landkreis.
So ansatzlos wie die schwere Tür hinter Roland zuschlug, zeugte dies von nachlässiger Wartung der Schließmechanik. Sich eine Sicherheitsglastür weiter vorwagend gelangte er ins Foyer. Die Innenarchitektur war von dem falschen Lindgrün beherrscht, das in den frühen achtziger Jahren vor allem als Autolack versprüht wurde. Hier waren die Metallzargen der aus Sicherheitsverbundglas gefertigten Türen und die Schalensitzreihen an den Wänden in dieses naturferne Grün getaucht. Die mattgelaufenen, beigen Marmorfliesen hätten einen passenderen Kontrast verdient, fand Roland. Die weiße Wartehallenuhr mit den tintenschwarzen Ziffern und Zeigern über der Aufzugstür auf der rechten Seite bot das nüchterne Gegenstück zu der Wandmalerei auf der linken, ein im naiven Biedermeierstil gehaltenes Abbild der Landkreisgeografie mit den vermeintlich markanten Punkten. Das Osnabrücker Land als Idylle, als friedlich prosperierende Einheit von Ackerbau, Viehzucht und Schwerindustrie. Im Mittelpunkt der naiven Pinselei ein Paar wie aus dem Poesiealbum des tumben Geschmacks: sittsamer Gutsherr nebst züchtiger Gattin, fest im Glauben und gut im Futter. Wie konnte ein Bewusstsein, das vorgab, ausführlichst über die Entstehungsbedingungen von Kunstwerken im Zeitalter ihrer technischen Reproduzierbarkeit zu forschen, solchen Kitsch auf Dauer tolerieren?
Roland beschloss, später darüber nachzudenken, und stieg, nun schon mutgefasster, die Marmorstufen hinauf.
Im Obergeschoss musste er in den Flur rechts vom Aufgang. Die dritte, mahagonigebeizte Tür war es, die sich für Roland öffnen sollte: Prof. Dr. Herrmann Ostmark.
Ein hübscher Aphorismus überdeckte das halbe Pinbord neben Tür: Wenn Toleranz praktisch werde, habe sich alle Theorie erfüllt.
Hier sah sich Roland an der richtigen Adresse.
Zaghaftes Klopfen.
Aufforderndes Herein!
Da saß Rolands neuer Hoffnungsträger und schaute den Eindringling durch die irritierend dicken Gläser einer randlosen Brille fragend an.
Warum läuft ein Professor mit so einem AOK-Gerät durch die Gegend, wunderte sich Roland als Erstes, bevor er seine Gedanken in die Pflicht nahm.
Offenbar war er auf ein Relikt aus seinen bewegten Studienjahren getroffen. Da war einer auf dem Marsch durch die Hochschulinstitution nicht zum Neutrum geschrumpft oder hatte sich chamäleonhaft zum Yuppie gewendet. Der zeitgeisttrotzende Holzfällerchic in bunt kariertem Flanellhemd, schmuddelblauer Jeans und kompromisslos heruntergelaschten, halbhohen Turnschuhen nötigte Roland Respekt ab. Die von einer krausen Ranke, deren Konsistenz zwischen extrem schlecht rasiert

und vollbärtig schwankte, überwucherte Geographie des Angesichts wies auf deutliche Kampfspuren aus jahrelangem, kraftraubendem Kleinkrieg an verschiedenen Fachbereichsfronten. Aufgedunsene Backen und die erdbeerrot gescheckte Nasenoberfläche signalisierten dem aufmerksamen Beobachter, dass in diesem Antlitz nicht nur Lebenszeit gearbeitet hatte. Matt schimmerte der von bedenklichem Haarschwund kahl gefegte Vorderschädel. Immerhin sicherte diese Volte der Natur einen Anschein von Seriosität.

In dem Moment, in dem Rolands abschätzende Wahrnehmung auf Hochtouren lief, verglomm ein Zigarillo im speichelverklebten Mundwinkel des Professors für zeitgenössische Literatur. Ein Ascheröllchen hatte sich gelöst, segelte auf den Dokumentenhügel auf der von Staubflocken umspielten Schreibtischplatte und wurde achtlos beiseite gewischt. Ein blaues Einwegfeuerzeug mit ALDI-Aufdruck flammte auf und schon brannte der schwarzbraune Stängel wieder. Die erste Abluft zog in Rolands Nasenflügel, und das Gespräch konzentrierte sich geschäftsmäßig auf sein Anliegen. Viel Zeit würde ihm nicht bleiben, gab ihm der Raucher am Schreibtisch zu verstehen und kam forscher zur Sache als erhofft. Schnell hatte der alte Hochschulfuchs erkannt, worauf der ungebeten hereingeschneite Bettelstudent hinauswollte.

Sie möchten, wenn ich recht verstehe, dass ich Ihnen eine AB verschaffe. Wie kommen Sie ausgerechnet auf mich?

Roland rühmte beredt den Ruf seines Gegenübers als herausragender Nachlassbetreuer und vorausdenkender Kulturmanager. Er spekulierte mit dem Lobgesang auf eine zweite Schwäche des über die Grenzen der Hasestadt wenig bekannten Hochschullehrers. Die erste war offensichtlich vom Spirituosenangebot bei *ALDI* zur Genüge abgedeckt, wenn Roland den Vorrat angebrochener Flaschen bemaß, mit dem das untere Fach des Wandschranks aufgefüllt war.

Die zweite folgerte Roland aus den scheinbar wahllos an jede Wand genadelten Fotos von Ostmarkposen, vor allem aber aus dem Geschenkaltar, der auf einem Aktenrollschrank aus dunkelbraun lackiertem Metall blickfangend aufgebaut war, sämtliche Glückwunschpost akkurat gestellt. Die beeindruckende Zahl von Buchpräsenten, teilweise noch im Geschenkpapier belassen, und Flaschen mit erlesenem Inhalt erschienen wie Weihgaben unter dem gerahmten Farbporträt des Jubilars in DIN-A-Vier-Ausmaß, das ihn zu seiner Amtszeit als Dekan bei einer hochoffiziellen Feierlichkeit zeigte. Alles in frischem Glanz, nur der Blumenschmuck war angewelkt.

Der ganze Ausstellungsaufwand ließ nur einen logischen Schluss zu: Der Herr Professor ließ sich gerne feiern.

Später würde Roland auffallen, dass der Opferstock nie abgeräumt wurde, sondern sich stetig um immer neue Gaben und kartonierte Segensgrüße ergänzte, die bei gegebenen oder extra geschaffenen Anlässen zur Huldigung überreicht wurden. Überlagerte Bücher verschwanden nach der Zeit aus der Ausstellung ungeordnet in die umlaufenden Regalwände, Flaschen leerten sich wie von selbst.

Aber das musste Roland an diesem Tag noch gar nicht wissen.

Seine devote Schmeichelstrategie kam gut an. Als letzten Joker zog er das Exposé. Hin und her huschten Ostmarks flinke Augen über die dicht betippten Blätter.

Eine „Ästhetik des Widerstands“ sei ihm wohl bekannt, aber eine des Erinnerns? Na ja, darüber würde zu diskutieren sein ...

Trotzdem bat er darum, die Skizze behalten zu dürfen. Die drei zusammengehefteten Seiten wanderten auf den Papierhügel vor ihm. Ob es auf sie auch bald Asche regnen würde?

Roland wurde mit dem Hinweis entlassen, sich Hoffnungen machen zu dürfen, aber nicht zu große.

Das war mehr, als er erhofft hatte.

Ostmark war ein Mann der Tat und zauderte nicht lange. Daher konnte sich Roland schon bald wieder in dem mit Sperrmülltrophäen und Kartons verstellten Wohnbüro umsehen. Erst jetzt entdeckte er inmitten des Zettelpatchworks an der Korktafel über dem Schreibtisch ein Motto, das den Zustand erklärte: „Ein Kleingeist verwaltet die Ordnung, ein Genie überblickt das Chaos!"
Humor hatte er, der Zigarilloliebhaber, der Roland schon bei diesem zweiten Treffen ganz in der Pose empfing, die er in Zukunft immer beibehalten würde – die des absoluten Herrschers.
Jetzt wurde es spannend. Roland bekam eine Aufgabe zur Bewährung übertragen.
Im nächsten Jahr kämen wieder ein paar von diesen unangenehmen Gedenktagen auf das schlechte Gewissen der Republik zu. Da müsse man sich vorbereiten, um eventuell Zündstoff zu legen. Er solle im Staatsarchiv nach erhaltenen Unterlagen über die Vorgänge in Osnabrück zur sogenannten „Reichskristallnacht" forschen.
Ausgerüstet mit einem beglaubigten Empfehlungsschreiben des Dekans begehrte Roland Einlass an der Schlossstraße und durfte unter der fürsorglichen Kontrolle verschwiegener Staatsbeamten zu den streng gehüteten Aktenfolianten vordringen. Absolute Ruhe war bei der Recherche einzuhalten.
Die magere Ausbeute überraschte ihn nicht. Sämtliche Zeitungsartikel und Polizeiunterlagen über die Verbrechen in der unseligen Nacht fehlten in der akribisch geordneten Sammlung. Verwaltungen arbeiten eben konsequent - was niemanden mehr zu interessieren hat, wird ausgelöscht. So einfach war das.
Sachdienliche Anhaltspunkte ergaben sich allenfalls aus den Akten des „Synagogenprozesses" nach dem großen Sündenfall.
Zu wenig Zündstoff für Ostmarks Geschmack. Rolands Bericht wanderte in den Aktenrollschrank unterhalb des Jubelschreins.
Auch wenn er ohne greifbares Material zurückkam, galt die Probe als bestanden.
Kein Treffer ist auch ein Ergebnis, schien ein Resümee zu sein, das bei Arbeitsbeschaffungsmaßnahmen nicht unüblich war.
Ostmark hatte schon genauestens ausbaldowert, wie er sich einen zusätzlichen Hiwi zum Nulltarif sichern konnte. Roland solle zur Verstärkung im Projekt „Bibliographie zur Literaturgeschichte im Osnabrücker Land" eingesetzt werden. Der Kollege, der da dransäße, sei angesichts der Datenflut überfordert. Nun müsse Roland noch beim Bundesamt vorstellig werden. Der Rest erledige sich von selbst – nur BAT II sei nicht mehr drin, das müsse er sich aus dem Kopf schlagen. Die Mittel würden knapper und die Zeiten härter.

Wie hart die Zeiten wurden, musste Roland erfahren, als er seiner neuen Arbeitsberaterin über seinen Vorstoß in Sachen ABM berichtete. Was er als Eigeninitiative gelobt hören wollte, rügte die forsche Verwalterin im petrolfarbenen Mattglanzkostüm als freches Vordrängeln.
Wer eine ABM bekäme, entscheide immer noch das Amt. Im Übrigen sei es ihre vordringliche Aufgabe, besonders bedürftige Seelen wiedereinzugliedern. Sie denke an jene bedauernswerten Pflänzchen, die von ignoranter Männerdominanz aus der Arbeitswelt verdrängt würden, und habe da konkret eine Anwärterin im Auge, alleinerziehend und - natürlich – außergewöhnlich qualifiziert. Ihr gebühre der Vortritt. Roland habe da aus unschwer einsehbaren, übergeordneten Erwägungen zurückzustehen. Die Gleichstellung müsse endlich praktisch werden.
Und das auf meine Kosten, konnte Roland den vom Magen aufbrennenden Ärger nicht völlig löschen.
So habe ich das nicht gesagt.

Der Wutausbruch, mit dem Roland aus dem Amt für überflüssige Arbeitskraft stürmte, ließ den „Platz des Zwanzigsten Juli“ erbeben.
Sein unaufhaltsamer Lauf führte ihn durch den blättergesäumten Schlosspark direkt zu Ostmark, der sich von der Neuigkeit unbeeindruckt zeigte.
Das haben wir gleich.
In überlegener Ruhe griff der Routinier in Verhandlungssachen zum Telefonhörer. Unter seiner schneidenden Höflichkeit schrumpfte der Gleichstellungselan der erfolgshungrigen Beamtin wie Eis in der Sahara.
Wenn ein von ihm persönlich ausgewählter Kandidat als besonders qualifiziert angesehen würde, habe das seinen Grund. Herr Groll verfüge über spezielle editionswissenschaftliche Voraussetzungen, die unabdingbar für die anspruchsvolle Aufgabe seien, und die habe die gute Dame mit dem Erziehungsproblem leider nicht. Folglich könne nicht von gleicher Eignung ausgegangen werden. Gleichwohl solle sie sich gerne bei Gelegenheit vorstellen. Vielleicht könne man da zusätzlich etwas auf die Beine stellen. Ja, natürlich ... ich verstehe ... ein Missverständnis ... keine Ursache... gleichfalls einen wunderschönen Tag, auf Wiederhören.
Aber ich habe gar keine editionswissenschaftliche Ausbildung, gab Roland kleinlaut zu bedenken.
Ab jetzt haben Sie eine, schließlich haben Sie schon im Staatsarchiv geforscht, oder etwa nicht?
Ach, so läuft das?
Ja, so läuft das, aber eins kann ich Ihnen im Vertrauen versichern. Die Dame dort beim Arbeitsamt scheint noch nicht lange im Geschäft zu sein. Das konnte man merken. So leicht hätte sich unsere liebe Frauenbeauftragte nicht austricksen lassen, das können Sie mir glauben ...
Bedächtig legte Ostmark den Kopf etwas schief und grinste, dass Roland um den Halt des Zigarillos fürchten musste.
... Haben es besonders auf die heiligen Hallen der Literatur abgesehen, diese Weiber. In Zukunft wird die Stellung nicht leicht zu halten sein. Da braut sich was zusammen. Jetzt gibt es hier schon eine feministische Literaturwissenschaft. Ja, schauen Sie mich nicht so an, ich habe es nicht verhindern können. Die gescheiten Kollegen waren anderer Meinung. Na ja, mit der Dame verkehre ich nur noch über den Dienstweg. Das ist im Hause bekannt. Wenn es nach der verehrten Kollegin ginge, würden alle Pinkelbecken abgebaut ... Ha, ha ... sollen sie, sollen sie. Ich werde den Fortschritt nicht aufhalten. Man wird schließlich älter, ... aber Sie sollten darüber nachdenken, ob Sie nicht - ich will nichts dramatisieren – unter Umständen auf dem falschen Bahnhof gelandet sind ... Soll keiner sagen, ich hätte nicht gewarnt ... Aber was rede ich, jetzt geht es zunächst um Ihre AB, und die wäre somit in trockenen Tüchern ... Wie Sie sehen, wird etwas für Sie getan, und da wäre die Bitte um eine kleine solidarische Gegenleistung nicht unbescheiden, was meinen Sie?
Roland wusste, was kommen würde. Aus dem weiteren Ostmarkkreis hatten ihn Eingeweihte über die Art der Solidaritätsleistung aufgeklärt. Zur Sicherung seines Einflusses außerhalb der Universität hatte Ostmark beizeiten einen Verein ins Leben gerufen, der sich die Pflege des Werkes heimatgeschädigter Schriftsteller zur Aufgabe gemachte hatte. Ein Beitritt war nicht nur erwünscht, sondern obligatorisch.
Roland ließ sich nicht zweimal bitten. Die Lockmannlektion hatte sich in sein Gedächtnis eingebrannt. Ohne viel Federlesen war der Aufnahmeantrag unterschrieben.
Als Doktorand brauchen Sie natürlich nur die Hälfte zahlen, und den Rest gibt das Finanzamt beim Jahresausgleich zurück.
Ostmark freute sich wie ein Junge über die gelungene Mitgliedswerbung.

Ich sehe schon, wir werden uns gut verstehen. Jetzt bin ich gespannt, wie das Team Sie aufnimmt, sagte er mehr zu sich selbst als an seinen Gast gerichtet ... Ach, das wird schon, wird schon ... Routinemäßig sah er auf die Uhr. Ja, ich würde Ihnen gerne noch einen Kaffee anbieten, aber die Pflicht ... Sie verstehen, schließlich bin ich nebenbei noch Hochschullehrer ...
Roland war dankbar für die Eile, in der er jetzt hinausgebeten wurde, wusste er doch von alten Ostmarkgästen, dass der Pulverkaffeesud, der hier gereicht wurde, nur mit einem kräftigen Schuss aus der Schrankbar zu bewältigen war. Weder die pure noch die veredelte Version hätte ihm sein Magendarmtrakt verziehen.
Auf dem Flur hatte sich eine Schlange wie auf dem Busbahnsteig am Neumarkt gebildet. Keine der verschüchtert bis missmutig wartenden Nachwuchsakademikerinnen hatte es gewagt zu klopfen.

Was es hieß, zu einem Team zu gehören, das Ostmark zum Chef hatte, konnte sich Roland schon vor seinem offiziellen Antritt anhand der Flut von Aktennotizen und Kurznachrichten ausmalen, die jetzt, da er in den Ostmark-Postverteiler aufgenommen war, im Zweitagerhythmus in die Schützenstraße flatterten.
Jürgen habe sich zu spät beim Rechenzentrum für den nächsten Word-Kurs angemeldet, solche Versäumnisse dürften nicht vorkommen; Siglindes Bericht über die Informationsfahrt ins Marbacher Archiv sei schlampig, die Vorschläge für die Auswahl des nächsten Referenten zur Reihe „Literatur im Exil“ seien überfällig, das zeuge von wenig Engagement für die Sache; allgemein ließe die Einstellung stark zu wünschen übrig, und wenn es das nächste Mal wieder so eine peinliche Drückebergerei bei der Wahl des Protokollführers gebe, schmeiße er die ganze Sache hin, er könne auch ohne Team gut leben.
Diese Androhung machte Roland Sorge. Da würden doch verantwortungslose Faulenzer nicht kurz vor der Bewilligung alles zunichte machen?
Seine aufgestörten Nerven beruhigten sich allerdings schnell, als er aus dem Wust der Rüffel herauslas, dass Ostmark mindestens einmal im Monat androhte, die ABM-Brocken hinzuschmeißen.
Neben dieser Mahnpost erreichte Roland jede Menge Information über geplante Aktionen und wichtige Termine. Bald war er auf Wochen voraus im Bilde über Sitzungen von Stadtrat, Kulturausschuss, Kreistag, Senat der Universität, Seminarrat, Audiovisuellem Medienzentrum, Fachgruppe „Zeitgenössische Literaturwissenschaft“, Vorstand der Nachlassgesellschaft, Mitgliederversammlung der Nachlassgesellschaft – mit bitteschön regerer Beteiligung als zuletzt -, Grünkohlessen, Aufführung der *probebühne*, Gastvortrag von Dr. Sowieso zum Thema „Künstliche Intelligenz“ - Anwesenheit der gesamten Mannschaft werde erwartet - sowie ein vorbereitendes Treffen zwecks Beratung der Strategie beim nächsten sogenannten Friedensgespräch von Prof. Spöker. Da liege lohnender Zündstoff drin. Vorschläge, wie man die ungeliebte Veranstaltung systematisch untergraben könne, seien willkommen.
In naher Zukunft würde er sich auf keinen Fall langweilen, blickte Roland voraus, als Anfang Dezember der erste Leitzordner mit Aktennotizen und Infobriefen zum Bersten gefüllt war.
Und dann lag, wie von einer Vorsehung arrangiert, am Samstag vor Nikolaus endlich das Kuvert im schmalen Kasten, das Roland so sehnlichst erwartet hatte, die offizielle Zusage von der Universität: Dienstantritt am zweiten Januar neunzehnhundertachtundachtzig.
Und als wollte sie das Schicksal an diesem Jubeltag besonders verwöhnen, kehrte Martina gleichermaßen beglückt von ihrem Vorstellungsgespräch beim erfolgreich expandierenden Reisebüro *LM Travel* zurück.

Am Montag kann ich anfangen. Total toller Laden, viel besser bezahlt als in so ´ner verstaubten Bücherklitsche und ein suuuper Chef.
Ach ja?
Ja, stell dir vor, der spricht vier Sprachen fließend. Echter Powertyp. In Belgien geboren, in Holland aufgewachsen, in Deutschland studiert, und seine Verlobte studiert Anglistik.
Woher weißt du das?
Hat er mir erzählt.
Ich dachte, bei Vorstellungsgesprächen läuft das andersrum.
Ja, ... wenn ich jetzt daran denke, hat der mehr geredet als ich ... Ist doch egal, freu dich Schnuckiputzi, wir haben es geschafft!
Roland musste sich selbst wundern über den Stachel des Misstrauens, der ihn plötzlich piekte. Was war in ihn gefahren, dass er sich nicht freuen wollte über Martinas Jobgeschenk zu Nikolaus?
Hinweg schwarze Wolken, befahl er sich selbst. Schließlich gab es am morgigen Nikolaussonntag noch eine besondere Bescherung: *VFL* gegen *FC St. Pauli*. Da würde Knecht Ruprecht den Sack weit aufmachen und zwei fette Punkte für den Aufstieg hervorzaubern.

Pass auf! Die fangen sich noch einen auf die letzte Minute, fluchte Harald, als Seiler schon zum dritten Mal in riskantem Flug vor den agilen Stürmern vom Kiez retten musste.
Nach einem Geschenk für den *VFL* sah es nicht mehr aus, trauerte Roland den vergebenen Chancen aus der ersten Halbzeit nach.
Da waren die Osnabrücker noch voller Elan gewesen, auf dem Rasen wie auf den Rängen, obwohl die nasse Frühwinterkälte allen zu schaffen machte. Unten, auf der zu Beginn noch mit einer weißen Flechte überzogenen Kampfstätte, gab es so manche schmerzhaft aussehende Bauchlandung oder unfreiwillige Stolpereinlage. Auf der Nordtribüne schlich der Gefrierpunkt langsam in die Socken.
Um die Frostzange zu lockern, hatte Roland zeitig zwei Pappbecher mit dampfend heißer, weinrot gefärbter Zuckerlauge aus dem Getränkeverschlag besorgt und mit dem guten *Pott* aus dem Flachmann angereichert.
Ahhh, das tut gut, waren sich Harald und Roland über die Wirkung des Frostschutzes einig.
Rutschte der erste Schuss wie gewünscht in die Beine, so stieg der kräftige Nachschlag in der Pause angenehm zu Kopf.
Wie gut, dass ich den neuen Wintermantel übergezogen habe, wollte Roland die Aufmerksamkeit des Freundes auf das modische Textil aus feinster dunkelblauer Schurwolle lenken. Italiensicher Chic. Der Verkäufer bei *Leffers* hat gesagt, dies sei der Mercedes unter den Mänteln.
Hoffentlich nicht so einer, wie du ihn schon einmal hattest, fiel Harald dazu ein. Von diesem ...
Löffelrudi.
Beide mussten sie lachen über die Anekdote aus fast schon vergessenen Zweitligatagen. Mensch, wie lang ist das schon her?
In diese aufgekratzte Stimmung hätte gut ein Tor gepasst, aber je länger das frostige Balltreten anhielt, um so tiefer sank die Abendlaune.
Und jetzt, da der Schiedsrichter schon auf die Uhr schaute, half kein noch so festes Trampeln. Die Kälte wollte sich nicht mehr aus den Gliedern verziehen, und die Blase forderte mit Nachdruck ihr Recht.
Komm schon, wir gehen, drängelte Roland bibbernd zum Aufbruch.

Warte, beharrte Harald trotzig, jetzt ist es egal. Auf die eine Minute kommt es nun auch nicht mehr an .. Da guck hin, vielleicht die letzte Szene in diesem Jahr ...
JAAAA, neinnn ... Hast du?
TOR, TOR, TOOOOR, JAAAAAAAAAA, WAHNSINNN, IRRE!
Roland versuchte auf und ab zu springen, kam aber nicht aus dem Stand, weil Harald am Mercedesmantel hing und nicht losließ.
Wer war´s, wollte Roland wissen.
Jursch, Uwe Jursch, kam die vielstimmige Antwort von allen Seiten.
Dieser kleine zähe Landbursche aus jenen stadtfernen Grassteppen, die Roland so schwer geographisch orten konnte, weil ihm die Landkreisgrenzen in seiner Unkenntnis verschwammen. Toller Kerl, woher auch immer angeworben!
Ich hab´s gewusst, ich hab´s gewusst, stammelt er in das die Kälte verscheuchende Geheul der Zehntausend, es geht bergauf, wir steigen auf ...
OLÉ - OLÉ, OLÉ, OLÉ – WIR STEIGEN AUF, WIR STEIGEN AUF .... OLÉ - OLÉ, OLÉ, OLÉ ...
Die Gedankenübertragung zwischen Nordtribüne und Ostkurve hatte wieder funktioniert.
Vor Freude trunken und vom Punsch umnebelt stakelten sie die salzverklebten Stufen hinunter und wackelten froststeif Richtung Schützenstraße.
Der Nikolaus ist ein Osnabrücker, jauchzte jemand aus dem Strom der eiligen Abwanderer.
Und Knecht Ruprecht putzt bei Piepenbrock, fiel dem Nächsten dazu ein.
Mensch Harald, jubilierte Roland punschbeseelt, ich sag´ dir. Das war die entscheidende Wende. Jetzt geht es richtig los. Das war alles kein Zufall.
Sondern?
Sondern Fügung, und darauf gebe ich noch einen extra bezuschussten Glühwein aus. Den darf Martina uns kredenzen.
Die wird sich freuen.

Sowie Roland am Montagmorgen, nachdem sich Martina voller Antrittsfieber frühzeitig ins Reisebüro aufgemacht hatte, die *NOZ* aufschlug und die Story vom Trainer Schulte las, der als ABM-Kraft bei *ST. Pauli* angefangen hatte und nun zum Cheftrainer aufgestiegen war, glaubte er mehr denn je an seine Worte vom Vorabend. Aufstieg war kein Traum, sondern machbar, man musste bloß wissen wie.

Als er zum ersten Werktag im neuen Jahr hochmotiviert und, von Martina fachkundig beraten, zeitgemäß eingekleidet im Seminarhaus auflief, konnte dort niemand etwas mit dem dienstbereiten Neuling anfangen. Die Notbesetzung vom Sekretariat hätte ihn am liebsten wieder nach Hause geschickt, wenn er vor den Damen nicht so insistierend mit seinem Einstellungsbescheid gewedelt und hartnäckig auf Beschäftigung bestanden hätte.
Sie wissen doch, dass Ferien sind, wurde ihm entgegengehalten. Da sind die Damen und Herren Professoren in der Regel nicht im Haus.
Sollte das eine Entschuldigung sein oder ein Vorwurf?
Nachdem auf umständlichen Telefonwegen herausgefunden worden war, wo er unterzubringen sei, wurde er mit Schlüssel und Wegbeschreibung versehen ins benachbarte Gebäude am Heger-Tor-Wall geschickt.
Roland kannte von dem stark renovierungsbedürftigen Gemäuer, in dem er von nun an wissenschaftlichen Dienst leisten sollte, nur die unterirdischen Gewölbe, in denen er sich zu seiner Anwärterzeit in einigen gern erinnerten Nächten unter das feiernde Studentenvolk gemischt hatte, wenn eine Kellerfete anberaumt war. Damals hatte er

sich noch freischwebend flirtend durch die Nacht lavieren können. Manchmal hatte sich ein griffiges Techtelmechtel oder eine vergnügliche Knutscherei am Treppengeländer ergeben, und jedes Mal war nicht mehr daraus geworden. Am anderen Morgen hatten sich alle nachtbunten Illusionen im werktätigen Grau des Hasestadtalltags verflüchtigt. Ob solche Nächte immer noch so abliefen?
Für den Rest der Woche war er der einzige diensthabende Angestellte, für den dieser dem inneren Verfall preisgegebene Trakt aufgeschlossen und geheizt werden musste. Außer ihm huschte nur eine verlorene Pennerseele durch den dunklen Gang im Erdgeschoss, der schlafwandlerisch die Gratiswärme am Tage suchte, um die Frostnächte zu überleben. Hätte in Rolands Alter sein können, ähnliche Statur, Gesicht vollkommen zugewachsen mit schwarzem Bartwerk, aus dem zwei dauermüde Augen traurig herausstachen. Die speckige, vormals blaue Jeans hätte zu Ostmark gepasst, nur die abgestoßenen, klobigen, halbhohen Arbeitsstiefel mit verstärkter Spitze waren auf dem Campus sicherlich einmalig. Manchmal trug er einen zerschlissenen Parka, dann wieder eine brettige, schwarze Wolljoppe.
In seiner ganzen Zeit am Wall hat Roland der jugendlich vergreisten Jammergestalt nicht eine Mark gespendet. Er wurde ja nicht darum angebettelt. Wie hätte er im anderen Fall reagiert? Auch wenn er froh war, keine Beziehung zu dem unbefugten Tagesgast, der meistens den langen Vormittag regungslos zusammengerollt in einem moorbraunen Schlafsack unter der gewendelten Treppe lag, aufnehmen zu müssen, irritierte es ihn doch, wenn der stille Geist einmal nicht zu erblicken war.

Der ihm zugewiesene Raum am Ende des knauserig beleuchteten Ganges im ersten Stock, genau an der Ecke zur Katharinenstraße gelegen und somit in direkter Nachbarschaft zur Bezirksregierung, ließ sich nur mit einem entschlossenen Ruck aufschließen. Die tiefen Kratzer am Schloss und der eingedellte Beschlag zeugten von gewaltsamen Öffnungsversuchen.
Welche Sachen von Wert mochte die Kammer bergen?
Keine.
Die karge Grundausstattung an Büromöbeln hatte sich Burghard wohl von Restbeständen aus den anderen Räumen zusammengesucht, vermutete Roland.
Roland trieb glücklich Tisch und Stuhl für sich auf. Die Schubladen fehlten.
Auf dem einsamen, dreibödigen Regal an der Wand fand er eine vormals lindgrüne und inzwischen rostbraun angelaufene Melitta-Kaffeemaschine. Auf dem erstaunlich gepflegten Schreibtisch stand ein Telefon. Die Leitung war freigeschaltet, die Verbindung zur Außenwelt damit gesichert.
Den nachlässig an der Wand verankerten Kleiderhaken würde Roland nicht wieder benutzen, schwor er sich fluchend, als sein neues Clubsakko aus marineblauem, aufgerautem Wollstoff mit den matt glänzenden Goldblechknöpfen prompt auf dem staubigen Linoleum gelandet war, kaum dass er es aufgehängt hatte.
Wenn das Martina gesehen hätte? Nur mit ihrer Hilfe war er zu der modisch abgestimmten Kombination gekommen. Sie war es, die ihn gleich nach den Festtagen mit dem Batzen Weihnachtsgeld von Eltern, Schwiegereltern und Großmama zum Textil-Discount an der Mindener Straße geschleppt hatte, um ihn zu einem eloquent auftretenden Akademiker mit dynamischer Ausstrahlung umzukleiden, der in die postmoderne Welt der Wissenschaft passte. Wenn es nach Rolands Geschmack gegangen wäre, hätten ein paar Baumwolloberhemden vom Sonderangebotsständer gereicht – und er wäre schnurstracks in eine Blamage gelaufen, meinte Martina.
Weil er das vermeiden wollte, wurde er noch in eine mausgraue Bundfaltenhose gezwungen, die ihm ungewohnt weichlappig um die Waden schlabberte.

Oberhemden seien spießig und out, Sweater und leichte Pullis in gedeckten Farben seien angesagt, hatte sie ihm mahnend in die miefige Umkleidekabine geflüstert.
In dieser Frage war er hart geblieben. Auch den schmalen Lederschlips, den sie ihm als Kompromiss umschlingen wollte, hatte er strickt abgelehnt.
Da kann ich ja gleich bei *IDUNA* anfangen, hatte er, vom Anprobestress dünnhäutig gemacht, durch den Vorhang geblafft.
Die Larifarizeiten sind vorbei, kapier das endlich! Martina, einmal in Kaufrage gebracht, ließ sich die Befehlsgewalt nicht nehmen.
Ich dachte, du willst vorwärts kommen?
Ja, will ich, aber ...
Nichts aber! Kleider machen Leute. Das sehe ich tagtäglich an Luc.
An wem?
Meinem Chef. Also glaub′ mir, du wirst dich noch schwer wundern, wie man jetzt an der Uni auftritt.
Und Ostmark? Sieh dir den an. Der kann rumlaufen, wie...
Ostmark ist ein ungehobelter Flegel, will ich dir sagen. Tut mir Leid. Ich weiß, er ist dein Chef und du musst mit ihm auskommen. Ich könnt′ den nicht fünf Minuten an der Backe haben. Als Professor mag der ja was drauf haben, aber in Modefragen solltest du dir den nicht als Vorbild leisten ... Wenn der sich solch einen Gammlerlook erlauben kann, na ja. Der muss sich nirgends mehr bewähren, du schon!
Damit war die Diskussion entschieden. Der Rest der Weihnachtstaler ging für eine schwarze, softlederne Aktentasche drauf. Martina plädierte für einen flachen Koffer mit Zahlenschloss. Roland blieb bei der Tasche.
Ostmark, das wusste er, kam mit einem Weidenkorb ins Büro, wie ihn Mutter für den Einkauf auf dem Wochenmarkt benutzte. Aber der konnte sich ja alles erlauben.

So traf er auf das Team.
Mit dem ersten Schnee des Jahres war die kulturtragende Belegschaft wieder zurück aus der Skigaudi in den Alpen. Ostmark hatte zum Ende der zweiten Januarwoche eine Teambesprechung anberaumt.
Das akademische Viertel missachtend fand er sich zunächst allein im Seminarraum auf der Ostmarketage ein. Für das auf zehn Köpfe angewachsene Team reichte dessen Büro für die Lagebesprechungen nicht mehr hin.
Zur Überbrückung des Bummelantenviertels hatte Roland den Sportteil der *NOZ* aufgeschlagen und las vom geplanten Trainingslager des *VFL* an der jugoslawischen Adriaküste. Ob das die richtige Vorbereitung für den erfahrungsgemäß fieskalten Februar war?
Als die ersten Kollegen eintrudelten, schlug der geduldig wartende Neue schnell das Feuilleton auf. Fußball, das wusste er, war unter überzeugten Intellektuellen ein heikles Thema.
Den zehnminütig verspäteten Schluss bildete Ostmark, flankiert von den Doktoranden Detlef Doppelmann und Siegfrid Schmalzer. Dieses Triumvirat machte Alpha und Omega der ganzen Teamideologie aus. Sie hatten die Fäden der anderen Marionetten in der Hand. Zusätzlich durfte Roland in Ostmarks Figurenspiel mitwirken, weil Burghard, sein Vorgänger im bibliographischen Dienst, voll und ganz als persönlicher Referent seines Chefs und Kassenwart der Nachlassgesellschaft verdingt werden sollte. Er leistete, wie Roland bösedenkend feststellte, eine ABM als postmoderner Knecht, dessen Los durch die von Ostmark bevorzugte Anrede in der zweiten Person nicht erleichtert wurde.
Doppelmann und Schmalzer dagegen bewegten sich auf ungleich höherem Grad. Sie dankten für die ihnen gewährten Privilegien in individueller Unterwerfungssymbolik.

Schmalzer rückte bei Sitzungen gerne auf Geruchsnähe an seinen Gönner heran, so dass der ihm mit väterlicher Hand die Schulter tätscheln konnte, für Bekundungen von besonders vorauseilendem Engagement. Zusätzlich garnierte er seine in provozierend leisem Säuselton vorgetragenen Kurzreferate mit Phrasen - wenn es dir recht ist, wie du vorgeschlagen hast, ohne dir vorzugreifen -, die Ostmarks Absolutheit huldigten. Grundsätzlich war Literatur für Schmalzer eine Endloskette von Texten, die man zu archivieren und bibliographisch zu verorten hatte, aber keinesfalls zu kommentieren.
Als Gralshüter kultureller Nachlässe kleidete er sich ostentativ in schwarz gehaltene Kombinationen. Eine schwarze Eminenz kühl kalkulierender Ratio, so sah er sich wohl selbst.
Doppelmanns Erscheinung stach ebenso von Ostmarks nonkonformistischer Garderobe ab wie Schmalzers schwarze Kutte. Für den ehemaligen Offiziersschüler war ein korrekter Dienstanzug Pflicht. Außerdem schien in ihm der Ehrgeiz nagen, stets als der gepflegteste Mann in einer Runde herausgeputzt zu sein. Alles an ihm wirkte, wie Onkel Harro sicherlich offiziersfachkundig geurteilt hätte, schneidig und picobello.
Roland konnte sich nicht erklären, warum einer, der ausgezogen war, Viersternegeneral zu werden, einer urplötzlichen Eingebung folgend den Dienst quittierte, um über Ernst Jünger zu promovieren.
Doppelmann selbst hatte keine Klarheit schaffen können, als Roland ihn auf Ostmarks Drängen eines ungemütlichen Dezemberabends in seiner Offiziersstube in der Langen Straße aufgesucht hatte, um sich Ratschläge einzuholen, wie man sich ein Promotionsstipendium an Land zieht.
Noch nie zuvor hatte Roland einen Germanisten besucht, der seinen abgelegten Uniformrock auf einem Kleiderboy drapiert ausgestellt hatte wie im Militärmuseum, Ehrenkordel, Mütze und Zierdegen dekorativ beigeordnet. Eine Wand des Arbeitszimmers war mit einer penibel ausgerichteten Reihe von handflächengroßen Drucken verteilt, die allesamt verschieden berockte Gardisten aus der guten alten Fritzenzeit zum Motiv hatten.
Roland hatte beschlossen, dem martialischen Wandschmuck keine weitere Bedeutung beizumessen, während sein um korrekte Teebewirtung bemühter Gastgeber über die fehlende Welthaltigkeit der deutschen Gegenwartsliteratur schwadronierte und haarklein die Begebenheit rapportierte, wie er einer einflussnehmenden christlichsozialen Persönlichkeit bis in den Reitstall gefolgt sei, um deren gewichtiges Autogramm unter ein vorformuliertes Empfehlungsschreiben für die *Konrad-Adenauer-Stiftung* zu ergattern.
Und? Hatte es geholfen?
Geschadet jedenfalls nicht, es sei immer gut, hatte sich der strategisch geschulte Oberleutnant a. D. erfreut gezeigt, seinen Gast belehren zu können, mehrfach abgesichert zu sein.
Nachhaltig abgesichert hatte sich Doppelmann, wie Roland von einem ihm im Gedächtnis haftenden Foto aus der *NOZ* bekannt war, mittels eines fünfstelligen Betrages, den sein im Textilhandel ranklotzender Vater in gönnerhafter Pose an Ostmark für die Vereinskasse überreicht hatte. Doppelmann griente falsch von der Seite ins Bild.
Davon war an dem Abend nicht die Rede.
Unbedacht geredet hatte Roland über seine Ausflüge zur *Bremer Brücke*.
Fußball? Nein, bei allem Verständnis für niedere Unterhaltungsbedürfnisse, aber Fußball? Die unvermeidliche Nähe zum gemeinen Volk entferne einen von dem, was Kultur ausmache. Zu rau, zu laut, zu profan, letztendlich primitiv. Sport als Körperertüchtigung ja, aber mit Haltung bitteschön. Golf, Reiten, Tennis, Fechten. Wichtig sei vor allem, Niveau zu wahren, aber Fußball? Ich bitte dich ....

Und Walter Jens?
Eine interessante Stimme, der man Gehör schenken muss, unbedingt, und dieser Mann interessiert sich für Fußball?
Leidenschaftlich, seit seiner Jugend.
Ist mir neu. Walter Jens? Lass mich nachdenken, nicht, dass ich hier etwas unterstellen möchte, aber eine affinitive Nähe zum Marxismus ist wohl nicht von der Hand zu weisen, oder?
Marxismus war eine Keule, mit der Doppelmann Grenzen zog.
Den Vorwurf hatte er auch schnell parat, als Roland seine Vorstellung einer Kritischen Hermeneutik skizzierte.
Marxismus lauerte für Doppelmann überall dort, wo sich Kritik regte, die seinen Zielen nicht dienlich schien, hatte Roland zu spät erkannt
Seit diesem Abend wusste Roland allerdings, dass Doppelmann gerne an der Tabakspfeife lutschte.
Vor Ostmark hingegen kaute der Ex-Offizier stets auf den gleichen Zigarillos herum, die sein Mentor wegsaugte.

Die Marionetten im Team hatten sich der geballten intriganten Energie des Triumvirats ausgeliefert und durften dafür ein letztes aufgebackenes Gnadenbrot verzehren in dem Stall, der ihre Flausen vom Aufstieg ins akademische Wolkenkuckucksheim in einphasiger Lehramtsstudiensackgasse oder medienwissenschaftlichem Bluff genährte hatte. Alles Schreibtischkrepierer, die von der Hochschulverwaltung längst abgeschrieben waren.
Literatur betrachteten die Akademiker auf Zeit als ein historisch überholtes Medium. Aus ihrer Sicht reichte die Kenntnis vom Film zum Buch vollkommen aus. Dementsprechend war ihr Verhältnis zum geschriebenen Wort.
Roland meldete sich freiwillig als Protokollführer und zog damit die zwischen Erleichterung und Argwohn schwankenden Blicke auf sich. Als das Teamvolk später erfuhr, dass die anderthalb Seiten zwei Tage später in Ostmarks Postfach lagen, setzte es den ersten Gruppenrüffel.
So schnell sind wir hier nicht.
Später, als ihnen sein Engagement in Sachen Promotion zu unheimlich schien, wurde er der Katzbuckelei bezichtigt. Die Frage, wie sie unter dieser Logik Doppelmanns und Schmalzers Strategien bewerteten, stellte Roland lieber nicht.
Seine Fußballpassion wurde wiederum mit abschätziger Belustigung zur Kenntnis genommen.
Was, da gehst du hin? Zwischen den Neonazis, den Skinheads und diesen ganzen dubiosen Gestalten aus Belm und Haste?
Die machen nur eine Minderheit aus.
Na ja, du musst wissen, wie du deine Freizeit vertust. Wenn es noch München oder Dortmund wäre, da sollen sogar gebildete Leute auf der Tribüne sitzen. Bremen ginge auch, aber FC Osnabrück ...
VFL Osnabrück!
Ach, so heißen die. Die Bildungslücke wirst du uns verzeihen, oder?

Roland verzieh, konnte sich weitestgehend von Ostmark unbehelligt in seine Bürozelle am Wall zurückziehen, schmiss die Wasserdampf spuckende Kaffeemaschine an und hing seinen Tagträumen vom Aufstieg nach, wobei er sowohl seinen als auch den des *VFL* vor sich sah.
Hatte das technische Personal im lila Dress um Linz, Glöde und Holze beim Hallenmasters in Frankfurt nicht Erstligareife bewiesen und etablierte Großclubs vorgeführt,

und hatte er nicht Ostmark mit seinem theoretischen Versuch über eine „Ästhetik des Erinnerns“ dermaßen wachgerüttelt, dass der sich postwendend veranlasst sah, einen zweiten Gutacher heranzuziehen?
Das tägliche Pensum der bibliographischen Arbeit war ohne Hast bis zum zweiten Frühstück, zu dem er sich selbst in die Nichtrauchercafeteria der Zentralmensa einlud, zu bewältigen. Den Rest seiner staatlich subventionierten Arbeitszeit nutzte er konsequent zur Konkretisierung seiner eigenen Theorie.
Alles lief wie erhofft, auch wenn der *VFL* das Unternehmen Aufstieg auf die nächste Saison vertagen musste. Für längerfristig angelegte Projekte hatte Roland Verständnis, seitdem er selbst auf einen Titel hinarbeitete.
Geduld bringt Rosen, tröstete Martina über den verpassten Erstligagenuss hinweg.
Ein paar Vorschusslorbeeren wollte er aber zu gerne einheimsen, deshalb deponierte er in Ostmarks überquellendem Postfach im Sekretariat eine komplette Version seiner theoretischen Fundierung einer „Ästhetik des Erinnerns“.
Auf der Einkommensskala hatten Martina und Roland indes einen Quantensprung vollbracht: von Almosenempfängern zu Doppelverdienern.
Die prall gefüllte Haushaltsschatulle fordere förmlich zur Anschaffung der überfälligen Geschirrspülmaschine heraus, entschied Martina und hatte die Lieferfirma schon an der Strippe. Und weil es höchste Zeit wurde, dem Schinkel wenigstens für eine kleine Weile zu entfliehen, beschenkte sie sich und Roland mit einem Vier-Sterne-Urlaub am Golf von Sorrent zum LM-Travel-Rabatt.
Ist das nicht lieb von Luc?
Wie Martina diesen Namen immer so betont französisch herausflötete, konnte Roland fast eifersüchtig machen. So hätte er seinen Namen auch gerne einmal aus ihrem Mund gehört.

Von Fußball möchte ich in Italien nichts hören, hatte Martina sich für den Urlaub im *Hotel President* erbeten.
Roland hielt sich an die Order und stopfte seine Ledertasche bis an den Rand voll mit Kritischer Theorie. Das würde ganz in ihrem Sinne sein, schließlich hatten Adorno und seine Schüler mit unreflektiertem Balltreten nichts im Sinn.
Sein Lektüreeifer hatte Martina aber dermaßen auf die Palme gebracht, dass der erste Abend auf dem Balkon des in klassisch mediterraner Noblesse ausgestatteten Speisesaals von einer Grundssatzdebatte über Sinn und Zweck von Urlaub überschattet wurde.
Was ist also Sinn von Urlaub?
Zum Beispiel Pompeji besichtigen.
Nichts lieber als das, freute sich Roland über den Vorschlag zum Reiseprogramm.
Die ruinierte Altstadt kannte er aus dem Pink-Floyd-Film, den er in einer ausgeprägt kontemplativen Phase seiner frühen Jugend mindestens fünfmal bis hart unter die Schädelrinde bekifft angeschaut hatte. Tierisch geile Mucke, konnte er sich noch erinnern.
Vor sonnenbeheiztem Ort war er dann froh, dass nicht noch Lärm jedwelcher Art das Brummen in seinem Oberstübchen verstärkte.
Martina war die erste, deren Nerven von der Gluthitze gar gekocht waren. Katzig verbat sie sich sein penetrantes Oberlehrergetue mit dem Polyglottbuch.
Die Herabwürdigung seiner sorgfältig vorbereiteten Fremdenführung kam wie aus dem Hinterhalt. Am lupanare hatte sie seinen Erläuterungen noch mit unterdrücktem Lachen gelauscht.
Nur seiner Findigkeit war es zu verdanken, dass sie das Wandbild mit dem Kavenzmann von einem Penis zu sehen bekamen. Zwei Landsleute hatten sich ihnen, um

Unauffälligkeit bemüht, angeschlossen. Die wussten seinen Informationsvorteil zu schätzen.
Aber als sie am Kiosk ankamen, wo man sich an lauwarmer *Fanta* und flüssigen Schokoriegeln laben konnte, war Martina die Lust auf antike Kulturgeschichte vergangen. Roland bekam den Auftrag, ein paar schöne Ansichtskarten mit aussagekräftigen Motiven zu besorgen.
Als er dann - vom Teufel geritten oder von der Sonne gestochen? - nur mit dem einen Motiv einer aussagekräftigen Luftaufnahme vom menschenleeren *Stadio San Paolo* wiederkehrte und, angesichts ihres stichigen Blickes kleinlaut werdend, die auf ihre Logik ungeprüfte Erklärung anbot, das Bild der ovalen, zementgrauen, dachlosen Betonschüssel sei ihm auf eine unerklärbare Art irgendwie römisch vorgekommen, gleichsam wie eine von antiker Götterhand mitten zwischen neapolitanisch bunte Mietskasernen abgestellte, gigantische Kultstätte.
Ja, ja, warte, befleißigte er sich hinzuzufügen, das war es noch, was mir auf den ersten Blick in den Sinn gekommen ist – ein Colloseum des Zwanzigsten Jahrhunderts, erbaut, um den Anspruch der Neapolitaner auf Panem et Circenses zu erfüllen. Erkennst du die Verwandtschaft zu Pompeji?
Die hitzegeschwächte Martina enthielt sich eines Kommentars und zeigte ihm den Vogel.
Für seine Wahl sprachen darüber hinaus vor allem philosophische Erwägungen von einer Relevanz, die Frauen natürlich nicht ermessen können, entschuldigte Roland Martinas Reaktion und außerdem – die Sonne.
Woher sollte sie wissen, dass in der Kampfstätte unter dem Vulkan der vielleicht linkeste Fußball gespielt wurde, den man sich vorzustellen hatte, da doch kein Geringerer als Maradona, der Pate des linken Fußballs schlechthin, auf diesem sonnenverbrannten Feld zu seinen unberechenbaren Zickzackläufen ansetzte, um die Gegner unter den Ovationen seiner Gefolgschaft zu düpieren? Maradona und die Mafia, eine linkere Allianz konnte es nicht geben.
Genau davon besaß er jetzt ein Fotodokument, wenn auch gänzlich unbelebt. Die Geschichte würde zeigen, was es wert war.

Der in dem gehobenen Pauschaltarif eingeschlossene, freie Blick auf den Golf von Sorrent, morgens von blassblauem Dunstschleier umspielt, in den lauen Nächten vom blitzend klaren Sternenhimmel bespiegelt, half immens, die vom Wettlauf über den hindernisgesäumten Arbeitsbeschaffungsparcours blankgescheuerten Nerven zu kurieren.
Harmonie schlich sich ein, die nur einmal von dem völlig durchgeknallten Chefkellner, der für die Getränke bei Tisch zuständig war, in unverfrorener Manier gestört wurde.
Der Mann ist offensichtlich überfordert von dem verschärften Bikinitheater, dem er hier jeden Tag aufs Neue ausgeliefert ist, versuchte Roland dessen eruptiven Übergriff im Fahrstuhl zum Pool zu erklären, um Martina zu beruhigen, als sie, von der unverzeihlichen Handgreiflichkeit geschockt, im Zimmer auflief und ihren Gatten beinahe bei heimlicher Habermas-Lektüre ertappt hätte.
Was, du willst die Grabscherei von diesem schmierigen Heini noch rechtfertigen?
Nein, nein, auf keinen Fall. Versteh mich recht, nicht rechtfertigen ... Ich versuche eine Erklärung ... Ich meine, mein Gott, schau dich an in diesem knappen Lendenschurz und dem bisschen Stoff um die Titten, und jetzt sind dem die Pferde durchgegangen. So wie einige Tussies hier rumlaufen, wundere ich mich sowieso, dass noch nichts passiert ist. Die sind hier auf südländische Art schwerstens katholisch und deshalb natürlich noch heißer, wenn´s was zu sehen gibt.

Aber Roland, das ist doch kein Entschuldigung. Wenn der das nicht aushält, soll er sich gefälligst einen anderen Job suchen ... am besten in einer Seniorenabsteige. Da kann er sich ja bewerben, wenn er geflogen ist.
Ich möchte nicht wissen, was hier hinter den Kulissen los ist. Martina, ich bitte dich, der Mann ist dummerweise nur bullenscharf auf dich ..
Wieso ausgerechnet ich? Soll ich dir sagen weshalb? ... Weil sich Vergewaltiger immer solche Opfer aussuchen, von denen sie die geringste Gegenwehr erwarten. Das ist psychologisch erwiesen. Und mich hat er für eine Schwache gehalten ...
Ach was! Das ist viel zu weit gedacht. Wahrscheinlich hat er dich schon tagelang vom Balkon oder aus einem verdeckten Fenster angegeilt. Du bist nicht nur groß, schlank und scharfkurvig, sondern auch noch rotblond und hell. Das hat den fertiggemacht.
IIIIH, wenn ich mir das vorstelle ... Und dich hält er sicher für ′nen Schlappschwanz. Willst du dir das gefallen lassen?
Roland ließ sich durch diese ihm vordergründig scheinende Weibslogik nicht weich klopfen und konnte Martina überreden, die delikate Frechheit zunächst ungestraft zu lassen, um nur beim Versuch einer Wiederholungsattacke Konsequenzen zu ziehen.
Der hormongestörte Getränkekellner schaffte es von dem Tag an, sich stets erfolgreich an ihrem Balkonplatz vorbeizudrücken und einen Ersatzmann zu schicken. Das schlechte Gewissen schielte über sein Don-Camillo-Grinsen. Ob er den anstößigen Frevel wohl gebeichtet hatte?
Die Restharmonie hielt bis zum Abreisemorgen. Die Aussicht auf frühherbstliche Werktage in Osnabrück hatte Martinas Laune getrübt und ihre Angriffslust geweckt.
Richtig schäbig komm′ ich mir vor, wie ein abgelegtes Stück Vieh, wenn ich daran denke, wie das Ferkel uns hinterherguckt und schäbig grinst. Ich meine, du hättest etwas machen sollen. Luc hätte das bestimmt getan, einfach nur für mich. Aber du hattest eben keinen Mumm dazu..
Wie kam sie schon wieder auf Luc, regte sich in Roland kurzeitiger Alarm, den er aber, einem Bedürfnis nach Beschwichtigung folgend, das in diesem Moment stärker war als alle wachen Zweifel, als einen falschen abblies.

Als sich Roland und Harald am zweiten Septemberabend auf der dünn bevölkerten Nordtribüne zum Spiel gegen *Blau-Weiß 90 Berlin* eingefunden hatten, roch es nach Herbst, und die Aufstiegsträume welkten wie bald die Blätter an den Eichen vor dem Nordeingang. Das einzige, was an Niveau gewonnen hatte, waren die Eintrittspreise. Selbst der Sozialtarif, auf dem die Lehrer im Wartestand sich durchmogelten, war zu Saisonbeginn um eine ganze Mark angehoben worden.
Die beiden Stammgäste aus der Schützenstraße hatten sich darüber nicht so echauviert wie viele andere. Gerne hätten sie mit dem Zuschlag Verstärkung finanziert. Aber daran sei nicht zu denken, hatte der Präsident im Sommer klargestellt. Große Neueinkäufe seien nicht vonnöten. Gleichzeitig hatte er zwei Publikumslieblinge ziehen lassen. Den einen kalt nach unten abserviert, der andere hatte sich des ewigen Scheiterns überdrüssig nach oben davongemacht.
Metschies ist aufgestiegen, hatte Harald den Wechsel süffisant kommentiert, das zeigt doch, dass es geht.
Jetzt muss der *VFL* nur noch hinterher, hatte auch Roland versucht, die Sache humorig zu sehen.
Den schäbigen Abschied von Linz würde man hingegen noch bitter bereuen, ahnten sie noch vor dem Paukenschlag von Bayreuth.
Die Mannschaft ein Hühnerhaufen, der Präsident in Rage, der Trainer gefeuert, und das nach dem ersten Spieltag.

Wenn der sein Unternehmen so führen würde wie den Verein, dann stände der längst vor einem Konkurs, hatte Harald unwirsch auf den Rekordrausschmiss reagiert.
Auch Roland, mit betriebswirtschaftlicher Theorie gänzlich unvertraut, wunderte sich nicht schlecht:
Erst verlängert er den Vertrag, dann zückt er die fristlose Kündigung. Möchte nicht wissen, was Rudinski an Abfindung kassiert, und das nennt sich Geschäft. Kein Wunder, dass für anständige Spieler nichts mehr übrig ist.
Ebenfalls nichts mehr zu spüren war an diesem Flutlichtabend von der Euphorie, die den letzten Herbst vergoldet hatte, statt dessen Nervosität und Hektik.
War aber auch zu blöde von Piepenbrock, den Moors zu holen, obwohl der noch etwas beim DFB auf dem Kerbholz hatte, maulte so mancher der auf ihren harten Kern zusammengeschrumpften Besatzung auf der Nordtribüne.
Seit zwei Wochen hatte der *VFL* keinen Trainer mehr auf der Bank, sondern einen auf der Tribüne. An seiner Stelle versuchte der Manager sein Glück im Spiel und musste an diesem Freitagabend zusehen, wie sich die Verkettung von Pleiten, Pech und Pannen nahtlos fortsetzte. Diesmal hatte der Libero einen Aussetzer, legte völlig unbedrängt selbst für den Angreifer auf, und der bedankte sich natürlich. Nach seinem folgenschweren Fauxpas fing der Tollpatsch an zu humpeln und gab auf.
Was sollte man dazu noch sagen?
Harald und Roland sagten lange nichts, bis Holze zu fortgeschrittener Spielminute tatsächlich das Tor getroffen hatte, zwar nicht das Netz, aber immerhin die Latte.
JETZT GEHT`S LOS, JETZT GEHT`S LOS!
Von dieser Minute an waren alle merklich wacher, die eingeschworene Restgemeinde auf den Rängen und der sich zu einer Mannschaft zusammenreißende Haufen auf dem Rasen.
Aber Bastens eckige Art sich mit den Ellenbogen durchzukeulen war zu offensichtlich. Sein Tor wurde natürlich nicht anerkannt.
Was denkt der sich, nörgelte Roland von seiner Tribünenwarte hinunter, dass alle Schirris blind sind?
Ist eben kein van Basten, übte Harald Nachsicht.
Und wird auch keiner, ärgerte sich Roland weiter.
ELFMETER, ELFMETER ... verlangte er keine zwei Minuten später nach strafender Gerechtigkeit.
Glöde wälzte sich überzeugend im Strafraum.
Klarer Elfer, meinte auch Harald, meinte die Mehrheit - und wurde vom Schiedsrichter überstimmt.
Jetzt kommt der Boss, raunt es neben Roland.
Tatsächlich tigert Piepenbrock wie so oft in dieser Saison vor der Haupttribüne herum, heute im postmodernen Trachtenlook, beide Hände in die Manteltaschen gestemmt, Schultern vom langen Schal umflattert.
Aber wo will er denn so zielstrebig hin?
Guck, der geht hinter´s Tor, hat auch Harald den Auftritt wahrgenommen, will wohl die Fans anheizen.
PFUIIIII, RAUS, RAUS braust es unter dem Ostkurvendach, nachdem schon wieder ein VFLer niedergestreckt worden ist.
Der aufgestachelten Galerie bietet sich ein paradoxes Bild. Der Gefoulte stemmt sich mühsam hoch, der Täter bleibt zusammengekrümmt liegen. Keiner glaubt ihm sein Leid, auch nicht, als das spurtschnelle DRK-Personal ihn davonträgt.
SIMULANT! SCHAUSPIELER!
Der schwarze Mann eilt dem Sanitätstross nach. Statt Genesungswünsche gibt es die rote Karte.

AUF WIEDERSEHN, AUF WIEDERSEHN ...
Ein schmachvoller Abgang für den Sohn des großen Haller. Den Vater hat Roland in besserer Erinnerung.
Jetzt ist die Bahn frei, reibt er sich schadenfreudig die Hände.
Piepenbrock hat den Ball.
Mach ihn rein, hört Roland mit einem Ohr den letzten Scherz an diesem Abend.
Mit einem Stoß ist alles verdorben. Der einsatzfreudige Präsident liegt ausgestreckt neben dem Tornetz, Ordner rangeln mit blau-weißen Spielern, Betreuer flitzen zum Unglücksort, die Ostkurve jault ohnmächtig hinterm Gitter, Polizisten umstellen den Tatort.
Der schöne Mantel! - Mehr fällt Roland in der Schrecksekunde nicht ein.
Harald schüttelt ungläubig den Kopf.
Präsident K.O., lautet die naheliegende Ferndiagnose.

Als wollte er seinen in den Hintertorstaub gestreckten Präsidenten rächen, erzwang der verlässliche Glöde, nachdem sich die Tumulte am Rande gelegt hatten, den Ausgleich.
Aber nicht die späte Rettung des mageren Punktes beherrschte die Gespräche beim Heimgang, sondern der Anschlag auf den Unantastbaren.
Was hatte der so nahe am gegnerischen Tor zu suchen?
Niemandem fiel eine plausible Antwort ein.
Ratlos zerstreute sich der Anhang auf die Heimwege.
Der übermächtige Piepenbrock, einfach umgehauen. In dieser Saison schien alles Schlechte möglich.
Noch mit brummendem Schädel stellte der im Nahkampf Unterlegene Strafanzeige. Trotzig wies er alle Bedenken von sich, zur falschen Zeit am falschen Ort gewesen zu sein.
Wenn es um den *VFL* geht, brennen dem die Sicherungen durch, erklärte Harald sich das. Der braucht das. So einer wird nie einsehen, dass er sich zu weit aus dem Fenster gelehnt hat. Der macht so weiter. Das kann auf die Dauer ganz schön nach hinten losgehen, weil der sich von niemandem etwas sagen lässt.
Mit der Einschätzung stand Harald sicher nicht alleine da, dachte Roland. Gleichzeitig keimte in ihm die böse Ahnung, dass es in einem Kampf, der mit solchen Mitteln geführt wurde, nicht mehr um den Aufstieg ging.

Irrationale Führung hatte Roland für eine überwundene deutsche Schwäche gehalten, bis er auf Professor Ostmark getroffen war.
Aus sozialpsychologischer Perspektive fand Roland es spannend zu beobachten, wie das Team unter Ostmarks Fuchtel parierte.
Roland war, das stand außer Zweifel, ein schlechter Untertan. In dieser Unfähigkeit, das wusste er, lauerte eine stete Gefährdung seiner Aufstiegschancen. Deshalb war er darauf bedacht, sich aus Ostmarks gefährlicher Nähe fernzuhalten. Eine offizielle Einladung an den Hof des Despoten konnte er indes nicht ignorieren.
Vielleicht wäre alles anders gelaufen, wenn Martina ihn begleitet hätte, aber sie weilte mit ihrem Chef auf Mallorca, um neue Hotels zu testen.
Luc hat da Großes vor, hatte sie vor der Abreise in diesem Flötenton geschwärmt.
Und die Betten? Testet ihr auch die Wippfestigkeit der Betten, hatte Roland, um Ironie bemüht, nachgefragt.
Aber Schnuckiputzi, so etwas darfst du nicht denken, hatte Martina beim Kofferpacken weitergeflötet und ihrem eifersüchtelnden Gatten überhaupt nicht nachgetragen, dass er so abwegig dachte.

So stieg er also alleine die hell beleuchtete Treppenflucht zu Ostmarks Dachetage am auslaufenden Ende der Lotter Straße hoch, in einem dieser gepflegten Altbauten, die von begüterten Akademikern bevorzugt wurden.

Wo darf ich das Geburtstagskind begrüßen, fragte Roland direkt in Burghards Empfangsgesicht, nachdem er sich vor der angeschliffenen Mattglastür noch einmal selbst in die Pflicht genommen hatte, um die Strategie für den Abend abzustimmen.
Kind passt gut, erlaubte sich Burghard in diesem unkontrollierten Moment eine Bemerkung am Rande.
Roland gewann den Eindruck, dass Burghard sein Los an der Brechtschen Dialektik ausgerichtet hatte. Am Ende würde er aufatmen und entschlossen NEIN sagen. Nur, wann würde das sein?
Für diesen Feierabend hatte Burghard den Part des Butlers angenommen. Die würdevolle Haltung, die von der Rolle verlangt wurde, kostete ihn keine Mühe.
Schwer war es ihm dagegen gefallen, die Botengänge zu erledigen, auf die ihn sein Herr durch die Innenstadt geschickt hatte, um die Einladungen zu überbringen.
Ostmark wäre nicht der gewesen, für den ihn die lokalen Germanisten hielten, wenn er sich nicht für seinen fünfundfünzigsten Jubeltag etwas Besonderes hätte einfallen lassen.
Die Einladung bestand aus einem Kantholz von einem halben Meter Länge, auf dem Buchstabe für Buchstabe die notwendigen Hinweise zu Anlass, Ort und Datum im Telegrammstil eingebrannt waren.
Wer hatte den brandheißen Job erledigt?
Marion, die Tippse aus Schinkel Ost, die, fand Roland, besser hinter die Theke vom *Schinkeleck* gepasst hätte, als zwischen die Regale im Archiv. Ihr reales Alter war schwer einzuschätzen, aber wenn Roland die Anzahl der Mallorcareisen und Teneriffaflüge zusammennahm, von denen sie Besuchern gern ausführlichst erzählte, musste sie um einige Jahre älter sein als er. Mit Hilfe der Kosmetikabteilung von *Woolworth* versuchte sie den Zeitfraß an der Fassade zu kaschieren. Weniger wäre mehr gewesen, hätte Lassman sicher dazu gesagt. Roland schwieg sich höflich aus.
Ostmark hatte die frappant praktisch denkende Dame bei der Flut seiner ABM-Anträge sozusagen im Paket miterworben und nach einem Schnellkurs in Word zur Chefsekretärin im Team befördert.
Marion war froh, halbtags mal rauszukommen aus dem Trott zu Hause, wie sie Roland im Pausenplausch bei einer Tasse pechschwarzen *Jacobs-Kaffee* anvertraut hatte.
Mein Göttergatte ist vom Schichtdienst bei Karmann sowieso mit der Zeit völlig durch´n Wind. Dem ist es schnuppe, ob ich morgens da bin oder nicht. Und am Wochenende steht der sich beim *VFL* die Beine steif ... Mein Sohn ist auch schon ganz verrückt ... Meinetwegen, da verzapft der Junge wenigstens keinen Bockmist. Kann man heutzutage froh sein, wenn sich die Kinder für was Normales interessiern ... werden ja oft schon auf´m Schulhof zu Kriminellen ausgebildet ...
Was, so schlimm?
Hör auf, ich kann dir Dinger erzählen, da schnallst du ab.
Die Dinger interessierten Roland dann nicht so brennend wie der *VFL*.
Und was sagt dein Mann zu Piepenbrocks K.O?
Ha ha, das war ´n Ding. Um das zu sehen, wär´ ich sogar mitgelatscht. Passiert ja nicht alle Tage so was ... Na, was soll er sagen ... Selbst Schuld der Blödmann, wenn er seine Birne so dicht dranhält, muss er sich nicht wundern, wenn´s scheppert ... Ich versteh´ den Bohei, den manche um das ganze Fußballding machen, sowieso nicht, ... aber Männer können bei so was regelmäßig austicken ... nehmen´s Gehirn raus, bevor

sie lostapern ... Von mir aus. Hauptsache, sie vergessen nicht, es wieder einzusetzen, wenn sie nach Hause kommen.
Marion hielt ihre Aufgabe im Archiv nicht für das, was man, in ihren Worten gesprochen, ´ne schlauchende Maloche nennt, aber wenn Ostmark seinen Koller kriegte, dann würde es richtig abgehen.
Einen Koller kriegte Ostmark, das wusste Roland von Burghard, wenn er aufgefordert war, eine Vorbemerkung oder ein paar profunde Nachsätze zu einem neuen Band der Nachlassreihe zu formulieren, für die er sich als Herausgeber aufgedrängt hatte.
Das sind Sessions ... Marions Stimme hatte sich noch eine Note tiefergelegt, als die Sprache auf jene Nachtschichten kam, mit denen sie ihr Überstundenkonto auffüllte.
... Frag nicht nach Sonnenschein. Da ist ´ne Schachtel *West* im Nu weg und ´n halbes Pfund Kaffee nichts. Ein Satz vor, zwei zurück, so ungefähr lauft das, und der Chef kriegt im schönsten Wechsel Weinkrämpfe oder Wutanfälle. Bald kann ich da noch Mama spielen. Also, wenn alle Akademiker so´n Affen machen von dem bisschen Schreiben, dann gute Nacht Marie ... Das kann einem vielleicht auf´n Wecker gehen ... Da tipp ich lieber als Renogehilfin, aber ehrlich jetzt.
Nach einem solchen nächtlichen Tipp-Ex-Marathon konnte sich das Team einen Tag in Sicherheit wiegen. Von der schweren intellektuellen Geburt musste sich der große Rhetoriker gebührlich erholen. Der magere Ertrag, mit dem der Verlag wieder einmal Vorlieb nehmen musste, würde ihn, wie andere Aufsatztorsi, quälend an die eine Unfähigkeit erinnern, die ihm sein hohes Amt so nachhaltig versalzte: seine Unfähigkeit zu schreiben.
Eine echte Behinderung, hatte Roland fast Mitleid empfunden, als er spaßeshalber in so eine Baustelle hineingelesen hatte.
Marion war es also auferlegt gewesen, dem Holz die Botschaft einzubrennen, und Burghard kam die Verteilung zu.
Einen geschlagenen Vormittag habe er die sperrigen Scheite in einem Jutesack vom *Dritte- Welt- Zentrum* von Pontius zu Pilatus geschleppt.
Uff, bin ich froh, dass die Tour zu Ende ist, hatte er gestöhnt, als er in Rolands Bürozelle am Wall vorbeischaute, um seine gewichtige Botschaft zu überbringen. Da waren fast alle Hölzer verteilt. Roland hatte sich schiefgelacht und dem gebrannten Stab gleich einen Ehrenplatz im Regalstaub eingeräumt.
Du hast gut lachen, aber stell dir die Gesichter vor beim Kulturamt oder drüben im Schloss, als ich da hereingeschneit bin und die Prügel präsentiert habe ... Ach komm, vergiss es.

Vergessen hatte Roland Ostmarks Ankündigung, dass jeder, der sein Einladungsholz nicht bei sich führe, einen vom Jubilar gemixten Cocktail zu trinken habe. Jetzt, da er von Burghard durch das von Kerzengeflacker und Feuerwiderschein belichtete Kaminzimmer zur Küche geleitet wurde, fiel es ihm wieder ein. Um die knisternde Glut hatte sich eine Gästeschar gesammelt, in deren Mitte Marion die Lacher auf ihre Seite zog mit dem Bericht über die Feinheiten der Feuergravur. Einige Hölzer wurden herumgereicht und die Brandzeichen verglichen. Die nahezu deckungsgleiche Übereinstimmung des Brandwerks sorgte für Verblüffung. Eine Stimme lobte die Professionalität der Fertigung.
Ja, an der Uni lernt man etwas fürs Leben ...
Roland konnte außer Doppelmanns Zigarillovisage kein bekanntes Gesicht erkennen. Der Kern des Teams schien woanders zu stecken.

Der Mann des Abends stand am Herd über einen Großküchentopf gebeugt.

Rolands Aufmerksamkeit wurde jedoch zunächst von drei Farbfotos in Postergröße eingenommen, die von der gegenüberliegenden Wand in den Raum glänzten. Sie mussten jedem in die Augen stechen. Alle hatten das gleiche Motiv: Ostmark als Weltenbummler. Eine ältere Aufnahme zeigte ihn als bärbeißigen, damals noch langmähnigen Hobbysegler an der Pinne. Die von einer Gischt umspritzten Frauengestalt an der Reling hinter dem Bootsführer hatte Roland noch nie in Ostmarks Nähe gesehen - wahrscheinlich eine von denen, die aus seinem Leben geflohen waren.
Die zwei jüngeren Schnappschüsse sollten wohl den letzten Überseeurlaub bezeugen. Beide zeigten Ostmark mit seiner aktuellen Weggefährtin Gerlinde auf einer Flussfahrt in triefenden Tropen. Trotz des Segeltuchdachs auf dem schmalen Holzkahn läuft das Schwitzwasser über die verbrannte Haut. Das rechte Bild, eine schonungslose Dokumentation ihrer Gesichtslandschaften, hätte sich ausgezeichnet als Demonstrationsmedium in einer dermatologischen Praxis gemacht, fand Roland, während er sich für das andere eine strengere Retusche gewünscht hätte. Es präsentierte die Oberkörper der beiden vollschlanken Dschungelhüpfer in paradiesischer Blöße. Einem damit ohne Vorwarnung konfrontierter Blick blieben nur zwei Rezeptionsmöglichkeiten. Entweder er verharrte gebannt in Fassungslosigkeit, oder er wandte sich reaktionsgeübt ab. Rolands Reflexe entschieden sich für Letzteres.
Roland! Grüß dich, du kommst gerade recht, um die berühmte Ostmarksuppe zu kosten.
Geradezu legendär, ergänzte eine mit Spott belegte Stimme vom Küchentisch, an dem der Teamkern hockte.
Roland maß ihr keine Bedeutung zu.
Auch an seinem Geburtstag hatte der Gastgeber seine alltägliche Kleiderordnung beibehalten. Die Ärmel seines blaukarierten Konfektionshemdes waren bis auf halbe Armhöhe aufgekrempelt.
Bald wird deine Adresse in den niedersächsischen Gourmetführer aufgenommen. Eine Veröffentlichung mehr. Herzlichen Glückwunsch.
Typisch Roland, wo er kann, versteckt er seine Spitzen. Da müsst ihr aufpassen, Leute!
Die Teamkollegen am Tisch schauten schweigend auf die Szene.
Denen war nicht nach Feier zumute, ging Roland durch den Kopf, als er kurz in die düsteren Mienen schaute.
Mit mäßiger Würdigung hatte Ostmark das Flaschenpräsent an Burghard weitergereicht.
Roland hat sein Holz vergessen, wurde von der Seite verraten.
Was? Ha! Da wird er später auf die Mixpobe gestellt. Merk er sich das, Burghard, lass ihn nicht entwischen!
Burghards Augenklimpern signalisierten Roland, dass die Sache nicht ernst zu nehmen war.
Ostmark tunkte eine lange Schöpfkelle in den lecker ausdampfenden Topf.
Wie du weißt, rühre ich gern in großen Töpfen ... Einen Fixpunkt suchend plierte Ostmark über die runden Kanten seiner Brillengläser. Die Augäpfel schienen sich selbstständig machen zu wollen. Jetzt entdeckte Roland die kaum noch halb gefüllte Grappaflasche auf der Arbeitsplatte neben dem Herd.
... Und einige hier im Raum meinen, dass ich da nicht nur kräftig herumrühren kann, sondern auch nach Lust und Laune dicke Fleischbrocken in Form von BAT-Stellen herausfischen müsste...
Mit bewundernswert ruhiger Hand füllte Ostmark einen Teller mit sämigen Gemüsesud auf, eine gut bemessene Anzahl von Räucherwurstscheiben schwamm obenauf.
... Was sagst du dazu?

Die überschätzen deinen Einfluss maßlos, fiel Roland ad hoc ein.
GENAU! Danke, Roland! Habt ihr gehört? Maßlos - hab´ ich nicht gesagt. Kam nicht von mir.
Ostmark strahlte übers ganze Bartgeflecht.
Dass ich einmal erleben darf, dass wir einer Meinung sind ... Darauf müssen wir uns etwas Edles gönnen. BURGHARD! Neue Gläser!
Burghard dienerte zur Stelle.
Wenn Blicke töten könnten, wäre Roland in diesem Moment hinüber gewesen. Das Team hatte ihn auf der Abschussliste.
ANGETRETEN ZUM GRAPPAFASSEN! Ostmark hob das Glas.
Burghard ließ sich nicht zweimal bitten.
Roland gehorchte mechanisch, plötzlich stand ihm Schmalzer zur Seite,
Da sag´ ich nicht nein, säuselte er und fühlte sich aufgefordert, einen Toast auszubringen:
Auf Dich lieber Herrmann, Deinen Weitblick, Deine Gradlinigkeit und last but not least, Deine Großmütigkeit!
Ostmark grinste genant in den Suppengrund.
Der Grappa wollte das Unwohlsein, das Schmalzers Nähe bereitete, nicht wegspülen. Lediglich ein stichiges Brennen am Mageneingang lenkte Roland für Sekunden ab.
Aus Teamperspektive formierte sich am Herd eine unheilige Allianz.
Vier vom gleichen Schlag, klang es misslaunig vom Tisch herüber.
Jetzt ein Foto und man hätte den Schnappschuss des Jahres, wurde streitsüchtig nachgestochert. „ Postenschleicher am Werk“ wäre ein passender Titel dafür.
Nein, besser:„Herr und Meute“.
Irgendetwas schaukelte sich hier gefahrbringend auf, witterte Roland und schlüpfte gedankenschnell durch die Küchentür aus der Schusslinie.
Hinhaltetaktik ... falsches Spiel ... charakterlos ... hinters Licht geführt ....Verarschung ...

Der Nachhall schwerer Verbalkeulen trieb ihn durch einen von Bücherwänden gesäumten Flur auf die Dachterrasse zu.
Keine Frage, das Team probte den Aufstand. Aber warum jetzt?
Der in Rolands Sog aus der Küche entwischte Burghard wusste, wie so oft, mehr.
Keiner von denen habe eine Chance zur Weiterbeschäftigung. Das Ostmarkgetöne vom großen Nachlasszentrum mit Personalausstattung in Teamstärke habe sich als Seifenblase erwiesen.
Alles abgelehnt, stöhnte er und zog die Stirn in Falten, wo du hinhörst die gleiche Leier: Leider fehlen die Mittel.
Natürlich sollte das Team so lange wie möglich im Unklaren gelassen werden, aber irgendwo musste ein Maulwurf gearbeitet haben. Und nun hatte Ostmark die Meuterei in der Küche.
Dass außer Doppelmann und Schmalzer, die sowieso aus anderen Ostmarktöpfen gespeist wurden, nur Marion und er von Sonderzuwendungen aus einem neu gegründeten Nachlassfonds weiter versorgt waren, verschwieg Burghard.
Absteiger nennt man solche Kandidaten beim Fußball, spottete Roland mitleidlos, und Burghard grinste, sich verstohlen umblickend, dazu.

Wie gut, dass der Fortlauf meiner Karriere erst in einem Jahr verhandelt wird, übersprang Roland leise pochende Bedenken, als er tief durchatmend auf die Dachterrasse hinaustrat.
Die abrupt abgekühlte Septemberluft tat gut, die Dunkelheit wirkte reizdämpfend.

Die Handvoll Gäste, die sich auf diesen Außenposten zurückgezogen hatte, umlagerte einen in die vorspringende Seitenwand gemauerten Grill. Hier konnte man die Feier ruhig angehen lassen. Roland stellte sich so, dass er die Terrassentür bequem im Auge behielt, um bei einem Auftritt des Gastgebers rechtzeitig gewarnt zu sein.
Der munter daherplaudernde Verbund zog ihn ins Vertrauen über *den* Tratsch des Abends: Ostmarks Führerscheinentzug vom Vormittag. Roland bekam verschiedene Versionen des Hergangs zu hören, nur der Promillewert war amtlich – eins Komma neun.
Kam sicher gerade vom Symposium über das Mixen edler Schnäpse ..., ließ Professor Anders seinen fachbereichsbekannten Humor durchscheinen.
... Leider fehlt den von der Wissenschaft entfernten Osnabrücker Wachtmeistern jegliches Verständnis für empirische Forschung, tzz, tzz.
Den museumsreifen SAAB hatte es vorne schwer erwischt, trotzdem hatte Burghard ihn später noch auf den Parkplatz hinter dem *Alten Seminarhaus* lenken können.
Da kann man sich morgen als Gutachter versuchen, freute sich Anders auf Abwechslung im Fachbereichstrott.
Im Fortlauf eines ungestörten Terrassenabends verputzte Roland zwei in Ostmark-Spezialgewürz gewälzte Holzfällersteaks, biss mehrmals kräftig ins Baguette, um das Nachbrennen im Gaumen abzudämpfen, nippte zunächst verhalten am französischen ALDI-Landwein, lernte einen Anglisten kennen, der es sich zugute hielten, mit dem kauzigen Gastgeber noch nicht gebrochen zu haben, scherzte mit einem alten Ostmarkfreund aus der Stadtbibliothek, der sich als ein stiller Sympathisant des *VFL* entpuppte und für kurzweilige Zeit ein dankbarer Gesprächspartner war, suchte zwischendurch ohne nennenswerten Erfolg die Nähe einer anregend ausgestatteten Romanistin und verquasselte sich schließlich in einen Endlosdialog mit Anders über die Anpassungsmanie verbeamteter Achtundsechziger.
Friedrich Anders, der vom Zweitgutachter zum eigentlichen Paten für die „Ästhetik des Erinnerns“ avanciert war, zeigte sich den ganzen Abend höflichst bemüht, seinem Schüler, wie er Roland gerne vor anderen nannte, ein aufmerksamer Mundschenk zu sein. Wieder hatte er sich zuvorkommend in die Küche aufgemacht,
... um noch ein geziemtes Maß von diesem köstlichen Tropfen herbeizuholen, der so leicht und frisch die Kehle herunterrinnt. Nicht wahr, ein Fläschchen können wir beide noch gut vertragen?
Roland schaute auf die Uhr und in die geschrumpfte Runde. Nur die Romanistin und der charmant Rede führende Bibliothekar hielten hier draußen noch mit. Schemenhaft hoben sich ihre Konturen vor der ausglühenden Grillhalde ab. An den Stimmen erkannte Roland, um wen es sich handeln musste..
Anders Rückkehr verzögerte sich. Rolands sah sich um und zählte die leeren Landweinflaschen zu seinen Füßen.
Wie viele davon hatte er selbst getrunken?
An der Terrassentür flackerte ein Schatten auf. Als ahnte Roland ein Malheur, sprang er hinzu, gerade rechtzeitig, um den aus dem Tritt gebrachten Anders aufzufangen. Der hatte diesmal die eine Stufe, um die das Dachterrain tiefer lag, nicht mehr bedacht. Dankbar baumelte er in Rolands Griff, die Flasche fest umklammert.
Das nenne ich zur rechten Zeit zur Stelle, zeigte er keinerlei Schockwirkung.
Roland schlug ein Taxi für die Heimfahrt vor.
Anders fiel keine Gegenrede ein.

Als Roland dem forsch durchstartenden Daimler mit dem geschafften Anders im Fond nachblickte, hatte er die Gelegenheit verpasst, sich ebenfalls aus Ostmarks Residenz zu verabschieden. Keiner hätte nach ihm gefragt.

Stattdessen ließ er sich von seiner Neugier verleiten, in die Höhle des Löwen zurückzuschleichen.
Im Kaminzimmer traf er einzig die in einem klotzigen Polstersessel zusammengekauerte Gerlinde an. Puppenmechanisch blies die ungesund aufgequollene Fastfünfzigerin Qualmringelchen zur Decke. Die Erste Hofdame rauchte ihre Zigaretten nur mit Spitze und hielt ihren rechten Arm beim Rauchen stets so eckig angewinkelt, als ruhe er in einer Gipsschiene. Wenn Roland recht informiert war, sollte sie bei Ostmarks missglücktem Fahrversuch am Morgen dabei gewesen sein. Der ins Wachkoma transzendierende Zustand, in dem Roland sie jetzt zu finsterer Nachtstunde auffand, war nach seiner Einschätzung nicht mit dem Unfall in Verbindung zu bringen. Fakt war, dass sie seine Anwesenheit nicht registrierte.
In diesem Durchgangszimmer hatte Ostmark das ideologische Pulver seiner frühen Hochschuljahre abgelagert, fiel Roland auf, als er die dem Kamin gegenüberliegende Bücherwand überflog. Ein guter Meter blaue *MEW*, eine Reihe alter „Kursbücher", viel *Wagenbach*, ja sogar einiges aus *Volkseigenem Verlag*, sieh an, und, wie sollte es auch anders sein, geläufige Kritische Theorie in abgegriffenen Suhrkamp-Gebinden ...
HIERGEBLIEBEN! ROLAND, KOMM ER NÄHER!
Die Tür zur Küche hatte einen Spalt zu weit offengestanden. Schon hatte Ostmarks erstaunlich scharfer Suchblick ihn im Visier.
Das Team war verschwunden, jetzt hielt der gestraffte Führungsstab den eckigen Tisch unter den naturalistischen Konterfeis besetzt. Ostmark drängte Roland einen Stuhl auf und lehnte sich dann lässig an die Arbeitsplatte neben dem Herd, automatisch hatte er den nächsten torfbraunen Stängel zum Glimmen gebracht.
Die Grappaflasche war leer.
Burghard hielt sich vor dem Kühlschrank dienstbereit.
Auf dem bienengewachsten Kieferntisch warteten nachlässig geleerte Suppenteller vergeblich auf den Abwasch. Der Zinnaschenbecher im Untertassenformat verschwand fast unter dem hellgräulichen Restmüll von Zigarillos und anderen filterlosen Sargnägeln.
Zwischen Doppelmann und Schmalzer hatte sich ein Faktotum gedrängt, das Roland aus dem Doktorandenkolloquium bei Anders bekannt war.
Rainer Macke, ein frühpensionierter Diplompädagoge, der vor etlichen Jahren wegen untherapierbarer Phobien aus dem Dienst im Jugendamt geflohen war und jetzt als später Student an der Hochschule den fehlenden Sinn in seinem Versehrtenleben suchte.
Alles Äußere an ihm schien in den siebziger Jahren zum Stillstand gekommen. Die vormalige Protestfrisur hing ihm als dauerfettiger, ergrauter Strähnenverbund um die Ohren, der zippelige Bartkranz ums Kinn wirkte bei dem fast Fünfzigjährigen wie das Überbleibsel eines spätpubertären Spleens, und so ein in die Breite gezogenes Silbergestell hatte Roland als Abiturient auf der Nase getragen. Auf seinen rastlosen Pendelwegen zwischen *Altem Seminarhaus* und *Alter Münze* sah Roland ihn stets in Parka und dunklen Feincordhosen.
Zu dieser weit vorgerückten Geburtstagsfeierstunde trug Macke einen braunbeige karierten Pullover über einem ins Altweiße gewaschenen Oberhemd und rauchte *R1*.
So wie der Ostmark ergeben war für die Duldung in Seminaren und Nachlassgesellschaft, konnte es leicht eins zu fünf stehen, wenn es richtig zur Sache ging, schätzte Roland die für ihn prekär gewordene Situation ein.
Wo hast du dich so lange amüsiert, wollte Ostmark wissen.
Auf deiner schönen Dachloggia. Friedrich Anders hat mich bestens unterhalten und versorgt.

Ach ja, Friedrich, der Gute. Mit dem verstehst du dich prächtig, was? Finde ich übrigens gut, dass du jemanden gefunden hast, der sich deiner Promotion annimmt, vollkommen in Ordnung ... Trotzdem schade, dass du vorhin nicht hier geblieben bist. Da hast du etwas verpasst.
So? Was denn?
Wie Individuen in verzerrter Wirklichkeitswahrnehmung die Systemregeln missverstehen, prompt in die Irre laufen und zu Fehlhandlungen getrieben werden... Du merkst, worauf ich hinauswill?
Du sprichst in Rätseln.
Kein Wunder nach der Spritmixerei, flachste Burghard unbedacht dazwischen.
BURGHARD, SCHWEIG ER! Hier geht es um die hohe Schule der Wissenschaftstheorie, und da kann er nicht mitreden, oder?
Burghard drückte sich näher an den Kühlschrank.
Aha, verstehe, ließ sich Roland zögernd auf die Herausforderung ein, Verstöße gegen Systemregeln müssen geahndet werden. Hm, lass mich raten ... Korrigieren kommt nicht infrage ... demnach droht Ausschluss, richtig?
Roland, Roland ..., betont betulich nahm Ostmark die Brille ab und suchte ein Tuch zum Putzen.
Burghard reichte ihm ein Blatt von der Haushaltsrolle auf dem Kühlschrank.
... seht ihn euch an. Respekt, er kritisiert nicht nur die Positionen anderer, er hat sie auch gelesen.
Darum müssen wir ihn unbedingt noch auf die Mixprobe stellen. Es war Macke, der versuchte, das von Ostmark unangebracht hochgeschraubte Niveau wieder auf den Boden der Belanglosigkeit zu ziehen.
Um die Wahrheit zu sagen, würde ich dabei keine gute Figur abgeben.
Mit diesem Satz hatte Roland zielsicher am Rettungsring vorbeigegriffen.
WAHRHEIT! ... Der Wortführer der nachttagenden Konstruktivisten drückte die Brille zur Offensive fest auf die Nase ... Genauso unbedacht, wie du mit dem Begriff in deinen theoretischen ... deinen Pamphleten ... dieser sogenannten Theorie herumfuhrwerkst, gehst du damit hausieren ... Da kann dir Detlef Dezidiertes zu sagen, wie du dich mit deinen Elaboraten blind ins subjektivistische Verderben schreibst, ... Detlef?
Roland schoss eine saure Fontäne durch die Speiseröhre. Natürlich hätte er sich denken müssen, dass Ostmark seine Zwischenberichte an seinen Adjutant weitergeben würde, um sie auf verdächtige Gesinnung abklopfen zu lassen. Doppelmann hatte sich der Gelegenheit, die Früchte eines unliebsamen Konkurrenten zu zerpflücken, natürlich dankbar angenommen.
Ja, hm, wie soll ich hier, zu dieser Stunde, so ganz, also, ohne zu weit auszuholen ...
DOPPELMANN, ZIER ER SICH NICHT SO!
... Nun gut, so viel kann ich mit verifizierbarer Sicherheit sagen: Ahem... bestimmte wiederkehrende Stereotypen, man könnte auch Ideologeme sagen, ... also in Form von starren Kausalketten... legen den Schluss nahe, dass in seine Folgerungen einseitig definierte Urteile einfließen, das heißt, es wird nicht vorurteilsfrei, vielleicht auch ungenügend reflektiert. Festlegen möchte ich mich da jetzt, äh hier, nicht.
In unmittelbarer Konfrontation mit einem anders denkenden Kollegen, das kannte Roland, wollte Doppelmann sich nie festlegen. Um richtig vom Leder zu ziehen, brauchte er einen geschlossenen Schutzring Gleichgesinnter,
Ach, wie diplomatisch, setzte Ostmark ungeduldig nach, um sich sofort wieder an Roland zu wenden:
Was er dir sagen will, aber sicher weißt du das ja schon, ignorierst es aber in provokantester Weise. ... Es gibt nicht die eine Wahrheit, sondern das, womit du herumhantierst, ist nur ein Konstrukt deiner Anschauung und folglich rein subjektiv.

Erst die intersubjektive Überprüfung, hörst du – intersubjektiv -, legt die Grundlage für künftige Wertung, alles andere ist unwissenschaftlich ... DUUUU argumentierst unwissenschaftlich.
Aha, wenn man eine Sache auf ihren wahren Kern hinterfragt, ist das unwissenschaftlich?
DUUUU willst nicht verstehen ... siehst dich im Einklang mit meinen ach so hochgeschätzten Kollegen von der hermeneutischen Kolonne, aber alle rhetorischen Winkelzüge werden euch nichts nutzen, denn ihr denkt hoffnungslos alteuropäisch, ja so nennt man das: alteuropäisch, nostalgisch, einfach überholt!
Phänomenal, Herrmann, wollte Macke der Nachtrunde vormachen, dass er dem Diskurs zu folgen vermochte, so dezidiert ...äh, ich meine hochinteressant ...so komprimiert und .... und doch komplex...
Und welche Arroganz, steigerte Ostmark unter dem Eindruck des Beifalls von unbelesener Seite die Angriffsfrequenz, nur diese Höhenkammliteratur als forschungswürdig gelten zu lassen. Es ist höchste Zeit, das elitäre Kanongetue mit einem erweiterten, wirklich postmodernen Literaturbegriff vom Tisch zu wischen. Es geht nicht allein um literarische Prosa, sondern um Texte, und damit meine ich sämtliche Texte zu einer Thematik.
Prosa reicht, meldete sich Roland wieder zu Wort, das Adjektiv vermag da nichts mehr zu retten.
Wie, was? Aus dem Rhythmus gebracht wandte sich Ostmark ratsuchend an seinen Butler.
Burghard zog die Schultern bis zu den Ohren hoch. Seine ganze Haltung drückte aus, was er sich nicht auszusprechen traute, dass er von dem sich hochschaukelnden Disput weder etwas verstand noch Verständnis dafür hatte.
Doppelmann schien gemerkt zu haben, welchen Lapsus sich sein Behlshaber geleistet hatte.
Roland kam ihm zuvor: Aus Pleonasmen lässt sich schwerlich etwas Gescheites konstruieren.
Eieieieieieijei! Schmalzer quiekte so tuntig auf, dass Doppelmanns Blicke ihn rüffelten.
Ebenso irritiert wie neugierig huschte sein Blick von Roland zu Ostmark, um nicht zu verpassen, wie der sich allmählich in Rage redende Hausherr auf die patzigen Retouren des Abweichlers reagieren würde.
Leicht außer Atem geraten, brauchte Ostmark für das nächste Zigarillo etwas mehr Zeit. Endlich schwelte es..
Sofort wandte er sich mit Überlegenheit im Timbre wieder an den Widerspenstigen.
Und wer, meinst du, soll deine stillen Stunden im akademischen Elfenbeinturm bezahlen? ... Hochtrabende Projekte sind schnell entworfen, aber wer besorgt die Mücken, mein lieber Roland, die Mücken? Ja, ja, ich sehe deinem Gesicht an, dass solche Fragen nicht in deine Theorie passen. Da kommen wir nämlich zum Knackpunkt der gesellschaftlichen Akzeptanz von Forschung, und da sieht es für euren weltentrückten Ästhetizismus ganz schlecht aus, den kann sich niemand mehr leisten ...Interpretationen gibt es mittlerweile mehr als genug ... Und? ... Wohin hat´s geführt? Ja, wohin?
In, in ... zu pseudowissenschaftlicher Mogelei und ... Eklektizismus!
Ist nicht wahr, versuchte Roland eine Flucht in die Ironie, das solltest du unbedingt öffentlich machen, schreib doch einen Aufsatz darüber, wird bestimmt ´n Riesenerfolg.
Für Sekunden war Ostmarks Wortgewalt gebrochen.

Ahem, ... nein, nein, wofür hat man Spezialisten im Team? Ein primus inter pares muss delegieren können. Ich zeichne gerne Wege vor, das Pflastern überlasse ich anderen. Für Detlef wäre es zum Beispiel ein Leichtes, meine Thesen zum Konstruktivismus zu verifizieren, nicht wahr?
Ja, legte der im Takt mit seinem Gönner am Zigarillo saugende Exoffizier die Stirn in Falten, um ein sorgfältiges Abwägen zu suggerieren, das klingt alles, wie soll ich sagen, grob populistisch formuliert, aber im Kern ...
Im Kern, im Kern, konnte der weiter aufdrehende Ostmark nicht warten ... Hör gut hin, Roland. So wird argumentiert, vorsichtig, tastend und, vor allen Dingen, wertfrei ... Nicht gleich mit der Kritik ins hohe Haus einfallen, wie du ... du Post... nein, du AFTERMARXIST!
Roland setzt sich ein Klos auf den Kehlkopf.
Huuuuhh, Burghard jammert auf, als hätte der Hammerschlag ihm gegolten.
Doppelmann versucht sich von der Küchenfront wegzuschleichen. Das ist nicht sein Niveau.
DOPPELMANN, HIERGEBLIEBEN! ... Mensch, Detlef, wo willst du hin?
Offenbar von seiner eigenen Verbalgranate aus dem Konzept gebracht, versucht Ostmark eine Ablenkung.
Haben wir überhaupt schon auf seinen Ritterschlag angestoßen?
Ja, aber hallo, ist Burghard sofort wieder auf dem Posten.
Ach, Herrmann lass, das hatten wir doch schon. Doppelmanns Geduld läuft offensichtlich auf Reserve. Seine drillerprobte Selbstdisziplin hat ihm das Trinken verboten. Diese Verzichtsleistung sichert ihm gegenüber allen anderen unschätzbare Vorteile: Er hat bis zur letzten Feierminute alles unter Kontrolle und weiß am anderen Morgen als einziger noch genau, wie der vorherige Abend abgeglitten ist.
Ostmark wirkt durstgequält.
BURGHARD, was hat die kosmopolitane Friedenstheke noch zu bieten ?
Olé, wie wär´s mit Tequilla? Schon hat Burghard Flasche und Gläser bereit.
Schmalzer betätigt sich ausnahmsweise als Küchenhilfe, er schnetzelt eine Zitrone.
Ostmark hat den Salzstreuer aus dem Gewürzsammelsurium am Herd herausgefingert.
In zweifelhafter Jovialität reicht er sein randvoll gefülltes Glas an Roland weiter.
Auf dein spezielles Wohl. Wenn du den geschafft hast .....
... kann ich La Ola im Salto rückwärts vorführen.
Was kann er? Schmalzer räumt eine Bildungslücke ein.
Ach, das ist irgendwas mit Fußball, gibt Burghard Entwarnung.
Da beschäftigt er sich wenigstens aus der Anschauung mit Systemen, räumt Ostmark ein.
ALSO: AUF UNSEREN DOKTOR DETLEF DOPPELMANN – CHEFSTRATEGE DES KONSTRUKTIVISMUS UND NEUE GRÜNE HOFFNUNG! – Wohl bekomm´s Herz und Nieren, im Stehen oder auch auf allen Vieren! – Prosit!
Der Geehrte grient verlegen von einem Ohr zum anderen.
Mit steifer Zunge leckt Roland das Salz vom Handrücken. Die kühle, geschmacksneutrale Spülung schürt die Lust auf Konfrontation.
Ostmark genehmigt sich einen schnellen Nachschlag, ohne Salz und Zitrone.
Ahh, brrrr ... Ja, Roland, so läuft das, wenn man weiß, wo´s hingehen muss ...
Der mittelamerikanische Rachenputzer hat Kratzspuren an der Stimme hinterlassen.
Und wo soll es hingehen?
Ganz klar in Richtung interdischschiplinärer Friedensforschung. Das ist die Zukunft. Mit Literatur allein lockst du heute keinem auch nur eine Mark aus dem Etat, aber Frieden ist ein Ding, das sich gut verkaufen lässt. Friedensgeschpräche, natürlich auf

ganz neuem Niveau. Der olle Spöker hat bald kapituliert, dafür wird gesorgt, ... Friedenspreise, Friedensfeste, Friedensschtiftung ...
Friede, Freude, Eierkuchen.
Ja, mach du nur Witze... wirscht sehen... In zwei Jahren sind Wahlen. Da kommen *Die GRÜNEN* dran, und die brauchen dann fertige Konzepte ... Das wissen die jetzt noch gar nicht, aber wir .. und dann schlägt Detlefs Stunde. Was sagst du dazu?
Ich denke, rappelt sich Roland noch einmal zu einer Retourkutsche auf, es muss ja nicht gleich ein Friedensgeneral sein, für Osnabrück dürfte ein Leutnant reichen ...
Das ist ja wohl ...! Doppelmann fühlt sich an der Ehre gepiekt.
OBERLEUTNANT! MERK ER SICH DAS! ...
Sich zum homo furens aufplusternd setzt der Friedensstifter zum finalen Vernichtungsschlag an.
... Wer mit mir marschiert, wird befördert, wer allerdings ...
Wie Burghard. Der ist ja seit heute zum Chefchauffeur aufgestiegen, stichelt Roland dazwischen.
Schmalzer macht ein Zitronengesicht.
Burghard lässt die Kinnlade sinken.
Doppelmann ringt um Fassung: Unmöglich so etwas, unmöglich!
Ostmark legt nach: Du, du ... du miese Giftspritze hast in unserem Team nichts mehr zu schaffen weil...
Weil ich mich nicht strukturell koppeln lasse, wolltest du sagen, oder?
Das war der letzte Konter, den Roland ansetzen konnte.
... weil du mir, uns allen, nicht nur hier und heute die empirischen Belege dafür geliefert hast, dass du nicht teamfähig bist ... Soll keiner sagen, du hättest deine Schanse nicht bekommen. Nicht wahr, Leute, was meint ihr? Hat er eine faire Schanse bekommen?
Ein mannschaftlich geschlossenes Nicken ersetzt die Antwort.
Siehst du, und deshalb werden, nein, müssen sich unsere Wege ... aus systemlogischen Gründen trennen!

Du hast vielleicht ´ne schräge Type von Chef, schüttelte Martina nach der Rückkehr von ihrer Inspektionstour verständnislos die aufgehellten Locken, als Roland ihr von seinem Partyreinfall berichtet hatte, jemandem auf ´ner Fete, noch dazu Geburtstag, zu kündigen. Nee, nee ... Eigentlich ein Wunder, dass du es überhaupt so lange bei dem Kerl ausgehalten hast. Wenn ich dagegen an Luc denke, dieser Unterschied ...
Viel Tröstliches konnte Roland aus ihren Kommentaren nicht schöpfen, zumal sie ihm ankreidete, nicht ganz ohne Schuld an der Misere zu sein.
Hast sicherlich wieder nicht deinen Mund halten können, und warum musstest du da überhaupt bis frühmorgens bleiben? Die Vernünftigen und Anständigen waren bestimmt lange weg.
Als eine feste Stütze im herbstlichen Sturm erwies sich dagegen Friedrich Anders. Er klärte seinen Vorzugsdoktoranden darüber auf, dass sämtliche ABM-Projekt an der Uni wegen fehlender Zusatzmittel drastisch heruntergefahren würden. Ostmark hatte nur eine perfide Show abgezogen, um den Schein seiner Allmacht aufzupolieren. Eine Verlängerung von Rolands Stelle sei wegen dieser übergeordneten Finanzplanung höchst unwahrscheinlich gewesen.
Roland solle deshalb auf keinen Fall seine „Ästhetik des Erinnerns" zu einer unerledigten Akte verstauben lassen. Er räume ihr nach wie vor einen hohen Stellenwert im literaturtheoretischen Diskurs ein.
Seine Ambitionen auf akademische Sporen brauchte Roland gegenüber der strengen Gleichstellungsberaterin beim Bundesamt gar nicht erst zur Sprache bringen. Bei ihr

hatte er sich, wie sie ihm schroff beibrachte, hinten anzustellen. Der Ostmarkanruf war nicht vergessen. Wenn er nicht angemessen kuschen würde, könnte sie ihm eine dieser nutzlosen Vollzeitumschulungen aufdrängen, fürchtete Roland und gestaltete seine Stippvisiten im Amt dementsprechend unauffällig.
In seinen letzten Wochen am Wall hatte er eine gewisse Übung darin erlangt, sich möglichst unbeachtet durch den Unialltag zu lavieren. Nach Weihnachten hatte er sich nicht mehr blicken lassen. Natürlich hatte niemand nach ihm gefragt.
Das entlassene Team suchte in seine Einzelteile zerlegt das Weite im urbanen Dschungel des hochschulfernen Raumes. Auf den verwinkelten Fluren des Bundesamtes konnte man sich mühelos aus dem Weg gehen.
Der *VFL* stolperte genauso schlecht gelaunt aus der Winterpause wie Roland. Harald kam als Erstem das Unwort vom Abstieg über die Lippen. Roland verscheuchte den Gedanken wie ein böses Omen und sorgte sich dabei sowohl um sein eigenes Geschick wie um das Lilaweiße.

Als habe die Vorsehung sein Beschwörungsmurmeln vernommen, trug ihm der Stellenmarkt in der *NOZ* die Kunde über eine vakante Stelle im benachbarten Kohlerevier zu.
Wie zugeschnitten auf sein Profil, wenn das kein Zeichen war. Dort hatten sie ihn bestimmt in bester Erinnerung, schließlich hatte er die Abteilung, als das ganze Daf-Ding noch in den Kinderschuhen steckte, fast alleine geschmissen. Das würde man dort nicht vergessen haben.
Flugs hatte er angerufen und schon tags darauf einen Termin.
Julius, mittlerweile in den engsten Führungsstab der in neuen Räumen expandierenden Institution aufgerückt, empfing den vormaligen Kollegen in einer Gönnerlaune, die Rolands Restzweifel vollends zerstreute.
Auch der nach wie vor gut aufgelegte Chef vom Bildungszentrum machte aus dem Wiedersehen ein mittelgroßes Hallo. Die verliebte Pute von dazumal hatte er längst in ein stilleres Amt transferiert, wusste Roland. Sie hatte jüngeren Konkubinen weichen müssen.
Ihre zweite Nachfolgerin servierte Kaffee und Gebäck.
Alle Achtung, musste Roland dem Geschmack des engagierten Bildungsbürgers Respekt zollen, das Schmackerl kam der Phantasie von einem perfekten Büroluder schon sehr nahe, so wie sie den obersten Knopf ihrer himmelblauen Bluse offen hatte, gerade genug Platz lassend, damit eine lümmelige Direktorenhand bequem hineinschlüpfen konnte, um sich in den wohlverdienten Pausen zwischen der Verwaltungsroutine beim Ertasten der Körbchenfüllungen ein paar basale Reize zu verschaffen. Dieses kaum zur Frau gereifte Küken würde keine romantischen Zicken machen. Mit ihr war das Vergnügen am Arbeitsplatz auf seinen erotischen Kern komprimiert. Sie würde wissen, dass sie hier nicht allein als EDV-Fachgehilfin zur computergesteuerten Programmverwaltung gefragt war, und ebenso würde ihr genauso klar sein, dass mehr nicht drin saß. Hatte verdammte Ähnlichkeit mit diesem Vollweib aus der Amish-Gemeinde in dem Harrison-Ford-Reißer. Roland kam nicht auf den Namen der Hollywoodflamme, als die Vorzimmerblüte mit dem Lächeln der Favoritin teerschwarzen Kaffee eingoss.
Ach ja, entschuldigte sie sich kokett bei ihrem Galant, ich vergesse immer noch, dass du keinen Zucker mehr nimmst.
Ihre Stimme ließ Rolands heimliche Bewunderung platzen wie eine Bockwurst in zu heißem Siedebad. Das angeraute Piepsen gemahnte ihn in einer einzigen Sekunde der Enttäuschung daran, wo man sich befand.

Das Gespräch verlief nach Rolands Wunschvorstellungen. Schnell war man sich einig, dass die Anforderungen der Aufgabe durch seine Qualifikationen und Erfahrungen mehr als erforderlich abgedeckt seien. Leicht floss die lockere Konversation dahin. Roland steuerte ein paar Anekdoten aus der Manchester-Zeit bei und nach einer guten Stunde war klar, dass er - wenn nicht unvorhersehbare Umstände dazwischenfunken würden, aber was sollte das schon sein? – mit einer Einstellung zum ersten April rechnen könne.
Ja, ja, scherzte man gemeinsam über den ulkig anmutenden Termin, klingt wie ein Aprilscherz, und ist auch so gemeint, ha, ha.
Einvernehmlich vergnügt ging man auseinander.
Mit sich selbst zufrieden schritt Roland durchs sonnendurchflutete Foyer auf den Ausgang zu.
An der automatischen Glastür traf er unvermutet auf Luise Lose-Maulkamp, eine über die Dozentenszene Südwestniedersachsens hinaus bekannte Quasselstrippe, die sich über einen Kollegkurs bis in die Universität gemogelt hatte und nach rekordverdächtigem Bummelstudium zur diplomierten Erziehungswissenschaftlerin erklärt wurde. Irgendein völlig von der Rolle geratener Fachleiter musste sie vor Monaten als Dozentin für „Deutsch als Fremdsprache" eingestellt haben. Wo sie einmal einen ihrer hochhackigen Lackstiefel in der Tür hatte, bekam sie niemand mehr hinaus, auch wenn sich bald herausgestellt hatte, dass für sie die Grammatik ihrer Muttersprache zeitlebens ein Problemfeld bleiben würde.
Sie selbst, Mutter von einem altklugen, unerzogenen Fratz namens Laura-Jane und natürlich alleinerziehend, fühlte sich mit ihrer kofferschweren Lehrerfahrung längst zu Höherem berufen und spekulierte vor jedem, der sich ihrem Wortschwall nicht entziehen konnte, über die Bestellung in eine leitende Funktion, schließlich sei sie vor ihrer akademischen Phase bis zur stellvertretenden Leiterin einer Kindertagesstätte aufgestiegen.
Der Dozententratsch hatte Roland zugetragen, dass sie seit geraumer Zeit als ehrenamtliche Trennungsberaterin für Julius zuständig war, der schwer unter dem Scheidungsstress mit der durchgebrannten Gesa zu leiden hatte.
Hallo Roland, trompetete sie ihm in ihrem berüchtigten Raucheralt entgegen, na, hast du dich nach der Stelle erkundigt? Eigentlich wäre die ja ideal für mich, meinte auch Julius, aber, du weißt, wegen Laura-Jane könnte ich nur halbtags da sein. ... Ja, ja, das möchte ich noch erleben, dass Bürokratien sich einmal als so flexibel erweisen, dass Alleinerziehende auch als Menschen beachtet werden ... Na ja, Hauptsache, der arme Julius berappelt sich bald wieder. Ist ja so abgemagert der Mann, nimmt sich alles so an ... Was? Kaffee getrunken hat er? Das soll er doch nicht ... Da muss ich nachher wieder in die Apotheke und *Maaloxan* besorgen. Am besten, ich schau mal hoch. Man sieht sich, ciao ...

Zu Hause verbiss sich Roland in die Operationalisierung seiner Theorie zur „Ästhetik des Erinnerns".
Das Berufsfeld war bestens bestellt, konnte er Martina berichten.
Tagsüber würde er seine Dozentenkarriere festigen und abends am Schreibtisch auf die Krönung zuarbeiten, blickte Roland in eine rosarote Aufstiegszukunft.
Und der *VFL*?
Keine Frage, das kleine Zwischentief musste überstanden werden, aber spätestens in der nächsten Saison würde man neu angreifen.

Rotterdam

Hans Groll sitzt mit zusammengekniffenen Lippen auf dem Beifahrerplatz seines Audi 100 und versucht den verunglückten Vormittag zu verarbeiten. Ein besonders schöner Ausflug sollte es werden, heute zum Fußballländerspiel nach Rotterdam. Wenn wir schon zusammen zum Fußball fahren, muss es ein besonderes Spiel sein, hatte sein Sohn sich erbeten, als der Gedanke zu einer gemeinsamen Unternehmung gereift war, nicht so ein Larifarikick. Da kam das Qualifikationsspiel zur WM gegen Holland genau zum richtigen Zeitpunkt. Dank seiner vorzüglichen Beziehungen zum *Bremer Fußballverband* hatte er noch Sitzplatzkarten bekommen können, obwohl der reguläre Vorverkauf bei seiner verspäteten Anfrage schon abgeschlossen war.
Und nun dieser Ärger. Zuerst hatte Helga natürlich etwas vergessen, wie immer, wenn es auf große Tour geht. Als sie kurz vor der Autobahnauffahrt hinter Wulsdorf waren, fiel ihr der Fotoapparat ein – lag zu Hause auf dem Tischchen neben der Flurgarderobe. Also umgedreht wieder zurück ... und nachher schert sich keiner um die Fotos, ist immer dasselbe.
Dann der Stau auf der A 1, kurz vor Osnabrück, und zu allem Überfluss das Pech mit diesem hinterhältigen Blitzkasten an dieser verdammten Ampelkreuzung. Was sind das nur für Methoden in diesem Land? Kann mir keiner erzählen, dass auf diese Weise der Verkehr besser geregelt wird, reine Wegelagerei so was. Verfluchtes Pack in den Stadtverwaltungen, haben unsere Steuergelder sinnlos verpulvert, und dafür werden arglose Autofahrer geschröpft ... Roooland, fahr nicht so dicht auf, fühlt er sich vom forschen Fahrstil seines Sohnes aus dem Ärger gerissen.
Ich soll fahren, wurde gesagt, also ...
Aber etwas vorsichtiger bitte, meldet sich Helga Groll zaghaft von der Rückbank, wir wollen schließlich heil ankommen.
Da ist wieder was schief gelaufen mit seiner Stelle, versucht sich der Vater Rolands patzige Reaktion zu erklären, ist doch sonst nicht so gestochen ... Aber in letzter Zeit kann man dem nichts mehr sagen, sofort gibt´s Kontra ... Und früher war er immer so ein gut aufgelegter Springinsfeld, kaum etwas konnte dem Jungen die Laune verderben.
Schweigend fahren Vater und Sohn auf das vorläufige Autobahnende bei Rheine zu.
Der Vater ist froh über die Beinfreiheit, die der geräumige Innenraum des „Dampfers“, wie er den Diesel gerne nennt, bietet. Wie gut, dass wir endlich aus der Stadt sind, denkt er und atmet freier durch. Solchen Verkehr gibt’s bei uns nur zur Feierabendzeit. Ist schon ein Unterschied, aber..., rutschen ihm wieder Problembrocken in den Gedankenfluss, ... wo so viel los ist, müsste sich doch eine Stelle finden, für Roland ... Wenn der bloß endlich untergebracht sein würde, dann wäre Schluss mit diesen nervtötenden Gesprächen mit Helga, abends, wenn man seine Ruhe haben will. Und? Was hat´s gebracht, das ganze Sorgenwälzen? ... Nichts. Hat der Junge selbst seinen Teil dazu getan, dass die Sache so verfahren ist. Musste ja so kommen, hab´ ich vorausgesehen, aber wusste eben alles besser, der Oberschlaue. ... Wie oft habe ich ihm gesagt, damals, dass er die Finger von der Politik lassen soll. Das machen die mit den Parteibüchern unter sich aus, war immer so, hab´ ich gesagt, und er hat nicht hören wollen. Jetzt haben wir den Ärger ... Dabei wär´ er bestimmt der Richtige für die Schule. Bin froh, dass ich da raus bin, der Krach dauernd, ... werden immer frecher, die Blagen, hat alles das Herz mürbe gemacht, dankt einem keiner, dass man kaum gefehlt hat und keine Grippe kannte. Jetzt soll man die Jungen ranlassen, stehen so viele vor der Pensionierung oder gehen vorzeitig wie ich, da muss sich doch etwas bewegen ...

Na, Roland, fragt Helga Groll von hinten in die Stille, wann kannst du deinen neuen Dienst antreten?
Puh, das war jetzt nicht angebracht, behält der Vater für sich.
Dienst, faucht der Sohn wie ein aufgestöbertes Wild zurück, du immer mit deinem Dienst ... Wir sind nicht mehr in Adolfs Kommandantur, merk dir das endlich! Heutzutage hat man höchstens eine Stelle ... und die hab´ ich nicht bekommen, wenn du´s genau wissen willst. So etwas bekommen heute alleinerziehende Mütter, für so eine wird dann schon mal eine ganze Stelle auf ´ne halbe zurechtgestutzt, damit sie´s auch bewältigen kann.
Wo gibt´s denn so was, empört sich die Mutter in hellwache Aufregung versetzt.
In dem kleinen netten Städtchen, an dem wir vorhin vorbeigerauscht sind, .. . und das Schönste ist, dass die Trulla Legasthenikerin ist und auf deutsch nur quasseln, aber nicht schreiben kann.
Da muss man etwas gegen tun, das musst du sagen!
Mutter ...
Nun lass ihn, schaltet sich der Vater ein, du hörst doch, wie das heute ist, fangen die in Bremerhaven jetzt auch an, mit diesem dezimaldemokratischen Quatsch.
Dezimaldemokratisch! Wenn ich das schon höre, will sich der Sohn nicht beschwichtigen lassen, wann trennst du dich endlich von deinen antiquierten Feindbildern? Wer dran ist, bestimmt, und bei euch da oben sind das eben seit Urzeiten Sozialdemokraten, die das Sagen haben ...
Oder die Kanalarbeiterriege ...
Ach, komm! Auch so eine Klamotte aus eurem verqueren Weltbild ... Die anderen machen das genau so. In der Bezirksregierung in Osnabrück sind seit langem die Kirchenbankdrücker am Hebel, wie du sagen würdest, und die drücken durch, was sie eben durchdrücken können. Ich kann mich gut erinnern, wie damals in meinem Ausbildungsgymnasium der Leiterposten vakant wurde, weil der Direktor mit seinem christlich-sozialen Bekenntnis in die Regierung hochgelobt worden war. Da musste ich zweimal nachmittags Extrastunden absitzen, um die elende Kandidatenschau mitzumachen. Als beim ersten Durchgang kein gefälliger Bewerber dabei war, hat man dem Verfahren von oben einfach einen Formfehler angedichtet. Da musste ich wieder nachmittags antanzen und mir die Zeit um die Ohren schlagen. Über Rote Socken wurde hinter vorgehaltener Hand gelacht, die GEW-Leute haben nur kleinlaut in der Ecke gehockt. Da hättest du deine Freude dran gehabt. Am Ende ist es der Kandidat geworden, den die Bezirksregierung wollte. Das wusste jeder, pfiffen die Spatzen von den Dächern, obwohl der Auserwählte ein Hauskandidat war und damit gegen ein ehernes Prinzip verstoßen wurde. Egal – es war der einzig passende CDU-Mann, und basta! Völlig legal abgelaufen, die Sache, ohne auch nur einen Dezimaldemokraten zu fragen, kapiert?
Nun hört auf damit, hat die Mutter keine Lust mehr auf Schulgeschichten, als ihr Sohn den Audi im gedrosselten Tempo an freundlich grüßenden Grenzbeamten vorbei in die niederländische Fahrradgesellschaft chauffiert.
Ja, geht Roland auf den Wunsch nach Stimmungswandel ein, schade, dass Rolf nicht mitgefahren ist.
Der musste vom Dienst aus nach London, setzt die Mutter ihn ins Bild.
Vom Dienst?
Äh, ach, du weißt schon ..., und stell dir vor, seit neustem darf er sich eine persönliche Referentin mitnehmen. Das ist schon ein enormer Aufstieg ...
... und abends nicht so langweilig.
Hans Groll atmet vernehmlich durch.

Die Reaktion seiner Frau kommt mit Verzögerung: Roland! Wie kommst du nur auf diese ungehörigen Gedanken ... Schließlich hat dein Bruder Frau und Kinder, und zwar glückliche, nicht wahr Hans? Sag doch was...
Ich? Was soll ...
Ja, ja, einen Haufen liebe Enkel kann ich euch nicht bieten. Das ist ein echter Makel, stimmt´s?
Nun hör sich das einer an, wie du immer alles verdrehst ... Das hab´ ich doch überhaupt nicht gemeint.
Ach, Mutter ...
Damit erstirbt die Unterhaltung im Audi. Jeder für sich ins Grüne schweigend, durchfahren sie die parzellierte Wiesenlandschaft am Twenthe Kanaal. Helga Groll erfreut sich an den akkurat gepflegten Vorgärten. Die Knospenvielfalt bestätigt ihr Hollandbild, so muss es sein ... Hans Groll ist froh, dass keine weiteren Familienthemen im Audiraum stehen, und Roland hadert mit dem scheinbar unüberholbaren Lastkraftwagen vor ihm.

Hoffentlich hat Helga gemerkt, dass sie den Jungen nicht auf das Schulthema ansprechen darf. Soll ihn in Ruhe lassen, damit er auf andere Gedanken kommt, wünscht sich Hans Groll, als sie nach der Mittagsrast bei Zutphen endlich Autobahnanschluss gewinnen. Wozu haben wir überhaupt diese Strapaze auf uns genommen? Doch wohl damit der Junge rauskommt aus seinen Berufssorgen. Ich hätte für meinen Teil heute gut vor dem Fernseher sitzen können... Strengt doch sehr an, diese lange Fahrt, dazu dieses Jagen durch den ganzen Körper, und das Schwitzen will nicht aufhören, dabei hab´ ich den Pullunder schon ausgezogen ...
Um sich mehr Atmungsraum zu schaffen, nestelt er am Hemdkragen, löst die feste Schlinge der Krawatte und öffnet den obersten Knopf seines feinstreifigen, grauweißen Oberhemdes. Zu seiner Freude signalisiert der Sohn Bereitschaft zu Einvernehmlichkeit und setzt die Unterhaltung im Wagen mit einem unverfänglichen Thema wieder in Gang.
Wie läuft´s eigentlich beim *TSV* zur Zeit?
Durchwachsen, kommt die Antwort Vaters prompt. Sogleich möchte er eine Erklärung anfügen, aber Helga Groll platzt von hinten dazwischen:
Ach, das macht Vater doch immer weniger Spaß. Bleibt zu viel an ihm hängen, die jungen Leute wollen heutzutage ...
Nun hör auf, versucht Hans Groll das Gespräch unter seiner Kontrolle zu halten, dich hat keiner gefragt.
Was meint sie denn, hakt Roland nach.
Na ja, vielleicht kannst du dir vorstellen, wie das heute ist. Alle verlangen immer mehr und keiner will noch was tun, ... da hat sie nicht unrecht ..
Siehst du, fühlt sich die Mutter bestätigt.
... geht auch immer mehr ums Geld, halten die Hand auf wie Profis, bevor´s auf´n Platz geht ...
Mit diesen Worten kommen seine Sätze in ruhigen Fluss. Hans Groll fühlt sich zum ersten Mal wohl auf dieser Auslandstour, die ihm bis jetzt nur Unbehagen bereitet hat, nun aber vielleicht doch zu dem erhofften schönen Erlebnis wird, denkt er bei sich, während er seinem Sohn bereitwillig die Wulsdorfer Vereinsverhältnisse erläutert. Beim Thema Fußball können Vater und Sohn sich nahe kommen, ohne in Verlegenheit zu geraten, und so fließen die Worte munter heraus. Voller Genugtuung verweist Hans Groll darauf, dass seine Mannschaft mittlerweile mit dem großen *OSC* in einer Liga spielt. Zwar muss er einräumen, das Heimspiel am vergangenen Wochenende eben

gegen diesen *OSC* verloren zu haben, aber die Chance, auch diese Scharte auszuwetzen, komme bestimmt ...
Roland bekundet waches Interesse und lässt sich gerne ins Bild setzen über die zufriedenstellende Tabellensituation der Wulsdofer Landesligakicker auf der einen und den eher traurigen Stand der Fußballdinge in der Seestadt auf der anderen Seite.
... ist eben kein Geld da, wandert alles ab, das Kapital, bilanziert Hans Groll nachdenklich, und möchte, als Roland nach der Wulsdorfer Finanzsituation fragt, schnell wieder vom Geldaspekt ablenken, weil er nicht gern über Vorgänge plaudert, wo rechtschaffende Gesetzesübertretungen unausweichlich sind. Außerdem besteht die Gefahr, dass Helga durch eine unachtsame Äußerung erfahren könnte, wie oft er selbst heimlich einige Hundert Mark vom Beamtengehalt abgezweigt hat, um eine Siegprämie zu garantieren.
Aber für Jugendspieler, die ihr ausgebildet habt, für die bekommt ihr manchmal schon Ablösegelder, meint Roland zu wissen, wie damals ...
... du meinst Kurtenbach? Ja, das war eine absolute Ausnahme, ein Glücksfall ...
Ja, ja, das weiß ich noch, schmettert die Mutter in Rolands Nacken, da hat doch dieser Möring extra bei Vater angerufen und wollte feilschen ...
... Löring, der heißt Jean Löring, muss sie sich von ihrem Gatten verbessern lassen, der sich gerne an die Geschichte erinnert, eine echte Sternstunde in der Jugendarbeit des *TSV* ... Zehntausend haben wir für den gekriegt, eigentlich hätte ich da mehr herausholen können, aber der Vater des Jungen - kennst du sicher noch, den Kurtenbach von *Dreiundneunzig* – hat so gebettelt, dass ich endlich einwillige in den Transfer, und da hab´ ich ihn eben ziehen lassen. Was hätte ich machen sollen ...?
... Der war schon als junger Bengel Nationalspieler. Mensch, was war Vater damals stolz, muss die Mutter ihren Teil zu der Geschichte beitragen.
Das gibt´s nicht wieder, seufzt der Vater, um missmutig anzufügen, und heute musst du die Leute am Sonntag umsonst reinlassen, damit überhaupt welche kommen.
Tatsächlich! Roland schaut fragend zur Seite.
Ja, so ist das heute. Gegen *OSC* haben wir den Eintritt freigegeben, weil uns ein Sponsor einmalig unter die Arme gegriffen hat. Zum Lokalderby sollten möglichst viele angelockt werden, meinten die anderen vom Vorstand ...
Und?
Immerhin sind Dreihundert gekommen.
Donnerwetter, kann Roland ein Lachen nicht unterdrücken. Als er das grienende Gesicht der Mutter im Rückspiegel erspäht, tut es ihm schon Leid. Na ja, heute wird wohl ein bisschen mehr los sein, lenkt er das Gespräch auf das bevorstehende Spektakel, das, so hoffen alle, ein unvergesslich schönes werden soll.
Das soll aber ´ne ganz schlimme Krawallbude sein, da in Rotterdam, gibt Helga Groll ihre Bedenken nach vorne weiter, stand gestern in unserer Zeitung. Hast du auch davon gehört, Roland?
Na, jedenfalls hat es im letzten Jahr dort Randale gegeben, weil einer beim Spiel gegen Zypern eine Rauchbombe aufs Feld geschmissen hatte – als Orange getarnt.
Sag´ ich doch, mäkelt die Mutter ungebremst, können sich nicht benehmen, diese halbstarken Holländer. Wie die schon aussehen, mit diesen komischen Zöpfen und wischen sich mit unserem Trikot den Hintern ab, pfui, so was unerhörtes, nicht wahr Hans?
Ja, sieht sich Hans Groll im Einklang mit seiner Frau, dieser Flegel, unmöglich, unmöglich ...
.... Das hätten unsere machen sollen, nimmt ihm seine Gattin das Wort aus dem Mund, da hätt´s wieder Gezeter gegeben. Seht hin, die Deutschen, hätte sich die ganze Welt aufgeregt, wie das so Usus ist, seit dem Krieg, als ob ...

Unsere haben ihr Soll an Schweinereien jedenfalls über alle Maßen erfüllt, trübt Rolands Kommentar die Stimmung im Audi wieder ein.
Was meint er damit, kann die Mutter dem Gedankensprung nicht folgen.
Lass, Helga, grollt der Vater gereizt, merkst du nicht, worauf das wieder hinauslaufen soll?
Ich sage nur Anne Frank, setzt Roland nach.
Ach, die, wiegelt die Mutter in dieser theatralischen Manier ab, mit der sie auf Bemerkungen wie diese zu reagieren pflegt, alles übertrieben, meine ich. Wer weiß, wer das geschrieben hat, im Nachhinein, nur als Hetze gegen uns, kann keiner beweisen, und..., steigert sich ihr Ton ins Apodiktische, ... wer stets in alles mit Politik mischt, der kommt auch zu nichts.
Und was war mit Felix Nussbaum, lässt Roland nicht locker.
Wer ist das nun wieder, fragen die Eltern wie aus einem Mund.
Ein Osnabrücker Maler, der aus seiner niederländischen Zuflucht direkt nach Auschwitz deportiert wurde.
Das ist doch etwas ganz anderes, entscheidet die Mutter, wer hat das damals schon gewusst? Konnte keiner ahnen, zu der Zeit, und außerdem – dieses Auschwitz liegt schließlich nicht in Holland.
Aber hier kann man sich noch gut daran erinnern.
Ach was! Die sollen sich benehmen, wie es sich für anständige Sportler gehört. Politik hat mit Fußball nichts zu tun ...
Mit diesem nicht mehr widersprochenen Fazit zieht sich auf Höhe Arnheim jeder in sein Schweigen zurück, in der Annahme, dass das bevorstehende Spiel die ganze Zeterei vergessen lässt. Das einlullende Tuckern des Diesels beginnt zu wirken. Hans Groll fühlt mit Erleichterung, wie sich die Beklemmung, die sich während der Unterhaltung um seine Brust gezogen hat, löst.

Gut drei Stunden später hat es Hans Groll glücklich geschafft, nachdem ihm bei der zweiten Kontrolle noch ein kräftiger Ordner den Wintermantel nach gefährlichen Gegenständen abgeklopft hat, hinter die für das deutsche Kontingent vorgesehene Südtribüne des *Stadion Feijenoord* zu gelangen. Um Gelassenheit bemüht, hat er sich die Prozedur gefallen lassen, obwohl er sie für vollkommen unnötig ansah. Schließlich müsse man ihm auf einen Blick ansehen, dass er keine Waffe bei sich führt, geradezu lächerlich, der Gedanke.
Krawallmacher sehen anders aus, das weiß man doch, hadert er mit der konsequenten Haltung beim Sicherheitspersonal. Das Pack soll am Bahnhof bereits für Aufruhr gesorgt haben, hatten sie aus den Radionachrichten herausgehört, als sich der Audi im aufgestauten Besucherverkehr über die Maasbrücke gequält hatte.
Aber Hans Groll hatte nur mit halbem Ohr hingehört und sich mehr und mehr darüber aufgeregt, dass der Endloscorso sich kaum noch weiterbewegen wollte. Kaum waren sie nach der Abfahrt Feijenoord in den Abzweig Richtung Stadion gekrochen, bewegte sich nichts mehr. Das Auto sollten sie einfach am Rand in der Schlange stehen lassen, die Parkplätze am Stadion seien längst überfüllt, dafür werde man den Stadionweg jetzt absperren, hatte ihnen ein im schwarzen Regencape verpackter Polizist erklärt und seine Hilflosigkeit mit einem Lächeln garniert. Zum Bemäkeln der örtlichen Verkehrsregelung war keine Zeit geblieben angesichts des unfreiwilligen Fußmarsches. Wie sie dann der stechend hell bestrahlten Betonschüssel nähergekommen waren, hatte sich wieder dieses arhythmische Rumpeln in seiner Mitte gemeldet, und, obwohl der regenkalte Aprilabend das Thermometer bis dicht an den Nullpunkt gedrückt hatte, wurde er von einer Schwitzattacke übermannt. In der angestrengten Laufbewegung drohte ihm die Lust auf das ganze Unternehmen vollends zu vergehen.

Die sich gegen die aufziehende Dunkelheit abhebende Silhouette der Arena hatte in diesen Schwächeminuten mehr einschüchternd auf ihn gewirkt als einladend. „De Kuip“ nennt man die Kiste hier, hatte der erwartungshungrig neben ihm daherschreitende Roland geraunt, und damit bei seinem Vater, ohne es zu ahnen, klaustrophobische Ängste geweckt.
Nun jedoch, da sie den schwerbewachten Einlass, der in Holland Schalter heißt, überwunden haben und ihn die vertrauten deutschen Laute an den Imbissständen in wiedergewonnener Sicherheit wiegen, sieht sich Hans Groll sofort ermutigt, über die Konsistenz der schlappen Bratwurst und der halbgaren Pommes zu meckern. Helga kommt angeekelt von der Toilette zurück.
Noch schlimmer als in England, versichert sie ihren Männern, ihr macht euch kein Bild, unmöglich so etwas, einfach schweinisch ...
Auf eine Überprüfung der hygienischen Standards im Herrenklosett können Vater und Sohn verzichten. Roland drängt die Eltern auf die Ränge.
Im Innern der Schüssel erscheint Hans Groll alles bunt, keine grauen Kampfuniformen, keine Helme und keine Plastikschilde, wie sie vor den Einlässen zu sehen waren. Die Ordner tragen hellblaue Jacken vom Hauptsponsor Opel und weisen die Ankömmlinge freundschaftlich gestimmt in die richtige Bankreihe ein. Auf den dicht besetzten Rängen bestimmen unzählige orange Tupfer das Panorama. An der Bande des oberen Rangs in seinem Rücken dominiert dagegen das Schwarzrotgoldene. Das macht Mut, lässt die Mühen der langen Fahrt vergessen. Helga Groll hat die königliche Musikgarde entdeckt und nimmt mit dem Wehrmachtsfeldstecher die Musikanten in den roten Uniformröcken in Augenschein.
Entzückend findet sie den Aufmarsch - das war klar - besonders den buschigen Schmuck an den Helmen, jedoch ... nicht so beeindruckend wie die englische Formation damals in *Wembley*, die machten mehr her, da kommt keiner mit ...
Für Hans Groll trübt sich der gute Eindruck der Kapelle beim Abspielen der Hymnen akustisch ein. Viel zu flott und schmissig spielen die Rotröcke das Deutschlandlied herunter, das muss getragener kommen, in tieferer Tonlage, um der Würde der Melodie gerecht zu werden, hadert er mit der holländischen Interpretation der Haydn-Komposition. Das haben meine Leute vom Wulsdorfer Blasorchester besser gebracht, im letzten Jahr beim Länderspiel in Bremen, steigt in ihm eine frische Erinnerung auf, als auf dem Feld bereits die Hymne der Hausherren angespielt wird, ... in den neuen grünweißen Uniformen haben die ein schmuckes Bild abgegeben, und alles nur, weil ich beim *Bremer Fußballverband* sämtliche Hebel in Gang gesetzt habe ...
Ein paar beißende Rauchfäden, die sich in seine Bronchien verirrt haben, vertreiben die Nostalgie. Er presst die rechte Hand vor den Mund und sucht Halt auf seinem schmalen Schalensitz. Roland zerwedelt mit seinem grauen Schal die Reste der dünnen Schwaden.
Auf der anderen, der Feijenoord-Seite, sieht es düster aus. Dicke schwarze, pulkweise orange eingefärbte Qualmwolken ziehen träge ins schwarzblaue Firmament ab. Solche Bilder kennt Hans Groll nur aus dem Fernsehen. Der Hustenreiz markiert in kratzender Strenge den Unterschied zwischen mittelbarem und unmittelbarem Erleben. Glücklicherweise vertreibt der Anpfiff die Beklemmung in den Luftwegen.

Zur Pause gibt es genug frische Luft zum Durchatmen und reichlich Anlass zum Palaver: Das rüde Treten von diesem halbgaren Schwarzen mit dem wilden Putz – Rijkaard, ergänzt Roland - Wie? ... Sind doch nur am Kloppen, diese Holländer, und der Hinternputzer hat dem Völler dann den Rest gegeben, in voller Absicht, den wollten sie kaputt machen, hat man doch gesehen, seitdem ist bei unseren der Dampf

weg. Außerdem war da vorhin eine Hand im Spiel. Haben die ein Glück, dass der Schirri nicht aufgepasst hat ...
Pass auf, versucht Roland dem maulenden Vater ein Lächeln fürs Stadionfoto zu entlocken, auf dieser Seite fällt dafür nachher das Tor...

Eine knappe Stunde später, unmittelbar nach dem Schlusspfiff, will sich die Aufregung kaum legen im Block F, wo man sich eine Viertelstunde lang in Siegeslaune gewogen hatte, um dann doch noch einen Dämpfer zu kassieren.
Kaum ist der Kohler raus, klingelt´s, hört Hans Groll jemanden in seiner Nähe hadern. Dieser Möller, nein, dieser Möller ... vernimmt er ein weiteres Klagen hinter sich, ... Den muss er wegmachen, bestätigt eine andere Stimme.
Vater, kommst du? Roland reicht ihm die Hand und zieht ihn mit zum Tribünenaufgang.
Am Schalter angelangt geraten sie in eine völlig veränderte Szenerie. Der Weg, den sie zum Auto einschlagen müssten, ist von einer geschlossenen Kette martialisch aufgerüsteter Polizisten versperrt. Hinter dieser Linie hat sich eine unüberschaubare Menschenmasse aufgestaut. Einige der aus dem Halbdunkel hervorlugenden Gesichter sind vermummt. Einzelne Wurfgeschosse fliegen über die weißen Ordnungshüterhelme hinweg auf das freigesperrte Pflaster vor den Einlässen. Der Boden ist überzogen mit Glassplittern. Die aus dem Stadion drängenden Menschen müssen sich zu einer Schlange formieren, um durch den einzigen offenen Torspalt nach rechts abzuwandern. In ihrem Fluss wird Hans Groll seinem Sohn und seiner Frau hinterhergetrieben. Er schaut in ängstliche Mienen.
So etwas kenn´ ich aus England, setzt Roland seine ratlosen Eltern ins Bild, wir müssen zusehen, dass wir verschwinden.
Hoffentlich geht das gut, fiept die Mutter.
Hans Groll tapst ihnen schweigend hinterher. In seiner Brust wird der Raum zum Atmen bedrohlich eng.
Ohne zu wissen, wohin der Gänsemarsch führt, werden die zumeist deutschen Besucher über die steilen Treppen einer stählernen Überführung der Bahngleise auf die westliche Seite gelenkt. Auf der schmalen Brücke angelangt, wirft Hans Groll einen Blick zurück auf die Szenerie vor dem Stadion, das ihm, nach wie vor von den vier Lichtmasten bestrahlt, wie ein Vulkan in einer Ausbruchspause erscheint.
Auf dem ins Zwielicht entrückten Vorplatz ist Bewegung gekommen. Die Polizisten haben Mühe, den zurückgedrängten Pöbel unter Kontrolle zu halten. Knüppel werden geschwungen, Flüche ausgestoßen, von angriffslüsternem Geheul übertönt, krachend zerplatzen Böller im Gewühl, Rauchschwaden schweben über den Köpfen.
Abrupt wird Hans Groll weiter gestoßen. Ein Rucken geht durch die Schlange, die sich über die Brücke in eine ungewisse Zone schlängelt. Unwillkürlich beginnen die verschreckten Menschen zu laufen. Panik liegt in der Luft. Helga Groll krächzt lauthals: Hans, Hans, wo bist du?

Hans Groll kann nicht ermessen, wie lange sie im Fremdland herumgeirrt sind, immer dem Sohn hinterher gehastet, von der Polizei verlassen, von orientierungslosen Landsleuten begleitet. Irgendwie hatte Roland zum Auto gefunden.
Jetzt sitzt Hans Groll im Audi und muss hilflos erleben, wie sie von der urplötzlich wieder präsenten Polizei in eine dunkle Nebenstraße nach links gewiesen werden. Dort stauen sich die Fahrzeuge nach wenigen Metern auf.
Seht nur, wird sein Alarm erneut geweckt, da brennt was.
Das sind Mülltonnen, hat Roland erkannt.

Auf den Gehwegen vor den Häuserfluchten huschen schattenhafte Gestalten hin und her. Popp! Der Wagen vor ihnen wird von etwas Hartem getroffen. Ein Stein?
Da löst sich ein Schatten aus einer Eingangshöhle auf der Beifahrerseite, hastet auf den weißen Audi zu.
Hans, guck doch, warnt Helga Groll hilflos von der Rückbank.
Ein dumpfer Schlag auf der Kühlerhaube, plötzlich sieht sich Hans Groll mit einem stoppeligen, von schwarzen Rastalocken umrahmten Burschengesicht angegiftet.
Wüstes Gebrüll in unverständlichem Niederländisch, aus dem für die verduzten Insassen nur ein stetig wiederholtes moffen, moffen herauszuhören ist und so etwas wie: Kom eruit!
Dazu schlägt der wilde Geselle, der Hans Groll monströs erscheint, mit beiden flachen Händen unentwegt gegen die Windschutzscheibe.
Sieht aus wie dieser Halbaffe, Gullert oder Gulliver, der heute nicht dabei war, schießt es ihm durch den Sinn, was will der Kerl von uns?
Was macht der da, meldet sich sein Sohn mit Verzögerung.
Die Handflächen klatschen gegen das Verbundglas, die Gestalt liegt flach auf der Kühlerhaube, der Wagen rollt im Schritttempo weiter mit der Fahrzeugschlange.
Halt an! Roland, halt an, fleht die Mutter im von Angst verzerrten Sopran.
Quatsch, gibt Roland zurück, das will die Type doch nur. Dann haben wir gleich ´ne ganze Meute auf dem Hals.
Oh, Gott, stöhnt es von hinten.
Die bösen Blicke der drohenden Kühlerfigur verursachen Stiche in Hans Grolls Brustkorb. Die Atemsperre zieht wieder an.
Hau ab, du Verbrecher, schnaubt er wutgetrieben gegen die Bedrohung da draußen. Was ist das ...?
Ein dicker Schleimknoten breitet sich rasch tellergroß auf der Scheibe vor ihm aus. Plitsch, da ziehen sich schon die nächsten Glibberfäden bis zur Fahrerseite hin.
Ich seh´ kaum noch was, meldet Roland.
Auf seiner Seite entwickelt sich ein milchiger Rotzefilm, in dem sich die Straßenbeleuchtung sichtbehindernd bricht. Die breiten Pranken des Rowdys verreiben das Schleimgemisch über die gesamte Frontscheibenfläche, weitere Knötchen springen ihm aus dem Hals und dicken die Schicht ein. Moffen, moffen, höhnt dazu der niederländische Singsang des jungen Farbigen.
Ich fass´ es nicht, flucht Roland.
Iiih, guck dir an, was der Sauhund sich erlaubt. Helga Groll zweifelt an ihrer Wahrnehmung.
Hans Grolls Perspektive zieht sich im Abwehrinstinkt zu einer einzigen Empfindung zusammen – Hass. Die von der aberwitzigen Attacke entfachte, atemraubende Angst wird von den Alarmsignalen, die an seinem Unterbewusstsein rütteln, in das verwandelt, was ihm als letztes Mittel in solchen Situationen anheim gegeben ist – in den Willen zur Vernichtung. Von einem Impuls gesteuert, reißt er die Klappe des Handschuhfachs auf und greift nach seinem *Smith&Wesson*. Nun ist es soweit gekommen, wie er es sich in seinen Vorstellungen vom nächtlichen Überfall so oft ausgemalt hat, und doch anders. Schon liegt ihm der schwarzmetallene Schießapparat in der Hand. Ein Gefühl der Überlegenheit steigt in ihm auf, als er den Schreckschussrevolver, der einem echten täuschend gleicht, gegen die Scheibe hält. Der Lauf zielt auf die dunklen Augen vor ihm.
Dir brenn´ ich einen auf den Pelz, du Kanackerschwein, heult er triumphierend und spürt in diesem Moment nicht mehr, wie sein Puls wie rasend in den Adern stolpert.
Hans, mach dich nicht unglücklich, fleht Helga von hinten.
Lass den Scheiß, flucht der Sohn zur Linken.

Der Audi rollt weiter. Der zu allem entschlossene Hans Groll fuchtelt unbeirrt mit seinem Revolver vor der Windschutzscheibe herum. Aus dem mit schwarzen Stoppeln überzogenen Gesicht davor glotzen zwei geweitete Pupillen erstaunt in den schwarzen Lauf.
Ja, du Satan, der ist für dich, bellt Hans Groll im Kasernenbass.
Langsam gleitet die verhasste Fratze aus seinem Sichtfeld, noch ein kurzes Pochen am Heck, dann ist der Spuk entschwunden.
Fahr rechts ran, befiehlt der Vater schnell atmend, dem schieß´ ich hinterher.
Bist du verrückt, verweigert der Sohn den Befehl.
Hans, beruhige dich, bettelt die Mutter.
Ach, was, dem schieß´ ich direkt in die Fresse, verharrt Hans Groll in Angriffslust.
Roland betätigt die Scheibenwischer, aber nur auf seiner Seite klärt sich die Sicht. Das Blatt auf der Beifahrerseite fehlt. Der Metallbügel kratzt über das verschmierte Glas und hinterlässt eine feine Gravur.
Auch das noch, kocht die Wut des Vaters wieder hoch, dieser Verbrecher, dieser ...
Der Wagen vor ihnen nimmt an Fahrt auf. Die Autoschlange beginnt sich aufzulockern, der Audi rollt zügiger auf der sich vierspurig erweiternden Fahrbahn. Die Gebäudekomplexe rücken auseinander, die Lichter strahlen heller.
Hans Groll hält die Waffe fest umklammert, langsam sinkt ihm die Schusshand in den Schoß.
Mit dem Ding kannst du nichts Schlimmes anrichten oder, fragt sein Sohn behutsam nach.
Ha, was glaubst du wohl, rafft sich der Vater erneut kämpferisch auf, wenn ich den Püster dicht an sein Ohr bekomme, ist der Hund taub.
Bloß weg hier, stöhnt Roland und beeilt sich, Anschluss im Verkehr zu halten.
Die haben nur auf uns gewartet, die feigen Hunde, um uns Deutschen etwas anzutun, traut sich Helga Groll wieder aus der Reserve, nur auf uns, weil wir aus Deutschland kommen, aufgehetztes Jungvolk, schlimm so was.
Uns einfach zu bespucken, diese Sau, nickt Hans Groll, erst darf der eine Ochse ungestraft unser Trikot besudeln, und dann springt uns so´n Mistkerl auf den Kühler ...
So etwas würde es bei uns nicht geben, auf keinen Fall, tönt es selbstüberzeugt von rückwärts.
Ich habe euch gesagt, dass Rotterdam ein sensibles Terrain ist, versucht Roland eine Erklärung, gerade um Feiyenoord leben unverhältnismäßig viele Einwanderer, die sich betrogen fühlen ...
Betrogen fühlen? Von wem denn wohl, fehlt Hans Groll das Verständnis, von uns etwa? Was haben wir damit zu tun?
Genau, Hans, wir sind hier schließlich zu Gast, und so behandelt man keine Gäste, so nicht ...
Stellt euch vor, das Spiel hätte heute mitten in Leherheide stattgefunden, ich meine, nur angenommen ...
Bei uns würde der Pöbel sich nicht so austoben dürfen, hält Hans Groll immer noch aufgebracht dagegen, dafür würde unsere Polizei schon sorgen. Kein Bange! ... Nein, nein, die können hier einfach keine Ordnung halten, so wie bei uns.
Genau, können die einfach nicht, bestätigt Helga Groll, eigentlich schade, wenn man sich die schönen Gärten anschaut. Davon verstehen sie wiederum etwas ...

Als Hans Groll sich von der Rowdyattacke erholt hatte, das Herz wieder schleppender pumpte, und er den Revolver wieder im Handschuhfach verschwinden ließ, waren sie bereits auf der Autobahn Richtung Breda. Dass Roland in der Aufregung die Abzweigung nach Arnheim verpasst hatte, war ihnen erst aufgefallen, als der Audi

längst auf der falschen Strecke dahinbrummte. Die Verärgerung darüber war nur von kurzer Dauer. Alle waren froh, der Stadt entronnen zu sein.
Hans Groll spürte das schweißnasse Unterhemd am Körper und die koronare Erschöpfung in den Adern. Die Anspannung der letzten Stunden hatte ihm letzte Energiereserven abgezapft. Im Stillen bereute er, die anderen in seiner Nachwut darauf eingeschworen zu haben, entgegen der Planung nicht auf holländischem Boden zu übernachten. Nun stand ihm eine lange, kraftraubende Reisenacht bevor, auch wenn er selbst nicht lenken musste.
Das ihnen rechter Hand entgegenleuchtende Shell-Emblem erschien ihm wie ein Symbol des Friedens mitten im Feindesland. In die Fremde hatte er nie viel Vertrauen gehabt. Diese Nacht hatte ihn in seinen Vorbehalten nur bestätigt.
Für den Fahrer bedurfte es keiner besonderen Aufforderung, um die Raststätte anzusteuern. Wie gewünscht lenkte er den Audi an den mäßig frequentierten Tankshop heran.
Ich schau´ mal, ob ich ein neues Wischerblatt bekommen kann, hörte Hans Groll seinen Sohn sagen. Er nickte nur müde, daran hatte er überhaupt nicht mehr gedacht.
Zum Fußball fahren wir besser nicht wieder, flüsterte Helga Groll ihm zu, bevor sie ihrem Sohn in den neonbeleuchteten Serviceraum folgte, das ist nichts mehr für uns.

Abstiegsstrudel

Roland schlendert mit steigendem Katerdruck im Kopf die bekannten Wege zum Stadion hinunter. Verhaltenen Schrittes erreicht er die Einmündung zur Bremer Straße. Es ist der erste Montagmorgen im Juni neunzehnhundertdreiundneunzig. Die Geschäftsstelle des *VFL* liegt in geschlossener Ruhe. Ein Blick zum Stadion - die Rückansicht der Nordtribüne bietet das gewöhnlich trostlose Bild. Nichts deutet auf die Katastrophe hin, die sich am Tag zuvor erfüllt hat: der Abstieg in die Oberliga Nord.
Der vormittägliche Verkehr fließt unbeeindruckt Richtung Innenstadt.
Da löst sich eine leicht gebeugt gehende Gestalt aus dem Hinterhof des zweistöckigen, schmuddelgelben Eckhauses, in dem das VFL-Büro untergemietet ist.
Den kenn´ ich, merkt Roland auf.
Es ist der Manager, oder besser gesagt, der ehemalige Manager und letzte Interimstrainer, der bepackt mit einer Sporttasche und einem Aktenköfferchen auf Roland zukommt.
Ein Leidensgenosse, der ihm nicht im geringsten Leid tut. Genauso arbeitslos wie der Passant und doch ungleich besser dran.
Solche Typen tingeln die Ligen ab, wie die Boulevardtheater die Provinz, hatte Harald gemeint, als Roland gestern Abend beim Saisonfazit im Biergarten am *Unikeller* nach dem soundsovielten Bier gefragt hatte, was mit dem wohl wird.
Recht hat er, denkt Roland, als der schlecht rasierte Versager auf einen geparkten BMW zusteuert, wer sich so einen Schlitten leisten kann, ist längst nicht am Ende.
Sieht heute richtig sportlich aus in dem dunklen Sakko, dem weißen Hemd und der schmalen Krawatte. Der Stretch der Pumamontur, in der man ihn auf den Ablichtungen in der *NOZ* zu sehen bekam, hatte die kugelige Wölbung seines Bauchs unvorteilhaft betont. So hatte er auf Roland eher wie der Organisator einer Thekenmannschaft gewirkt und nicht wie einer, der eine Profimannschaft vor dem Abstieg aus der Zweiten Bundesliga retten sollte.

Wenigstens hat der ´ne richte Lizenz, im Gegensatz zu diesem komischen Pauker, hatte Harald zu einer halbherzigen Ehrenrettung angefügt.
Gemeinsam waren sie zu dem Fazit gelangt, dass es seit langem keinen Trainer mehr in Osnabrück gegeben hatte, der beim Fanvolk beliebt war. Zu rasch die Wechsel, zu bizarr manche Auftritte.
Dieser letzte war nur noch Verwalter des besiegelten Niedergangs, ein Abwickler, und dementsprechend hat er sich auch verabschiedet, musste Roland heute Morgen in der *NOZ* lesen. Hatte sich auf der Pressekonferenz bei allen bedankt, die am Abstieg beteiligt waren.
Das muss man sich vorstellen, regt sich Roland unnütz auf, als die metallicblaue Limousine dicht an ihm vorbeirollt, um in die Wesereschstraße einzubiegen, sagt nett, vielen Dank für Ihre Beihilfe zum Desaster und tschüs. Das war´s, auf zum nächsten Abstiegskandidaten.
Da rauscht er hin, der ungeliebte Sportsfreund, mosert Roland dem durchstartenden Sechszylinder im Selbstgespräch nach, ob der es wohl nötig hat, sich beim Arbeitsamt zu melden?
Ach, was soll´s, trottet er in sich weiter eintrübenden Gedanken auf die Unterführung zu, zuletzt hat dem sowieso keiner mehr zugehört.
Die maßgeblichen Leute waren zur Beerdigung am Sonntagnachmittag nicht mehr erschienen. Piepenbrock war zur Jagd oder zum Golfen, Genaues nicht bekannt. Harald führte den Hund seiner Mutter spazieren, und Roland hatte auf dem Balkon gelesen. Nur einmal hatte er den Ruf der Ostkurve herüberwabern hören. Der Sound hatte ihn noch nie so kalt gelassen.
Dreieinhalbtausend sollen dagewesen sein, um dem finalen Trauerspiel beizuwohnen. Eine beachtliche Zahl. Ob die den harten Kern ausmachen? Roland durfte sich jedenfalls nicht dazuzählen, zu den Treuesten der Treuen.
Kommt drauf an, wer zum ersten Oberligaspiel wiederkommt, zeigte er keine Gewissensbisse.
Einer, den die „Lila Front“ sicher gerne auf ihre Art verabschiedet hätte, war ebenfalls ferngeblieben: der selbsternannte Fußballlehrer aus Meppen. Hielt es für angebracht, sich nicht blicken zu lassen.

Wie wahr, wie klug, hatte Harald hämisch genickt, als das Thema am Sonntagabend zu später Zechstunde zur Sprache kam, nachdem sie sich in den Winkel des Schlosskellers verdrückt hatten, dort wo anno dazumal die Referendare zusammengehockt hatten.
Wie der um den heißen Brei geredet hat, als der *VFL* hoffnungslos im Dreck steckte, ließ er den Ablauf Revue passieren. Typischer Beamtenstil, verabschiedet sich zu ´ner Fortbildung, als wär´s das Normalste von der Welt.
So sind die, hatte Harald seinem Ärger weiter Luft gemacht, wenn was schief läuft – Fortbildung oder besser noch, Versetzung in besser bezahlte Position.
Oder Sonderurlaub, war Roland in das Schmählied eingefallen, sieht man doch an dem, wie´s gemacht wird. Hat keinen Bock mehr auf Schule, sondern möchte lieber einen auf Fußballtrainer machen. Beantragt ´ne Beurlaubung, und das Tollste ist, die Bezirksregierung spielt so einfach mit und gibt dem noch ´ne Stellengarantie dazu. Wenn´s nicht klappt mit der Fußballlehrerei, kommt er eben wieder und spielt lustlos den Pauker.
Da siehst du, was alles möglich ist. Wenn du erst im Boot bist, hatte Harald leidensvertraut beigepflichtet, kannst du dir eine Menge einfallen lassen, um bloß aus dem Klassenzimmer herauszukommen, während Tausende bis an die Zähne motiviert vor der Tür stehen und ins blanke Nichts gucken ... Auf so einen konnte auch nur

Piepenbrock reinfallen. Anstatt den Studienrat aus Havelse nach Osnabrück zu locken, hat er sich von dem Grundschullehrer aus Meppen bequatschen lassen. Der Unterschied liegt jetzt auf der Hand ... Der eine, der ´ne Lizenz hat und was vom Fach versteht, steigt auf, und der andere, der nur so tut, steigt logischerweise ab.
Aber warum ausgerechnet mit dem *VFL*, hatte Roland dazwischengejault.
Eben weil Piepenbrock völlig anders tickt, wenn´s um den Verein geht. Als Unternehmer expandiert der immer weiter, als Fußballpräsident ... ach, lassen wir das ... Stell dir nur vor, da würde jemand in der Firma bei ihm auflaufen, mit der Bitte um Beurlaubung, weil er sich als Trainer ausprobieren möchte. Was würde wohl passieren?
Der könnte sich das Unternehmen noch am gleichen Tag von draußen angucken.
Genau! Und das ist ein wesentlicher Unterschied zur Kultusbehörde.
Vitamin B gehört sicher auch dazu.
Das will ich meinen, prost!
Uuuuh, hatte Roland aufgestöhnt, weil ihn überfallartig eine skurrile Erinnerung gefangen nahm, weißt du noch? Dieser komische Kreis, den die Stürmer beim Eckstoß bilden mussten, um dann wie aufgeschreckte Hühner auseinander zu springen ... ?
Oh, Scheiße, wenn ich daran denke, wusste Harald sofort, worum es ging, keiner hat mehr durchgeblickt, am wenigsten die VFLer, selbst Wollitz hat abgeschnallt ...
Und solchen Schwachsinn hat der denen da oben auf der Illoshöhe eingebläut. Kein Wunder, dass die abgesackt sind ...
Zuletzt haben die wahrscheinlich die Ohren auf Durchzug gestellt, wenn der losgelegt hat.
Ja, und deshalb musste er in Köln als Erstes einen Rhetorikkurs belegen ...
... um zu lernen, wie man einen Abstieg als Erfolg verkauft.

In dem Tenor war das weitergegangen. Harald konnte von dem Thema kaum loskommen, und heute summt Roland die Hirnschale auf seinem Fußmarsch in die City, wo der Escort auf dem Parkplatz hintern dem *Alten Seminarhaus* auf ihn wartet. Nach der brutalen Zecherei am gestrigen Abend, hätte er nicht einmal mehr einen Kinderroller nach Hause lenken können. Wer hatte eigentlich das Taxi bestellt?
Er ist froh, die Unterführung geschafft zu haben. Die von den abgasgeschwärzten Mauern widerhallenden Fahrgeräusche haben seiner verkaterten Psyche weiter zugesetzt. Jetzt, da er die Brücke hinter sich lässt, werden die Gedanken zwar klarer, aber nicht zuversichtlicher.
Um Stempelgeld betteln muss von denen, die den *VFL* in den Keller geritten haben, sicher keiner, mutmaßt er wehleidig in den sonnenfreundlichen Junimorgen.
Unsereins dagegen kann sich abstrampeln, wie er will, Qualifikation auf Qualifikation erwerben, sogar Titel einheimsen und ranklotzen, dass die Birne scheppert – alles für die Katz. Am Ende landet man wieder beim Bundesamt, und jedes Mal weht der Wind dort merklich rauer.
Harald hatte ihn vorgewarnt und gemeint, er solle lieber gleich in seine Aussiedlerbildungsklitsche kommen. Die Bezahlung sei konstant auf dem bekannt miesen Niveau, Abstriche nicht in Sicht, und über mangelnde Beschäftigung müsse sich dort niemand beklagen.
Er wolle es überlegen und vorher die Lage beim Amt sondieren, hatte Roland auf das Angebot reagiert.

Das Amt für unerwünschte Arbeitskraft hatte man für eine Übergangszeit in einen halbfertig renovierten Restteil des industriellen Brachlands hinterm Bahnhof verlegt.

Als Roland den Escort auf die kurvige Abfahrt hinunter zum Hauptportal chauffierte, waren Abrissbirne und Bagger eifrig dabei, Tonnenladungen vom Backsteinschutt der ausgedienten alten Industrie indiskret zu entsorgen, um für die Glashäuser einer neuen Businesskultur Platz zu schaffen.
Einen historisch passenderen Standort konnte es für ein Arbeitsamt kaum geben, fiel ihm dazu ein, statt der von Rationalisierung und postindustrieller Sanierung aufgelösten Arbeit und Produktion jetzt Arbeitslosigkeit und Unproduktivität. Dumm war nur, dass man die Masse der nutzlos gewordenen Menschen nicht so einfach beiseite schieben konnte wie den Überhang an Produktionsanlagen.
Mal sehen, was die für einen Assessor und Doktor phil. anzubieten haben, war es Roland als Letztes halbernst durch den Kopf gezogen, bevor ihm die humorigen Restflausen ausgetrieben wurden.
Nach der obligatorischen Wartezeit sah er sich einem kalten Administrator gegenüber, der darauf programmiert war, ausschließlich auf Grundlage zweier Konstanten zu entscheiden: Beschneidung der Ansprüche und Vermittlung nach Marktlage.
In einer Permanenz, die auf Degradierung hinaus war, übersah der in ein modisch eng geschnittenes Sakko gezwängte und mit bunt schillernder Krawatte geschmückte Bundesbeamte die akademischen Meriten seines Klienten und hob die biografischen Daten heraus, die Roland als Verlierer brandmarkten. Es bereitete ihm unübersehbar Freude, seinen problematischen Vermittlungsfall merken zu lassen, wie hoffnungslos der sich in seinem akademischen Qualifizierungswettlauf auf die Abstellgleise der neuen Großrepublik rangiert hatte.
Der Schreibtischhalter triumphierte über den Doktor von trauriger Gestalt.
Roland hatte auf dem glattrasierten Gesicht die notorische Genugtuung erkannt, auf das richtige Ticket gesetzt zu haben. Arbeitslosigkeit hatte Zukunft. Jeder sollte sehen, dass hier einer am richtigen Platz saß. Naturgemäß schielte der Berater ohne Rat noch auf den einen oder anderen Sessel in einer höher gelegenen Etage, aber im Grunde war er da, wo ihn der mäßig ausgebildete Ehrgeiz hingebracht hatte. Gesichertes Einkommen bis an den Sarg und dazu noch die Möglichkeit, arme Hanseln jenen Zipfel der Macht spüren zu lassen, den ihm die Verwaltungsmaschinerie, der er sich untergeordnet hatte, an die Hand gab.
Versuchen Sie es doch einmal in den neuen Bundesländern, gab er Roland etwas zum Verdauen, als der zaghaft nach Alternativen gefragt hatte, aber, und dies mehr im Selbstgespräch, ich glaube, dort braucht man zur Zeit etwas anderes als Literaturwissenschaft.
Und sonst?
Ein Umschulung zum Altenpflegedienstkoordinator kann ich Ihnen anbieten. Darüber sollten Sie allerdings nicht zu lange nachdenken. Der Kurs ist bald voll.
Im Übrigen ..., hatte er Roland mit auf den Weg gegeben, der schon im Begriff war, sich auf leisen Sohlen zurückzuziehen, ... gehen Ihnen die Angebote aus der Region automatisch zu. Allerdings müssen Sie da schon vom hohen Ross herunter. Eine Professorenstelle haben wir noch nicht vermittelt.
Indem er den Satz anfügte, war ein unverhohlenes Lächeln seinem vorher ausdruckslosen Mund entsprungen, das Roland bis auf den Parkplatz verfolgt hatte.

Mit Unbehagen denkt Roland an diesen Besuch im Amt zurück, als er am Auspuff- und Bremsenschnellservice vorbeitrippelt, und beschließt, seine Schritte zu beschleunigen.
Was ihm dann an blauer Amtspost ins Haus verfolgt hatte, kam ihm vor wie systematischer Psychoterror, um seine Nerven für weitere Maßnahmen weichzukochen.

Sämtliche Angebote lagen unter der Gürtellinie. Hätte er eins davon akzeptiert, wäre ihn der Steuerzahler auf billige Tour losgewesen. An der Anzahl der Zumutungen konnte man ersehen, dass der zweite Arbeitsmarkt Konturen annahm.
Das Ende der Beherrschung war erreicht, als ihm der vorläufige Leistungsbescheid den Samstagmorgen versalzte. Sechsundsiebzig Mark wöchentlich wurden ihm darin laut elektronischer Verrechnung zugestanden. Solche Post bekommt man nur samstags, damit der Schreck übers Wochenende länger einwirken kann.
Rolands peingerührter Wutschrei hatte den Hausflur erzittern lassen. Anderntags sah er sich zu einer Entschuldigung bei seiner verängstigten Vermieterin veranlasst.
Als er heute Morgen in aller Sprechstundenfrühe endlich jemanden an der Strippe hatte, der seine Zuständigkeit nicht ableugnen konnte, teilte man ihm lakonisch mit, es handele sich um einen Computerfehler. Der Rechner habe einfach nur eine Drei vor der ausgedruckten Zahl vergessen. So etwas komme vor, der korrigierte Bescheid gehe binnen zwei Wochen zu. Auf Wiederhören ...

Vielleicht sollte ich Haralds Vorschlag noch einmal überdenken, nimmt sich Roland, misslaunig an der langen Mauer der Kühne-Filiale entlangschnüffelnd, vor.
Ob die Absteiger heute auch in solch trübe Zukunft blicken?
Einige sollen sich noch kräftig ins Zeug gelegt haben, um auf sich aufmerksam zu machen, hatte er dem Bericht entnommen.
Schlagzeilen wider Willen hatte dagegen einer von den Freiburgen gemacht: Maxi Heidenreich. Das ewige Supertalent hatte sich die rote Karte eingehandelt, obwohl es um nichts mehr ging.
Ist schon aufgestiegen, der Blödmann, und langt noch so derbe hin, fehlt Roland das Verständnis. Was hatte Pille den über den grünen Klee gelobt, damals in Hannover. So kann das gehen, heute Shooting Star und morgen einer von vielen im Bundesligaalltag. Noch zwei oder drei Jährchen, dann kann der die Schuhe an den Nagel hängen.
Für Wollitz war schon vor Wochen alles geritzt, schwenkt Roland wieder auf VFL-Personalia ein, hat sich einfach selbst bei *Hertha* untergebracht. Wenigstens haben sie ´ne Mark an dem verdient .. . War aber auch der einzige, der konstant was geboten hat, die anderen ... Und Sievers geht nach Meppen. Na, ja, an dem hat´s nicht gelegen.
Es ist nicht auszuhalten, hatte Harald noch im Taxi gehadert, als es gestern weit nach Mitternacht zurück in den Schinkel ging, Meppen kickt weiter munter in der Zweiten Liga, und der *VfL* bolzt sich in den Keller.
Ja, von diesen Emsköppen, war der Fahrer gleich aufs Thema angesprungen, kann sich der *VFL* noch was vormachen lassen, die sind viel cleverer, viel cleverer ... Der Helmer hat´s gerochen, damals, dass er dahin ist, cleverer Bursche, cleverer Bursche ...
Ha! Helmer, kam Harald kurz vor der Schützenstraße wieder in Lästerlaune, der hat hier nie was Tolles gebracht, und als er mit den Landeiern wieder an der Brücke aufkreuzt, haut der uns die Sachen nur so um die Ohren. Wie kann so was ...?
Wir ham hier die Seuche, hatte ihm Roland zur guten Nacht mitgegeben, und der Fahrer hatte zustimmend genickt.

Wahrscheinlich war der nur so beifällig, weil er auf ´n Trinkgeldgroschen gelauert hat, betrachtet Roland die nächtlichen Geschehnisse heute differenzierter.
Der Fehlgriff mit dem Grundschullehrer war nur der Torheit letzter Schluss..., verliert er sich nachhaltig in den Katakomben seiner Erinnerung, während er die Stufen zur Fußgängerunterführung, die zum Berliner Platzt führt, hinunter steigt, ... seinen Anfang hatte der Rutsch in die Dritte Liga schon viel früher genommen, als die Serie der Zitterpartien losging, in denen der finale Absturz stets nur knapp abgewehrt werden konnte.

Begonnen hatte der Tanz am Abgrund, wenn sich Roland recht entsinnt, schon vor vier Jahren, als Moors vom Präsidenten ähnlich abgebrüht verladen worden war, wie Roland im Kohlerevier. Hatte sich so gefreut über die punktgenaue Rettung vor dem Abstieg, der Moors, und auf der Feier im *Hotel Ibis* wurde ihm geflüstert, dass er gefeuert sei. Der in aller Heimlichkeit verpflichtete Nachfolger sah sich bereits nach neuen Stars um. Soll danach direkt einer auf den Manager losgegangen sein, so dass der schleunigts den Saal verließ.
Roland hatte derweil inmitten der von Martina zurückgelassenen Restmöbel gesessen und überhaupt nichts mehr verstanden. Wie schnell war alles zusammengebrochen, wie abrupt waren alle Aufstiegsträume geplatzt?
Als er heil aus Rotterdam zurück war, lag seine Welt in Scherben. Ein Zettel auf dem Küchentisch: „Bin bei Luc, melde mich später. Müssen miteinander reden. Küsschen Martina"
Da wusste er Bescheid. Statt satter Kuss, ein verlegenes Küsschen ...
Alles Reden und Zetern hatte nicht geholfen. Im Gegenteil, die Kluft wurde nur weiter aufgerissen.
Sie hatte keinen Nerv mehr auf den Loser-Blues, den er nach der schmachvollen Abfuhr im Kohlerevier nicht aus dem Kopf bekam, – das war zu verstehen. Außerdem hatte Luc ganze Arbeit geleistet – das war nicht zu ertragen.
Für das Klavier musste noch einmal die *Deutsche Möbelspedition* in Anspruch genommen werden. Die Tiffanylampe von Mutters Geld blieb über dem leeren Fleck hängen, wo der Nussbaumesstisch gestanden hatte.
Wer weiß, was passiert wäre, wenn Anders´ Anruf ihn nicht aus seiner Schmerzlethargie gerissen hätte?
Er solle auf keinen Fall den Kopf hängen lassen, hatte ihm der gute Mensch vom Alten Graben inständig ins Gewissen geredet, er habe eine Stiftung in Aussicht, die vorzugsweise wissenschaftliche Erinnerungsarbeit unterstütze, und außerdem gäbe es ein Förderprogramm des Kultusministeriums für den akademischen Nachwuchs der Geisteswissenschaften. Ostmark habe Schmalzer und Doppelmann da untergebracht, und wenn Roland sich sputen würde, wäre das auch eine Chance für ihn.
Von nihilistischer Verzweiflung getrieben, hatte Roland seine brachliegenden Studien auf der Grundlage einer Theorie zur „Ästhetik des Erinnerns" reanimiert.
Wie sehr hätte er in diesen bleischweren Monaten eine gute Saison des *VFL* gebraucht. Seine versehrte Moral lechzte nach schnellen Erfolgserlebnissen an der *Bremer Brücke.*

Zunächst war der neue Anlauf zum Aufstieg vielversprechend aus den Startlöchern gekommen. Mit Schafstall hatte sich Piepenbrock einen wahlverwandten harten Hund zum Traineruntertan gemacht. Im Wir-Gefühl des Altherrenbundes hatte er einiges springen lassen, um den Ruf nach Stars zu befriedigen. Roland war alles recht, wenn es nur Erfolg bringen wollte.
Einer der neuen Hoffnungsträger, ein junger, technisch begnadeter Heißsporn mit raffiniertem Antritt zum Tor, hatte im Pokalspiel gegen seine ehemaligen Kameraden von *Schalke* gleich vielversprechend aufgedreht. Aber im Überschwang seiner Galavorstellung vergriff sich Wollitz, den alle Pelé nennen durften, folgenschwer in der Symbolsprache.
Wie angestochen hüpften und fuchtelten die Schalker Bankdrücker und ihre Befehlsgewaltigen an der Seite herum und bestürmten den Schiedsrichter, während der gewitzte Freistoßschütze in der Traube seiner neuen Kollegen badete.
Was war los, hatte sich Roland von Freude geschüttelt erkundigt, was hat er gemacht?

Harald, der die Situation in seiner reservierten Jubelpose besser beobachtet hatte, setzte ihn ins Bild:
Wenn ich richtig hingeguckt habe, hat er denen signalisiert, dass er es ihnen ordentlich besorgt hat.
Besorgt?
Na, du weißt schon, gefickt eben.
Die lästerlichen Lacher auf der Tribüne bestätigten Harald Beobachtung.
Ach, und wenn schon, hakten alle die delikate Frechheit unter dem Eindruck des fulminanten Endspurts des *VFL* schnell ab, morgen ist die Sache nur noch eine Anekdote.
Das haben die Schalker von ihrem Judas-Geschrei, hatte Roland den Eklat vor sich gerechtfertigt, der lässt sich eben nicht alles gefallen. Wenn der so weiterspielt, kann er sich zwischendurch ruhig mal einen bösen Finger erlauben ...

Dummerweise hatte der Kontrollausschuss des *Deutschen Fußball-Bundes* eine ganz andere Meinung: Wegen einer demonstrativ obszönen Geste wurde der neue Spielmacher für Wochen gesperrt.
Während der eine auf Eis gelegt war, hatte der andere Star sein Pulver fast vollständig im nachfolgenden Pokalhit verschossen. Die mit Talenten gespickte Mannschaft des *KSC* hatte Frank Schulz beinahe allein abgeschossen, weiß Roland noch genau, aber danach fiel an dem nur noch der ganz im Stil der siebziger Jahre belassene Haarschopf und der Carrera- Porsche auf.
Und Schafstall, dem gefürchteten Schleifer, fiel nichts Besseres ein, als den Spielern auf die strenge Vatertour zu kommen, sieht Roland die NOZ-Schlagzeilen wie druckfrisch vor sich. Das musste doch eigentlich jedem klar sein, dass so eine Truppe von jungen Fußballyuppies nicht im Hauruckverfahren der sechziger Jahre zu führen war. Jedem vielleicht schon, steht Roland das Bild der letzten Pressekonferenz mit dem Bochumer Denkmal vor Augen, nur Schafstall und Piepenbrock nicht. Da hatten die beiden von einem Holz gesessen, wie die Schlosshunde geheult und die Fußballwelt nicht mehr kapiert.
Einsicht wäre ein ermutigendes Zeichen gewesen, flüstert Roland selbstvergessen und wartet vom Auspuffausstoß des neben ihm tuckernden Lastkraftwagens beföhnt auf ein grünes Männchen im matten Ampelglas. Gleich wird er raschen Schrittes die Kreuzung am Berliner Platz überwinden.
Aber mitnichten: Der eine machte stur weiter wie gewohnt, und der andere verlor sich in Selbstmitleid über sein Pech mit den Ordnungshütern in Osnabrück.
Was wird der sich gewundert haben, als die Streife ihn abgekellt hatte auf einer seiner Schoppentouren von der Kneipe ins Hotel? Hatte wohl gedacht, er lässt kurz die Scheibe runter, damit die Schupos erkennen, dass er der große Schafstall ist, und in Ehrfurcht erstarren.
Dass die Osnabrücker Wachtmeister selbst bei ihrem Oberbürgermeister keine Ausnahme gemacht haben, konnte er wirklich nicht wissen, gesteht Roland dem Bochumer im Nachhinein zu.

Sein persönliches Fußballdesaster war Roland in dieser völlig verkehrt laufenden Saison an einem saufies erkalteten Sonntagnachmittag im späten November im *Hindenburg-Stadion* in Meppen widerfahren, jenem idyllisch anmutenden Wettkampfplatz, wo man nicht nur bei der Traditionspflege manche Überraschung erleben konnte.
Welchen Hindenburg man hier wohl in Ehren halten mochte, den glücklosen Feldmarschall des ollen Wilhelm Zwo oder den tattergreisen Präsidenten der maroden ersten

Republik, war es Roland fragend durch den Sinn gegangen, als er im nördlich gelegenen Gästeblock zum Stehen kam.
Der Blick in die von lichtem Geäst umstellte Kampfstätte hatte ihn dann die historisch-kritische Fragestellung vergessen lassen. Das Gros der knapp Achttausend hatte sich hinter den Toren versammelt. Auf den wenigen Stufen zur linken Längsseite, die man kaum als Tribünenersatz bezeichnen konnte, fanden allenfalls ein paar Hundertschaften Platz, und in der solide überdachten Haupttribünenkonstruktion, die sich für ländliche Verhältnisse recht imposant über die gesamte rechte Spielfeldlänge hinzog waren die dunkelbraunen Holzbänke in so großzügigen Abständen eingerichtet, dass dort nicht viel mehr als ein erweiterter Freundeskreis untergebracht werden konnte. Im unteren Bereich der Tribüne sah es wiederum ganz anders aus. Auf ein paar schmalen Stufen, durch eine weiße Mauer getrennt von den Bankreihen der glücklichen Sitzplatzinhaber, drängte sich standfestes Landvolk. Aus diesem Abschnitt erklangen, nur von kurzen Verschnaufpausen unterbrochen, die flotten Bläserweisen der einheimischen Fan-Kapelle. Einem Transparent hatte Roland entnehmen können, dass sie aus einem benachbarten Nest namens Emmeln stammte.
Die waren echt witzig und hatten gute Stimmung in der Landhütte verbreitet, denkt Roland gern an die lustigen Musikanten zurück.
Mit Schaudern erinnert er sich dagegen an den sich auf Minusgrade einblasenden Wind, der ihm zu früher Nachmittagsstunde unaufhörlich um die vom hochgezogenen Kragen seiner neuen olivgrünen Thermojacke nur unvollständig geschützten Ohren pfiff.
Eine bundesligataugliche Flutlichtanlage fehlte dem Club der Agrartechniker und Viehzüchter zu der Zeit noch, dafür hatte man an den Getränkepavillons eine ungleich reichlichere Auswahl als an der *Bremer Brücke*. Dementsprechend waren die rund gezimmerten Hütten umlagert.
Der süßlich schwere Duft von echtem Gewürzglühwein war Roland lockend in die Nase gezogen, und nach der frühen Meppener Führung konnte er nicht mehr widerstehen. Vor die Wahl gestellt – Mit oder ohne Schuss? – entschied er sich für die gemäßigte Variante. Bier und Korn gingen genauso gut, hatte er beobachtet, was ihm wieder einmal vor Augen führte, dass der gemeine Fußballfan sehr viel robuster war als er. Die Pinkelei in den hinteren Reihen gehörte einfach zum Ritual.
Das Spiel der Osnabrücker war auch in der zweiten Hälfte schwer zu erdulden, deshalb hatte er sich nach dem Pausenglühwein einen dritten Becher gegönnt – diesmal mit Schuss.
Wenn auf'm Platz keiner 'n vernünftigen Schuss zustande bringt, hatte sich ein feistes Rotbäckchen mit Pudelmütze und Schal in Lilaweiß neben ihm ungefragt gemeldet, muss es eben anner Bude richtig losgehen!
Glödes später Ausgleich hatte beide dann in unverhoffter Freude wieder nach vorne auf die Sichtplätze gerissen.
Doch mit 'nem Unentschieden davongekommen, hatte sich Roland zu früh die klammen Hände gerieben.
Keine fünf Minuten später hatte sich das Blatt erneut gewendet. Zu amateurhaft hatte sich der Liberolehrling des *VFL* angestellt: Elfmeter, und - da war's passiert.
Einen vierten Glühtrost durfte sich Roland nicht erlauben, sonst hätte es ihm wie dem Trainer ergehen können. Mit dem Schlusspfiff gaben die Meppener dem VFL-Anhang noch einen Knaller mit auf den Heimweg. Keiner hatte mehr die Kraft, sich zu beklagen. Nachhaltig von Glühwein und diversen Schüssen narkotisiert, zog sich die düpierte Kolonie vom Kurvenwall zurück. Die Emmelner hatten Roland und den Seinen einen flotten Rausschmeißer hinterhergeblasen.

Unsicheren Schrittes hatte er versucht auf tauglitschigem, abschüssigem Trampelpfad an den Treppen vorbei eine Abkürzung zu nehmen. Dabei hatten sich seine in den raulederner Westernboots fröstelnden Füße quergestellt. Eine unvorhersehbare Drehbewegung im Knie und der ausgeleierte rechte Innenmeniskus gab endgültig nach - ein Schmerz, ähnlich wie vor Jahren am Schölerberg und doch anders, stichiger, als wenn ihm ein Hooligan ein Messer ins Knie gerammt hätte, so war es ihm vorgekommen. Sein gellender Aufschrei hatte für Verwunderung gesorgt. Es war ihm ja nichts anzusehen, was auf Schlimmeres hätte deuten können. Er stand da nur leicht zitternd mit angewinkeltem Bein und hielt sich mit verkrampfenden Fingern am kaltgepusteten Metall eines Zaunpfostens fest.
Schneller als beim ersten Knietrauma hatte sich der bis in die Hüfte hochgeschossene Schmerz in ein aushaltbares Pochen an der unmittelbaren Rissstelle zurückverwandelt.

Mit mittelschwerer Knieverletzung und deftiger Packung meldete sich Roland telefonisch bei Harald zurück, nachdem er sich auf umständlicher Schleichfahrt zu der ausgekühlten Wohnstatt in der Schützenstraße zurückkutschiert hatte, in der es zu der Zeit noch aussah, als habe der Gerichtsvollzieher einen Tag zuvor gepfändet. Martinas mit Sinn für dekorativen Stil gesegnete Ordnungshand fehlte in allen Ecken und Nischen.
Harald hatte sich durch Rolands Pech erneut in seiner strikten Ablehnung von Auswärtsabenteuern bestätigt gesehen.
Am herrgottsfrühen Montagmorgen hatte er den verletzten Freund in die Ambulanz des *Marienhospitals* gefahren.
Dort fand sich Roland nach dem Routineeingriff zu seiner Überraschung auf der gleichen Station wieder wie damals im Martina-Mai. Das Personal hatte allerdings komplett gewechselt.
Eine freudsche Unkonzentriertheit der diensthabenden Oberschwester hatte ihn vor einer Mehrbettkammer bewahrt. Statt *DAK* hatte sie *DEBEKA* aus Rolands Genuschel herausgehört – Lehrer ist gleich Beamter ist gleich privatversichert. Wie doch das Bewusstsein mancher hinter der rasanten Umschichtung der Verhältnisse hinterherhinkt. Als das Missverständnis aufflog, er aber schon in gesprächiger Nachbarschaft zu diesem alterstrotzköpfigen Jägersmann aus Fürstenau lag, der ihm gleich haarklein auseinandersetzte, wie er sich beim Abstieg vom Hochsitz den Fuß kompliziert gebrochen hatte, waren scheinbar alle froh, dass sich einer mit dem kauzigen Senior verstand, und man beließ es bei dem Einbettungsirrtum. Roland hatte sich mit ausnehmend guten Manieren bedankt und dem Opa die TV-Bedienung überlassen.
Der Mann schien trotz allen Reibungspotentials – oder gerade deswegen? – gut gelitten in seiner Heimat an der nordwestlichen Landkreisgrenze.
Roland sieht noch heute, da er gerade die auf Hochglanz renovierte Vorderfront der Hauptpost abschreitet, wie eine Besuchermeute zur Feierabendstunde ins Zimmer eingefallen war und ein Flaschenpräsent mit eckigem Profil auf dem Nachttisch abstellte.
Ob er sich auch einen genehmigen wolle, war er gefragt worden, bevor der in postoperativer Hochstimmung räsonierende Bettnachbar seinen Jagdbrüdern flüstern konnte, dass der junge Mann nichts vertrage.
Sien Mogen un dee Twölffingerdorm...
Roland hatte in aller Freundlichkeit abgelehnt, aber über die Bewandtnis der dunkelgrünen, vierkantigen Flasche wollte er sich gerne aufklären lassen.
Das ist *HKT*.
Aha...?
Kennt he nich, kam ein Grummeln vom anderen Privatbett.

Na, „Hitlers Kampftropfen", wurde Roland mit einem verschwörerischen Lächeln auf allen Besuchergesichtern aufgeklärt, wullt se nu een?
Roland hatte um Ablenkung bemüht nachgefragt, ob ihnen Uwe Jursch ein Begriff sei. Auch wenn die Altherrenrunde vom *VFL* nicht viel Aufhebens machte, war ihnen der Stürmer wohlbekannt. Schließlich sei de feine Jong sozusagen unter ihren Augen aufgewachsen. Allgemein wurde bedauert, dass er so vom Verletzungspech gebeutelt sei. Zur Not könne er wohl beim Vater an der Tankstelle einsteigen.
Ob die ehrgeizige Kämpfernatur das ebenso sah, hatte Roland arg in Zweifel gezogen. Um sich vor weiteren Behelligungen zu schützen, hatte Roland den Sportteil der *NOZ* vors Gesicht gezogen, in dem von einer Telefonaktion der Redaktion berichtet wurde, im Zuge derer Schafstalls Adjutant Schulz den Osnabrückern versprach, dass der *VFL* in der Abschlusstabelle vor der kess gewordenen Konkurrenz aus dem Emsland rangieren würde – ganz sicher!

Wenn man davon absieht, dass selbst dieses Minimalziel nicht erreicht wurde, war der Start in die Neunziger eigentlich gelungen, für Roland und für den *VFL* .
Noch am Krankenbett hatte er von Anders die Nachricht über die Bewilligung des Stipendiums erhalten. Damit sollte dem erfolgreichen Abschluss seiner literatursoziologischen Studie auf der Grundlage einer Theorie der „Ästhetik des Erinnerns" nichts mehr im Weg stehen.
Die *Bremer Brücke* feierte die Rettung vor dem Absturz im letzten Spiel gegen Schalke, als wäre man aufgestiegen.
NIEMALS O-BER-LI-GA, NIEMALS, NIEMALS ...
Roland hüpfte auf dem schmalen Grad der Nordtribüne herum, dass ihm das *Clausthaler* aus dem Plastikbecher schwappte, und Harald lachte dazu. Zahlreiche Schalker Fans, deren Mannschaft mit ihrer Alles-oder-nichts-Taktik stürmend untergegangen war, fielen, von spontaner Zweitligasolidarität überwältigt, in den Jubel ein. So glückliche Verlierer hatte Roland noch nie gesehen.
In Rolands Annalen ist dieses Spiel als des letzte Große des *VFL* in der Zweitligaära verzeichnet. Zitterpartien hatte es noch einige gegeben, aber diese gegen *Schalke* war die glanzvollste.

Der *VFL* dem Abstieg entronnen und Deutschland Fußballweltmeister – nach diesen Höhenflügen konnte es nur noch bergab gehen. Die Talfahrt begann, als die Stunde der Assistenten schlug, beim *Deutschen Fußball Bund* und beim *VFL*, mit dem bedeutsamen Unterschied, dass der Präsident des Osnabrücker Zweitligaclubs seinen Fehler in beachtlicher Kürze korrigiert hatte.
Roland muss in seiner Rückschau anerkennen, dass Piepenbrock nach dem Reinfall mit dem Altvorderen aus Bochum redliche Bemühungen gezeigt hatte, dem Trend der neuen Zeit gerecht zu werden. Leider hatte er in seinem geläuterten Eifer erneut daneben gegriffen und einem jener jungen Streber das Vertrauen geschenkt, die meinten, mit wenigen Versatzstücken aus Psychologie und elektronischer Datenverarbeitung eine technokratisch ausgerichtete Fußballlehre begründen zu können.
Harald hatte gleich abgewinkt, als der Name Roland Koch in der *NOZ* auftauchte.
Wie der schon hier aufgelaufen war mit Hochleistungscomputer und ´nem Koffer voller Software, hatte er gestern Abend noch einmal die klägliche Episode Revue passieren lassen. Hatte angeblich alles auf seiner Festplatte gespeichert, wie die anderen zu putzen waren. Fußball müsse nur in die richtige Programmiersprache übersetzt werden, dann würde alles wie von selbst laufen ...
Offensichtlich hatte die Daumminiatur die Hardware der Gegner auf dem Platz vergessen.

Macht nichts, kleiner Systemfehler, haben wir schnell behoben, wollte er den Osnabrückern weismachen und hatte prompt ein neues Konzept von der Diskette abgerufen, das er in beeindruckender didaktischer Reduzierung an der Tafel erläuterte.
Weder Roland und Harald noch Piepenbrock wollten sich die Ergebnisse lange anschauen. Anfang Oktober war vorzeitig Schluss mit dem Humbug.
Daraufhin bewies der Geschasste, ein gebürtiger Osnabrücker, dass in ihm ein gewitzter Spezialist für Arbeitsrecht steckte, aber dafür hatte man ihn nicht verpflichtet.
Um sagenhafte Dreihunderttausend soll es bei dem Prozess gegangen sein, fällt Roland wieder ein, als er bei der Bushaltestelle auf der anderen Neumarktseite aus der Passage ans mittagshelle Tageslicht fährt, nicht schlecht, wenn man bedenkt, dass der Kerl das reine Nichts gebracht hat.

Der eine Roland hatte für seinen erfolglosen Versuch, Cheftrainer zu mimen, einen Riesenbatzen money for nothing erstritten, der andere Roland bekam für seine fristgerecht vorgelegte Studie, die, wie der Dekan lobend hervorhob, einen wichtigen Stein ins theoretische Mosaik der „Ästhetik des Erinnerns" gefügt habe, einen Pulverkaffee mit Aldi-Cognac-Schuss, den sich Anders, um Feierlichkeit bemüht, nach dem Rigorosum schnell aus Ostmarkbeständen erschnorrt hatte.
Jedem das Seine, hatte sich Roland in stillem Sarkasmus geübt, während Anders die Tugend der Geduld als eines der großen Potentiale der Wissenschaft lobte. Da hatte er bereits den dritten Schuss weg.
Die mit hundertprozentiger Versicherung erwartete Belohnung in Form der Assi-Stelle aus dem Förderprogramm gab es entgegen Anders´ gutem Glauben nicht.
Roland hatte in versteinerter Selbstbeobachtung festgestellt, dass seine rechte Hand, in der er den ablehnenden Bescheid vom Präsidenten der Universität hielt, wie von ferner Motorik gesteuert, zitterte. Irgendwann hatte er die Linke draufgelegt, um nicht irre zu werden.
„Nach eingehender Prüfung ... unter Berücksichtigung aller heranzuziehenden Kriterien ... hat die Kommission entschieden ... wie die gesetzliche Regelung zur Gleichstellung vorsieht ... bei festgestellter gleicher Eignung und Qualifikation ... einer Bewerberin den Vorzug zu geben ...
... Wir bedauern ... Alles Gute ... Hochachtungsvoll ..."
Am gleichen Tag war er ausgerechnet Ostmark in die Arme gelaufen.
Dem hatte es ein Vergnügen bereitet, ihn darüber ins Bild zu setzen, wie Frau Prof. Henne extra eine Kandidatin aus Lübeck aufgetrieben hatte, um den sicheren Quotenplatz zu besetzen. Den Rest habe die Frauenbeauftragte erledigt.
Du weißt, wie das läuft. Du hattest keine Chance. Das habe ich schon beim Rigorosum gewusst, wollte dir aber den schönen Tag nicht verderben.
Dazu hatte er ein Gesicht aufgesetzt, als habe er Roland damit tatsächlich einen Samariterdienst erwiesen, um dann wieder diesen Wolfsblick anzunehmen.
Quo vadis, Roland? ... Nun scheint es mir zu spät zu sein. Das hättest du dich fragen sollen, als der konstruktivistische Weg noch offen stand, aber du hast dich bekanntermaßen für die postmarxistische Sackgasse entschieden. Da kann ich nichts mehr für dich tun ...
Natürlich hatte ein beiläufiger Exkurs über die erfreuliche Situation bei Schmalzer, Doppelmann und Burghard nicht fehlen dürfen und der Hinweis, wie gut sie sich aus den Töpfen der Nachlassgelder nährten. Roland solle bei Gelegenheit ruhig vorbeischauen in den neuen Räumen des Nachlasszentrums, einen Kaffee habe man für einen bedürftigen Kollegen jederzeit übrig.

Roland hatte kaum die Haltung wahren können, um sich für die Einladung zu bedanken. Wie umnachtet war er damals in seine vier Wände zurückgekrochen, wo das Telefon schon ungeduldig von der Mutter beklingelt wurde. Ob er als Doktor auch pensionsberechtigt sei, war ihr das wichtigste Anliegen.

Sich am eigenen Schopf aus dem Sumpf ziehen, ist einer jener verbalen Allgemeinplätze, derer sich ratlos gewordene Trainer bedienen, wenn ihr Team tief im Abstiegswasser watet.
Roland war angesichts der Fülle der empirischen Daten, die gegen ihn sprachen, auch nichts Gescheiteres eingefallen.
Was hätte er machen sollen, fragt sich Roland noch heute, da er an der Fußgängerampel vor der Tiefgarage am Ledenhof geduldig auf ein weiteres grünes Männchen wartet.
Von Anders war in der damaligen Lage nichts mehr zu erwarten. Für den letzten Idealisten am Fachbereich war nach dem Bewerbungsdesaster seines Schülers ein Stück akademische Welt zusammengebrochen. Einigermaßen desillusioniert hatte er sich in die Forschungsfreiheit zurückgezogen.
Die einzige realistische Option hatte für Roland darin bestanden, das Dozentenlos mit Harald zu teilen. Der hatte ihm Hoffnungen gemacht.
Bei uns haben sie wieder das Honorar gekürzt und die Pflichtstundenzahl erhöht. Da haben einige hingeschmissen. Für die könntest du einspringen.
Bevor er sich diesem Schicksal ergab, wollte es Roland zunächst mit einer Schleichattacke auf die Bezirksregierung versuchen. Aus informierten Kreisen war ihm zu Ohren gekommen, dass mit dem Regierungswechsel im Niedersachsenlande dort das Stühlerücken begonnen hatte. Es sollte einen neuen Dezernenten geben, der, Roland hatte es kaum glauben können, die politische Bildung in der Schule fördern wollte. Nach einer Durststrecke von zehn Jahren war sogar eine Stelle mit seiner Fächerkombination zur Ausschreibung vorgesehen. Es roch nach Wechsel, und Roland meinte in seiner Verzweiflung, Morgenluft zu wittern.
Einen Haken hatte die Sache von Anfang an. Der neue Mann, der den Roten Socken zugezählt wurde, war als Verfechter der Gesamtschulidee bekannt, und da wäre es töricht gewesen, als Promovierter aufzulaufen.
Das sei so, als würde man beim Bischof als bekennender Atheist vorstellig, hatte ein alter Bekannter Haralds, dessen humanistische Geistesgegenwart sich zusehends im kooperierten Gesamtschulalltag in Schinkel-Ost zerrieb, vorgewarnt.
Aus der vereinfachten Weltsicht eines Bildungsideals, das es sich zum Ziel setzt, mehr die Unvermögenden zu fördern als die Begabten, hatte Roland sich sträflich überqualifiziert.
Von dementsprechender Vorsicht gezügelt hatte er sich aufgerafft, um bei dem Allmächtigen am Wall anzuklopfen.
Mit seinen spitz zulaufenden Türmchen an den Dachrändern und den vergitterten Rundbögen im Souterrain war der Regierungssitz Roland stets mehr wie eine fürstbischöfliche Zwingburg erschienen und weniger wie die Schaltzentrale einer Exekutive, die den Anforderungen einer hochtechnisierten, demokratisch strukturierten Gesellschaft gerecht wurde.
Die Zimmer im vorderen Flur waren nach wie vor besetzt von den dominierenden schwarzen Kutten, mit ein oder zwei gelben Pullundern darunter. Die Herrschaften hatten sich an lange Dienstperioden gewöhnt.
Der frische Kollege vom roten Planeten hatte mit einer zellenähnlichen Kammer im rückwärtigen Teil vorlieb zu nehmen. Roland hätte ihn beinahe nicht gefunden, weil

die Tür am hintersten Ende des immer schmaler zulaufenden, verwinkelten Flures von einer zu den oberen Trakten führenden Treppe halb verdeckt wurde.
Sein Klopfen wurde zunächst überhört. Kein Wunder, bei dieser massiven Doppeltürkonstruktion.
Drinnen begrüßte ihn der Herr Dezernent, den Roland auf Mitte vierzig schätzte, eine zu Fettleibigkeit tendierende, um Jugendlichkeit bemühte Figur, die auf den ersten Blick nicht unsympathisch wirkte.
Der Neuling im Regierungsgeschäft war damit beschäftigt, sich in dem einzurichten, was ihm die Hausmeisterei als Büromöbel zugestanden hatte. Schreibtisch, Stuhl und Schrank sahen nicht besser aus, als das, was Roland zu ABM-Zeiten im Gebäude nebenan vorgefunden hatte.
Deutsch und Gemeinschaftskunde seien natürlich wichtig, hatte der noch praxiswarme Neudezernent begonnen, dem Bittsteller auf den Zahn zu fühlen, aber von ebenso unverzichtbarer Relevanz für die Tätigkeit an einer progressiven Schulform sei das, was ein Lehrer Schülern in der unterrichtsfreien Zeit anzubieten habe.
Da Roland aus vorbereitenden Recherchen wusste, welch tragende Rolle Freizeit in der Gesamtschulphilosophie spielte, hatte er sich vor seinem Bettelgang tagelang den Kopf darüber zermartert, was er auf diese Frage in die Waagschale legen sollte. Wenn er ehrlich zu sich selbst war, stand es um sein Repertoire schlecht. Feuerschlucken, Jonglieren, Zaubern, Drachenfliegerei, Voltigieren, Rollbrettern, Rollschuhlaufen – also solche Aktivitäten, die auf Schülerwunschlisten ganz oben rangierten, waren ihm nicht im entferntesten geläufig, ein Umstand, der seine Werbung nicht unbedingt mit einem Lichterkranz schmückte. Zur Not hätte er beim Marionettenspiel das schlafende Krokodil bedienen können.
Für dermaßen uninspirierte Freizeitmuffel stand immerhin noch das Fotografieren als goldener Ausweg offen. Fotografie in Kombination mit Rudern galt als eine Variante, die als Einstellungskriterium bei rot besockten Dezernenten auf gnädige Resonanz stieß, hatte Roland über Haralds Verbindungsmann in Schinkel-Ost in Erfahrung bringen können.
Nun war ihm Rudern aus historisch hergeleiteter Lehre der Galeerenzeit stets suspekt gewesen, fiel daher für seine Person als Angebot aus, und allein mit seinem idiotensicheren Schnappschussapparat konnte er unmöglich überzeugen.
Eine scheinbar rettende Idee war Harald eingefallen, der mit Blick auf den gusseisernen Maradona auf seinem eingestaubten Ehrenplatz im Billyregal *Tipp-Kick* als Alternative ins Bewerbungsspiel gebracht hatte.
Der Dezernent jedoch konnte sich zu Rolands höchstem Bedauern an dem Vorschlag wenig erwärmen. Da halfen noch so bemühte Erläuterungen nichts. Auch die mit einiger Emphase entworfene Vision eines Tipp-Kick-Gesamtschulturniers löste nichts aus. Der Witz der Figurenkickerei hatte sich dem Hoffnungsträger aus dem Hinterflur der Macht nicht vermitteln lassen.
Auf Ablenkung erpicht hatte sich Roland gedankenschnell mit Hilfe rot-grün gefärbter Konversationsbrocken um eine einvernehmliche Atmosphäre bemüht, und siehe da, die Socke taute zusehends auf.
Brav hatte Roland sein Bekenntnis zur Gesamtschulideologie abgelegt. Fast hätte er sich bei der Flunkerei verraten, als er von einem Praktikum in der Gesamtschule Göttingen-Geismar prahlte, das er nie absolviert hatte, aber das Lügenspiel wurde nicht aufgedeckt, und er bekam einen Vorstellungstermin im ostfriesischen A., wo die begehrte Stelle vakant war.
Der Direktor dort sei ein guter Freund, strich Roland das Wohlwollen in der Stimme des Dezernenten wie Balsam über die Seele, man würde ihn dort mit einigen Erwartungen empfangen.

Vor Ort hatte sich dann alles ganz anders angehört, denkt Roland, von unterdrückter Wut gestochen, an jenen schwarzen Montag im April vor zwei Jahren zurück, und schaut nur beiläufig auf die Auslagen der *Buchhandlung Zur Heide*. Langsam setzt er sich am original bayerischen Restaurant vorbei in Richtung *Katharinenkirche* in Bewegung.
Natürlich hatte keiner ahnen könne, dass der Termin von der Beisetzung des Vaters am Tag zuvor überschattet wurde. Aber an Rolands Trauerstimmung hatte es kaum gelegen.
Schon als er den schlaffen Begrüßungsgriff des hemdsärmeligen Direktors gespürt hatte, wusste er, dass die Reise in den immergrünen Norden umsonst gewesen war.
Die Stelle war längst vergeben, wahrscheinlich an eine rote Blüte aus dem engeren Bekanntenkreis des Kollegiums. Wie hätte es auch anders sein sollen?
Der Direktor hatte nur oberflächlich versucht die Aussichtslosigkeit des Besuchs zu kaschieren, fragte Roland stereotyp ab, während er auf die Uhr blickte. Die erste Störung durch einen untergebenen Kollegen war ihm ein willkommener Anlass gewesen, Roland an den verdutzten Anklopfer zu übergeben.
Herr Kollege Blahblahblah wird Ihnen gerne das Gebäude zeigen, wenn Sie noch daran Interesse haben?
Wenn Roland in diesem Moment „Nein danke, ich habe noch etwas vor" gesagt hätte, wäre das ein starker Abgang gewesen, aber dafür hatte an diesem Tag die Chuzpe gefehlt.
So ließ er sich von dem Kollegen, der für ihn nie einer geworden wäre, durch das Innere der quaderförmigen, nach außen mit großflächigen Fenstern versehenen Betonlandschaft führen, die in dem typischen spätsiebziger Fabrikstil gehalten war, dem irgendjemand eine Affinität zu fortschrittlicher Bildung zugedichtet hatte. In einer großflächigen, vom Tageslicht kaum beschienenen, integrativen Pausenhalle ließ der unwillige Fremdenführer den lästigen Gast nach einer abrupten Verabschiedung im Kindergewusel stehen. Der hatte Mühe sich vor Remplern wegzudrücken. Hatte ihn der Lehrkörper schon ignoriert, so war der ewige Assessor für die Schüler Luft.

Paralysiert von Trauer und Wut hatte Roland nach der Demütigung seine freudlosen Tage im Schinkel gefristet, um an den Wochenenden zusehen zu müssen, wie der *VFL* auf Abstiegskurs durch die Liga schlingerte.
Vielleicht waren das seine schlimmsten Wochen im Schinkel, blickt Roland bedrückt zurück, als er um die Ecke am *Grünen Jäger* biegt.
In der Trainerrotation hatte sich der VFL-Boss zur besagten Zeit endlich selbst eingeholt und einen alten Bekannten aus besseren Tagen zurückgerufen. Der philosophierte über die essentielle Bedeutung einer stabilen Mittelachse, aber die Herren, die er meinte, waren in die Jahre gekommen und der alte Schwung längst im scharfen Westwind, der nicht nur im Herbst über die *Bremer Brücke* fegte, verflogen.
Mit viel Dusel und einigen Geniestreichen des unermüdlichen Wollitz hatte man trotzdem den Klassenerhalt hingekriegt.
Im Zuge der Eingliederung der Konkursmasse aus den neuen Ost-Provinzen war die Liga geteilt worden. Angesichts der halbierten Zahl der Widersacher waren in Osnabrück sofort wieder Aufstiegsflausen aufgeblüht. Das Schlagwort vom Neuanfang machte die Runde.
Roland hatte sich entgegen aller Vernunft von der trügerischen Euphorie mittragen lassen, ward ihm doch ein Wunder beschert, mit dem niemand, nicht einmal Ostmark, hätte rechnen können.

Mit diesmal vor Freude zitternder Hand hielt er einen zweiten Brief vom Schloss des Präsidenten in der Hand. Darin wurde ihm mitgeteilt, dass er die Nachwuchsstelle nun doch antreten dürfe, da die bevorzugte Kandidatin bereits wieder ausgeschieden sei.
Was war passiert?
Demzufolge, was Roland später in Erfahrung bringen konnte, kursierten zwei Versionen der Vorfälle: Eine offizielle sprach von unüberbrückbaren wissenschaftstheoretischen Differenzen zwischen der jungen Dame aus dem Küstenland und ihrer Chefin aus dem Südwestniedersächsischen. Eine bedenkenlos offen gehandelte Tratschvariante erzählte dagegen davon, dass es die hübsche Endzwanzigerin aus der Marzipanstadt mit dem Feminismus mitnichten so ernst gemeint hatte, wie erwartet. Mehrmals soll sie die Zweisamkeit mit ihrem Freund in Lübeck den Dienstverpflichtungen zur Pflege einer Literatur von Frauen, über Frauen für Frauen vorgezogen haben.

Als eine Zeit des Erwachens schwimmen Roland diese Tage im Mai vor zwei Jahren durch die Erinnerung, während seine Schritte über das Kopfsteinpflaster an der hoch aufragenden *Katharinenkirche* hallen.
Doch schon bald hatte sich das Trügerische in die Aufbruchstimung eingeschlichen.
Wieder war es Ostmark vorbehalten gewesen, den Stachel des Zweifels zu setzten.
Eine solche Stelle sei gut und schön, aber er könne keine Perspektive entdecken.
Als Roland auf gemeinsame Planung mit Anders verwiesen hatte, war er sich selbst seiner Sache nicht mehr sicher.
Anders? Ostmark hatte seinen dünnfadig glimmenden Billigstängel von einem Mundwinkel zum anderen gekaut, um den Stoß zu platzieren.
Bei allem Respekt, Roland, du weißt, wie sehr wir verbunden sind, Anders und ich, aus alten Gründertagen ..., hatte er nostalgisch aufseufzend begonnen, ... aber der hat sich vom Gerangel an den großen Töpfen zurückgezogen. Machen seine Nerven einfach nicht mit, diesen Kleinkrieg. ... Ist ja auch verdammt ungemütlich bisweilen, kannst mir glauben ... Das müssen auch Detlef und Sigfrid lernen, irgendwann auf eigenen Füßen zu gehen, war er dann abgeschweift, bevor er zur Conclusio kam.
Aber wie das bei dir gehen soll, kann ich im Augenblick nicht sehen. Anders ist als hermeneutisches Urgestein vom Fachbereich nicht wegzudenken und kann mit dem Zauber sicher immer noch seine Studenten faszinieren. Ist wirklich beeindruckend, wie er in seinen großen Klassik-Vorlesungen die analytischen Register zieht. Aber wenn du mit dem alten Hut heute irgendwo anklopfst, sieht das ziemlich arm aus... Sag nicht, dass dir kein anderer Weg offen gestanden hätte. Wir haben uns zur Genüge darüber unterhalten. Ich glaube dir sofort, dass du den Diskurs zum Konstruktivismus gelesen hast. Daran liegt es nicht. Aber was hast du draus gemacht, lieber Roland? Es kommt heute mehr denn je darauf an, etwas aus dem trockenen theoretischen Zeugs herauszuschlagen. Die kostbaren Stellen werden heutzutage kaum nach wissenschaftlicher Redlichkeit vergeben. Das müsstest du mittlerweile wissen. Die Sahne schöpfen bei uns jetzt Frauen ab – wenn sie sich nicht gerade in die Haare geraten -, und um die letzten Bissen muss sich so ein armer Hund wie der alte Ostmark balgen. ... Tu ich ja gerne, weißt du, wenn es Perspektive hat, wie zum Beispiel für Detlef oder Sigfrid. Die haben´s auch verdient, aber bei dir ... ?
So, nun musst du mich entschuldigen, hihi, die Studenten wollen mich wenigstens einmal im Semester sehen ... Du siehst, was unsereins davon hat, dass er sich so für den Nachwuchs einsetzt. Da muss ich mich eben manchmal im Bypass am Stau vorbeistehlen ha, ha, nichts für ungut. Solche Gedanken brauchst du dir noch nicht zu machen. Kommt alles später, kannst du bei dem Stress die Uhr danach stellen.

Anders hatte sein Bestes getan, um Ostmarks Fluch zu entkräften.
Sie rangieren auf einer ganz anderen Ebene, hatte er Roland auf die akademische Würde des konventionellen Weges einschwören wollen, aber Roland hatte da schon geahnt, dass Ostmarks zynischer Pragmatismus der Empirie näher stand als die humanistisch fundierte Redlichkeit des ehrwürdigen Ordinarius. Ohne Hausmacht und bar jeglicher Koalitionsmöglichkeiten mit machtbefugten Potentaten an anderen Hochschulstandorten würde es kaum weiterführen, wenn sich sein Vorzugsschüler nur auf der Ebene eines Diskurses behaupten konnte, der immer marginaler wurde. Germanistik an sich hatte keine Zukunft.

Einer realistischen Einschätzung der Leistungsfähigkeit des Personals trotzend, hatte sich Roland nach Haralds Vorbild eine Dauerkarte zum regulären Tarif erlaubt. Jetzt, wo er in halbwegs angemessenen Bezügen stand, sollte der *VFL* vom warmen Gehaltsregen profitieren. Schluss mit dem Sozialticket!
Als Dank für die finanzielle Vorleistung hatte die Mannschaft einen armen Saisonstart hingelegt. Die Mittelachsenphilosophie hatte verspielt, der Co-Trainer erhielt den Auftrag, das Schlimmste zu verhüten. Zwei Monate später saß ihm schon der Nachfolger im Nacken.
Schlussendlich hatte Piepenbrock den Terminator bestellt. Der Grundschullehrer nannte sich zur Tarnung „Sportlicher Leiter“ und fühlte sich damit als oberster Dienstherr auf der Illoshöhe.
Natürlich wollte er kein Unruhestifter sein, nur böswillige Zungen hätten das behaupten können. Wie der unglückliche Statthalter auf der Bank dann Spieltag für Spieltag demontiert wurde, war schon eine Meisterleistung der Intrigantenkunst.
Besser hätten das Schmalzer oder Doppelmann auch nicht hingekriegt, muss Roland rückblickend anerkennen, während er vor den zwei lebensgroßen Figuren auf dem Kirchenvorplatz verharrt...
Wie oft war er daran achtlos vorbeigehetzt? Könnte aus Ludwigs Werkstatt stammen, das in Bronze gegossene Paar. Der Mann, Jacke, Hemd und Krawatte sind deutlich herausgearbeitet, schaut fragend auf eine Figur von diffus femininer Gestalt. Ihre Hand weist dem suchenden Blick des Mannes das Ziel: ein auf einem Steinsockel ausgelegtes Bronzebuch. Roland tritt näher heran und liest. „Jesus Christus – Ich bin das Licht, die Wahrheit, das Leben.“
Aha, die bekannte Dreierlogik. Der Bronzemann schaut wenig überzeugt drein. Roland kann es ihm nachfühlen. Dass im *Alten Seminargebäude* weder Licht noch Wahrheit zu finden waren, hatte das Leben ihn gelehrt, aber mit dieser stoischen Sicherheit, mit der die Dame aus festem Guss auf das Buch der Bücher weist, könnte er selbst radikalsten Konstruktivisten nicht gegenübertreten. Wenn die seligen Propheten nur den leisesten Anflug einer Ahnung davon gehabt hätten, was der öffentliche Dienst aus Menschen machen kann, stände sicherlich einiges anders geschrieben.
Unwillkürlich muss Roland an den älteren Bruder denken, der mit einem ebenso einleuchtenden wie gleichermaßen völlig an der Logik einer Hochschulverwaltung vorbeizielenden Hinweis versucht hatte, Mut zu machen.
Er könne sich nicht vorstellen, dass eine Kultusbehörde so fahrlässig einen nicht eben dürftigen Betrag in einen Mitarbeiter investiere, den man später überhaupt nicht haben wolle.
Da hatte Roland den betriebswirtschaftlichen Revisor herausgehört, der die Erklärungsversuche über die akademischen Gepflogenheiten im Umgang mit Steuergeldern nicht nachvollziehen konnte. Ganz von der Hand zu weisen waren sein Vorbehalte nicht, gesteht Roland, immer noch auf die Bronzemenschen schauend, zu.

Der *VFL* hatte so manche Mark mit Spielern verpulvert, die sich auf dem Platz als Niete erwiesen, aber immerhin hatten alle ihre Chance bekommen. Für Roland hingegen waren die Signale zu den weiterführenden Gleisen schon auf Rot gestellt, als seine Unterschrift unter den Vertrag über die Nachwuchsstelle kaum getrocknet war.
In der Rückschau kam er sich vor wie ein Spieler, der auf dem Trainingsplatz einsam seine Runden drehte, ohne jemals vom Trainer berücksichtigt zu werden. Wenn er die zwei Jahre auf Ibiza verbracht hätte, wäre das niemandem ein Dorn im Auge gewesen und das Ende seiner Dienstzeit um keinen Deut kläglicher ausgefallen.

Solange man die letzten Hoffnungsfünkchen verglühen sieht, stemmt sich jeder gegen den drohenden Abstieg, im Fußball wie im Leben.
Roland war zuletzt nur noch das Vertrauen verblieben, das sein akademischer Ziehvater in ihn setzte.
Anders lobte Rolands Lehrtätigkeit, spornte ihn zum Schreiben an, und unter seinem Rat hatte das neue große literatursoziologische Projekt mit dem Arbeitstitel „Der Poet als Zeitgenosse" rasch konkrete Konturen angenommen.
Einen bescheidenen Teilerfolg konnte Roland verbuchen, als er in einem Beitrag zur *Quartalsschrift für Germanistik* dem Konstruktivismus in der Literaturwissenschaft auf den Zahn gefühlt hatte.
Von einigen Aldi-Schüssen in Fahrt gebracht, war Ostmark daraufhin asthmatisch ventilierend in Rolands enges Büro gestampft.
Das ... das ..., dabei hatte er das schmale Bändchen wie ein Beweismittel vor Gericht hochgehalten, ... bleibt nicht ohne Folgen. Du ...du ... sollst sehen ... Da.... da wird was kommen ...
Weg war der Spuk, hatte nur ein Ascheröllchen hinterlassen und den Auftritt danach niemals wieder erwähnt.
Die Sache musste ihn schwer getroffen haben, gibt Roland heute zu. Ostmark muss das Traktat als Antwort auf einen Aufsatz gelesen haben, den er selbst nie aufs Papier gekriegt hätte. Keine noch so intensive Nachtschicht mit Marion hätte dazu hingereicht.
Die angedrohte Retourkutsche der Vorbeter hatte lange auf sich warten lassen, war aber dann um so gewalttätiger ausgefallen. Fast eine volle Ausgabe des traditionsreichen Blattes wurde verballert, um Roland vom theoretischen Sockel zu schießen. Eine illustre Riege von Koryphäen des Konstruktivismus und der Kognitionstheorie hatte sich zusammengezogen, um Rolands kleine Stellung in Grund und Boden zu mörsern. Der Chefideologe hatte sich in seinem akademischen Wutanfall sogar mit der Phantasie getragen, Roland vor den Kadi zu ziehen. Das hätte eine Gaudi gegen.
Ein seltenes Gefühl der Befriedigung steigt in Roland auf, wenn er heute daran denkt. So hatte er sich wenigstens auf Diskursebene mit einem vernehmbaren Paukenschlag verabschiedet.
Dieser kurze Triumph konnte indes nicht darüber hinwegtäuschen, dass die Doppelmanns und Schmalzers das eherne Gesetz des „publish or perrish" untergraben hatten. Roland konnte seine Duftmarken im germanistischen Zeitschriftenforst setzten, wie er wollte, am Ende würde er doch verrecken. Das hausinterne Klinkenputzen hatte das akademische Qualifikationsritual rationalisiert. Diese Variante des Stellenkrieges hat Roland immer unterschätzt, muss er sich selbstkritisch zuschreiben, das hat er nie richtig exerziert.

Um seinen Schüler aus der blicktrübenden Enge der über die Landkreisgrenzen hinaus wenig gefragten Fakultät herausschauen zu lassen und um ihm die Welt der germanistischen Forschung zu öffnen, hatte Anders Roland zu den alljährlichen

Tagungen des erlauchten *Internationalen Kolloquiums für Literatur und Gesellschaft* nach Bad Godesberg mitgenommen.
Das erste Mal war ganz unterhaltsam, erinnert sich Roland und wendet sich, die enge Fahrspur der Katharinenstraße überquerend, lustlos auf seine Dienststelle zu.
Das Thema war von dieser typischen Schwammigkeit gesegnet, die man von geisteswissenschaftlichen Gremien gewohnt war: „Literatur über Grenzen – Grenzerfahrungen in Literatur".
In der holzbiederen Kellerkneipe der in waldiger Hügellandschaft gelegenen Tagungsstätte hatten Anders und er im empirisch fundierten Experiment vorgeführt, dass Osnabrücker einen gehörigen Stiefel vertragen können.
Nur schade, dass Ostmark nicht dabei war, bedauert Roland, auf die verrammelte Tür vom *Unikat* herunterblinzelnd, dann wäre die Demonstration noch eindrucksvoller ausgefallen.
Aber auch so hatte er seinen Spaß gehabt, hatte Bekanntschaft mit gestandenen akademischen Schlachtrössern geschlossen, von denen sich eines sogar noch daran entsann, einmal einer Kritischen Hermeneutik das Wort geredet zu haben. Mit einem Dichter, der Roland aus bewegten Zeiten geläufig war, kam er ins Gespräch über die Tage der Sympathisanten. Später hatten sie über das Kürzel gescherzt, das zu einem Markenzeichen für den Poeten geworden war - „F.C.". Das eigne sich ideal für einen Fußballroman, hatte Roland ihm zugeprostet. Zu der Stunde hatte er das Kampftrinken mit der Tischrunde längst für sich entschieden. Anders' Stuhl war schon verwaist.
Was bei dem armen Koreaner wohl von der Nacht zurückgeblieben ist, die er mit dem abgefüllten Schnarchsack aus Osnabrück in der Zweibettkammer verbringen musste? Wie gut, dass Südostasiaten die Selbstbeherrschung geradezu genetisch eingepflanzt ist.
Anderntags hatte Roland sich sitzfest von einer Kaffeepause zur anderen gehangelt, ohne einzuschlafen. Die Spesenabrechnung zu kontrollieren, hatte es dann aber doch an Konzentration gefehlt.

Nach der zweiten Bad Godesberg-Reise, die mitten in die Abstiegssaison gefallen war, hatte Roland sich nur noch geärgert, dafür den Pokalfight gegen Mönchengladbach verpasst zu haben. Haralds Schwärmereien über den Ausnahmetag an der *Bremer Brücke* hatten ihn schnell zu der Überzeugung kommen lassen, dass Bad Godesberg ein Flop gewesen war.
Vier zu eins gegen Gladbach und Roland war nicht dabei. Danach hat es nur noch Rumpelfußball gegeben, blickt Roland zurück und überlegt kurz, ob er nicht den Hintereingang vom Parkplatz aus nutzen soll, bleibt aber mit seinen Gedanken zunächst in einer Warteposition zwischen den abgesellten Fahrrädern.
„Das Fremde in der Literatur – Literatur über Fremde" – Roland war von Anders in die Liste der Vortragenden lanciert worden und hätte sich freuen sollen. Doch kaum hatte er den IC in Osnabrück bestiegen, war der Ärger losgegangen.
Ihm war als besondere Vergünstigung ein Ticket der Ersten Klasse zugestanden worden, deshalb hatte er sich auf eine ruhige Fahrt im komfortablen Großraumabteil gefreut.
Sind Sie nicht der Doktorand von Herrn Anders? Die ihn unvermittelt aus einer Lektüre aufstöbernde Frage kam aus einem verbräunten Grandseigneurgesicht, das Roland flüchtig kannte: Professor Doktor Luchs aus Bremen, Vorstandsmitglied im Kolloquium und heimlicher Andersfeind.
Auch das noch, hatte Roland reflexgesteuert versucht, sich zur Fensterseite wegzuducken.

Ich sehe da einen Band der Bundeszentrale über neue Erzähltexte. Das ist ja interessant, haben Sie meinen kleinen Beitrag darin schon entdeckt? ... Natürlich nur eine Skizze, aber man hatte mich so inständig bedrängt ... . Sie wissen schon, auch Wissenschaft braucht Namen ... Und aus diesem weiten Feld dürfen wir Ihre Dissertation erwarten? Wann ist es soweit?

Meine Dissertation wird bald vergriffen sein, nehme ich an, hatte Roland den Selbstüberzeugten gebend seinen Standort markiert. Im Moment redigiere ich meinen Vortrag für morgen.

Ach, ja, .. nein, so was, soweit sind Sie schon? Ja, dann, Herr Kollege, und auf welcher Art Stelle sitzen Sie in Osnabrück, wenn ich so frei weg fragen darf?

Das ist eine vom Land Niedersachsen geförderte Stelle für den wissenschaftlichen Nachwuchs.

Also, da sind Sie wahrlich ein Glückspilz. So etwas bekommen bei uns nur noch Frauen, hatte Luchs auf Roland herabgestaunt.

Eine Vertreterin des Nachwuchses, den der Bremer Frauenfreund favorisierte, war in diesen Sekunden in seinem Rücken aufgetaucht und schleppte zwei aerodynamisch gearbeitete, mit Rollen ausgestattete Reisetaschen an.

Ich glaube, wir werden Ihnen Gesellschaft leisten. Sie haben sicher nichts dagegen? Ohne eine Reaktion abzuwarten, hatte Luchs die zwei gegenüberliegenden Sessel in Beschlag genommen.

Darf ich Ihnen Frau ... vorstellen, eines unserer begabtesten Pflänzchen am Fachbereich.

Roland konnte sich den Namen der Puppe nicht merken.

Die Einsilbigkeit ihrer Gesellschaft hatte keine weiteren Informationen über ihre Person preisgegeben. Nur soviel wurde klar: Sie war eine von den freiwilligen, hilfswissenschaftlichen Dienerinnen, die Odinarien sich leisten können - aber eine Auserwählte. Wer sie nur für eine Minute in Augenschein genommen hatte, wusste warum.

Mit Erscheinungen ihrer Art hatte der Feminismus der ersten Stunde ganz sicher nicht gerechnet. Bei Frau Henne hätte die jedenfalls keine Schnitte gemacht, fiel Roland als Erstes ein, als er die ihm schräg gegenüber sitzende, stille Schönheit, um strengste Einhaltung von Unaufdringlichkeit im Blick bemüht, taxiert hatte. Bei einer Modellagentur hätte der salopp weiterfabulierende Herr Professor kaum etwas Attraktiveres auftreiben können. Selbst in der mausgrauen, keinesfalls eng anliegenden Hose und dem in dezentem Zartrosa gehaltenen, locker fallenden Baumwollpulli ließ sich das perfekte Styling, das die Natur an ihr geübt hatte, nicht kaschieren. Vielleicht mochten ein paar Trainingsstunden im Fitnessstudio mitgeholfen haben, jedoch was änderte das schon am Eindruck?

Unter ungünstigen Umständen würde in einem raffiniert geschnittenen Top ein für Rolands Geschmack etwas zu flach abfallendes Dekolleté herausschauen, aber die feinen, eine distinguierte Sinnlichkeit ausstrahlenden Züge ihres Angesichts ließen ihn über das fehlende I-Tüpfelchen hinwegsehen.Ihr Teint wies keine störenden Bräunungsmale auf, reine Naturblässe unter streng nach hinten gezwungenem und mit einem engen Silberband zum Pferdeschwanz gebändigtem, goldblondem Schopf.

Gleichwohl verströmte die knapp Zwanzigjährige nicht die Aura eines goldigen Engelchens.

Das gezähmte Haar, die scharfkantigen Bügelfalten und die zur Hose passenden, hellgrauen Lackstiefelchen betonten den Business Look der hilfswissenschaftlichen Reisebegleitung. Und das war es nach Rolands Einschätzung, was sie zu der Unternehmung mit dem akademischen Altdandy veranlasst hatte. Sie war eine Geschäftsreisende in eigener Sache. Wenn andere Umstände es verlangt hätten, wäre sie

genauso mit einem Handelsreisenden für Software oder einem Investmentmanager unterwegs – Hauptsache, es versprach ein bequemes Weiterkommen.
Das Bild, das Roland in ihr sah, entsprach jenem Typus, der konsequent auf Erfolg aus war. Dazu hatte sie, völlig zeitkonform, ein Fach gewählt, das ihr zum Erreichen ihrer Ziele am geeignetsten erschien. Die Germanistik stand im Begriff, sich zu einem idealen Tummelplatz für solche Ambitionen zu entwickeln. Dieses Pflänzchen war nicht unbedingt auf eine Hochschulkarriere aus, sondern wollte auf möglichst effektive Tour ihr Magisterscheinchen oder ein kleines Staatsexamen abstauben. Das sollte ihr vorerst genügen, um später ein bisschen Taschengeld als Lehrerin oder Verlagsassistentin einzustecken. Die Haushaltsschatulle zu füllen, würde sie einem zukünftigen Gefährten von einer richtigen Fakultät überlassen. Roland war sich sicher, dass der unter den effektvoll dunkel getönten Lidern und Wimpern hervorströmende, obendrein mit einem fast unmerklichen Zug ins Vamphafte ausgezeichnete Blick keine Niete heranlotsen würde.
Aufgrund ihrer Attraktivität würden sich bestimmte Türen automatisch öffnen, wenn sie sich nur an die richtigen Männer hielt, überzeugten Feministinnen sollte sie tunlichst nicht in die Quere kommen. Roland ging davon aus, dass die konstant an ihm vorbeischauende Hochschülerin ihre Basic Skills aus dem Effeff beherrschte.
Während er das alles registrierte, hatte der in snobistisches Laissez-Faire gekleidete Achtundsechziger konvektionskluge Rede über dies und das geführt, die Roland im Durchzug den Gehörgang passieren ließ. Nur als der Name Morchelknoop gefallen war, hatte er die auditiven Filter aktiviert.
... wie mein lieber Freund Morchelknoop so treffend formuliert hat, dass ich es kaum wiedergeben kann. Also - jetzt einmal nur sinngemäß - wir würden uns mit Riesenschritten auf das Jahrhundert der Frauen zubewegen, und er fände es ungeheuer spannend, das miterleben zu dürfen ...
Roland meinte im Fensterbild der sprachlosen Attraktion ein huldvolles Lächeln erspäht zu haben.
Weder sie noch Roland hatten widersprochen, als der verwöhnte Fuchs die kleine Reisegesellschaft am Bonner Hauptbahnhof zur Weiterfahrt im Taxi nötigte, obwohl der Zug sie binnen fünf Minuten nach Bad Godesberg gebracht hätte.
So waren sie in dem Verkehrskollaps, der die Wagenschlangen an der Reuterbrücke regelmäßig zu dieser späten Nachmittagsstunde heimsuchte, verendet. Nach einer dreiviertelstündigen Stopp-and-Go-Tortur war selbst dem Marathonrhetoriker aus Bremen die Laune vergangen, seine Assistentin hielt mit einem maskenhaften Lächeln die Contenance, der Chauffeur kassierte, und Roland hatte sowieso nichts mehr zu melden gehabt.
Die lange Zeit im Zug hatte der Anfänger aus Osnabrück versäumt, dem namhaften Germanisten aus Bremen mit Lobesrede den Bauch zu pinseln. Das musste abgestraft werden.
Am nächsten Tag war es der schlaue Fuchs, der in seiner Funktion als oberster Zeremonienmeister Rolands Vortrag mitten in der Synthese abgewürgt hatte. Das Mittagessen gehe vor.
Nein, leider könne Rolands Manuskript nicht in den bei *Reclam* erscheinenden Aufsatzband über das Tagungsthema aufgenommen werden. Die Beiträge der ausländischen Gäste seien der Höflichkeit halber vorzuziehen, hatte Fuchs auf unterwürfigste Anfrage am Abreisetag kühl erwidert, während seine Hostess schon im Foyer mit den Taschen bereitstand. Für sie war die Tagung ein Achtungserfolg gewesen, ohne dass sie große Worte machen musste. Jeden Tag war sie in einer anderen Variante der Businessmode aufgelaufen und hatte Männerblicke unruhig werden lassen. Sie hatte sich nicht bemühen müssen um Professorengesellschaft bei

Tisch, sondern die titelschweren Herren waren es gewesen, die um die Plätze an ihrer Seite buhlten. Roland war sich sicher, dass wenige Besucher der Tagung so beachtet worden waren wie diese junge Dame.

Von einem Trotz besessen, wie er oft einer Depression vorangeht, hatte Roland nach seiner witzlosen Reise in die abgewählte Bundeshauptstadt eine letzte Bewerbungsoffensive mit neuem Foto und verlängerter Veröffentlichungsliste in Angriff genommen.

Mindestens fünfundneunzig Prozent der öffentlich ausgeschriebenen Stelle seien bereits vor der Ausschreibung vergeben, hatte Roland einmal von Ostmark geflüstert bekommen und schier nicht glauben wollen.

Das in den Anzeigen beschriebene Anforderungsprofil trifft genau auf die Person zu, die man vorher ausgekungelt hat, war Harald ebenfalls schon lange überzeugt. Stress bekommen die nur, wenn sich tatsächlich jemand bewirbt, der das alles auch vorwiesen kann, hatte er Roland die Augen geöffnet, dann dauert das ganze Prozedere eben zwei Wochen länger, bis eine Begründung für die Ablehnung formuliert ist. Oft spart man sich die Mühe einfach. Kannst du nichts gegen machen. Klagen? ... Und wie willst du den Schmu beweisen? Da machst du dich nur lächerlich. So eine Kommission hält zusammen wie Pech und Schwefel.

Wenn Roland auch vieles verborgen blieb, was den Fachbereich im Innersten zusammenhielt, sollte es ihm doch vergönnt sein, hautnah zu erleben, wie so ein abgekartetes Bewerbungsspiel ablief.

Es ergab sich zu der Zeit, als sein Dienst im *Alten Seminarhaus* ins finale Quartal ging, dass dort eine der begehrten offiziellen Habilitationsstellen vakant wurde. Wenn Roland nicht zufällig die auffällig kleinformatige hausinterne Ausschreibung am schwarzen Brett gegenüber dem Dekansbüro entdeckt hätte, wäre ihm die Geschichte glatt entgangen. Völlig arglos hatte sich Roland ermuntert gefühlt, seinen Handschuh in die Arena zu werfen, obwohl das anvisierte Profil genau auf Kollege Troller passte, dessen Fördervertrag bald auslaufen würde.

Einige Wochen nachdem er sein Bewerbungspäckchen bei der Sekretärin des Dekans abgegeben hatte, kam es zu einer Sondersitzung des Seminarrats, die Roland in Bildern von fotografischer Schärfe im Gedächtnis stecken geblieben ist.

Professor Gabriel, sonst ein äußerst besonnener Kollege, hatte die Sitzung in einer Ungeduld eröffnet, die Roland hellhörig werden ließ.

Ohne viel Federlesen kam frank und frei heraus, dass die Stelle dem Gabriel untergebenen Troller bereits in vertraulicher Absprache fest zugesagt worden war. Das hatte sich Gabriel als eine Bedingung dafür garantieren lassen, dass er dem Ruf in die südwestniedersächsische Hochschulprovinz überhaupt gefolgt war.

Ich denke, die Stelle kriegt der Troller, hatte sich der in Besetzungsangelegenheiten gut bewanderte Professor Groß über Gabriels schlechte Laune gewundert, das war doch abgemacht.

Daraufhin enthüllte Gabriel vor versammelter Wissenschaftlerrunde, inklusive dem zur Maus geschrumpften Roland, was sich Ungeheuerliches zugetragen hatte.

Ein luchswacher Nachwuchskollege hatte aus dem Hochschulgesetz herausgelesen, dass derartig hochkarätige Positionen öffentlich ausgeschrieben werden mussten und somit der Seminarrat die Form nicht gewahrt hatte.

Den Heckenschützen wird das im Prinzip wenig gestört haben. Der wusste wohl, wie der Hase bei der Stellenpirsch lief. Dem war es lediglich darum gegangen, den Deal, in den sogar die Frauenbeauftragte verstrickt war, platzen zu lassen. Er hatte nur Flagge gezeigt, um für den nächsten Coup die Kräfteverhältnisse abzugleichen.

... nun haben wir den Salat und sind in eine ziemlich ridicule Situation geraten, obwohl im Vorfeld versichert worden war, dass die Sache durchgeht, hatte Gabriel seine Feuerrede geschlossen, und der dicht an seine Seite gerückte, verladene Kandidat hatte beleidigt genickt.
Es war der mit allen Fachbereichswassern gewaschene Gruber, der mit seiner ruhiggestellten Fistelstimme die Wogen geglättet hatte und mit einer Lobrede auf die Reputation des Hausfavoriten die Anwesenden auf das unausweichliche Prozedere einstimmte. Man brauche auswärtige Konkurrenz nicht scheuen. Im Gegenteil, der hochbegabte Kollege Troller würde aus einem ausgeweiteten Verfahren als ein gestärkter Sieger hervorgehen, diesbezüglich könne man äußerst zuversichtlich sein.

Das Verfahren war dann wie am Schnürchen gelaufen.
Selbst Kandidatinnen, die von weit her angereist kamen, wurden ausgebremst. Weder die Nachwuchsfeministin in der Jury noch die Frauenbeauftragte rührten für ihr Geschlecht einen Finger. Der Sonderfonds für die Frauenförderung war satt gefüllt. Warum sollten sie sich also bei diesem Deal querstellen?
Auf einer der folgenden Sitzungen wurde die Kommission für ihre Gutachterarbeit einhellig gelobt. Am Ende hatten alle Troller die Hand geschüttelt und sich zufrieden in die Flure zerstreut.
Danach hatte Roland nur noch auf die Zahl im Kalender hingelebt, die alles beenden sollte. Das schwere Paket mit dem Antrag für eine Verlängerung der Förderung durch die *Deutsche Forschungsgemeinschaft* hatte er fristgemäß in der Poststelle bei Frau Lüdke aufgegeben. Nun brauchte er nur noch auf die ultimative Ablehnung warten.

Stillosigkeit hatte die *NOZ* dem VFL-Präsidium hinsichtlich der Verabschiedung des langjährigen Kapitäns vorgehalten, nicht einmal einen Blumenstrauß habe man für Wollitz übrig gehabt.
Was sollte Roland da sagen?
Als einzige hatte eine der Halbtagstippsen aus der Verwaltung auf das herannahende Ende seiner Dienstzeit reagiert: Er solle bitteschön daran denken, das Büro termingerecht zu räumen und sämtliche in seinen Händen befindliche Schlüssel vollzählig zu übergeben.
Punkt. Das war´s gewesen
Anders hatte sich wieder in seine Verstörung zurückgezogen, und allen anderen war es piepegal, was mit dem Menschen aus E127 geschehen würde.

Sude hatte sich bei seiner letzten Pressekonferenz wenigstens mit Piepenbrock einen verbalen Schlagabtausch gönnen können, bevor er dem Pädagogen das Feld überlassen musste, fällt Roland noch ein Schwank aus dem VFL-Theater ein, als er an der ersten Stufe zum Vordereingang seiner Dienststelle kurz nach Luft schnappt für den Anstieg. Die beiden sollen sich gegenseitig das Mikro aus der Hand gerissen haben.
Roland hatte das letzte Gespräch mit einem Fachbereichsoffiziellen gewaltfrei halten können. Es war während der feierlichen Verabschiedung von Frau Lüdke, dass ihm der gerade zum Dekan gekürte Gabriel bei einem Glas Weißherbst gesteckt hatte, wie es um den Antrag bestellt war.
Ganz schlechte Zeichen aus Bonn, mein lieber Herr Groll, hatte er mit einem Faltenzug auf der Stirn, der wohl ein Mitfühlen antäuschen sollte, die Sache kurz gemacht, leider abgelehnt, muss ich Ihnen aus sicherer Quelle mitteilen. Ich sage das nur vorab, damit Sie sich keine unnötigen Hoffnungen machen. Das spricht natürlich keineswegs gegen Ihre Qualifikationen oder gar gegen Ihre Person. Es ist, Sie wissen sicherlich, die Ostförderung ... hinzu kommt die besondere Situation in der Germanistik – äußerst

konsequente Frauenförderung, gerade in der Germanistik, tant pis! Da würde ich, und das auch nur mit sehr viel Fortune, vielleicht eine junge, hochqualifizierte Dame unterbringen können. Sie sehen ...
Roland hatte nur Schleier vor Augen.
... und was werden Sie jetzt machen? Äh, ... ich meine über Alternativen werden Sie schon nachgedacht haben.
Ich beantrage morgen eine Geschlechtsumwandlung auf Fachbereichskosten, hätte Roland ihm am liebsten ins Ohr geflüstert, aber diese Spitze hatte er sich natürlich verkniffen und versucht, den schwer verdaulichen Smalltalk mit einem humorigen Bonmot abzuwürgen.
Dann werde ich wohl oder übel in der Dritten Liga weiterspielen, hatte er, wie auswendig gelernt, zurückgegeben, und damit den in eloquenter Rede versierten Experten für Barocklyrik aus der Konversationspflicht entlassen.
Ostmarks spritzige Laudatio auf die künftige Rentnerin hatte die Aufmerksamkeit der in Feierlaune versammelten Belegschaft eingenommen.
Roland hatte sich in einen stillen Winkel neben der mit einem Brunchbufett bedeckten Tischreihe zurückgezogen und das anhebende Abschiedsgelage für die langgediente Bürooma wie einen Film vor sich ablaufen lassen.
Den guten Wünschen nach zu urteilen, die der gestrengen Hüterin über Heftklammern, Kopierpapier und Postverwaltung unter dem Zerfließen einiger Tränen nachgetragen wurden, stand sie in der Fachbereichshierarchie wolkenkratzerhoch über dem ebenfalls scheidenden Nachwuchswissenschaftler. Aus der jubiläenträchtigen Zeit ihres Verwaltungswirkens würden sich einige noch jahrelang Anekdoten zu erzählen wissen, über Roland würde man bereits zum Monatsende keine Silbe mehr verlieren.

In dieser Vorstellung gefangen, müht er sich die Treppen zur Eichentür hoch. Sonst ist er die Stufen in forschen Spreizschritten hochgefedert. Heute will das nicht gelingen, der Unikellerabend fordert seinen Tribut. Die Tür kommt ihm schwerer vor als gewöhnlich. Laut nachscheppernd fällt sie hinter ihm zu. Ein prüfender Blick auf die Uhr im Foyer: halb zwölf. Da hat er gute Chancen, unbemerkt in sein Büro zu schlüpfen.
Seit seinem Canossagang zum Arbeitsamt plagt ihn der Wahn, er könne mit einem für jedermann sichtbaren großen, roten L behaftet sein, so wie er es in England an den Autos der Verkehrsanfänger gesehen hat, nur dass sein L nicht für „Learner" steht, sondern für „Loser".
Jetzt noch eine Portion Ostmarkhäme auf dem Treppenabsatz könnte ihn endgültig therapiereif machen.
Schnell ein Blick in den Postkasten – nichts Gravierendes ... Sieh an, die zweite Bitte um den Schlüssel. Das Fach wird gebraucht! Ostmark ist wieder am Drängeln. Hat sich wahrscheinlich eine neue Klette an ihn drangehängt, um Teamfähigkeit zu beweisen. Um so länger soll er warten, sinnt Roland konfliktlüstern auf passiven Widerstand.
Auf der zweiten Treppe wird er doch noch abgefangen. Burghard trödelt ihm selbstzufrieden entgegen.
Grüß dich, Roland.
Bald kann er die Stimme seines Herrn perfekt imitieren, fällt Roland auf. Zähnemalmend stellt er sich der Zumutung.
Hallo.
Hat sich noch was ergeben?
Alles in der Schwebe.

Ach so, ich dachte nur, weil man hört, deine Sache sei abgelehnt.... Nicht, dass ich da jetzt etwas durcheinander bringe, aber ...
Da weißt du mehr als ich, kontert Roland trotzig.
Und Anders? Weiß der nicht weiter?
Ach, Anders ..., flüstert Roland mehr zu sich selbst als an Burghard gewandt.
Ja, so dumm kann das laufen, wenn man aufs falsche Pferd setzt. ... Du, sei mir nicht böse, ich muss ... Im Archiv warten sie auf mich. Schau doch bei Gelegenheit rein, bis später mal, tschüs.
Tschüs ... und gib Acht, dass sich dein alter Gaul nicht bald vergaloppiert, flüstert Roland dem davonpfeifenden Handlanger der Nachlasskonterbande Böses wünschend nach.
Mit ein paar Reservesprüngen sind die letzten Stufen überwunden, flink durch die Glastür und husch ins Büro am linken Flurende.
Uff, geschafft. Wieder ein Stück Heimat, das er aufgeben muss, zieht es ihm melancholisch durch den getrübten Sinn, während er einen kurzen Blick nach draußen wirft. Die Unzahl der Fahrräder unten deutet auf Hochfrequenz in den Seminarräumen. Drüben stolziert ein Anzugträger die Stufen zur *Industrie- und Handelskammer* hoch.
Im Abstellkabuff, das der mit zwei Schreibtischen und einem Metallklotz von einem Aktenschrank randvoll gestellten Arbeitszelle angegliedert ist, hat sich seit Rolands Einzug vor vierundzwanzig Monaten nichts verändert. Die zurückgelassenen Reste des ersten behelfsmäßigen Nachlassdokumentationszentrums richten sich staubbelagert aufs Vergessen ein. Die Notliege, auf der Ostmark halbe Nächte nach schweren Fachbereichsgelagen verschnarcht haben soll, lehnt unverändert zusammengeklappt an der Wand, und hinter dem hölzernern Karteischrank klemmt immer noch das zusammengerollte Leinentuch, auf dem in dicker roter Kinderschrift der hausinternen Pazifisten einzig jemals sichtbarer Kommentar zum Golfkrieg prangt: „WIR WOLLEN LEBEN!“
Roland war damals sprachlos und ihm fällt auch zwei Jahre, nachdem das beredte Tuch aus dem Fenster an der Ecke zum Alten Graben lappte, nichts dazu ein. Ihm ist jedenfalls nicht in Erinnerung, dass Saddam Hussein geplant hatte, eine Rakete in Richtung *Altes Seminarhaus* abzusenden.
Vielleicht sollte er es als Souvenir mitnehmen?
Er entscheidet, dass es besser in eine historisch-kritische Ausstellung über die neunziger Jahre passt, falls sich Nachfahren später noch dafür interessieren, was Osnabrücker Pazifisten so eingefallen ist. Also gehört das Tuch zu den Nachlässen, bestimmt er.
Der Umzugskarton, in den er seine paar Bürohabseligkeiten zusammenkramen wollte, liegt noch unten im Escort, fällt ihm als Nächstes ein.
Ein zweiter Blick auf die Zeit: zwanzig vor zwölf. Wenn er sich beeilt, kann er es noch vor dem großen Mittagsgewusel zum Parkplatz und wieder zurück schaffen..
Also, los ...
Schon greifen seine Ausfallschritte, die Glastür hinter sich lassend, zur Treppe hin ...
Hallo ...
Huch! Er fühlt sich wie ein Hund, den Frauchens zarte Hand am Ausbüchsen hindert,.
Äh, ja ...
Die hatte er total vergessen, oder verdrängt? Sylvia Wünschel, die verwirrendste weibliche Erscheinung am Fachbereich – für Roland, wobei er darauf wetten würde, dass es da noch mehr Männer gibt, die ...
Ich habe auf Sie gewartet, und bin dann wieder ....
Ja, ja ... natürlich, ich war zu spät, aber ... Zögerlich tritt sie ihm aus dem Flurschatten entgegen.

Die Haare, fällt ihm jetzt auf, die Haare sind ab, nicht ganz, ... steht ihr verflucht gut der neue Kurzschnitt. Die rötliche Tönung ist kaum mehr wahrnehmbar, dafür der rehschlanke Hals ... Soll wohl jünger wirken, tut es aber nicht, eher femininer, reifer, erwachsener ....

So dämlich wie in diesem Überraschungsmoment ist sich Roland lange nicht vorgekommen. Wie hatte er vergessen können, dass sie zu ihm wollte, oder hatte er wirklich gedacht, sie würde nicht mehr kommen?

Er hätte wissen müssen, dass sie auf eine beneidenswert unaufdringliche Art sehr hartnäckig sein konnte. Schon damals im Wintersemester, als sie verspätet in seine Sprechstunde gekommen war, um sich für ein Referat anzumelden. Sämtliche Themen waren bereits vergeben. Mit einem solchen Andrang hatte er nicht gerechnet.

Können Sie sich das erklären, hatte er beiläufig gefragt.

Aus ihrer Sicht lag die Antwort auf der Hand: Das ist das erste Mal seit anno weißnichtwann, dass hier einer so etwas Aktuelles wagt.

„Gewagt“ hatte sie gesagt und ihm damit ein Kompliment gemacht. Das hatte er erst realisiert, als sie schon draußen war und erreicht hatte, was sie wollte: ein Referat über „Kongreß“, eine Erzählung, die er wegen der hermetischen Art der Verschlüsselung zunächst aus dem Programm heraushalten wollte.

Ja, grundsätzlich schon, hatte er diplomatisch argumentieren wollen, jedoch habe ich mir bisher kaum Gedanken zu einer Akzentuierung gemacht, Sie verstehen, eine konkrete Fragestellung, im Sinne einer thematischen Reduzierung.

Das könnte doch Teil der Aufgabe sein, lassen Sie es mich versuchen. Besteht nicht ein Großteil von Forschung aus Versuchen?

Von diesem Einwand aufgeweckt, hatte er sie interessierter angeschaut. Wie in den Gemälden der Präraffaeliten kamen ihre feinen Züge ihm vor, umfasst von tizianrotem, vollem Haar, das ihr in Wellen bis über die Schulter fiel. Den nicht unwesentlichen Rest der Attraktion hielt sie verborgen unter einem braungetönten Mantelsack, wie ihn auch Rolands Vater hätte tragen können. Second hand, vermutete Roland, wie der aufpolierte lederne Instrumentenkoffer aus vortechnischer Medizinerzeit.

So, wie sie vor seinem Schreibtisch gesessen hatte, leicht nach vorne geneigt, als wolle sie ihren Vorschlägen durch die Suggestivkraft ihrer Nähe Nachdruck verleihen, hätte sie eine Kommilitonin aus Rolands Studienzeit sein können. Nur die auf den Haarglanz abgestimmte Lackierung der Fingernägel verriet ihr Gespür für das Styling von heute. Die vollen, in Ideallinie geschwungenen Lippen schienen dagegen unbemalt, lediglich mit einem Fettstift zum Schimmern gebracht - pures, zartestes Perlmutt.

Um die Sekundärliteratur werde ich mich gleich morgen kümmern, hatte sie sein Einverständnis schon vorausgesetzt, wenn noch Fragen sein sollten, melde ich mich. Ich danke Ihnen. Auf Wiedersehen.

Es stehen noch zwei Quellen im Seminarapparat in der UB, hatte er ihr mit auf den Weg geben wollen, aber seine Lippen konnten den Befehlen des Sprachzentrums nicht Folge leisten. In sekundenlanger Faszinationsstarre hatte sie ihn zurückgelassen, und hätte nicht vor ihm auf dem Schreibtisch die Notiz mit ihren biographischen Daten, Adresse und Telefonnummer gelegen, wäre die soeben verschwundene Erscheinung ihm vorgekommen wie eine der Phantasiegestalten, die in den Geschichten des Erzählers herumgeisterten, um den es in diesem Semester gehen sollte.

Während der Seminarstunden bekam Roland sie kaum zu Gesicht. Unauffällig hielt sie sich in den rückwärtigen Reihen, gehörte mitnichten zu der Handvoll von Engagierten, die das Gespräch trugen. Ihre Zurückhaltung hatte Roland darin bestärkt, die Bedeutung ihrer Anwesenheit von Termin zu Termin geringer einzuschätzen.

Anfang Dezember war sie an der Reihe. Die Zeit war ihr so knapp geworden, dass sie ihm erst am Tag zuvor ein Leseexemplar in der Kasten geworfen hatte. Somit blieben ihm anderntags gerade zehn Minuten, es zu überfliegen.
Und dann hatte sie ihnen allen eingeheizt, im Zusammenspiel mit der an diesem Vormittag ungewöhnlich intensiven Dezembersonne. Draußen Minusgrade und frostklarer Himmel, drinnen schlecht regulierbare Heizkörper und „ Die Verkettung von Liebe und Erotik in der Erzählung 'Kongreß' von Botho Strauß".
Andachtsstill war es im Plenum geworden, anders als bei den vorherigen Referaten. Roland konnte den jugendlichen Gesichtern die Spannung ablesen. Das wollte sich niemand entgehen lassen.
Die überhöhte Raumtemperatur und wohl auch die Anfangsnervosität hatten ihr eine Röte auf die Wangen getrieben, wie sie den hellhäutigen Typus befällt, der sich ungeschützt der Sonne aussetzt. Im Anflug eines Verlegenheitslächelns hatte sie innegehalten und sich den lästigen gewordenen, bordeauxroten Pullover mit dem strengen Zopfmuster über den Kopf gezogen. Wie sie sich dann präsentiert hatte, ließ Roland den Drang verspüren, seine Strickjacke abzulegen. Um der von innen aufsteigenden Hitze ein Ventil zu schaffen, hatte er sich am Hemdkragen nestelnd weiter zurückgelehnt.
Das unter dem Pullover verborgene brombeerfarbene, ärmellose Trikothemd war ihr bei der Streckbewegung aus dem Jeansbund gerutscht. Obwohl es nicht eng geschnitten war, hatten sich die respektablen Konturen der Körbchen darunter abgezeichnet. Der Teint ihrer bloßgelegten Arme war dunkler, als Roland sich vorgestellt hatte. Unter den Achseln lugte schweißbenetzter Flaum hervor - neue Nahrung für alltagsferne Phantasien.
Sie musste sich eine feucht glänzende Strähne von der Schläfe wischen, bevor es weitergegangen war.
Roland hatte bald nach einem Papiertaschentuch gesucht, für die Tröpfchen auf seiner Stirn.

Und da steht sie nun ein paar Schritte abseits von ihm, die helle Leinentasche mit Greenpeace-Emblem lässig über die Schulter. Aus dem offenen, nur knapp bis zur Taille reichenden, dunkelblauen Samtjäckchen strahlt ein orange gefärbtes T-Shirt mit Batikmuster hervor, und ihrem zum Trottel geschrumpften Dozenten fällt immer noch nichts Gescheites ein, jetzt, da sie schon vom Stimmengewirr der mittagshungrig von Treppen und Gängen zusammenströmenden Studenten umsurrt werden.
Kommen Sie doch mit zu mir hinein. Endlich stellt sich sein Reaktionsvermögen wieder ein.
Während Roland seiner Besucherin den Vortritt lässt, sinnt er darüber nach, wie er ihr beibringen soll, dass er für ihre Zwischenprüfung nicht zur Verfügung steht – stehen kann. Schon vor drei Wochen hatte sie ihn in einer hektischen Pausenminute auf der Treppe darauf angesprochen, und er hatte ihr gleich keine großen Hoffnungen gemacht. Trotzdem hatte sie auf einen Termin in der Sprechstunde gedrängt.
Wie, verdammt noch eins, sollte er ihr sagen, dass seine Tage am Fachbereich gezählt waren, und niemand, am wenigsten er selbst, hätte sagen können, wie es weitergehen soll?
Sie sehen vor sich eine gescheiterte Existenz. Also, wenn ich Ihnen einen guten Rat geben soll, dann machen Sie, dass Sie fortkommen, bevor der Fluch auf Sie überspringt, wäre die ehrlichste Auskunft gewesen - aber wie weit kommt man in der heutigen Zeit schon mit Ehrlichkeit?
Trug sie immer schon die rotgolden glänzenden Ohrringe, fragt sich Roland, als sie ihm in erwartungsvoller Anspannung gegenübersitzt.

Dann stückelt er sich eine Erklärung zurecht, die weder ihr noch ihm selbst gefällt, jedoch für die nötige Unklarheit sorgt, die sie schließlich resignieren lässt.
Ich verstehe. Das kam wie gehaucht und klang traurig.
Wie bitte? Ach so, ja. Leider nicht zu ändern. Äh, kann ich noch etwas für Sie tun? Ich meine ...
Dürfte ich kurz Ihr Telefon benutzen?
Ja, natürlich. Sie müssen die Zwei wählen und auf das Freizeichen warten.
Froh, ihr eine Gefälligkeit erweisen zu können, schiebt er den Apparat zu ihr hinüber und zieht sich stillschweigend ins Kabuff zurück.
Dort hat er nichts zu tun.
Im Vorraum kommt kein Gespräch zustande.
Schei ..., dringt es resignierend zu ihm hinein, ... entschuldigen Sie. Ich weiß nicht ...
War das ein Schluchzen?
Vorsichtig lugt Roland um die Ecke.
Ihr Kopf ist auf die Schreibtischkante gesunken. Der Hörer liegt daneben. Ihr bloßgelegter Nacken scheint zu beben. Kein Ton ist zu hören.
Äh ... Mist, hadert Roland verhalten mit der ihn lähmenden Geistesferne, wenn uns die Situationen passieren, in denen Filmkavaliere glänzen, steht unsereins noch unbeholfener da als jeder Leinwandtrottel.
Zu seiner Entlastung nimmt ihm seine Besucherin die Verantwortung ab und wieder Haltung an.
Sie müssen entschuldigen, aber heute ... ist ein schwarzer Tag.
Ja, ja, kann man haben. Roland ist froh, dass wieder gesprochen wird. Kenn´ ich, das Gefühl, keine Ursache... sehr schlimm?
Ach, ... der Hauch eines Seufzers strömt ihn an, ... zuerst ... aber stehle ich Ihnen nicht die Zeit?
Nein, nein, stolpert es Roland von den Lippen, meine Zeit ist abgelaufen, da kann schwerlich noch etwas gestohlen werden.
Sie haben den Humor nicht verloren. Das ist schön ... für Sie.
Also, zuerst?
Wie? Ach so, ja, zuerst springt der Wagen gestern Abend nicht an. Dann sagt meine Babysitterin, dass sie heute nur bis eins kann, und jetzt meldet sich weder bei mir noch bei meiner Mutter jemand, und ich weiß nicht, was mit dem Kleinen ist ... ich muss aber jemandem Bescheid sagen, weil ich den Mittagsbus nicht mehr erreiche und ... ach, Himmel ...
Ich kann Sie fahren.
Das war eher gesprochen, als überlegt. Roland glaubt selbst nicht, dass es seine Stimme war.
Was? Sie? Nein, nein, das wäre ... so habe ich das nicht ...
Ich auch nicht, bleibt Roland bei der Wahrheit, und nun sagen Sie mir, wohin ich Sie fahren soll. Viel Zeit bleibt ja nicht mehr.

Als sie nach fünf Minuten unten am Wagen sind, hat Roland sich eine klare Strategie zurecht überlegt, um die Sache, auf die er sich in schwächelnder Sekunde eingelassen hat, kurz und bündig zu erledigen: Okay, sie wird hingefahren in dieses komische Fürstenau, es wird auf nichts eingegangen, keine großartigen Gespräche mehr, absetzen und Lebewohl ... So wird´s gemacht! In knapp zwei Stunden ist alles vorbei. Wäre doch gelacht, wenn wir die Tante nicht wieder loswerden ...
Steht Ihnen gut, äh, die neue Frisur, rutscht es ihm ganz gegen seine Intention zwischen den Lippen durch, weil er für einen kurzen Moment den Eindruck hat, dass sie ihr Spiegelbild in der Seitenscheibe überprüft.

Danke, Sie sind der Erste, der das sagt, abgesehen von meiner Friseuse, aber die ...
... kann was, hört sich Roland erneut gegen seine eigene Direktive verstoßen, als er den Wagen vorsichtiger als sonst durch die sich automatisch öffnende Schranke lenkt.
Den Parkchip werd´ ich behalten, geht es ihm unlauter durch den Kopf, bei dem chaotischen Verteilersystem blickt eh keiner mehr durch.
... ist eine Freundin von mir, fährt seine Beifahrerin aufgeschlossen fort. Sie übt gerade für die Gesellenprüfung.
Am besten meldet sie sich gleich zur Meisterprüfung an, lobt Roland völlig planlos um sich und schiebt den Escort weiter in den Mittagsverkehr.
Ha, ha, ich werde es ihr ausrichten.
Roland beschießt, die Konversation zu drosseln, aber ihre nächste Frage stellt sich seinem Plan schon wieder in den Weg.
Wer sind die „Red Devils"?
Ähm, was? ... Ach so, ja, die ... lassen sich schlecht von der Scheibe kratzen. Ist lange her, *Manchester United*, ein Fußballclub in England, ist Ihnen sicher nicht geläufig, nehme ich an.
Aaah, und ich dachte Sie sind in irgendeinem Satanszirkel oder so etwas, ha, ha.
Dann müssten Sie ja wissen, wo die Fahrt hingeht, nimmt Roland die Unterstellung humorig.
Nein, wohin?
Na, in die Hölle ...
Mit dem Scherz möchte Roland es eigentlich bewenden lassen und drückt schweigend aufs Gas, denn auf der zweispurigen Hansastraße geht es zügig voran.
Sie sind einer, eine ahnungslose Studentin auf den Arm zu nehmen, hätt´ ich Ihnen nicht zugetraut.
Was hätte Sie mir denn zugetraut?
Ich weiß nicht, eher was Philosophisches oder so.
Wenn ich jetzt den Mund halte, ist vorerst Ruhe, spekuliert Roland darauf, das Geschehen im Griff zu halten.

Das stumme Nebeneinander steigerte Rolands Anspannung eher, als dass es beruhigend wirkte.
Als sie mit der linken Hand – wie hell und fein ihre Haut in der Sonne schimmerte –, deren Fingernägel diesmal unlackiert waren, in einer kurzen, fließenden Bewegung den Hebel der Lüftungsritzen unter dem Radiolautsprecher verstellte, ertappte sich der Fahrer bei dem heimlichen Wunsch, sie möge weiter herübergreifen und ihn, wenn auch nur für den Bruchteil einer vergänglichen Zeitspanne, berühren. Schnell verwarf er die anmaßende Phantasie.
Ihre Nähe strahlte unvermindert verstörend zu ihm hinüber, deshalb war es ihm ganz recht, als sie auf der Schnellstraße hinter Bramsche das Schweigen aufhob.
Sie wissen, wo es nach Fürstenau geht?
Ja, keine Sorge, ich weiß, wo es langgeht. Liegt auf der Strecke nach Meppen.
Meppen? Das ist ja noch ...
... schlimmer, nicht wahr, das wollten Sie sagen?
Nicht so direkt.
Meinetwegen, mein Herz habe ich dort nicht verloren, nur Punkte.
Wie?
Ach, nichts von Bedeutung. Ich bin da manchmal mit dem *VFL Osnabrück* hingefahren, als Fan, oder nein, nicht Fan ... das klingt so ... so radikal. Eher ... Begleiter, ja Begleiter ist ein gutes Wort.
Fußball ist ein Thema für Sie, stimmt´s?

Ja, aber leider ein trauriges.
Wieso?
Wir sind abgestiegen.
Oh, ... ist so etwas sehr schlimm?
Es schmerzt, ... aber natürlich gibt es Schlimmeres.
Für die Zeit, die er brauchte, um den Bus vor ihnen zu überholen, war das Gespräch erstarrt. Roland zog rasanter als gewöhnlich an dem schaukelnden Riesen vorbei. Wollte er ihr imponieren?
War das Ihrer?
Ich glaube schon.
Na also, jetzt haben Sie sich sozusagen selbst eingeholt ... Noch beunruhigt?
Ein bisschen.
Wird schon .. . Da fällt mit ein ..., wollte er eine Ablenkung einleiten, kennen Sie Uwe Jursch?
Wen? Nein, nie gehört. Wer ist das?
Fürstenaus bekanntester Fußballspieler. Er hat früher für den *VFL* gespielt und ist sogar Deutscher Pokalsieger geworden, aber nicht mit Osnabrück ... so weit würden die nie kommen.
Was Sie nicht sagen ...
Ich sehe schon, mit dem Thema Fußball hätte ich Sie schon früher langweilen sollen, dann wären Sie gar nicht erst auf die Idee gekommen, mich als Prüfer auszuwählen, oder hätten Sie jemals ein Seminar über „Ror Wolf" belegt?
Also, ... da hätte ich meine Schwierigkeiten.
Haha, geben Sie zu, dass Sie den nicht kennen, keinen Schimmer davon haben.
Gibt's den überhaupt, oder ist das wieder einer Ihrer Scherze?
Und ob es den gibt, und genau mit dem hätte ich weitergemacht.
Roland hatte Gefallen daran gefunden, sie ein wenig zu necken. Was war schon dabei? Er hatte sie abserviert, sie hatte es geschluckt, er tat ihr einen Gefallen, sie würde ihn als eine witzige Bekanntschaft in Erinnerung behalten, er hatte seinen Spaß, und morgen würde sein Elend ihn aufs Neue begrüßen. Nur jetzt und hier und heute fühlte er sich so unbeschwert, wie seit einer Ewigkeit nicht mehr. Jede Minute erschien ihm plötzlich so wichtig, dass alles andere dahinter verblasste.
... Wenn Sie damit angefangen hätten, wäre ich tatsächlich nicht bei Ihnen aufgetaucht, steigerte ihre beflissene Antwort nur sein Hochgefühl.
Sehen Sie, und Sie hätten nie erfahren, dass Uwe Jursch sich in das Goldene Buch Ihrer Stadt hat eintragen dürfen und sein Vater eine Tankstelle führt ...
Hören Sie auf! ... Ich glaube Ihnen aufs Wort, dass Sie mehr über Fürstenau wissen als ich.
... und, fühlt sich Roland ermuntert, weiter herumzualbern, der größte Lebensmittelmarkt in Fürstenau heißt *Coma*, und das ist so eine feste Assoziation bei mir: Fürstenau liegt im Koma.
Bitte nicht, ha, ha, ist wirklich ein ulkiger Name ... Ich hab´ ihn nicht erfunden, und außerdem komme ich nicht aus Fürstenau.
Das habe ich mir gedacht, aber warum, wenn ich mir die Frage erlauben darf, sind Sie dort?
Das eine längere Geschichte,

Zu lang, dass sie noch erzählt werden konnte, da der Escort bereits am *Coma* vorbeirauschte, und Roland die Geschwindigkeit auf Stadtnorm drosseln musste. Er verlor gerade die Ikonen des Friedhofs aus dem Seitenblick, als sie ihn anhielt, rechts abzubiegen.

Bahnhofstraße, ein roter Backsteinbau zur Linken, den Roland als eine Schule identifizierte, „Bundeskegelbahn mit Saal" – aha, da trifft sich die Fürstenauer Erlebnisgesellschaft -, eine Tankstelle, der man lange den Hahn zugedreht hatte, eine Zoohandlung in weiß getünchtem Fachwerk beheimatet...
Halt! Hier ist es .
Direkt neben der Post, idealer Standort für ein Fernstudium, fiel Roland spontan zu der Wohnlage ein.
Ohne ihm eine Chance zu lassen, schlüpfte sie aus dem Wagen und rief ihm im Davoneilen zu, sie müsse schnellstens nach oben, sehen, was mit dem Kleinen sei, man könne ja noch einen Kaffee zusammen trinken oder auch etwas anderes, was eben im Haus sei. Die Tür ließe sie für ihn offen.
Ich wohne ganz oben, immer nur den Stufen nach, nicht zu verfehlen, hörte er ihre heiser gewordene Stimme über die Rasenfläche vor dem Posthaus schweben, als sie schon fast in der altdeutsch verglasten Tür verschwunden war.
Da geht wohl die Mutter mit ihr durch, bemühte sich Roland um eine Erklärung für die Blitzaktion.
Langsamer als sonst stieg er aus dem Escort und bewegte sich verhaltenden Schrittes auf das zweistöckige Gebäude aus bleichrotem Backstein zu.
Sich einfach aus den Staub zu machen, war unmöglich, also fügte er sich ihrer Einladung.
Was wird schon groß sein, rief er seine verstörten Gefühle zur Ordnung, du trinkst einen Kaffee, lobst die Wohnung, wünscht viel Glück und weg bist du. Ist ´ne Sache von ´ner halbe Stunde, dann ist der Höflichkeit genüge getan.
In der versteckten Hoffnung, dass es nicht so laufen würde, bewegte er sich zielstrebiger auf den spaltbreit offen stehenden Eingang zu. Um sich abzulenken, nahm er das Nachbargebäude in näheren Augenschein.
Von der Postmoderne vergessen, fiel Roland dazu ein. Der gleiche gealterte Ziegel wie nebenan. Die ausgewaschene Steintreppe noch steiler. Der aufgesetzte Giebel aus Fachwerk und der Bruchsteinsockel deuten auf ein Baujahr weit vor dem letzten großen Krieg. Seitdem schien sich an der Fassade nicht viel verändert zu haben. Lediglich das gelbe Logo, die Telefonzelle rechts von der Treppe und der pfeilerförmige Briefkasten davor wiesen auf einen modernen Dienstleistungsbetrieb im Inneren der Gutshofarchitektur. Nachzuprüfen war das um diese Zeit nicht. Die massiv gezimmerte Tür war verschlossen, und das Dunkel hinter den verbrauchten Jalousien in den drei Bogenfenstern gemahnte den Besucherblick an die Mittagsruhe, die nicht nur die Post, sondern das ganze Stück der Bahnhofstraße, das Roland übersehen konnte, fest im Griff hatte. Lediglich ein paar Trödelkinder, die den Rückweg von der Schule für ihre Lausereien nutzten oder einfach keine Lust auf zu Hause hatten, alberten störend durch den Stillstand.

Das Haus, in das er jeden Moment eintreten würde, bestand aus zwei gleichen Hälften. Die vorspringende Veranda und die darüber installierten Balkone erinnerten daran, dass die rustikalen Mauern zu ihrer besten Zeit gut gestellte Bürger beherbergt hatten.
Das muss lange her sein, nahm Roland an, als er die von Algengrün befallene, unbepflanzte Blumenschale auf dem Treppenabsatz vor der Haustür erblickte. Wahrscheinlich ein Nachlassstück der letzten Mieter, die sich um einen schönen Fassadenschein bemüht hatten. Die Laterne mit der sich aufschwingenden Adlerfigur und das in die Bleiverglasung über der Tür eingearbeitete Wappenmotiv – zwei gekreuzte Schlüssel – ließen vermuten, dass der Bauherr sich der Pflege vorrepublikanischer Traditionen verbunden sah. Vielleicht stammte der ganze Bau sogar aus wilhelminischer Zeit?

Und heutzutage entstehen hier Referate über die Verkettung von Erotik und Liebe in schwer konsumierbarer Prosa, wunderte sich Roland über den eigensinnigen Lauf der Zeiten, während er, von durcheinanderschießenden Gefühlen hellwach gehalten, den Anstieg auf den routiniert knarrenden Stufenbrettern startete.
Eine hellbraune Stiltapete mit Blumenmuster zeigte dem Besucher, dass in diesem Haus für ästhetische Fragen die ältere Generation zuständig war. Auf dem Absatz im ersten Stock zog ihm ein kohliger Duft in die Nasenflügel.
Weiter oben war alles heller. Ein findiger Mieter musste sich erbarmt haben, mit einer einfachen, weißgetünchten Raufaser für Klarheit zu sorgen.
Als er vor ihrer Wohnungstür angekommen war, konnte er freier durchatmen. Die Luft war rein.

Drinnen wurde telefoniert, ihre Stimme klang entspannt.
Roland fühlte sich leicht.
Der enge Flur, in den er sich auf leisen Sohlen hineintastete, war ebenfalls hell gehalten. Ein Programm der *Lagerhalle* steckte an der rechten Wand, ein Mobile aus kleinen Papierelefanten baumelte an der Kaltlichtleiste unter der Decke, ein Spiegel blinkte am Ende, dort, wo nach jeder Seite eine Tür abging.
Auf halber Flurlänge konnte er zu seiner Linken in das erste Zimmer zur Bahnhofstraße hineinsehen, das Kinderzimmer: Figurentapete, Gitterbettchen, ein Schaffell lag davor. An der halb offen stehenden, weißen Tür fünf bunte Holzbuchstaben: F E L I X.
Damit hatte der Kleine einen Namen. Den Vater würde Roland nicht antreffen. Soweit konnte er sich die Verhältnisse zusammenreimen.
Er ging auf sein Spiegelbild zu, strich sich skeptisch durch die Haare und hielt plötzlich einen Friseurbesuch für dringend notwendig.
Links war offenbar ein Wohnzimmer, rechts ging es in die Küche.
Roland entschied sich für rechts.
Ja, ja, richtig, gehen Sie nur, ich komme sofort, dirigierte sie ihn aus dem anderen Raum, wo sie am Telefonieren war.
Der Spiegel musste ihr sein Eindringen übertragen haben. Er konnte sie von seiner Warte aus nicht sehen.
Auch die Wände der kleinen Küche waren in Weiß gehalten. Die notwendigen Möbel mit gelblichen Kieferfurnier mochten von *Ikea* sein. So bewandert war Roland in diesen Dingen nie gewesen. Sein Kenntnisstand in Einrichtungsfragen war auf den Zeitpunkt von Martinas Abschied eingefroren.
Unaufgefordert mochte er sich nicht setzen. Um die Nervosität zu dämpfen, spähte er über die Bistrogardinen in den sonnenklaren Juni hinaus.
Die rückwärtige Perspektive bot ein völlig anderes Bild. Ein dunkles Gewässer umschloss eine Insel, auf der ein topfkuchengelbes Schlossgebilde ruhte. Etwas vorgelagert eine mittelalterliche Wehranlage mit Schießscharten, ein Schwan glitt durch die Idylle. Passanten konnte er in dem mittäglichen Stillleben nicht ausmachen.

Gefällt Ihnen das schöne Fürstenau?
Da war sie wieder.
Roland hatte sie nicht kommen hören. Kein Wunder, die zum Altrosa ihrer Jeans passenden Sportschuhe aus Leinen hatte sie ausgezogen und lief nun in cremeweißen Socken umher. Das Batikshirt fiel ihr bis auf die Lenden. Wusste sie, dass alles Enge an ihr provozierend wirken musste? Knapp um einen Kopf kleiner als ihr Gast, trug sie sicherlich nur wenige Gramm zuviel mit sich herum. Trotzdem hätte Roland sie nicht

als schlank bezeichnet. Das wäre eine nur pauschal treffende Kennzeichnung gewesen, aber nicht zu ihr passend, hätte Roland argumentiert, wenn er gefragt worden wäre.
Ja, ja, ... das gefällt mir, antwortete er leise vor sich hin, ohne sich im Klaren darüber zu sein, worauf sich das bezog.
Ja ..., versuchte sie die sich einschleichende Verlegenheit zu verscheuchen, dann werde ich uns schnell einen Kaffee machen. Mögen Sie ihn auf italienische Art?
Ja, ja, warum nicht?
Fein ... Ich bin ja so froh, dass mit dem Kleinen alles in Ordnung ist.
Das freut mich.
Und wissen Sie, wo alle waren? ... Beim Arzt ...
Also, doch etwas Ernstes?
Nein, falscher Alarm. Wie das bei Kleinkindern so ist, viel Geschrei, noch mehr Aufregung, dann ein Bäuerchen, und plötzlich hat man wieder ein Strahlemännchen im Arm, ja, ja...
Während sie so selbstverständlich mit ihm über die kleinen Katastrophen des Alltags einer Alleinerziehenden sprach, setzte sie mit geschickten Handgriffen eine zwar kleine, aber professionell konstruierte Espressomaschine unter Dampf.
Roland fühlte sich wie zeitversetzt, Lichtjahre entfernt von dem Schinkelaner Singlechaos, das sich bei ihm nach Martinas Auszug ausgebreitet hatte.
Es musste Sinn da sein, dann blieb alles im richtigen Fluss, und der Sinn speiste sich in diesem Dachgeschoss nicht vorrangig aus einem Magisterstudium in Literaturwissenschaft.
Er begann die junge, vom Leben früh reif gemachte Frau um ihr Refugium zu beneiden. Langsam durchmaß sein Beobachterblick den Küchenraum, als suche er krampfhaft nach einem Aufhänger, der das anheimelnde Gefühl infrage stellen könnte, und fand eine stille Verbündete: die Katze auf der ihm bekannten Zeichnung an der Wand über der Anrichte, deren trotzig böser Blick nicht nur den vor ihr stehenden Teller meinte, sondern auf geheimnisvolle Weise alles strafte, was im Raum stand.
Roland musste lachen. Verspielt pustete er in das Mobile mit den Janosch-Figuren, das an dem blauen Glasschirm der über dem Tisch pendelnden Lampe befestigt war.
Und jetzt, fragte er fast flüsternd an die bockige Katze gewandt.
Und jetzt, antwortete sie sich ihm gegenüber an den Tisch setzend, trinken wir unseren italienischen Kaffee.

Wirklich schade, dass Sie mich nicht prüfen möchten, nahm sie das Gespräch wieder auf, nachdem beide für eine lange Minute an ihren Tassen genippt hatten, sie am Espresso, er am speziell für ihn gebrühten Cappuccino, mit extra Sahne aus der Sprühflasche.
Kann, korrigierte er behutsam, es geht darum, dass ich nicht weiß ... aber lassen wir das besser auf sich beruhen und denken gemeinsam über Alternativen nach ... Vielleicht könnte ich Sie an Frau Henne, die ...
Die? ... Im Nu krausten sich zwei Unmutsfalten auf ihrer Stirn. Ihre Tasse landete klirrend auf dem Untersatz ... Das meinen Sie nicht ernst, oder?
Wieso, wunderte er sich über ihre abrupte Reaktion, Literatur für Frauen ... Frauenliteratur. Äh, ich meine, Frauen und Literatur liegt doch sozusagen im Trend, und wenn Sie mit Ihren Fähigkeiten bei einer Frau ...
... Aber nicht bei dieser Frau. Wissen Sie überhaupt, was da abgeht?
Ich habe da ein Munkeln gehört, aber ...
Ein Munkeln? Das weiß doch mittlerweile selbst die dümmste Kuh aus dem ersten Semester, dass bei der nur welche landen, die ihr voll auf die feministische Tour in den Schoß hüpfen. Und dann geht es nur um ein Thema – Unterdrückung, und zwar die der

verkannten Dichterinnen und den Druck, den die liebe Tante Henne auf ihre Dienerinnen ausübt. Und selbst wenn ich es darauf anlegen würde, könnte ich bei der nichts bestellen, weil ...
... weil Sie zu attraktiv sind und stark auf Männer wirken, platzte Roland, wie von Fesseln befreit, dazwischen und hätte sich danach auf die Zunge beißen können.
... weil ich es gewagt habe, ein Kind zu bekommen und als Mutter auf Verantwortlichkeiten Rücksicht nehmen muss, die im sogenannten akademischen Feminismus nicht vorkommen und bei der ganzen Zankerei um die Karriere als Frau nur lästig sind.
Ah so, ja, da mögen Sie besser informiert sein als ich. ... Ich wollte nicht ...
Schon gut, ich finde es nett, was Sie eben gesagt haben.
Ja, Sie verstehen es nicht falsch, nicht wahr? Ich meine ... es war ... also vollkommen wertfrei, wenn man so sagen kann, äh ... ohne zielgerichtete Intention, nicht, dass der Eindruck ...
Warum sagst du nicht, wie du es meinst?
Mit zartem Nachdruck legt sie ihre Hand auf die seine, die wie gelähmt bleibt, wo sie ist.
Seine überrumpelten Augen wandern hoch und halten sich an ihren Lippen fest. Der Wunsch, davon berührt zu werden, steht ihm unkaschierbar ins Gesicht geschrieben. Leugnen zwecklos. Das noch im Raum stehende „Du" hat ihn hinterrücks so sanft erwischt, dass sein rationales Steuerungssystem zusammengebrochen ist.
Einem Reflex gehorchend startet er einen Versuch, sich über den Tisch zu beugen, um ihren Mund zu erreichen. Das kann natürlich nicht klappen.
Du bist mir einer, rettet sie ihn vor einem Absturz in die Blamage, vor über dreißig Leuten über erotische Metaphorik bei Botho Strauß dozieren, aber wenn es soweit ist, hockt der große Theoretiker da, wie ein Pfarrer im Beichtstuhl. Mein Gott ...
Geschmeidig gleitend hat sie sich um den Tisch geschlängelt, und schon landet sie auf seinen Knien.
Ihr Gesicht verschwimmt ihm vor den Augen, er spürt die ersehnte Federweiche der Lippen.
Seine Kussautomatik funktioniert noch.
Ein forderndes Drängen schiebt seinen Kopf nach hinten gegen die vorspringende Kante des Fensterbrettes. Ein drückender Schmerz bringt ihn dazu, nicht völlig abzudriften und endlich mitzuspielen.
Nach einer minutenwährenden Ewigkeit in hingestreckter Stuhlakrobatik erlöst sie ihn aus einer beginnenden Genickstarre, zieht ihn behutsam, aber bestimmt hoch und flüstert: Komm!
In dem sanften Imperativ ist das Folgende vorgegeben, und Roland ist sich klar - es wird das Äußerste sein.

An der hellblau gestrichenen Dachschräge, unter welcher der enzianblau bezogene Futon steht, auf den sie ihn bugsiert hat, prangen aufgeklebte Leuchtsterne. An der Wand darunter eine Reihe von Schwarzweißporträts einer Schönheitstänzerin in Federkostüm.
In verspannter Erwartung spürt er, wie sie ihm die Knöpfe seines Hemdes löst, schon streift sie ihm die Ärmel von den Armen.
Seine Ratio ist wieder auf dem Posten und stellt Barrieren in den von reiner Lust gesäumten Weg.
Äh, ...können wir denn ... ich meine ohne ...?
... Präservative?
Ja, zum Beispiel ...

Haha, zum Beispiel, du bist gut. Im Übermut des Amüsements bekommt er einen extra feuchten Kuss.
Also, ich für meinen Teil gehe zum Blutspenden, da ist klar, was Sache ist ... und außerdem nehm´ ich die Pille. Zufrieden, Herr Doktor?
Unbeirrt zupft sie an der Gürtelschnalle, während ihre Hände spielerisch über seinen bloßgelegten Bauch streichen.
Ja, ich ...
Ja, du ..., langsam schiebt sie sich dicht an ihn, suchende Finger tasten fühlbar über die dünne Baumwolle seines Sportslips, ... machst mir nicht den Eindruck, als ob ich mit dir mein Leben riskiere.
Die Plötzlichkeit der aufzuckenden Erektion unterbindet weitere Einwände.
Roland lässt den Kopf nach hinten sinken und sieht Sterne.
Wie von Geisterhand gezogen verschwindet seine helle Sommerhose aus atmungsaktiver Viskose am Fußende der festen Matratze. Wenn er ihrem Tempo folgen will, muss er sich etwas einfallen lassen.
Als er in seinem nachholenden Eifer unbeholfen am Verschluss ihres Büstenhalters herumfingert, fällt ihm ein, was Katrin damals über Typen gesagt hatte, die zu blöde für die Haken und Ösen seien. Jetzt gehört er also dazu – mit den Jahren aus der Übung gekommen, mangels Gelegenheit. Martina hatte sich das Naturstraffe ihrer Schmuckstücke bewahren wollen, und die einzige Frau, mit der es in der langen Zwischenzeit zu kurzen intimen Techtelmechteln gekommen war, trug verschlusslose Sportbustiers.
Komm, lass, flüstert sie mit einem unterlegten Kichern an sein Ohr. Im gleichen Zug hat sie sich über ihn geschwungen und thront auf seinem Bauch. Fest umschließen ihre kräftigen Schenkel seine Hüften. Mit einem herausfordernden Lächeln auf den Lippen zieht sie sich das Batikvlies über den Kopf ...
Wowww, hätte er beinahe laut gegen den künstlichen Sternenhimmel gestaunt.
Mist, lacht sie auf, ich bin fast am Ohrring hängen geblieben.
Roland hört kaum hin, merkt nur am Rande, dass sie am Ohr nestelt, während er urreflexartig seine Hände unter die sich auf und ab senkende Pracht stemmt. Gehalten wird der magische Zwillingshügel von einem weinroten, spitzenumkränzten Korbwerk, aus dem ein blickfangendes Dekolleté herausschaut.
Jetzt hat sie mit beiden Armen auf den Rücken gelangt und die Finger am Verschluss.
Pass auf, atmet sie ihn an, gleich liegt alles in deinen Händen ...
Roland schließt die Augen. Voluminös und doch von schwereloser Weichheit, so fühlen sich die kugeligen Früchte an. In äußerster Behutsamkeit wiegen sich seine Finger in einem bedächtigen Knetrhythmus. Er spürt, wie sie sich langsam zu ihm hinunterbeugt, um ihm die Knospen darzubieten ... Vor seinen wieder geöffneten Pupillen pendeln knusperbraune Vorhöfe.
Vorsichtig schließt sich sein Mund.
Ein schmusiges Gurren ermuntert ihn zu frecheren Spielchen.
Dann entzieht sie ihm die Spielbälle. Ihr leicht gerötetes Gesicht verabschiedet sich in Richtung Bauchnabel und bewegt sich weiter von seinen erstaunten Augen weg. Ihre Lippen formen sich zu einem Kussoval, als wolle sie ihm Lebewohl sagen. Er hat gar nicht mitbekommen, wie sie ihm in der Rückwärtsbewegung die Unterhose vollends bis zu den Fußgelenken heruntergezogen hat.
Mit einem schauerdurchzogenen Mal sieht er nur noch ihren neuen Stufenschnitt und stöhnt entgegen aller Lustlogik klagend auf. Von ihrer Attacke überrollt sinkt sein Oberkörper wieder zurück. Ihre Lippen haben seinen Schwanz saugfest umschlossen und massieren in nuanciertem Auf und Ab die nunmehr knallfest gespannte Haut, ihre Zunge spielt geschickt mit.

Das wird er nicht lange aushalten, weiß Roland, und damit kein vorschneller Schuss das ganze Spiel kippt, zieht er sie mit sanftem Nachdruck wieder in sein Blickfeld zurück.
Zieh mich aus, komm, zieh mich aus, faucht sie ihn fast flehentlich an.
In der verlangten Hast zerrt er ihr ein bisschen grob die Jeans von den Lenden. Der raffiniert geschnittene Slip landet, kaum eines Blickes gewürdigt, neben dem Bett, wo das zu ihm passende Oberteil bereits auskühlt.
Ihren drängenden Bewegungen merkt Roland an, dass sie die Initiative halten will. Gleich ist sie wieder über ihm. Er spürt die Hitze ihres Schoßes, die kuschelfeste Klammer ihrer Schenkel. Mit einem Ausdruck auf den Lippen – so ernst, wie an diesem Dezembertag, als sie ihn mit ihrem Referat bannte – flüstert sie:
Pass auf, du großer Meister der Theorie, jetzt zeig´ ich dir, wie´s in der Praxis zugeht ...
Auf Passgenauigkeit bedacht schiebt sie ihren Schoß vorsichtig auf seinen leicht überreizten Ständer. Mit einer Hand korrigiert sie die Richtung der Gleitbewegung. Roland meint ein von Schmerz verursachtes Zucken um ihren halboffenen Mund auszumachen.
Hast du dir weh getan?
Sie schüttelt nur leicht den Kopf.
Ihre Bewegungen werden kräftiger, kommen schneller. Ihr Atmen wird hechelnder, fest stützt sie sich mit beiden Händen auf seinen Schultern ab und legt den Kopf in den Nacken.
Unkontrollierte Laute lösen sich in immer höherer Tonlage von ihren Lippen.
Roland registriert zu seiner Beruhigung, dass sein Höhepunkt sich noch nicht angemeldet hat. Es fügt sich gut, dass er sich am gestrigen Abend die Leber durchgespült hat. Die Hormone sind verkatert und erlauben ihm, das Wunder am Montag ausgiebig zu genießen.
Um sie im Eifer der Lust zu unterstützen, löst er seine Hände von ihren Brüsten und packt sie an den Hüften. Sich in ihren Takt einfühlend drückt er sie auf sein Becken, gleichzeitig versucht er den Hintern anzuheben.
Ihr Atemstöße gehen in kurze Schnaufer über.
Der ihm jetzt noch voller erscheinende Busen wippt im Kopulationsschwung. Ihre Armmuskulatur vibriert.
Allzu lange wird er sich nicht mehr halten können, der treibende Kitzel kriecht unaufhaltsam auf die Spitze zu ...
Sie scheint zu merken, wie weit er ist..
Warte! Bitte warte auf mich .. ich .. ich ... k ... kooooooommeeeeeee ...!
Sie war schneller als er.
Als sie in schweißnasser Erschöpfung auspendelt, schießt es aus ihm heraus.
Huhhhh, schnurrt sie wohlig überrascht, du, du ... hast ... es aus-ge-hal-ten ... Und ich dachte, ... ich mach´ dich ... fertig.
Noch vollkommen aus dem Ventilationsrhythmus gebracht, sinkt sie mit Hitze im Gesicht auf seine Brust.
Fest schließen sich seine Arme um ihre nachzitternde Blöße.

Es war später Nachmittag, als er wieder die Augen öffnete. Er fand sich allein unter einer mit blauen Tupfen versehenen, weißen Sommerdecke.
Die Tür zum Flur war angelehnt, das Fenster zur Bahnhofstraße stand einen winzigen Spalt offen.
Träge blinzelte er in das Zimmer, das wie durch eine imaginäre Linie in zwei Hälften geteilt schien: eine Studierabteilung und eine Schlafstätte. Die gegenüberliegende

Wand war vollständig mit einem schwarzen Regalbausatz vollgestellt, in dem eine ansehnliche Anzahl von Büchern untergebracht war. Auf dem in das Ensemble integrierten Schreibtisch mit schwarz furnierter Platte und verchromten Stelzen stapelten sich Taschenbuchausgaben deutscher Gegenwartsprosa.
Zwischen den beiden Fenstern zur Straße ein Poster von Madonna aus frühen Virginzeiten. Der Luderblick war auf die Tür gerichtet.
Von dort vernahm er ein Knarren. Vorsichtig spähend schlüpfte sie ins Zimmer, nur das Batikhemd übergestreift. Es reichte kaum über das rotbraune Dreieck im Schritt.
Mit zwei Hüpfern war sie neben ihm, drängte sich leicht zitternd an seine vom Schlaf konservierte Wärme.
Na, du Weiberheld, ausgeschlafen?
Ich muss ..
Und wie du musstest ... ist doch in Ordnung. Kannst ruhig liegen bleiben, wir bekommen keinen Besuch mehr.
Wie?
Felix bleibt bei seiner Oma. Ich hab´ alles geregelt.
Weiß sie ... ?
Klar, ich habe ihr gerade am Telefon verraten, dass du in meiner Kiste liegst. So ist es doch, oder?
Hast du nicht!
Hab´ ich natürlich nicht, mein Gott ... ist es dir jetzt schon peinlich?
Äh, nein, so war ...
Am Ende kommst du mir auf die gleiche Tour wie Felix´ Erzeuger ... war toll mit dir, könnten wir glatt wiederholen, aber nun wird´s höchste Eisenbahn für die Karriere.
Nein, bitte ... Wer ist der Vater von Felix?
Kennst du nicht, ist nicht von hier, wohnt in Gießen ... ein Anästhesist. Wie du siehst, bleibe ich mir treu, unter einer Promotion mach ich´s nicht.
Respekt, aber Chloroform hat der nicht gebraucht, um dich ...
Ha, ha, nein, nein, das war nicht nötig, aber die Schwangerschaft hätte er dann schon gern eingeschläfert.
Oh.
Ach ja, wie das so ist, mit denen jungen Ärzten. Im Bett wollt´ er mich gerne behalten, aber ... sonst hat der wenig kapiert ... von mir ... Am Anfang fand ich ihn schon gut. Hat mich in der Uniklinik im Flur gesehen und ist mir gleich am Rock geklebt mit seinen Sprüchen. Da war ich noch so naiv und bin in so kurzen Fetzen herumgelaufen ...
Puhhh, das kann ich mir gut vorstellen.
Da wärst du auch sofort hinterher, was?
Naja ...
Gib´s zu .. .
Was wolltest du in der Uniklinik?
Neugierig bist du gar nicht, hm?
Entschuldige.
Ach, ist auch kein großes Geheimnis drum. Ich habe Versuchskaninchen für neue Arzneimittel gespielt, für Geld, versteht sich. Da hatte er mich schon einige Male beobachtet, habe ich später rausgekriegt ... War eigentlich eine ziemlich doofe Sache. Die lassen einen doch im Unklaren darüber, was man da so schluckt ...
Aber sonst kann ich mich nicht beklagen, er zahlt pünktlich und gut.
So einen Verhütungsunfall könnte ich mir, rein finanziell betrachtet, nicht leisten, seufzte Roland kleinlaut.

Wäre bei mir nicht so schlimm, schmunzelte sie ihn vielsagend an, das könntest du abarbeiten
Wie bitteschön hätten Sie´s gern´, scherzte Roland mit, als Nachhilfelehrer oder als Nachhilfelover?
Quatsch, klang sie um Nuancen ernster, als Geschäftsführer.
Als was?
Du hast ganz richtig gehört, Geschäftsführer.
Ist das ´n Witz?
Nein, kein Witz, sondern eine ernste Angelegenheit, die ich regeln muss. Ich, das heißt meine Mutter und ich, führen, seit mein Vater im letzten Jahr gestorben ist, so gut es geht eine Art Baumarkt, aber das wächst uns immer mehr über den Kopf. Jetzt ist auch noch ein Angestellter erkrankt, und deshalb brauchen wir dringend einen Geschäftsführer, der das alles richtig in die Hand nimmt.
Und da hast du an mich gedacht, mokierte sich Roland fast beleidigt, ganz ohne Scherz an mich?
Ja, mein Gott, das ist eine handfeste Sache, die ich managen muss ... Schau, das eine ist die Hochschule, und das andere ist das Leben. So banal kann das sein. Vielleicht habe ich es nicht so ernst gemeint, vielleicht habe ich aber für einen Moment wirklich geglaubt, das wäre gut für dich, wo du doch jetzt ... Ach, vergiss es, entschuldige ... Ich wollte dich nicht kränken.
Nein, nein, besann sich Roland auf die Harmonie des vergehenden Nachmittags, du hast nichts falsch gemacht. Es ist vielmehr so, glaube ich, dass ich in letzter Zeit nicht mehr unterscheiden kann, was gut und was schlecht ist ... Tut mir Leid.
What´s good is bad, what´s bad is good,
you´ll find out when you reach the top.
You´re on the bottom …,
rezitierte sie ihm wie eine Englischlehrerin um die Ohren.
Von wem ist das, musste Roland eine Wissenslücke einräumen.
Von einem, den Sie vielleicht kennen sollten, Herr Doktor. Vielleicht kriegst du es bis zu einem nächsten Mal heraus. Da hast du einen Grund wiederzukommen ...
Und nun ..., richtete sie sich unternehmungslustig auf, lade ich dich zum Essen ein. Du darfst wählen: italienisch, griechisch oder fürstenauerisch?

Als er am Morgen, noch warm von ihrem Schoß und vom Hochgefühl der kurzen Nacht getragen, den Escort dem Ortsausgang entgegenlenkte, passierte er rechter Hand eine in altweiß getauchte Hallenkonstruktion. Matt schimmerte die lange Fensterfront in der Frühsonne.
Der Bauprofi, las Roland im Vorbeifahren.
Er versuchte, sich selbst als einen solchen vorzustellen, und musste unwillkürlich lachen.
Was Harald wohl dazu sagen würde?

Verlängerung

Roland sitzt zu Hause am Monitor, gefangen im weltumspannenden Kommunikationsnetz. Noch bis vor wenigen Wochen hatte er sich seine Neugierde auf die Einzelheiten der Auswärtsspiele des *VFL* bis zum Montagmorgen aufgehoben. Feierlich hatte er dann die Sportseite der *NOZ* aufgeblättert, um den wichtigsten Bericht zu lesen.

Das neue Kommunikationsmittel hat den Montagen ihre Spannung genommen. Die Versuchung, am Spieltag nachmittags online vom Live-Ticker der Zeitung zu kiebitzen, ist zu groß. Schlagzeilen im Minutentakt: „VFL mit Konter - Gute Aktion von Weiland – Fankolonie ist sofort da - Unentschieden müsste zu schaffen sein", jedoch, wenn solche Adjektive wie "aufopferungsvoll" oder „tapfer“ in den adverbialen Wendungen erscheinen, ahnt er einmal mehr - es geht wieder den Bach runter...

Lieber wegklicken, woanders surfen, abschalten, verdrängen, Hoffnung keimen lassen bis zum Fernsehbericht aus dem Werbesender.

Stumm schaut er dann auf die ärgerliche Abfolge der Bilder. Die Bälle landen wie befürchtet im Netz der Osnabrücker. Die anschließenden Fragen der Reporter - reine Rhetorik. Er weiß Bescheid: Diese Truppe ist der Liga nicht gewachsen, der mittlerweile dritte Trainer in der kurzen Saison kann einem Leid tun.

Roland tut sich selbst auch Leid. Die morgendliche Zeitungslektüre gerät neuerdings immer häufiger zur Trauerarbeit. In den Nachschmerz mischt sich Melancholie.

Doch schon bald formieren sich die Gedanken im Hinblick auf das nächste Heimspiel kämpferisch. In der Niederlage das Positive entdecken: Dann wird's eben gemütlicher auf der Nordtribüne, nicht mehr so eng, kein Tritt auf die Füße, kein Rempeln, der Weg zur Würstchenbude frei, kein überhastetes Essen, keinen Senf an der Jacke, zum Herforderstand ein Katzensprung, in der Halbzeit könnte man sich, wenn es trocken bleibt, auf die Stufen setzen.

Jedoch, um ein Zeichen zu setzen, hat er seinen nächsten Gang zur *Bremer Brücke* an Bedingungen geknüpft. Ein Sieg müsse vorgelegt werden, ließ er Harald wissen, sonst solle er allein gehen. Aber waren derartige Vorbehalte nicht unfair? „You'll never walk alone“, heißt es in der Kulthymne, also, die Lage kann noch so hoffnungslos sein, es wird immer ein paar gleichgesinnte Bescheuerte geben, die mit dir mitlatschen. Und steckte in diesem Vers nicht auch die Aufforderung, einen Kumpel im Hagel der Niederlagen nicht im Stich zu lassen?

So ähnlich könnte er sich vor Sylvia rechtfertigen.

Aber das wird nicht notwendig sein. Sie weiß, wie banal sich die Sache verhält:

Du gehst ja doch wieder hin.

Dabei spricht so vieles dagegen, Aktuelles und Grundsätzliches. Wenn nämlich wieder die falsche, die mit den gegnerischen Fans besetzte Tribüne sich triumphierend meldet, wenn die Spieler der anderen Mannschaft sich im Jubel in die Arme schließen, wenn die VFLer sich betreten anschauen, die Parolen entgleisen und von der Ostkurve dieses auf den gegnerischen Torhüter gemünzte ARSCHLOCH, WICHSER, HURENSOHN - DEINE ELTERN SIND GESCHWISTER ... an die Ohren dringt.

Sollte sich nicht spätestens in solchen Momenten jeder, der auf ein gewisses Maß an Würde bedacht ist, ernsthaft fragen, was er bei dieser unkultivierten Veranstaltung zu suchen hat? Wie tief bin ich gesunken, dass ich diesem Rummel etwas abgewinnen kann? Was mache ich hier? Sollte ich diesen Ort nicht fliehen, mich aus der Masse lösen, zu Frau und Kind ? Einen Waldspaziergang vorschlagen, eine Kunstausstellung besuchen, einen lohnenden Film anschauen, ein gutes Buch lesen, eine humanitäre Initiative unterstützen, mich politisch engagieren?

Berechtigte Fragen und Einwände, die von Rolands Gewissen abprallen, wie ein unplatziert getretener Freistoß von einer gut gestellten Abwehrmauer.

Gerade in jenen Augenblicken, in denen der überdreht daherquatschende Stadionsprecher die für den *VFL* ungünstigen Spielstände wie beiläufig ins Mikrophon nuschelt, meldet sich dieser mit keiner Ratio zu fassende Trotz, dieses triebhafte Jetzterstrecht, setzt sich heimliche Verbrüderung mit den Rabauken aus der Fankurve durch, will

man erzwingen, dass sich das Spiel wendet, und koste es den Verlust der Stimme für den Rest des Abends.
Solches Verhalten mit einer familiären Prädisposition - wie sie bei Roland zweifellos vorliegt - zu erklären, reicht kaum hin. Warum steht Harald neben ihm, bourgeois erzogen und mit seinem Fußballfimmel in der Familie isoliert? Könnte man in Rolands Fall durchaus Proletariernähe in die Kausalkette einbeziehen, wurde der Freund hingegen konsequent bürgerlich abgeschirmt erzogen - allerdings, und das wiegt wiederum schwer, in verlockender Nähe zum Stadion. Er braucht seit Jahr und Tag nur gute zehn Minuten Fußweg bis zum Einlass und kann, falls ihn irgendein Ungemach vom rituellen Gang abhält, bei günstiger Windrichtung das Spielgeschehen akustisch mitverfolgen.
Doch was erklärt dieser Umstand schon? Nichts, wenn man dagegenhält, dass längst nicht alle Männer, die im Schallkreis eines Stadions aufwachsen, automatisch dem Fußball verfallen.
Lauert in solcher selbstzerfleischender Befragung nicht vielmehr die Gefahr, in kausale Irrgärten zu geraten, wo Weil und Warum selbstvergessen miteinander Verstecken spielen? Am Ende hält man sich selbst für einen abartigen Sonderling und Fußball für eine Ersatzhandlung verirrter Triebe. Zur Begründung derartiger Synthesen liegt genügend vulgärpsychologisches Beweismittel parat. Das wäre schnell erledigt.

Tatsächlich hat es eine Zeit gegeben, in der Roland das Fieber unterdrückt hatte und der *VFL* für ihn nur ein Thema in der Zeitung war - Nebensache, wie Bundesliga, Berti, Politik oder Germanistik.
Wie in einem falschen Leben war er sich nach seinem Rückzug an die Landkreisgrenze vorgekommen, weniger vom eigenen Willen als mehr vom Schicksal mitten zwischen die vielen ihm völlig fremden Dinge transferiert, deren Verkauf er künftig organisieren sollte.
... und zwar ohne in Wehmut zurückzuschauen, hatte Sylvia ihm ans Herz gelegt.
Seine in gewohntem dialektischen Schliff aufgetischten Vorbehalte im Detail hatte sie ins Leere laufen lassen.
Mein Gott, verkaufen muss man in erster Linie nicht können, sondern wollen!
Damit hatte ein neuer, zeitangepasster und vor allem praktikabler Imperativ den überholten Kantschen für Rolands Handeln abgelöst.
Auf einen angemessenen Ersatz für eine auf betriebswirtschaftlichem Know How basierende Unternehmensphilosophie war er gestoßen, als er zur reinen Zerstreuung in einem dadaistischen Manifest blätterte:
„Die Welt will betrogen sein, gewiss. Sie wird aber sogar ernstlich böse, wenn du es nicht tust."
Dass sich der gewagte Aphorismus aus den wilden Zwanzigern die ganze Frische seiner Geltung über die Jahrzehnte der deutschen Irrungen und Wirrungen hinweg bewahrt hatte, erschloss sich dem Jungunternehmer bei seinem ersten Schützenfesteinsatz, wo ihm ein sonst fischstummer Handelskollege unter der Wirkung der von allen Seiten heranbrandenden Freirunden in hochkochender Festzeltlaune enthüllte, wie man eine ´Gesellschaft mit beschränkter Haftung´ ohne Risiko in den Konkurs jubelt.
Wenn du die Schnauze davon voll hast, wegen der miesen Zahlungsmoral deiner Kunden dauernd das Wasser am Hals zu spüren, drehst du den Spieß einfach um. Sollen andere die Suppe auslöffeln. Also, GmbH gründen mit fünfzigtausend Mille als Einlage und dann nacheinander arglose Lieferanten um das Mehrfache leimen, wie viel eben geht.
Wie geht so etwas?

Ist nicht schwer, wenn du einigermaßen auf Draht bist. Zahlungstermine überziehen, fingierte Rechnungen ausstellen und den größten Batzen schwarz einsacken, fertig ist das ganze Werk. Du musst bloß wissen, was du willst, und darfst keinem etwas flüstern.
Vor Jahren hatte der quietschfidele Ratgeber kurzzeitig eine GmbH geführt. Wie die geplatzt war, blieb ein Spekulationsthema an den örtlichen Stammtischen, wusste wiederum Roland. Jetzt lief das Geschäft ganz konventionell auf den Namen der Gattin.

Roland verließ sich für den Anfang auf eine professionelle Steuerberatung, fand einen erfolgshungrigen Anwalt und hatte Glück, dass in seinem Bezirk ein unerschrockener Gerichtsvollzieher unterwegs war.
Den Bezug der *Quartalsschrift* hatte er gekündigt. Wichtiger war jetzt die monatliche Lektüre des von der *Industrie- und Handelskammer* herausgegebenen Schuldnerverzeichnisses.
Statt Nachlassgesellschaft Werbegemeinschaft, statt Universitätsgesellschaft Schützenverein, statt *Internationales Kolloquium für Literatur und Gesellschaft* Messe für Bodenbeläge und Heimtextilien, statt reflektierter Theorie zweckorientierte Praxis, statt akribischer Suche nach Deutung und Bedeutung Umsatz, Umsatz, Umsatz.
Als Sylvia sich recht versah, schien es schon zu spät um Rolands ehemals redliche Seele.
Hatte er sich dem Umsatzteufel verkauft?
Mein Gott, Roland, wie hast du dich verändert? Ich kenne dich kaum wieder, stand ihr das Befremden ins ausgereift schöne Gesicht geschrieben, als er ihr in kalten Buchhaltersätzen dargelegt hatte, wie er einen vorgeblich armen Schlucker, der seine Rechnung trotz zweiter Mahnung nicht begleichen wollte, auf ganz legalem Wege die Hölle heiß machen würde, um dann sofort über eine von ihm ersonnene Werbestrategie zu referieren, die gezielt auf eine lästige Konkurrenz gemünzt war.
Umsatz und Gewinn als Zweck des ökonomischen Handelns sei natürlich unabdingbar, aber der Sinn eines Lebens müsse sich immer noch aus anderem schöpfen lassen, wenn man nach Urgründen unserer Existenz fragt.
Der Appetit auf universellen Sinn war Roland, wie es schien, unrettbar vergangen, lediglich eine leise Sehnsucht nach dem ganz Anderen hatte in ihm überwintert.

Für eine kurze Trauerphase hatte er dem *VFL* genauso die Identifikation verweigert, wie er der vermaledeiten Hasestadt die kalte Schulter zeigte. Ein Gefrierpunkt in der gestörten Beziehung wurde erreicht, als eines frühen Abends einer dieser ausrangierten Linienbusse, deren letzte Lebenskilometer für Fantransporte gut genug sind, besetzt mit Ostkurvenvolk auf den Parkplatz vor dem Bauprofimarkt rollte, um einen Zwischenhalt auf dem Weg zum Auswärtsspiel in Herzlake einzulegen. Roland hatte sich so gefreut, die vertrauten lila Hemden wiederzusehen, und war an eines der Schaufenster geeilt, um das Bild auszukosten. Dann hatte er erleben müssen, dass seine Willkommensgestik nicht dekodiert werden konnte. Unter dem Absingen zotiger Lieder über die „Wiesenwichser“ aus dem Hasetal reihte sich eine Korona junger Glatzköpfe genau vor dieses Fenster und entleerte die vom Dosenbier aufgefüllten Blasen. Er sah noch ein paar fette Frösche aus den Hälsen hüpfen, zwei oder drei Rülpser wurden wie Brunftschreie über das weite Pflaster verblasen, und weg war die Gesellschaft. Minutenlang hatte Roland konsterniert auf die dunklen Lachen auf dem grauen Stein vor seinem Geschäftsbereich gestarrt.
Die Strafe folgte auf dem Platz im *Hasetalstadion*. Das bittere Fünfzuvier hatte er den Pissbengeln wahrlich gegönnt, dem *VFL* natürlich nicht.

Bald schon schaute er mit montäglich wachsender Sympathie auf die vergeblichen Versuche der lila Pechvögel, sich aus den Niederungen der Oberliga herauszuhangeln. Die Rückschläge, die hingenommen werden mussten, konnten einen wie Roland nicht kalt lassen: Das Rehabilitationsprojekt mit dem neuen Trainer an der Flasche gescheitert, der mit reichlich Vorschusslorbeeren eingekaufte Torjäger mit Kreuzbandriss für Monate im Krankenstand – da wollte plötzlich der Präsident nicht mehr, hatte endgültig genug, nachdem es nach dem dritten Anlauf wieder nichts geworden war mit dem Aufstieg.
Im Fußball habe er einfach kein Glück, reichte er zur Begründung nach.
Roland haderte nicht damit, dass der vom glücklosen Lauf der Fußballdinge entnervte Tycoon die Brocken hinschmiss. Aber warum musste er seinen Abschied damit versalzen, dem Stadion unbedingt seinen von Fortuna nicht gesalbten Namen anzuhängen? Den Widerwillen, mit dem dieses hybride Ansinnen im Rat der Stadt quittiert wurde, konnte Roland gut nachvollziehen.
Erst prophezeit er seinem Lieblingsspielzeug aus Überdrüssigkeit heraus ewige Drittklassigkeit und dann erwartet der noch, dass alle vor seinem Namenszug in Ehrfurcht versinken, hatte sich Roland in einem Telefonat mit Harald zum ersten Mal seit langem wieder ordentlich über eine VFL-Angelegenheit aufgeregt.
Harald vertröstete ihn mit dem Hinweis auf den Langmut der Historie:
In Leverkusen hat man sich schließlich auch von Ulrich Haberland verabschiedet, und schau nur, was mit den Götzen in den zerfallen Ostreichen geschehen ist.
Irgendwann heißt die Bude wieder *Stadion an der Bremer Brücke* – ohne von und zu .
Die Frage ist nur, ob wir das noch erleben werden.

In Roland hatte sich zunächst wenig Lust geregt, dem von der Piepenbrock-Hypothek belasteten Oberligakick persönlich beizuwohnen.
Mit Wehmut im Herzen hatte er beim Einzug in den neuen Bungalow einen angemessenen Wandplatz für das vergrößerte Schwarzweißfoto ausgesucht, das ihm Harald vor Jahren mit einem lilaweiß umrandeten Glasrahmen versehen geschenkt hatte. Das Kultfoto der VFL-Gemeinde schlechthin, der größte Triumph in einem Bild von allegorischer Magie gebannt:
Der sagenumwobene Trainer Radoslav Momirski mit Schirmkäppi bedeckt, die Hände gefaltet, in stummer Beschwörung versunken. Im Hintergrund die spärlich besetzte Stehkurve des Münchener *Olympiastadions*. Den oberen Bildrand dominiert das Dunkel der riesigen elektronischen Anzeige. Darauf, in weißer Leuchtschrift, alles überstrahlend:

FC BAYERN - OSNABRÜCK
4 : 5

Das war drei Jahre vor Rolands Osnabrücker Zeit. Wie kein anderes Ereignis in der Geschichte des Vereins steht es für die Hoffnung, die jeder wahrhafte VFLer in sich trägt, wenn er zur *Bremer Brücke* geht.
Sylvia hatte ihn beobachtet, wie er seinen Suchblick über die aprikotfarbene Tapete tasten ließ, um einen Punkt zu fixieren, wo er den Stahlstift einschlagen wollte.
Ist schon eigenartig, wie du dich mit dem Verein aus dieser komischen Stadt herumquälst, wunderte sie sich wieder einmal über Rolands Faible für die Farbe Lila. Berti findest du schrecklich, und Bundesliga im Fernsehen schaust du immer weniger, aber über diesen Verein kann für dich nicht genug in der Zeitung stehen. Jedes Wort frisst du förmlich auf, irgendwie schon fast pervers.
Pervers ist jemand, der Harald und mich bei einer lebensentscheidenden Live-Übertragung stört.

Mein Gott, ... ja, schon gut ... Ich meine ja nur, wenn du zum Beispiel in München wohnen würdest, hättest du mehr Spaß daran. Die sollen da gut sein und meistens gewinnen, hört man so.
Ja, ja, wenn sie nicht gerade gegen den *VFL* spielen ... Komm, lass. Hilf mir lieber, einen Platz für das Bild zu finden ...

Roland versucht in der Regel, solche Gespräche zu vermeiden. Er wittert das Missverstehen.
Zwischen der naiven und seiner Fußballsicht klaffen Lücken kosmischen Ausmaßes.
Wie soll er einer vorbildlich positiv denkenden Seele wie Sylvia erklären, dass er nie zum *FC Bayern* gehen würde. Die sind zwar notwendig als Gegner für geschichtsträchtige Pokalschlachten, aber trotzdem kämen für einen wie ihn in München nur die *Sechziger* infrage.
Die Gefahr, in akute Existenznot zu geraten, muss im Spektrum der Möglichkeiten eines Vereins unabdingbar vorhanden sein. Nur wer den Kelch schlimmster Niederlagen ausgekostet hat, kann die volle Tragweite eines aufstiegsverheißenden Sieges erfahren. Deshalb würde Roland wieder zum *VFL* gehen. Ohne Leid kein Freud - die Leidensfähigkeit ist es, die Rolands Obsession im Kern trägt, eine Endlosreihe vorprogrammierter Siege würde ihn in tiefe Depression stürzen.

Der Fußball, der via Kabel auf dem Bildschirm gezaubert wurde, war immer öfter geeignet, einem die Laune zu verderben. Roland hatte es gereicht, wie es sich kein Geringerer als Udo Lattek zähneknirschend gefallen ließ, von einer Comicfigur, die sich als Günnar vorstellte, interviewt zu werden. Um dem Störfeuer der im Zehnminutentakt geschalteten Werbeblöcke zu entgehen, hatte Roland es zeitweise damit versucht, die Spielfilmchen aufzuzeichnen und zeitversetzt unter Ausblendung der Konsumanimation zu genießen. Wie oft hatte er das Band gar nicht abgespielt? Die Lust an einer Aufbereitung, die sich, wie bald alles Multimediale, auf das Unterbewusstsein fünfzehnjähriger Milky- Way-Mutanten eingeschossen hatte, war ihm von Spieltag zu Spieltag fast gänzlich abhanden gekommen.
Was sind das für Moderatoren und Kommentatoren, denen jedes Groupie eines Ersatzbänklers mehr Aufmerksamkeit wert ist als das Spiel, über das sie berichten? Die einzig echte Frage, die sie stellen könnten, wäre die nach der Handynummer des Mittelstürmers. Alles andere ist vorproduzierte Schmalspurrhetorik, die je nach dem abgerufen wird, was in die Direktive des Abends passt. So jonglieren sie ihre Nonsensstatistik und hanebüchenen Superlative parallel zum Werbeprogramm wie ein Mc-Donalds-Diener die überfälligen Burger durchs Schnellrestaurant und produzieren das, wonach das Publikum vermeintlich verlangt: Fastfood.
Das wahre Erleben wartet woanders.

Rolands Come Back auf die Nordtribüne hatte mit einem Abstecher nach Meppen begonnen.
Es war in dem Jahr, in dem der *VFL* so hartnäckig um die Spitze der Oberliga focht, dass es ihn nicht länger in der heimischen Idylle halten konnte, als im Oktober das Auswärtsderby gegen den aus Zweitligahöhe abgestürzten Landkreisnachbarn anstand. Der *Norddeutsche Rundfunk* hatte die Begegnung prompt als absolutes Spitzenspiel hochgejubelt und eine Übertragung im Dritten Programm angesetzt.
Was? Dein Verein kommt im Fernsehen, hatte sich Sylvia höchst überrascht gezeigt und nach kurzem Überlegen den Vorschlag unterbreitet, dass dieser mediengewürdigte Anlass eine gute Gelegenheit biete, dem Filius das Fußballgeschehen nahe zu bringen.

Roland hatte mit Skepsis reagiert, obwohl auch ihm nicht entgangen war, dass der mächtig aufgeschossene Felix in den schulinternen Pausenrangeleien mit den Zweitklässlern ab und an etwas über Fußball aufgeschnappt hatte, aber so richtig verrückt danach schien er nicht zu sein.
Trotzdem gab es kein Wenn und Aber. Was im Fernsehen kam, musste gut sein für den Jungen.
Also nahm Roland, ganz den Ersatzvater gebend, den Jungen mit, versuchte ihm auf der Fahrt das Besondere des Abends einzureden, während sich ein suppiger Dunst auf die feuchten Wiesenniederungen packte.
Der Lichterwiderschein im Nebeltreiben rund um das kleine schmucke *Emslandstadion* - irgendwer musste den Meppener Traditionalisten verraten haben, dass Hindenburgs Zeit unrettbar abgelaufen war – die blinkenden Fahrzeuge der um Verkehrsregelung bemühten Polizei und die Gesänge der von den matschtriefenden Parkplätzen herbeiströmenden Fangruppen hatten Felix´ Vorfreude geweckt und seine Phantasie angeregt. Plötzlich musste auf die Schnelle eine Fahne her.
Da vor dem Haupteingang zur alten Westtribüne nichts anderes zu bekommen war, rüstete Roland seinen Schützling unter leichten Gewissensbissen mit blauweißen Meppener Insignien aus, eine handtuchschmale Fahne und ein Käppi aus Synthetikfaser.
Ohne Hast und Drängelei gelangten sie zu ihren Bankplätzen im mittigen Block N. Etliche Sitze in ihrer Reihe wurden nicht in Anspruch genommen. Wie Harald hatten viele den Weg in den nebelumhangenen Herbstabend gescheut und es vorgezogen, die Partie am Bildschirm zu verfolgen. Der Kommentator von der öffentlich-rechtlichen Anstalt wurde dafür bezahlt, ihnen die Stadionatmosphäre in die Stuben zu reden.
Hatten ihre Hütte enorm aufgeputzt, die Blauweißen, zwar nicht so kompakt wie die *Bremer Brücke*, aber die zu imponierender Höhe aufragende überdachte Sitzplatztribüne auf der Gegenseite war in der Region einmalig. Bauernschlau hatte man die mit den heimischen Fans besetzte Südkurve begradigt und dicht an die Torauslinie gerückt, damit jeder Gegner die Landteufel im Nacken spüren sollte. Darüber strahlte ein Objekt, das man in Osnabrück noch vermisste: eine niedliche elektronische Anzeigetafel.
Den Gästeblock auf der Nordseite, wo Roland einmal so kläglich eingegangen war, hatte man in seiner weit geschwungenen Kurvenform belassen, so dass die Unterstützung für die Gäste den eigenen Leuten nie zu nahe rücken konnte.
Dort hatten an diesem nachtdunklen Abend die „Violet Dragons" ihre Bastion errichtet und zogen nach italienischem Vorbild einen Pyrozauber ab. In Pink getauchte Nebelschleier zogen über das von den vier Strahlermasten zum Leuchten gebrachte Grün. Zum Anpfiff war das Tor in der nördlichen Kurve in eine rotstichige Wolke gehüllt. Der Osnabrücker Torsteher musste sich beide Handschuhe vors Gesicht pressen, um bei Atem zu bleiben.
Das war ein Spektakel, wie für Felix bestellt. Übereifrig wedelte er mit der falschen Fahne. Solange der Sängerkrieg zwischen den sich gegenüberstehenden Fanblöcken noch auf hoher Frequenz tobte, war der Junge mit kindlicher Begeisterung bei der für ihn neuen Sache.
Nach zehn Minuten kam jedoch die Frage, die den ganzen Abend dominieren sollte:
Wie lange dauert das noch?
Von der Sekunde an hatte Roland seine Not, das erlahmende Interesse seines ermüdenden Begleiters bei der Stange zu halten. Einige Minuten konnte er damit überbrücken, die Aufmerksamkeit auf den nur wenige Bankreihen über ihnen frierenden Kommentator zu lenken, wie der seine Stimme hob und senkte, um den Spannungspegel an seine Zuhörer zu vermitteln. Danach setzte Roland die Aussicht

auf eine leckere Pausenüberraschung als Joker ein. Claaßens kapitaler Netzrüttler zur Osnabrücker Führung riss in Rolands Reihe nur ihn allein von der Bank. Damit hatte er sich verraten.
Den Kleinen hast der nur zur Tarnung mit, wurde gemutmaßt.
Felix ergötzte sich derweil an den Leuchtgeschossen, die dem Torschuss aus der Nordkurve nachgeschickt wurden.
Die Pause brachte die angekündigten Highlights: eine für Kindermägen zu kalte *Fanta* und ein zu Maoamkonsistenz verklebter Marsriegel. Hmm!
Zehn Minuten nach Wiederbeginn war die Luft bei Felix endgültig raus.
Nörgelnd und vom Überdruss geplagt zog er den störrischen, stetig zurückblickenden Vaterfreund von der Tribüne. Roland durfte die Fahne tragen.
Wie das Zweizunull zustande gekommen war, konnte er am nächsten Morgen in der *NOZ* nachlesen.
Sylvia hatte aus dem Experiment gelernt, dass ihre Familie in fußballerischer Sicht wohl anders disponiert sei.

So war es angefangen mit den gehetzten Fahrten zur *Bremer Brücke*, freitags nach Geschäftsschluss, meistens im Zeitverzug.
Harald hatte sich gefreut, dass sie wieder das bewährte Duo bilden konnten.
Roland musste dem professionellen Flair, das die Brücke schmückte, höchstes Lob zollen.
Für die Unterhaltung vor dem Spiel und zur Pause war einer dieser notorisch selbstüberzeugten Vielredner vom privaten Sektor verantwortlich. In ihrem Bedürfnis nach Kirmesatmosphäre standen die Osnabrücker Regionalligisten den Vorbildern aus der Bundesliga in nichts nach.
Tonangebend war mehr denn je das „Violet Empire" auf der Osttribüne, ein dichtgestellter lila Wald aus Fahnen, Transparenten und Schals.
Welch ein brausendes Hallo, wenn die Spieler aus dem Kabinengang von der Westseite aufliefen. Jeder Name wurde frenetisch skandiert. Ein Mittelstürmer, der wirklich traf, war hier ein „Fußballgott", und weil es sich so schön reimte, wurde aus Weiland logischerweise ein „Fußballheiland". Eine Kausalverknüpfung, wie sie nur Fußballfiebrigen einfallen kann, hatte dem schmächtigen Sechser mit dem schütteren Haar den Kosenamen „Sexmachine" eingebracht.
Roland meldete Erklärungsbedarf an.
Harald half aus: Das kommt ursprünglich vom *HSV*. Da spielt doch der Fischer, und weil der ´ne Glatze hat und vier Kinder, nennt man ihn dort „Sexmachine".
Aha?
Na ja und weil Schütte dem ähnlich sieht, hat der jetzt hier seinen Namen weg.
Ein echter fanlogischer Klimmzug, staunte Roland.
So kann man´s auch sehen ...

Der neue Großsponsor hatte zu Rolands Gaumenfreude auf der Nordseite eine gehobene Imbisskultur eingeführt. Die Zeiten der ärmlichen Grundversorgung waren ausgestanden.
Stattdessen gab es mehrere solide montierte Cateringstationen, an den man sich nicht nur mit Getränken alkoholischer und unbedenklicher Art, sondern auch mit leckeren Rostbratwürsten und Pommes eindecken konnte.
Mit dem reibungslosen Biernachschub war auch das Zaunpinkeln wieder in Mode gekommen. Ob solo oder in Strullergrüppchen wurde die sturmfest verankerte, mit verzinktem Natodraht verzierte Metallbarriere hinter den Nordterrassen zu den Pausen

als Pissoir genutzt. Darüber hinwegschauende junge Damen übten sich derweil in Selbstdisziplin und blieben standhaft auf den Plätzen.
Um die Lust auf Pausenpils anzufachen, hatte die spendable Brauerei zur Halbzeit eine Belustigung für Männer von echtem Schrot und Korn auf Lager: das Bierfassrennen.
Dazu traten zwei Freiwillige aus den Fanblöcken von der Mittelinie aus zum Wettlauf an. Jeder hatte ein Dreißigliterfass zu schultern, damit zur Torauslinie zu laufen, ein extra für ihn bereitgehaltenes kühles *Herforder* zu trinken, um dann schnurstracks zur Mitte zurückzueilen, wo der Stadionschreier auf den Sieger wartete.
Holterdipolter geht es los, bautz, da liegt schon einer auf dem glitschigen Rasen, kann sich kaum hochrappeln, dem anderen fällt das Fass herunter, bekommt es nur mühsam wieder hoch, jetzt das Glas, möglichst in einem Zug, und wieder zurück, peng, da liegt wieder einer, die Last rollt ihm vorweg, die Osttribüne jauchzt in hämischer Freude, der Läufer aus dem Gästeblock gewinnt, stemmt das ovale Gewicht in Championpose, ein Urschrei verklingt vor der Haupttribüne, Gratulation zum Gewinn.
Was machst du mit dem Inhalt, wird routinemäßig abgefragt.
Sauf ich mit meinen Kumpels nach ´em Spiel!
Na dann Prost!
Einen Extralacher hatte es gegeben, als der aufgeputschte Quatschkopf vom Werbefunk das Abfülldatum mit dem Verfallstag verwechselte.
Der Sponsor fand das überhaupt nicht witzig. Vor dem nächsten Rennen musste der Fehler korrigiert werden. Merke: Herforder Fässer erreichen nie ihr Verfallsdatum!

Mit Roland, so hätte man meinen können, kam der Erfolg an die *Bremer Brücke*. Die Regionalliga Nord kannte fortan nur einen Spitzenreiter: den *VFL Osnabrück*.
Der wiederbelebte Sympathisant aus Fürstenau fühlte sich aufgefordert, zu helfen, wo es nur eben ging. Der haarscharf verpasste Aufstieg war nur mehr Ansporn für den nächsten Anlauf. Diesmal würde es klappen, jetzt erst recht!
Sylvia konnte nur um Verständnis ringend registrieren, wie der ins Unternehmerlager gewechselte Intellektuelle so manchen Nachmittag und Abend seiner knapp bemessenen Freizeit für ein einziges Projekt opferte: das Unternehmen Aufstieg.
Neben seinen obligatorischen Fahrten zu den Heimspielen leistete er sich zusätzlich Ausflüge in die Grenzzonen des Fußballbrachlands.
Soweit geht nicht einmal Harald, hatte Sylvia herausgefunden, nur um erleben zu müssen, wie wenig Einfluss sie auf die hartnäckige Marotte ihres Lebensgefährten nehmen konnte.
Der bleibt nur zu Hause, weil er eine Auswärtsniederlage nicht verkraften könnte, deshalb ist es um so wichtiger, dass solche wie ich dabei sind.

Für die Fahrt nach Bremerhaven hatte er sich nicht rechtfertigen müssen. Schließlich ging es um einen Besuch bei der Mutter, der einzig verbliebenen Statthalterin seiner Sippe in der Seestadt. Die hatte sich dann etwas beeilen müssen mit ihrem Rapport über die Ereignisse in ihrem pensionierten Witwenalltag zwischen Rolands seltenen Besuchen. Zum Wiedersehen mit dem *Zollinlandplatz* wollte er auf jeden Fall zeitig erscheinen.
Aus dem, was der Vater vor Jahren erzählt hatte, wusste Roland, was ihn dort erwarten würde. So hielt sich der Jammer angesichts des erbarmungswürdigen Zustands der ehemals so beliebten Spielstätte bedeckt, aber ein wenig traurig war es schon, feststellen zu müssen, wie der wirtschaftliche Niedergang einer vormaligen Hafenmetropole sich im Detail als Verfall niederschlug.
Armer alter Zolli!

Eine millimeterdicke Rostkruste um den dünnen Maschendraht der Umzäunung an der Zollinlandstraße bezeugte, dass es sich um denselben handeln musste, an den Roland vor Jahrzehnten sein Kindergesicht gedrückt hatte. Aus den zementgrauen, von Algengrün befallenen Betonpfeilern bröckelte abgestorbener Mörtel. Die schmale Gitterpforte, durch die er sich früher mit gleichaltrigen Ungeduldigen und kriegsgeschädigten Rentnern gedrängt hatte, war mit Kette und angerostetem Vorhängeschloss gesichert. Dieser Zugang war für immer überflüssig.
Der Andrang für den *FC Bremerhaven*, der an diesem frühen Sonntagnachmittag vergeblich sein Glück auf dem geschichtsträchtigen Rasen suchte, floss spärlich. Das Gros der knapp Eineinhalbtausend kam aus Osnabrück. Ein Heimspiel an der Küste für die Hasestädter.
Bevor sie in die Untiefen der Verbandsliga weitergereicht würden, wollten die Seestädter verständlicherweise jede Mark mitnehmen, die sich aus dem einjährigen Regionalligaintermezzo herauspressen ließ.
Für einen Absteiger langen die ganz schön kess zu, wunderten sich die Sonntagsausflügler in den lila Farben.
Roland suchte seinen alten Standort auf dem seitlichen Stehhügel und lehnte sich an eine der Metallrohrstützen.
Die Elemente standen ausnahmslos schief. Die vorderen waren vom Stehvolk früherer Andrangszeiten nach vorn gedrückt worden, während sich die oberen vom ewigen Anlehnen bedrohlich nach hinten neigten. Die weiße Lackierung war befleckt mit dunkelorangen Tupfern. Aus den Ritzen zwischen den welligen Stufen wucherte Unkraut. Auf der gegenüberliegenden Seite, dort, wo zu Großkampfzeiten die überdachte Holzkonstruktion der Sitzplatztribüne gestanden hatte, rankte jetzt eine etwa drei Meter hohe, immergrüne Hecke. Das ganze Balken- und Bretterwerk hatte man Anfang der siebziger Jahre abmontiert und Block für Block auf andere Plätze in der Stadt verteilt. Einer davon moderte seitdem auf der Bezirkssportanlage in Wulsdorf einsam dahin. Roland konnte sich genau daran erinnern, wie stolz der Vater damals auf das Ding gewesen war, sich bestätigt gefühlt hatte in seinem Lebenstraum, an dem „verfluchten Proletenverein“ vorbei mit seinem *TSV* nach oben zu klettern.
Das ist der Anfang vom Ende der großen TUS-Zeit, hatte er sich in vorgezogener Schadenfreude geübt, ... denk an meine Worte.
Dass die Bremerhavener Fußballlandschaft dann so trist verkarsten würde, hatte auch ihn nicht froh stimmen können.
Auf der ausgedienten Haupttribünenseite hockte jetzt eine grauweiße Bretterbude, wie von einer Großbaustelle entlehnt, auf von Rostfraß gezeichneten Pfosten. Ein geteiltes Fensterrechteck in der Mitte, sonst nichts. Dahinter befand sich der einzige verfügbare geschützte Sitzplatz - für den Platzsprecher.
Die Fensterbankplätze der Anlieger in der Pestalozzistraße waren nur vereinzelt besetzt. Für den *FC Bremerhaven* brachte sich hier kaum einer um den Mittagsschlaf.
Die VFLer konnten es ihrem Keeper an diesem Nachmittag ohne Not erlauben, zum Ende des Spiels einen Strafstoß zu verschenken.
Roland, der nichts Anstößiges darin sah, in der alten Heimat für die Gäste zu jubeln, hatte sich im Gefühl einer deutlichen Überlegenheit vorzeitig in Richtung Ausgang begeben. Als er die letzten Spielminuten exakt aus der Warte heraus verfolgte, die er bei seinem allerersten Besuch hier inne hatte, fühlte er sich für Sekunden wie zeitversetzt in das kindliche Hochgefühl dieses dekadenfernen Sonntags. Aufgeregte Kinderstimmen riefen seine entrückten Gedanken in die Gegenwart zurück. Eine Schar von Minifans hatte den ausgewechselten Sturmführer des *VFL* auf dem Weg zur Kabine abgefangen und bettelte um Autogramme. Einige krakelige Kugelschreiberspuren hinterlassend verschwand der stolze Kicker im rot verklinkerten Kabäuschen.

Die sieggewohnte Osnabrücker Karawane zog weiter und Roland mit ihr.
Seine nächste Station war erneut Meppen.
Ein Abschied auf unbestimmte Zeit. Der *VFL* holte sich einen für die Meisterschaft enorm wichtigen Punkt, der *SV* verspielte die minimale Chance für die Relegation zur zweigleisigen Regionalliga.
AUF WIEDERSEHN, AUF WIEDERSEHN!
Die Osnabrücker Fans waren ihrem Bezirksrivalen gegenüber noch nie taktvoll gewesen.
Die vom Erfolg verlassene Bauernschaft machte das Beste aus dem Nachmittag und kostete das letzte Großereignis voll aus. Zur Pause reihten sich hinter der neuen Osttribüne die Zaunpinkler fröhlich nebeneinander, und die Gesichter der sich vor der exklusiven Trinkhalle des Sponsorenclubs drängenden Mitglieder strahlten festtagsrot.

Die letzte Auswärtshürde im Malefizlauf zum Aufstieg war an der Friesoyther Straße in Cloppenburg zu nehmen.
Roland hatte das Ostersamstagsgeschäft unterschätzt und war wieder zu spät unterwegs.
Als er den verstopften Einlass in die kurios gestaltete Sportstätte glücklich passiert hatte, lagen die respektlosen Gastgeber bereits in Führung. Roland geriet unter dem Schock in Orientierungsschwierigkeiten. Der Weg nach links war versperrt. Also zur anderen Seite, wo die paar Stehstufen so voll gestellt waren, dass er um Sichtfreiheit drängeln musste. In seinem Rücken dagegen freier Wiesenblick bis an den Horizont. Hinter den Toren ebenfalls weitläufige Freiflächen. Dort, wo Bierstand und Würstchenbude lockten, hatten junge Mütter ihre Buggys zusammengestellt und hielten Osterplausch. Quirlige Kindergruppen tummelten sich in dem weitläufigen Wiesengrund. Was mochten sie über die Erwachsenen denken, die sich um das große Oval in der Mitte drängten, manchmal kurz wild gestikulierten, im Chor stöhnten oder närrisch aufschrien?
Auf der Tribünenseite hatte man zwei Konstruktionen nebeneinander gerückt, die unterschiedlicher nicht sein konnten. Ein Stück Sitzplatztribüne im rustikalen Blockhüttenstil wie aus dem Zollinlandnachlass, daneben ein kompakter Stehblock, der Roland vorkam, als habe man einen Teil der Ostkurve aus der *Bremer Brücke* herausgefräst und mitsamt Besuchern für zwei Stunden an die Cloppenburger ausgeliehen.
Von diesem Betonzwinger ging der größte Lärm aus. Auf der Laufbahn davor patrouillierte Personal in schwarzen Uniformen. In großen weißen Lettern stand ihnen ihre Aufgabe auf den Rücken geschrieben: „SECURITY".
Kein Zweifel, für den Ernstfall war in Cloppenburg Vorsorge getragen. Hinter dem Tribünentorso warteten die ausrangierten Stadtbusse, um zu gewährleisten, dass die gefürchteten Osnabrücker Fannacken möglichst wenig Kontakt zu Einheimischen knüpften. Ehe sie den Sieg richtig feiern konnten, sollten sie schon wieder auf der A 1 Richtung Heimat sein.
Bevor sie dann tatsächlich glückstrunken die Busse enterten, hatten sie ordentlich Dampf abgelassen.
OHNE HÜRING WÄR`N WIR GAR NICHT HIER ...
An der Häme wird es nicht allein gelegen haben, dass der verhöhnte Pädagoge nach dem vierten Osnabrücker Tor seinen Posten verließ und laut fluchend an dem grienenden Roland vorbei gen Vereinsheim entschwand. Die Schnitzer seiner überforderten Defensivabteilung hatten ihn tief beleidigt.
Wieder hatte er das Klassenziel nicht erreicht.
Dafür wurde ihm eine bittere Osterbescherung zuteil: die fristlose Kündigung.

Und dann waren sie tatsächlich aufgestiegen.
Sieben lange Jahre hatten Harald und Roland auf dieses Glück warten müssen. Nach überstandener Elfmeterfolter saßen sie erschöpft und leergejubelt auf den sommerwarmen Stufen und gönnten sich zwei *Herforder* mehr als gewöhnlich.
Einvernehmlich hatten sich ihre Gedanken entspannt.
Jetzt war es gut, jetzt war der Druck weg. Mehr war nicht nötig. Eigentlich hätte für sie an diesem Abend die VFL-Geschichte zum Stillstand kommen können.
Ob man in der Zweiten Liga spielte oder in der Dritten, war im Grunde genommen von geringer Relevanz, wenn es so ablief, wie an diesem Abend.
Natürlich würde in der nächsten Saison alles noch toller werden - stetig volles Haus, namhafte Gegner, der eine oder andere Star als Verstärkung, höhere Spielkultur, jedes Wochenende im *Deutschen Sportfernsehen ...*
Wohl eine halbe Stunde hatten sie so in die lila Zukunft phantasierend auf der fast leeren Nordtribüne gesessen und dem Fanvolksfest auf dem Rasen zugeschaut. Innerhalb einer Minute hatte sich der Innenraum nach Brunns Vollstreckerschuss mit vor Begeisterung überdrehenden Menschen gefüllt. In kürzester Zeit waren die Tornetze von den Pfosten gelöst, wenig später beide Alugestänge abgebaut, Pfosten und Latten wie Trophäen geschultert davongetragen. Niemand hätte sagen können, ob sich alle Spieler rechtzeitig vor dem Ansturm in Deckung bringen konnten.
Ab und an huschten Jugendliche mit Rasenfladen in den Händen die Stufen an den Freunden vorbei zur Treppe hoch. Die Freude der Reliquienjäger trieb ihnen ein Lächeln ins Gesicht.
... und wenn das mit den Niederlagen wieder losgeht, hatten sich Haralds Phantasien plötzlich in den Fangnetzen der Realität verheddert.
... gehen wir trotzdem regelmäßig hin, antwortet Roland ohne langes Nachdenken, ... meint Sylvia übrigens auch.

Und natürlich behält Sylvia Recht.
Roland geht doch wieder hin, genauer gesagt, fährt er die in seinem Orientierungssinn unauslöschbar einprogrammierte Strecke nach Osnabrück.
Notwendiger Zwischenstopp in Schwagstorf, zwecks Tanken. Es ist kalt, zum ersten Mal in diesem sonst frühlingshaften Dezember. Regnet es noch oder fängst es gerade wieder an? Der Tankshop ist belebt um kurz nach sechs.
Scheißzeit für Fußball, mosert Roland gegen die Zapfsäule, Anpfiff um neunzehn Uhr, da kommen doch noch weniger Leute. Alles auf die verdammte Quote abgestimmt. Wer zahlt, bestimmt, nicht nur im Leben, sondern auch beim Fußball.
Klack! - Und wieder ein Hunni futsch.
Na, wie hast du´s? Alles gesund? Der notorisch gut aufgelegte Tankchef grinst ihn professionell an.
Ich fahr´ zum *VFL*, nuschelt Roland und erwartet irgendetwas Hämisches als Reaktion.
Nicht nur du, muss er sich zu seiner Überraschung belehren lassen, er doch wohl auch, oder...?
Der kurzgeschorene Hüne, der sich unbemerkt neben ihn geschoben hat, wehrt ab, als sei er beim Klauen ertappt worden.
Nee, heute bestimmt nicht, geh´ lieber ins *Fantasy* zum Abzappeln. Die verliern doch wieder.
Roland nimmt die Quittung vom Tresen.
Na klar, die Bielefelder ..., hört Roland den Zahlmeister noch kichern.
Der Smalltalk hat seine Laune gehoben. Guten Mutes schwingt er sich in seinen neuen Sechszylindercaravan.

Einhundertachtzig Pferdestärken, das reicht für eine Reservierung auf der Überholspur. Im Extremfall drängeln sich allenfalls Porscheboliden oder nachgerüstete BMW-Streitkarossen an ihm vorbei. Die Schisser in Daimler und Audi lassen spätestens bei Tempo zweihundert die Löffel hängen und verdrücken sich auf die Kriechspur. Was nutzt die teuer erkaufte Kilowattpower, wenn sie unter der Haube schlummert? Es geht darum, die Energien umzusetzen. Beschleunigung heißt das Zauberwort unserer Zeit, redet Roland sich ein.
Der lahme Laster vor ihm wäre im Normalfall eine leichte Beute, aber hier, auf der tückischen Strecke zwischen Schwagstorf und Bramsche, hält er seinen Bleifuß im Zaum. Die Kreuze und Blumengestecke am Fahrbahnrand zeugen von fatal gescheiterten Manövern allzu flotter Lenker. Auf eine solche stumme Mahnwache für seine Seele kann er verzichten. Wie viele Lebenshungrige haben sich auf diesem Asphalt selbst ausgebremst? Sturztrunken hinters Steuer geklemmt, nicht angeschnallt, bei halsbrecherischer Fahrt Zigarette angezündet, CD eingeschoben, am Handy herumgefummelt, einem Rockzipfel hinterhergelunzt oder einfach ins Blaue überholt – und rums: Les jeux sont faits!
Immer noch gurkt der blaue Transporter des Vertriebs für Berufskleidung vor ihm mit siebzig Sachen durch den Nieselregen. „SAUBERKEIT MACHT ÜBERLEGEN", steht unüberlesbar auf das Heck foliert.
Endlich biegt der nervende Brummer nach Ibbenbüren ab.
Interessant, was da alles beheimatet ist ...
Auch ohne den Saubermann bleibt der Verkehr zähflüssig. Zu viele unterwegs, die nicht zum Fußball wollen. Übellaunig denkt Roland an die Rückfahrt.
Mit ´ner Klatsche im Gepäck und zwei Litern *Kelts* in der Blase, na dann gute Nacht.
Die Mannschaft wird sich die Weihnachtslaune trotzdem nicht verderben lassen. Ein paar von denen sollen bekannt dafür sein, dass sie gelegentlich im *Wintergarten* oder *Alando* gehörig die Spaßgesellschaft aufmischen, wenn man dem Tribünentratsch Glauben schenken darf.

Wahrscheinlich alles aufgebauschter Stuss, meint Roland, als er pünktlich zum Anpfiff auf seinen Stammparkplatz in Haralds Hinterhof rollt. Es ist stockduster, fünf Häuserzeilen um die Ecke taghell. Er kann die Menge hören. Hoffentlich bemerkt die Esoterikerin in der Parterrewohnung mit dem erleuchteten Fenster zum Hof nicht, wie er sich im Wagen zuerst die Hose herunterwurschtelt, um die Baumwollleggins unterzuziehen. In solchen Momenten überrascht zu werden, das sind so sterbenspeinliche Situationen, für die es im Kino jede Menge Lacher gibt, die im Leben aber nur abgrundtief unmöglich wirken. Es nützt nichts, das Ding muss drunter, sonst kann er sich nach dem Schlusspfiff gleich in die Urologie der *Städtischen Kliniken* einweisen lassen.
Scheiß Hektik!
Sich auf gelassene Art schnell vorwärtsbewegen konnte er noch nie, bei ihm sieht das immer gehetzt und unsouverän aus.
Egal, guckt ja doch kein Schwein... Interessanter ist da der schmutzbraune UPS-Wagen, der gerade zwangsweise abgeschleppt wird. Hat in der Eile nicht bemerkt, dass in der Kreuzstraße für ein paar Stunden kurzerhand Halteverbotszonen eingerichtet worden sind. Nach der Arbeit zum Spiel, und danach der Dienstwagen weg, toller Feierabend und das alles für den *VFL*, Hut ab!
Das Gegröhle wird lauter, während er vor der ärmlichen Kassenbude am Eingang Nord im Futter der schweren Lederjoppe nach seinem Portemonnaie sucht.
Die zwölf Mark, die er dem mit dickem Strickschal vermummten Mädchen ins schwarze Loch reicht, erscheinen ihm wie ein Almosen.

Sicher kein Vergnügen bei dieser frostgeladenen Kälte in so einer zugigen Bretterhütte zu hocken.

Kaum hat er die bunt bedruckte Karte in der Hand, greifen die zierlichen Hände vor ihm nach einem Papiertaschentuch. Als er sich abwendet, bläst ihm ein schniefnasses Niesen nach.

Ein langgezogenes UUUUUhhhhh schwebt von der Tribüne.

... Anscheinend doch nichts passiert. Besser so, wenn ein Tor fällt, dann will er es auch sehen.

Am Würstchenstand kommt er heute Abend nicht vorbei. Der Magen meldet sich wie bestellt.

Gibt´s auch Pommes?

Das wird wieder ein fahriges Gestopfe. Was isst er zuerst, die stellenweise schwarze Wurst oder die lauwarmen Pommes oder beides zugleich? Nur nicht soviel Mayonnaise, nachher findet sie sich auf den Schuhen wieder.

Die paar Stufen hoch zu den locker besetzten Rängen. Alles gut gegangen, kaum bezahlt, schon verdaut. Wo ist Harald?

Vor ihm gehen urplötzlich die Arme hoch.

Nein, nein Abseits. Der wär´ sowieso nicht aufs Tor gegangen ... Den Experten, die ihm den Blick verstellen, entgeht nichts.

Ein Stück Heimat weht ihn an .

Erstaunlich gelassen die Leute heute. Keiner schimpft, obwohl Brunn eine Abschlaggurke nach der anderen produziert. Keine übertriebenen Erwartungen. Es regnet seit Spielbeginn nicht mehr und steht null zu null. Was will man mehr?

Harald bestätigt den Eindruck vom Stimmungsbarometer, als Roland sich neben ihn schiebt.

Entspannte Atmosphäre heute, keiner glaubt, dass wir das Ding gewinnen. Hauptsache, es wird überhaupt gespielt.

Viele haben rotweiße Nikolausmützen auf, einige mit leuchtenden Figuren am Zipfel. Der Glühwein dampft aus den Plastikbechern, und der *VFL* spielt gewohnt schlecht. Die fünf Engländer, die seit einigen Spielen die Stufen direkt unterhalb des Herforderstandes eingenommen haben, feiern lauthals sich selbst. Über ihren Köpfen wird unentwegt eine blasslila Fahne geschwenkt.

Sail away, sail away, sail AWAAAYYYY ... ! In beiden Händen je einen Plastikbecher mit *Herforder Pils* schwelgen sie im Glücksgefühl des sich anbahnenden Rausches. Einer, der seinen Motorradhelm unter die Regenjoppe geschoben hat und mit aerodynamisch gerundeter schwarzdunkler Sonnenbrille wie ein schwangeres Alien anmutet, kann noch lauter als seine Sportsfreunde.

We love Osnabrug, oh yeah we love OSNABRUG!

Ein Mädchen, das sich an den Freund kuschelt, lächelt irritiert.

Weibliche Blicke in Männerabgründe. Was wird sie zu ihrem Liebsten sagen, wenn sie den Heimweg antritt?

Der Gesang wird unterbrochen. Der Schiedsrichter bittet zur Halbzeitpause.

Na bitte, geht doch, noch nichts Schlimmes passiert. Das erste Gegentor ist nur eine Frage der Zeit, aber so ´ne richtige Packung kriegen wir heute nicht, zieht Harald Bilanz. Er trinkt wie gewohnt nichts.

Roland auch nicht.

Auf dem ramponierten Rasen geht die Show weiter.

Bier und Spiele braucht das Volk, meint der Hauptsponsor, und hat sich für das heutige Event etwas Neues einfallen lassen – schließlich finanziert man nicht nur die Heimmannschaft, sondern auch die gegnerische Truppe. Da muss etwas Besonderes her. Das Bierfassrennen wird durch Schwindeligdribbeln ersetzt. Zwei Gestalten aus

den konträren Fanblöcken treten gegeneinander an. Während der Stadionschreier die Regeln erklärt, positionieren zwei Weihnachtsmänner vor der Ostkurve auf jeder Seite des Sechzehners eine überdimensionale Herforderflasche aus Pappmaché. Die beiden Kontrahenten werden dreißig Sekunden lang kräftig um die eigene Achse gedreht und dann mit Ball auf die Reise geschickt. Natürlich fallen sie sofort in den Matsch, raffen sich auf, klatschen noch einmal hin. Wer sich jetzt am schnellsten vom Taumel befreit, hat gute Chancen auf dreißig Liter Pils. Doch erst muss noch die Pappflasche umkurvt werden. Der mit dem langen Strickschal schafft es. Sein Ball kullert unter dem spöttischen Beifall der Fans träge ins leere Tor.
Herforder sei Dank, das Spiel geht weiter.
Gleich ist die *Arminia* wieder am Drücker. Sie sind einfach flinker, ballgewandter, man merkt die Erstligaerfahrung. Eine Frage der Zeit bis.... aieee, uuuuuch... das war knapp. Die Briten melden sich wieder.
Wo nehmen die nur die Stimme her? Müssen die nie mal an den Zaun?
Da, was ist das? Ein VFL-Konter, der junge Spund mit der Achtzehn zieht aufs Ostkurventor zu. Mann, ist der schnell!
Jaaaa, na, wenigstens ´ne Ecke, knurrt Harald angefroren.
Und jetzt, da die Lilaweißen nach etlichen Minuten tatsächlich vor dem Tor der Bielefelder sind und die VFL-Rufe lauter werden, die Ostkurve alles gibt, beginnt auch Roland, trotzig zu skandieren, und hebt den Arm, wie viele neben ihm, um die Ecke mit der Schüttelhand - gleich klingelt´s im Gehäuse – zu unterstützen. Das wäre zu schön, um wahr zu sein. Die Tribüne schüttelt sich in heller Aufregung.
Wieso?
Wir haben keine Chance und werden die nächste auch nicht nutzen. Also was soll´s, hinein mit dem Ding in den Strafraum. Selbst Harald kommentiert die Flugbahn des Balles vom Eckstoß her mit einem langgezogenen HIIINEINN!
Der Ball segelt auf den Keeper zu, ein Abwehrspieler kommt ihm zuvor und befördert ihn mit einem wuchtigen Kopfstoß aus dem Sechzehner und damit aus der Gefahrenzone. Die Anfeuerung erstirbt, als die Kugel direkt auf den heranstürmenden Schütte zurollt, sich willig auf den Spann seines rechten Fußes legt.
Ach, Schütte, wo wird der jetzt landen?
Die nächste Sekunde verwandelt alles, was sich vorher so logisch zu fügen schien: Den Spielstand, die Stimmung, die Gemüter, die Bewegungen der Spieler, die Ordnung auf den Rängen, das System auf dem Rasen, Haralds Gesichtszüge, Rolands Stimme, den ganzen langen Abend.
Der Ball landet da, wo er schon die ganze Zeit sehnlichst hingewünscht wurde, im Tornetz des Gegners - ein Sonntagsschuss am Freitagabend wird es später im Fernsehen heißen. Im Stadion ist Feiertag.
Roland und Harald klatschen sich ab, die Engländer überdrehen und versprühen *Herforder*, auf der Sitzplatztribüne tanzen und schunkeln die Leute, die mitgereisten Bielfelder bleiben sitzen. Die Ostkurve ein Fahnenwald, Halbwüchsige hängen am Gitterzaun und rütteln daran wie Besessene. Der Torschütze kniet noch mit erhobenen Armen im Schlamm, die Mitspieler drängen sich um ihn, einige hüpfen selbstvergessen um die Traube herum, der Trainer gestikuliert am Spielfeldrand, der Lautsprecher übertönt allmählich den Lärm der Menge, um das beliebte Ritual zu zelebrieren. Oft geübt, immer wieder schön.
NEUNUNDFÜNFZIGSTE MINUTE: Der VFL geht in Führung, und hier haben Sie Ihren Torschützen, der Mann mit der Nummer sechs - Wolfgang ...SCHÜTTE - SEXMASCHINE, ergänzt Roland und mit ihm neuntausend andere die Ansage.
Harald hat sich schon wieder gefangen und hält sich gewohnt vornehm zurück.

Und damit haben wir einen neuen Spielstand: der *VfL Osnabrück* - EINS und *Arminia Bielefeld* ...?
NULL!
Danke!
BITTE!
Bitte jetzt kein Gegentor, fleht Roland alle Weihnachtsmänner dieser Erde an, da es nun Freistoß für die *Arminia* gibt, die es jetzt eilig hat.
Abgewehrt!
Noch eine knappe halbe Stunde zu spielen, die Zuschauer beruhigen sich nicht mehr, auf jede Aktion wird jetzt lauthals reagiert. Einer der Weihnachtsmänner aus der Pausenshow wird auf einer Trage aus dem Geschehen gerettet – unerwünschte Nebenwirkung des *Herforder Pils* ?
Noch fünfzehn Minuten.
Neue Spieler kommen, erschöpfte gehen. Keine Taktik mehr auf dem Rasen, weiterhin hektisches Gebrülle auf den Rängen.
Ein Foul am Held des Abends. Roland zeigt, wie andere auch, dem Täter die rote Karte mit dem Aufdruck „Kein Platz für Gewalt".
RAUS! RAUS! RAUS!
Die Zweckentfremdung der Goodwill-Botschaft stört niemanden. Jetzt ist jedes Mittel recht, das Ding muss gewonnen werden!
Das Ding ist gewonnen !
Ungläubige Blicke, brausender Jubel. Es ist wahr, der *VFL* hat tatsächlich gewonnen.

Die Ränge wollen sich nicht so rasch leeren wie sonst. Dieser unerwartete Sieg muss ausgekostet werden, schließlich ist das Wochenende damit gerettet, und das nahende Weihnachtsfest macht wieder Sinn.
Die abgekämpften Spieler lassen sich von der Ostkurve feiern, winken, suhlen sich auf dem glitschigen, braungrünen Grund. Die poppige Vereinshymne erklingt:„Nur für diesen Verein..."
Roland summt mit.
Das Mobilfunknetz wird belastet. Wer nicht dabei war, soll erfahren, was er versäumt hat. Roland wählt das heimische Nest an, kann kaum hören, ob Sylvia sich meldet.
Gewonnen! Gewonnen! Gewonnen!
Morgen wird sie ihm sagen, dass sie ihn im ersten Moment nicht verstanden hat. Der Lärm im Hörer setzt sie jedoch rasch ins Bild. Sie weiß, auf den Mann braucht sie heute Abend nicht zu warten, gratuliert, ohne recht zu verstehen, wozu, und legt auf.

Auf der Westseite wird es ungemütlich. Der harte Kern des Bielefelder Anhangs ist schlecht gelaunt. Ordner bilden einen Halbkreis vor dem Block. Der Zorn richtet sich gegen die eigene Delegation. Irgendeiner soll gehen. Der Trainer? Der Manager?
Die wütenden Verbalattacken sind für Roland und Harald, jetzt, da sie sich mit der glückseligen Mehrheit zum Ausgang schieben, nicht deutlich zu verstehen.
Der Heimweg fällt leicht. Beschwingt die Schützenstraße hinunter. Das Licht in der ehemaligen Wohnung beschenkt Roland mit einem Gefühl der Vertrautheit. Vor dem *Oblomov* wird mobil kommuniziert.
Noch ein paar Schritte, dann verdrücken sich Harald und Roland wie zwei Verschwörer durch die Kellertür ins Haus. Riegel vor, Burg zu. Keiner soll sie stören bei der Siegesfeier.
Schnell noch ein paar *Kelts* für den Autofahrer aus dem kühlen Verlies, dann schnell rauf in Haralds Single-Bude.

Hier müsste auch mal wieder was gemacht werden, bemerkt Harald kleinlaut, wenn Roland von den aufwendigen Neubauprojekten erzählt, die er mit Tapeten, Laminat und sonstigem Bedarf beliefert hat.
Dabei stört sich Roland nicht an dem Zustand der engen Dachgeschosswohnung. Er schätzt den nostalgischen Charme dieser ihm vertrauten Kammern.
In seinem Lebensraum hat Harald die Zeit still stehen lassen. Nur die multimedialen Kommunikationsutensilien und die Kaltlichtleiste an der Decke gemahnen ans fortlaufende Hier und Jetzt. Alles andere kommt Roland vor, wie damals, als er Harald, seinen Assessorkollegen, vor achtzehn Jahren in einer Lehrprobenangelegenheit hier oben aufsuchte. Harald hatte damals renoviert, Decken und Schrägen vertäfelt, naturbeigen Wollberber verlegt, modische Ikeamöbel aufgestellt und Drucke von Mackes Tunisreise aufgehängt. Alles noch vorhanden, nur eine Nuance bräunlicher.

Nachdem das erste Pils hinunter ist, drückt Harald auf die Fernbedienung. Jetzt wollen sie das Schauspiel televisionär komprimiert aufbereitet noch einmal genießen. Obwohl die Kameraeinstellung an der *Bremer Brücke* stets ihre Tribüne im Objektiv hat, haben sie sich noch nie selbst gesehen. Die Bildschirmperspektive verfremdet das Geschehen - das animiert noch einmal die volle Konzentration.
So, jetzt kommt´s, erkennt Harald die Situation..
Sie sehen das Tor aus dem Sitzplatzblick, dann noch einmal in Zeitlupe - zu schön.
Mensch Schütte, seufzt Harald, was hat der schon versiebt und jetzt so'n Ding.
Draußen steigen verfrüht Silvesterraketen in den Nachthimmel. Schinkel Ost feiert einen Heimsieg.
Sie haben genug vom Fernsehabendprogramm.
Heute kontrolliert eh keiner, mutmaßt Roland übermütig und schenkt zügig anstatt *Kelts Krombacher* nach.

Anderntags strapaziert die *NOZ* den Superlativ.
Der *VfL* hat die zweitletzte Tabellenposition sicher verteidigt und überwintert auf einem soliden Abstiegsplatz.
Damit können die Pläne für den Stadionausbau konkretisiert werden. Die Vereinsführung will über die Finanzierung mit den Stadtoberen in Verhandlung treten, liest Roland.
Also gibt es noch andere im Osnabrücker Land, die sich von der Realität nicht beirren lassen.

Nachspielzeit:

Sämtliche Fußballereignisse sind authentisch. Die Geschichte, die sich um die Spiele rankt, ist dagegen fingiert, so wie die Figuren frei erfunden sind. Übereinstimmungen mit real existierenden Personen wären rein zufällig und keinesfalls beabsichtigt.
Rolands Weg unterliegt den Gesetzen der Fiktion. Leben ist anders, oder?